한영&영한
SPEED
활용단어

영어교재연구원 엮음

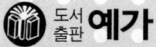
도서출판 예가

머리말

문장은 단어 없이 만들어지지 않지만 단어는 의미를 내포한 최소한의 언어 기능이기 때문에 어학의 첫 단추라 할 수 있다. 사람이 태어나서 처음 말하게 되는 '엄마', '맘마' 등의 단어는 상황에 따라 더 많은 의미를 내포하며 소통의 기능을 하게 되는데 성장과 학습의 과정을 거치면서 좀 더 다양한 단어를 통한 섬세한 문장이 완성된다. 이처럼 완벽한 문장을 구사하지 못했다 하더라도 간단한 단어 한 두 마디로도 외국인과 소통이 되기도 하는데 이런 의미에서 보면 단어 습득은 가장 기본적인 언어 학습 과정의 하나로 볼 수 있다.

이 책은 사용 빈도수가 높은 단어를 선정하여 한영과 영한을 한 권으로 엮어 실용성을 높였다. 한영은 찾는 낱말에 해당하는 영어단어와 활용된 예까지 표기하여 이해의 폭을 넓혔으며 영한 단어는 뜻, 발음기호, 품사, 한글 발음까지 수록하여 읽기에 어려움이 없도록 하였다. 많은 단어를 알고 있다고 해서 말하기를 잘 하는 것은 아니다. 그러나 초석이 든든할수록 더욱 탄탄한 실력을 쌓을 수 있다는 것을 잊으면 안 되겠다.

이 책의 특징

한영과 영한을 한 권에
주요 단어를 중심으로 사전 형식으로 편집하여 편리성을 높였으며 한영과 영한을 한 권에 엮어 빠르고 쉽게 단어를 찾는다.

약 20,000 단어 수록
일상 생활에 필요한 단어는 약 2,000개로 20,000단어면 전문 서적이 아닌 원서나 신문 읽기에 충분하다. 이 책은 꼭 필요한 필수 단어만을 엄선하여 수록하였다.

활용 빈도가 높은 예문
어렵거나 빈도수가 높은 단어는 예문을 통해 이해의 폭을 넓혔으며 익숙한 관용구도 함께 수록되어 있어 작지만 알찬 일석이조의 효과를 노렸다.

한글 발음 표기
파닉스를 열심히 공부해도 읽기가 잘 안 되는 이유는 규칙에서 벗어난 영어 단어가 있기 때문이다. 이 책은 누구나 쉽게 읽을 수 있도록 현지 발음에 가깝게 한글로 표기하여 읽기에 대한 두려움을 줄여 주었다.

CONTENTS (한영단어)

ㄱ	9
ㄴ	70
ㄷ	88
ㄹ	127
ㅁ	131
ㅂ	166
ㅅ	205
ㅇ	249
ㅈ	304
ㅊ	344
ㅋ	365
ㅌ	371
ㅍ	385
ㅎ	400

CONTENTS (영한단어)

A 431	O 631
B 454	P 640
C 473	Q 667
D 501	R 669
E 521	S 688
F 536	T 724
G 552	U 739
H 563	V 744
I 576	W 749
J 589	X 758
K 592	Y 759
L 595	Z 761
M 607	
N 624	

한영단어

KOREAN & ENGLISH VOCA

ㄱ

가게	shop 샵 (영) ● store 스토어 (미)
	○ open(start, set up) a store 가게를 열다
가격	price 프라이스 ● cost 코스트
	○ rise(advance, go up) in price 가격인상
	○ fall(decline, go down) 가격인하
가결(可決)	passage 패시지
가계(家計)	family budget 패밀리 버짓
	○ housekeeping book 가계부
가공(加工)	processing 프로세싱
가공(架空)	fiction 픽션
가관(可觀)	spectacle 스펙터클
	something to see 썸씽 투 씨
가구	furniture 퍼니처
가까스로	just 저스트 ● barely 배얼리
가까워지다	get near to 겟 니어 투 (거리)
	approach 어프로취 (시간)
가까운	near 니어 ● close 클로스
가꾸다	grow 그로우 (자라게 하다)
	decorate 데코레잇 (치장하다)
가끔	sometimes 썸타임즈
가난	poverty 파버티
가난뱅이	poor man 푸어 맨
가는	thin 씬 ● slender 슬렌더 ● slim 슬림 ● fine 파인
	○ a slim waist 가는 허리 / fine rain 가랑비
가능한	possible 파서블 ○ possibility 가능
가다	go 고 ● proceed 프로시드
가다듬다	brace 브레이스
가다랑어	bonito 보니토
가닥	a piece 어 피이스 ● a strip 어 스트립

6

	a strand 어 스트랜드
	○ a rope of three strands 세 가닥으로 꼰 밧줄
가당찮은	unfair 언페어 ● unjust 언저스트
가동(稼動)	operation 오퍼레이션
가두(街頭)	street 스트릿
가두다	shut in(up) 셧 인(업) ● lock in(up) 락 인(업)
가득한	full 풀
가뜩이나	moreover 모어오버 ● in addition to 인 어디션 투
가라앉다	sink 씽크 (바닥으로) ● calm down 캄 다운 (마음이)
가랑비	drizzle 드리즐
	○ It was drizzling 가랑비가 내리고 있었다
가랑잎	dead leaves 데드 리브즈
가량	about 어바웃 (쯤)
가래	phlegm 플렘 ● sputum 스프툼
	○ spit phlegm (out) 가래를 뱉다
가려내다	sort out 쏘트 아웃 ● pick out 픽 아웃
가려운	itchy 잇취
가련한	poor 푸어
가령	if 이프
가로	the width 윗드
가로놓이다	lie 라이
가로등	streetlight 스트릿라이트
가로막다	interrupt 인터럽트 ○ interrupt the view 시야를 막다
가로쓰기	writing laterally 라이팅 래터럴리
가로지르다	cross 크로스
	○ cross the path of (a person) 앞길을 가로지르다
가로채다	seize 씨즈 ● snatch 스냇취
가루	flour 플라어 (곡식의) ● powder 파우더
가르다	divide 디바이드 (분할하다) ● share 쉐어 (분배하다)
	○ divide a class into two 한 학급을 둘로 나누다
가르마	a part 어 파트 ○ part one's hair 가르마를 타다
가르치다	teach 티치 ○ teach English 영어를 가르치다
가리다	hide 하이드 ● conceal 컨실 (보이지 않게)

가리키다	single(pick) out 싱글(픽) 아웃 (선별하다) point to(at) 포인트 투(앳) (손가락 등으로) ◎ The clock points to twelve 시계는 12시를 가리키고 있다
가마	hair whirl 헤어 월 (머리의) ● oven 오븐 (빵굽는) stove 스토브 (화덕)
가마니	straw bag 스트로 백 ● bale 베일 ● sack 쌕 ◎ a rice bag 쌀 가마니 ◎ shovel the sand into a straw bag 모래를 가마니에 담다
가마솥	iron pot 아이언 팟
가마우지	cormorant 커머런트
가만두다	leave(let) alone 리브(렛) 얼론
가만히	quietly 콰이엇틀리 ● silently 사일런틀리
가망(可望)	hope 호웁 ● promise 프라미스 (전망) prospect 프로스펙트 (가능성) ◎ be hopeless 가망이 없다
가맹(加盟)	joining 조이닝 ● affiliation 어필리에이션 ◎ join an association 조합에 가맹하다
가면(假面)	mask 마스크 ● cloak 클로욱 ◎ wear a mask 가면을 쓰다
가명(假名)	assumed name 어슘드 네임 ● alias 에일리어스 ◎ under an assumed name 가명으로
가무(歌舞)	singing and dancing 싱잉 앤 댄싱
가문(家門)	one's family(clan) 원스 패밀리(클랜) ◎ come of a good family 좋은 가문에서 태어나다
가뭄	drought 드라웃 ● dry spell 드라이 스펠 ◎ be very rare 가뭄에 콩 나듯하다
가미(加味)	seasoning 시즈닝 (맛을) ● addition 어디션 (첨가)
가발(假髮)	wig 위그 ● false hair 폴스 헤어
가방	bag 백
가벼운	light 라이트 ● slight 슬라이트 (사소한)
가보(家寶)	family treasure 패밀리 트레져 ● heirloom 에얼룸 (법률)
가봉(假縫)	basting 베이스팅 ● tacking 태킹
가분수(假分數)	improper fraction 임프라퍼 프랙션

가불(假拂)	an advance 언 어드밴스 (미리 주는)
	○ an advance on wages 임금의 가불
가사(家事)	household 하우스홀드 ● housework 하우스워크
가산(加算)	addition 어디션 ● inclusion 인클루전 (포함)
가상(假想)	imagination 이메지네이션 ● supposition 서포지션
	imagine 이메진 ● assume 어숨
	suppose 서포우즈 (가상하다)
가설(架設)	construction 컨스트럭션 ● installation 인스톨레이션
	○ install a telephone 전화를 가설하다
가세(加勢)	help 헬프 ● assistance 어시스턴스
	aid 에이드 ● support 서포트
가소로운	ridiculous 리디큘러스
가속(加速)	acceleration 엑셀러레이션
가솔린	gasoline 개솔린 ● gas 개스
가수	singer 싱어 ● vocalist 보컬리스트
가스	gas 개스
가슴	breast 브레스트 ● chest 체스트
가슴앓이	heartburn 허트번 ● pyrosis 파이로우시스 (의학)
가시	thorn 쏘온 (장미 등의) ● prickle 프리클 (풀잎의)
	spine 스파인 ● fish born 피쉬 본 (생선 가시)
	eyesore 아이소어 (눈엣가시)
가십	gossip 가십
가업(家業)	family business(trade) 패밀리 비즈니스(트레드)
	○ succeed to one's father's occupation 가업을 잇다
가여운	poor 푸어 ● pitiable 피티어블 ● pitiful 피티풀
가열(加熱)	heating 히팅 ● heat 히트 (가열하다)
가옥(家屋)	house 하우스 ● building 빌딩
가요(歌謠)	song 송 ● ballad 발라드 ● pop song 대중가요
가운	gown 가운 ● robe 로브
가운데	middle 미들 ● center 센터
가위	scissors 씨저스
가위바위보	paper-scissors-rock 페이퍼-시저스-락
가을	autumn 오텀 ● fall 폴 (미)

가이드	guide 가이드	
가입(加入)	joining 조이닝 ● affiliation 어필리에이션 subscription 섭스크립션	
가자미	flatfish 플랫피쉬	
가작(佳作)	a fine piece of work 어 파인 피스 어브 워크 a work of merit 어 워크 어브 메릿	
가장(家長)	the head of a family 더 헤드 어브 어 패밀리 patriarch 페이트리아크 (남자) matriarch 메이트리아크 (여자)	
가장자리	edge 엣지 ● verge 버-지 ● brink 브링크 border 보더 ● fringe 프린지	
가재	robster 랍스터	
가정(家庭)	home 호움 ● family 패밀리 ○ make(start) a home 가정을 이루다	
가족(家族)	family 패밀리 ○ How large(big) is your family? 가족이 몇 명입니까?	
가지	branch 브랜치 ● bough 보우 ● limb 림	
가지각색	every kind and description 에브리 카인드 앤 디스크립션 ○ so many men / so many minds 사람의 마음은 가지각색이다	
가지다	have 해브 ● hold 홀드 ● carry 캐리	
가짜	imitation 이미테이션 ● fake 훼이크	
가차 없는	ruthless 루쓰리스 ● merciless 머실리스	
가축(家畜)	cattle 캐틀	
가출(家出)-하다	run(go) away from home 런(고) 어웨이 프롬 홈	
가치	value 밸류 ● worth 워쓰	
가파른	steep 스팁	
가해자	assaulter 어썰터	
가호(加護)	devine protection 디바인 프로텍션 ○ pray to God for help 하나님의 가호를 빌다	
가훈(家訓)	family precepts 패밀리 프리셉츠	
각(角)	corner 코너 ● angle 앵글	
각가지	various kinds 배리어스 카인즈 ● all sorts 올 솔츠	
각각	each 이치 ● every 에브리	

각광	footlights 풋라이츠 • floats 플로츠
	spotlight 스팟라이트
각국	every country 에브리 컨츄리
각기	each 이치 • individually 인디비쥬얼리
각도	angle 앵글 ○ measure(take) an angle 각도를 재다
각목(角木)	balk 벌크
각박한	stonyhearted 스토니허티드 • hardhearted 하드하티드
각별한	particular 파티큘러 • special 스페셜
	○ take good care of oneself 건강에 각별히 주의하다
각본	scenario 시나리오 • script 스크립트
각색(脚色)	dramatization 드래머티제이션
	adaptation 어댑테이션
각서(覺書)	memorandum 메모랜덤
각선미	beauty of leg line 뷰티 어브 렉 라인
	○ a women with shapely legs 각선미를 가진 여자
각성(覺醒)	awakening 어웨이크닝 • disillusion 디스일루전
각오	preparedness 프리페어드니스 • readiness 레디니스
	○ He is prepared for death 그는 죽음을 각오하고 있다
각자	each one 이치 원 • every one 에브리 원
각자부담	dutch treat 덧치 트릿트
	○ drink on a dutch treat 돈을 각자내서 술을 마시다
각종	every kind 에브리 카인드 • varieties 버라이어티즈
각지	every part(section) 에브리 파트(섹션)
각축	competition 컴피티션 • contest 컨테스트
각하(閣下)	your excellency (2인칭)
	his(her) excellency (3인칭)
각하(却下)	dismissal 디스미슬 • rejection 리젝션
	○ reject an application 원서를 각하하다
간격	interval 인터벌 • gap 갭
간결한	concise 컨사이스 • terse 터어스 • brief 브리프
간과하다	pass over 패스오버 • overlook 오버룩
간단	simplicity 심플리시티 • conciseness 컨사이스니스
	○ in short(brief) 간단히 말하자면

간병	nursing 너얼싱 ● attendance 어텐던스
간부	leader 리더 ● executive 이그제커티브
	◐ executive session(counsil) 간부회의
간사한	cunning 커닝 ● sly 슬라이 ● foxy 폭시
간살	flattery 플랫터리 ● sycophancy 시커펀시
간섭	interference 인터퍼런스 ● meddling 메들링
	◐ leave me alone 내 일에 간섭하지 마라
간소한	simple 심플 ● plain 플레인
	◐ a simple life 간소한 생활
간식	snack 스낵
	eating between meals 이팅 비트윈 밀즈
간신히	barely 베얼리 ● narrrowly 내로울리
간이(簡易)	simplicity 심플리서티 ◐ snack bar 간이식당
간장	soy 쏘이 ● soy sauce 쏘이 소스
간장(肝臟)	liver 리버
간접	indirectness 인디렉트니스 ● indirection 인디렉션
	indirect 인디렉트 (간접적인)
간주하다	regard 리가드 ● consider 컨시더
간지럽다	feel a tickle 필 어 티클
	◐ one's nose(throat) tickled 코가 (목이) 간지럽다
간직하다	keep 킵 ● have 해브
간질이다	tickle 티클 ● titillate 티털레잇
간첩	spy 스파이 ● secret agent 시크릿 에이전트
	◐ a double agent 이중간첩
간추리다	sum up 썸 업 ● summarize 써머라이즈
	digest 다이제스트
간통	adultery 어덜터리
	illicit intercourse 일리시트 인터커스
	liaison 리어잔
간파	seeing through 씽 쓰루 ● penetration 페너트레이션
간판	sign 사인 ● signboard 사인보드
	◐ put(set) up a sign(signboard) 간판을 내걸다
간편한	convenient 컨비니언트 ● simple 심플

간행	publication 퍼블리케이션	
	publish 퍼블리시 ● bring out 브링 아웃	
간호	nursing 너싱 ● tending 텐딩	
갇히다	be confined 비 컨파인드	
갈구	thirst 써스트 ● lust 러스트 ● craving 크레이빙	
	crave for 크레이브 포	
갈기	mane 메인	
갈기갈기	to(in) pieces 투(인) 피씨즈 ○ tear to pieces 갈기갈기 찢다	
갈다	plow 플라우 ○ plow a field 밭을 갈다	
갈대	reed 리드	
	○ Woman is as fickle as a reed 여자의 마음은 갈대와 같다	
갈등	complication 컴플리케이션 ● trouble 트러블	
	○ a mental conflict 심리적 갈등	
갈라놓다	estrange 이스트레인지 ● alienate 에일리어네이트	
갈라지다	be spilt 비 스필트 ● cleave 클리브	
갈림길	branch(side) road 브랜치(사이드) 로드	
	forked road 폭트 로드	
	○ take the left-hand fork 왼쪽 갈림길로 접어들다	
갈망	longing 롱잉 ● thirst 써스트 (구어)	
	○ They are longing for peace and liberty	
	그들은 평화와 자유를 갈망하고 있다	
갈매기	(sea)gull (씨)걸	
갈비	rib 립 ○ roast(grill) the ribs of pork 갈비(돼지)를 굽다	
갈색	brown 브라운	
갈아입다	change(one's clothes) 체인지(원스 클로우즈)	
갈아타다	change cars(trains) 체인지 카스(트레인즈)	
	○ station for changing 갈아타는 역	
갈채	cheers 치어스	
갈치	hairtail 헤어테일	
갈퀴	rake 레이크 ○ raking 갈퀴질	
갈팡질팡하다	go this way and that 고 디스 웨이 앤 댓	
	run about in a hubbub 런 어바웃 인 어 허법	
갉다	scratch 스크랫치	

감	persimmon 퍼시먼 ◯ a persimmon tree 감나무
감각	a sense 어 센스 ● sensation 센세이션
감개	deep emotion 딥 이모션
감격	impression 임프레션
감금	confinement 컨파인먼트
감기	a cold 어 콜드
감다	wind 와인드 (실 따위를) ● wash 워시 (머리를)
	close 클로즈 (눈을)
감독	supervision 수퍼비젼
	supervisor 수퍼바이저 (감독자)
감동	impression 임프레션
감량	loss 로스 ● reduction 리덕션
감명	impression 임프레션
감사	thanks 땡스 ● gratitude 그래티튜드
	appreciation 어프리시에이션
감산	decrease 디크리스
감상(感傷)	sentimentality 센터멘탤러티
감세	tax reduction(cut) 택스 리덕션(컷)
감소	decline 디클라인
감수(甘受)	willing submission 윌링 서브미션
	resignation 레지그네이션
감수(監修)	editorial supervision 에도토리얼 수퍼비젼
감싸다	wrap 랩 ● protect 프로텍트 (보호)
감언이설	flattery 플래터리 ● cajolery 커졸러리
	◯ be taken in by honeyed words 감언이설에 속다
감염	infection 인펙션
감옥	prison 프리즌 ● jail 제일 (미) ● gaol 제일 (영)
	◯ prison life 감옥살이
감원	personnel cut 퍼스널 컷
	reduction of staff 리덕션 어브 스탭
감응	response 리스판스
감자	potato 퍼테이토
감전	electric shock 일렉트릭 샷

감점	demerit mark 디메리트 마크
감정(感情)	feeling 필링 ● emotion 이모션
감정(鑑定)	judgment 저지먼트
감지	perception 퍼셉션
감질나다	feel insatiable 필 인세이셔블
감찰(監察)	inspection 인스펙션
감촉	touch 터치 ● It feels soft (to the touch) 감촉이 부드럽다
감추다	hide 하이드
감탄	admiration 애드머레이션 ● wonder 원더
	● admirable 감탄할만한
감퇴	decrease 디크리스 ● declin 디클라인 ● loss 로스
	● loss of appetite 식욕의 감퇴
감행	decisive action 디사이시브 액션
감화	influence 인플루언스
감회	sentiments 센티멘츠 ● memory 메모리
갑갑한	boring 보링 ● tedious 티디어스
	● be bored to death 갑갑해 죽겠다
갑옷	armor 아머
갑자기	suddenly 서든리
갑판	deck 데크
값	price 프라이스
값어치	value 밸류 ● worth 워쓰
값진	expensive 익스펜시브 ● valuable 밸류어블
갓난아기	baby 베이비
강	river 리버
강가	riverside 리버사이드
강간	rape 레입
강구하다	study 스터디 ● consider 컨시더 ● devise 디바이즈
	● devise a scheme 방법을 강구하다
강당	hall 홀
강도	burglar 버글러 ● robbery 라버리
	● an armed robber 무장강도
강등	degradation 데그라데이션 ● demotin 디모션

강력범	felonious criminal 필로니어스 크리미널
강렬한	strong 스트롱 • intense 인텐스
	○ a strong will 강렬한 의지
강매(强買)	forced purchase 포스트 퍼처스
강매(强賣)	forcing a sale 포싱 어 세일
강물	river water 리버 워터
	○ The river is swollen(risen) 강물이 불었다
강박관념	imperative idea(conception) 임페러티브 아이디어(컨셉션)
	obsession 업세션
	○ suffer from an obsession 강박관념에 사로잡히다
강사	lecturer 렉처 • instructor 인스트럭터
강습	learning 러닝 • studying 스터딩
	○ attend a class 강습을 받다
강아지	puppy 퍼피
강약	strength and weakness 스트렝쓰 앤 위크니스
강연	lecture 렉처
강요	enforcement 인포스먼트 • exaction 이그잭션
강의	lecture 렉처 • discourse 디스코오스
강자	strong men 스트롱 맨
	○ the strong and the weak 강자와 약자
강제	compulsion 컴펄션 • constraint 컨스트레인트
강조	stress 스트레스 • emphasis 엠퍼시스
강좌	chair 체어 • lectureship 렉처십 • course 코오스
	○ hold a chair of economics 경제학 강좌를 담당하다
강철	steel 스틸
강타	blow 블로우
강한	strong 스트롱 • powerful 파워풀
강행	enforcement 인포스먼트 • forcing 포싱
강화	strengthening 스트렝쓰닝
	intensification 인텐시피케이션
갖가지	various 배리어스 • kind 카인드
갖다	have 해브 • hold 홀드

갖추다	get ready 겟 레디 ● prepare 프리페어
같은	the same 더 세임 ● equal 이퀄 ● like 라이크 (~같은)
	○ negotiate on equal terms 같은 자격으로 담판하다
	○ on the same principle 이것과 같은 원리로
갚다	pay back 페이 백 ● return 리턴 ● revenge 리벤지
	○ pay (back) one's d ebts 빚을 갚다
	○ repay for his kindness 은혜를 갚다
개	dog 도그
개간	land clearing 랜드 클리어링
	reclamation 레클러메이션
	○ developed land 개간지
개강	the opening of a course 디 오프닝 어브 어 코오스
개교	the opening of a school 디 오프닝 어브 어 스쿨
개구리	frog 프록 ○ a frog in a well 우물 안 개구리
개구쟁이	naughty boy 너어티 보이 ● urchin 어친
개그맨	gagman 개그맨
개나리	golden-bell tree 골든벨 트리
개념	general idea 제너럴 아이디어 ● concept 컨셉
개다	clear up 클리어 업 (날씨가) ● knead 니드 (반죽을)
	fold 폴드 (옷을)
	○ The sky is bright and clear 날씨가 활짝 개었다
	○ knead dough 가루반죽을 개다
개량	improvement 임프루브먼트 ● reform 리폼
개런티	guarantee 개런티
개막	raising the curtain 레이징 더 커튼
개명	rename 리네임
개미	ant 앤트
개발	development 디벨롭먼트 ● reclamation 레클러메이션
개방	opening 오프닝
개별	individual 인디비주얼
개봉	unsealing 언실링 ● opening 오프닝
개선	improvement 임푸르브먼트
개설	establishment 이스테블리시먼트

개성	individuality 인디비주얼러티
	personality 퍼스낼러티
	○ She has a very strong personality 그녀는 개성이 매우 강하다
개시	opening 오프닝 • commencement 커멘스먼트
	start 스타트
개안	opening one's eyes 오프닝 원스 아이즈
	gaining eyesight 게이닝 아이사이트
개업	opening 오프닝 • business 비즈니즈
	○ He set up as a grocer 그는 식료품 가게를 개업했다
개울	brook 브룩 • little stream 리틀 스트림
	rivulet 리뷸릿
	stream water 스트림 워터 (개울물)
	○ by the brook 개울가
개인	individual 인디비주얼
개입	intervention 인터벤션
개장(開場)	opening 오프닝
	○ The doors open at 3 p.m. 오후 3시 개장
개정	revision 리비젼 • amendment 어멘드먼트
개조	remodeling 리모델링
	reconstruction 리컨스트럭션
	rebuilding 리빌딩
	○ have a room made over 방을 개조하다
개중에는	among 어몽 • some 썸
	○ Some are good, but some bad
	개중에는 좋은 것도 있고 나쁜 것도 있다.
개찰(改札)	examination of tickets 이그제미네이션 어브 티켓츠
	○ (platform) wicket 개찰구
개척	cultivation 컬티베이션
	exploitation 익스플로이테이션
	○ carve out a future 진로를 개척하다
개체	individual 인디비주얼
개최	hold 홀드 • open 오픈 ○ the host country 개최국
개축	rebuilding 리빌딩 • reconstruction 리컨스트럭션

개탄	deploring 디플로링 ● lamentation 래먼테이션
	○ It is most deplorable 개탄을 금할 수 없다
개통	opening to traffic 오프닝 투 트래픽
개펄	tideland 타이드랜드(미) ● tidal flat 타이들 플랫
개편	reorganization 리오가니제이션 ● reform 리폼
	○ reorganize a structure 기구를 개편하다
개폐	opening and shutting(closing) 오프닝 앤드 셔팅(클로징)
개표	ballot counting 밸롯 카운팅
개학	starting school 스타팅 스쿨
	○ the opening ceremony of the school year(term) 개학식
개항	the opening of a port 디 오프닝 어브 어 포트
개혁	reform 리폼 ● reformation 리포메이션
	○ reform bill 개혁안
개화(開化)	enlightenment 인라이튼먼트
	civilization 시벌리제이션
개화(開花)	flowering 플라워링 ● blooming 블루밍
	efflorescence 에플러레슨스
	○ the time of flowering 개화기
객관적	objective 어브젝티브
객기	ill-advised bravery 일어드바이즈드 브레이버리
객사하다	die while staying away from home 다이 와일 스테잉 어웨이 프롬 홈
객석	a set for a guest 어 셋 포 러 게스트 ● seat 씨잇
객실	stateroom 스테이트룸
	passenger quarters 패신저 쿼터스
	guest room 게스트룸(여관의)
	drawing room 드로잉 룸(가정의)
객지	strange(foreign) land 스트레인지(포린) 랜드
	○ I have lived for five years in a foreign land 나는 5년 동안 객지 생활을 했다
객차	passenger car 패신저 카
	passenger train 패신저 트레인(열차)

갤러리	gallery 갤러리
갱	gangster 갱스터(미) ● gunman 건맨
갱년기	climacteric 클라이맥터릭 ● menopause 메너포즈
	● menopausal disorder 갱년기 장애
갱도	gallery 갤러리 ● drift 드리프트(가로로)
	shaft 섀프트(세로로)
갱생	revival 리바이벌 ● regeneration 리제너레이션
갸륵한	admirable 애드머러블 ● exemplary 이그젬플러리
	laudable 러더블
	● a commendable purpose 갸륵한 마음씨
갸름한	small and longish 스몰 앤드 롱기쉬
	● an oval face 갸름한 얼굴
갹출	donation 도네이션 ● offering 어퍼링
	● chip in for a picnic 야유회 비용을 갹출하다
거간꾼	broker 브로커 ● middleman 미들맨
거구	massive figure 매시브 피겨 ● big frame 빅 프레임
거국적	nationwide 네이션와이드
	● on a nationwide scale 거국적으로
거꾸로	topsy-turvy 탑시터비 ● inside out 인사이드 아웃
거나한	tipsy 팁시 ● mellow 멜로우 ● hazy 헤이지
	● be pleasantly drunk 거나하게 취하다
거느리다	head 헤드 ● lead 리드 ● command 커맨드
	● have a wife and children / head a family
	처자를 거느리다
거닐다	walk 워크 ● stroll 스트롤
거대한	huge 휴즈 ● gigantic 자이갠틱
	enormous 이노머스
거덜나다	collapse 컬랩스 ● crumble 크럼블
	break down 브레이크 다운
	● go bankrupt 파산하다
	● his business went broke 사업이 거덜났다
거동	conduct 컨덕트 ● behavior 비헤이비어
	action 액션

거두	leader 리더 ● magnate 매그네이트
	○ a leading financier 재계의 거두
거두절미	cutting off the head and tail 커팅 어프 더 헤드 앤드 테일
거드름	haughty attitude 호티 어티튜드
	○ assume a haughty attitude 거드름 피우다
거들다	give a hand 기브 어 핸드
	help in (with) his work 헬프 인(위드) 히즈 워크
거들먹거리다	act rashly 액트 래쉴리 ● be elated 비 일레이티드
거듭	again 어게인 ● once more 원스 모어
	repeatedly 리피티드리
거듭되다	repeat 리핏 ○ repeat mistakes 실수가 거듭되다
거뜬히	in a breeze 인 어 브리즈(미) ● easily 이질리
	simply 심플리 ● lightly 라이틀리
거래	business 비즈니스 ● transaction 트랜잭션
	customer 커스터머(거래처) ● client 클라이언트
거룩한	divine 디바인 ● sacred 세이크리드 ● holy 홀리
	○ divine grace 거룩하신 은혜
거류민	residents 레지던츠
거르다	filter 필터 ● leach 리치(여과)
	○ filter water through sand 모래로 물을 거르다
	skip 스킵(건너뛰다) ● omit 오미트(차례를 생략하다)
	○ I am going to skip lunch today 오늘 점심은 거를 참이다
거름	manure 머뉴어 ● muck 먹 ● fertilizer 퍼틸라이저
거리(街)	street 스트릿 ● road 로드
거리(距離)	distance 디스턴스
거리끼다	stand in the way 스탠드 인 더 웨이
	become a drag 비컴 어 드래그
	○ openly / without reserve 거리낌없이
거만	arrogance 애러건스 ● insolence 인설런스
	haughtiness 허티니스 ○ haughty air 거만한 태도
거머리	leech 리치
거머쥐다	grasp 그래숍 ● grip 그립 ● grab 그랩

거목	big(great, large) tree 빅(그레잇, 라지) 트리
거무스름한	dark 다크 • darkish 다키시
거물	leading figure 리딩 피겨
	prominent figure 프라머넌트 피겨
거미	spider 스파이더 ◯ spin a web 거미줄을 치다
거부	refusal 리퓨절 • rejection 리젝션
	disapproval 디서프르벌
거부하다	refuse 리퓨즈 • deny 디나이 • reject 리젝트
거북	tortoise 토터스 • turtle 터틀
거북한	embarrassed 엠배러스트
거성	giant star 자이언트 스타 • great man 그레이트 맨
거세	castration 캐스트레이션
	sterilization 스터릴리제이션
거센	rough 러프 • wild 와일드 • violent 바이올런트
거수	raising one's hand 레이징 원스 핸드
거스르다	oppose 어포우즈 • go against 고우 어겐스트
	act contrary 액트 컨트러리
	◯ contradict one's parents 어버이의 말을 거스르다
거스름돈	change 체인지
거슬러 올라가다	go upstream 고우 업스트림
	scull upstream 스컬 업스트림 • go back 고우 백
거액	big sum 빅 섬
	◯ amount to a huge sum 거액에 달하다
거울	mirror 미러
거위	goose 구스
거의	almost 올모스트 • nearly 니얼리
거인	giant 자이언트
거장	great master 그레잇 마스터
거저	without paying anything 위다웃 페잉 애니씽
	free 프리 • without cost 위다웃 코스트
거절	refusal 리퓨절 • rejection 리젝션
	◯ refuse / reject 거절하다
거주	dwelling 드웰링 • residence 레지던스

거지	beggar 베거
거지반	majority 머저리티 ● bulk 벌크
	◐ absolute majority 절대다수
거짓말	lie 라이 ● falsehood 폴스후드
거짓말쟁이	liar 라이어 ● fibber 피버
거창하다	be on a large scale 비 온 어 라지 스케일
거추장스러운	burdensome 버든섬 ● cumbersome 컴버섬
거치다	pass(go) through 패스(고우) 쓰루
	◐ pass a customhouse 세관을 거치다
거친	rough 러프
거푸	over again 오버 어게인
	again and again 어게인 앤드 어게인
거품	bubble 버블
걱정	anxiety 앵자이어티 ● concern 컨선 ● worry 워리
건강	health 헬쓰
건강한	healthy 헬씨 ● well 웰
건국	establishment of a country
	이스테블리시먼트 어브 어 컨츄리
건너편	the opposite side 디 어퍼짓 사이드
	the other side 디 아더 사이드
건너다	go(pass) over 고우(패스) 오버
	go across 고우 어크로스 ● ferry 페리 (배로)
건널목	road crossing 로드 크로싱
건네주다	pass(put) over 패스(풋) 오버
	carry across 캐리 어크로스
	◐ Could you take us over to the other side?
	저쪽으로 좀 건네줄 수 없습니까?
건달	penniless rake 페니리스 레이크 ● scamp 스캠프
건드리다	touch 터치
건립	erection 이렉션 ● building 빌딩
건망증	forgetfulness 포겟풀니스 ● oblivion 어블리비언
건물	building 빌딩 ● structure 스트럭처
건반	keyboard 키보드

건방진	impertinent 임퍼티넌트 • forward 포워드
	impudent 임퓨던트 • pert 퍼트
건배	toast 토우스트
건설	construction 컨스트럭션 • building 빌딩
	establishment 이스터블리시먼트
건성	inattention 인어텐션
	◐ listen to in an absent sort of way 건성으로 듣다
건어물	dried goods 드라이드 굿즈
건전한	sound 사운드 • healthy 헬씨
건조(乾燥)	dryness 드라이니스
건조(建造)	construction 컨스트럭션 • building 빌딩
건축	building 빌딩 • structure 스트럭처
	architecture 아키텍처
건투	good fight 굿 파이트
	◐ I expect you to do your best 건투를 빈다
건포도	raisin 레이즌 • dry grapes 드라이 그레잎스
걷다	walk 워크
걷어차다	break off (with) 브레이크 어프(위드)
걷어치우다	gather up and remove 게더 업 앤 리무브
걷히다	clear 클리어 • vanish 배니쉬
걸다	hang 행 • hook 후크
	◐ hang a picture on the wall 벽에 그림을 걸다
걸레	floorcloth 플로어클로쓰
걸맞은	well-matched 웰맷치드 ◐ ill-matched 걸맞지 않은
걸상	seat 씨잇 • bench 벤치
걸음	walking 워킹 • stepping 스텝핑
걸음걸이	walk 워크 • step 스텝 • gait 게이트
걸음마	toddling 토들링
걸작	masterpiece 마스터피스
	great work 그레이트 워크
걸쭉한	thick 씩 • heavy 헤비 • rich 리치
걸터앉다	sit astraddle 싯 어스태들 • bestride 베스트라이드
걸핏하면	too often 투 오픈

검거	arrest 어레스트 • roudup 라운덥
검은	black 블랙 • dark 다크
검도	fencing 펜싱 • swordmanship 쏘어드맨십
검둥이	dark-skinned person 다크 스키니 퍼슨
	negro 니그로우 • black 블랙
검문	inspection 인스펙션 • examination 이그재미네이션
	check up 체크-업
검붉은	dark red 다크 레드 • blackish red 블래키시 레드
검사(檢査)	inspection 인스펙션 • examination 이그재미네이션
	test 테스트
검사(檢事)	public prosecutor 퍼블릭 프라써큐터
검소한	simple 심플 • plain 플레인
검안	eye examination 아이 이그재미네이션
검열	inspection 인스펙션 • censorship 센서십
	review 리뷰
검정	black 블랙 • black color 블랙 컬러
검증	verification 베리피케이션
	evidence by inspection 에비던스 바이 인스펙션
검진	medical examination 메디컬 이그재미네이션
검찰(檢察)	investigation and prosecution
	인베스티게이션 앤드 프라시큐션
	○ the public prosecutor's office 검찰청
검출	detection 디텍션
검토	examination 이그재미네이션
	investigation 인베스티게이션
겁나다	get scared 겟 스케어드
	○ cry out for fear 겁나서 소리지르다
겁내다	fear 피어 • be scared of 비 스케얼드 어브
	dread 드레드
겁쟁이	coward 카우어드 • pudding heart 푸딩 하트
	chicken 치킨
겁탈	plunder 플런더 • robbery 라버리
겉	surface 써피스

겉치레	ostentation 오스텐테이션
	ostensible decoration 오스텐스블 데코레이션
게	crab 크랩
게다가	there 데어 ● over there 오버 데어 (거기에)
	besides 비사이즈 ● moreover 모어오버
	in addition 인 어디션 (거기에 더하여)
게릴라	guerrilla 거릴러
게스트	guest 게스트
게시판	bulletin(notice) board 블러틴(노티스) 보드
게으른	idle 아이들 ● lazy 레이지
게으름뱅이	idler 아이들러 ● lazybone 레이지본
게임	game 게임 ◐ play a game 게임을 하다
게재	publication 퍼블리케이션 ● insertion 인써션
겨	chaff 채프 ● bran 브랜 ◐ rice bran 쌀겨
겨냥	aim 에임 ● mark 마크 ● sight 사이트
겨누다	aim 에임
겨드랑이	armpit 암핏 ● axilla 엑실러
겨루다	pit against 핏 어겐스트 ● compete 컴핏
	contend 컨텐드 ◐ match one's skill 기량을 겨루다
	◐ contend for the first place 1위를 겨루다
겨를	leisure 레져 ● free time 프리타임
	◐ be so busily engaged 눈코 뜰 겨를이 없다
겨우	barely 베얼리 ● only 오운리
	◐ live barely 겨우 입에 풀칠하다
겨울	winter 윈터
겨울잠	winter sleep 윈터 슬립
겨자	mustard 머스터드
격노	rage 레이쥐 ● fury 퓨어리
격돌	violent collision 바이올런트 컬리전 ● crash 크래쉬
격랑	heavy seas 헤비 씨즈
	mountainous waves 마운터너스 웨이브즈
	◐ be swept away by the angry waves 격랑에 휩쓸리다
격려	urging 어징 ● encouragement 인커리지먼트

격려하다	encourage 인커리지 ● spur on 스퍼 온	
격류	torrent 토렌트	
격리	isolation 아이솔레이션 ● segregation 세그리게이션	
격멸	destruction 디스트럭션	
	extermination 익스터머네이션	
격식	established form 이스태블리시 폼	
	social rule 소셜 룰 ◐stick to formality 격식을 차리다	
격일	every other(second) day 에브리 아더(쎄컨) 데이	
	◐shift once in two days 격일제로 근무하다	
격전	hot fight 핫 파이트 ● severe battle 서비어 배틀	
격찬	high praise 하이 프레이즈	
	high tribute 하이 트리뷰트	
격침	sending 센딩	
	sinking to the bottom 싱킹 투 더 바텀	
격퇴	repulse 리펄스 ● dislodgement 디스라지먼트	
격통	acute pain 어큐트 페인	
격투	furious fisticuff 퓨리어스 피스티커프	
	hand-to-hand fight 핸드 투 핸드 파이트	
격파	defeating 디피팅 ● destruction 디스트럭션	
격화	intensification 인텐시피케이션	
겪다	undergo 언더고 ● suffer 서퍼 ● endure 인쥬어	
	experience 익스피리언스	
견고한	strong 스트롱 ● solid 솔리드 ● firm 펌	
견디다	bear 베어 ● endure 인쥬어 ● stand 스탠드	
	put up with 풋 업 위드	
	◐bear hardships 고난을 견디다	
견문	information 인포메이션 ● knowledge 날리지	
	experience 익스피리언스	
견본	sample 샘플	
견습	apprenticeship 어프렌티스쉽	
견인	traction 트랙션 ● pulling 풀링	
견적	estimate 에스티메잇 ● estimation 에스티메이션	
	assessment 어세스먼트	

견제	restraint 리스트레인트 ● check 체크	
	constraint 컨스트레인트	
견주다	compare with 컴페어 위드	
	measure against 메져 어겐스트	
견지	adhere strictly 애드히어 스트릭틀리	
견학	visit for study 비짓 포 스터디 ○ a field trip 견학여행	
견해	opinion 어피니언 ● view 뷰	
결과	result 리절트	
결국	after all 애프터 올 ● in the end 인 디 엔드	
	finally 파이널리	
결근	absence 앱슨스	
결단	decision 디시젼 ● determination 디터미네이션	
	resolution 리솔루션	
결단코	ever 에버 ● never 네버	
결렬	rupture 럽처 ● breakdown 브레이크다운	
결례	lack of courtesy 랙 어브 커터시	
결론	conclusion 컨클루젼	
결말	end 엔드 ● close 클로우즈 ● settlement 세틀먼트	
	outcome 아웃컴 ○ bring to a settlement 결말내다	
결백	innocence 이노슨스 ● purity 퓨어러티	
결벽	excessive love of cleanliness	
	익세시브 러브 어브 클린리니스	
	fastidiousness 패스티디어스니스	
결별	parting 파팅 ● separation 세퍼레이션	
결빙	freezing 프리징	
결사적	desperate 데스퍼릿	
결산	settlement of accounts 세틀먼트 어브 어카운츠	
	closing accounts 클로징 어카운츠	
결석	absence 앱슨스	
결성	formation 포메이션 ● organization 오가니제이션	
결속	union 유니언 ● unity 유너티	
결손	loss 로스 ● deficit 데퍼싯	
결승	the decision of a contest 더 디시젼 어브 컨테스트	

	○ final round / the finals 결승전
결실	fruit-bearing 프룻베어링
	fructification 프럭티피케이션
결심	determination 디터미네이션 • resolution 리솔루션
	○ a firm determination 굳은 결심
결여	lack 랙 • want 원트
결의	resolution 리솔루션 • decision 디시전
결재	sanction 쌩션 • approval 어프루벌
결정	decision 디시전 • determination 디터미네이션
결코	never 네버
결투	duel 듀얼
결핍	want 원트 • lack 랙
결함	defect 디펙트 • fault 포올트
결합	union 유니언 • combination 컴비네이션
결항	the cancelation of a sailing
	더 캔슬레이션 어브 어 쎄일링 (선박)
	flight cancelation 플라잇 캔슬레이션 (비행기)
	○ The next flight from New York has been canceled
	다음 뉴욕발편은 결항되었다
결핵	tuberculosis 튜버컬로우시스 • consumption 컨섬션
결혼	marriage 메리지 • wedding 웨딩
결혼중매인	matchmaker 매치메이커
겸사겸사	at the same time 앳 더 세임 타임
겸손	modesty 마더스티 • humility 휴밀러티
겸용	a combined 어 컴바인드
겸직	additional job 어디셔널 잡
겹겹이	in may folds 인 매니 폴즈
	fold on fold 폴드 온 폴드
겹질리다	be sprained 비 스프레인드
겹쳐지다	lie one upon another 라이 원 어픈 어나더
	come one after another 컴 원 애프터 어나더
	○ have misfortune after misfortune 불행이 겹쳐지다
겹치다	put one upon another 풋 원 어픈 어나더

	overlap 오버랩
경건	piety 파이어티 ● devotion 디보우션
경계(境界)	boundary 바운더리 ● border 보더
경계(警戒)	guard 가드 ● look-out 룩아웃 ● watch 왓치
경고	warning 워닝 ● caution 커션
경과	passage 페시지 (시간)
	progress 프로그래스 (사물의 진행)
경관	police officer 폴리스 어피서 ● policeman 폴리스맨
경기(競技)	game 게임 ● match 매치 ● contest 컨테스트
경기(景氣)	condition 컨디션
경대	dressing(mirror) standing 드레싱(미러) 스탠딩
경력	career 커리어 ● record 레코드
	○ a man with a varied career 다양한 경력을 가진 사람
경련	convulsion 컨벌션 ● spasm 스패즘
경례	salutation 샐러테이션 ● obeisance 오베이슨스
	○ raise one's hand in salute 거수 경례를 하다
경로	course 코오스 ● channel 채늘 ● route 루트
경리	management 매니지먼트
	administration dot 엇미너스트레이션
경마	horse racing 홀스 레이싱
경매	auction 옥션
경멸	contempt 컨템트 ● disdain 디스데인 ● scorn 스콘
경박한	frivolous 프리벌러스 ● fickle 피클
	flippant 플립펀트
경범죄	minor(light) offense 마이너(라이트) 어펜스
	misdemeanor 미스디미너
경보	alarm 얼람 ● warning 워닝
경비(經費)	expense 익스펜스 ● cost 코스트
	○ reduce(cut down) the expenses 경비를 절감하다
경비(警備)	defense 디펜스 ● guard 가드
경사	happy event 해피 이벤트
	a matter for congratulation 어 매터 포 컨그래츄레이션
경솔	rashness 래쉬니스 ● hastiness 헤이스티니스

	○ make a hasty conclusion 경솔히 판단하다
경신	renewal 리뉴얼 ● renovation 리노베이션
경악	astonishment 애스타니쉬먼트 amazement 어메이즈먼트
경어	honorific expression 아너리픽 익스프레션
경영	management 매니지먼트 ● operation 어퍼레이션 administration 엇미너스트레이션
경우	circumstance 서컴스턴스 ● situation 시츄에이션 ○ according to circumstances 경우에 따라서
경위	good and evil 굿 앤 이블 right and wrong 라잇 앤 롱 ● judgment 저지먼트 ○ whether it is right or wrong 경위야 어떻든
경유(經由)하다	go by way of 고우 바이 웨이 어브 pass(go) through 패스(고우) 쓰루
경의	respect 리스펙트 ● regard 리가드
경음악	light music 라이트 뮤직
경이	wonder 원더 ● miracle 미러클
경작	cultivation 컬티베이션 ● farming 파밍
경쟁	competition 컴피티션 ● contest 컨테스트
경적	alarm whistle 얼람 위슬 ● honk 홍크(차)
경전	scripture 스크립쳐 ● sacred book 세이크리드 북
경제	economy 이카너미 ○ economics 경제학
경종	alarm bell 얼람 벨 ● warning 워닝
경주	race 레이스 ● run 런
경지	state 스테이트 ● condition 컨디션
경질	change 체인지 ● replace 리플레이스 ○ a change in the ministry 장관의 경질
경찰	the police 더 펄리스
경치	scene 씬 ● view 뷰 ● prospect 프로스펙트
경쾌한	light 라이트 ● nimble 님블
경품	premium 프리미엄 ● free gift 프리 기프트
경향	tendency 텐던시 ● trend 트렌드
경험	experience 익스피리언스

경호	guard 가드 ● patrol 패트롤 ● escort 에스코트
곁	neighborhood 네이버후드 ● vicinity 비시니티
	side 사이드 ○keep at hand 곁에 두다
곁들이다	garnish with 가니쉬 위드 (음식) ● add 애드 (음식)
	do along with 두 어롱 위드 (일)
계곡	valley 밸리
계급	class 클래스 ● rank 랭크
계기	opportunity 어퍼튜니티 ● chance 챈스
계단	stair 스테어
계도	genealogy 지니알러지 ● lineage 리니지
계란	egg 에그
계략	plot 플랏
계류	mountain stream 마운틴 스트림
계모	stepmother 스텝마더
계몽	enlightenment 인라이튼먼트
	education 에듀케이션 ● illumination 일루미네이션
계산	calculation 켈켤레이션 ● computation 컴퓨테이션
	account 어카운트 (계산서) ● bill 빌
계속	continuation 컨티뉴에이션
계속하다	continue 컨티뉴 ● maintain 메인테인
	go on 고우 온
계승	succession 석세션 ● accession 액세션
	inheritance 인헤러턴스
계시	revelation 레벌레이션 ● apocalypse 어파컬립스
계약	contract 컨트랙트 ● agreement 어그리먼트
계엄령	martial law 마셜 로우
계열	system 시스템 (생물) ● group 그룹 (기업체)
	chain 체인 (점포)
계장(係長)	chief 치프
계절	season 시즌
계집	woman 우먼 ● female 피메일
계통	system 시스템 (조직) ● lineage 리니지 (혈통)
	pedigree 페더그리 (혈통) ● family line 패밀리 라인 (계도)

계획	plan 플랜 ● design 디자인 ● project 프로젝트
고가도로	elevated road 엘리베이티드 로드
고갈	drying up 드라잉 업 ● exhaustion 이그죠스천
	drain 드레인
고개	the nape of the neck 더 네이프 오브 더 넥
	head 헤드 ● ridge 리쥐 (비탈)
	○ shake one's head 고개를 가로 흔들다
	○ nod the head 고개를 끄덕이다
고객	customer 커스터머 ● client 클라이언트 ● buyer 바이어
고갯길	uphill path 업힐 패쓰
고고학	archaeology 아키알러지
고고학자	archaeologist 아키알러지스트
고구마	sweet potato 스위트 퍼테이토
고궁	ancient(old) palace 에인션트(올드) 팰리스
고꾸라지다	fall 폴 ● drop 드랍
고귀한	noble 노블
고금	ancient and modern ages 에인션트 앤드 모던 에이지즈
고급	high rank 하이 랭크 ● high class 하이클래스
고기	meat 미트
고기압	high atmospheric pressure 하이 앳머스페릭 프레셔
고깃배	fishing boat 피싱 보우트
고까운	disagreeable 디스어그리어블
	unpleasant 언플레즌트 ● offensive 어펜시브
고난	trouble 트러블 ● hardship 하드십
	○ bear hardships 고난을 견디다
고뇌	suffering 서퍼링 ● distress 디스트레스
고뇌하다	suffer 서퍼 ● anguish 앵귀시
고니	swan 스완
고달픈	very tired 베리 타이어드
고대의	ancient 에인션트
고도(高度)	height 하이트 ● altitude 앨터튜드
	high power 하이 파워
고도(孤島)	isolated island 아이솔레이티드 아일랜드

고도(高跳)	high jump 하이 점프 • high leap 하이 립	
고독	solitude 솔리튜드 • loneliness 로운리니스	
고드름	icicle 아이시클	
고등	high grade 하이 그레이드 • high class 하이 클래스	
고등어	mackerel 맥커럴	
고딕	Gothic 고딕 ○ gothic architecture 고딕식 건축	
고락	pleasure and pain 플레져 앤드 페인	
	joys and sorrows 조이즈 앤 서로우즈	
고래	whale 웨일	
고려	consideration 컨시더레이션 • deliberation 딜리버레이션	
고르다	choose 추즈 • select 실렉트	
고름	pus 퍼스	
고리	ring 링 • link 링크	
고리대금	usury 유저리	
고리짝	wicker trunk 위커 트렁크 • baggage 배기쥐(짐)	
고릴라	gorilla 거릴러	
고립	isolation 아이솔레이션	
고마운	thankful 땡크풀 • grateful 그레이트풀	
	appreciative 어프리시에이티브	
고막	eardrum 이어드럼	
고목	dead(withered) tree 데드(위덜드) 트리 (말라죽은)	
	old tree 오울드 트리 (오래 묵은)	
고무	rubber 러버	
고무적	encouraging 인커리징 • inspiring 인스파이어링	
고문(拷問)	torture 토쳐	
고문(顧問)	asking advice 애스킹 어드바이스	
	councilor 카운슬러 (고문관) • adviser 어드바이저	
고물	antiquity 앤티큐어티	
고민하다	worry 워리	
고발	complaint 컴플레인트 • denunciation 디난시에이션	
고배	bitter cup 비터 컵 • hardship 하드십	
	○ drink a bitter cup 고배를 마시다	
고백	confession 컨페션 • admission 어드미션	

고별	farewell 페어웰
고분고분한	obedient 오비디언트 ● gentle 젠틀
고삐	rein 레인 ● bridle 브라이들
	○ slacken the reins 고삐를 늦추다
고사리	bracken 브래큰
고상한	noble 노블 ● lofty 로프티
고생	hard(tough) life 하드(터프) 라이프
고서	old books 올드 북스 ● classic 클래식
고소	complaint 컴플레인트 ● accusation 애큐제이션
고소하다	complaint 컴플레인트 ● accuse 어큐즈
고속도로	express highway 익스프레스 하이웨이
고수	adhesion 앳히전 ● persistence 퍼시스턴스
	superiority 슈피리아러티 (수가 높음)
고수머리	curly hair 컬리 헤어
고스란히	entirely 인타이얼리 ● wholly 홀리
고슴도치	hedgehog 헤지호그
고시(告示)	notice 노티스 ● bulletin 블루틴
고시(考試)	examination 이그제미네이션
고아	orphan 오펀
고안	design 디자인 ● device 디바이스
고압적	high-handed 하이 핸디드 ● coercive 코우어시브
고양이	cat 캣
고요한	quiet 콰이어트 ● silent 사일런트
고용	employment 임플로이먼트 ● hiring 하이어링
고운	beautiful 뷰티풀 ● lovely 러블리
고유	characteristic 캐릭터리스틱 ● peculiarity 피큘리애러티
고의	intention 인텐션 ● purpose 퍼포우즈
고인	the deceased 더 디시스트
	○ die/pass away 고인이 되다
고자질	talebearing 테일베어링 ● taletelling 테일텔링
고작	at the most 앳 더 모스트
고장	breakdown 브레잇다운 ● fault 폴트
	malfunction 맬펑션

고저	rise and fall 라이즈 앤 폴
고전	classics 클래식스
고정	fixing 픽싱 ● fixation 픽세이션 ● tie-up 타이업
고조(조수의)	high tide 하이타이드 ● flood-tide 플러드 타이드
고증	research 리서치 ● investigation 인베스티게이션
고지(告知)	notice 노티스 ● notification 노티피케이션
고지(高地)	high ground 하이그라운드 ● upland 업랜드
고지식한	simple and honest 심플 앤 어니시트
	guileless 가일리스
고질	chronic disease 크라닉 디지즈
고집불통	extreme obstinacy 익스트림 압스터너시
고찰	consideration 컨시더레이션
고참	seniority 시니아러티 ● senior 시니어
고체	solid 솔리드
고추	red pepper 레드 페퍼
고취	inspiration 인스퍼레이션 ● instillation 인스틸레이션
고층	higher stories 하이어 스토리즈
	upper floors 어퍼 플로어즈
	○ high-rise apartment building 고층 아파트
고치다	fix 픽스 ● repair 리페어 ● heal 힐(치료)
고쳐지다	rectify 렉터파이
고통	pain 페인 ● suffering 서퍼링
고픈	hungry 헝그리
고하	rank 랭크 ● up and down 업 앤 다운
고하다	tell 텔 ● mention 멘션 ● speak about 스피크 어바웃
	○ Tell somebody about his wrong doings
	잘못을 고해 바치다
고함치다	shout 샤웃트
고행	asceticism 어세티시즘 ● penance 페넌스
고향	home town 홈타운
곡	tune 튠 ● melody 멜로디
곡괭이	hoe 호우
곡목	musical program 뮤지컬 프로그램

	one's repertory 원스 레퍼터리
곡물	corn 콘 • cereal 시리얼 • grain 그레인(미)
곡선	curve 커브 ◐ draw a curved line 곡선을 그리다
곡예	stunt 스턴트
곤경	straitened circumstances 스트레이튼드 써컴스턴시즈
	dilemma 딜레마 • fix 픽스
곤란	difficulty 디피컬티 • trouble 트러블
곤봉	club 클럽 • cudgel 커줄
곤혹	embarrassment 임배러스먼트 • perplexity 퍼플렉서티
곧	immediately 이미디어틀리 • soon 순
곧바로	at onec 앳 원스 • straight 스트레잇
곧이듣다	take seriously 테이크 시리어슬리
골격	frame 프레임 • build 빌드
	bone structure 본 스트럭처
골동품	curio 큐어리오우 • antique 앤티크
골든아워	golden hour 골든 아워 • prime time 프라임 타임
골목	alley 앨리 • byway 바이웨이 ◐ blind alley 막다른 골목
골몰하다	devote oneself to 디보웃 원셀프 투
골반	pelvis 펠비스
골수	marrow 매로우 ◐ cut deep into heart 골수에 사무치다
골짜기	valley 밸리 • vale 베일
골칫거리	headache 헤데이크 • nuisance 누슨스
골프	golf 골프
골키퍼	goalkeeper 골키퍼
곰	bear 베어
곰곰이	musingly 뮤징리
곰보	pockmarked person 팍마크트 퍼슨
곰팡이	mold 몰드 • mildew 밀듀
	◐ gather mold / become moldy 곰팡이가 슬다
곱하기	multiply 멀티플라이 ◐ multiplication 곱셈
곱슬머리	curly hair 컬리 헤어
곳	place 플레이스
공	ball 볼

공간	space 스페이스 • room 룸
공갈	threat 쓰렛트 • intimidation 인티머데이션
공감	sympathy 심퍼씨
	◎ arouse sympathy 공감을 불러일으키다
공개	opening to the public 오프닝 투 더 퍼블릭
공격하다	attack 어택 • assail 어세일 • assault 어쏠트
공고	public announcement (notice) 퍼블릭 어나운스먼트(노티스)
	notification 노티피케이션
공공연히	openly 오픈리 • overtly 오버틀리
	publicly 퍼블리리
공교롭게	elaborately 일레버러틀리
	unexpectedly 언익스펙티들리
공군	air force 에어 포스
공금	public money(funds) 퍼블릭 머니(펀즈)
공급	supply 서플라이 • provision 프로비젼
공기	air 에어 • atmosphere 앳머스피어
공동	association 어소시에이션 • union 유니언
공략	capture 캡쳐 • attack 어택 • invasion 인베이젼
공로(功勞)	meritorious service 메러토리어스 서비스
	◎ meritorious 공로가 있는
공로(攻路)	airway 에어웨이 • air lane 에어 레인
	◎ return home by plane(air) 공로로 귀국하다
공룡	dinosaur 다이노소어
공립	public institution 퍼블릭 인스티튜션
공명	fairness 페어니스 • justice 저스티스
공모	conspiracy 컨스피러시
공무원	public service personnel 퍼블릭 서비스 퍼스넬
	civil service 시빌 서비스
공방	offense and defense 오펜스 앤드 디펜스
공백	blank 블랭크
공범	complicity 컴플리서티
공부	study 스터디 • learning 러언닝

공사(公私)	official and private affairs 어피셜 앤드 프라이빗 어페어즈
공사(工事)	construction work 컨스트럭션 워크
공상	imagination 이메지네이션 ● fantasy 팬터시
공세	offensive 어펜시브 ● aggressive 어그레시브
	○ take the offensive 공세를 취하다
공수	air transport 에어 트랜스포트
	○ carry mail by air 우편물을 공수하다
공습	air-raid 에어레이드
공식	formula 포뮬러 ● formality 포맬러티
공약	public pledge 퍼블릭 플레지
공업	industry 인더스트리
공연	public performance 퍼블릭 퍼포먼스
공연히	uselessly 유스리슬리
공염불	a fair but empty phrase 어 페어 벗 엠프티 프레이즈
	cant 캔트 ○ end in an empty talk 공염불에 그치다
공영	public management 퍼블릭 메니지먼트
공예	industrial arts 인더스트리얼 아츠
	technology 테크날러지
공원	park 파크
공익	public interest(good, benefit)
	퍼블릭 인터레스트 (굿, 베네핏)
	common weal 커먼 윌
공인	authorization 오쎠라이제이션
	official recognition 어피셜 레코그니션
공작	peacock 피콕
공장	factory 팩토리
공정	impartiality 임파셜러티 ● fairness 페어니스
	justice 저스티스
공조	cooperation 코우아퍼레이션
공중의	public 퍼블릭 ○ public phone / pay telephone 공중전화
공증인	notary public 노우터리 퍼블릭
공짜	free charge 프리 차지
공책	notebook 노트북

공처가	henpecked husband 헨펙트 허즈번드
공청회	public hearing 퍼블릭 히어링
	○ hold a public hearing 공청회를 열다
공통	commonness 커머니스
공평	equity 에쿠어티 • fairness 페어니스
공포	fear 피어 • dread 드레드 • terror 테러
공항	airport 에어포트
공해	environmental pollution 인바이런멘틀 펄루션 (환경오염)
	public nuisance 퍼블릭 누슨스 (소음, 악취 등)
공황	panic 패닉 • scare 스캐어
곶	point 포인트 • cape 케잎 • headland 헤드랜드
곶감	dried persimmon 드라이드 퍼시먼
과거	past 패스트
과녁	target 타겟 • mark 마크
과대	exaggeration 이그제저레이션
	overstatement 오버스테이트먼트
과대평가	overestimation 오버에스터메이션
	overvaluation 오버밸류에이션
과도기	transition period 트랜지션 피리어드
과로	overwork 오버워크 • overexertion 오버이그저션
과목	subject 서브젝트 • lesson 레슨
	○ optional subject 선택과목
	○ required (compulsory) subject 필수과목
과묵	taciturnity 태서터니티 • reticence 레티선스
과민	oversensitiveness 오버센서티브니스
	nervousness 너버스니스
과부	widow 위도우
과분한	excessive 익세시브 • undue 언듀
과세	taxation 텍세이션 • assessment 어세스먼트
과속	overspeed 오버스피드
과수원	fruit garden 푸룻 가든
과시	ostentation 아스텐테이션 • display 디스플레이
과식	overeating 오버이팅 • surfeit 서핏트

과실(果實)	fruit 프루트	
과실(過失)	fault 폴트 • mistake 미스테이크	
과연	just as one thought 저슷 에즈 원 쓰로우	
	sure enough 슈어 이너프 • indeed 인디드	
	◉ It was false as I had thought 그것은 과연 거짓이었다	
과일	fruit 프루트	
과잉	excess 익세스 • surplus 서플러스	
과자	confectionery 컨펙셔네리	
과장	exaggeration 이그재저레이션	
	overstatement 오버레스테이트먼트	
과정	process 프로세스 • course 코스	
과제	homework 홈워크	
과즙	fruit juice 푸릇 쥬스	
과찬	overpraise 오버프레이즈	
과학	science 사이언스	
관객	spectator 스펙테이터 • audience 어디언스	
관건	bolt 볼트 (빗장) • key point 키포인트 (핵심)	
관계	connection 커넥션 • relation 릴레이션	
	relationship 릴레이션쉽	
관공서	government and public offices	
	가번먼트 앤드 퍼블릭 어피시즈	
관광	sightseeing 사잇시잉 • tourism 투어리즘	
관념	idea 아이디어 • concept 컨셉	
관능미	voluptuous beauty(charms) 벌럽처스 뷰티(참즈)	
관대	generosity 제너러시티 • liberality 리버럴러티	
	tolerance 탈러런스	
관람	inspection 인스펙션 • viewing 뷰잉	
관련	relation 릴레이션 • connection 커넥션	
관례	custom 커스텀	
관록	dignity 디그너티	
	weight of character 웨이트 어브 캐릭터	
관료	bureaucracy 뷰어크러시 • officialdom 어피셜덤	
관리(管理)	management 매니지먼트	

	administration 엇미니스트레이션
관리(官吏)	government official 가번먼트 어피셜
관문	barrier 배리어 ● gateway 게이트웨이
관상(觀相)	physiognomic judgement of character
	피지어그나믹 저지먼트 어브 캐럭터
관세	customs 커스텀즈 ● duties 듀티즈
관심	concern 컨선 ● interest 인터레스트
관용	tolerance 탈러런스 ● magnanimity 매그너니머티
관음	voyeur 봐이여
관자놀이	the temples of head 더 템플즈 어브 해드
관절	joint 조인트 ● articulation 아티큘레이션
관찰	observation 업저베이션 ● survey 서베이
관철	accomplishment 어컴플리시먼트
	fulfillment 풀필먼트
관측	observation 업저베이션 ● survery 서베이
관통	penetration 페너트레이션 ● piercing 피어싱
관행	custom 커스텀 ● routine 루틴
관현악	orchestral music 오케스트럴 뮤직
	orchestra 오케스트라
괄목	watching closely 왓칭 클로우슬리
	◉ look at each other with astonishment 괄목상대하다
괄호	parenthesis 퍼렌써시스
광견병	rabies 레이비즈 ● hydrophobia 하이드로포비아
광경	spectacle 스펙터클 ● sight 사이트
광고	advertisement 어드버타이즈먼트 ● publicity 퍼블리서티
	◉ put an ad in a newspaper 신문에 광고를 내다
광명	light 라이트 (빛) ● hope 호웁 (희망)
광물	mineral 미너럴
광분	being busy(doing) 빙 비지(두잉)
	◉ be busy making money 돈벌이에 광분하다
광산	mine 마인
광선	light 라이트
광신	religious fanaticism 릴리져스 패너티시즘

광야	wide field 와이드 필드
광어	flatfish 플랫피쉬
광인	lunatic 루너틱 • insane 인세인
광장	square 스퀘어
광적	mad 매드 • insane 인세인 • lunatic 루너틱
광채	luster 러스터 • brilliancy 브릴리언시
	splendor 스플렌더
광택	luster 러스터 • gloss 글로스 • glaze 글레이즈
	○ polish / give luster 광택을 내다
괘종시계	wall clock 월 클락
괜찮다	be passable 비 파서블 • be nice 비 나이스
	be fine 비 파인 • be good 비 굿
괭이	hoe 호우 • pick 픽
괴기	mystery 미스터리 • wonder 원더
괴다	gather 개더 • collect 컬렉트 (물이)
	ferment 퍼먼트 (발효하다) • support 서포트 (받치다)
괴담	ghost story 고스트 스토리
괴력	superhuman strength 슈퍼휴먼 스트렝쓰
괴로움	trouble 트러블 • annoyance 어노이언스
	distress 디스트레스
괴롭다	be painful 비 페인풀
괴롭히다	annoy 어노이 • afflict 어플릭트 • bully 불리
괴뢰	puppet 퍼핏 • marionette 매리어넷
괴멸	destruction 디스트럭션 • demolition 데몰리션
괴물	monster 먼스터
괴상한	strange 스트레인지 • odd 아드
괴수	monster 먼스터
괴이한	strange 스트레인지 • weird 위어드
괴인	monster man 몬스터 맨
괴짜	odd person 아드 퍼슨
	eccentric person 익센트릭 퍼슨
괴팍스러운	fastidious 패스티디어스 • finical 피니컬
	obstinate 업스터넛

괴한	suspicious-looking fellow 서스피셔스-룩킹 펠로우	
굉음	roar 로어	ㄱ
굉장한	grand 그랜드 ● magnificent 매그니퍼슨트	
교과서	textbook 텍스트북 ● manual 매뉴얼	
교관	teacher 티쳐 ● instructor 인스트럭터	
교단	platform 플랫폼 ● pulpit 펄핏	
교대	alternation 얼터네이션 ● change 체인지 relief 릴리프	
교도(敎徒)	believer 빌리버 ● adherent 애드히어런트	
교량	bridge 브리지	
교류	interchange 인터체인지	
교만	pride 프라이드 ● haughtiness 호티니스	
교모	school cap 스쿨 캡	
교묘	skill 스킬 ● dexterity 덱스테러티 cleverness 클레버니스	
교문	school gate 스쿨 게이트	
교미	copulation 커퓰레이션 ● coition 코우이션	
교복	school uniform 스쿨 유니폼	
교본	textbook 텍스트북	
교사	teacher 티쳐	
교섭	negotiation 네고시에이션 ● parley 파알리	
교수	professor 프로페서	
교습	training 트레이닝 ● instruction 인스트럭션	
교신	communication 커뮤니케이션	
교실	classroom 클래스룸	
교양	culture 컬쳐 ● refinement 리파인먼트	
교외	suburb 서버브	
교육	education 에듀케이션	
교장	schoolmaster 스쿨매스터 schoolmistress 스쿨미스트리스 (여자) principal 프린서펄 ● director 디렉터	
교재	teaching material 티칭 머티리얼	
교정(敎程)	curriculum 커리큘럼	

교정(校庭)	school ground 스쿨 그라운드	
	playground 플레이그라운드	
교제	association 어소시에이션 ● intercourse 인터코스	
교주	founder of a religion 파운더 어브 어 릴리전	
교체	shift 쉬프트 ● change 체인지 ● replace 리플레이스	
	○ the change of generations 세대의 교체	
교태	coquetry 코우키트리 ○ play the coquette 교태를 부리다	
교통	traffic 트래픽 ● transportation 트랜스포테이션	
교향악	symphony 심포니	
교환	exchange 익스체인지 ● interchange 인터체인지	
교활	craftiness 크래프티니스	
교활한	crafty 크래프티 ● cunning 커닝	
교황	pope 포웁	
교회	church 처-취 ● chapel 채플	
교훈	instruction 인스트럭션 ● edification 에더피케이션	
구간	section 섹션 ● block 블럭	
구걸	begging 베깅	
구겨지다	be crumpled(wrinkled) 비 크럼플드(링클드)	
	get rumpled 겟 럼플드	
구경	seeing 씨잉 ● sightseeing 사잇씨잉	
	○ watch a fight 싸움을 구경하다	
	○ go to Seoul for sightseeing 관광을 위해 서울에 가다	
구경거리	sight 사이트 ● attraction 어트랙션	
구급차	ambulance 앰뷸런스	
구내	premise 프레미스 ● precinct 프리싱크트	
구더기	maggot 매것	
구덩이	hollow 할로우 ● depression 디프레션	
구도	composition of painting 컴포지션 어브 페인팅 (미술)	
	plot 플랏 (소설)	
구독	subscription 섭스크립션	
구두	shoes 슈즈 ○ shoestring 구두끈	
구두쇠	stingy man 스틴지 맨 ● miser 마이저	
구렁이	big sneak 빅 스네이크	

구류	detention 디텐션 ● custody 커스터디
구르다	roll 롤 ● stamp 스탬프 (발 구르다)
	◎ a rolling stone gathers no moss
	구르는 돌에 이끼가 끼지 않는다
구름	cloud 클라우드
구릉	hill 힐
구리	copper 카퍼
구린	ill-smelling 일스멜링 ● fetid 페티드
구린내	bad smell 배드 스멜 ● stench 스텐치 ● stink 스팅크
구매	purchase 퍼처스 ● buying 바잉
구멍	hole 호울
구명	lifesaving 라이프세이빙
구별	distinction 디스팅션 ● difference 디퍼런스
구보	run 런 ● double quick 더블 퀵 ● canter 캔터 gallop 갤럽
구부러지다	bend 벤드 ● bow 바우 ● curve 커브
구부리다	bend 벤드 ● stoop 스툽
구분	division 디비전 ● section 섹션 classification 클래시피케이션
구사일생	a narrow escape from death 어 내로우 이스케잎 프롬 데쓰
구상	conception 컨셉션 ● plot 플랏
구석	corner 코너 ● nook 누크 ● recess 리세스
	◎ a corner seat 구석 자리
구석진	secluded 시클루드 ● recessed 리세스드
구성	organization 오가니제이션 ● composition 컴포지션
구세주	savior 세이버
구속	restriction 레스트릭션 ● restraint 레스트레인트
구슬	bead 비드
구슬픈	sad 새드 ● sorrowful 쏘로우풀
구실	duty 듀티 ● obligation 어블러게이션 responsibility 리스판서빌러티
구애	courtship 코어칩 ● love-making 러브-메이킹

구약성서	the old testament 디 올드 테스트먼트	
구역	zone 존 ● district 디스트릭트	
구역질	nausea 노지어	
구원(救援)	relief 릴리프 ● rescue 레스큐	
구입	purchase 퍼처스 ● buying 바잉	
구조(救助)	rescue 레스큐 ● help 헬프	
구조(構造)	construction 컨스트럭션 ● structure 스트럭처	
구질구질한	indecent 인디슨트 ● slovenly 슬러브리	
구체적	concrete 컨크리트 ● definite 데피닛	
구축	build 빌드 ● construct 컨스트럭트	
구축함	destroyer 디스트로이어 (군사)	
구출	rescue 레스큐 ● save 세이브 ● help 헬프	
구충제	insecticide 인섹터사이드	
구타	assault 어솔트 ● blow 블로우	
구태여	intentionally 인텐셔널리	

◐ If you insist I wouldn't press you to stop it
그렇다면 구태여 말리지 않겠다

구토	vomiting 보미팅	
구하다	demand 디멘드 ● request 리퀘스트	
	rescue 레스큐 ● save 세이브	
구호	slogan 슬로건 ● motto 모토	
구호품	relief supplies 릴리프 서플라이즈	
구혼	proposal of marriage 프로포절 어브 매리지	
	courtship 커칩	
국가	country 컨트리 ● nation 네이션	
국경	border 보더 ● frontier 프론티어	
국고	national treasury 내셔널 트레저리	
국교	diplomatic relations 디플러매틱 릴레이션즈	
국기	national flag 내셔널 플랙	

◐ hoist the nation's flag 국기를 게양하다

국난	national crisis 내셔널 크라이시스	
국력	national power 내셔널 파워	
국론	public (national) opinion 퍼블릭 어피니언	

국립	national 내셔널 • state 스테이트
국면	situation 시츄에이션 • aspect 애스펙트
	○ the war situation 전쟁국면
국문	national (Korean) language 내셔널(코리언) 랭귀지
국물	soup 숩 • broth 브로쓰
국민	people 피플 • nation 네이션
국방	national defense 내셔널 디펜스
국번	telephone office number 텔러폰 어피스 넘버
국법	national law 내셔널 로
	○ prohibit by (national) law 국법으로 금지하다
국보	national treasure 내셔널 트레져
국부	section 섹션 • part 파트
국사	history of nation 히스토리 어브 네이션
국산품	domestic product 더메스틱 프로덕트
국수	noodle 누들
국어	language 랭귀지 ○ korean language 한국어
국왕	king 킹
국운	national fortune 내셔널 포춘
국자	ladle 래들 • dipper 디퍼 • scoop 스쿱
국장	director of a bureau 디렉터 어브 어 뷰어러
국적	nationality 내셔널리티
국제	international 인터내셔널
국철	national railway 내셔널 레일웨이
국토	country 컨트리 • territory 테러토리
	○ reform the land 국토를 개발하다
국화	the national flower 더 내셔널 플라워
국회	congress 캉그레스
군가	war song 워 송
군고구마	roast sweet potatoe 로스트 스윗 퍼테이토
군국주의	militarism 밀리터리즘
군기(軍紀)	military discipline 밀리터리 디서플린
군기(軍旗)	the regimental colors 더 레저멘트 컬러즈
	battle flag 배틀 플랙

군납	supply of goods and services to the military 서플라이 어브 굿즈 앤 서비시즈 투 더 밀리터리
군단	corps 코어
군대	army 아미 • troop 트룹 ◐ join the army 군대에 들어가다
군더더기	superfluity 수퍼플루어티
군데군데	here and there 히어 앤 데어
	sporadically 스퍼래딕컬리
군도	group of the islands 그룹 어브 디 아일런즈
	◐ the Philippine island 필리핀군도
군림	reigning 레이닝
군밤	roast chestnut 로스트 체스트넛
군번	serial number 시리얼 넘버
군법	martial law 마셜 로
군비	armaments 아마먼츠 ◐ an armaments race 군비경쟁
군사	soldier 솔져
군상	group 그룹 • people 피플
군수품	ordnance 오드넌스
군용	formation of troops 포메이션 어브 트룹스
군인	soldier 솔져(육군) • marine 마린(해군)
	airman 에어맨(공군)
군자	a man of honor 어 맨 어브 아너
군주	sovereign 사버린 • ruler 룰러
군중	crowd 크라우드
군축	disarmament 디사머먼트
군침	slaver 슬래버 ◐ swallow one's saliva 군침을 삼키다
군함	warship 워십 • battleship 배틀십
군항	naval port 네이벌 포트
군화	military shoes 밀리터리 슈즈
굳어지다	harden 하든
굳히다	stiffen 스티픈
굴	cave 케이브 • cavern 캐번
굴뚝	chimney 침니
굴리다	roll 롤

굴복	submission 서브미션 • surrender 서렌더
굴욕	humiliation 휴밀리에이션 • disgrace 디스그레이스
	○ be subjected to humiliation 굴욕당하다
굴절	refraction 리프랙션
굴종	submission 섭미션 • surrender 서렌더
굴지	eminence 에머넌스 • prominence 프라머넌스
	○ a leading businessman 굴지의 실업가
굵은	thick 씩
굶주리다	be hungry 비 헝그리 • starve 스타브
굶주림	hunger 헝거 • starvation 스타베이션
굼뜬	slow 슬로우
굼벵이	maggot 매것
굽다	bend 벤드 • be crooked 비 크루트
굽실굽실	obsequious 업시큐어스
굽히다	bend 벤드 • bow 바우
궁금하다	be curious 비 큐어리어스
궁둥이	buttock 버탁 • hip 힙
궁리	deliberation 딜리버레이션
	consideration 컨시더레이션 • thinking 씽킹
궁성	royal palace 로얄 팰리스
궁전	palace 팰리스
궁지	dilemma 딜레마 • a fix 어 픽스
	○ be pushed to the wall 궁지에 몰리다
궁핍	poverty 퍼버티 • penury 페뉴어리
궁한	poor 푸어 • destitute 디스터튜트
권고	advice 어드바이스 • counsel 카운슬
권력	power 파워 • authority 어쏘리티
권리	right 라이트
권위	authority 어쏘리티 • dignity 디그너티
권총	pistol 피스톨 • revolver 리볼버
권태	weariness 위어리니스 • fatigue 퍼티그
	○ become weary 권태를 느끼다
권투	boxing 박싱

권하다	ask 애스크 (권고) • recommend 레커멘드 (추천)
궐기	rise 라이즈
궤도	orbit 오빗
궤멸	destruction 디스트럭션 • demolition 데몰리션
궤양	ulcer 얼서
귀	ear 이어
귀가	returning home 리터닝 홈 • homecoming 홈커밍
귀감	model 마들 • pattern 패턴
귀결	conclusion 컨클루젼
귀고리	earring 이어링
귀국	homecoming 홈커밍
	return to one's country 리턴 투 원스 컨트리
귀금속	precious metal 프리셔스 메틀
귀납	induction 인덕션
귀동냥	learn by the ear 러언 바이 디 이어
귀뚜라미	cricket 크리킷
귀띔	suggestion 서제스쳔 • hint 힌트 • tip 팁
귀머거리	deaf person 데프 퍼슨
귓밥	earwax 이어왁스
귀부인	lady 레이디
귀빈	honored guest 아너드 게스트
	important guest 임포턴트 게스트
귀성	returning home 리터닝 홈
귀신	ghost 고스트
귀얄	paste brush 페이스트 브러쉬
귀여운	cute 큐트
귀여워하다	pet 펫 • love 러브
	○ treat a dog kindly 개를 귀여워하다
귀재	unusual genius 언유절 지니어스
귀족	nobility 노빌러티
귀중품	valuables 밸유어블즈
귀찮은	annoying 어노잉 • irksome 억섬
귀천	high and low 하이 앤 로우

귀추	trend 트렌드 • tendency 텐던시
귀퉁이	corner 코너 • angle 앵글
귀항	return to port 리턴 투 포트
귀향	home-coming 홈커밍
귀화	naturalization 내츄럴라이제이션
	○ be naturalized as a Korean citizen 한국에 귀화하다
귀환	return 리턴 • repatriation 리페이트리에이션
규격	standard 스탠다드 ○ standardized goods 규격품
규명하다	examine 이그재민
규모	scale 스케일 • scope 스코우프
	○ on a large scale 대규모로
규율	discipline 디서플린
규정	provision 프로비전 • stipulation 스티펄레이션
규제	regulation 레귤레이션 • restriction 리스트릭션
규칙	rule 룰
규칙적	regular 레귤러
규탄	censure 센슈어
균	bacillus 버실러스
균등	equality 이퀄러티
균형	balance 밸런스 • equilibrium 이퀼리브리엄
귤	orange 오렌지
그	he 히
그것	it 잇 • that 댓
그곳	there 데어 • that place 댓 플레이스
그까짓	that kind of 댓 카인 어브
	○ Everyone can do that kind of thing 그까짓 일은 누구나 할 수 있다
그나마	even so 이븐 소 • at that 앳 댓
그네	swing 스윙
그녀	she 쉬
그늘	shade 쉐이드
그다지	so much 소우 머취 • particularly 퍼티큘러리
	○ be not so expensive 그다지 비싸지 않다

그대	you 유
그대로	like that 라이크 댓 • as it is 애즈 잇 이즈
	◉ leave as it is 그대로 내버려 두다
그득한	full 풀 • filled 필드
그들	they 데이 • them 뎀
그라운드	ground 그라운드 • stadium 스테이디엄
그랑프리	grand prix (프) the grand prize 더 그랜드 프라이즈
그래도	nevertheless 네버더리스 • but 벗
그래서	so 소우 • therefore 데어포
	◉ So what? 그래서 어떻단 말야?
그래픽	graphic 그래픽
그램	gram (me) 그램
그러나	but 벗 • however 하우에버
그러면	if so 이프 소우 • in that case 인 댓 케이스
	◉ Well then I will come tomorrow
	그러면 내일 오겠습니다
그러므로	so 소우 • therefore 데어포
그럭저럭	somehow 섬하우
	one way or another 원 웨이 오어 언아더
그런데	but 벗 • however 하우에버 • yet 옛
그런데도	and yet 앤드 옛 • still 스틸
	in spite of that 인 스파잇 어브 댓
그렇게	so 소우 • so much 소우 머취
	◉ to such an extent / so far / that much 그렇게까지
그렇다면	then 덴 • so then 소우 덴
그렇지만	but 벗 • however 하우에버
그룹	group 그룹
그릇	vessel 베설 • receptacle 리셉터클
그르치다	spoil 스포일 • ruin 루인 ◉ spoil a plan 계획을 그르치다
그리고	and 앤드
그리다	draw 드로우 • picture 픽쳐
그리스	Greece 그리스 ◉ Greek 그리스의
그리스도	christ 크라이스트

그리운	beloved 비러브드 ○ I miss my friend 친구가 그립다
그리워하다	miss 미스
그린	green 그린
그릴	grill 그릴
그림	picture 픽쳐 ● painting 페인팅 ● drawing 드로잉
그림자	shadow 섀도우
그만두다	quit 큇 ● stop 스탑
그만큼	that much 댓 머치 ● as much 애즈 머치
그물	net 네트
그믐날	the last day 더 래스트 데이
그밖에	the others 디 아더스
그야말로	indeed 인디드 ● really 리얼리
	○ It is really beautiful 그야말로 아름답다
그윽한	quiet 콰이엇 ● peaceful 피스풀
	refined 리파인드 (정취) ● fragrant 프래그런트 (향기)
그을다	be sunburned 비 선번드 ● be tanned 비 탠드
	○ a sunburned face 햇볕에 그을린 얼굴
그저께	the day before yesterday 더 데이 비포 에스터데이
그쯤	that much 댓 머치 ● that quantity 댓 퀀티티
그치다	stop 스탑 ● cease 시-즈
그토록	so 소우 ● such 서치
극기	self-control 셀프 컨트롤 ● self-restraint 셀프 리스트레인트
극단	extremity 익스트레머티
극단적	extreme 익스트림
극도	the extreme 디 익스트림
극락	paradise 패러다이스 ● heaven 헤븐
극명	clearness 클레어니스 ● obviousness 업비스니스
극복	conquest 컨퀘스트
극본	drama 드라마 ● scenario 시나리오
극비	strict secrecy 스트릭트 세크러시
	top secret 탑 시크릿
극성	highly flourishing 하일리 플러싱 (세력)
	being impatient 빙 임페이션트 (성질)

극약	poison 포이즌
극작가	dramatist 드라머티스트 • playwriter 플레이라이터
극장	theater 씨어터
극찬	high praise 하이 프레이즈
극치	perfection 퍼펙션 • acme 액미
극한	limit 리밋 ◐ reach the limit 극한에 달하다
근거	base 베이스 • foundation 파운데이션
근교	suburb 서버브 • outskirt 아웃스커트
근근이	barely 베얼리 • only 오운리
	◐ make a scanty living 근근이 살아가다
근래	lately 래잇틀리 • recently 리슨틀리
근로	labor 레이버
근면	diligence 딜리전스
근무하다	be on duty 비 온 듀티 • work 워크
근본	foundation 파운데이션 • origin 오리진
근사하다	be much the same 비 머치 더 세임
근성	nature 네이쳐 • disposition 디스포지션
근시	near vision 니어 비젼
근심	anxiety 앵자이어티 • concern 컨썬
	◐ care / trouble 근심거리
근육	muscle 멋슬
근질근질하다	feel itchy(creepy) 필 잇치(크리피)
근처	neighborhood 네이버후드
근황	the recent condition 더 리슨트 컨디션
글	writing 라이팅 • script 스크립트
글라스	glass 글래스
글래머	glamor 글래머
글러브	glove 글러브
글자	letter 레터 • character 캐릭터
글피	three days from now 쓰리 데이즈 프롬 나우
긁다	scratch 스크랫치
	◐ scratch one's head 머리를 긁다
	◐ let sleeping dogs lie 긁어부스럼이다

금	gold 골드
금고	safe 세이프
금광	gold mine 골드 마인
금괴	lump of gold 럼프 어브 골드
금기	taboo 터부
금년	this year 디스 이어
금니	gold tooth 골드 투쓰
금단	prohibit 프로히빗
금리	interest 인터레스트 • money rates 머니 레잇츠
금물	prohibition 프로히비션
금발	blonde 블론드
금붕어	goldfish 골드피쉬
금빛	golden color 골든 컬러
금속	metal 메틀
금시초문	hearing for the first time 히어링 포 더 퍼스트 타임
금액	the amount of money 디 어마운트 어브 머니
금연	no smoking 노 스모킹
금요일	Friday 프라이데이
금융	finance 파이낸스
금은	gold and silver 골드 앤 실버
금주	this week 디스 위크
금주(禁酒)	abstinence from drink 앱스터넌스 프롬 드링크
금지	prohibition 프로히비션
금화	gold coin 골드 코인
급격히	rapidly 래피들리 • suddenly 서든리
급급하다	be intent(bent) on 비 인텐트(벤트) 온
	○ He is bent on making money
	그는 돈벌이에 급급하고 있다
급기야	in the end 인 디 엔드 • finally 파이널리
급락	slump 슬럼프
급료	salary 샐러리
급류	swift stream 스위프트 스트림
급변	sudden change 서든 체인지

급보	urgent message 어전트 메시지
급사	waiter 웨이터 ● waitress 웨이트리스
급사	sudden death 서든 대쓰
급성	acute 어큐웃
급소	vital spot 바이틀 스팟 ● fatal 페이틀
급수	water supply 워터 서플라이
급여	pay 페이 ● salary 샐러리
급우	classmate 클래스매잇
급제	promotion 프로모션
급조	improvise 임프러바이즈
급파	dispatch 디스팽치
급한	urgent 어전트 ○make haste slowly 급할수록 돌아가라
급행	express 익스프레스
긋다	draw 드로우 ● mark 마크
긍정	affirmation 어퍼매이션
긍지	pride 프라이드 ● dignity 디그너티
기(旗)	flag 플랙
기간	period 피리어드 ● term 텀
기개	spirit 스피릿 ○high-spirited 기개 있는
기계	machine 머쉰
기겁	astonishment 어스타니시먼트
기꺼이	willingly 윌링리
기껏	to the utmost 투 디 엇모스트
기고	contribution 컨트리뷰션
기공식	the ceremony of laying the cornerstone 더 세러머니 어브 레잉 더 코너스톤
기괴한	strange 스트레인지 ● mysterious 미스터리어스
기교	art 아트 ● technical skill 테크니컬 스킬 mechanism 메커니즘
기관지	bronchus 브랑커스
기구	ballon 벌룬
기구(器具)	tool 툴 ● utensil 유텐슬
기구(機構)	structure 스트럭처 ● framework 프레임워크

기근	famine 패민
기금	fund 펀드
기념	commemoration 커메모레이션
기능	ability 어빌러티 ● skill 스킬
기다	crawl 크롤 ● creep 크립
기다리다	wait 웨잇 ○long-awaited 기다리고 기다리던
기대	expectation 익스펙테이션
	○ fall short of one's expectation 기대에 미치지 못하다
기대다	rely upon 릴라이 어펀 ● lean on 린 온
기도	prayer 프레이어
기둥	pillar 필러 ● pole 폴
기러기	wild goose 와일드 구스
기로	forked road 폭트 로드 ● crossway 크로스웨이
기록	record 레커드
기록하다	record 레커드 ● write down 라이트 다운
기르다	bring up 브링 업 ● raise 레이즈 ● feed 피드
기름	oil 오일
기름진	oily 오일리 ● fatty 패티
기린	giraffe 저래프
기립	standing up 스탠딩 업
기막히다	stifle 스타이플
기만	deception 디셉션 ● imposition 임포지션
기묘한	strange 스트레인지 ● curious 큐리어스 ● queer 퀴어
기밀	secrecy 시크러시 ● secret 시크릿
기반	foundation 파운데이션 ● base 베이스
기발한	novel 노블 ● clever 클레버 ○ a novel view 기발한 의견
기백	spirit 스피릿 ● soul 소울
기법	technique 테크닉
기별	news 뉴스 ● tidings 타이딩즈
기본	foundation 파운데이션 ● basis 베이시스
기부	contribution 컨트리뷰션 ● donation 도네이션
기분	feeling 필링 ● sensation 센세이션
기뻐하다	be pleased(delighted) with 비 플리즈드(딜라이티드) 위드

기쁜	happy 해피 • joyful 조이풀
	○ be beside oneself with joy 기뻐서 어쩔 줄을 모르다
기쁨	joy 조이 • delight 딜라이트 • pleasure 플레져
	gladness 글래드니스
기사(記事)	article 아티클
기사(技師)	engineer 엔지니어
기사(騎士)	rider 라이더 • horseman 호스맨
기상(起床)	rising 라이징 • the hour of rising 기상시간
기상(氣象)	temper 템퍼 • disposition 디스포지션
기색	look 룩 • countenance 카운터넌스
기생(妓生)	singing and dancing girl 싱잉 앤 댄싱 걸
기생충	parasite 패러사잇
기선	steamship 스팀쉽
기성복	ready-made clothes 레디메이드 클로우즈
기소	prosecution 프로시큐션 • indictment 인다이트먼트
기수(旗手)	standard-bearer 스탠더드베어러
기수(基數)	odd 아드
기숙사	hostel 호스텔 • boarding house 보딩 하우스
기술	art 아트 • technique 테크닉 • skill 스킬
기슭	edge 앳지 • foot 풋 ○ the foot of mountain 산기슭
기습	surprise attack 서프라이즈 어택
기아	hunger 헝거 • starvation 스타베이션
기안	drafting 드래프팅
기압	atmosphere 앳모스피어
기어오르다	climb 클라임
기어코	by all means 바이 올 민
기억	memory 메모리 • remembrance 리멤브런스
기억력	memory 메모리
기업(企業)	enterprise 엔터프라이즈
기업(起業)	promotion 프로모션 • organization 오가니제이션
기염	enthusiasm 인쑤지애즘
기온	temperature 템퍼러쳐
기와	tile 타일

기용	appointment 어포인트먼트	
기우	unfounded fears 언파운디드 피어스	
	◐ His fears are unfounded 그의 걱정은 기우에 지나지 않는다	
기울다	tilt 틸트 ● lurch 러치	
기울이다	tip 팁 ● tilt 틸트 ● slant 슬랜트	
기원	prayer 프레이어	
기일(忌日)	anniversary of death 애니버서리 어브 데쓰	
기일(期日)	the appointed day 더 어포인티드 데이	
기입	entry 엔트리	
기자	journalist 저널리스트	
기장	plane captain 플레인 캡틴	
기재	statement 스테잇먼트 ● mention 멘션	
기저귀	diaper 다이어퍼	
기적	miracle 미러클 ● whistle 휘슬	
	◐ sound a whislte 기적을 울리다	
기절	fainting 페인팅 ● swoon 스운	
기정	already decided 얼레디 디사이디드	
	◐ conform to a prearranged program 기정방침에 따르다	
기준	standard 스탠더드	
기지	base 베이스	
기지(機智)	wit 위트 ● tactful 택트풀	
기질	disposition 디스포지션 ◐ mild disposition 온순한 기질	
기차	train 트레인	
기체(氣體)	gas 개스	
기체(機體)	machine 머신 ● plane 플레인	
기초	foundation 파운데이션 ● basis 베이시스	
기침	cough 커프 ◐ have a bad cough 몹시 심한 기침을 하다	
기타	the others 디 아더스 ● the rest 더 레스트	
기특한	praiseworthy 프레이지워디	
기품	dignity 디그니티 ● grace 그레이스	
기피	evasion 이베이젼	
기필코	without fail 위다웃 페일	
기한	period 피리어드 ● term 텀	

기합	concentration of spirit 컨센트레이션 어브 스피릿(정신) yell(shout) 옐(샤우트)(소리)
기항	a call(top) at a port 어 콜(스탑) 앳 어 포트
기행문	one's travel sketches 원스 트래블 스켓치즈
기호	sign 사인 ● symbol 심볼 ● taste 테이스트
	○ a favorite food 기호품
기혼자	the married 더 메리드
기회	opportunity 어퍼튜니티 ● chance 챈스
기획	planning 플래닝 ● project 프로젝트
기후	climate 클라이밋 ● weather 웨더
	○ a mild climate 온화한 기후
긴	long 롱 ● lengthy 렝씨
긴급	emergency 이머전시
긴밀한	close 클로우스 ● intimate 인터미잇
	○ close touch 긴밀한 접촉
긴박	tension 텐션 ● strain 스트레인
긴장	tension 텐션 ● tenseness 텐스니스
	○ a tense look 긴장된 표정
긴축	retrenchment 리트렌치먼트 ● curtailment 커테일먼트
길	way 웨이 ● road 로드 ● route 루트
길가	roadside 로드사이드 ● wayside 웨이사이드
길동무	traveling companion 트래블링 컴패니언 fellow traveler 펠로우 트래블러
길몽	lucky dream 럭키 드림
길이	length 렝쓰 ● extent 익스텐트
길잡이	guide 가이드
길흉	good or ill luck 굿 오어 일 럭 ● fortune 포춘
	○ tell fortune 길흉을 점치다
김	steam 스팀
김	laver 레이버 ● seaweed 씨위드
김밥	rice rolled in dried laver 라이스 롤드 인 드라이드 레이버
깁다	sew 소우 ● stitch 스팃치 ● patch up 팻치업
	○ patch up clothes 옷을 깁다

깃	collar 칼러
깃발	flag 플래ग • banner 배너
깊어지다	deepen 디픈
깊은	deep 딮
깊이	depth 뎊쓰
까까머리	shaven head 쉐이븐 헤드
까다	peel 필 • husk 허스크
까다로운	particular 퍼티큘러
까닭	reason 리즌 • cause 커즈
까마귀	crow 크로우
까만	black 블랙
까불다	toss 토스 • heave 히브
까치	magpie 매그파이
까칠한	haggard 해거드 • emaciated 이메시에잇티드
	◑ a haggard face 까칠한 얼굴
깍듯이	politely 펄아이틀리
깎다	plane 플래인 • cut 컷 • curtail 커테일 (삭감, 감봉)
	◑ sharpen a pencil 연필을 깎다
	◑ shave oneself 수염을 깎다
깐깐한	sticky 스티키 • pertinacious 퍼터네이셔스
깔개	cushion 쿠션 • carpet 카펫 • rug 러그
깔끔한	sleek and clean 슬릭 앤 클린
깔다	pave with 페이브 위드 • spread 스프레드
깔때기	funnel 퍼늘
깔보다	look down on 룩 다운 온 • slight 슬라잇
깜깜한	very dark 베리 다크
깜빡	with a flash 위드 어 플래쉬
	with a twinkle 위드 어 트윙클
깜빡거리다	blink 블링크
깜짝놀라다	be surprised 비 서프라이즈드
	be startled all of a sudden 비 스타틀드 올 어버 서든
깡그리	all 올 • wholly 홀리
깡패	hoodlum 후드럼

깡통따개	can opener 캔 오프너
깨	sesame 세서미
깨끗이	cleanly 클린리 ● tidely 타이들리
깨끗한	clean 클린 ● pure 퓨어
깨다	wake up 웨이크 업
	awake from sleep 어웨이크 프롬 슬립
	break 브레이크 ● crack 크랙
	○ smash a dish 접시를 깨다
깨닫다	see 시 ● perceive 퍼시브
	apprehend 어프리헨드 (알다) ● realize 리얼라이즈
	become enlightened 비컴 인라이튼드 (도를)
깨뜨리다	break 브레이크 ● crush 크러쉬 ● baffle 배플
	○ break a contract 계약을 깨뜨리다
깨물다	bite 바이트 ● crunch 크런치
깨소금	powdered sesame 파우더드 세서미
깨지다	get broken 겟 브로큰
꺼내다	pull out 풀 아웃 ● take out 테익 아웃
꺼리다	hesitate 헤저테잇 ● avoid 어보이드 ● shun 션
	○ shun society 사람접촉을 꺼리다
꺼림칙하다	feel uneasy 필 언이지
꺼지다	go out 고우 아웃 ● be put out 비 풋 아웃
꺾다	snap 스냅 ● turn 턴 ● make a turn 메이크 어 턴 (방향)
	○ pluck a flower 꽃을 꺾다
꺾이다	be broken 비 브로큰 ● be folded 비 폴디드
껍데기	husk 허스크 ● hull 헐
껍질	bark 바크 ● shell 쉘 ● skin 스킨 ● peel 필
껴안다	hug 허그
꼬깃꼬깃	crumpled 크럼플드 ● wrinkled 링클드
꼬드기다	tempt 템트 ● allure 얼루어
꼬리	tail 테일 ● tag 택
꼬리표	label 레이블 ● tag 택 ● docket 다킷 (영국)
꼬마	kid 키드
꼬박	nodding 나딩 ● bowing 바우잉

	◐ nod over a book 책을 읽다가 꼬박 졸다
꼬다	twist 트위스트 ● twine 트와인
	◐ twist a rope 새끼를 꼬다
꼬이다	go wrong 고우 롱 ● be snarled 비 스날드
꼬집다	pinch 핀치
꼬챙이	spit 스핏 ● skewer 스큐어
꼬치꼬치	inquisitively 인퀴저티블리
	◐ be inquisitive 꼬치꼬치 캐묻다
꼭	tightly 타이틀리
꼭대기	top 탑
꼭두각시	puppet 퍼핏
꼴뚜기	a small kind of octopus 어 스몰 카인 어브 옥터퍼스
꼴불견	unsightliness 언사이틀리니스
꼴사나운	ugly 어글리 ● disgusting 디스거스팅
꼴찌	the last 더 래스트 ● the bottom 더 바텀
꼼꼼한	very careful 베리 캐어풀 ● scrupulous 스크루펄러스
꼽추	hunchback 헌취백 ● humpback 험백
꽁무니빼다	flinch 플린치
꽁치	saury 소오리
꽂다	stick in 스틱 인 ● put in 풋 인 ● fix 픽스
	◐ fix the national flag 국기를 꽂다
꽃	flower 플라워
꽃꽂이	arrange flowers 어랜지 플라워즈
꽃다발	bouquet 부케
	a bunch of flowers 어 번취 어브 플라워즈
꽃바구니	flower basket 플라워 배스킷
꽃밭	flower garden 플라워 가든
꽃병	(flower) vase (플라워) 베이스
꽃봉오리	bud 버드
꽃술	stamen 스테이먼 (수술) ● pistil 피스틸 (암술)
꽃잎	petal 페틀
꽉차다	be closely packed 비 클로우슬리 팩트
꽤	fairly 페얼리 ● pretty 프리티 ● quite 콰잇

꾀	wise counsel 와이즈 카운슬 ● wit 윗
	◉ fall a prey to another's stratagem 남의 꾀에 넘어가다
꾀꼬리	nightingale 나이팅게일
꾀다	swarm 스웜 ● crowd 크라우드
꾀병	feigned illness 페인드 일니스
	◉ feign illness 꾀병부리다
꾀하다	plot 플랏 ● attempt 어템트
꾸다	dream 드림(꿈) ● have a dream 해브 어 드림
	borrow 바로우(빌리다)
	have the loan 해브 더 로운
꾸물꾸물	wiggling 위글링 ● slowly 슬로울리
꾸물거리다	wriggle 리글
꾸미다	decorate 데코레잇(치장) ● make up 메이컵(화장)
꾸벅하다	doze 도우즈 ● nod 나드
꾸준한	steady 스테디
꾸지람	scolding 스코울딩
꾸짖다	scold 스코울드
꿀	honey 허니 ● nectar 넥터
꿀꺽	at a gulp 앳 어 걸프
꿀벌	honeybee 허니비 ● bee 비
꿇다	bend one's knees 벤드 원스 니즈
꿈	dream 드림
꿈틀거리다	wriggle 리글 ● squirm 스쿰
꿍꿍이셈	secret intention 시크릿 인텐션
꿩	pheasant 페즌트
꿰뚫다	pierce 피어스
꿰매다	sew 소우 ● stitch 스팃치
끄나풀	cord 코드
끄다	put out 풋 아웃 ● turn off 턴 어프
끄덕이다	nod 나드
끄집어내다	take out 테익 아웃 ● pull out 풀 아웃
끄트머리	end 엔드 ● edge 에지
끈	string 스트링

끈기	tenacity 터내서티
끈끈한	sticky 스티키 ● adhesive 앳히시브
끈덕진	persevering 퍼시비어링
끈적거리다	be sticky 비 스티키 ● be gluey 비 글루이
끊기다	be cut 비 컷 ● be broken 비 브로큰
끊다	cut 컷 ● cut off 컷 어프
	◐ cut the rope 줄을 끊다
	◐ cut off the connection 관계를 끊다
끊임없이	constantly 컨스턴틀리
	without a break 위다웃 어 브레이크
끌다	pull 풀 ● draw 드로우
끌어당기다	draw near 드로우 니어 ● pull near 풀 니어
끌어올리다	pull up 풀 업 ● lift up 리프트 업
끓다	boil 보일 ● simmer 시머
끓이다	boil 보일 ● heat 힛 ◐ make tea 차를 끓이다
끔찍한	horrible 호러블 ● terrible 테러블
끝	end 엔드 ● termination 터미네이션
끝나다	end 엔드 ● be over 비 오버
끝내다	end 엔드 ● make an end 메이크 언 엔드
끝마치다	finish up 피니쉬 업
끝장	close 클로우즈 ● conclusion 컨클루전
끼얹다	put on 풋 온 ● shower 샤우워
끼우다	insert 인서트
끼이다	get between 겟 비트윈
끼치다	shudder 셔더 ● shiver 쉬버
끽소리	a yell of protest 어 옐 어브 프로테스트
끽연	smoking 스모킹 ● have a smoke 해브 어 스모크
김새	delicate sign 델리케잇 사인 ● hint 힌트

ㄴ

나	I 아이 ● myself 마이셀프 ● ego 에고 (철학)
	◐ my 나의 / me 나를
나가다	go out 고우 아웃 ● get out 겟 아웃
	◐ go out for a walk 산책 나가다
나귀	donkey 당키
나그네	traveler 트래블러
나날이	day by day 데이 바이 데이
나누다	divide 디바이드 ● separate 세퍼레잇 ● split 스플릿
나눗셈	division 디비젼
나다니다	go about 고우 어바웃 ● gad 개드
나들이	going out 고잉 아웃
나들이옷	Sunday suit 선데이 수트
	best clothes for outing 베스트 클로즈 퍼 아웃팅
나라	country 컨트리
나락	hell 헬
나란히	in a line 인 어 라인 ● side by side 사이드 바이 사이드
	◐ stand in a row 나란히 서다
나루터	ferry 페리
나룻배	ferryboat 페리보트
나르다	carry 캐리 ● convey 컨베이
	◐ carry luggage 짐을 나르다
나른한	languid 랭귀드 ● weary 위어리
나막신	clogs 클락스
나머지	the rest 더 레스트 ● surplus 서플러스
나무	tree 트리
나무라다	blame 블레임 ● reprove 리프루브
	◐ impeccably 나무랄 데 없이
나무줄기	the trunk of a tree 더 트렁크 어브 어 트리
나뭇가지	branch 브랜치

나뭇잎	leaf 리프
나방	moth 모쓰
나부끼다	flutter 플러터 ● flap 플랩
	○ flutter in the wind 바람에 나부끼다
나부랭이	pieces 피시즈
나불나불	fluttering 플러터링 ● flapping 플래핑
나비	butterfly 버터플라이
나쁜	bad 배드 ● wrong 롱
나사	screw 스크루 ○ screw / screw up 나사를 죄다
나서다	come out 컴 아웃 ● appear 어피어
나아가다	go forward 고 포워드 ● make one's way 메이크 원즈 웨이
나오다	come out 컴 아웃 ● step out 스텝 아웃
나이	age 에이지
나이테	annual ring 애뉴얼 링
나이프	knife 나이프
나일론	nylon 나일런
나체	nakedness 네이키드니스 ● nudity 누더티
나침반	compass 캄퍼스
나타나다	appear 어피어
나타내다	show 쇼우 ● display 디스플레이
나팔	bugle 뷰글 (군대용) ● trumpet 트럼핏
나팔꽃	morning glory 모닝글로리
나흘	four days 포 데이즈
낙관	optimism 업티미즘
	○ be optimistic about the future 장래를 낙관하다
낙농	dairy 데어리
낙담	disappointment 디서포인먼트
낙도	remote island 리모웃트 아일랜드
낙뢰	thunderbolt 썬더볼트
낙마	fall from a horse 프롬 어 호오스
낙서	scribbling 스크리블링 ○ no scribbling 낙서 금지
낙선	defeat in election 디핏트 인 일렉션
낙숫물	raindrop 레인드랍

낙심하다	despair 디스페어
낙엽	fallen leaves 폴른 리브즈
낙원	paradise 패러다이스
낙오	falling behind 폴링 비하인드
	dropping out of the line 드랍핑 아웃 어브 더 라인
낙인	brand 브랜드 ● stigma 스티그머
낙제	failure 페일려 ● rejection 리젝션
낙지	small octopus 스몰 옥터퍼스
낙착	settlement 세틀먼트
낙찰	successful bid 석세스풀 비드
	○ The picture was knocked down to me
	그 그림은 나에게 낙찰되었다
낙천가	optimist 옵티미스트
낙타	camel 캐멀
낙태	abortion 어보션
낙하	falling 폴링 ● dropping 드랍핑
낙향	rustication 러스티케이션
낙화	the falling of blossoms 더 폴링 어브 블라섬즈
낚다	angle for 앵글 포 ● fish 피쉬 ● catch 캐취
	lure 루어 (이성을)
낚시	fishing 피슁 ● angling 앵글링
낚아채다	snatch away 스냇치 어웨이
난간	handrail 핸드레일 ● parapet 패러핏
난관	barrier 배리어 ● obstacle 압스터클
난국	crisis 크라이시스
난동	disturbance 디스터번스
난류	warm current 웜 커런트
난립하다	be crowded(flooded) with 비 크라우딧(플러딧) 위드
난무하다	be rampant 비 램펀트 ● prevail 프리베일
난바다	the far-off sea 더 파-어프 시 ● the offing 디 아핑
난방	heating 히팅
난산하다	have a difficult delivery 해브 어 디피컬트 딜리버리
난색	disapproval 디서프루벌 ● reluctance 릴럭턴스

난세	troublous times 트러블러스 타임즈
난소	ovary 오버리
난시	astigmatism 어스티그머티즘
난이	difficulty 디피컬티 ◐ the degree of difficulty 난이도
난입	intrusion 인트루젼
난자	an egg cell 언 에그 셀 ● ovum 오범
난잡하다	be confused 비 컨퓨즈드
	be in disorder 비 인 디스오더
난쟁이	dwarf 도어프 ● pigmy 피그미 ● midget 미짓
난제	difficult problem 디피컬트 프라블럼
난처한	difficult 디피컬트 ● awkward 어쿼드
	◐ an awkward situation 난처한 입장
난청	hardness of hearing 하드니스 어브 히어링
난초	orchid 오키드 ● iris 아이리스
난치병	incurable disease 인큐러블 디지즈
난타	beating at random 비팅 앳 랜덤
난파	wreck 렉
난폭	violence 바이올런스
난필	scribble 스크리블 ● scrawl 스크롤
난항	stormy passage 스토미 패시쥐
난행	violation 바이얼레이션
낟알	grain 그레인
날	day 데이 ● date 데잇 ● edge 엣지
	blade 블레이드 (칼날) ◐ the blade of a knife 칼날
날개	wing 윙
날것	raw stuff 로 스터프
날다	fly 플라이 ◐ fly in the sky 하늘을 날다
날뛰다	act violently 액트 바이얼런틀리
	◐ jump for joy 기뻐 날뛰다
날로	raw 로 ● uncooked 언쿡트 (생것으로)
	◐ sliced raw fish 생선회
날리다	fly 플라이 ◐ fly a kite 연을 날리다
날림공사	jerry-build 제리빌드

날마다	everyday 에브리데이 ● daily 데일리
날씨	weather 웨더
날씬한	slim 슬림 ● slender 슬렌더
날아오르다	fly high 플라이 하이
날인	affixing a seal 어픽싱 어 실 ● sealing 실링
날조	invention 인벤션 ● fabrication 페브리케이션
날짜	date 데잇
날치기	snatching 스냇칭
날카로운	sharp 샤앞
날품팔이	day laborer 데이 레이버러
낡은	old 올드
남	others 아더스
남극	antarctic 앤탁틱
남기다	leave 리브 ● leave a fortune 재산을 남기다
남녀	man and woman 맨 앤 우먼
	male and female 메일 앤 피메일
남달리	uncommonly 언커먼리 ● unusally 어뉴절리
남동생	brother 브라더 ● younger brother 영거 브라더
남루	rag 랙 ● shred 쉬레드
남발하다	overissue 오버리슈
남빛	indigo 인디고 ● deep blue 딥 블루
남성	male 메일
남아	boy 보이 ● son 썬
남아돌다	be in excess 비 인 익세스
남양	the south sea 더 사우쓰 시
남용	misuse 미슈스
남우	actor 액터
남자	man 맨
남쪽	south 사우스 ● southern 서던(남쪽의)
남편	husband 허즈번드
납	lead 레드 ● solder 솔더(땜납)
납골당	charnel house 차널 하우스
납기	the time for payment 더 타임 포 페이먼트

납득	understanding 언더스탠딩
납량	enjoying the cool 인조잉 더 쿨
납부	payment 페이먼트
납세	tax payment 택스 페이먼트
납입	payment 페이먼트
납작한	flat 플랫
납치	kidnapping 키드내핑 ● abduction 앱덕션
납품	delivery of goods 딜리버리 어브 굿즈
낫	sickle 시클(작은 낫) ● scythe 사이드(큰 낫)
	○ cut rice with a sickle 낫으로 벼를 베다
	○ be so ignorant as not to know his ABC 낫 놓고 기역자도 모른다
낫다	be superior to 비 슈페리어 투 ● be better 비 베터
	○ health is above wealth 건강이 재산보다 낫다
낫다	get well 겟 웰
	recover from an illness 리커버 프럼 언 일니스
	○ get over one's cold 감기가 낫다
낭독	declamation 데클러메이션 ● recitation 레시테이션
낭떠러지	precipice 프레서피스 ● cliff 클리프
낭만	romanticism 로맨티시즘
낭비	waste 웨이스트
낭패	failure 페일려 ● frustration 프러스트레이션
낮	day 데이 ● daylight 데이라잇
낮은	low 로우
낮잠	nap 냅
낮추다	lower 로우어 ● make low 메이크 로우
	○ lower one's voice 목소리를 낮추다
낯	face 페이스 ● visage 비지쥐
낯가림	being displeased with strangers 빙 디스플리즈드 위드 스트레인져즈
낯설다	be strange 비 스트레인지
	be unfamiliar 비 언패밀리어
낯익다	be familiar 비 퍼밀리어

낯짝	face 페이스 ● mug 머그 (속어)
낱낱이	individually 인디비쥬얼리
	◎ examine one by one 낱낱이 조사하다
낱말	word 워드 ● vocabulary 버캐뷸러리
낱알	each grain 이치 그레인
낳다	bear 베어
내각	cabinet 캐비닛 ● ministry 미너스트리
내걸다	put up 풋 업 ● hang out 행아웃
내과	internal department 인터널 디파트먼트
내기	betting 베팅 ● staking 스테이킹
내내	all along 올 어롱 ● all the time 올 더 타임
	◎ all through the morning 아침부터 내내
내년	next year 넥스트 이어 ● the coming year 더 커밍 이어
	◎ next spring 내년 봄
내놓다	put out 풋 아웃 ● bring out 브링 아웃
	expose 익스포우즈 (드러내다)
	publish 퍼블리쉬 (책) ● present 프리젠트 (제품)
내달	next month 넥스트 먼쓰
내던지다	throw out 쓰루 아웃 ● abandon 어밴던
내딛다	step forward 스텝 포워드
내란	civil war 시빌 워 ● internal disturbance 인터널 디스터번스
내려가다	go down 고우 다운 ● descend 디센드
내려놓다	set down 셋 다운 ● take down 테익 다운
	bring down 브링 다운
	◎ unload a ship 배에서 짐을 내려놓다
내려다보다	look down 룩 다운 ● overlook 오버룩
내력	personal history (career) 퍼스널 히스토리 (커리어)
	◎ trace to its origin 내력을 밝히다
내륙	inland 인랜드
내리다	descend 디센드 ● come down 컴다운
	get off 겟 어프 ◎ get off a train 기차에서 내리다
	fall 폴 ◎ It frosted 서리가 내렸다
내리막길	downhill road 다운힐 로드

내막	the inside fact 디 인사이드 팩트	
내맡기다	commit to care 커밋 투 캐어	
	◎ I trusted to him for the performance of the task	
	일을 그에게 내맡겼다	
내면	inside 인사이드	
내밀다	protrude 프로트루드 ● stick out 스틱 아웃	
내방	call 콜 ● visit 비짓	
내버려두다	leave alone 리브 어론	
내복약	internal use 인터널 유스	
내부	inside 인사이드 ● interior 인티어리어	
내빈	guest 게스트	
내빼다	run away 런 어웨이 ● scram 스크램(속)	
내뿜다	gush out 거쉬 아웃(물, 피)	
	blow out 블로우 아웃(증기, 가스)	
내사	a visit to a company 어 비짓 투 어 컴퍼니	
내색	expression of one's feeling 익스프레션 어브 원스 필링	
내성적	introspective 인트로스펙티브	
내세	afterlife 애프터라이프 ● the life to come 더 라이프 투 컴	
내수	domestic demand 도메스틱 디맨드	
내시경	endoscope 엔더스코웁	
내심	inmost heart 인모스트 하트	
	real intention 리얼 인텐션	
내연	unregistered marriage 언레지스터드 메리지	
	◎ a common law wife 내연의 처	
내열	heat-resisting 힛레지스팅	
내외	the interior and exterior	
	디 인티어리어 앤 익스테리어(안팎)	
	home and abroad 호움 앤 어브로드(국내외)	
	men and woman 맨 앤 우먼(남녀가)	
	husband and wife 허즈번드 앤 와이프(부부)	
내용	contents 컨텐츠	
내의	underclothes 언더클로우즈	
내일	tomorrow 터마로우 ◎ tomorrow night 내일 밤	

내장	the internal organs 디 인터널 오건즈
내전	civil war 시빌 워
내정	domestic administration 더메스틱 어드미니스트레이션
	the internal affairs 디 인터널 어페어즈
내조	wife's help 와이프스 헬프
내주	next week 넥스트 위크
내주다	give away 기브 어웨이
내지	from~to 프롬~투 • or 오어
	between~and 비트윈 ~앤드
	○ from 100 to 200 100 내지 200
내쫓다	drive out 드라이브 아웃 • bundle off 번들 어프
내키다	feel like 필 라이크 • have a mind 해브 어 마인드
내통	secret communication 씨크릿 커뮤니케이션
내포	connotation 카너테이션 (논리학)
	involvement 인벌브먼트
내핍	austerity 어스테러티
내한(의)	coldproof 콜드프루프
내후년	the year after next 디 이어 애프터 넥스트
냄비	pot 팟
냄새	smell 스멜
냅다	with force 위드 포스 • hard 하드
	○ give a hard blow 냅다 후려치다
냅킨	napkin 냅킨
냇가	streamside 스트림사이드
냇물	stream 스트림
냉각	cooling 쿨링 • refrigeration 리프리저레이션
냉담	coolness 쿨니스 • indifference 인디퍼런스
냉난방	air-conditioning 에어 컨디셔닝
냉동	refrigeration 리프리저레이션
냉방	air conditioning(cooling) 에어 컨디셔닝(쿨링)
냉소	sneer 스니어 • derision 디리전
냉수	cold water 콜드 워터
냉장고	refrigerator 리프리저레이터

냉정	composure 컴포우저 ● serenity 시레너티
	cold-heartedness 콜드 하티드니스
냉정한	cool-headed 쿨 헤디드
	○ calm judgments 냉정한 판단
	cold 콜드 ● cold-hearted 콜드 하티드
	○ a cold-hearted person 냉정한 사람
냉철	cool-headedness 쿨헤디드니스
냉큼	quickly 퀵클리
냉혈	cold-bloodedness 콜드블러드니스
냉혹한	cruel 크루얼
너	you 유 ● your 유어 (너의)
너구리	racoon 래쿤
너끈하다	be equal to 비 이퀄 투
	be competent for 비 컴피튼트 포
너덜너덜	fluttering 플러터링 ● in tatters 인 태터스
너도나도	both you and I 보스 유 앤 아이
너도밤나무	beech 비취
너무	too 투 ● too much 투 머치
	○ work too hard 일을 너무 하다
너무하다	(be) unreasonable (비) 언리즈너블
	(be) too bad (비) 투 배드
	○ That's too much 그건 너무하다
너스레	sly jest 슬라이 제스트
	○ talk nonsense 너스레를 떨다
너절한	shabby 쉐비 ● worn out 원 아웃
너털웃음	loud laugh 라우드 래프 ● guffaw 거포
너트	nut 넛
넉넉한	enough 이너프 ● sufficient 서피션트
	○ have ample measure 치수가 넉넉하다
넉살	shamelessness 쉐임리스니스 ● impudence 임퓨든스
	○ have the impudence to (do) 넉살좋게도 ~하다
넋	soul 소울 ● spirit 스피릿
넋두리	complaint 컴플레인트 ● grumble 그럼블

넌더리	aversion 어버젼 • dislike 디스라이크
	◉ be disgusted with 넌더리 나다
넌지시	secretly 시크릿틀리 • indirectly 인다이렉틀리
널다	spread out 스프레드 아웃
널리	widely 와이들리 ◉ be widely known 널리 알려져 있다
넓은	extensive 익스텐시브 • wide 와이드
넓이	width 윗쓰 • extent 익스텐트
넓히다	enlarge 인라지 • expand 익스팬드
넘기다	pass over 패스 오버 • transfer 트랜스퍼 (양도)
넘다	cross 크로스 • go across 고우 어크로스
	◉ go over a mountain 산을 넘다
넘버	number 넘버
넘어뜨리다	knock (throw) down 넉(쓰로) 다운
넘어지다	fall 폴 • come down 컴 다운
넘치다	overflow 오버플로우 • brim over 브림 오버
넙치	flatfish 플랫피쉬
넝마	rag 래그 • tatter 태터
넣다	put in 풋 인 • take in 테이크 인
네거리	crossroad 크로스로드
네덜란드	Netherlands 네덜런즈 • Holland 홀랜드 (속칭)
네모	square 스퀘어
네모지다	be square 비 스퀘어
녀석	fellow 펠로우 • boy 보이
년	women 우먼 • bitch 비취
노고	labor 레이버 • pain 페인
노곤하다	be tired 비 타이어드
노골적	out-spoken 아웃스포큰 • undisguised 언디스가이즈드
	◉ plainly 노골적으로
노다지	rich mine 리치 마인 • bonanza 버낸저 (미)
	◉ strike a bonanza 노다지를 캐다
노대	balcony 밸커니
노동	labor 레이버 • work 워크
노랑	yellow 옐로우

노래	song 송
노래하다	sing 싱 ○He is a good singer 그는 노래를 잘한다
노려보다	glare at 글레어 앳
노력	effort 에포트
노련함	being experienced 빙 익스피리언스트
	○masterly skill 노련한 솜씨
노령	old age 올드 에이지
노름	gambling 갬블링
노리다	stare at 스테어 앳 • watch 왓치
	○watch for a chance 기회를 노리다
노망	dotage 도우티지
노면	road surface 로드 서피스
노벨상	Nobel prize 노벨 프라이즈
	○nobel prize winner 노벨상 수상자
노상	on the road 온 더 로드 ○highwayman 노상강도 all the time 올 더 타임 • always 올웨이즈 (항상)
	○always read books 노상 책만 읽다
노선	route 루트 • line 라인
노소	young and old 영 앤 올드
노쇠	infirmity of old age 인퍼머티 어브 올드 에이지
노숙	sleeping outdoors 슬리핑 아웃도어즈 sleep in the open 슬립 인 디 오픈
노예	slave 슬레이브
노을	aglow 어글로우
노이로제	neurosis 누어로우시스
노인	old man 올드 맨
노점	street stall 스트릿 스톨
	○open a street stall 노점을 벌이다
노처녀	old maid 올드 메이드 • spinster 스핀스터
노출	expose 익스포우즈
노크	knock 낙
노파	old woman 올드 우먼
노하다	get angry 겟 앵그리

노화	aging 에이징 ● growing old 그로잉 올드
노후	superannuation 슈퍼애뉴에이션
	decrepitude 디크리퍼튜드
	one's old age 원스 올드 에이지
	◎ provide for one's age 노후에 대비하다
녹	rust 러스트 ● tarnish 타니쉬 ◎ rusty 녹슨
녹내장	glaucoma 글로코우머
녹다	melt 멜트
녹말	starch 스타치
녹색	green 그린
녹슬다	get rusty 겟 러스티
	become dull(weaken) 비컴 덜(위큰)
녹음	the shade of tree 더 쉐이드 어브 트리
	bower 바우어 ● sound recording 사운드 레코딩
	transcription 트랜스크립션
녹이다	melt 멜트 ● fuse 퓨즈 ◎ melt iron 철을 녹이다
녹지	green tract of land 그린 트랙 어브 랜드
녹초가되다	all tattered 올 태터드 ● worn out 원 아웃
	◎ be utterly worn-out 피로해서 녹초가 되다
녹화	tree-planting 트리 플랜팅 ● afforestation 어포리스테이션
	telerecording 텔러리코딩(TV) ● rice field 라이스 필드
	◎ till a rice field 논을 갈다
논고	the prosecutor's final 더 프라시큐터스 파이널
논두렁	a ridge between rice fields 어 리지 비트윈 라이스 필즈
논란	adverse criticism 애드버스 크리티시즘
논리	logic 라직 ◎ logical 논리적인 / logically 논리적으로
논문	treatise 트리티스 ● paper 페이퍼 ● essay 에세이
논설	discourse 디스커어스 ● comment 커멘트
	leading article 리딩 아티클
논쟁	controversy 컨트러버시 ● argument 아규먼트
논하다	dispute 디스퓻 ● argue 아규
놀라게하다	surprise 써프라이즈 ● amaze 어메이즈
놀라다	be surprised 비 서프라이즈드

놀리다	tease 티즈 ● make fun of 메익 펀 어브 play a joke on 플레이 어 조크 온 ○ Are you kidding me? 나를 놀릴 셈이야?
놀이터	playground 플레이그라운드
놈	fellow 펠로우 ● guy 가이
놋쇠	brass 브래스
농가	farmhouse 팜하우스
농간	trick 트릭 ● sly artifice 슬라이 아티피스 ○ revolve wicked designs 농간을 부리다
농구	basketball 배스킷볼
농담	joke 조크 ● jest 제스트
농도	thickness 씩니스 ● density 덴서티
농락하다	cajole 커주올 ● inveigle 인비이글 ○ make sport of a woman 여자를 농락하다
농무	dense(thick) fog 덴스(씩) 포그 ○ a thick fog came on 농무가 끼었다
농민	farmer 파머
농번기	the farmers' busy season 더 파머스 비지 시즌
농부	farmer 파머
농사	farming 파밍 ● husbandry 허즈번드리
농산물	agricultural products 애그리컬츄럴 프러덕스 farm produce 팜 프로듀스
농약	agricultural chemicals 애그리컬츄럴 케미컬즈
농업	agriculture 애그리컬쳐 ● farming 파밍
농작물	crop 크랍 ● harvest 하비스트
농장	farm 팜 ● plantation 플랜테이션
농촌	farm village 팜 빌리지 ● rural community 루럴 커뮤니티
농축	concentration 컨센트레이션 ● enrichment 인리치먼트
농토	farmland 팜랜드
농한기	the farmers' slack season 더 파머스 슬랙 시즌
농후	thickness 씩니스 ● dentisy 덴서티
높은	high 하이 ● tall 톨 ○ a high building 높은 건물
높이	height 하이트

놓다	put 풋 ● lay 레이 ● place 플레이스
놓치다	miss 미스
뇌	brain 브레인
뇌리	the brain 더 브레인 ● one's mind 원스 마인드
뇌물	bribe 브라이브 ● palm oil 팜 오일 (속)
	○ take a bribe 뇌물을 받다
뇌사	brain death 브레인 데쓰
뇌신경	cranial nerve 크레이니얼 너브
뇌염	encephalitis 인세펄라이티스
뇌우	thunderstorm 썬더스톰
뇌출혈	cerebral hemorrhage 서리브럴 헤머리지
뇌파	brain wave 브레인 웨이브
뇌하수체	pituitary 피튜어테리
누계	total 토탈 ● aggregate 어그리게잇
누구	who 후
누군가	somebody 썸바디 ● someone 썸원
누나	elder sister 엘더 시스터 ● sister 시스터
누더기	tattered clothes 태터드 클로우즈
누룩	yeast 이스트
누르다	press 프레스 ● push down 푸시 다운
누리다	enjoy 인조이 ○ enjoy happiness 행복을 누리다
누명	dishonor 디스아너 ● disgrace 디스그레이스
	○ be dishonored 누명을 쓰다
누비다	quilt 퀼트
누설	leakage 리키지 ● disclosure 디스클로우저
	○ let out a secret 비밀을 누설하다
누수	water leakage 워터 리키지
누에	silkworm 실크웜 ○ cocoon 누에고치
누이	sister 시스터 ● elder sister 엘더 시스터
누적	accumulation 어큐물레이션
누전	electric leakage 일렉트릭 리키지
누추한	filthy 필씨 ● squalid 스꽐리드
눅눅한	damp 댐프 ● moist 모이스트 ● wet 웻

눈	eye 아이(目) • snow 스노우(雪)
눈가	the eye rims 디 아이 림스
눈감아주다	overlook 오버룩 • wink at 윙크 앳
	◎ overlook an offense 죄를 눈감아주다
눈곱	eye discharges 아이 디스차지 • eye mucus 아이 뮤커스
눈금	graduations 그래쥬에이션즈 (온도계)
	scale 스케일 (저울)
눈꺼풀	eyelid 아일리드
눈대중	eye measure 아이 메져
눈동자	pupil 퓨플 • the apple of the eye 디 애플 어브 디 아이
눈매	the shape of one's eyes 더 쉐입 어브 원스 아이즈
	◎ have beautiful eyes 눈매가 곱다
	◎ charming eyes 귀여운 눈매
눈물	tear 티어
눈물겨운	tearful 티어풀 • sad 새드
눈물짓다	weep 위프 • shed tears 쉐드 티어즈
눈보라	snowstorm 스노우스톰
눈부신	dazzling 대즐링 • glaring 글레어링
	◎ be dazzling white 눈부시게 희다
눈사람	snowman 스노우맨
눈사태	avalanche 애벌런취 • snow-slide 스노우슬라이드
눈시울	the edge of an eyelid 디 앳지 어브 언 아일리드
	◎ be moved to tears 눈시울이 뜨거워지다
눈싸움	snow-ball fight 스노우 볼 파이트
	snowfight 스노우파이트
눈썹	eyebrow 아이브라우
눈알	eyeball 아이볼
눈엣가시	eyesore 아이소어
눈요기	feasting one's eye 피스팅 원스 아이
눈짓	wink 윙크 ◎ exchange glances 서로 눈짓을 하다
눈치	sense 센스 • sign 사인
눌리다	be squeezed 비 스퀴즈드 • be pressed 비 프레스트
눕다	lie down 라이 다운

	lay oneself down 레이 원셀프 다운
	○ lie in one's bed 자리에 눕다
눕히다	lay down 레이 다운 ○ knock down 때려눕히다
뉘우치다	regret 리그렛 ● repent 리펜트
느글거리다	feel sick 필 식
느긋한	comfortable 컴퍼터블 ● carefree 캐어프리
느끼다	feel 필
느낌	touch 터치 ● feel 필
	○ a sensation of weariness 피곤한 느낌
느닷없이	suddenly 서든리 ● abruptly 앱럽틀리
	unexpectedly 언익스펙티들리
느릅나무	elm 엘름
느린	slow 슬로우 ○ a slow pace 느린 걸음
느림보	laggard 래거드 ● dawdler 도들러
느릿느릿	slowly 슬로울리 ● sluggishly 슬러기쉴리
느슨한	loose 루스 ● slack 슬랙 ○ a slack rope 느슨한 밧줄
느티나무	zelkova 젤코버
늑골	rib 립 ● costa 코스타
늑대	wolf 울프
늑막	pleura 플루어러
늑장부리다	dawdle 도들 ● linger 링거
늘	always 올웨이즈 ● ever 에버 ● all the time 올 더 타임
	○ He is ever the same 늘 그가 변함이 없다
늘다	increase 인크리스 ● grow 그로우
늘리다	increase 인크리스 ● add 애드
늘어나다	lengthen 렝쓴 ● grow longer 그로우 롱거
	○ rubber stretches easily 고무는 잘 늘어난다
늘어놓다	scatter about 스캐터 어바웃
	put in disorder 풋 인 디스오더 ● arrange 어레인지(배열)
늘어뜨리다	hang down 행 다운 ● suspend 서스펜드
	dangle 댕글
늘어서다	stand in a row 스탠드 인 어 로 ● line up 라인 업
늘어지다	hang down 행 다운 ● droop 드룹

늙다	grow old 그로우 올드 • age 에이지
늙은이	old man 올드 맨
늠름한	dashing 대쉥 • gallant 갤런트 • manly 맨리
	○ a manly mien 늠름한 기상
능구렁이	yellow spotted serpent 옐로우 스팟티드 서펀트 (동물)
	crafty person 크래프티 퍼슨 (사람)
능란하다	dexterous 덱스터러스 • adroit 어드로잇
능력	ability 어빌리티 • capability 캐퍼빌러티
	○ intellectual capacity 지적능력
능률	efficiency 이피션시 ○ efficient 능률적인
능숙하다	skilled 스킬드 • skillful 스킬플 • expert 엑스퍼트
능하다	excel 익셀 • be capable 비 캐퍼블
	○ He is a man of the world 만사에 능하다
늦다	be late 비 래잇 ○ at a late hour 밤늦게
늦잠	late rising 래잇 라이징 • morning sleep 모닝 슬립
늦추다	slow down 슬로우 다운 • ease 이즈
늪	swamp 스웜프 • marsh 마쉬
니그로	negro 니그로
	○ negro 경멸적으로 쓰이므로 대신 black을 씀

ㄷ

다가가다	approach 어프로취
다각적	many-sided 매니 사이디드 ● multilateral 멀티래터럴
다갈색	(yellowish) brown (예로우이쉬) 브라운
다그치다	press 프레스 ● urge 어-쥐
	● press for an answer 다그쳐 묻다
다난한	full of difficulties 비 풀 어브 디피컬티스 eventful 이벤트풀
다니다	go to and from 고우 투 앤 프롬 walk around 워크 어라운드
다다르다	arrive at 어라이브 앳 ● reach 리취
	● arrive at one's destination 목적지에 다다르다
다달이	every month 에브리 먼쓰 ● monthly 먼슬리
다락방	garret 개럿 ● attic 애틱
다람쥐	squirrel 스쿼럴
다래끼	sty(e) 스타이
	● A sty has formed in my right eye 오른쪽 눈에 다래끼가 났다
다량	a large quantity 어 라지 퀀터티 a vast amount 어 배스트 어마운트
다루다	treat 트릿 ● deal with 딜 위드 ● handle 핸들
	● handle roughly 거칠게 다루다
다른	different 디퍼런트
	● be different in size 크기가 다르다
다름아니라	no more than 노 모어 댄 ● nothing but 나씽 벗
	● Since it is you who ask it I will try my best 다름 아닌 당신의 부탁이니까 나의 힘을 다하지요
다리	bridge 브리지 ● leg 렉
	● build a bridge across 다리를 놓다
	● the leg of a table 책상다리

다리미	iron 아이언 • flatiron 플랫아이론
다림질	ironing 아이어닝
다만	only 오운리 • just 저스트 • merely 미얼리 simply 심플리
다망	pressure of work(busyness) 프레셔 어브 워크(비즈니스)
다물다	shut 셧 • close 클로우즈
	○ be silent / be shut up 입을 다물다
다발	bundle 번들 • bunch 번치
	○ a bunch of flowers 꽃다발
다부진	determined 디터민드 • resolute 리솔루트
	○ a tough guy 다부진 사람
다분히	much 머치 • to a large extent 투 어 라지 익스텐트
다섯	five 파이브
다소	large or small 라지 오어 스몰 more or less 모어 오어 레스 • somewhat 썸왓
다수	a large number 어 라지 넘버 • multitude 멀티튜드
다슬기	marsh snail 마쉬 스네일
다시	again 어갠 ○ once again 다시 한 번
다시마	kelp 켈프 • sea tangle 시 탱글
다음	next 넥스트 • following 팔로잉
다음날	the following(next) day 더 팔로잉 데이
다음해	the following(next) year 더 넥스트 이어
다이아몬드	diamond 다이어먼드
다이얼	dial 다이얼
다작하다	produce abundantly 프로듀스 어번던틀리
다재	versatile talents 버서틀 탤랜츠 versatility 버서틸러티
다지다	make sure 메익 슈어
다짐	promise 프라미스 • assurance 어슈어런스
다짜고짜로	peremptorily 프렘토릴리 • arbitrarily 아비트레럴리
	○ without notice 예고 없이
다치다	hurt oneself 허트 원셀프 • get wounded 겟 운디드
다크 호스	dark horse 다악 호스 • sleeper 슬리퍼 (미)

다투다	quarrel 쿼럴 ● argue 아규우
다툼	quarrel 쿼럴 ● argument 아규먼트
다하다	exhaust 이그조스트 (고갈) ● finish 피니쉬
	accomplishment 어컴플리시먼트
다행	luck 럭 ● good fortune 굿 포춘
닥치는대로	at random 앳 랜덤 ● rondomly 랜덤리
닥치다	draw near 드로 니어 ● impend 임펜드
	○ The appointed time is close at hand 약속 시간이 닥치다
닦다	clean 클린 ● polish 폴리시 (윤내다)
	wipe 와이프 (훔치다) ● dry 드라이 (말리다)
닦달하다	rebuke 리뷰크 ● scold 스콜드
단가	unit price(cost) 유닛 프라이스(코스트)
	○ reduce the unit cost of an item 단가를 절감하다
단결	unity 유니티 ● union 유니언 ● combination 컴비네이션
단계	step 스텝 ● phase 페이즈
	grade 그레이드 ● level 레벌 (등급)
단골	custom 커스텀 ● customer 단골손님
단념	abandonment 어밴던먼트
단념하다	abandon 어밴던 ● give up 기브 업
단단한	hard 하드 ● solid 솔리드
	○ a firm resolution 단단한 결심
단단히	hard 하드 ● solidly 솔리들리 ● tightly 타이틀리
	○ shut the door tight 문을 단단히 잠그다
단독	independence 인디펜던스 ● singleness 싱글니스
	○ single 단독의
단란하다	harmonious 하모우니우스
단련	temper 템퍼 (쇠붙이) ● training 트레이닝 (심신)
단련하다	temper 템퍼 ● train 트레인
	○ temper iron 쇠를 단련하다
단면	section 섹션
단명	short life 숏 라이프 ● early death 어얼리 데쓰
단무지	pickled radish 피클드 래디쉬
단발	short hair 숏 헤어 ● crop 크랍

단백질	protein 프로테인
단벌	one's only suit 원스 오우리 수웃
단서	proviso 프로바이조우
	○ add the proviso 단서를 붙이다
단속	control 컨트롤 • regulation 레귤레이션
	crackdown 크랙다운
단속하다	control 컨트롤 • regulate 레귤레이트
	crack down on 크랙 다운 온
단순	simplicity 심플러시티
단순한	simple 심플 • plain 플레인
	○ simply 단순히 / a simple idea 단순한 생각
단숨에	at a stretch 앳 어 스트렛치 • at a breath 앳 어 브레쓰
	○ finish one's work straight out 단숨에 일을 끝내다
단식하다	fast 패스트 • observe a fast 옵저브 어 패스트
단안	decision 디시전 • conclusion 컨클루전
단애	precipice 프레서피스 • cliff 클리프
단어	word 워드 • vocabulary 버캐버러리
단언	declaration 데클러레이션 • assertion 어서션
단연	decisively 디사이시블리 • flatly 플래틀리
	○ refuse flatly 단연 거절하다
단위	unit 유닛 • denomination 디나모네이션
	○ a monetary unit 화폐의 단위
단일	singleness 싱글니스
단잠	sweet sleep 스윗 슬랍
단장	make-up 메이컵 (화장) • toilet 토일릿
	decoration 데코레이션 (장식)
단절	extinction 익스팅션 (가문 따위의)
	severance 세버런스 (국교의) • interruption 인터럽션 (중단)
	○ the severance of diplomatic relations 국교의 단절
단점	weak point 위크 포인트 • fault 폴트 • defect 디펙트
	○ make up for one's defects 단점을 고치다
단지	simply 심플리 • merely 미얼리 • only 오운리
	○ be merely a question of time 단지 시간의 문제이다

단짝	intimate friend 인터밋 프렌드 • chum 첨
단체	group 그룹 • company 컴퍼니
	corporation 코퍼레이션 (조직체)
	community 커뮤니티 (사회)
	organization 오가니제이션 (법인체)
	○ dissolve an organization 단체를 해산하다
단추	button 버튼 • stud 스터드
	○ put on buttons 단추를 달다
단축	reduction 리덕션 • reduce the time 시간을 단축하다
단층	one-story 원-스토리 • dislocation 디스로케이션 (지질)
	○ a one-storied house 단층집
단편(斷片)	piece 피스 • fragment 프래그먼트
	○ fragmentary 단편적인
단편(短篇)	short story 숏 스토리
단풍	maple 메이플 (나무) • red leaves 레드 리브즈
	autumnal tints 오텀늘 틴츠 (잎)
단풍놀이	an excursion for viewing scarlet maple leaves 언 익스커젼 포 뷰잉 스칼릿 메이플 리브즈
단행하다	carry out 캐리아웃 ○ carry out a plan 계획을 단행하다
단호히	firmly 펌리 • resolutely 리솔릇틀리
	positively 퍼지티블리 ○ a flat refusal 단호한 거절
닫다	close 클로우즈 • shut 셧 ○ close the door 문을 닫다
닫히다	be shut (closed) 비 셧 (클로우즈드)
	shut 셧 • close 클로우즈
	○ shut of itself 문이 저절로 닫히다
달	moon 문 • moonlight 문라잇 (달빛) • month 먼쓰 (달력의)
달걀	egg 에그
달구경	moonlight party 문라잇 파티
달다	be sweet 비 스윗 • be sugary 비 슈거리
	○ sweet things (맛이) 단것
	get hot 겟 핫 • burn 번 • glow 글로우 (뜨거워지다)
	○ my face burns (with shame) 얼굴이 화끈 달아오르다
	put up 풋 업 • hang out 행 아웃 • hoist 호이스트 (걸다)

	○ hoist a flag 기를 달다
	attach 어탯치 • put on 풋 온 • wear 웨어 (착용하다)
	○ sew a button on (a coat) 단추를 달다
	install 인스톨 • fix 픽스 (가설하다)
	○ install(fix) a telephone 전화를 달다
	weigh 웨이 • measure 메져 (무게를)
	○ weigh in the balance 저울로 달다
달라붙다	stick to 스틱 투
달라지다	change 체인지 (변화하다) • be revised 비 리바이즈드
	be amended 비 어맨디드 (수정되다)
	○ have one's address changed 주소가 달라지다
달래다	calm down 컴 다운 • soothe 수드 • coax 콕스 (어르다)
	○ soothe a crying child 우는 아이를 달래다
달려들다	attack 어택 • spring on 스프링 온 • jump at 점프 앳
달력	calendar 캘린더
달리기	run 런 • spin 스핀
달리다	run(fall) short 런 숏 (부족)
	be incapable 비 인캐퍼블 (능력이)
	sag 색 • be tired 비 타이어드 (기운이)
	run 런 • rush 러쉬 • dash 대쉬 (뛰다)
달맞이 꽃	evening primrose 이브닝 프림로즈
	sundrops 선드랍스
달밤	moonlight night 문라잇 나잇
달성하다	accomplish 어컴플리시 • achieve 어치브
달아나다	escape 이스케잎 • run away 런 어웨이 (도망)
	speed 스피드 • scud 스커드 (빨리가다)
	○ the car sped away 차는 쏜살같이 달아났다
달아매다	hang up 행 업 • suspend 서스펜드
	sling 슬링 (매달다) • tie up 타이 업 (묶다)
달이다	boil down 보일 다운 • infuse 인퓨즈
	○ boil down medical herb 한약을 달이다
달인	master 매스터 • expert 엑스퍼트
달콤한	sweetish 스위티쉬 • sugary 슈거리 • honeyed 허니드

		○ sweet and sour 달콤새콤하다
달팽이		snail 스네일
달필		good hand 굿 핸드 (솜씨)
		skillful pen-man-ship 스킬풀 펜맨십 (글씨)
닭		chicken 치킨 ● hen 헨(암탉) ● cock 칵(수탉)
		rooster 루스터(수탉, 미)
닭고기		chicken 치킨
닮다		be like 비 라익 ● resemble 리젬블
		be similar to 비 시밀러 투
		○ bear no resemblance to 닮지 않다
닳다		wear out 웨어 아웃 ● be worn 비 온
		be rubbed off 비 럽트 어프
		○ the heels are worn down 구두 뒤축이 닳았다
담		wall 월 ● fence 펜스(울타리)
		○ a stone(brick) wall 돌담
담그다		soak 소욱 ● souse 사우스(액체에)
		○ lower oneself into a bathtub 욕조에 몸을 담그다
		salt 솔트 ● pickle 피클(절이다)
		○ pickle vegetables 김치를 담그다
담다		put in 풋 인 ● bottle 바틀 ● fill 필(어떠한 물건을)
		incorporate 인코퍼레잇 ● comprehend 컴프리헨드
		include 인클루드(사상이나 감정)
담당하다		take charge 테익 차지 ● be in charge 비 인 차지
		○ take charge of the affair 사건을 담당하다
담배		tobacco 터배코우 ● cigarette 시가렛
담배꽁초		half-smoked cigarette 해프 스목트 시가렛
담뱃대		pipe 파이프 ● tobacco pipe 터배코 파이프
담보		security 시큐러티 ● mortgage 모기지
담요		blanket 블랭킷
담쟁이		ivy 아이비
담판		negotiation 니고씨에이션 ● bargaining 바게이닝
		talks 톡스(회담)
담합		consultation 컨설테이션 ● conference 컨퍼런스

답답하다	feel heavy(tight) 필 헤비(타이트) (가슴이)
	be stuffy 비 스떠피 (장소가)
	◐ feel oppressed in one's breast 가슴이 답답하다
	◐ He is irritatingly slow 그는 답답한 녀석이다
답례	return courtesy 리턴 커터시
	◐ a return present 답례품
답보	standstill 스땐드스띨 ● stalemate 스떼일메익
답사(答辭)	reply 리플라이 ● response 리스판스
답사(踏査)하다	survey 서베이 ● explore 익스플로어
	investigate 인베스티게잇
답습	following 팔로윙
답안	a (answer) paper 어 (앤써) 페이퍼
당구	billiard 빌리어드 ● pills 필즈
당국	authority 어서리티 ● official quarter 어피셜 쿼터
당근	carrot 캐럿
당기다	pull 풀 ● draw 드로우 (끌어서) ● strain 스트레인 (팽팽히)
	◐ haul in a net 그물을 당기다
	advance 어드밴스 (날짜·시간을)
	◐ advance the date by two months 기일을 두달 당기다
당나귀	donkey 당키
당뇨병	diabetes 다이어비티스
당당히	grandly 그랜들리 ● splendidly 스플렌디들리
	magnificently 매그니피션틀리 (훌륭히) ● fairly 페얼리
	justifiably 저스터파이어블리 (떳떳이)
당돌한	blunt 블런트 ● forthright 포스라잇 ● bold 볼드
	◐ behave boldly 당돌하게 굴다
당락	the result of an election 더 리절트 어브 언 일렉션
당면하다	face 페이스 ● confront 컨프론트
	◐ the present question 당면한 과제
당번	duty 듀티 ● turn 턴 ◐ on duty 당번하다
당분간	for the present 포 더 프레즌트
	for the time being 포 더 타임 빙
당선하다	be elected 비 일렉티드

	win an election 윈 언 일렉션
	◑ be elected to the House of Representatives 국회의원에 당선하다
당수(黨首)	the party leader 더 파티 리더
당시	at that time 앳 댓 타임 ● then 덴
당신	you 유 (2인칭) ● darling 달링 ● honey 허니 (미) (부부)
당연한	rightful 라잇풀 ● proper 프라퍼 ● fair 페어 reasonable 리즈너블
당일	the day 더 데이 ● that day 댓 데이
	◑ cramming 당일치기 공부
당장	on the spot 온 더 스팟 ● immediately 이미디어틀리 at once 앳 완스
	◑ get out right now 당장 나가라
당직하다	be on duty 비 온 듀티 ● keep watch 킵 왓치
	◑ night duty pay 당직 수당
당찮다	be unreasonable 비 언리즈너블 be improper 비 임프라퍼 ● be absurd 비 앱서드
당하다	be taken in 비 테이큰 인 ● be cheated 비 취티드 experience 익스피리언스 (겪다)
	◑ experience a disaster 불행을 당하다
당혹	perplexity 퍼플렉서티 ● puzzlement 퍼즐먼트 (곤혹) confusion 컨퓨전 (혼란)
당황하다	be confused 비 컨퓨즈드 ● be upset 비 업셋
닻	anchor 앵커 ◑ weigh anchor 닻을 감다
닿다	reach 리치 ● get to 겟 투 ● arrive at 어라이브 앳 touch 터치 (접하다) ◑ reach land 육지에 닿다
대가	price 프라이스 ● cost 코스트
	◑ pay the price 대가를 치르다
대가리	the head 더 헤드 ● the jowl 더 조울 (생선)
대강	outline 아웃라인 (개요) the substance 더 서브스턴스 (골자) generally 제너럴리 ● in general 인 제너럴 approximately 어프락시매잇틀리 (대충)

대개	mostly 모스틀리 (대략) ● generally 제너럴리 (일반적으로) nearly 니얼리 ● almost 올모스트 (거의) ● usually 유절리
대견하다	take it laudable 테이크 잇 러더블 enough 이너프 (흡족) think much of 씽크 머치 어브 ● sufficient 서피션트
대결	confrontation 컨프론테이션 ● showdown 쇼다운 (미) contest 컨테스트 ● match 매치 (승부)
대구	codfish 카드피쉬
대규모	a large scale 어 라지 스케일
대금	a large sum of money 어 라지 섬 어브 머니
대기(권)	atmosphere 앳모스피어
대기하다	watch and wait 왓치 앤 웨잇 ● stand by 스탠 바이
대나무	bamboo 뱀부
대낮	the middle of the day 더 미들 어브 더 데이
대뇌	cerebrum 세러브럼
대다	put 풋 ● apply 어플라이 (닿게하다) compare 컴페어 (비교) ● touch 터치 ● lay 레이 (손을) ◎ lay one's hand on one's forehead 이마에 손을 대다 take to 테익 투 (일에 손을) ● make it 메이크 잇 (장소) ◎ pull up a car at the entrance 차를 현관에 대다 furnish 퍼니쉬 (돈, 물건) ◎ furnish a student with his school expenses 학비를 대다
대다수	a large majority 어 라지 매조리티 the most part 더 모스트 파트 ◎ hold a large majority 대다수를 차지하다
대단한	great 그레잇 ● considerable 컨시더러블 (상당한) severe 시비어 (심한)
대단히	very 베리 ● awfully 오풀리 ● remarkably 리마커블리 so 소우 ● greatly 그레잇틀리
대담	boldness 볼드니스 ● daring 데어링
대담무쌍	incomparable daring 인컴퍼러블 데어링
대답	answer 앤써 ● reply 리플라이 ● respond 리스판드 ◎ answer briskly 거침없이 대답하다

대대적	big 빅 ● extensive 익스텐시브 large scale 라지 스케일 ● sweeping 스위핑 ◎ He engaged in business on a large scale 사업을 대대적으로 했다.
대독하다	read for 리드 포
대들다	fly at 플라이 앳 ● dot 닷 ● defy 디파이
대들보	girder 거더 (건축) ● pillar 필러 (사람)
대등	equality 이퀄러티 ● parity 패러티 ◎ on equal terms 대등하게
대략	about 어바웃 ● roughly 러플리 ◎ roughly speaking 대략 말씀드리면
대량	a large quantity 어 라지 퀀티티 enormous volume 이노머스 발륨
대령	colonel 커늘 (육군) ● captain 캡틴 (해군)
대륙	continent 컨티넌트
대리석	marble 마블
대리점	agency 에이전시
대립	opposition 오퍼지션 ● confrontation 컨프론테이션
대립적	opposing 오포우징 ● rival 라이벌
대만원	full house 풀 하우스 crowed audience 크라우드 오디언스
대망(大望)	great ambition(desire) 그레잇 앰비션(디자이어) aspiration 애스퍼레이션 ◎ be full of ambition 대망을 품다
대망(待望)하다	expect 익스펙트 ● wait for 웨잇 포
대머리	bald headed person 볼드 헤디드 퍼슨
대면	interview 인터뷰 ● meeting 미팅
대명사	pronoun 프로우나운
대문	the front gate 더 프론트 게잇 the main entrance 더 메인 엔트런스
대범하다	be large-hearted 비 라지 하티드
대법원	the Supreme court 더 서프림 코트
대변(大便)	feces 피시즈 ● excrements 엑스크레먼츠

대변(代辯)하다	speak for 스피크 포
	act as spokesman of 액트 애즈 스포크맨 어브
대변(大變)	terrible accident 테러블 액시던트
	serious trouble 시리어스 트러블
대부(貸付)	loaning 로닝
대부(大富)	millionaire 밀리언에어 ● wealthy man 웰씨 맨
대부(代父)	godfather 갓파더
대부분	most 모스트 ● largely 라질리
대불(大佛)	a colossal statue of Buddha 어 컬러설 스태츄 어브 붓다
대비하다	provide 프로바이드 ● prepare 프리페어
	○ save money for one's old age 노후를 대비하여 저축하다
대사관	embassy 엠버시
대상(代償)	compensation 컴펜세이션 ● reparation 레퍼레이션
대상(對象)	object 압직트 ● target 타깃
대서양	Atlantic(Ocean) 애틀란틱
대서하다	write for 라잇 포
대세	the general situation 더 제너럴 시츄에이션 (형세)
	the general trend 더 제너럴 트랜드 (추세)
	power 파워 (권세)
	○ take the power 대세를 잡다
대수롭다	be important 비 임포턴트 ● be valuable 비 밸류어블
	○ have no regard 대수롭지 않게 여기다
대신	substitution 섭스티튜션
	replacement 리플레이스먼트 (대리 · 대용)
대신하다	take one's place 테이크 원스 플레이스
	substitute 서브스티튜웃
	○ She came in his place 그 사람 대신 그 여자가 왔다
대안	alternative plan 얼터너티브 플랜
	substitute 서브스터튜트
	○ make an alternative plan 대안을 제시하다
대야	basin 베이슨
대양	ocean 오션

대어	big fish 빅 피쉬
대여	lending 렌딩 ● loan 론
대왕	the Great King 더 그레잇 킹
대용	substitution 서브스터튜션
대우	treatment 트릿먼트 (취급) ● reception 리셉션 (접대)
	pay 페이 ● salary 샐러리 (급여)
	◐ fair treatment 공정한 대우 / pay well 대우가 좋다
대원	member 멤버
대응	facing 페이싱 ● confrontation 컨프론테이션
	opposition 오퍼지션
대자연	Mother Nature 마더 네이쳐
대장(大將)	general 제너럴 (육군·공군) ● admiral 애드머럴 (해군)
대장(隊長)	captain 캡틴 ● leader 리더
대장(臺帳)	ledger 레져 ● register 레지스터
대장간	smithy 스미씨
대전(大戰)	great war 그레잇 워
	◐ the Second World War 제2차 세계대전
대접하다	treat 트릿
대조하다	contrast 컨트래스트 ● compare 컴페어
대중	rough estimate 러프 에스티메잇 (어림)
	standard 스탠다드 (기준)
	◐ I can't make out what he is saying
	무슨 말인지 대중을 잡을 수가 없다
	◐ estimate roughly 대중 잡다
대중(大衆)	the masses 더 매시스 ● the public 더 퍼블릭
대지(大地)	the earth 디 어-쓰 ● the ground 더 그라운드
대책	countermeasure 카운터메져
	counterplan 카운터플랜
	◐ consider a counterplan 대책을 강구하다
대체로	generally 제너럴리
대추	jujube 주줍
대출	lending 렌딩 ● loan 로운 (금전)
대충	almost 올모스트 ● nearly 니얼리 ● about 어바웃

	roughly 러플리	
	○ make a rough estimate of expense	
	대충 예산을 잡아보다	
대통령	the President 더 프레지던트	
대파(大破)하다	be greatly damaged 비 그레잇틀리 데미지드	
	be wrecked 비 렉트 (손해를 입다)	
대패	plane 플레인	
대포(大砲)	gun 건 ● cannon 캐넌 (병기) ● artillery 아틸러리	
대표	representation 리프레젠테이션 (대표함)	
	representative 리프리젠터티브 (대표자)	
대피하다	shunt 션트 (철도) ● take shelter 테익 쉘터 (공습따위)	
대필	ghostwriting 고스트라이팅	
대하	large river 라지 리버 ○ a river novel 대하소설	
대하다	face 페이스 ● confront 컨프론트 (마주보다)	
	receive 리시브 (응대하다)	
대학	university 유니버시티 (종합대학)	
	college 컬리쥐 (단과대학)	
대합	clam 클램	
대합실	waiting room 웨이팅 룸 (역 등) ● lobby 라비 (은행 등)	
대항	opposition 어포지션 ● rivalry 라이벌리	
대해	ocean 오션	
대화	conversation 컨버세이션	
대회	great meeting 그레잇 미팅 (큰모임) ● rally 랠리 (총회)	
	conference 컨퍼런스 (회의)	
	tournament 토너먼트 (경기)	
	○ hold a mass meeting 대회를 열다	
댐	dam 댐 ○ a multipurpose dam 다목적 댐	
더군다나	besides 비사이즈 ● moreover 모어오버	
더듬다	grope 그로웁 (손으로) ● trace 트레이스 (근원을)	
	stammer 스태머 ● stumble 스텀블	
	stutter 스터터 (말을)	
	○ I panicked and kept stumbling over my words	
	초조해서 말을 더듬었다	

더딘	slow 슬로우 ● tardy 타디
	○ be slow of foot 걸음이 더디다
더러운	dirty 더티 ● unclean 언클린(불결)
	indecent 인디센트(추잡)
더러워지다	be stained 비 스테인드 ● be soiled 비 소일드
	be polluted 비 펄루티드
더럽히다	stain 스테인 ● soil 소일 ○ soil a book 책을 더럽히다
더부살이	living-in servant 리빙 인 서번트
	resident servant 레지던트 서번트
더불어	together 투게더 ● with 위드
더욱	more 모어 ● all the more 올 더 모어
더욱이	besides 비사이즈 ● moreover 모어오버
더운물	hot(warm) water 핫(웜) 워터
더위	the heat 더 히트 ● hot weather 핫 웨더
	○ stand the heat 더위를 견디다
덕	virtue 버츄 ● morality 모럴러티
	○ a virtuous man 덕이 높은 사람
덕분	indebtedness 인데티드너스
덕지덕지	layer after layer 레여 애프터 레여 ● thick 씩
	○ be covered thick with dirt 때가 덕지덕지끼다
던지다	throw 쓰로우(내던지다) ● toss 토스(위로)
	○ throw a ball 공을 던지다
덜덜	trembling 트렘블링 ○ tremble for fear 무서워서 덜덜 떨다
덜렁거리다	tinkle 팅클 ● jingle 징글 ● clink 클링크(소리)
	be restless 비 레스트리스
	conduct oneself flippantly
	컨덕트 원셀프 플리펀틀리 (행동)
덜렁이	careless person 캐얼리스 퍼슨
덜컥	suddenly 서든리 (의외로 빨리)
	○ die suddenly 갑자기 죽어버리다
	thump 썸프 ● plump 플럼프 (소리)
	○ bump down 덜컥 떨어뜨리다
덤	extra 엑스트라 ● addition 어디션

덤불	thicket 씨킷 ● bush 부시 ● a thorny bush 가시덤불
덤비다	attack 어택 ● spring on 스프링 온
	○ spring at with tiger-like ferocity 비호같이 덤비다
	be hasty 비 헤이스티 (서둘다)
	○ don't be so hasty 덤비지 마라
덥다	be hot (warm) 비 핫(웜)
덧나다	take a bad turn 테익 어 배드 턴
	○ one's condition takes a turn for the worse 병이 덧났다
	grow on top 그로우 온 탑 (이가)
덧니	side tooth 사이드 투쓰 ● snaggle-tooth 스내글-투쓰
덧붙이다	add to 애드 투 (보탬) ● attach 어탯치 (붙임)
덧셈	addition 어디션
덧없는	short-lived 숏리브드 ● transient 트랜션트
	vain 베인 (허무한)
덩굴	vine 바인
덩어리	lump 럼프 (뭉쳐진) ● clump 클럼프 ● cluster 클러스터 (떼)
덩치	bulk 벌크 ● size 사이즈 ● volume 발륨
덫	trap 트랩 ● snare 스네어 ○ set a trap 덫을 놓다
덮다	cover 커버 ● veil 베일 (씌우다) ● hide 하이드 (숨기다)
	conceal 컨실 (은폐) ● shut 셧 (닫다)
	○ put on a quilt 이불을 덮다
덮어놓고	without any reason 위다웃 애니 리즌
	causelessly 커즈리슬리
	○ hit without giving any explanation
	덮어놓고 사람을 치다
덮어씌우다	cover 커버 ● put 풋 (가림) ● charge 촤지 (죄를)
	○ put the guilt on 죄를 덮어씌우다
덮치다	hold down 홀드 다운
	force down 포스 다운 (겹쳐누르다)
	attack 어택 ● raid 레이드 ● fall on 폴 온 (습격하다)
	○ a storm overtook the ship 폭풍우가 그 배를 덮쳤다
데굴데굴	rolling 롤링 ● rumbling 럼블링
	○ tumble down the stairs 계단에서 데굴데굴 굴러 떨어지다

데릴사위	son-in-law taken into the family 선인로 테이큰 인투 더 패밀리	
데모	demonstration 데몬스트레이션 ● rally 랠리	
도가니	crucible 크루서블	
도감	pictorial book 픽토리얼 북	
도구	tool 툴 ● instrument 인스트루먼트 ● appliance 어플라이언스	
도깨비	bogy 보우기 ● bugaboo 버가부 ● bugbear 벅베어	
도끼	ax(e) 액스 ● hatchet 해칫 (손도끼)	
도난	robbery 라버리 ● theft 쎄프트	
도달	arrival 어라이벌	
도대체	in the world 인 더 월드 ● on earth 온 어스	
	◯ What on earth does he mean? 도대체 그는 무슨 말을 하고 있는가	
도덕	morality 모럴리티 ● ethics 에씩스 ● morals 모럴즈	
	◯ public morals 공중도덕	
도도한	arrogant 애러건트 ● haughty 호티	
도둑	thief 씨프 ● burglar 버글러 ● robber 라버	
	◯ be stolen / be robbed 도둑맞다	
도둑질하다	steal 스틸 ● rob of 랍 어브	
도라지	broad bellflower 브로드 벨플라워	
도락	dissipation 디서페이션 ● prodigality 프라더갤러티 (방탕)	
	pleasure 플레져 ● hobby 하비 ● pastime 패스타임 (취미)	
도랑	ditch 딧치 ● drain 드레인 ● gutter 거터	
	◯ clear out a ditch 도랑을 치다	
도래(渡來)	visit 비짓 (사람) ● introduction 인트로덕션 (사물)	
	◯ the introduction of Buddhism 불교의 도래	
도래(到來)	arrival 어라이벌 ● advent 어드벤트	
도려내다	scoop out 스쿱 아웃 ● gouge 가우지	
도련님	young master 영 마스터 (주인의 아들)	
	unmarried younger brother of one's husband 언메리드 영거 브라더 어브 원스 허즈번드 (시동생)	
도로	road 로드 ● way 웨이	
도로아미타불	relapse 릴랩스 ● setback 쎗백	

도르래	pulley 풀리
도리	reason 리즌 ● propriety 프로프라이어티 (이치)
	◌ in reason 도리상
	◌ be unreasonable 도리에 벗어나다
	way 웨이 ● method 메쏘우드 (방도)
	duty 듀티 (의리)
	◌ filial duty 자식의 도리
도리어	on the contrary 온 더 컨트러리
	instead 인스테드 (반대로) ● rather 래더
	all the more(better) 올 더 모어(베러) (오히려)
	◌ It does more harm than good
	좋기는커녕 도리어 해롭다
도마	kitchen board 키친 보드
	chopping board 차핑 보드
도마뱀	lizard 리자드
도망	escape 이스케잎 ● flight 플라이트 ● runaway 런어웨이
도망하다	escape 이스케잎 ● run away 런 어웨이
도매상	wholesaler 호울쌜러 ● factor 팩터 (영)
도면	drawing 드로잉 ● sketch 스켓치
도모하다	plan 플랜 ● devise 디바이즈 ● scheme 스킴
	◌ They devise nothing but seek their own interests
	그들은 다만 사리만을 도모했을 뿐이었다
도무지	utterly 어털리 ● entirely 인타이얼리
	absolutely 앱솔룻틀리
	◌ I have absolutely no time for reading
	독서할 시간이 도무지 없다
도미	sea bream 시 브림
도박	gambling 갬블링
도보	walking 워킹
도산(逃散)	dispersion 디스퍼젼
도산(倒産)	bankruptcy 뱅크럽시 ● failure 페일러
도상	roadbed 로드베드 (철도)
도서(圖書)	books 북스 ● publication 퍼블리케이션 (간행물)

	literature 리터러처(문학)
도서(島嶼)	island 아일런드
도선장	ferry 페리
도시	city 시티
도시락	lunch box 런치 박스 • lunch package 런치 팩키지
도안	design 디자인 • sketch 스켓치
도약	jump 점프 • spring 스프링 • leap 맆
도어	inversion 인버젼
도요새	snipe 스나이프 • longbill 롱빌
도움	help 헬프 • assistance 어시스턴스(조력)
	support 서포트(후원)
	reinforcement 리인포스먼트(응원)
	rescue 레스큐(구조) • relief 릴리프(구원)
도입하다	introduce 인트로듀스
	⊙ the introduction of technology 기술도입
도자기	ceramic ware 세라믹 웨어 • pottery 파터리
도장(圖章)	seal 실 • stamp 스탬프 ⊙ engrave a seal 도장을 파다
도저히	at all 앳 올 • by no means 바이 노 민즈
도전	challenge 챌린지 • defiance 디파이언스
도전하다	challenge 첼린지 • battle to 배틀 투
도주	fleeing 플리잉
도중	on the way 온 더 웨이 • on the road 온 더 로드
도지다	extreme 익스트림 • intense 인텐스
	relapse 릴랩스 • grow 그로우
	⊙ His condition grows worse 그의 병세가 도졌다
도착	arrival 어라이벌
도착하다	arrive 어라이브 • reach 리치 • get to 겟 투
	⊙ arrive in seoul 서울에 도착하다
도처	everywhere 에브리웨어 • all over 올 오버
도청	wiretapping 와이어태핑
도출	deduction 디덕션
도취	intoxication 인탁시케이션 • fascination 패서네이션
도태	selection 실렉션

도토리	acorn 애이컨
도피	escape 이스케잎 • evasion 이베이젼
도화지	drawing paper 드로잉 페이퍼
도회	city 시티
독	jar 자 • vat 뱃(양조, 염색용)
	○ He is like a rat in a trap 그는 독안에 든 쥐다
독(毒)	poison 포이즌 ○ neutralize a poison 독을 제거하다
독감	influenza 인플루엔자 • bad cold 배드 콜드 • flu 플루
독단	arbitrary decision 아비트레어리 디시젼
	dogmatism 도그매티즘
독려	encouragement 인커리지먼트
독립	independence 인디펜던스
독방	single room 싱글룸
독백	monolog 모놀로그 • soliloquy 설릴러퀴
독보적	unique 유니크 • unrivaled 언라이벌드
독본	reader 리더
독사	viper 바이퍼 • venomous snake 베너머스 스네이크
독살	poisoning 포이즈닝 (죽임)
	venomousness 베너머스니스 (살기)
독서	reading 리딩
독선	self-righteousness 셀프-라잇쳐스니스
	self-complacence 셀프 컴플레이슨스
독설	stinging tongue 스팅잉 텅
	○ wag one's slanderous tongue 독설을 퍼붓다
독소	toxin 탁신
독수리	eagle 이글
독신	single life 싱글 라이프 • celibacy 셀러버시
독신자	single person 싱글 퍼슨 • bachelor 베츨러(남자)
	spinster 스핀스터(여자)
독약	poison 포이즌
독자(讀者)	reader 리더 • subscriber 서브스크라이버(구독자, 회원)
독자(獨子)	the son only 더 선 오운리
독자(獨自)	one's self 원스 셀프

독재	dictatorship 딕테이러쉽
독점	monopoly 머나펄리 • monopolization 머나펄리제이션
독주	recital 리사이틀 • solo 솔로
독차지	exclusive possession 익스클루시브 퍼제션
독창(獨唱)	(vocal) solo (보컬) 솔로 • recital 리싸이틀
독창(獨創)	originality 어리저낼러티
	○ He is rich in originality 그는 독창성이 풍부하다
독촉	urging 어-징 • demand 디멘드 • pressing 프레싱
독특한	unique 유니크 • peculiar 피큘려
독학	self-teaching 셀프티칭
	self-education 셀프 에듀케이션
독후감	one's impressions of a book 원스 임프레션스 어브 어 북
돈	money 머니 • cash 캐시 • currency 커런시
	coin 코인
돈가스	pork cutlet 포크 커틀릿
돈벌이	money-making 머니 메이킹
돈줄	financial resource 파이낸셜 리소우스
	a line of credit 어 라인 어브 크레딧
	○ find a supplier of funds 돈줄을 잡다
돈지갑	purse 퍼스 • pocketbook 파겟북 • wallet 월릿
돋구다	make higher 메익 하이어 • simulate 스티뮤레이트
	stir up 스터 엎
돋보기	reading glasses 리딩 글래시즈
	magnifying glasses 매그너파잉 글래시즈
돋보이다	look better 룩 베터
돋우다	raise 레이즈 • exalt 이그졸트 (기운, 용기)
	○ turn up the wick 심지를 돋우다
	excite 익사잇 (감정따위)
	stimulate 스티뮬레잇 (식욕을 돋우다)
돌	stone 스톤 ○ be stony 돌이 많다
돌격	dash 대시 • rush 러시
	○ rush at the enemy's position 적의 진지에 돌격하다
돌고래	dolphin 돌핀

돌기	projection 프러젝션 ● protrusion 프로트루전
돌다	turn 턴 ● spin 스핀 (회전) ● circulate 서큘레이트 (순환)
돌담	stone wall 스톤 월
돌려주다	return 리턴 ● give back 기브 백 ● send back 센드 백
돌리다	turn 턴 ● revolve 리발브 ● roll 롤 ● spin 스핀 (회전)
	◐ turn a handle 핸들을 돌리다
돌멩이	stone 스톤
돌발	outbreak 아웃브레이크 ● suddenly 서든리 (돌발적으로)
	unexpectedly 어닉스펙티들리
돌보다	care for 캐어 포 ● take care of 테익 캐어 어브
	◐ take care of child 어린애를 돌보다
돌부처	stone Buddha 스톤 부다 (석상)
	creature with a stony heart
	크리에이처 위드 어 스토니 허트 (감정없는 사람)
	stubborn person 스터번 퍼슨 (고집이 센사람)
돌아가다	return 리턴 ● go back 고우 백
	◐ return home 집으로 돌아가다
	go round 고우 라운드 (우회)
돌아다니다	wander about 원더 어바웃
	walk(go) about 워크(고우) 어바웃
	◐ wander about in the streets 거리를 이리저리 돌아다니다
돌아보다	look back 룩 백 (뒤를)
	look back upon 룩 백 어펀 (회상)
	◐ look back upon one's school days 학창시절을 돌아보다
	make a round 메이커 라운드 (살피며 돌다)
	◐ visit(go) round a factory 공장을 돌아보다
돌아서다	turn on one's heels 턴 온 원스 힐즈 (뒤로)
	turn one's back on 턴 원스 백 온
	turn against 턴 어겐스트 (등지다)
돌연	suddenly 서든리 ● all of a sudden 올 어브 어 서든
돌입	inrush 인러시 ● storm 스톰
	◐ dash into the enemy's position 적진에 돌입하다
돌진	rush 러시 ● onrush 온러시 ● dash 대시

돌출	projection 프로젝션 ● protrusion 프로트루전
돌파	break(smash) through 브레이크(스매시) 쓰루 (깨뜨림)
	pass 패스 (초과) ● surmount 서마운트
	overcome 오버컴 (극복)

- overcome the difficulty 난관을 돌파하다
- pass the 900 won mark 900원대를 돌파하다
- break through the enemy's line 적의 방어선을 돌파하다

돌팔매	throwing stone 쓰로잉 스톤
돌팔이의사	quack 쿠엑 ● charlatan 샬러턴
돌풍	gust 거스트 ● strong blast 스트롱 블래스트
돔	dome 도움
돕다	help 헬프 ● relieve 릴리브 (구제)
	promote 프로모웃 (조장)

- help in his work 일을 돕다
- relieve the poor 가난한 사람을 돕다

돗자리	mat 맷
동거하다	live together 리브 투게더
동결	freezing 프리징
동경	yearning 여어닝 ● longing 롱잉 ● aspiration 애스퍼레이션
동경하다	long 롱 ● yearn 여언

- yearn for city life 도시생활을 동경하다

동공	pupil 퓨플
동굴	cave 케이브
동그라미	circle 서클
동급생	classmate 클래스매잇
동기	motive 모우티브 ● a mixed motive 불순한 동기
동나다	run out 런 아웃 ● be exhausted 비 이그조스티드
동댕이치다	throw away 쓰로우 어웨이 (내던지다)

- throw away the book in anger 화가 나서 책을 동댕이치다

throw up(over) 쓰로우 업(오버) (그만두다)

- throw over one's job 일자리를 동댕이치다

동떨어지다	be far(distant) 비 파(디스턴트)
	be irrelevant 비 이렐러번트 (관계가)

동란	disturbance 디스터번스 ● commotion 커모우션
	riot 라이엇　◎ cause a riot 동난을 일으키다
동력	power 파워
동료	associate 어소시에잇 ● colleague 칼리그
동맥	artery 아터리
동맹	union 유니온 ● alliance 얼라이언스 ● league 리그
동면	winter sleep 윈터 슬립 ● hibernation 하이버네이션
동물	animal 애니멀
동반	company 컴퍼니
동백꽃	camellia 커밀려
동사(動詞)	verb 버브
동사(凍死)	death from cold 데스 프롬 콜드
동산(動産)	movable property 무버블 프라퍼티
	personalty 퍼스널티
동상	bronze statue 브론즈 스태츄
	◎ erect a statue 동상을 세우다
동상(凍傷)	frostbite 프로스트바잇 ● chilblains 칠블레인
동서(東西)	the east and the west 디 이스트 앤 더 웨스트
동시	the same time 더 세임 타임
	◎ simultaneously 동시에
동안	during 듀어링 ● for 포 ● while 와일
	◎ for a little while 잠깐 동안 / meanwhile 그동안
동안(童顔)	boyish face 보이시 페이스
동양	orient 오리엔트 ● the east 디 이스트
동여매다	bind 바인드 ● tie 타이 ● fasten 페이슨
동요(童謠)	children's song 취일드런즈 송
동요(動搖)	unsettledness 언세틀드니스 (불안정)
	agitation 애지테이션 ● disturbance 디스터번스 (소요)
	unrest 언레스트 (인심의)
	◎ People are agitated over the question
	이 문제에 대하여 사람들은 동요하고 있다
동원	mobilization 모우빌러제이션
동의	agreement 어그리먼트 ● consent 컨센트 (찬성)

동일	identity 아이덴티티 ● sameness 쎄임니스
동자	child 차일드 ● youngster 영스터
동작	action 액션 ● motion 모우션
동전	copper 쿠퍼 ● copper coin 쿠퍼 코인
동정	sympathy 심퍼씨 ● compassion 컴패션
동조	alignment 얼라인먼트 ● tuning 튜닝 (전기)
동족	the sam race 더 세임 레이스 (종족)
	the same family 더 세임 패밀리 (일족)
	the same blood 더 세임 블러드 (혈족)
동지	the same mind 더 세임 마인드 (마음)
	like-minded person 라이크 마인디드 퍼슨 (사람)
동창	schoolmate 스쿨메이트 ● schoolfellow 스쿨펠로우
동태	movement 무브먼트
동포	brothers 브라더즈 (형제)
동행	going together 고잉 투게더
	traveling together 트래블링 투게더
	○ We were a party of five 동행은 5인 이었다
동향	the same province(town, village)
	더 세임 프로빈스(타운, 빌리지)
동호회	association 어소시에이션 ● club 클럽
동화(同化)	assimilation 어시밀레이션
동화(童話)	fairy tale 페어리 테일 ● nursery story 너서리 스토리
돛	sail 세일 ● lower(take down) a sail 돛을 내리다
되	measure 메져
되다	become 비컴 (지위, 신분, 상태 따위가)
	○ become rich 부자가 되다
	turn 턴 (변하다)
	○ turn yellow 노랗게 되다
	succeed 썩씨드 ● be realized 비 리얼라이즈드 (성취)
	turn out 턴 아웃 ● result 리절트 ● prove 프루브 (결과가)
되돌리다	restore 리스토어 (원상태로) ● reject 리젝트
	put(turn) back 풋(턴) 백 (뒤로 물리다)
	turn down 턴 다운 (각하하다)

	○ reject a petition 청원서를 되돌리다
되돌아가다	turn back 턴 백 ● retrace one's step 리트레이스 원스 스텝
	○ turn back halfway 도중에서 되돌아가다
되돌아오다	come back 컴백 ● turn back 턴 백
되묻다	ask again 애스크 어게인
되찾다	get(take) back 겟(테익) 백 ● regain 리게인
	resume 리줌
되풀이하다	do over again 두 오버 어게인 ● repeat 리핏
	○ repeat one's mistake 잘못을 되풀이하다
된장	soybean paste 소이빈 페이스트
됨됨이	one's character(personality) 캐릭터(퍼스낼러티)(사람)
	○ He is honest by nature 됨됨이가 정직하다
	makeup 메이컵 ● workmanship 워크맨십(물건)
두개골	skull 스컬
두건	mourner's hempen hood 모너스 헴펀 후드
	○ put on a hempen hood 두건을 쓰다
두견새	cuckoo 쿠쿠
두근거리다	palpitate 팰퍼테잇 ● go pit-a-pat 고우 피터팻
	pitapat 피타팻(두근두근) ● palpitating 팰퍼테이팅
두꺼비	toad 토우드
두꺼운	thick 씩 ● heavy 헤비 ○ a thick board 두꺼운 판자
두께	thickness 씩니스
두뇌	head 헤드 ● brain 브레인
두다	put 풋 ● place 플레이스 ● lay 레이 ● set 셋(놓다)
	○ put(set) a room in order 방안을 정돈해 두다
	keep 킵 ● store 스토어 ● hold 홀드 (보관, 저장하다)
	○ keep money in a safe 돈을 금고에 두다
	leave 리브(남겨두다)
	○ leave a note for 메모를 써서 두다
	station 스테이션 ● post 포스트 ● put 풋
	arrange 어레인지(주둔배치하다)
	○ post(put) a sentry 보초를 세워두다
두더지	mole 모울

두드러기	nettle rash 네틀 래시 • urticaria 어터케어리어 hives 하이브즈 ◐ have urtication 두드러기가 돋다
두드러지다	swell 스웰 • bulge out 벌지 아웃 stick out 스틱 아웃 (내밀다) be prominent 비 프라미넌트 (뚜렷하다) be remarkable 비 리마커블 be conspicuous 비 컨스피큐어스 (현저하다)
두드리다	knock 나크 • tap 탭 • beat 비트 ◐ knock(tap) at the door 문을 두드리다
두레박	well-bucket 웰버킷
두려움	fear 피어 • dread 드레드 • horror 호러
두려워하다	fear 피어 • be afraid of 비 어프레이드 어브 dread 드레드 ◐ You have nothing to fear 조금도 두려워할 것 없다
두렵다	be afraid of 비 어프레이드 어브 be scared 비 스깨어드
두루	without exception 위다웃 익셉션 (빠짐없이) all over 올 오버 (전면적으로) generally 제너럴리 (일반적으로) • widely 와이들리 (널리)
두루미	crane 크레인
두메	out-of-the-way village 아웃 어브 더 웨이 빌리지
두목	chief 치프 • leader 리더 • boss 보스 (미, 속)
두부	bean curd 빈 커드
두절	stoppage 스탑피지 • cessation 세세이션 interruption 인터럽션
두통	headache 헤데이크
둑	bank 뱅크 • dike 다이크 ◐ build a bank 둑을 쌓다
둔기	blunt(dull) weapon 블런트(델) 웨픈
둔한	dull 덜 • slow 슬로우 • stupid 스튜피드 • blunt 블런트 ◐ have a dull head 머리가 둔하다
둘러메다	fling around one's shoulders 플링 어라운드 원스 숄더즈

둘러보다	look around 룩 어라운드 • survery 서베이
	◦ make a survery of a factory 공장을 둘러보다
둘러싸다	enclose 인클로우즈 • encircle 인써클
	surround 써라운드
	besiege 비시지 • lay siege to 레이 시지 투
	◦ a sea-girt country 바다로 둘러싸인 나라
둘레	girth 거쓰 • circumference 서컴퍼런스
둥근	round 라운드 • circular 서큘러
둥실둥실	floating 플로우팅
	◦ a boat is floating buoyantly 배가 둥실둥실 뜨다
둥지	nest 네스트 ◦ build a nest 둥지를 치다
뒤	back 백 • rear 리어 ◦ step back 뒤로 물러서다
뒤돌아보다	look back 룩 백 • turn one's head 턴 원스 헤드
	◦ look back one's past 반생을 뒤돌아 보다
뒤떨어지다	fall(remain) behind 폴(리메인) 비하인드 (처지다)
	◦ behind the times(fashion) 시대(유행)에 뒤떨어지다
	◦ be delayed on the way 도중에서 뒤떨어지다
뒤뚱거리다	be shaky 비 쉐이키 • totter 토터 • stagger 스테거
	◦ walk with faltering steps 뒤뚱뒤뚱 걷다
뒤뜰	backyard 백야드 • rear garden 리어 가든
뒤범벅되다	be mixed up 비 믹스트 업
	be jumbled together 비 점블드 투게더
뒤섞다	mix up 믹스 업 • mingle together 밍글 투게더
	◦ mix earth with sand 흙과 모래를 뒤섞다
뒤숭숭한	noisy 노이지 • troublous 트러블러스 (혼란)
	◦ times have become troublous 세상이 뒤숭숭해졌다
	restless 레스트리스 • nervous 너버스 (마음이)
뒤죽박죽	topsy-turvy 탑시 터비
	higgledy-piggledy 히글디피글디
	◦ He has made a mess of my plans
	그는 나의 계획을 뒤죽박죽으로 만들어 놓다
뒤지다	search 서치 • look for 룩 포
	◦ I felt in my pocket for my purse

나는 지갑을 찾으려고 주머니를 뒤졌다

	be behind 비 비하인드 • be backward 비 백워드
	○ fall behind the others in a race 경주에서 뒤지다
뒤집히다	be turned over 비 턴드 오버 (물건이)
	be reversed(switched) 비 리버스트(스윗치드) (순서가)
	be overturned 비 오버턴드 (전복)
	○ the situation was reversed 형세가 뒤집혔다
뒤치다꺼리	taking care of 테이킹 케어 어브 (돌봄)
	clearing 클리어링 • settlement 세틀먼트 (정리)
뒤틀다	twist 트위스트 • wrench 렌치
뒤흔들다	shake violently 쉐이크 바이올런틀리
	sway hard 스웨이 하드 (사물을) • disturb 디스터브 (마음이)
뒷걸음질	stepping backward 스테핑 백워드
뒷골목	alley 앨리 • backlane 백레인
뒷구멍	back way(entry) 백 웨이(엔트리) (뒷문)
	unjust(unlawful) means 언저스트(언로우풀) 민즈 (부정)
	○ He obtained admission to the college by unfair means
	그는 뒷구멍으로 입학했다
뒷동산	hill at the back 힐 앳 더 백
뒷모양	the appearance from behind 디 어피어런스 프롬 비하인드
뒷바라지	looking after 루킹 애프터
	taking care of 테이킹 케어 어브
	○ She is busy with the care of her children
	그녀는 애들 뒷바라지에 바쁘다
뒷받침	support 서포트
	○ He backed me up in my business.
	그는 나의 사업에 뒷받침이 되어 주었다
뒷짐지다	fold one's hands behind one's back
	폴드 원스 핸즈 비하인드 원스 백
뒹굴다	toss about 토스 어바웃 (누워서)
	idle one's time away 아이들 원스 타임 어웨이
	(빈들빈들 지내다)
드나들다	come in and go out 컴 인 앤 고우 아웃 (출입)

	zigzag 지그재그
	go in and out 고우 인 앤 아웃 (고르지 못하다)
	○ a coast line is much indented 해안선이 드나들다
드디어	finally 파이널리 • at last 앳 래스트
	eventually 이벤츄얼리
	○ at last he succeeded 그는 드디어 성공했다
드라마	drama 드라머 • play 플레이
드러내다	distinguish 디스팅기쉬 (유명하게하다)
	display 디스플레이 (표면에) • show 쇼우 (노출)
	reveal 리빌 (비밀을)
드리다	give 기브 • offer 어퍼
	○ offer one's congratulations 축하를 드리다
드리우다	hang 행 • let down 렛 다운
	○ hang down a curtain 장막을 드리우다
드문	rare 래어 • unusual 언유절 ○ rarely / seldom 드물게
드문드문	occasionally 어캐이져널리
	once in a while 원스 인 어 와일 (시간적)
	○ come once in a while 드문드문 찾아오다
	sparsely 스파슬리 • thinly 씬리
	at intervals 앳 인터벌스 (공간적)
	○ plant trees at intervals 나무를 드문드문 심다
득도	attainment of Nirvana 어테인먼트 어브 니어바너
득실	merits and demerits 메릿츠 앤 디메릿츠
	advantage and disadvantage 어드밴티지 앤 디서드밴티지
득의	prosperity 프라스퍼러티 (성공) • elation 일레이션 (자랑)
득점	marks 막스 • points 포인츠 (경기의)
	scores 스코어즈 (총괄적)
득표	the number of votes obtained
	더 넘버 어브 보우츠 업테인드
듣다	hear 히어 • listen 리슨 (소리)
	○ listen to the radio 라디오를 듣다
	receive 리시브 • suffer 써퍼 (칭찬, 꾸중)

들	obey 오베이 ● follow 팔로우 ● mind 마인드 heed 히드 (충고, 청따위를) take effect 테익 어펙트 (효험이 있다) ◉ a very efficacious medicine 잘듣는 약 field 필드 (전답) ● plain 플레인 (평야) ◉ work in the fields 들에서 일하다
들개	wild dog 와일드 독 ● stray dog 스트레이 독 (집 없는)
들것	litter 리터 ● stretcher 스트렛쳐
들국화	wild camomile 와일드 캐머마일
들끓다	swarm 스웜 ● crowd 크라우드 ◉ be crowded with beggars 거지가 들끓다
들다	clear 클리어 (날씨가) ● grow older 그로우 올더 (나이가) hold 홀드 ● carry 캐리 (손에) ● give 기브 ● site 사잇 mention 멘션 (사실, 예를) ◉ give an example 예를 들다 raise 레이즈 ● lift 리프트 ● hold up 홀드 업 (높이다) ◉ hold up one's hand 손을 들다 take 테익 ● have 해브 ● eat 이잇 (음식)
들려주다	tell 텔 ● inform 인폼
들르다	drop in at 드랍 인 앳 ● stop off 스탑 오프 ◉ stop at Daejeon 대전에 들르다
들어가다	enter 엔터 ● get in 겟 인 ◉ steal into 몰래 들어가다 join 조인 ● enter 엔터 (가입) ◉ enter a collage 대학에 들어가다 contain 컨테인 ● include 인클루드 (포함하다)
들어박히다	fall into 폴 인투 (빠지다) ◉ be mired in a ditch 도랑에 들어박히다 be packed 비 팩트 ● be stuffed 비 스터프트 (촘촘히) keep to the house 킵 투더 하우스 (나오지 않다)
들여다보다	look into 룩 인투 ● peep into 핍 인투 ◉ look in the well 우물을 들여다 보다 gaze 게이즈 ● look hard 룩 하드 (자세히)

들이마시다	breathe in 브리드 인 ● inhale 인헤일 (기체를)	
	◐ inhale the smoke 담배연기를 들이마시다	
	suck in 석 인 ● drink in 드링크 (액체를)	
	◐ drink in a single draft 단숨에 들이마시다	
들이받다	run(bump) into 런(범프) 인투	
	knock against 낙 어겐스트	
들장미	wild rose 와일드 로즈	
들추다	rummage 러미지 ● seek 식 (뒤지다)	
	raise 레이즈 ● lift 리프트 (들어올리다)	
	◐ raise the corner of the bedding 이불을 들추다	
	reveal 리빌 ● expose 익스포우즈 (드러내다)	
	◐ expose fault 잘못을 들추다	
들키다	be found 비 파운드 ● be discovered 비 디스커버드	
들판	field 필드 ● plain 플레인	
듬뿍	to the brim 투 더 브림 ● brimfully 브림풀리	
듬성듬성	sparsely 스파슬리 ● thinly 씬리	
	◐ hair grows thinly 털이 듬성듬성 나다	
등	the back 더 백 ◐ pat on the back 등을 두들기다	
등골	the line of the backbone 더 라인 어브 더 백보운	
등급	class 클래스 ● grade 그레이드 ● rank 랭크	
등기	registration 레지스트레이션 ● registry 레지스트리	
등기우편	registered mail 레지스터드 메일	
등대	lighthouse 라잇하우스 ● beacon 비컨	
등록	enrollment 인롤먼트 ● registration 레지스트레이션	
	◐ register a trade mark with the patent office 상표를 특허국에 등록하다	
등불	lamp 램프 ● lamplight 램프라잇	
등산	mountain climbing 마운틴 클라이밍	
	mountaineering 마운티니어링	
등용	appointment 어포인먼트 (임용)	
	promotion 프로모션 (승진)	
	◐ engagement of ability 인재등용	
등용문	opening to honors 오프닝 투 아너스	

등장	○ the door to the literary world 문단의 등용문
등지다	entry 엔트리(무대) ● appearance 어피어런스(출현)
	break up with 브레이크 업 위드(틀어지다)
	turn against 턴 어겐스트 ● betray 비트레이(배반하다)
	○ betray one's country 나라를 등지다
	lean against 린 어겐스트(등뒤에 두다)
	○ lean one's back against the wall 벽을 등지다
등한시하다	neglect 니글렉트 ● overlook 오버룩 ● slight 슬라이트
따끔거리다	sting 스팅 ● prick 프릭 ● tingle 팅글
따다	pick 픽 ● pluck 플럭 ● clip 클립(잡아떼다)
	gather 개더 ● cull 컬(모으다)
	○ pick(gather) flowers 꽃을 따다
	open 오픈 ● lance 랜스(찔러 터뜨리다)
	○ pull out a top 병마개를 따다
	get 겟 ● take 테익 ● obtain 업테인(얻다)
	○ get 100 points 백점을 따다
따뜻한	warm 웜(온도) ● mild 마일드 ● kind 카인드(온정)
따라붙다	overtake 오버테익 ● catch up with 캣치 업 위드
따라서	in accordance with 인 어커던스 위드
	according to 어커딩 투
	○ in accordance with the national law 국법에 따라서
따로	separately 세퍼레잇틀리 ● apart 어파트(별개로)
따로따로	each 이취 ● severally 세버럴리
따르다	accompany 어컴퍼니
	follow 팔로우(뒤따르다, 수행하다)
	be followed by 비 팔로우드 바이
	be attended by 비 어텐디드 바이(수반, 병행)
	obey 오베이 ● yield 일드 ● follow 팔로우(복종)
	○ obey orders 명령을 따르다
	comply with 컴플라이 위드
	○ accede to ~에 응하다
	pour 푸어 ● fill 필(컵에)
	○ pour tea 차를 따르다

따분한	languid 랭귀드 ● listless 리스트리스 ● dull 덜 (나른한) boring 보링 ● tedious 티디어스 (지리한)	
	◎ He spent holiday gloomily 휴일을 따분하게 보냈다	
따위	such as 서치 애즈 ● like that 라이크 댓	
	◎ a thing / a thing like that 그 따위 것	
따지다	call in question 콜 인 퀘스천 distinguish between right and wrong 디스팅기시 비트윈 라잇 앤 롱	
	◎ distinguish between right and wrong 잘잘못을 따지다	
딱따구리	woodpecker 우드팩커	
딱딱한	hard 하드 ● solid 솔리드 (나무, 돌따위) ● tough 터프 stiff 스티프 (고기, 야채) ● strict 스트릭트 rigid 리지드 (엄한)	
	◎ rigid discipline 딱딱한 규율	
딱맞게	perfectly 퍼펙틀리 ● tightly 타이틀리	
딴은	well 웰 ● indeed 인디드 ◎ well, so it is 딴은 그렇소	
딸	daughter 도어터	
딸기	strawberry 스트로베리 ● raspberry 라즈베리	
땀	sweat 스웰	
땀띠	prickly heat 프리클리 히트 ● heat rash 힛 래쉬 (미)	
	◎ have prickly heat 땀띠가 나다	
땅	the earth 디 어쓰 (대지) ● land 랜드 (육지) the ground 더 그라운드 (땅바닥)	
땅거미	dusk 더스크 ● twilight 트와이라잇	
땅바닥	the bare ground 더 베어 그라운드	
	◎ sit on the ground 땅바닥에 주저앉다	
땅콩	groundnut 그라운드넛 ● monkey nut 멍키 넛 (영) peanut 피넛 (미)	
땋다	braid 브레이드 ● plait 플레잇	
	◎ wear one's hair in a braid 머리를 땋아 늘이다	
때	time 타임 ● hour 아워	
때	dirt 더트 ● filth 필쓰 ● stain 스테인 (얼룩)	

때까치	butcherbird 벗쳐버드 ● shrike 쉬라이크
때때로	sometimes 섬타임즈 ● occasionally 어케이져널리 from time to time 프롬 타임 투 타임
때려부수다	break down 브레이크 다운 knock to pieces 낙 투 피시즈
때리다	strike 스트라이크 ● hit 힛 ● beat 빗 ● knock 낙 ◐ knock down 때려 눕히다
때마침	just in time 저스트 인 타임 ● in good time 인 굿 타임 at the right moment 앳 더 라잇 모먼트 timely 타임리 ● opportunely 아퍼튜닐리
땔감	fuel 퓨얼 ● firewood 파이어우드 (장작)
떠나다	leave 리브 ● depart 디파트 (출발) break off 브레이크 어프 part from 파트 프롬 ● cut off 컷 어프 (관계를 끊다) die 다이 ● pass away 패스 어웨이 (세상을)
떠돌다	get about 겟 어바웃 (소문이) ● float 플로웃 (물위에) wander 원더 (방랑)
떠돌이	wanderer 완더러 ● vagabond 배거본드
떠들다	make a noise 메이크 어 노이즈 ● be noisy 비 노이지
떠들썩하다	be lifted up 비 리프티드 업 ● be raised 비 레이즈드 boisterous 보이스터러스 noisy 노이지 (떠들썩한)
떠맡다	be saddle with 비 새들 위드 hold oneself responsible for 홀드 원셀프 리스판서블 포 ◐ I took the affair into my own hands 내가 그 일을 떠맡았다
떠받치다	support 서포트
떠버리	prattler 프래틀러 ● chatterbox 채터박스 (여자) ◐ He has a big mouth 그는 떠버리다
떠오르다	rise 라이즈 (해, 달) ● occur to 어커 투 (생각) rise to the surface 라이즈 투 더 서피스 (물위에) ◐ a capital idea suggested itself to me 좋은 생각이 떠올랐다
떡	rice cake 라이스 케잌 ◐ an easy task 아주 쉬운 것

떡갈나무	an oak tree 언 오크 트리
떨다	tremble 트렘블 (몸을) • thrill 쓰릴 (전율)
	vibrate 바이브레잇 (현악기줄)
	◐ shiver with cold 추워서 떨다
떠름한	astringent 어스트린젼트 • puckery 퍼커리 (맛이)
	indisposed 인디스포우즈드
	reluctant 릴럭턴트 (내키지않는)
	uneasy 언이지 • concerned 컨선드 (꺼림칙한)
떨어뜨리다	drop 드랍 (낙하)
	◐ drop a glass to the floor 컵을 마루에 떨어뜨리다
	miss 미스 (놓치다)
	◐ miss a ball 공을 떨어뜨리다
	lose 루즈 (잃다)
	◐ lose one's popularity 인기를 떨어뜨리다
	degrade 디그레이드 (지위를)
떨어지다	fall 폴 • drop 드랍
	◐ fall from a tree 나무에서 떨어지다
떨치다	make well known in the world
	메익 웰 노운 인 더 월드 (명성)
	wield 윌드 (위세를)
떫다	astringent 아스트린젼트
떼	group 그룹 • crowd 크라우드
떼다	take off 테익 어프 • remove 리무브
떼쓰다	tease 티즈
떼어놓다	pull apart 풀 어파트 • separate 세퍼레잇
또	again 어갠 • once more 원스 모어
또다시	again 어갠 • once more 원스 모어
	for the second time 포 더 세컨 타임
또래	the same age 더 쎄임 에이지 • the size 더 사이즈
또렷한	clear 클리어 • distinct 디스팅트
또한	too 투 • also 올소우 • as well 애즈 웰
	be just alike 비 저스트 얼라이크
	be exactly the same 비 이그잭틀리 더 세임

똑똑한	clear 클리어 ● distinct 디스팅트(명백한)
	bright 브라이트 ● smart 스마트(영리한)
똑똑히	clearly 클리얼리(분명히)
	○ speak clearly 똑똑히 말하다
	brightly 브라이틀리 ● smartly 스마틀리(영리하게)
똑바로	straight 스트레잇(모양, 방법) ● upright 업라잇
	erect 이렉트(수직으로) ● honestly 아니스틀리
	frankly 프랭클리(정직)
똥	excrement 엑스크러먼트 ● ordure 오저 ● dung 덩
	shit 쉿(속어)
똥배짱	foolhardiness 풀하디니스
뚜껑	lid 리드(솥, 상자) ● cover 커버(덮개의)
뚜렷한	clear 클리어 ● distinct 디스팅트 ● vivid 비비드
	obvious 압비어스
	○ an obvious fact 뚜렷한 사실
뚜벅뚜벅	strut 스트럿 ● swagger 스웨거
뚝	suddenly 서든리
	unexpectedly 언익스펙티들리(갑자기)
	with a thump 위드 어 썸프(떨어지는 소리)
뚝뚝한	hard 하드 ● tough 터프 ● stiff 스티프(굳은)
	harsh 하쉬 ● rough 러프 ● rude 루드
	blunt 블런트(성질이) ○ bluntly / cutly 뚝뚝하게
뚝심	physical strength 피지컬 스트렝쓰
	endurance 인쥬어런스(당해내는힘)
	○ a man of mighty sinews 뚝심이 센 사람
뚫다	bore 보어 ● punch 펀치(구멍을)
	pierce into 피어스 인투
	cut through 컷 쓰루(관통하다)
	○ cut a tunnel 터널을 뚫다
뚱딴지	blunt person 블런트 퍼슨 ● blockhead 블락 해드
	pumpkin head 펌프킨 헤드(미)
뚱뚱보	fatty 패티
뛰다	splash 스플래쉬 ● spatter 스패터(물, 진흙따위)

	run away 런어웨이 ● escape 이스케입 (도망)
	run 런 ● dash 대쉬 ● rush 러쉬 (달리다)
	jump 점프 ● leap 리프 ● spring 스프링 (도약하다)
	○ leap for joy 기뻐서 뛰다
뛰어나다	excel 익셀 ● surpass 서패스
뛰어내리다	jump down 점프 다운
뛰어들다	jump(rush, run) into 점프(러쉬, 런) 인투
	○ plunge into the water 물속에 뛰어들다
뛰어오르다	jump up(on) 점프 업(온) ● rise 라이즈 (값이)
뜀박질	race 레이스 ● run 런 (달리기)
	jumping 점핑 ● leaping 리핑 (뜀뛰기)
뜨개질	knitting 니팅 ● knitwork 니트워크
뜨다	float 플로웃 (물, 하늘)
	○ clouds float in the sky 하늘에 구름이 뜨다
	rise 라이즈 ● come up 컴 업 (해, 달)
	be distant 비 디스턴트 ● be apart 비 어파트 (공간적 사이)
뜬구름	cloud drift 클라우드 드리프트 (구름)
	mutability 뮤터빌러티 (변덕)
	transience 트랜션스 (덧 없는 일)
뜬소문	groundless rumor 그라운들리스 루머
	○ a groundless rumor is going around 뜬소문이 돌다
뜯다	take away 테익 어웨이 (떼다) ● play 플레이 (현악기를)
	extort 익스토트 ● squeeze 스퀴즈 (빼앗다)
뜰	garden 가든 ● yard 야드
	○ front(back) yard 앞(뒤)뜰
뜸	being well-steamed 빙 웰 스팀드 (밥에)
뜸부기	crake 크레이크
뜻	mind 마인드 ● wish 위시 (의지)
	intention 인텐션 (의향) ● aim 에임 (목적)
	○ speak one's mind 뜻을 밝히다
	○ attain one's aim 뜻을 이루다
	meaning 미닝 ● sense 센스
	significance 시그니피컨스 (의미)

뜻밖의 뜻하다	○ a deep meaning 깊은 뜻 unexpected 언익스펙티드 ● surprising 서프라이징 intend 인텐드 (계획하다) ● determine 디터민 (결심하다) mean 민 ● signify 시그너파이 point 포인트 (의미하다) ○ the meaning is clear 뜻하는 바가 분명하다
띄엄띄엄	interval 인터벌 ● sparsely 스파슬리 scatteredly 스캐터들리 (드문드문) ○ plant trees at considerable distance from each other 나무를 띄엄띄엄 심다 very slowly 베리 슬로울리 (천천히) ○ walk very slowly 띄엄띄엄 걷다
띠	belt 벨트 (허리의) ● sash 새쉬 (여자용) ● girdle 거들 ○ tie a belt 띠를 매다 bend 밴드 ● tape 테입 (물건의)
띠다	carry 캐리 ● wear 웨어 (지니다) ○ wear a sword at one's side 칼을 허리에 차다 be charged with 비 차쥐드 위드 (사명) ● have 해브 assume 어숨 (빛, 기색) ○ be reddish 붉은색을 띠다

ㄹ

라디오	radio 레이디오우 (미) ● wireless 와이어리스 (영)
라면	chinese noodle 차이니스 누들
라벨	label 레이블 (꼬리표)
라스트	last 래스트 (최후의)
라운드	round 라운드 (둥근, 권투)
라운지	lounge 라운지 (호텔, 클럽 따위의 사교실)
라이벌	rival 라이벌 (경쟁자)
라이온	lion 라이언 (사자)
라이트	light 라잇 (빛) ● right 라잇 (오른쪽)
라인	line 라인 (끈, 선)
라일락	lilac 라일럭
라켓	racket 래킷 (테니스 등의) ● bat 뱃 (탁구의)
라틴어	the Latin language 더 래튼 랭귀지
랑데부	rendezvous 랑데뷰 (회합)
램프	lamp 램프 (등불)
랭킹	ranking 랭킹 (순위, 등급)
러닝	running 러닝 (달리는)
러브	love 러브 (사랑)
러브레터	love letter 러브 레터 (연애편지)
러시아워	rush hour 러시 아워 (아침저녁에 러시아워)
럭키	lucky 럭키 (행운의)
럭비	rugby 럭비 (럭비)
런던	London 런던 (런던)
런치	lunch 런치 (점심)
레몬	lemon 레먼 (레몬)
레벨	level 레블 (수평의)
레스토랑	restaurant 레스터런트 (음식점, 레스토랑)
레슨	lesson 레슨 (학과, 수업)
	● piano lesson 피아노 레슨

레슬링	wrestling 레슬링(레슬링, 격투)
레이더	radar 레이다(전파 탐지기, 레이더)
레이디	lady 레이디(숙녀)
레이스	race 레이스(경주)
레이저	laser 레이저(레이저)
레이아웃	layout 레이아웃(배치도, 설계도)
레일	rail 레일(레일, 난간, 울타리)
	◦ lay rails 레일을 깔다
레저	leisure 리저(틈, 여가)
	◦ a life of leisure 한가한 생활
레코드	record 레커-드(기록, 기록하다, 녹음하다)
	◦ play a record on the gramophone 레코드를 틀다
레크리에이션	recreation 레크리에이션(휴양, 오락)
	◦ a facility of recreation 휴양시설
레터	letter 레터(편지)
레퍼리	referee 레퍼리(심판원, 중재인, 신원보증인)
레퍼토리	repertory 레퍼토리(연극의) 레퍼토리방식, (지식의)축적, 창고, 저장소)
렌즈	lens 렌즈(렌즈)
	◦ a concave(convex) lens 오목(볼록) 렌즈
렌터카	rental car 렌틀 카(임대 자동차)
로마자	Roman letters(alphabet) 로우먼 레터즈(앨퍼벳)
로맨스	romance 로우맨스(로맨스, 소설같은, 연애사건)
로봇	robot 로우벗(로보트, 인조인간)
로비	lobby 라비((호텔, 현관의) 로비, 홀)
로비스트	lobbyist 라비스트(의안통과운동가(미), 로비스트(영))
로션	lotion 로우션(화장수, 세척제)
로열티	royalty 로이얼티(왕위, 왕권, 특허(저작권) 사용료)
	◦ pay royalties on one's book ~의 저작에 인세를 지불하다
로커	locker 락커(사물함, 자물쇠)
로케이션	location 로우케이션(위치선정, 위치, 영화 야외촬영지)
	◦ be on location in Rome 로마에서 촬영 중이다
로프	rope 로웁(밧줄)
롤러	roller 로울러(굴림대, 롤러)

루비	ruby 루비 (루비, 진홍색)
루즈	rouse 루우즈(프) (연지, 루즈, 입술에 연지를 바르다, 붉어지다)
	● put on rouge 루즈를 바르다
루트	route 루우트 (길, 수단, 방법)
	● an air route 항공로
루프	loop 루프 (고리, 올가미)
룰	rule 룰 (규칙, 규정)
	● be against the rules 룰에 위반하다
룸펜	lumpen 룸펜(독) ● hobo 호보 (미)
	vagrant 베이그런트 (부랑자)
	jobless person 잡리스 퍼슨 (실업자)
륙색	rucksack 럭색 (등산용 배낭)
르네상스	Renaissance 레너상스 (프) (문예부흥기, 르네상스)
리더	leader 리더 (지도자, 선도자)
리더십	leadership 리더십 (지도력, 통솔력)
리드	lead 리드 (인도하다, 안내하다, 지도하다)
리듬	rhythm 리듬 (리듬, 율동)
	● rhythmical 리듬 있는
리모컨	remote control 리모웃 컨트롤
리바이벌	revival 리바이벌 (재생, 소생, 부활, 재공연)
리베이트	rebate 리베잇 (환불하다, 리베이트를 주다)
	rake off 렉익 어프 (미) (뇌물 따위를) 챙기다, 먹다
리본	ribbon 리번 (리본, 장식 띠)
	● put on a hair ribbon 머리에 리본을 달다
리사이틀	recital 리사이틀 (연주회, 독주회)
리셉션	reception 리셉션 (환영, 응접, 환영회)
	● hold a reception 환영회를 베풀다
리스크	risk 리스크 (위험)
	● at all risks 위험을 무릅쓰고서라도
리스트	list 리스트 (목록, 명부, 명단)
	● put on the list 목록에 오르다
리어카	rear car 리어카 (리어카)
	bicycle-drawn cart 바이스클 드로운 카트

리얼하다	realistic 리얼리스틱 (현실주의의, 현실적인)	
리코더	recorder 리코오더 (기록담당자, 기록기, 녹음장치, 리코더(음악))	
리코딩	recording 리코오딩 (녹음, 녹화, 녹음된것(레코드, 테이프))	
리터	liter 리터 (단위 1,000cc)	
리트머스종이	litmus paper 리트머스 페이퍼 (리트머스시험지)	
리포터	reporter 리포터	
리포트	report 리포트	
리프트	lift 리프트	
리퀘스트	request 리퀘스트 (부탁, 요구)	
리허설	rehearsal 리허설 ● dry run 드라이 런 (속)	
린스	rinse 린스	
릴레이	relay(race) 릴레이(레이스)	
	● 400-meter relay 400미터 계주	
릴랙스	relax 릴랙스	
링	ring 링 (반지, 권투) ● flying rings 체조	
링거	ringer's solution 링거즈 솔루션	
	● give an injection of ringer's solution 링거주사 맞다	

ㅁ

마감	closing 클로징 • finish 피니시
	◯ finish a job 일을 마감하다
	◯ complete the editing 편집을 마감하다
마개	stopper 스타퍼 • stopple 스타플 • plug 플러그 cork 코오크
마구	carelessly 캐어리슬리 • at random 앳 랜덤
	◯ write carelessly 글씨를 마구쓰다
마구잡이	random behavior 랜덤 비헤이비어
	reckless act 레클리스 액트
마네킹	mannequin 매너킨(프) • manikin 매니킨
마녀	witch 윗치
마누라	wife 와이프(아내) • an old woman 언 올드 우먼(늙은여자)
	◯ take a woman to a wife 마누라를 얻다
마늘	garlic 갈릭
마님	madam 매덤
마담	madam 매덤
마당	garden 가든 • yard 야드 • court 코오트(뜰)
	◯ courtyard 안마당
	instance 인스턴스 • case 케이스(경우)
	◯ What a hell are you doing at this emergency? 이 급한 마당에 무엇을 하고 있는가?
마땅한	appropriate 어프로우프레잇(적합) • fair 페어 reasonable 리즈너블(상당)
	◯ at reasonable prices 마땅한 값으로
마땅히	properly 프라펄리 • naturally 내추럴리
마도로스	sailor 세일러 • seaman 씨맨
마드모아젤	mademoiselle 매더머젤(프) • miss 미스
마디	joint 조인트(관절) • knot 낫 • knob 나브(결절)
	◯ the leg joints 다리마디

마라톤	marathon 매러쏜
마련하다	prepare 프리페어 (준비) ● supply 서플라이
	raise 레이즈 (돈을~)
	○ raise money / make up a sum 돈을 마련하다
마루	floor 플로어
마른	dry 드라이 (건조) ● thin 씬 (여위다)
	thirsty 써스티 (목이)
	○ be dried up 바싹 마르다
	○ You have got much thinner than you were 그전보다 훨씬 말랐다
	○ be thirsty 목이 마르다
마무리	finish 피니시
마무리하다	finish 피니시 ● complete 컴플릿
마법	magic 매직 ● black art 블랙 아트
마부	groom 그룸 ● horse driver 홀스 드라이버
마비	paralysis 퍼랠러시스 ● palsy 폴지
	○ moral paralysis 도덕성의 마비
마사지	massage 머사지 ● rubdown 럽다운
마술	magic 매직 ○ throw a spell 마술을 걸다
마술사	magician 머지션 ● wizard 위자드
마스카라	mascara 매스캐러
마스코트	mascot 매스컷
마스크	mask 매스크
마스트	mast 매스트 (돛대, 기둥)
마시다	drink 드링크 ● swallow 스왈로우
	○ drink water 물을 마시다 / have a drink 한 잔 마시다
마요네즈	mayonnaise 메이어네이즈
마을	village 빌리지
마음	mind 마인드 ● spirit 스피릿 ● heart 하트 ● soul 소울
	○ tenderhearted 마음이 고운
마음가짐	one's mental attitude 원스 멘틀 애티튜드 (마음태도)
	determination 디터미네이션 (결심)
마음껏	to one's heart's content 투 원스 하츠 컨텐트

	to the full 투 더 풀
	○ enjoy oneself to the full 마음껏 즐기다
마음씨	nature 네이쳐 ● temper 템퍼 ● disposition 디스포지션
	○ have a good disposition 마음씨가 좋다
마이너스	minus 마이너스 ● defect 디펙트 (결점)
마이동풍	turning a deaf ear to 터닝 어 데프 이어 투
마이크	microphone 마이크로폰
마일	mile 마일 (1.6km)
마주보다	be opposite 비 어퍼짓
	face each other 페이스 이치 아더
마중	meeting 미팅 ● reception 리셉션
	○ He went to the station to meet his father
	그는 아버지를 마중하러 역에 갔다
마지막	the last 더 래스트 ● the end 디 엔드
	the close 더 클로우즈
	○ the closing day 마지막 날
마지못하다	be compelled to 비 컴펠드 투
	○ reluctantly 마지못하여
마진	margin 마진
마찬가지	the same 더 세임 ● identity 아이덴터티
	○ It is the same as this 그것이나 이것이나 마찬가지다
마찰	rubbing 러빙 ● chafing 체이핑 ● friction 프릭션
	○ rub all the body with a wet towel
	젖은 수건으로 전신을 마찰하다
마취	anesthesia 에너쎄이자 ● narcotism 나커티즘
마치	as if 애즈 이프 ● just like 저스트 라이크
	○ It is (as) white as snow 그것은 마치 눈처럼 희다
마치다	finish 피니시 ● complete 컴플릿
마침	just in time 저스트 인 타임
	at the right moment 앳 더 라잇 모먼트
	○ Just then, there was a knocking at the door
	마침 그때 문을 두드리는 소리가 났다
마침내	finally 파이널리 ● at last 앳 래스트

	eventually 이벤츄얼리
	● at last he succeeded 그는 마침내 성공했다
마카로니	macaroni 매커로우니
마케팅	marketing 마키팅
마크	mark 마크 ● trade mark 트레이드 마크
	● mark a map 지도에 마크를 달다
막	booth 부쓰 ● cabin 캐빈 ● hut 헛(집)
	● a look-out shed 원두막
	curtain 커튼 ● tent 텐트(휘장)
	● stretch a curtain 막을 치다
막내	the last born 더 래스트 본
막다	stop up 스탑업(봉하다)
	● stop up a mouse 쥐구멍을 막다
	block 블락 ● obstruct 업스트럭(차단)
	● block the way 길을 막다
	defend 디펜드 ● protect 프로텍트(방어)
	● protect oneself from the cold 추위를 막다
막다른 골목	blind alley 블라인드 앨리
막다른 곳	impasse 임패스(사태)
막대기	stick 스틱 ● rod 라드 ● bar 바
막무가내로	obstinately 압스터넛틀리 ● stubbornly 스터버리
	● will not listen to 막무가내로 듣지 않다
막벌이하다	earn wage as a day laborer
	언 웨이지 애즈 어 데이 레이버러
막상	really 리얼리 ● actually 액츄얼리
막상막하	nothing better and nothing worse
	나씽 베러 앤 나씽 워스
	● The two ran a neck-and-neck race
	두 사람은 막상 막하의 접전을 벌였다
막연히	vaguely 베이글리 ● obscurely 업스큐얼리
막히다	be stopped up 비 스탑트 업(폐쇄)
	stiffle 스티플(숨이)
	be blocked 비 블락트 ● be stuck 비 스턱

	be cut off 비 컷 어프 (차단)	
	○be stuck for a word 말이 막히다	
만개	full bloom 풀 블룸 (만발)	
만기	expiration 엑스퍼레이션 ● maturity 머튜어리티	
만끽하다	have enough 해브 이너프 ● enjoy full 인조이 풀	
만나다	see 씨 ● meet 밋	
만년필	fountain pen 파운튼 펜	
만능	omnipotence 옴니퍼턴스	
	all-powerful 올 파워풀 (만능의)	
만두	bun 번 ● dumpling 덤플링	
만들다	make 메이크 ● create 크리에잇 (창조)	
	manufacture 매뉴팩쳐 (제조)	
	○draw up a document 서류를 만들다	
	○set up a company 회사를 만들다	
	○make believe 믿게 만들다	
만류하다	hold back 홀드 백 ● prevent 프리벤트	
	detain 디테인	
만만한	insignificant 인시그니피컨트	
	○formidable task 만만찮은 일	
만사	all things 올 씽즈 ● everything 에브리씽	
	○All went well 만사가 잘 되었다	
만성	chronicity 크로니서티	
만세	cheers 치어스 ○give three cheers 만세삼창하다	
만약	if 이프 ● in case 인 케이스 (만일)	
만연(蔓延)하다	spread 스프레드 ● diffuse 디퓨우즈	
만연(漫然)하다	be aimless 비 에임리스 ● be rambling 비 램블링	
만원	capacity audience 캐퍼서티 어디언스	
	full house 풀 하우스 ○be full 만원을 이루다	
만월	full moon 풀 문	
만일	if 이프 ● in case 인케이스 ● suppose 서포우즈	
	○if it should rain 만일 비가 오면	
만전	perfection 퍼펙션 ● perfectness 퍼펙트니스	
	○make assurance doubly sure 만전을 기하다	

만점	full marks 풀 막스 ● perfect score 퍼펙트 스코어
	○ a full mark in English 영어에서 만점을 받다
만조	the high tide 더 하이 타이드 ● flood tide 플러드 타이드
만족	satisfaction 새티스팩션 ● gratification 그래티피케이션
만지다	touch 터치 ● feel 필
	○ touch on the shoulder 어깨를 만지다
	○ hands off 만지지 마시오
만찬회	dinner party 디너 파티 ● banquet 뱅큇
만취	dead drunkenness 데드 드렁크니스
만혼	late marriage 레잇 메리지
만화	caricature 캐러커쳐 (인물 풍자의)
	cartoon 카툰 (풍자적인)
	comic strip 카믹 스트립 (신문, 잡지의 연재)
만회	recovery 리커버리 ● retrieval 리트리벌
	restoration 레스토레이션
많은	many 매니 (수) ● much 머치 (양)
	plenty of 플렌티 어브 (수, 양) ● a lot of 어 랏 어브
	○ There are many people 사람이 많다
	○ He has a large family 저 사람은 가족이 많다
말(馬)	horse 호스
말(言)	talk 토크 ● conversation 컨버세이션 (회화)
	speech 스피치 (연설) ● word 워드 (낱말)
말괄량이	romp 람프 ● hussy 허시 ● tomboy 톰보이
말굽	horse's hoof 호스 후프 ● horseshoe 호스슈 (편자)
말기	the end 디 엔드 ● the close 더 클로우스
말다	roll 롤 (종이따위를)
	○ roll paper 종이를 말다
	put into soup 풋 인투 숩 (음식을)
	○ put noodles into soup 국수를 말다
	stop 스탑 ● cease 시스 (중지)
	○ cease talking 이야기를 멈추다
말다툼	dispute 디스퓨트 ● argument 아겨먼트
말단	the tip 더 팁 ● the rank and file 더 랭크 앤 파일

말대꾸	retort 리토트
말더듬이	stammerer 스태머러 ● stutterer 스터터러
말뚝	pile 파일 ● stake 스테이크 ● post 포스트
	● drive in a stake 말뚝을 박다
말라깽이	lean person 린 퍼슨
말라리아	malaria 멀레이리아
말려들다	be dragged 비 드래그드 ● get involved 겟 인벌브드
	● be embroiled in quarrel 싸움에 말려들다
말로	the last days 더 래스트 데이즈 ● the end 디 엔드
말리다	make dry 메이크 드라이(건조) ● stop from 스탑 프롬
	● dried fish 말린 고기 / stop a quarrel 싸움을 말리다
말미잘	sea anemone 씨 어네모니
말버릇	the manner of speaking 더 매너 어브 스피킹
	● have a foul tongue 말버릇이 나쁘다
말살	erasure 이레이져 ● obliteration 어블리터레이션
말세	degenerate age 디제너레잇 에이지
	the end of the world 디 엔드 어브 더 월드
말썽	trouble 트러블 ● difficulties 디피컬티즈
말썽꾸러기	troublemaker 트러블메이커 ● grumbler 그럼블러
말씀	word 워드 ● talk 토크
	● you kind words 친절한 말씀
말없이	in silence 인 사일런스 ● without a word 위다웃 어 워드
말주변	talking ability 토킹 어빌러티
	● be a poor talker 말주변이 없다
말참견	interfering 인터피어링 ● meddling 메들링
말초신경	peripheral nerve 퍼리퍼럴 너브
말투	one's way of talking 원스 웨이 어브 토킹
	● have a nasty way of talking 말투가 사납다
말하다	tell 텔 ● speak 스피크 ● converse 컨버스
	● I have something to tell you
	당신에게 말하고 싶은 것이 있다
말하자면	so to speak(say) 소우 투 스픽(세이)
	● in a word 한마디로 말하면

말할것도 없다	it is matter of course that~ 잇 이즈 어 매터 어브 커스 댓~	
맑은	clear 클리어 • clean 클린 • pure 퓨어	
	⊙ a fine (clear) day 맑은 날씨	
	⊙ clear water 맑은 물 / a fresh mind 맑은 정신	
맙소사	Oh, no! 오 노! • good god 굿 가드	
맛	taste 테이스트 • flavor 플레이버	
	⊙ delicious / tasty 맛이 좋은	
맛보다	taste 테이스트	
맛없는	tasteless 테이스트리스 • unsavory 언세이버리	
맛있는	delicious 딜리셔스 • sweet 스윗 • tasty 테이스티	
망	watch 왓치 • look out 룩아웃	
망가뜨리다	break 브레이크 • destroy 디스트로이 • ruin 루인	
망가지다	be broken 비 브로큰 ⊙ easily breaking 망가지기 쉬운	
망각	oblivion 어블리비언	
망나니	executioner 엑시큐셔너 (사형집행인)	
	rogue 로우그 • wretch 렛치 • villain 빌런 (못된사람)	
망년회	year-end party 이어 앤 파티	
망령	ghost 고스트 • dotage 도우티지	
	⊙ be in one's dotage 망령들다	
망막	retina 레터너	
망명	a flight from one's own country 어 플라잇 프롬 원스 오운 컨트리	
망보다	keep watch 킵 왓치 • look out for 룩 아웃 포	
망상(妄想)	fantasy 팬터시	
	⊙ be lost in wild fancies 망상에 잠기다	
망설이다	hesitate 헤저테이트	
	⊙ hesitate to give a definite answer 명확히 답하기를 망설이다	
망신	shame 쉐임 • disgrace 디스그레이스 humiliation 휴밀리에이션	
	⊙ That boy is disgrace to our family 저 아이는 집안의 망신거리이다	

망아지	foal 포울 (총칭) ● colt 코울트 (수컷) ● filly 필리 (암컷)
망언	absurd remark 앱서드 리마크
망연히	vacantly 베이컨틀리 ● blankly 블랭클리
망원경	telescope 텔러스코웁
망은	ingratitude 인그래티튜드 ● unthankfulness 언쌩큐풀니스
망치다	ruin 루인 ● spoil 스포일 ● destroy 디스트로이
	○ ruin oneself 신세를 망치다
	○ spoil a plan 계획을 망치다
망태기	mesh(net) bag 메쉬(넷) 백
망토	mantle 맨틀 ● cloak 클락
망하다	go to ruin 고우 투 루인 ● fall 폴 ● perish 페리시
	○ a country perishes 나라가 망하다
망향	homesickness 홈씩니스 ● nostalgia 나스탈지아
맞다	right 라잇 ● correct 커렉 (옳다)
	○ correct answer 맞는 답
	○ you are right 당신 말이 맞다
	suit 수트 (취미, 음식이) ● fit 핏 (물건이)
	○ fit perfectly 딱맞다
맞다	receive 리시브 ● welcome 웰컴 (사람을)
	be struck 비 스트럭 (매를)
	○ be whipped on the calves 종아리를 맞다
맞벌이	working together 워킹 투게더
	○ a door-key child 부모가 맞벌이 하는 집안의 아이
맞붙다	stick together 스틱 투게더
맞서다	stand opposite each other 스탠드 어퍼짓 이치 아더 (마주서다)
	hold one's own 홀드 원스 오운 (버티다)
	○ defy one's elders 어른에게 맞서다
맞선	marriage meeting 메리지 미팅
	an interview with a view to marriage 언 이너뷰 위드 어 뷰 투 메리지
맞이하다	greet 그릿 ● welcome 웰컴
	○ greet with a smile 웃는 낯으로 맞이하다

맞은편	the opposite side 디 오퍼짓 사이드	
	the other side 디 아더 사이드	
	○ the other side of the river 강 맞은 편	
맞장구치다	chime in with others 차임 인 위드 아더스	
	○ He made a quick response 그는 얼른 맞장구쳤다	
맞추다	fix into 픽스 인투 ● assemble 어셈블(조립) ● set 셋	
	make 메이크(맞게 하다) ● adjust 어저스트 ● fit 핏	
	○ assemble a machine 기계를 맞추다	
	○ fix a date for 날짜를 맞추다	
맞히다	hit 힛(명중) ○ guess right 알아맞히다	
	expose 익스포우즈(눈, 비따위)	
	○ make a bull's eye 표적을 맞히다	
맡기다	give into 기브 인투 ● keeping 키핑	
	○ put(keep) money in a bank 돈을 은행에 맡기다	
	entrust 인트러스트(위임)	
	○ entrust with full powers 전권을 맡기다	
맡다	keep 킵 ● take charge of 테익 차지 어브(보관)	
	get 겟 ● obtain 업테인	
	○ obtain permission 허가를 맡다	
	smell 스멜 ● scent 센트 ● sniff 스니프(냄새를)	
매	hawk 호크 ● falcon 폴컨	
매각	sale 세일 ● disposal 디스포절	
매개	intermediation 인터미디에이션	
	mediation 메이디에이션	
매거진	magazine 매거진(잡지)	
매끄러운	smooth 스무드 ● sleek 슬릭	
	○ smooth surface 매끄러운 표면	
매너	manner 매너 ● well-mannered 매너가 좋은	
매너리즘	mannerism 매너리즘	
매년	every year 에브리 이어 ● yearly 이얼리	
	annually 애뉴얼리	
매니저	manager 매니저 ● handler 핸들러	
매니큐어	manicure 매니큐어	

매다	tie 타이 ● bind 바인드
	◐ bind one's hair 머리를 매다
	weed 위드 (김을)
매달	every month 에브리 먼쓰
매달다	bind up 바인드 업 ● hang 행 ● suspend 서스펜드
	◐ suspend with rope 밧줄로 매달다
매달리다	be hung 비 헝 ● be suspended 비 서스펜디드
	be tied down 비 타이드 다운 (붙들다, 늘어지다)
	depend on 디펜드 온 ● lean on 린 온 (의지하다)
	◐ be dependents on one's parents 부모에게 효도하다
매도(罵倒)	condemnation 컨뎀네이션 ● abuse 어뷰즈
매도(賣渡)	sale and delivery 세일 앤 딜리버리
매듭	knot 낫 ● tie 타이 ● joint 조인트
	◐ knot / make a knot 매듭을 짓다
매력	fascination 페서네이션 ● charm 참
	attraction 어트랙션
	◐ feminine attraction 여성적인 매력
매매	buying and selling 바잉 앤 셀링
	purchase and sale 퍼처스 앤 세일
	dealing 딜링 (거래) ◐ sale price 매매가격
매몰	burying 베링
매미	cicadas 시케이다 ● cicala 시컬라
매번	every(each) time 에브리(이치) 타임
	always 올웨이즈
매상	sales 세일즈 ● proceeds 프로시드
	◐ the day's proceeds 그날의 매상고
매수	purchase 퍼처스
매스컴	mass communication 매스 커뮤니케이션
	mass media 매스 미디어
매우	very 베리 ● so 소우 ● badly 배들리
	◐ be very glad 매우 기쁘다
매운	hot 핫 ● pungent 펀젼트 ● peppery 페퍼리
매일	every day 에브리 데이 ● daily 데일리

	◯ day after day 매일 매일
매장(埋葬)	burial 베리얼 • interment 인터먼트
	social ostracism 소셜 오스트라시즘 (사회적으로)
매장(賣場)	store 스토어 • shop 샵
매점	booth 부쓰 • stand 스탠드 • stall 스톨
매정한	callous 캘러스 • cruel 크루얼 • pitiless 피틸리스
매직	magic 매직
매진	sellout 셀아웃 ◯ sold out today 금일 매진
매춘	harlotry 할러트리 • prostitution 프러스티튜션
매출	sale 세일 • putting on sale 푸팅 온 세일
	◯ bargain sale 염가 대매출
매트리스	mattress 매트리스
매형	brother-in-law 브라더 인 로
매화	Japanese apricot tree 저패니즈 애이프러캇 트리
매혹	fascination 패서네이션 • luring charm 루어링 촤암
맥박	pulse 펄스
맥 빠지다	be tired 비 타이얼드 (지치다)
	be disappointed 비 디서포인티드 (낙심)
맥없이	weakly 위클리 • tiredly 타이어들리
맥주	beer 비어
맨몸	naked body 네이키드 바디 • nude 누드 • naked 네이키드
맨발	bare feet 베어 핏
맨션	mansion 맨션
맨손	empty hand 엠피티 핸드 • bare hand 베어 핸드
맨홀	manhole 맨홀
맹견	ferocious dog 퍼로우셔스 도그
맹꽁이	a kind of small round frog
	어 카인 어브 스몰 라운드 프록 (동물)
	idiot 이디엇 • moron 모란 (사람)
맹렬한	violent 바이올런트 • furious 퓨어리어스
	fierce 피어스 • a violent attack 맹렬한 공격
맹목적으로	blindly 블라인들리
맹세	oath 오우쓰 • vow 바우 • pledge 플레지 (신에 대한)

맹세하다	swear 스웨어 ● pledge 플레지 ● vow 바우
	◎ upon my oath 맹세코
맹수	ferocious beasts 퍼로우셔스 비스츠
맹인	blind person 블라인드 퍼슨
맹추	fool 풀 ● blockhead 블락헤드
맹호	ferocious tiger 퍼로우셔스 타이거
맺다	knot 낫(매듭) ● bear 베어 ● produce 프로듀스(결실)
	◎ He was rewarded for his efforts
	그의 노력은 열매를 맺었다
	contract 컨트랙트 (관계를)
	◎ make a contract 계약을 맺다
	conclude 컨클루드 (완결)
머니	money 머니
머리	head 헤드
머리띠	hairband 헤어밴드 ● hairlace 헤어레이스
머리말	preface 프리페이스 ● foreword 포워드
머리카락	hair 헤어
머무르다	stay 스테이 ● put up 풋업 (묵다)
	◎ put up at a hotel 호텔에 머무르다
	remain 리메인 (남아있다)
	◎ remain in one's present office 현직에 머무르다
머뭇거리다	hesitate 헤지테잇
	◎ without hesitate 머뭇거리지 말고
머슴	farmhand 팜핸드 ● ranch hand 랜치 핸드 (미)
머지않아	soon 순 ● presently 프레즌틀리 ● before long 비포 롱
	◎ before long, this stuff is going to be worth something
	머지않아 이 건물은 제 값을 할 것이다
머플러	muffler 머플러
먹	ink-stick 잉크스틱 ● chinese ink 차이니스 잉크
	◎ rub an ink-stick 먹을 갈다
먹다	eat 이잇 ● take 테이크 ● have 해브
	◎ eat one's full 배불리 먹다
먹을거리	food 푸드 ● foodstuffs 푸즈스터프스

먹이	feed 피드 • food 푸드 • provisions 프로비젼즈
먼동	the dawning sky 더 도닝 스카이
	● at dawn / at daybreak 먼동이 틀때
먼바다	the offing 디 어핑
먼발치	distant place 디스턴트 플레이스 • spot far-off 스팟 파 어프
먼저	first 퍼스트 • ahead 어헤드 • first of all 퍼스트 어브 올
	● go first 먼저 가다
먼지	dust 더스트 ● be covered with dust 먼지가 끼다
멀거니	blankly 블랭클리 • vacantly 베이컨틀리
멀다	go blind 고우 블라인드 (눈이)
	● be blinded by money 돈에 눈이 멀다
	be far 비 파 • be distant 비 디스턴트 (거리)
	● far away 먼 곳에
멀어지다	be (become) estranged 비(비컴) 이스트레인지드
멀쩡한	whole 호울 • complete 컴플릿 • intact 인택트
	● have a clear mind 정신이 멀쩡하다
멈추다	stop 스탑 • cease 시즈 ● stop working 일을 멈추다
멋	smartness 스마트니스
	stylishness 스타일리시니스 (세련된 맵시)
	dandyism 댄디이즘 (맵시) • taste 테이스트 (풍취)
	● I met him all spruced up 나는 멋있게 차린 그를 만났다
멋대로	in one's own way 인 원스 오운 웨이
	selfishly 셀피쉴리
멋쩍다	be awkward 비 어커드
	feel uncomfortable 필 언컴포터블
	be embarrassed 비 임배러스드
	● I am embarrassed to ask a further favor
	또 부탁하기가 멋쩍다
멋진	splendid 스플렌디드 • smart 스마트
멍	bruise 브루즈 • contusion 컨튜전
	● get a bruise 멍들다
멍청이	stupid person 스튜피드 퍼슨
멍하니	vacantly 베이컨틀리 • absent-mindedly 앱센트 마인디들리

메기	catfish 캣피시
메뉴	menu 메뉴
메다	shoulder 숄더
	○ with a gun on one's shoulder 총을 메고
	be choked 비 초욱트 (목이)
	○ feel choked 목이 메다
메달	medal 메들
메뚜기	grasshopper 그래스하퍼 ● locust 로커스트
메모	memo 메모 ● memorandum 메모랜덤
메밀국수	buckwheat noodle 버킷누들
메스껍다	feel nausea 필 노지어 ● feel sick 필 씩
메시아	the Messiah 더 미사이어
메시지	message 메시지
메아리	echo 에코
메우다	fill up 필업 ○ fill up a gap 틈을 메우다
메이다	make put a hoop on a tub 메이크 풋 어 후프 온 어 튜브
메이드	maid 메이드 (하녀, 가정부)
메이커	maker 메이커 ● manufacturer 매뉴팩처러
메이크업	make-up 메어컵
메추라기	quail 퀘일
메카	mecca 메커 (동경의 땅)
메커니즘	mechanism 메커니즘
멘스	menses 멘시즈 ● menstruation 멘스트루에이션
멜로드라마	melodrama 멜로드라머
멜로디	melody 멜로디 ● tune 튠
멜론	melon 멜런
멤버	member 멤버 (한사람) ● lineup 라인업 (팀의 전용)
멧돼지	wild boar 와일드 보어
며느리	daughter-in-law 도어터 인 로
멱살	throat 쓰로우트 ● collar 칼러
	○ seize one by the collar 멱살을 잡다
면담	interview 이너뷰
면도칼	razor 레이져

면목	face 페이스 • countenance 카운터넌스	
	honor 아너　○ save one's honor 면목을 세우다	
면밀한	minute 마이누트 • elaborate 일래버릿(세밀)	
	○ minute observation 면밀한 관찰	
	careful 캐어풀(주의깊은)	
면세점	duty-free shop 듀티 프리 샵	
면역	immunity 이뮤니티	
면적	area 에어리어 • square dimension 스퀘어 디멘션	
면접	interview 이너뷰	
면제	exemption 이그젬션 • impunity 임퓨너티	
면하다	escape 이스케잎(벗어나다) • avoid 어보이드(벗어나다)	
	○ escape punishment 벌을 면하다	
	exempt 이그젬트(면제)	
	○ be exempted from military service 병역을 면하다	
면허장	license 라이슨스 • certificate 서티피케잇(증명서)	
	permit 퍼밋(허가)	
	○ obtain a license 면허장을 따다	
면회	interview 이너뷰 • meeting 미팅	
멸망	fall 폴 • downfall 다운폴 • ruin 루인	
	○ the fall of a nation 국가의 멸망	
멸시하다	despise 디스파이즈 • hold in contempt 홀드 인 컨템트	
	○ be held in contempt 멸시받다	
멸종	extermination 익스터미네이션	
명곡	famous piece of music 페이머스 피스 어브 뮤직	
명도	brightness 브라잇트니스 • luminosity 루머나서티	
명란젓	salted roe of the pollack 솔티드 로우 어브 더 폴락	
명랑	brightness 브라잇트니스 • clearness 클리어니스	
	cheerfulness 치어풀니스	
명랑한	bright 브라잇 • clear 클리어 • sunshiny 선샤이니	
	○ a happy heart 명랑한 기분	
명령	order 오더 • command 커맨드 • direction 디렉션	
	instruction 인스트럭션	
명맥	life 라이프 • existence 이그지스턴스	

	○ keep alive, retain life 명맥을 이어가다
명멸하다	flicker 플리커 ● glimmer 글리머 ● blink 블링크
명목	name 네임 ● title 타이틀 (명칭)
	pretext 프리텍스트 (구실) ● nominal 나머늘 (명목상의)
명문(名門)	noble lineage 노블 리니지
	○ children of noble birth 명문의 자제
명물	speciality 스페셜리티 ● feature 피처
명백한	clear 클리어 ● plain 플레인 ● obvious 아비어스
명복	heavenly bliss 헤븐리 블리스
	○ pray for the repose of soul 명복을 빌다
명분	justice 저스티스 ○ unjustifiable 명분이 서지 않는
명사(名士)	celebrity 셀러브러티
명사(名詞)	noun 나운
명상	meditation 메디테이션 ● contemplation 컨템플레이션
명색뿐인	nominal 나머널 ● in name only 인 네임 오운리
명성(名聲)	fame 페임 ● renown 리나운
	○ be renowned 명성이 높다
명성(明星)	venus 비너스 ● Lucifer 루시퍼 ● Hesperus 헤스퍼러스
	○ the morning star 새벽의
	○ the evening star 저녁의
명세서	details 디테일즈 ● specification 스페시피케이션
	○ shipping specification 선적명세서
명소	a place of interest sights
	어 플레이스 어브 인터레스트 사잇츠
명심하다	bear in mind 베어 인 마인드
명암	light and shade 라잇 앤 쉐이드
명언(名言)	wise(golden) saying 와이즈(골든) 세잉
명예	honor 아너 ● glory 글로리 (영광)
	○ restore one's honor 명예를 회복하다
명인	master 매스터
명작	masterpiece 매스터피스
명장(名將)	famous general 페이머스 제너럴
명장(明匠)	master hand 매스터 핸드

	skilled workman 스킬드 워크맨
명제	proposition 프러포지션
명중	hit 힛
	○ make(hit) the bull's eye 과녁의 복판에 명중하다
명찰	identification tag 아이덴티피케이션 택
명치	the pit of the stomach 더 핏 어브 더 스토먹
명태	the Alaska pollack 디 알래스카 폴락
명하다	order 오더 ● command 커맨드
명함	card 카드 ● calling card 콜링 카드(미)
	business card 비즈니스 카드(영업용)
명화	famous picture 페이머스 픽쳐 ● masterpiece 매스터피스
명확하다	clear and accurate 클리어 앤 애큐럿
	definite 데피닛
명확하게	definitely 데피닛틀리
몇	some 섬 ● a few 어 퓨 ● several 세버럴(약간)
	○ how many years 몇 해
	○ many(several) times 몇 번이고
몇 번	how often 하우 오픈 ● several times 세버럴 타임즈
모교	one's old school 원스 올드 스쿨
모국	one's mother country 원스 마더 컨추리
모기	mosquito 모스키토
	○ be bitten by mosquitos 모기에 몰리다
모나다	be angular 비 앵귤러
모내기	rice-planting 라이스 플랜팅
모놀로그	monologue 마널러그(독백, 독백극)
모니터	monitor 모니터
모닝	morning 모닝
모닥불	open-air fire 오픈 에어 파이어 ● bonfire 본파이어
	campfire 캠프파이어
모던	modern 마던(현대식의)
모델	model 마들
모두	all 올 ● everyone 에브리원
	○ It's all my faults 모두 내 잘못이다

모든	all 올 • every 에브리 • each 이취
	◯ all kinds of people 모든 종류의 사람
모란	peony 피어니
모래	sand 샌드
모럴	moral 모럴 • moral sense 모럴 센스
모레	the day after tomorrow 더 데이 애프터 투마로우
모르다	do not know 두 낫 노우 • cannot tell 캔낫 텔
	◯ unknown 모르는
	◯ do not know what to do 어쩔 줄 모르다
모름지기	by all means 바이 올 민즈 • necessarily 네세서릴리
	◯ It is imperative that students should put their hearts and soul into their studies
	학생은 모름지기 공부에 전념해야 한다.
모면하다	evade 이베이드 • shirk 셔크
	◯ just manage to tide over cirsis 위기를 모면하다
모반	rebellion 리벨리언 (반란)
	treason 트리즌 (반역) • conspiracy 컨스피러시 (음모)
모발	hair 헤어
모방	imitation 이미테이션
모범	model 마들 • example 이그잼플
	◯ set a good example 모범을 보이다
모색하다	grope 그로우프 • search 써-취
	◯ grope for / search blindly 암중 모색하다
모서리	corner 코너 • angle 앵글
모성	motherhood 마더후드 • maternity 머터니티
모순	contradiction 컨트래딕션 • conflict 컨플릭트
모습	appearance 어피어런스 • image 이미지
	figure 피겨
	◯ His image is still vivid in my mind
	그의 모습이 아직 눈에 선하다
모시다	attend 어텐드 • serve 서브
	◯ have one's parents with 부모를 모시다
모심기	rice-planting 라이스플랜팅 (모내기)

모양	shape 쉐입(형태) ● appearance 어피어런스
	figure 피겨(자태) ● looks 룩스(자태)
	◉ look nice(well) 모양이 좋다
모욕	insult 인설트 ● contempt 컨템프트
	indignity 인디그너티 ● affront 어프론트
	◉ be insulted 모욕을 당하다
모유	mother's milk 마더스 밀크 ● breast milk 브레스트 밀크
	◉ rear at the breast 모유로 기르다
모으다	gather 개더(여럿을) ● collect 컬렉트(수집)
	◉ collect stamps 우표를 모으다
	concentrate 컨센트레잇(집중)
	◉ concentrate one's attention 정신을 모으다
모이다	gather 개더 ● flock 플락 ● crowd 크라우드(떼지어)
	meet 밋(회의에) ● be collected 비 컬렉티드(돈, 물건이)
모자	hat 햇 ● cap 캡
	◉ take off one's hat 모자를 벗다
	◉ put on a hat 모자를 쓰다
모자(母子)	mother and son 마더 앤 선
모자라다	be not enough 비 낫 이너프 ● be short of 비 숏 어브
	lack 랙 ● be insufficient 비 인서피션트
	◉ be short of hands 일손이 모자라다
모조리	all 올 ● wholly 홀리
	◉ I spent all the money I had with me
	가진 돈을 모조리 써버렸다
	◉ make a clean breast of 모조리 털어놓다
모조품	imitation 이미테이션 ● counterfeit 카운터핏(위조품)
	phony 포니(미, 속)
모진	cruel 크루엘 ● harsh 하시
	◉ treat harshly 사람을 모질게 다루다
모집	invitation 인비테이션 ● collection 컬렉션
	registration 레지스트레이션(지원자의)
	flotation 플로테이션
	subscription 섭스크립션(공채, 기부금따위)

모처럼	after long time 애프터 롱 타임 (오랜만에) ◐ He returned home after a long absence 그는 모처럼 귀향했다
모친	mother 마더
모터	motor 모우터 ● engine 엔진
모토	motto 모토우
모퉁이	corner 코너 ● turn 턴 ◐ at a street corner 길모퉁이에서
모피	fur 퍼 ● flix 플릭스 (토끼 따위)
모험	adventure 어드벤처 ● hazard 해저드
모형	model 마들 ● pattern 패턴 (기계 따위의) mold 몰드 (주조의)
목	neck 넥 ◐ necklace 목걸이
목격자	witness 윗니스
목구멍	throat 쓰로웃
목덜미	the nape of neck 더 네입 어브 넥 ◐ seize by the scruff of his neck 목덜미를 잡다
목도리	muffler 머플러 ● neckerchieves 넥커치브스 shawl 숄 (여자용)
목동	herdboy 허드보이
목련	magnolia 매그놀리아
목례	nod 나드 ● nodding 나딩
목록	content 컨텐츠 (목차) ● list 리스트 (일람표)
목마름	thirst 써스트 ◐ have a thirst for knowledge 지식에 목마르다
목말	riding another's shoulder 라이딩 어나더스 숄더
목불인견	cannot bear to witness (see) 캔낫 베어 투 위트니스(씨)
목사	pastor 패스터 ● minister 미니스터 ◐ enter the ministry 목사가 되다
목소리	voice 보이스 ● husky voice 쉰 목소리
목수	carpenter 카펜터
목숨	life 라이프 ● lose one's life 목숨을 잃다
목요일	Thursday 써스데이

목욕	bath 배쓰	○ take a cold bath 냉수로 목욕하다
목욕탕	bathroom 배스룸	
목장	stock farm 스탁 팜 ● ranch 랜치(미)	
목재	wood 우드 ● timer 팀버(건축용) ● lumber 럼버(미)	
목적	object 압직트 ● purpose 퍼포우즈	

○ set up a purpose 목적을 세우다

목적지	destination 데스터네이션
목전의	immediate 이미디엇

○ be at hand / be imminent 목전에 닥치다

목제	wooden 우든 ● made of wood 메이드 어브 우드
목조(木造)	wooden 우든 ● made of wood 메이드 어브 우드
목차	contents 컨텐츠
목축	stock farming 스탁 파밍 ● pasturage 패스츄리지
목탁	wooden gong 우든 공
목표	mark 마크 ● target 타깃(표적)
	goal 고울 ● aim 에임 ● object 압직트(목적)

○ reach the goal 목표에 달하다

몰골	appearance 어피어런스
몰두	absorption 업솝션 ● preoccupation 프리아큐페이션
몰락	ruin 루인 ● fall 폴 ● bankruptcy 뱅크럽시(파산)
몰래	secretly 시크릿틀리 ● quietly 콰이엇틀리
몰려들다	come in crowds 컴 인 크라우즈

○ fish move around in shoals 고기떼가 몰려다니다

몰수	confiscation 컨피스케이션 ● forfeiture 포퍼쳐
몰아내다	expel 익스펠 ● turn out 턴 아웃

○ expel from the village 마을에서 몰아내다

몰아넣다	drive in 드라이브 인
	drive into a corner 드라이브 인투 어 코너(궁지로)
몸	body 바디 ● physique 피직(체격)
몸매	one's figure 원스 피겨
몸부림	struggle 스트러글 ● wriggle 리글

○ writhe in agony of pain 고통으로 몸부림치다

몸소	personally 퍼스널리

몸종	⊙ take personal command of 몸소 지휘하다 lady's personal maidservant 레이디즈 퍼스널 메이드서번트
몹시	very 베리 ● severely 시비얼리 ⊙ scold severely 몹시 꾸짖다
못	nail 네일 ● screw 스크루
못난이	no-good 노굿 ● stupid person 스튜피드 퍼슨
못마땅한	unsatisfactory 언새티스팩토리 disagreeable 디스어그리어블
못생긴	ugly 어글리
못지않다	be not inferior 비 낫 인피어리어 ● be no less 비 노 레스 ⊙ She is no less beautiful than her elder sister 그녀는 자기언니 못지않게 아름답다
못하다	cannot 캔낫 ● be impossible 비 임파서블 ⊙ It is too difficult for me to do 너무 어려워서 나는 못한다
몽둥이	stick 스틱 ● cudgel 커절
몽땅	all 올 ● completely 컴플릿틀리 ● wholly 홀리 ⊙ pay all one's debts 용돈을 몽땅 써버렸다
몽상	dream 드림 ● daydream 데이드림 ● vision 비전 ⊙ be given to day dreaming 몽상에 잠기다
몽타주	montage 만타지
묘	grave 그레이브 ● tomb 툼
묘기	exquisite skill 익스퀴짓 스킬 (솜씨) wonderful performance 원더풀 퍼포먼스 (연극 따위의)
묘령	youth 유쓰 ● blooming age 블루밍 에이지
묘목	young tree 영 트리 ● nursery tree 너서리 트리
묘미	beauty 뷰티 ● charm 촤암
묘사	description 디스크립션
묘안	capital idea 캐피틀 아이디어
묘연한	faraway 파러웨이 (멀어서) ● dim 딤 vague 베이그 ● indistinct 인디스팅트 (기억이)
묘지	graveyard 그레이바드 ● burial ground 베리얼 그라운드
묘책	clever scheme 클레버 스킴 ● capital plan 캐피틀 플랜

묘한	exquisite 익스퀴짓 ● delicate 델리케잇
무	radish 래디쉬
무감각	insensibility 인센서빌러티
무거운	heavy 헤비 ● weighty 웨이티
	○ heavy burden 무거운 짐
	important 임포턴트 (중요)
	○ an important mission 무거운 사명
무게	weight 웨이트 (중량) ● importance 임포턴스 (중요성)
	○ weigh 무게를 달다
무관심	indifference 인디퍼런스 ● unconcern 언컨선
무궁화	the rose of Sharon 더 로즈 어브 섀런
무기	weapon 웨폰 ● arms 암스
	○ take up arms 무기를 들다
무난한	easy 이지 ● simple 심플 ● safe 세잎 (안전)
	passable 파서블 (난점이 없는)
	○ This is tolerable 그만하면 그저 무난하다
무남독녀	an only daughter 언 오운리 도오터
무너뜨리다	pull down 풀다운 ● tear down 테어 다운
	○ pull down a wall 담을 무너뜨리다
무너지다	collapse 컬랩스 ● fall down 폴 다운
	break down 브레이크 다운
	○ the earth breaks loose 흙이 무너지다
무능력	disability 디서빌러티 ● incompetence 인컴피턴스
무능력자	incompetent(person) 인컴피턴트(퍼슨)
	person without capacity 퍼슨 위다웃 캐퍼시티
무늬	pattern 패턴 ● design 디자인
	○ weave in patterns 무늬를 넣어 짜다
무당	shaman 샤먼 ● witch 윗치
무대	stage 스테이지 ○ appear on the stage 무대에 서다
무더운	sultry 설트리 ● sweltering 스웰터링
	○ sultry weather 무더운 날씨
무덤	grave 그레이브 ● tumb 툼
무도장	dance hall 댄스 홀 ● ballroom 볼룸

무도회	a ball 어 볼 ● dancing party 댄싱 파티
무드	mood 무드
무딘	blunt 블런트 ● dull 덜
무뚝뚝한	blunt 블런트 ● brusque 브러스크 ● abrupt 앱럽트
	● act brusquely 무뚝뚝하게 굴다
무럭무럭	rapidly 래피들리 ● well 웰(성장)
	● the tree grows well 나무가 무럭무럭 자란다
	thickly 씨클리(냄새, 연기)
	● smoke rises up in thick clouds 연기가 무럭무럭 난다
무력	military power 밀리터리 파워 ● force 포스
무렵	the time (when) ~ 더 타임(웬) ~
	● in those days / then 그 무렵에
	● arrive toward evening 해질 무렵에 도착하다
무례한	impolite 임폴라잇 ● rude 루드
	● be rude to 무례한 짓을 하다
무료	no charge 노 챠지 ● free of charge 무료의
무료한	bore 보어 ● tedious 티디어스 ● dull 덜
	● beguile the tedium 무료함을 달래다
무르익은	ripen 라이픈 ● mature 머츄어 ● mellow 멜로우
무릇	in general 인 제너럴 ● on the whole 온 더 호울
무릎	knee 니 ● lap 랩
	● go down one's knees 무릎을 꿇다
무리한	unreasonable 언리즈너블 ● unfair 언페어
	● an unreaseonble demand 무리한 요구
무리	company 컴퍼니 ● party 파티 ● group 그룹
무명	nameless 네임리스 ● unknown 언노운
무모한	rash 래시 ● reckless 렉클리스 ● imprudent 임프루던트
	● Don't do anything rash 무모한 짓 하지마라
무법	injustice 인저스티스 ● unlaw 언로
무사	safety 세이프티 (안전) ● peace 피스 (평화)
무사태평한	peaceful 피스풀 ● tranquil 트랭퀼 ● easy 이지
무상(無常)	uncertainty 언서튼티 ● mutability 뮤터빌러티
무상(無償)의	without compensation 위다웃 컴펜세이션

	free of charge 프리 어브 촤지
무색하다	be ashamed 비 어쉐임드 • feel shame 필 쉐임
무서운	fearful 피어풀 • dreadful 드레드풀 • terrible 테러블
	◐ a terrible dream 무서운 꿈
무서워하다	be afraid 비 어프레이드 • fear 피어
	◐ be afraid of earthquakes 지진을 무서워하다
무선	radio 레이디오 • wireless 와이어리스
무성한	thick 씩 • exuberant 이그주버런트
무소속	independent 인디펜던트
무쇠	cast iron 캐스트 아이언 • iron 아이언
무술	military arts 밀리터리 아츠
무승부	draw 드로우 • tie 타이
	◐ end in a tie(draw) 무승부로 끝나다
무시하다	ignore 이그노어
	◐ ignore other's rights 남의 권리를 무시하다
무시험	no examination 노 이그재머네이션
무식	ignorance 이그노런스 • illiteracy 일리터러시
무심코	unintentionally 언인텐셔널리 (별 생각 없이)
	by chance 바이 챈스 (문득)
	carelessly 캐어리슬리 (부주의하게)
무언	silence 사일런스
	◐ He remained silent throughout 그는 끝내 함구무언이었다
무엇	what 왓 • something 섬씽 • anything 애니씽
	◐ what for 무엇 때문에
무역	trade 트레이드 • commerce 커머스
무예	military arts 밀리터리 아츠
	◐ practice military arts 무예를 닦다
무용(無用)	uselessness 유즈리스니스
무용(舞踊)	dancing 댄싱 • dance 댄스
무위도식	an idle life 언 아이들 라이프
	eating the bread of idleness 이팅 더 브레드 어브 아이들니스

무의미한	meaningless 미닝리스 ● senseless 센스리스
무의식	unconsciousness 언컨시어스니스
무의식적으로	unconsciously 언컨시어슬리
무인도	desert island 데저트 아일랜드
무일푼	penniless 페니리스
무임승차	ride free 라이드 프리
	having a free ride 해빙 어 프리 라이드
무자격	disqualification 디스퀄러피케이션
	incapacity 인캐퍼서티 (법)
무자비한	cruel 크루얼 ● merciless 머실리스
무장	arms 암스 ● armament 아머먼트
	○ take up arms / rise in arms 무장, 봉기하다
무적의	invincible 인빈서블
	○ a man of matchless valor 무적의 용사
무전	being moneyless(penniless) 빙 머니리스 (페니리스)
	○ hitchhike (미, 구) 무전여행
무정한	hard 하드 ● heartless 하틀리스 ● pitiless 피틸리스
무제한	unlimited 언리미티드
무조건의	unconditional 언컨디셔널
무좀	bath-itch 배쓰잇치
무죄	innocence 이노슨스
무지	ignorance 이그너런스 ● illiteracy 일리터러시
무지개	rainbow 레인보우
무차별	indiscrimination 인디스크리머네이션
무참한	cruel 크루얼 ● merciless 머실리스
	○ a horrible scene 무참한 광경
무책임	irresponsibility 이리스판서빌러티
무척	very 베리 ● much 머치
무턱대고	for no good reason 포 노 굿 리즌
	without rhyme or reason 위다웃 라임 오어 리즌
	○ scold for no good reason 무턱대고 책망하다
무한	infinity 인피니티
무해한	harmless 함리스 ● innocuous 이나큐어스

묵다	get old 겟 올드 (오래되다) ● stay 스테이
	put up 풋 업 (숙박하다)
	◐ old customs 묵은 관습
묵묵히	silently 사일런틀리
묵살하다	ignore 이그노어
묵인	connivance 커나이번스 ● tacit consent 태싯 컨센트
묵직한	rather heavy 래더 헤비 ● rather grave 래더 그레이브
묵화	painting in chinese ink 페인팅 인 차이니즈 잉크
묶다	bind 바인드 ● tie 타이
	◐ tie into a bundle 단으로 묶다
문간	the doorway 더 도어웨이
	the enterance of a house 디 엔터런스 어브 어 하우스
	the gateway 더 게이트웨이
문고	a box for stationery 어 박스 포 스테이셔너리 (문갑)
	bookcase 북케이스 (책장)
	a collection of works 어 컬렉션 어브 웍스 (문집)
문단	the literary world 더 리터러리 월드
	literary circle 리터러리 서클
문답	dialogue 다이얼로그
문드러지다	crumble into decay 크럼블 인투 디케이
문득	suddenly 서든리 ● unexpectedly 언익스펙티들리
문맹	illiteracy 일리터러시 ● ignorance 이그노런스
문명	civilization 시빌라이제이션
문방구점	stationery shop 스테이셔너리 샵
문법	grammar 그래머
문병	visit to a sick person 비짓 투 어 씩 퍼슨
문서	document 다큐먼트 ● paper 페이퍼
	◐ exchange notes 문서를 교환하다
문신	tattoo 타투
문안(問安)	inquiry after the health of 인콰이어리 애프터 더 헬쓰 어브
문어	octopus 옥터퍼스
문예	literary art 리터러리 아트 ● literature 리터러처
문의	inquiry 인콰이어리 ◐ reference 문의처

문자	letter 레터 • character 캐릭터
문장	composition 컴포지션
문제	problem 프라블럼 • question 퀘스천
	○ no problem 문제없다
문지기	gatekeeper 게이트키퍼
문지르다	rub 럽 • scrub 스크럽 ○ rub out 문질러 지우다
문턱	doorsill 도어실
문패	doorplate 도어플레이트 • nameplate 네임플레이트
문학	literature 리터러처
문호	great writer 그레잇 라이터
문화	culture 컬처
묻다	bury 베리 (매장)
	○ bury a corpse 시체를 묻다
	cover 커버 • conceal 컨실 (감추다)
	stick 스틱 (들러붙다)
	ask 애스크 • question 퀘스천 (질문)
	charge 차지 (책임을)
	○ ask the price 값을 묻다
	○ ask(inquiry) after 안부를 묻다
물	water 워터
물가	price 프라이스 ○ prices advance 물가가 오르다
물갈퀴	web 웹 • webfoot 웹풋
물개	fur seal 퍼 씰
물거품	bubble 버블 • foam 폼
	○ burst like a bubble 물거품처럼 사라지다
물건	thing 씽 • stuff 스터프 • goods 굿즈 (물품)
	○ be of good quality 물건이 좋다
물결	wave 웨이브 • ripple 리플 (잔물결)
물고기	fish 피쉬
물구나무서기	hand-standing 핸드 스탠딩
물다	bite 바이트
	○ a dog bites a person 개가 사람을 물다
	pay 페이 • repay 리페이 (갚다)

	⊙ pay a penalty 벌금을 물다
물들다	dye 다이 (빛깔) ● get stained 겟 스테인드
	⊙ be stained with blood 피로 물들다
물들이다	dye 다이
물때새	chinese great grey shrike 차이니즈 그레잇 그레이 쉬라이크
물량	the amount of materials 디 어마운트 어브 머티리얼즈
물러가다	move backward 무브 백워드 (뒤로)
	resign 리자인 (떠나다)
	⊙ resign from public life 공직에서 물러나다
물레방아	water mill(wheel) 워터 밀(휠)
물론	of course 어브 코스
물리	physics 피직스
물리치다	reject 리젝트 (거절) ● drive back 드라이브 백 (격퇴)
물망초	forget-me-not 포겟미낫
물방울	drop of water 드랍 어브 워터
물보라	spray 스프레이 ⊙ raise spray 물보라를 일으키다
물뿌리개	watering pot 워터링 팟 ● sprinkler 스프링클러
물수건	wet towel 웻타올
물수리	osprey 오스프레이
물심	matter and mind 매터 앤 마인드
	⊙ both materially and morally 물심양면으로
물욕	worldly desires 월들리 디자이어즈
물웅덩이	pool 풀
물음	question 퀘스천
물자	commodity 커머더티 ● goods 굿즈
물장사	water selling 워터 셀링
	gay trade 게이 트레이드 (술집 영업)
물증	real evidence 리얼 에비던스
물질	matter 매터 ● substance 서브스턴스
	material 머티리얼
물체	body 바디 ● material object 머티리얼 압직트 (법)
물품	article 아티클 ● goods 굿즈 ● commodity 커머더티
뭇매를 때리다	gang up and give a beating 갱업 앤 기브어 비팅

뭉개다	crumple 크럼플 ● mash 매시 ● squash 스쿼시
뭉그러지다	crumble 크럼블 ● collapse 컬랩스
뭉뚱그리다	bundle up crudely 번들 업 크루들리
뭉치	bundle 번들 ● roll 롤
	◎ a bundle of letter 편지 한뭉치
뭍	land 랜드
뮤직	music 뮤직
미각	the palate 더 팰릿 ● the taste 더 테이스트
미개한	uncivilized 언시빌라이즈드
미거한	imprudent 임프루던트 ● thoughtless 쏘우트리스
미결의	unsettled 언세틀드 ● undecided 언디사이디드
미곡	rice 라이스
미관	beautiful sight 뷰티풀 사이트 ● fine view 파인 뷰
미국	America 어메리카
	the United States 디 유나이티드 스테잇츠
미궁	labyrinth 래버린쓰 ● maze 메이즈 ● mystery 미스터리
미꾸라지	loach 로우치 ● mudfish 머드피쉬
미끄러지다	slide 슬라이드 ● slip 슬립
미끈거리는	slippery 슬리퍼리 ● slimy 슬라이미
미끼	bait 베이트
미나리	parsley 파슬리
미남	handsome man 핸섬 맨
미녀	beautiful woman 뷰티풀 우먼 ● a beauty 어 뷰티
미니스커트	miniskirt 미니스커트
미닫이문	sliding door 슬라이딩 도어
미담	praiseworthy anecdote 프레이즈워씨 애닉도우트
미덕	virtue 버츄
미디어	media
미라	mummy 머미
미래	future 퓨처 ● time to come 타임 투 컴
미련	stupidity 스튜피더티
미련(未練)	lingering attachment 링거링 어태치먼트
	regret 리그렛 (애착)

미로	○ have a lingering affection 미련이 있다 maze 메이즈 ● labyrinth 래버린쓰 ○ get lost in a maze 미로에 빠지다
미루다	put off 풋 어프 ● postpone 포스트폰 ● delay 딜레이 ○ put off the departure for a few days 출발을 2~3일 뒤로 미루다
미리	beforehand 비포핸드 ● in advance 인 어드밴스 previously 프리비어슬리 ○ give previous notice 미리 통지하다
미만	under 언더 ● below 빌로우 ○ children under 5 5세 미만의 아이
미망인	widow 위도우 ● dowager 다워저 ○ a war widow 전쟁미망인
미명(未明) 미명(美名)	early dawn 어얼리 던 a good(fair) name 어 굿(페어) 네임 ○ under the cloak of charity 자선이란 미명하에
미모 미묘한	good looks 굿 룩스 ● pretty features 프리티 피처스 delicate 델리케잇 ● subtle 서틀 ○ delicate shades of meaning 뜻의 미묘한 차이
미문 미미한	elegant prose 엘리건트 프로우즈 slight 슬라이트 ● small 스몰 ● petty 페티 ○ At first the company was a petty affair 그 회사는 처음에는 미미한 존재였다
미사일	missile 미설 ○ fire a missile 미사일을 발사하다
미생물	microorganism 마이크로오거니즘 microbe 마이크로우브
미성년 미션 미소	minority 마이너리티 ● under age 언더 에이지 mission 미션 smile 스마일 ○ smiling / with a smile 미소를 띄우고
미수(未收) 미수(未遂)의	uncollected 언컬렉티드 ● deferred 디퍼드 attempted 어템티드

	○ end in the attempted 미수로 끝나다
미숙한	unripe 언라잎 ● immature 이머추어
미술	art 아트
미스	Miss 미스
미스터	Mister (Mr.) 미스터
미스터리	mystery 미스터리
미신	superstition 수퍼스티션
	○ do away with superstitions 미신을 타파하다
미싱	sewing machine 소잉머신 (재봉틀)
미아	lost child 로스트 차일드
미안한	sorry 소리 ● regrettable 리그렛터블
	○ I am sorry for giving you trouble 폐를 끼쳐 미안합니다
미역	brown seaweed 브라운 시위드
미완성	incompletion 인컴플리션
미용	beautiful face 뷰티풀 페이스 (미안)
	beauty culture 뷰티 컬처 (미장)
미워하다	hate 헤이트 ● detest 디테스트
미인	beauty 뷰티
미장원	beauty salon 뷰티 살론
미장이	plasterer 플라스터러
미적	aesthetic 에스틱
	○ aesthetic sense 미적감각
미정의	unsettled 언세틀드
	○ My plan is unsettled 계획은 미정이다
미주알고주알	inquisitively 인퀴저터블리
	○ don't be so inquisitive 미주알고주알 캐묻지 마라라
미증유	unexampled 언이그잼플드
미지의	unknown 언노운 ● strage 스트레인지
미지근한	tepid 테피드 ● lukewarm 루크웜
	○ assume a lukewarm attitude 미지근한 태도를 취하다
미치광이	madman 매드맨 ● lunatic 루너틱 (광인)
	maniac 매니액 (열광자)
미친	mad 매드 ● insane 인세인 ● crazy 크레이지

		○ be crazy(mad) about a girl 여자에 미치다
미터		meter 미터
미행하다		shadow 섀도우 ● follow 팔로우
미혼		single 싱글 ● unmarried 언매리드
미화		beautification 뷰티피케이션
미흡하다		be insufficient 비 인서피션트
		be not enough 비 낫 이너프
		○ leave much to be desired 미흡한 점이 많다
믹스		mix 믹스
민간		civil 시빌 ● private 프라이빗
민들레		dandelion 댄덜라이언
민박하다		take lodgings at a private house 테일 라징즈 앳 어 프라이빗 하우스
민법		civil law 시빌 로
민사		civil affairs 시빌 어페어즈
민속		folk-ways 포크웨이즈 ● folk-customs 포크 커스텀즈
민완		ability 어빌러티 ● capability 캐퍼빌러티
민요		fork song 포크 송
민족		a nation 어 네이션 ● a people 어 피플
민주주의		democracy 디머크라시
믿다		believe 빌리브 ● trust 트러스트
믿음직한		reliable 릴라이어블 ● dependable 디펜더블
		○ place great trust in 믿음직하게 여기다
밀가루		wheat flour 위트 플라워
밀감		mandarin orange 맨더린 오린지
밀고		secret information 시크릿 인포메이션
밀다		push 푸시
		○ push the door open 문을 밀어열다
		recommend 레커멘드 ● support 서포트 (추천)
		○ recommend Mr. Kim as a chairman 김씨를 회장으로 밀다
밀려들다		beat upon 비트 어펀 ● advance on 어드밴스 온
		○ advancing waves 밀려드는 파도

밀리	milli 밀리 • milligram 밀리그램 • milliliter 밀리리터
밀림	jungle 정글
밀매	illicit sale 일리싯 세일
밀물	the flow 더 플로우 • the flux 더 플럭스
	the tide 더 타이드
	○ The tide is rising 밀물이 들어오다
밀수	smuggling 스머글링
밀실	secret room 시크릿 룸
밀착	close adherence 클로우스 애드히어런스
밀치다	push 푸시 • thrust 쓰러스트
	○ push down 밀쳐 넘어뜨리다
밀크	milk 밀크
밀폐하다	shut tight 셧 타이트
밀항	smuggling 스머글링
밀회	rendezvous 란디부
밉다	be hateful 비 헤잇풀
	be abominable 비 어바머너블
밉살스러운	hateful 헤잇풀 • detestable 디테스터블
	○ a detestable fellow 밉살스런 녀석
밍크	mink 밍크
및	and 앤 • also 올소우 • as well as 애즈 웰 애즈
밑	bottom 바텀 • base 베이스
	○ under lower 밑의
	root 루트 (근본)
	○ at the bottom of the sea 바다 밑에
밑돌다	be below the average 비 빌로우 디 애버리지
	fall short 폴 숏
밑바닥	bottom 바텀 • base 베이스
밑바탕	essence 에센스 • foundation 파운데이션
밑지다	lose 루즈 • suffer a loss 서퍼 어 로스
	○ a losing business 밑지는 장사
밑천	capital 캐피틀 • fund 펀드 • stock 스탁
	○ provide capital 밑천을 대다

ㅂ

바겐세일	bargain sale 바건세일
바구니	basket 배스킷
바깥	outside 아웃사이드 ● go out 바깥에 나가다
바꾸다	change 체인지 ● exchange 익스체인지 (교환)
	alter 얼터 (변경)
바뀌다	get changed 겟 체인지드
	be revised 비 라바이즈드 (수정)
	be transformed 비 트랜스폼드 (변형)
	● The times change 세상이 바뀌다
바나나	banana 버내너
바느질	sewing 소잉 ● needlework 니들워크
바늘	needle 니들 ● pin 핀
바다	sea 씨 ● ocean 오션
바다표범	seal 실
바닷가	beach 비치 ● seashore 씨쇼어
바둑	paduk
바라다	wish 위시 ● desire 디자이어 ● want 원트 (소원)
	care for 캐어 포 (관심) ● beg 벡
	request 리퀘스트 (부탁)
	● for mercy's sake 제발 바라건대
	hope 호웁 ● expect 익스펙트 (기대)
	● hope for pardon 용서를 바라다
바라보다	see 시 ● look at 룩 앳 ● watch 왓치 (응시)
	● see a view 경치를 바라보다
바람	wind 윈드
바람둥이	braggart 브래것 ● boaster 보스터
	flirt 플러트 (바람피우는)
바람직한	desirable 디자이어러블
바램	desire 디자이어 ● wish 위시

바로	rightly 라이틀리 ● honestly 아니스틀리
	● Keep going straight ahead on this road
	이 길로 곧장 바로 가십시오
	just 저스트 ● exactly 이그잭틀리
바로 곁	close to 클로우스 투 ● on hand 온 핸드
바로잡다	straighten 스트레이튼 (굽은 것을) ● correct 커렉트
	reform 리폼 (잘못을)
	● reform oneself 마음을 바로잡다
바르다	put 풋 (붙이다) ● paint 페인트 (칠하다)
바른	straight 스트레이트 (곧은) ● right 라이트 (옳은)
바바리	trench coat 트렌치 코트
바보	fool 풀 ● dunce 던스 ● silly 실리
	● Make a fool of oneself 바보같은 짓을 하다
바쁘다	be busy 비 비지
바야흐로	at the height 앳 더 하이트 ● in full swing 인 풀 스윙
	● at the height of summer 바야흐로 짙은 여름에
바위	rock 락 ● crag 크랙
바이러스	virus 바이러스
바이블	bible 바이블
바이어	buyer 바이어
바이올린	violin 바이얼린
바자	bazaar 바자 ● fancy fair 팬시 페어
바지	trousers 트라우저즈 ● pants 팬츠
바지락	short-necked clam 쇼트네키드 클램
바치다	give 기브 ● offer 어퍼
	● give one's life to ~에 평생을 바치다
바캉스	vacation 베이케이션 ● holiday 할러데이
바퀴벌레	cockroach 칵로우치 ● roach 로우치
바텐더	bartender 바텐더 (미) ● barman 바맨
바통	baton 배턴
박두하다	draw near 드로우 니어 ● press 프레스
	● We are pressed for time 시간이 박두했다
박람회	exhibition 엑서비션 ● exposition 익스포지션 (미)

	fair 페어
	◎ a world fair / an international exhibition 만국박람회
박력	force 포스 ● intensity 인텐서티
박멸	extermination 익스터메네이션
	eradication 이래디케이션
박물관	museum 뮤지엄
박사	doctor 닥터 ● expert 엑스퍼트
	◎ doctor's degree 박사학위
박수	clapping 클래핑
박식한	erudite 에루다이트
박애	philanthropy 필랜쓰러피
박자	beat 비트 ● time 타임 ● rhythm 리듬
박정한	coldhearted 콜드하티드
박쥐	bat 뱃
박차	spur 스퍼 ◎ put spurs to 박차를 가하다
박탈하다	deprive 디프라이브 ● take away 테익 어웨이
박테리아	bacterium 백티어리엄
박해	persecution 퍼시큐션 ● oppression 오프레션
	◎ be persecuted 박해를 받다
반감(反感)	antipathy 앤티퍼씨 ● animosity 애너머서티
반감(半減)하다	reduce by half 리듀스 바이 해프 ● cut in half 컷 인 해프
반격하다	make a counterattack 메이크 어 카운터어택
반기다	rejoice to see 리조이스 투 씨 ● be glad 비 글래드
반달	fortnight 포트나이트 (반개월) ● halfmoon 해프문 (달의)
반대	opposition 어포지션 (반항) ● objection 업젝션 (이의)
	reverse (역)
	◎ in the opposite direction 반대방향으로
반도	peninsula 퍼닌슐러
	◎ the Korean Peninsula 한반도
반도체	semiconductor 세미컨덕터
반드시	certainly 서튼리 ● surely 슈얼리
	◎ be sure to succeed 반드시 성공하다
반들반들	glossily 글로실리 ● shiningly 샤이닝리

반란	revolt 리볼트 ● rebellion 리벨리언
반려	companion 컴패니언 ● partner 파트너
	◎ a life partner 일생의 반려
반면	the other side 디 아더 사이드
반복	repetition 레퍼티션
반비례	inverse proportion 인버스 프로포션
반사	reflection 리플렉션
반성	reflection 리플렉션 ● reconsideration 리컨시더레이션
반소매	half-sleeve 해프 슬리브
반숙	half-cooked 해프쿡트 ● soft-boiled 소프트 보일드
반액	half the sum 해프 더 섬 ● half-price 해프 프라이스
반역	rebellion 리벨리언
반응	reaction 리액션 ● response 리스판스
반주(伴奏)	accompaniment 어컴패니먼트
반주(飯酒)	liquor taken at meal time 리쿼 테이크 앳 밀 타임
반지	ring 링 ◎ wedding ring 결혼반지
반짝이다	shine 샤인 ● glitter 글리터
	◎ sparkling gems 반짝이는 보석
반찬	side dish 사이드 디쉬
반창고	adhesive bandage 애드히시브 밴디지 (미)
	sticking 스띠킹 (영)
반추	rumination 루미네이션
반칙	foul 파울
반품	returning goods 리터닝 굿즈
반하다	fall in love with 폴 인 러브 위드
반항	resistance 리지스턴스 (저항)
	opposition 오퍼지션 (반대) ● revolt 리볼트 (반역)
반항하다	resist 리지스트 ● oppose 어포우즈 ● defy 디파이
받다	receive 리시브 ● accept 액셉 ● take 테이크
	◎ receive an education 교육을 받다
	catch 캐치 (공 따위를)
	◎ catch ball 공을 받다
받아들이다	accept 액셉트 ● adopt 어답트

	○ accede to demand 요구를 받아들이다
받치다	support 서포트 ● prop up 프랍 업
	○ support with a post 기둥을 받치다
받침	support 서포트 ● prop 프랍 ● pad 패드
발	foot 풋(足) ● bamboo blind 뱀부 블라인드 (가리는)
발가락	toe 토우
발각	detection 디텍션 ● discovery 디스커버리 revelation 리벌레이션
발간	publication 퍼블리케이션 ● issue 이슈
발견	discovery 디스커버리
	○ make many scientific discoveries 과학상의 많은 발견을 하다
발굴	excavation 익스커베이션 ● exhumation 익슈메이션
발굽	hoof 후프
발급하다	issue 이슈 ○ issue a passport 여권을 발급하다
발기	proposal 프로포우절 ● suggestion 서제스천 (제안) initiation 이니시에이션 (솔선)
	○ at the suggestion of ~의 발기로
발단	opening one's mouth 오프닝 원스 마우쓰 (말의) origin 오리진 (일의)
발돋움하다	stand on tiptoe 스탠드 온 팁토우
발뒤꿈치	heel 힐
발등	instep 인스텝
발랄한	lively 라이블리 ● fresh 프레쉬
	○ be full of life 생기 발랄하다
발레리나	ballerina 밸러리나
발령	announcement of appointment 어나운스먼트 어브 어포인먼트 proclamation 프로클래메이션 (법령을)
발매	sale 세일 ● putting on sail 푸팅 온 세일
발명	invention 인벤션
발바닥	the sole of a foot 더 소울 어브 어 풋
발버둥치다	struggle 스트러글 ● wriggle 리글

발사	firing 파이어링 • discharge 디스촤지
발산	emission 이미션 (수증기, 악취)
	explosion 익스플로전 (정력, 웃음)
	evaporation 이배퍼레이션 (수분)
발상	way of thinking 웨이 어브 씽킹 • idea 아이디어
	expression 익스프레션
발생	occurrence 어커런스 • outbreak 아웃브레क
	generation 제너레이션 (열, 전기)
	occurrence 어커런스
	○ the occurrence of an accident 사고의 발생
발설하다	disclose 디스클로우즈 • reveal 리빌
발송	dispatch 디스팻취
발신인	addresser 어드레서 • sender 센더
발언	speaking 스피킹 • utterance 어터런스
발육	growth 그로우쓰 • development 디벨럽먼트
발음	pronunciation 프러넌시에이션
발작하다	have a fit 해브 어 핏
발자국	footprint 풋프린트 • footmark 풋마크
발전	development 디벨롭먼트 (발달) • growth 그로우쓰
	expansion 익스펜션 (확대)
	prosperity 프라스페러티 (융성)
발족	starting 스타팅 (출발)
	inauguration 이노규어레이션 (사업의)
발진	eruption 이럽션 • rash 래쉬
발차하다	leave 리브 • depart 디파트
발췌	extract 익스트랙트 • selection 셀렉션
발칙한	ill-mannered 일매너드 • rude 루드 (버릇없다)
	hateful 해잇풀 • detestable 디테스터블 (괘씸하다)
발코니	balcony 밸커니
발탁	selection 셀렉션 • choice 초이스
발톱	toenail 토우네일
발판	footing 풋팅 • foothold 풋홀드
	○ secure a footing 발판을 잡다

발표	announcement 어나운스먼트	
	presentation 프레젠테이션	
발행	publication 퍼블리케이션 • issue 이슈	
발휘하다	display 디스플레이 • show 쇼우	
	◎ show one's ability 수완을 발휘하다	
밝은	bright 브라이트 • light 라이트	
밝히다	brighten 브라이튼 • lighten 라이튼	
	make clear 메이크 클리어 • clear up 클리어 업	
	clarify 클래러파이 (분명히 하다)	
	◎ make one's position clear 자기 입장을 밝히다	
밟다	step 스텝(디디다) • follow 팔로우 • trail 트레일(뒤를)	
	go through 고우 쓰루(순서를거치다)	
	◎ go through formalities 수속을 밟다	
밤	night 나이트 • night time 나잇 타임	
	chestnut 체스트넛	
밤마다	every night 에브리 나잇 • nightly 나이틀리	
	night after night 나잇 애프터 나잇	
밤새도록	all night long(through) 올 나이트 롱(쓰루)	
밤중	the dead of night 더 데드 어브 나잇	
	midnight 미드나이트	
밥	boiled rice 보일드 라이스	
밥공기	rice bowl 라이스 보울	
밥상	dining table 다이닝 테이블	
밥알	a grain of boiled rice 어 그레인 어브 보일드 라이스	
밧줄	rope 로프 • cord 코드	
방	room 룸	
방갈로	bungalow 벙걸로우	
방관하다	look on 룩 온 • watch 왓치	
	◎ assume the attitude of an onlooker 방관적 태도를 취하다	
방귀	wind 윈드 • fart 파트	
방금	just now 저스트 나우	
	◎ He has just left 방금 떠났습니다	
방긋	with a smile 위드 어 스마일	

방대한	huge 휴쥐 • vast 배스트
	◐ huge budget 방대한 예산
방도	way 웨이 • method 메쏘드
	◐ There is no other way 다른 방도가 없다
방랑하다	wander 완더
	◐ lead a wandering life 방랑생활을 하다
방망이	club 클럽 • cudgel 커젤 • paddle 패들
	◐ beat with a paddle(club) 방망이질하다
방면	direction 디렉션 (방향) • quarter 쿼터 (부분)
	◐ from all quarters 각방면에서
	phase 페이즈 • aspect 애스펙트 (국면)
방목	grazing 그레이징 • pasturage 패스츄리지
방문	call 콜 • visit 비짓
방문하다	call on 콜 온 • visit 비짓
방법	way 웨이 • method 메쏘드 • means 민즈 (수단)
	◐ by various means 여러 가지 방법으로
방부제	antiseptic 앤터셉틱
방사선	radiation 래디에이션
방석	cushion 쿠션
방세	room rent 룸 렌트
방송	broadcasting 브로드캐스팅
방식	form 폼 (형식) • method 메쏘드 (방법)
	formula 포뮬러 (공식)
방심	absent-mindness 앱슨트 마인드니스
방아쇠	trigger 트리거 ◐ pull the trigger 방아쇠를 당기다
방안	plan 플랜 • device 디바이스
	◐ draw up a plan 방안을 세우다
방어	defense 디펜스 • protection 프로텍션
	safeguard 세이프가드
방언	dialect 다이얼렉트
방역	disinfection 디신펙션
	prevention of epidemics 프리벤션 어브 에퍼데미스
방영하다	televise 텔러바이즈 • telecast 텔러캐스트

방울	bell 벨 (쇠의) ● drop 드랍 (물)
방음	soundproof 사운드프루프
방자한	impertinent 임퍼터넌트
방정식	equation 이퀘이션
방지	prevention 프리벤션
방첩	anti-espionage 앤티-에스피어나지 prevention of espionage 프리벤션 어브 에스피어나지
방청객	studio audience 스튜디오 어디언스
방출하다	emit 에밋 ● radiate 레디에잇
방치하다	leave alone 리브 얼론 ● neglect 니글렉트
방침	policy 팔러씨 (정책) ● principle 프린서플 (주의) plan 플랜 (계획) ◎ a national policy 국가의 방침
방한	protection against the cold 프로텍션 어겐스트 더 콜드
방해	disturbance 디스터번스 (훼방) ● obstruction 업스트럭션
방향	direction 디렉션 (방위) ◎ in the opposite direction 반대방향으로 course 코어스 (방침) ● aim 에임 (목적) ◎ err from the right path 방향을 잘못잡다
방황하다	wander 완더 ● rove 로우브
밭	field 필드 ● farm 팜
배	abdomen 앱더먼 ● belly 벨리 ● stomach 스토먹 (복부) ◎ be hungry 배가 고프다
배	vessel 베슬 ● ship 십 ● boat 보우트 (선박)
배	pear 페어 (식물)
배경	background 백그라운드
배구	volleyball 발리볼
배급	distribution 디스트리뷰션 ● supply 서플라이
배꼽	navel 네이블
배다	soak 소우크 ● saturate 새쳐레이트 (젖다) ◎ one's shirt is soaked through with perspiration 땀이 셔츠에 배다 get used 겟 유스트 ● be familiar 비 퍼밀리어 (익숙하다)
배다	conceive 컨시브 ● pregnant 프레그넌트 (잉태하다)

배달	deliver 딜리버
배당	allotment 얼랏먼트
배드민턴	badminton 뱃민튼
배럴	barrel 배럴
배려	care 캐어 ● concern 컨선 ● consideration 컨시데레이션
	○ careful concern / thoughtful consideration 세심한 배려
배반하다	go against 고우 어겐스트
	○ be contrary to expectation 기대를 배반하다
	betray 비트레이 (반역)
	○ betray one's country 나라를 배반하다
배부하다	distribute 디스트리뷰트
배불리	heartily 하틸리
배상	reparation 레퍼레이션 ● indemnity 인뎀너티 (법률적)
	○ pay for damage / indemnify for damage 손해를 배상하다
배설	excretion 익스크리션 ● evacuation 이배큐에이션
배수	drainage 드레이니지 ● sewerage 슈어리지
백신	vaccine 백신
배심원	jury 쥬리 (집합) ● juror 쥬어러 (개인)
배양	cultivation 컬티베이션
배역	the cast 더 캐스트
	○ cast to a part to (players) 배역을 정하다
배우	player 플레이어 ● actor 액터 (남자)
	actress 액트리스 (여자)
배우다	learn 러언 ● study 스터디
	○ learn how to swim 수영을 배우다
배우자	mate 메이트 ● life partner 라이프 파트너
	spouse 스파우스 (법률)
배정	allocation 앨러케이션 ● assignment 어사인먼트
배제	exclusion 익스클루젼
배짱	self-confidence 셀프컨퍼던스 ● boldness 볼드니스
배차	allocation of cars 앨러케이션 오브 카즈

배척	exclusion 익스클루젼 ● boycott 보이캇
배추	chinese cabbage 차이니스 캐비지
	celery cabbage 셀러리 캐비지
배출	come forward in succession 컴 포워드 인 석세션
	○ come forth in great numbers 속속 배출하다
배치	arrangement 어랜지먼트 ● disposition 디스포지션
배타적	exclusive 익스클루시브
배터리	battery 배터리
배편	shipping service 쉬핑 서비스 ○ by ship 배편으로
배포하다	distribute 디스트리뷰트
배회하다	loiter 로이터 ● wander about 완더 어바웃
배후	the rear(back) 더 리어(백) ● behind 비하인드 (배후에)
백(百)	hundred 헌드레드
백기	white flag 와이트 플랙
	flag of truce 플랙 어브 트루스 (항복의 표시)
백로	egret 이그렛 ● snowy heron 스노위 헤론
백마	white horse 와이트 호오스
백모	aunt 앤트
백묵	chalk 쵸크 (분필)
백미	polished rice 폴리시트 라이스
백발	white hair 와이트 헤어 ○ white-headed 백발의
백부	uncle 엉클
백성	the people 더 피플
백의	white robe 와이트 로브
	○ the white-clad folk / the Korean people 백의민족
백일홍	crape-myrtle 크레이프 머틀
백조	swan 스완
백주	daytime 데이타임 ● broad daylight 브로드 데일라잇
백지	white paper 와이트 페이퍼 (흰종이)
	a clean(blank) sheet of paper
	어 클린(블랭크) 쉬트 어브 페이퍼 (공지)
백치	idiocy 이디어시 ● imbecility 임버실러티
백합	lily 릴리

백화점	department store 디파트먼 스토어
밴드	band 밴드(띠, 끈) ● strap 스트랩
밸런스	balance 밸런스
뱀	snake 스네이크
뱀장어	eel 일
뱃고동	boat whistle 보우트 휘슬
뱃머리	the bows 더 바우즈 ● the prow 더 프라우 the head 더 헤드
	○ wind a ship 뱃머리를 돌리다
뱃멀미	seasickness 씨식니스
뱃사공	boatman 보트맨
버둥거리다	wriggle 리글 ● struggle 스트러글
버드나무	willow 윌로우
버릇	habit 해빗(습관)
	○ become a habit 버릇이 생기다
	manner 매너 ● etiquette 에티킷(예의)
	○ get over a habit 버릇을 고치다
버리다	through away 스루 어웨이(내던지다) abandon 어밴던(포기) ● spoil 스포일(망그러뜨리다)
	○ spare the rod and spoil the child 매를 아끼면 아이를 버리다
버선	bootees 부티스
버섯	mushroom 머쉬룸
버스	bus 버스
버저	buzzer 버저어
버터	butter 버터
버튼	button 버튼
버티다	endure 엔듀어 ● tolerate 탈러레잇 ● stand 스탠드 bear 베어(견디다)
	○ stand all hardships 모든 어려운 일을 버티다
	resist 리지스트(겨루다) ● support 서포트(괴다)
버팀목	support 서포트 ● prop 프랖
벅차다	be unbearable 비 언베어러블

	be beyond one's power 비 비욘드 원스 파워
	◐ This work is beyond my endurance
	이 일은 나에게 벅차다
	be too full 비 투 풀 (넘치다)
	◐ overflowing joy 벅찬 기쁨
번갈아	alternately 얼터닛리 ● by turns 바이 턴스
번개	lightning 라이트닝
번거로운	troublesome 트러블섬 ● annoying 어노잉
번데기	pupa 퓨퍼
번뜩이다	flash 플래시(번개, 칼) ● glitter 글리터 ● gleam 글림(빛)
번민	agony 애거니 ● worry 워리 ● anguish 앵귀시
번번이	each time 이치 타임 ● every time 에브리 타임
	always 올웨이즈
번식	propagation 프라퍼게이션 (동식물)
	breeding 브리딩 (자손)
번안	change 체인지 (안건)
	adaptation 어댑테이션 (소설, 희곡)
번역	translation 트랜슬레이션
번역하다	translate 트랜슬레잇
번영	prosperity 프라스페러티 ● flourish 플러리시
번영하다	prosper 프라스퍼 ● flourish 플러리시
	◐ the prosperity of a nation 국가의 번영
번지	house number 하우스 넘버
	◐ What is the number of your house?
	댁은 몇 번지입니까?
번지다	spread 스프레드
	◐ This ink spreads on the paper 이 잉크는 종이에 번진다
번쩍번쩍	glitter 글리터 ● shine 샤인 ● sparkle 스파클
번쩍이다	shine 샤인 ● glitter 글리터 ● twinkle 트윙클
번창	prosperity 프라스페러티 ● flourish 플러리시
번호	number 넘버
번화가	busy street 비지 스트릿
벌(罪)	punishment 퍼니시먼트 ● penalty 페널티

벌(蜜)	bee 비
벌다	earn 언 ● make 메이크
	◐ earn one's living 생활비를 벌다
벌떡	suddenly 서든리 ● with a jerk 위드 어 저크
	◐ spring to one's feet 벌떡 일어서다
벌레	insect 인섹트 (곤충) ● bug 버그 ● worm 웜 (연충)
벌레 먹은	worm-eaten 웜이튼
벌벌	trembling 트렘블링 ● shaking 쉐이킹
	◐ shake with fear 무서워서 벌벌 떨다
벌써	already 얼레디 ● yet 옛
	◐ It's already twelve o'clock 벌써 12시다
벌집	beehive 비하이브 ● honeycomb 허니코움
벌칙	penal regulations(clauses) 페널 레귤레이션즈 (클로지즈)
	punitive rules 퓨너티브 룰스
범람	overflowing 오버플로잉 ● flood 플러드
범상치 않은	remarkable 리마커블 ● uncommon 언커먼
범위	extent 익스텐트 ● scope 스코우프 ● sphere 스피어
	limit 리밋 (제한)
	◐ set limits to 범위를 한정하다
범인	criminal 크리미널 ● culprit 컬프리트 ● convict 컨빅트
범죄	crime 크라임 ● offense 오펜스
범하다	commit 커미트 ● perpetrate 퍼퍼트레이트
범행	crime 크라임
	◐ deny to admit one's crime 범행을 부인하다
법	law 로 ◐ appeal to the law 법에 호소하다
법관	judge 저쥐 ● judiciary 쥬디셔리
법규	laws and regulations 로즈 앤 레규렐이션즈
	legislation 레지슬레이션
법률	law 로 ● statute 스테이츄트 ◐ legal 법률상의
법안	bill 빌 ● measure 메져
	◐ introduce a bill 법안을 제출하다
법인	corporation 코퍼레이션
법적	legal 리걸

법정	law court 로 코트 • tribunal 트리뷰늘
	◎ appear in court 법정에 나가다
법칙	law 로 • rule 룰
벗	friend 프렌드 • companion 컴패니언 • mate 메이트
벗기다	unclothe 언클로우드 • undress 언드레스
	strip 스트립(옷을) • peel 필 • pare 페어(껍질을)
	◎ pare an apple 사과 껍질을 벗기다
	take off 테이크 어프 (제거하다)
벗다	take off 테이크 어프 • divest 다이베스트
	◎ take off one's clothes 옷을 벗다
벗어나다	escape 이스케입 • get out of 겟 아웃 어브
벙어리	dumb person 덤 퍼슨
벚꽃	cherry blossom 체리 블라섬
베개	pillow 필로우
베끼다	copy 카피
베다	lay one's head on 레이 원스 헤드 온
	◎ pillow one's head on one's arm 팔베개를 베다
	cut 컷 • chop 찹 • hash 해시 (자르다)
베드	bed 베드
베란다	veranda 버랜더 • porch 포취(미)
베스트셀러	best seller 베스트 셀러
베이비	baby 베이비
베이컨	bacon 베이컨
베테랑	veteran 베터런 • an old man 언 올드 맨
베풀다	give 기브 • hold 홀드 • bestow 비스토우
	◎ bestow a favor 은혜를 베풀다
벤치	bench 벤취
벨트	belt 벨트
벼	rice plant 라이스 플랜트
벼락	thunderbolt 썬더볼트
벼락부자	mushroom millionaire 머쉬룸 밀리어네어
벼랑	cliff 클리프 • bluff 블러프 • precipice 프레서피스
벼루	inkstone 잉크스톤

벼룩	flea 플리
벼슬살이	life as an official 라이프 애즈 언 오피셜
	an official life 언 오피셜 라이프
벽	wall 월
벽걸이	wall tapestry 월 태피스트리 ● hanging 행잉
벽돌	brick 브릭
벽장	wall closet 월 클로짓
벽창호	pigheaded person 피그헤디드 퍼슨
	bigoted person 비거티드 퍼슨
벽촌	remote village 리모우트 빌리지
	out-of-the way hamlet 아웃 어브 더 웨이 햄릿
변경	change 체인지 ● alteration 얼터레이션
	modification 마더피케이션
	✿ change the date 날짜를 변경하다
변기	chamber pot 챔버 팟 ● night chair 나이트 체어
변덕	fickleness 피클너스 ● whim 윔 ● caprice 커프리스
변동	change 체인지 ● fluctuation 플럭츄에이션
변두리	outskirts 아웃스커츠 ● suburb 서버브
변명	explanation 익스플러네이션 ● excuse 익스큐즈
변변찮은	unattractive 언어트랙티브 (생김새가)
	unlikely 언라이클리
	unbecoming 언비커밍 (흠이있는)
	trifling 트리플링 (약소)
변변히	well 웰 (잘) ● enough 이너프 (충분히)
변비	constipation 컨스티페이션
변사	accident death 액시던트 데쓰
변상	payment 페이먼트 ● compensation 컴펜세이션
변신	disguise 디스가이즈 ● transformation 트랜스포메이션
변심	change of mind 체인지 어브 마인드
변장	disguise 디스가이즈
변질하다	degenerate 디제너레잇 ● go bad 고우 배드 (음식물이)
변천하다	change 체인지
변칙	irregularity 이레규래러티 ● anomaly 어나멀리

변태	abnormality 앱노맬러티 ● pervert 퍼버트
변통	adaptability 어댑터빌러티 ● flexibility 플렉서빌러티
변하다	change 체인지 ● be altered 비 얼터드
	vary 베리 (여러가지로)
변함없이	constantly 컨스턴틀리
변호사	lawyer 로여
변화	change 체인지 ● alteration 얼터레이션 (변경)
	variety 버라이어티 (다양)
별	star 스타
별거	separation 세퍼레이션
별고	something wrong 섬씽 롱 ● trouble 트러블
별도	separate use 세퍼레잇 유스
별로	not especially 낫 이스페셜리
	not particularly 낫 파티큐럴리
별명	nickname 닉네임
	◐ give a nickname 별명을 붙이다
별빛	starlight 스타라이트
별안간	suddenly 서든리 ● all of a sudden 올 어브 어 서든
	◐ the weather changed all of a sudden
	갑자기 날씨가 변했다
별채	another building 어나더 빌딩
병	bottle 바틀
	◐ vase 꽃병
	◐ a bottle of beer 맥주 한 병
병(病)	sickness 식니스 (미) ● illness 일니스 (영)
	disease 디지즈
	◐ fall ill / catch a disease 병에 걸리다
병구완	nursing 널싱 ● tending 텐딩
병기	arms 암즈 ● ordnance 오드넌스 ● weapon 웨펀
병동	ward 워드 ● sick ward 씩 워드
	◐ an isolation ward 격리병동
병력	military power(force) 밀리터리 파워(포스)
병마개	bottle cap 바틀 캡 ● stopper 스따퍼

병사	soldier 솔져	
병상	one's sickbed 원스 씩베드	
	◎ be ill in bed 병상에 눕다	
병신	deformed person 디폼드 퍼슨	
	cripple 크리플 (다리병신)	
	maimed person 메임드 퍼슨	
병실	sickroom 씩룸 ● hospital room 하스피를 룸	
	infirmary 인퍼머리 (학교, 공장내)	
병아리	chick 칙	
병역	military service 밀리터리 서비스	
병원	hospital 하스피틀	
병자	patient 페이션트	
병풍	folding screen 폴딩 스크린	
보건	health 헬쓰 ◎ a public health center 보건소	
보고	report 리포트 ● information 인포메이션	
보관	custody 커스터디 ● keeping 키핑 ● deposit 디파짓	
보금자리	nest 네스트 ● roost 루스트 ● home 호움	
	◎ go to roost 보금자리에 들다	
보급(普及)	spread 스프레드 ● diffusion 디퓨우전	
보급(補給)	supply 서플라이 ● replenishment 리플레니시먼트	
	◎ replenish fuel 연료를 보급하다	
보나마나	needless to say 니드리스 투 세이 ● no doubt 노 다웃	
보내다	send 센드 ● forward 포워드 ● transmit 트랜스밋 (전신을)	
	◎ send a letter 편지를 보내다	
보너스	bonus 보너스	
보다	see 시 ● look at 룩 앳 ● watch 왓치	
	◎ watch television 텔레비전을 보다	
	◎ read(see) the newspaper 신문을 보다	
보다 더	than 댄 ● rather than 래더 댄	
보답하다	return 리턴 ● repay 리페이 ● reward 리워드	
보도(步度)	pace 페이스 ● step 스텝	
보도(步道)	sidewalk 사이드워크 ● pavement 페이브먼트	
보도(報道)	news 뉴스 ● report 리포트 ● information 인포메이션	

보따리	bundle 번들 • package 팩키지
보라색	purple 퍼플 • violet 바이올릿
보람	worth 워쓰 • effect 이펙트
	◐ in vain / to no purpose 보람도 없이
	◐ I have not labored in vain 수고한 보람이 있었다
보류	reservation 리저베이션 • suspension 서스펜션
보름달	full moon 풀 문
보름밤	full moon night 풀 문 나이트
보리	barley 바알리
보물	treasure 트레져
보병	infantryman 인펀트리먼 • infantry 인펀트리 (총칭)
보복	retaliation 리탤리에이션 • reprisal 리프라이즐
보살	Bodhi-sattva 보우디 삿바
보살피다	take care of 테익 케어 어브 • look after 룩 애프터
	◐ take care of a patient 환자를 보살피다
보상(補償)	compensation 컴펜세이션 • indemnity 인뎀너티 (법률적)
	◐ indemnify against 손해를 보상하다
보석	jewel 쥬얼 • gem 젬 • jewelry 쥬얼리 (총칭)
보수(保守)	conservation 컨서베이션
	conservative 컨서버티브 (보수적인)
보수(報酬)	reward 리워드 • remuneration 리뮤너레이션
	recompense 리컴펜스
보스	boss 보스
보유	possession 포제션
보이	boy 보이
보이다	see 시 • catch 캣치 • sight 사이트 (눈에)
	◐ We see mountains in the distance 멀리 산이 보인다
	look 룩 • seem 심 • appear 어피어 (~인것같다)
	◐ look well 건강해 보이다
	show 쇼우 • display 디스플레이 (보게 하다)
	◐ show one's ability 실력을 보이다
보일러	boiler 보일러
보자기	wrapping cloth 랩핑 클로쓰

보잘것없는	worthless 워쓰리스 ● valueless 밸류리스 useless 유스리스
보장	guarantee 개런티 ● security 시큐러티
보조	assistance 어시스턴스 ● aid 에이드 ● support 서포트
보조개	dimple 딤플
보존	preservation 프리저베이션 ● conservation 컨서베이션
보증	guarantee 개런티 ● assurance 어슈어런스
	● I will answer for his honesty 그의 정직함은 내가 보증한다
보증금	security 시큐러티 ● guaranty money 개런티 머니 deposit money 디파짓 머니
보채다	fret 프렛 ● importune 임포춘
	● a fretful baby 보채는 아기
보초	sentry 센트리 ● guard 가드 ● sentinel 센터늘
	● post a sentry 보초를 세우다
보충	supplement 서플먼트 ● replacement 리플레이스먼트
보충하다	fill up 필 업 ● replace 리플레이스
	● fill up a vacancy 결원을 보충하다
보태다	add 애드 ● supply 서플라이 ● make up 메이컵
보통의	normal 노멀 ● regular 레귤러 (정상적인) ordinary 오디너리 ● common 커먼 usual 유주얼 (통상의)
	● unusual 보통이 아닌
	● be above the average 보통이상이다
보트	boat 보트
보행	walking 워킹
보험	guarantee 개런티 ● insurance 인슈어런스
	● be insured 보험에 들다
보호	protection 프로텍션 ● shelter 쉘터 safeguard 세이프가드
복	fortune 포춘 ● blessing 블레싱
	● be fortunate 복이 많다
복고	restoration 리스토레이션 ● revival 리바이벌 reaction 리액션

복귀	return 리턴 ● reversion 리버젼
복도	hallway 홀웨이(미) ● corridor 커리더어 passage 패시지
복무	service 서비스 ◎ serve with colors 군 복무를 하다
복받치다	well up 웰 업
복부	abdomen 앱더먼 ● belly 벨리
복사	reproduction 리프러덕션 ● duplication 두플러케이션
복사뼈	anklebone 앵클본 ● talus 테일러스
복선	advance hint 어드밴스 힌트 ● foreshadow 포쉐도우
복수	retaliation 리탤리에이션 ● revenge 리벤지
	◎ swear revenge 복수를 맹세하다
복수전	return match 리턴 매치
복숭아	peach 피치
복습	review 리뷰
복식(服飾)	dress and it's ornaments 드레스 앤 잇츠 오너먼츠
복싱	boxing 박싱
복안	idea 아이디어
복어	globefish 글로브피쉬 ● puffer 퍼퍼
복용	taking medicine 테이킹 메디신 ● dosage 도우시지
복음	glad tidings 글래드 타이딩스 ● good news 굿 뉴스 Gospels 가스펠 (복음서)
복잡	complication 컴플리케이션 ● complexity 컴플렉서티 intricacy 인트리커시
	◎ The plot of this story is very intricate 이 소설의 줄거리는 복잡하다
복장	dress 드레스 ● attire 어타이어 ● clothes 클로우즈
복지	welfare 웰페어 ● wellbeing 웰빙
	◎ welfare state 복지국가
복직	reinstatement 리인스테잇먼트 rehabilitation 리어빌러테이션
복통	stomachache 스토먹에이크 ● colic 칼릭
복합	composition 컴포지션 ● complex 콤플렉스 compositeness 컴포짓니스

볶다	fry 프라이 (기름에) ● parch 파취 (콩 따위) panbroil 팬브로일 ● tease 티즈 (들볶다)
본격	fundamental rules 펀더멘틀 룰즈 propriety 프로프라이어티
본고장	one's native place 원스 네이티브 플레이스 (고향) the place of origin 더 플레이스 어브 오리진 (원산지)
본국	one's home country 원스 호움 컨트리
본능	instinct 인스팅트
본때	pattern 패턴 ● model 마들 ● example 이그잼플 ◎ be unattractive 본때 없다
본뜨다	imitate 이미테잇 ◎ a dress patterned on Paris fashion 파리의 유행을 본뜬 옷
본래	originally 오리지널리 ● primarily 프라이머릴리 original 오리지널 (본래의)
본론	the main subject 더 메인 서브직트 ◎ before taking up the main subject 본론으로 들어가기 전에
본문	text 텍스트
본보기	example 이그잼플 ● model 마들 ◎ make a model of 본보기로 삼다
본부	headquarter 헤드쿼터
본사	the main(head) office 더 메인(헤드) 어피스
본시	originally 오리지널리 ● primarily 프라이머릴리
본심	one's heart 원스 하트 ◎ come to one's senses 본심으로 돌아가다
본의 아니게	be against one's will 비 어겐스트 원스 윌
본인	the person himself 더 퍼슨 힘셀프 (당자)
본적	one's domicile 원즈 다머사일
본전	principal 프린서플 (원금) ● capital 캐피틀 (밑천) ◎ trying wouldn't hurt 밑져야 본전이다
본점	the head(main) office 더 헤드(메인) 어피스
본처	one's wedded wife 원즈 웨디드 와이프

	one's legal wife 원스 리걸 와이프
본토	mainland 메인랜드
볼	ball 볼
볼(頰)	cheek 칙
볼륨	volume 볼륨
볼링	bowling 보울링
볼일	business 비즈니스 ● engagement 인게이지먼트
	○ have business on hand 볼일이 있다
볼펜	ball-point pen 볼포인트 펜
볼품	appearance 어피어런스 ● show 쇼우 ● look 룩
봄	spring 스프링
봄비	spring rain 스프링 레인
봉건	feudalism 퓨덜리즘
봉당	unfloored area between two rooms 언플로어드 에어리어 비트윈 투 룸즈
봉사	blind man 블라인드 맨 (장님) ● service 서비스 attendance 어탠던스 (섬김)
봉오리	bud 버드
봉우리	peak 픽 ● summit 서밋 ● top 탑
봉투	envelop 엔벨로웊
부과	levy 레비 ● imposition 임포지션
부귀	riches and honors 리치즈 앤 아너즈 wealth and fame 웰쓰 앤 페임
부근	neighborhood 네이버후드 ● vicinity 비시너티
부끄러운	shameful 쉐임풀 (수치) ● shy 샤이 (수줍은)
	○ She is too shy to speak 그녀는 부끄러워 말도 못한다
부담	burden 버든 ● charge 촤지 responsibility 리스판서빌리티
부당	injustice 인저스티스 ● wrongfulness 롱풀니스
	○ an excessive demand 부당한 요구
부대	bag 백 ● sack 색 ● bale 베일
	○ a sack of flour 밀가루 한 부대
부대(部隊)	unit 유닛 ● corps 코오 ● force 포스

부도	dishonor 디스아너	○be dishonor 부도나다
부도덕	immorality 이머랠러티	
부동산	real estate 리얼 에스테잇	
부둣가	quay 키 ● pier 피어 ● wharfside 워프사이드	
부드러운	soft 소프트 ● tender 텐더	
부득이	unavoidably 어너보이더블리 ● inevitably 이네비터블리	
부들부들떨다	tremble 트렘블 (무서워서) ● quiver 퀴버 (격해서)	
	shiver 쉬버 (추워서)	
부디	by all means 바이 올 민즈 ● without fail 위다웃 페일	
부딪히다	be bumped into 비 범프트 인투	
부뚜막	kitchen range 키친 레인지	
	cooking fireplace 쿠킹 파이어플레이스	
부락	village 빌리지	
부랴부랴	hurriedly 허리들리	
부러운	enviable 엔비어블	
	○I envy you your good fortune 네 행운이 부럽다	
부러워하다	envy 엔비 ● be envious of 비 엔비어스 어브	
	○He is an object of envy 사람들이 그를 부러워한다	
부러지다	break 브레이크 ● snap 스냅 (딱 소리내며)	
	○break in two 둘로 부러지다	
부레	air bladder 에어 블래더 ● air cell 에어 셀	
부르다	full 풀 ○eat heartily 배부르게 먹다	
부르다	call 콜 ● call out 콜 아웃	
	○call by name 이름을 부르다	
부르짖다	shout 샤우트 ● cry 크라이 ○cry out 큰소리로 부르짖다	
부리	bill 빌 ● beak 비크 ● the tip 더 팁	
부모	parents 페어런츠	
부문	section 섹션 ● department 디파트먼트	
부부	man and wife 맨 앤 와이프	
	a married couple 어 메리드 커플	
부분	part 파트 ● portion 포션 ● piece 피스	
부산물	by-product 바이 프로덕트	
부상(負傷)	wound 운드 ● injury 인저리	

ㅂ

189

부상(浮上)하다	rise 라이즈 • surface 서피스
부서	one's post(place) 원스 포스트(플레이스)
부서지다	break 브레이크 ◐ be easy to break 부서지기 쉽다
부속품	accessory 액세서리 • fitting 피팅
부수다	smash 스매쉬 • destroy 디스트로이
부스러기	small fragment 스몰 프래그먼트 • scrap 스크랩 odds and ends 아즈 앤 엔즈 • crumbs 크럼즈 ◐ bread crumbs 빵부스러기
부스럼	boil 보일 • swell 스웰 • tumor 투머
부슬부슬	gently 젠틀리 • softly 소프틀리 ◐ drizzling rain 부슬부슬 내리는 비
부업	sideline 사이드라인 • side job 사이드 잡 ◐ do on the side 부업으로 하다
부엉이	owl 아울
부엌	kitchen 키친 • cuisine 퀴진
부인(夫人)	Mrs 미시즈 • madam 매덤 • lady 레이디
부인(婦人)	woman 우먼 • lady 레이디
부인(否認)	denial 디나이얼 • disapproval 디서프루벌
부임	proceeding to one's new post 프로시딩 투 원스 뉴 포스트
부자(父子)	father and son 파더 앤 선
부자(富者)	a rich man 어 리치 맨 • a man of wealth 어 맨 어브 웰쓰
부자연한	unnatural 언내츄럴 • artificial 아티피셜
부자유	inconvenience 인컨비니언스 • discomfort 디스컴포트
부장	the head of a department 더 헤드 어브 어 디파트먼트
부재중	absence 앱슨스
부정(否定)	denial 디나이얼 • negation 니게이션 contradiction 컨트래딕션
부정하다	deny 디나이 • contradict 컨트래딕트 ◐ negative 부정적
부정(不淨)	impurity 임퓨어러티
부정(不貞)	infidelity 인피델러티
부정(不定)	uncertainty 언서튼티

부족	shortage 쇼티지 ● lack 랙
부족하다	be short 비 숏트 ● lack 랙
	○ run short of provisions 식량이 부족하다
부주의	heedlessness 히들스니스 ● carelessness 캐어리스니스
부지	site 사이트 ● plot 플랏 ● ground 그라운드
부지런히	diligently 딜리전틀리
부착	sticking 스티킹 ● adherence 애드히어런스
부채	fan 팬 ○ fan oneself 부채를 부치다
부채(負債)	debt 뎃 ○ run into debt 부채를 지다
부처	Buddha 붓다
부처(夫妻)	husband and wife 허즈번드 앤 와이프 ● couple 커플
부추	leek 릭 ● scallion 스캘리언
부추기다	incite 인사이트 ● urge 어-쥐
	○ incite to a quarrel 부추겨 싸우게 하다
부침	ups and downs 업스 앤 다운스
	vicissitude 비시서튜드
부탁	favor 페이버 ● request 리퀘스트
	○ I have a favor to ask of you 부탁이 있습니다.
부탁하다	ask 애스크 ● request 리퀘스트 ● beg 벡
부패	rotting 라팅 ● spoiling 스포일링
부품	parts 파츠
부풀다	swell 스웰
부피	bulk 벌크 ● size 사이즈 ● volume 볼륨
부하	subordinate 서보더닛 ● follower 팔로우어
부호(符號)	sign 사인 ● mark 마크 ● symbol 심볼
부호(富豪)	rich man 리치맨 ● millionaire 밀리어네어
부활	resurrection 레저렉션 ● rebirth 리버쓰
부흥	reconstruction 리컨스트럭션 ● renaissance 르네상스
북	drum 드럼 ○ beat a drum 북을 치다
북구	northern Europe 노던 유럽 ● scandinavia 스칸디나비아
북극	the north pole 더 노쓰 폴
북돋다	encourage 인커리지
	○ stiffen the morale 사기를 북돋아주다

북두칠성	the great bear 더 그레잇 베어
	the big dipper 더 빅 디퍼 (미)
북새통	confusion 컨퓨전
북어	dried pollack 드라이드 폴락
북쪽	north 노쓰 ◐northern 북쪽의
분(粉)	(face) powder (페이스) 파우더
분가	branch family 브랜치 패밀리
분간	discrimination 디스크리미네이션 ● distinction 디스팅션
분기점	turning point 터닝 포인트
	diverging point 디버징 포인트
분노	anger 앵거 ● rage 레이쥐
분담	assignment 어사인먼트 ● allotment 얼랏먼트
	◐ allot a part of 분담시키다
분류	classification 클래시피케이션
분리	separation 세퍼레이션 ● segregation 세그리게이션
	◐ inseparable / indivisible 분리할수 없는
분만	childbirth 차일드버쓰 ● delivery 딜리버리
분말	powder 파우더 ● reduce to powder 분말로 만들다
분명한	clear 클리어 ● plain 플레인 ● obvious 아비어스
	◐ make clear 분명히 하다
분명히	plainly 플레인리 ● clearly 클리얼리
분발	exertion 이그저션 ● spurt 스퍼트
분배	division 디비전 ● sharing 쉐어링
분별	distinction 디스팅션 ● classification 클래시피케이션
분별하다	divide 디바이드 ● separate 세퍼레잇
	classify 클래시파이
	◐ a man of sense 분별있는 사람
분부	order 오더 ● command 커맨드
	◐ obey order 분부에 따르다
분비	secretion 시크리션
분산	dispersion 디스퍼션 ● breakup 브레이컵
	◐ the dispersion of light 광선의 분산
분석	analysis 어낼러시스 ◐ analyze 분석하다

분수(噴水)	fountain 파운튼
분수(分數)	discretion 디스크레션 ● good sense 굿 센스
분신	the other self 디 아더 셀프
분실	loss 로스
분야	field 필드 ● sphere 스피어

○ open up a new field 새로운 분야를 개척하다

분열	disruption 디스럽션 ● split 스플릿 ● breakup 브레이컵
분위기	atmosphere 앳모스피어 ● surrounding 서라운딩 (환경)
분유	powdered milk 파우더드 밀크
분장	make up 메이컵 ● disguise 디스가이즈
분점	branch shop 브랜치 샵
분지	basin 베이슨 ● valley 밸리
분포	distribution 디스트리뷰션
분필	chalk 쵸크
분하다	resent 리젠트 ● be indignant 비 인디그넌트

○ gnash one's teeth in vexation 분해서 이를 갈다

분할	partition 파티션 ● division 디비전
분해	dismantling 디스맨틀링
	disintegration 디스인테그레이션
불	fire 파이어 ● flame 플레임 (타는)

○ quick to catch fire 불이 잘 붙는

lamp 램프 ● light 라이트 (등불)

○ put out the light 불을 끄다

불가능	impossibility 임파서빌러티
불결	unclearness 언클리어니스
불경기	bad times 배드 타임즈 (일반적)
	depression 디프레션 (상업의)
	recession 리세션 (일시적)
불교	Buddhism 부디즘
불구자	deformed person 디폼드 퍼슨 ● cripple 크리플
	the handicapped 더 핸디캡트
불구하고	regardless of 리가들리스 어브
	in spite of 인 스파잇 어브

불길	bad luck 배드 럭
불꽃	flame 플레임 ● blaze 블레이즈 ● spark 스파크
불다	blow 블로우
불량배	the depraved 더 디프레이브드 ● bully 불리
불량품	inferior goods 인페리어 굿즈
불러일으키다	rouse up 로우즈 업 ● stir up 스터 업
	○ muster one's courage 용기를 불러일으키다
불륜	immorality 이머랠러티 (일반적) ● adultery 어덜터리 (남녀)
불리	disadvantage 디스어드밴티지 ● handicap 핸디캡
불만	discontent 디스컨텐트 ● dissatisfaction 디새티스팩션
불면증	insomnia 인섬니아
	○ suffer from insomnia 불면증에 걸리다
불멸	immortality 이머탤러티 (정신적)
	athanasia 애써네이지아
불명	obscurity 업스큐리티 ● ambiguity 앰비규어티
불명예	dishonor 디스아너 ● disgrace 디스그레이스
불모지	wasteland 웨이스트랜드 ● barren ground 배런 그라운드
불발하다	misfire 미스파이어
불법	unlawfulness 언로풀니스 ● illegality 일리갤러티
불변	constancy 컨스턴시
불사신	invulnerability 인벌너러빌러티 ● immortality 이머탤러티
불사조	phoenix 피닉스
불상	an image of Buddha 언 이미지 어브 붓다
불성실	insincerity 인신세러티 ● dishonesty 디스아니스티
불순	impurity 임퓨러티
불시에	accidental 액시덴틀
불신	distrust 디스트러스트 ● disbelief 디스빌리프
불쌍하다	poor 푸어 ● pitiable 피티어블 ● pitiful 피티풀
불쑥	suddenly 서든리 ● unexpectedly 언익스펙티들리
	abruptly 업럽틀리
불안	uneasiness 어니지니스 ● anxiety 앵자이어티
	○ feel uneasy 불안하게 느끼다
불안한	uneasy 어니지 ● anxious 앵자이어스 ● uncertain 언써튼

불알	testicle 태스티클
불완전	imperfection 임퍼펙션 ● incompleteness 인컴플리트니스
불운	misfortune 미스포춘 ● ill luck 일 럭
불원간	shortly 쇼틀리 ● before long 비포 롱 in the near future 인 더 니어 퓨처
불의	suddenness 서든니스 (돌연) unexpectedness 어닉스펙드니스 (의외)
불전	the Buddhist classics 더 부디스트 클래식스
불찰	negligence 네글리전스 ● mistake 미스테이크 ○ I made a mistake in trusting such a fellow 그런 사람을 신용한 것은 내 불찰이었다.
불충분	insufficiency 인서피션시 ● imperfection 임퍼펙션 shortage 쇼티지
불치	incurability 인큐어러빌러티 ● malignity 멀리그너티
불쾌	unpleasantness 언플레즌트니스 displeasure 디스플레져
불타다	burn 번 ● blaze 블레이즈 ● flame 플레임 ○ a flaming love 불타는 사랑
불통	interruption 인터럽션 ● suspension 서스펜션
불편	inconvenience 인컨비니언스
불평	discontent 디스컨텐트 ● dissatisfaction 디새티스펙션 ○ be discontented 불평이 있다 ○ I have nothing to complain of 나는 아무런 불평도 없다
불필요한	unnecessary 언네서서리 ● unessential 언에센셜
불합격	disqualification 디스콸러피케이션 ● failure 페일려 rejection 리젝션 ○ fail in the examination 시험에 불합격이 되다
불합리	irrationality 이래셔낼러티 ● absurdity 앱서더티
불행	unhappiness 언해피니스 ● misfortune 미스포춘 ○ have a run of ill luck 불행이 잇따르다
불화	disagreement 디스어그리먼트 ● dissension 디센션
불황	depression 디프레션 ● slump 슬럼프
불효	impiety 임파이어티

	undutifulness to one's parents 언듀티풀니스 투 원스 패어런츠
불후	immortality 이모탤러티
	imperishability 임페리셔빌러티
	◉ immortal fame 불후의 명성
붉은	red 레드 ● crimson 크림즌 (심홍) ● scarlet 스칼릿 (진홍)
붉히다	blush 블러쉬 ● be shamefaced 비 쉐임페이스트
붐	boom 붐
붐비는	congested 컨제스티드 ● crowded 크라우디드
	packed 팩트
	◉ the street is busy with traffic 거리가 붐비다
붓	brush 브러시
붓꽃	iris 아이리스
붓다	swell 스웰 (살가죽이)
	◉ have a swollen face 얼굴이 붓다
	get sulky 겟 설키 (성나다)
	◉ be sulky 부어 있다
	pour 포어 ● fill 필 (쏟다)
	◉ fill a glass with wine 술을 붓다
붕괴	collapse 컬랩스 ● breakdown 브레이크다운
붕대	bandage 밴디지 ◉ unbandage 붕대를 풀다
붕어	crucian carp 크루션 카프
붙다	stick 스틱 ● adhere 어드히어
붙박이	fixture 픽스처 ● built-in furniture 빌트 인 퍼니처
붙어다니다	follow about 팔로우 어바웃 ● dangle about 댕글 어바웃
붙이다	attach 어태치 ● fix 픽스 ● put on 풋 온 (부착, 첨부)
	◉ post a bill 광고를 붙이다
	◉ put a stamp on 우표를 붙이다
붙임성	sociability 소우셔빌러티 ● affability 애퍼빌러티
붙잡다	seize 시즈 ● grasp 그래슾 ● catch 캐취 ● hold 홀드
	◉ seize a thief 도둑을 붙잡다
붙잡히다	be caught 비 커트
뷔페	buffet 버페이 ● refreshment bar 리프레쉬먼트 바

브라보	bravo 브라보우
브래지어	brassiere 브러지어(프) ● bra 브라
브랜디	brandy 브랜디
브러시	brush 브러시
브레이크	brake 브레이크　　○ apply the brake 브레이크를 걸다
브로커	broker 브로커
블라우스	blouse 블라우스
블라인드	(window) blind (윈도우)블라인드
블랙	black 블랙
블록	block 블락
블루	blue 블루
블루스	blues 블루즈
비	rain 레인
	○ misty rain 이슬비
	○ It looks like rain 비가 올 것 같다
비겁	cowardice 카우어디스　　○ a coward 비겁한 자
비공개의	not open to the public 낫 오픈 투 더 퍼블릭 closed 클로우즈드
비공식	informality 인포맬러티
	○ unofficial / unauthorized 비공식적인
비과세	tax exemption 택스 이그젬션
비관	pessimism 페시미즘
	disappointment 디서어포인트먼트 (낙담)
비교	comparison 컴패리슨
	○ cibtrast 대조 / comparative / relative 비교적
비교하다	compare 컴페어
	○ comparatively speaking 비교해서 말하자면
비극	tragedy 트레저디 ● tragic 트래직 (비극적)
비기다	tie 타이 ● end in a tie 엔드 인 어 타이 come out even 컴 아웃 이븐
비꼬다	twist 트위스트 ● twine 트와인
비꼬이다	get twisted(crooked) 겟 트위스티드(크루키드)
	○ a crooked disposition 비꼬인 성질

비난	criticism 크리티시즘 • reproach 리프로치 blame 블레임
비난하다	criticize 크리티사이즈 • reproach 리프로치 blame 블레임
	◦ be the target of criticism 비난의 대상이 되다
비너스	Venus 비너스
비누	soap 소웁
	◦ wash one's hands with soap and water 비누로 손을 씻다
	◦ soap bubbles 거품 비누
비늘	scale 스케일 • scale (a fish) 비늘을 벗기다
비둘기	dove 도브 • pigeon 피전
비듬	dandruff 댄드러프 • scurf 스카프
	◦ dandruffy / scurfy 비듬투성이의
비디오	video 비디오
	videotape recorder 비디오테입 리코더 (기기)
비뚤어지다	slant 슬랜트 • be tilted 비 틸티드 • incline 인클라인 (기울다) be perverse 비 퍼버스 • get crooked 겟 크루키드 be twisted 비 트위스티드 (마음이)
비례	comparison 컴패리슨 (비교) • ratio 레이쇼우 proportion 프로포션 (비율)
	◦ in proportion to one's success 성공에 비례하여
비로소	for the first time 포 더 퍼스트 타임 not ~ until 낫 ~ 언틸
비록	if 이프 • even if (though) 이븐 이프 (도우)
	◦ even if it were so 비록 그렇다 할지라도
비료	fertilizer 퍼틸라이저 • manure 머뉴어
비린	fishy 피쉬이 (냄새가) • bloody 블러디 (피가)
	◦ fishy smell 비린내
비만	fatness 팻니스 • corpulence 커펄런스
비명	scream 스크림 • shriek 쉬리크
비몽사몽	dreamlike 드림라이크 • dreamy 드리미
	◦ between sleeping and waking 비몽사몽간에

비밀	secret 시크릿
	○ reveal a secret 비밀을 누설하다
비방하다	slander 슬랜더 ● abuse 어뷰즈 ● revile 리바일
비범한	extraordinary 엑스트라오디너리
	remarkable 리마커블 ● unique 유니크
비비다	rub 럽 ● chafe 체이프
비상구	emergency exit 이머전시 엑싯
비석	tombstone 툼스톤
비수(匕首)	dagger 대거 ● dirk 더크
비스킷	cracker 크래커 (미) ● biscuit 비스킷 (영)
비슷하다	be similar 비 시밀러 ● be like 비 라이크
	resemble 리젬블
	○ They are much alike in character 성격이 비슷하다
비싼	expensive 익스펜시브
	○ a ridiculously high price 터무니없이 비싼 가격
비애	sorrow 쏘로우 ● grief 그리프 ● sadness 새드니스
	○ feel sad 비애를 느끼다
비약	leap 리프 ● jump 점프
	○ a leap in argument 논리의 비약
비어홀	beer hall 비어 홀 (미) ● beer house 비어 하우스 (영)
비열	meanness 미니스 ● baseness 베이스니스
비용	expense 익스펜스 ● cost 코스트
비우다	empty 엠프티 ● vacate 베이케잇
	○ cut down expense 비용을 절약하다
비위	taste 테이스트 ● palate 팰릿 (기호, 미각)
	○ have a papered taste 비위가 까다롭다
	humor 유머 ● temper 템퍼 (기분)
	○ ingratiate oneself with one's superior 상사의 비위를 맞추다
비유	metaphor 메터포
비율	ratio 레이쇼우 ● percentage 퍼센티지 ● rate 레잇
비자	visa 비자
비전	vision 비전 ● foresight 포사이트

비좁은	narrow 내로우 ● small 스몰	
비중	specific gravity 스피시픽 그래비티 (물리)	
	weight 웨잇 (중요성)	
비즈니스	business 비즈니스	
비집다	push open 푸시 오픈	
	spread apart 스프레드 어파트 (벌리다)	
	wedge in 웨지 인 (끼어들다)	
비참한	miserable 미저러블 ● pitiable 피티어블	
	◉ a pitiable scene 비참한 광경	
비추다	shine on 샤인 온 ● light 라이트	
	shed light 쉐드 라잇 (빛을)	
	reflect 리플렉트 ● mirror 미러	
	◉ look at oneself in the glass 거울에 몸을 비추어보다	
비치다	shine 샤인	
	◉ the sun shines brightly 햇빛이 찬란하게 비치다	
비키다	step aside 스텝 어사이드	
	get out of the way 겟 아웃 어브 더 웨이	
	◉ clear the road 길을 비키다	
비타민	vitamin 바이러먼	
비탈	slope 슬로프 ● incline 인클라인	
비탈길	slope 슬로프 ● uphill road 업힐 로드	
비틀다	twist 트위스트 ● wrench 렌치	
	◉ twist arm 팔을 비틀다	
비판	criticism 크리티시즘 ● comment 커멘트	
비평	criticism 크리티시즘 ● comment 커멘트	
비행(非行)	misconduct 미스컨덕트 ● misdeed 미스디드	
	delinquency 딜링퀀시 (청소년의)	
	◉ juvenile delinquent 비행소년	
비행(飛行)	flying 플라잉 ● flight 플라이트	
비화(飛火)	leap of the fire 리프 어브 더 파이어 (불똥)	
비화(秘話)	secret story 시크릿 스토리	
빅뉴스	big news 빅 누즈	
빈곤	poverty 파버티 ● indigence 인디전스	

	○ be reduced to poverty 빈곤에 빠지다
빈대	housebug 하우스벅 ● bedbug 베드벅 (미)
빈둥빈둥	idly 아이들리 ● lazily 레이질리
빈번히	frequently 프리퀀틀리
빈사	dying 다잉
	○ be in dying condition 빈사상태에 있다
빈손	an empty hand 언 엠프티 핸드
빈약	poorness 푸어니스 ● scantiness 스캔티니스
빈집	vacant house 베이컨트 하우스
빈털터리	penniless person 페닐리스 퍼슨
	○ become penniless 빈털터리가 되다
빈틈	gap 갭 ● crack 크랙 ● chink 칭크
빈혈	anemia 어니미아
빌다	ask 애스크 ● beg 벡(구걸)
	pray 프레이 ● wish 위시(기원)
	○ I wish you good luck 행운을 빕니다
	borrow 바로우 ● have the loan 해브 더 론(차용)
	○ borrow a book 책을 빌다
빌리다	lend 렌드 ● loan 론(대여) ● rent 렌트
	○ rent a house 집을 빌리다
빗	comb 코움
	○ comb one's hair 빗으로 머리를 빗다
빗다	comb 코움
빗대다	have a sly dig 해브 어 슬라이 딕 ● hint at 힌트 앳
	perjure 퍼쥬어
빗물	rainwater 레인워터
빗자루	broom 브룸
빗장	crossbar 크로스바
빙글빙글	around and around smoothly 어라운드 앤 어라운드 스무들리
빙산	iceberg 아이스벅
빙점	the freezing point 더 프리징 포인트
빙하	glacier 글래시어

빚	debt 뎃 • loan 로운 ○ pay off debts 빚을 갚다	
빛	light 라이트 (광명) ○ emit light 빛을 발하다	
	look 룩 (안색) ○ look tired 피로한 빛이 보인다	
빛깔	color 컬러 • tint 틴트 • shade 쉐이드 • hue 휴	
빛나다	shine 샤인 • glitter 글리터 • glimmer 글리머 (빛이)	
	twinkle 트윙클 (별이)	
	○ eyes sparkling with joy 기쁨으로 빛나는 눈	
	○ a bright future 빛나는 장래	
빠듯한	tight 타이트	
빠뜨리다	throw into 쓰로우 인투 (물에) • tempt 템트 (유혹에)	
	trap 트랩 (함정)	
	○ land in difficulties 곤란한 입장에 빠뜨리다	
	omit 오미트 • leave out 리브 아웃 (빼어 놓다)	
	○ leave out a line 한 줄을 빠뜨리다	
	lose 루즈 • drop 드랍 (잃다)	
	○ I have dropped my purse 지갑을 빠뜨렸다	
빠른	fast 패스트 • speedy 스피디 • quick 퀵	
	○ a fast train 빠른 기차	
	○ move quickly 동작이 빠르다	
빠지다	fall into 폴 인투	
	○ get into trouble 곤경에 빠지다	
	fall out 폴 아웃 • come off 컴 어프 (박힌 것이)	
	○ a tooth came out 이가 빠졌다	
빠짐없이	wholly 홀리 • in full 인 풀	
	without omission 위다웃 오미션	
빨강	red 레드 • scarlet 스칼릿	
빨다	sip 싶 • suck 석 (마시다) • smoke 스모크 (피우다)	
	absorb 앱소브 (흡수하다)	
	○ suck the breast 젖을 빨다	
	wash 워시 • launder 런더 (세탁)	
빨대	straw 스트로	
	○ drink milk through a straw 빨대로 우유를 마시다	
빨래	wash 워시 • laundry 런드리	

빨아들이다	breathe in 브리드 인 • inhale 인헤일
	suck in 석 인 (액체)
빵가게	bakery 베이커리
빼다	pull out 풀 아웃 • extract 익스트랙트 (빼내다)
	◐ extract a tooth 이를 빼다
	subtract 섭트랙 (덜어내다)
	◐ subtract 2 from 10 10에서 2를 빼다
	remove 리무브 • cancel 캔슬 (삭제)
	◐ remove a stain 얼룩을 빼다
빼먹다	forget 포겟 (빠뜨리다) • leave out 리브 아웃
	steal 스틸 • swipe 스와이프 (훔치다)
	play truant 플레이 트루언트 (수업을)
빼앗기다	be robbed of 비 랍드 어브 (도난)
	be deprived of 비 디프라이브드 어브 (박탈)
	◐ be deprived of one's power 권력을 빼앗기다
빽빽하다	be packed 비 팩트 • dense 덴스
	be narrow-minded 비 내로우 마인디드 (소견이)
	◐ He is a narrow-minded person
	그는 빽빽한 사람이다
빽빽하게	thickly 씨클리 • tightly 타이틀리
뺑소니	running away 러닝 어웨이
	◐ a hit-and-run case (accident) 뺑소니사고
뺨	cheek 칙
뻐근하다	feel heavy 필 헤비 • grow stiff 그로우 스티프
뻐기다	put on airs 풋 온 에어스 • be haughty 비 호티
뻐꾸기	cuckoo 쿠쿠
뻐드렁니	bucktooth 벅투쓰
뻔뻔한	shameless 쉐임리스 • brazen 브레이즌
	impudent 임퍼던트
뻔질나게	very often 베리 오픈 • very frequently 베리 프리퀀틀리
뻔한	clear 클리어 • evident 에비던트 • obvious 아비어스
	◐ an obvious fact 뻔한 사실
뻗다	spread 스프레드 • stretch 스트레치 • extend 익스탠드

뼈	bone 보운
뼈대	frame 프레임 ● build 빌드
뼈저리다	cut to the heart 컷 투 더 하트
뽐내다	put on airs 풋 온 에어스 ● be haughty 비 호티
	boast 보스트 (자랑)
	○ fancy oneself something 잘난 체하고 뽐내다
뽑다	pull out 풀아웃 (빼내다)
	○ pull up weeds 잡초를 뽑다
	select 셀렉트 ● pick out 픽 아웃 (가려내다)
뽕	mulberry 멀베리
뾰족한	sharp 샤프 ● pointed 포인티드
	○ be pointed at the end 끝이 뾰족하다
뿌리	root 루트
	○ take root in the ground 땅속에 뿌리 내리다
뿌리다	sprinkle 스프링클 ● spray 스프레이
	strew 스트루 (끼얹다)
	○ sow seed 씨를 뿌리다
	○ spend money feely 돈을 뿌리다
뿌리치다	shake off 쉐이크 어프
	disengage oneself from 디스인게이지 원셀프 프롬
	○ shake off hand 손목을 뿌리치다
뿐만 아니라	besides 비사이즈 ● moreover 모어오버
	in addition 인 어디션
뿔	horn 혼
뿔뿔이	separately 세퍼레이틀리 ● scatteringly 스캐터링리
삐걱거리다	creak 크릭 ● squeak 스퀴익
삐다	sprain 스프레인 ● break 브레이크
	○ sprain one's ankle 발목을 삐다

人

사각	square 스퀘어 ● four corners 포 코너즈
사건	event 이벤트 (큰사건) ● incident 인시던트 (사소한)
	affair 어페어 (일) ● accident 액시던트 (사고)
	○ take and affair in one's hand 사건을 맡다
사격	firing 파이어링 ● shooting 슈팅 ● gunshot 건샷
사계	the four seasons 더 포 시즌즈
사고(事故)	accident 액시던트 ● trouble 트러블
	○ He was killed by a sudden accident
	그는 불시의 사고로 죽었다
사고(思考)	thought 쏘트 ● consideration 컨시더레이션
사과	apple 애플 ○ pare an apple 사과를 깎다
사과	apology 어팔러지 ○ accept apology 사과를 받아들이다
사관	officer 어피서
사교(社交)	social intercourse(life) 소셜 인터코우스(라이프)
	society 소사이어티
사교(私交)	private intercourse 프라이빗 인터코스
사귀다	make friends with 메이크 프렌즈 위드
	cultivate 컬티베잇
	keep company with 킵 컴패니 위드
	○ keep good company with 좋은 사람들과 사귀다
사극	historical play(drama) 히스토리컬 플레이(드라마)
사기(士氣)	morale 모랠 ○ have high morale 사기가 왕성하다
사기(詐欺)	swindle 스윈들 ● cheat 취잍 ● deception 디셉션
	imposture 임파스처
	○ get swindled 사기를 당하다
사기꾼	swindler 스윈들러 ● defrauder 디프로더
사나이	man 맨 ● male 메일 ○ manly / manful 사나이답다
사냥	hunting 헌팅
사냥꾼	hunter 헌터 ● huntsman 헌츠맨

사는 사람	purchaser 퍼처서 • buyer 바이어
사다	buy 바이 • purchase 퍼처스 (구매)
	○ buy at a dumping price 헐값에 사다
	incur 인커 (초래하다)
	○ incur resentment 원한을 사다
사다리	ladder 래더
사라지다	disappear 디스어피어 • vanish 배니시
사람	man 맨 • mankind 맨카인드
	human beings 휴먼 빙즈
사람됨	personality 퍼스낼러티
	personal character 퍼스널 캐릭터
사람들	people 피플
사랑	love 러브 • affection 어펙션
사랑하다	love 러브
	○ lovable 사랑스러운
	○ fall in love 사랑에 빠지다
사려	thought 쏘-트 • consideration 컨시더레이션
사령관	commander 커맨더
	○ commander in chief 총사령관
사례(謝禮)	thanks 땡스 • gratitude 그래티튜드 (감사)
	reward 리워드 (보수)
	○ reward generously 두둑이 사례하다
사로잡다	catch alive 캣치얼라이브 • capture 캡처
사료(飼料)	feed 피드 • forage 포리지
사립	private establishment 프라이빗 이스태블리시먼트
사마귀	praying mantis 프레잉 맨티스 (곤충)
사막	desert 데저트
사망	death 데쓰 • decease 디시스
사면(斜面)	slope 슬로프 • slant 슬랜트
사명	mission 미션 ○ fulfil one's mission 사명을 다하다
사모	longing 롱잉 • love 러브
사무실	office 어피스
사무치다	touch the heart 터치 더 하트 • pierce 피어스

	○ I bear him an inveterate grudge 나는 그에 대한 원한이 뼈에 사무쳤다
사발	bowl 보울
사방	the four directions 더 포 디렉션즈 the all directions 디 올 디렉션즈 everywhere 에브리웨어 ○ everything is quiet 사방이 고요하다
사범(師範)	model to others 마들 투 아더스 (모범) master 매스터 ● instuctor 인스트럭터 (스승)
사법	judicature 쥬디케이쳐 the administration of justice 디 어드미너스트레이션 어브 저스티스
사별	separation by death 세퍼레이션 바이 데쓰 bereavement 비리브먼트 ○ lose one's wife 부인과 사별하다
사보텐	cactus 캑터스
사상(思想)	thought 쏘트 ● idea 아이디어 ● ideology 아이디알러지 ○ healthy thought 건전한 사상
사색	thinking 씽킹 ● speculation 스페큘레이션 meditation 메디테이션
사생아	illegitimate child 일리지터밋 차일드 lovechild 러브차일드 ○ He was born out of wedlock 그는 사생아이다
사생화	sketch 스케치
사설(社說)	editorial 에디토리얼 ○ editorialize 사설에서 논하다
사설(私設)	private establishment 프라이빗 이스태블리시먼트
사수	desperate defense 데스퍼릿 디펜스 ○ defend a bunker to the last 참호를 사수하다
사슬	chain 체인 ○ chain up 사슬로 매다 ○ unchain 사슬을 풀다
사슴	deer 디어

사실	fact 팩트 • reality 리얼리티 • actual fact 액추얼 팩트 truth 트루쓰
	○ It is far from the truth 그것은 사실과 아주 다르다
사양	declining 디클라이닝 • refusal 리퓨절 (사절) reserve 리서브 (겸양)
	○ He declined courteously the invitation with regret 그는 초대를 정중히 사양했다
사업	work 워크 • enterprise 엔터프라이즈 (일, 기업) business 비즈니스 (실업) • vocation 보케이션 (직업) achievement 어치브먼트 (업적)
	○ carry on business 사업을 하다
	○ What kind of business are you in? 무슨 사업을 하십니까?
사옥	the building of a company 더 빌딩 어브 어 컴퍼니
사용	use 유스
	○ usable 사용할 수 있는
	○ unfit for use 사용할 수 없는
	○ be in general use 일반적으로 사용되고 있다
사용법	the way of using 더 웨이 어브 유징 how to use 하우 투 유즈
사우나	sauna 사우너
사원(社員)	employee 임플로이이 • staff 스탭
	○ join a staff of (a company) 사원이 되다
사원(寺院)	temple 템플 • monastery 마너스터리
사위	son-in-law 선인로
	○ a suitable person for son-in-law 사윗감
사육	breeding 브리딩 • raising 레이징
사이	space 스페이스 (공간) • interval 인터벌 (간격) distance apart 디스턴스 어파트 (거리) • gap 갭 (차이) between 비트윈 (둘의) • among 어멍 (셋이상의) while 와일 (시간)
	○ between one and two o'clock 한시와 두시 사이
	○ Where have you been all this while?

	그 사이에 줄곧 어디 있었니?
	◯ be on good terms 사이가 좋다
사이다	soda pop 소우더 팝
	carbonated drink 카보네이티드 드링크
사이렌	siren 사이런 ● whistle 위슬
사이즈	size 사이즈
사인	signature 시그너쳐 ● autograph 오토그래프 (서명)
	◯ get a person's autograph 사인을 받다
	signal 시그널(신호) ● sign 사인(암호)
	◯ signal to the pitcher 투수에게 사인을 보내다
사자	lion 라이언
사자(使者)	envoy 안보이 ● messenger 메신저
사장	the president of a company
	더 프레지던트 어브 어 컴퍼니
사적	private 프라이빗 ● personal 퍼스널
	◯ His visit was of private character
	그의 방문은 사적인 것이었다
사전	dictionary 딕셔너리
사전에	beforehand 비포핸드 ● in advance 인 어드밴스
사전준비	advance preparation 어드밴스 프리퍼레이션
사절(謝絕)	refusal 리퓨절 ● denial 디나이얼
	◯ decline to see 면회를 사절하다
사절(使節)	emissary 에머서리 ● delegate 딜리게잇 ● envoy 안보이
사정	situation 시츄에이션 ● circumstance 서컴스턴스
	◯ owing to unavoidable circumstances 부득이한 사정으로
사제	priest 프리스트 ● pastor 패스터
사조	a trend of thought 어 트렌드 어브 쏘트
사족(蛇足)	superfluity 수퍼플루어티 ● redundancy 리던던시
	◯ make an unnecessary addition / add a fifth wheel
	사족을 붙이다
사증	certificate 서티퍼킷 ● license 라이슨스
사직(司直)	judge 저지 ● bench 벤치 (총칭)
	the judicial authorities 더 쥬디셜 어쏘리티즈

사직(辭職)	resignation 레지그네이션
	○ He has resigned on grounds of ill health
	그는 병 때문에 사직했다
사진	photograph 포토그래프 ● picture 픽처
	○ take a photograph 사진을 찍다
사촌형제	cousin 커즌
사춘기	puberty 퓨버티 ● adolescence 애들레슨스
사치	luxury 럭셔리 ● extravagance 익스트래버건스
사탄	Satan 세이턴 ● the devil 더 데블
사태	situation 시츄에이션
	○ aggravate the situation 사태를 악화하다
사퇴	resignation 레지그네이션 ● rerefusal 리퓨절(사양)
	declining 디클라이닝
사투리	dialect 다이얼렉트 ● brogue 브로우그 ● accent 액센트
	○ He speaks with a Cholla-do accent
	그는 전라도 사투리를 쓴다
사파이어	sapphire 섀파이어
사표	resignation 레지그네이션
	○ hand(send) in one's resignation 사표를 제출하다
사형	death penalty 데쓰 페널티
	capital punishment 캐피틀 퍼니시먼트
	○ execute a death sentence 사형을 집행하다
사회(社會)	society 소사이어티 ● community 커뮤니티
	○ He has lost his social standing 그는 사회에서 매장되었다
사회(司會)	direction of a meeting 디렉션 어브 어 미팅
	chairmanship 췌어맨쉽
사흘	three days 쓰리 데이즈(3일)
	the third day of month 더 써드 데이 어브 먼쓰(사흘날)
삭제	deletion 딜리션 ● elimination 일리머네이션
삯	wage 웨이쥐 ● pay 페이(품삯) ● fare 페어(요금)
	charge 촤지 (보수)
	○ needle work for pay 삯바느질
산	mountain 마운튼

산골짜기	mountain valley 마운튼 밸리 ● gorge 조지 ravine 러빈 ● glen 글렌
산기슭	the foot of a mountain 더 풋 어브 어 마운튼
산돼지	wild boar(hog) 와일드 보어(호그)
산들바람	gentle(light) breeze 젠틀(라이트) 브리즈
산등성이	ridge 릿지
산마루	the top of a mountain 더 탑 어브 어 마운튼
산맥	a mountain range(chain) 어 마운튼 레인지(체인)
산모	woman in childbed 우먼 인 차일드베드 woman delivered of a child 우먼 딜리버드 어브 어 차일드
산부인과	obstetrics and gynecology 업스테트릭스 앤드 자이니칼러지
산산조각	bits and pieces 빗츠 앤 피시즈 broken pieces 브로큰 피시즈 ● be broken in pieces 산산조각으로 부서지다
산소	oxygen 억시전
산송장	the living dead 더 리빙 데드 a walking corpse 어 워킹 코옵스
산술	arithmetic 어리쓰머틱 ● do sums 산술을 하다
산실(産室)	a lying-in(delivery) room 어 라잉 인(딜리버리) 룸 a maternity ward 어 머터너티 워드 (한병동의)
산악	mountain peaks 마운튼 픽스 ● mountain 마운튼
산업	industry 인더스트리
산울림	echo 에코
산장	mountain villa 마운튼 빌라 ● go through hell and high water 산전수전 겪다
산지	a place of production 어 플레이스 어브 프러덕션 ● korea is the greatest producer of ginseng in the world 한국은 세계 제일의 인삼의 산지이다
산책	walk 워크 ● stroll 스트롤 ● go out for a walk 산책 나가다
산출	calculation 캘켤레이션 ● computation 컴퓨테이션
산타클로스	Santa Clause 샌터 클로우즈
산하(山河)	mountains and rivers 마운튼즈 앤 리버즈

산하(傘下)	under the influence of 언더 디 인플루언스 어브	
	○ be enlisted under the banner 산하에 들어가다	
산허리	mountainside 마운튼사이드	
	a saddle of mountain 어 새들 어브 마운튼	
살	flesh 플레쉬	
살구	apricot 에이프러콧	
살그머니	secretly 시크리틀리 ● stealthily 스텔씰리	
살금살금	surreptitiously 서럽티셔스리 ● sneakingly 스니킹리	
	furtively 퍼티블리	
살다	live 리브	
	○ find one's life worth living 사는 보람을 느끼다	
살롱	salon 설란 (객실, 응접실)	
살리다	save 세이브 ● rescue 레스큐 ● revive 리바이브	
	○ the doctor saved the dying patient	
	죽어가는 환자를 살렸다.	
살림	livelihood 라이블리후드 (생계)	
	household 하우스홀드 (살림살이)	
	○ make a good living 살림이 넉넉하다	
	○ set up separate household 살림을 나다	
살며시	stealthily 스텔씰리 ● secretly 시크릿틀리	
살색	complexion 컴플렉션	
살생하다	take life 테이크 라이프 ● kill animals 킬 애니멀즈	
살아나다	revive 리바이브 (소생) ● escape 이스케입 (위기모면)	
	○ have a narrow escape 구사일생으로 살아나다	
살인	homicide 하머사이드 ● murder 머더	
살짝	furtively 퍼티블리 ● in secret 인 시크릿 (모르게)	
	softly 소프틀리 ● gently 젠틀리 (가볍게)	
살찌다	put on weight 풋 온 웨이트 ● grow fat 그로우 팻	
살피다	watch 왓치 ○ watch for an opportunity 기회를 살피다	
삶다	boil 보일 ● cook 쿡 ○ boiled eggs 삶은 계란	
삼가다	be restrained 비 리스트레인드 (억제, 절제)	
	take care of 테익 케어 어브 (조심)	
	○ be careful about one's words 말을 삼가다	

삼각	triangle 트라이앵글
삼림	forest 포리스트
	○ fell a forest tree in secret 삼림을 도벌하다
삼키다	swallow 스왈로우
삽	shovel 셔블
삿갓	bamboo hat 뱀부 햇 • sedge hat 세지 햇
상	prize 프라이즈 • reward 리워드
	○ get a prize 상을 타다
상가	store 스토어 • shop 샵 • downtown 다운타운
상경하다	come up to the capital 컴 업 투 더 캐피틀
상관	chief 취프 • higher officer 하이어 어피서
상금	award 어워드 • reward 리워드 • prize 프라이즈
	○ win(get) a prize 상금을 타다
상급생	upper-class student 어퍼 클래스 스튜던트
상냥한	gentle 젠틀 • tender 텐더 • sweet 스윗
	○ call in a gentle voice 상냥한 목소리로 부르다
상담(相談)	consultation 컨설테이션 • counsel 카운슬
	○ consult a lawyer 변호사에게 상담하다
상담(商談)	bargaining 바게닝
	○ strike a bargain, close a deal 상담을 결정하다
상당히	pretty 프리티 • fairly 페얼리 • considerably 컨시더러블리
상대	facing each other 페이싱 이치 아더 (서로 대함)
	companion 컴패니언 • mate 메잇 (짝패)
	○ a companion to talk to 이야기 상대
	opponent 어포우넌트 • rival 라이벌 • match 맷치 (적수)
	○ He is a good match with her
	그는 그녀의 훌륭한 결혼 상대이다
상류	upper stream 어퍼 스트림 (하천)
	the higher(upper) classes
	더 하이어(어퍼) 클래시스 (사회의)
	○ row upstream 상류로 올라가다
상륙	landing 랜딩
상사(上司)	higher office 하이어 어피스 (관청)

	one's superiors 원스 슈페리어즈 (사람)
	◐ on the approval of superior authorities 상사의 허가를 얻어서
상사(商社)	firm 펌 ● concern 컨선 ● trading house 트레이딩 하우스
상상	imagination 이매지네이션
	◐ give full play to one's imagination 상상의 날개를 펴다
상속	succession 석세션 ● inheritance 인헤리턴스
상수리나무	oak tree 오크 트리
상순	the first ten days of a month 더 퍼스트 텐 데이즈 어브 어 먼쓰
	◐ early in June 6월 상순
상술	trick of the trade 트릭 어브 더 트레이드
	business ability 비즈니스 어빌러티
	◐ have a good sense for business 상술에 능하다
상습	convention 컨벤션 ● usage 유시지 (세상의)
	habit 해빗 (개인)
	◐ customarily / habitually 상습적으로
상승	rise 라이즈
	◐ Prices are rising steadily 물가가 상승을 거듭하고 있다
상식	common sense 커먼 센스 ● good sense 굿 센스
	◐ in the name of common sense 상식적으로 생각해서
상실	loss 로스 ● forfeiture 포퍼처
상어	shark 샤크
상업	commerce 커머스 ● trade 트레이드
상여금	bonus 보너스 ● reward 리워드
	◐ a year-end bonus 연말 보너스
상연	presentation 프레즌테이션 ● performance 퍼포먼스
상영하다	show 쇼우 ● screen 스크린
	◐ show a movie 영화를 상영하다
상용	common use 커먼 유스 ● addiction 애딕션
상인	merchant 머천트 ● trader 트레이더
상자	box 박스
상점	shop 샵 ● store 스토어 (미)

상징	symbol 심볼 ● emblem 엠블럼
	○ The dove is an emblem of peace 비둘기는 평화의 상징이다
상처	wound 운드 ● injury 인저리
	○ the wound close 상처가 아물다
상처입히다	hurt 허트 ● injure 인주어
상쾌한	refreshing 리프레싱 ● exhilarating 이그질러레이팅
상태	condition 컨디션 ● situation 시츄에이션
	○ The patient is out of danger now 환자는 위험 상태를 벗어났다
상투	topknot 탑노트 ○ tie a topknot 상투를 올리다
상투어	hackneyed expression 해크니드 익스프레션
	platitude 플래터투드
상표	trademark 트레이드마크 ● brand 브랜드
	○ register a trademark 상표를 등록하다
상품	product 프로덕트 ● commodity 커머디티
	merchandise 머천다이즈 (집합적) ● stock 스딱 (재고)
상하	top and bottom 탑 앤 바텀 ● up and down 업 앤 다운
상행	going up 고잉 업 ○ an up train(line) 상행열차
상호(相互)	mutual 뮤추얼 ● reciprocal 리시프러컬
상호(商號)	a firm name 어 펌 네임
상황	condition 컨디션 ● situation 시츄에이션
샅샅이	everywhere 에브리웨어 ● all over 올 오버
새	bird 버드
새근새근	quietly 콰이엇틀리 ● peacefully 피스풀리
새기다	sculpture 스컬프처 ● carve 카브
	○ carve an image in wood 나무에 초상을 새기다
새까맣다	deep-black 딥 블랙
새끼손가락	little finger 리틀 핑거
새끼줄	straw rope 스트로 로프
새다	dawn 돈 (날이) ● leak 릭 (기체, 액체)
	○ the roof leaks rain 지붕에서 비가 샌다
새댁	bride 브라이드

새로운	new 뉴 • fresh 프레쉬
	○ be still fresh in one's memory 아직도 기억에 새롭다
새 발의 피	practically nothing 프랙티컬리 나씽
	a mere midget 어 미어 미짓
새벽	dawn 돈 • daybreak 데이브레이크
새벽녘	the time of dawning 더 타임 어브 도닝
새삼스럽게	again 어게인 • anew 어뉴
	○ It is hardly necessary to say that 새삼스럽게 말할 것도 없지만
새색시	bride 브라이드
새우	shrimp 쉬림프
새우등	stoop 스툽 • a bent back 어 벤트 백
새장	cage 케이지
새치기	cutting in 커팅 인 (끼어듦) • snatching 스냇칭 (빼앗음)
새하얀	dazzling white 대즐링 와이트 • snow-white 스노우 와이트
색	color 컬러
색맹	color blindness 컬러 블라인드니스
	daltonism 돌트니즘
색상	the tone of color 더 톤 어브 컬러 • color tone 컬러 톤
색안경	tinted glasses 틴티드 글래시즈
	sunglasses 선글래시즈
색종이	colored paper 컬러드 페이퍼
색채	color 컬러 • coloration 컬러레이션
샌드위치	sandwich 샌드위치
샌들	a pair of sandals 어 페어 어브 샌들즈
	sandal shoes 샌들 슈즈
샐러드	salad 샐러드
샘	jealousy 젤러시
샘솟다	well up 웰 업 • gush out 거쉬 아웃
샘플	sample 샘플
생각하다	think 씽크 ○ be lost in thought 생각에 잠기다
생각해내다	think out 씽크 아웃 • recall 리콜
	remember 리멤버 (상기)

	○ recall his name 그의 이름을 생각해내다
생계	livelihood 라이블리후드
생긋	gently 젠틀리 • sweetly 스윗틀리
	○ smile sweetly 생긋 웃다
생기다	come into being 캄 인투 빙 • spring up 스프링 업
	get 겟 • obtain 업테인
생도	pupil 퓨플
생략	omission 오미션 • abbreviation 어브리비에이션
생략하다	omit 오미트 • abbreviate 어브리비에이트
생리	physiology 피지알러지 • menstruation 멘스트루에이션
	one's period 원즈 피리어드(월경)
생명	life 라이프
생물	creature 크리에이처 • organism 오가니즘
생사	life and death 라이프 앤 데쓰
	living and dying 리빙 앤 다잉
생산	production 프러덕션 • birth 버쓰
생선	fish 피쉬
생선묵	boiled fish paste 보일드 피시 페이스트
생선회	sliced raw fish 슬라이스드 로 피쉬
생소한	unfamiliar 언퍼밀리어 • strange 스트레인지
생식	reproduction 리프로덕션 • generation 제너레이션
생애	life 라이프 • career 커리어 • lifetime 라이프타임
생존	existence 이그지스턴스 • survival 서바이벌
생쥐	mouse 마우스
생태	mode of life 모드 어브 라이프 • ecology 이칼러지
생트집	picking fault 피킹 폴트 • false charge 폴스 촤지
	○ provoke / pick fault 생트집을 잡다
생활	life 라이프 • living 리빙
샴페인	champagne 샴페인
상들리에	chandelier 쉔델리어 • pendant 팬던트
서가	book shelf 북쉘프 • stack 스택 • bookstand 북스탠드
서광	dawn 돈 • aurora 오로라
서기(西紀)	Anno Domini 아노 도미니(A.D)

서기(書記)	clerk 클럭 • secretary 새크리터리 • writer 라이터	
서글픈	lonesome 로운섬 • forlorn 포론 • lonely 로운리	
서다	stand 스탠드 (서 있다, 기다림) • stop 스탑 (멈추다)	
서두르다	hurry 허리 • hasten 헤이슨	
	be impatient 비 임페이션트 (조급해하다)	
서랍	drawer 드로어	
서로	mutually 뮤추얼리 • each other 이치 아더	
	○ help each other 서로 돕다	
서류	document 다큐먼트 • paper 페이퍼	
서리	frost 프로스트	
서먹하다	feel awkward 필 어커드	
	○ They don't get on so well as before 그들 사이가 서먹해졌다	
서면	letter 레터 • document 다큐먼트	
	○ in letter 서면으로	
서명	autographer 오토그래퍼	
서문	preface 프레피스 • foreword 포워드	
	introduction 인트로덕션	
서부	the West 더 웨스트	
서비스	service 서비스	
서서히	slowly 슬로울리	
서스펜스	suspense 서스펜스	
서신	letter 레터 • message 메시지	
서양	Western countries 웨스턴 컨츄리스	
	the occident 디 악서던트	
서예	calligraphy 컬리그래피 • penmanship 펜맨십	
서운한	sorry 소리 • regrettable 리그렛터블	
서재	library 라이브러리 • study 스터디	
서적	books 북스 • publications 퍼블리케이션스	
서점	bookshop 북샵 • bookstore 북스토어	
서쪽	west 웨스트	
서툰	unfamiliar 언퍼밀리어 (소원한)	
	unpracticed 언프랙티스트 • unskilled 언스킬드 (미숙한)	

	● be unfamiliar with Korean 한국사정에 서투르다	
서커스	circus 서커스	
서클	circle 서클	
석간	evening paper 이브닝 페이퍼	
	the evening editions 디 이브닝 에디션즈	
석기	stone implement 스톤 임플리먼트	
석류	pomegranate 파머그래닛	
석탄	coal 코울	
섞다	mix 믹스 ● blend 블렌드	
	● blend red with some white 빨강에 흰색을 섞다	
섞이다	be mixed 비 믹스트	
선거	election 일렉션	
선고	sentence 센텐스 ● judgment 저지먼트	
	● a sentence of death 사형 선고	
선교사	missionary 미셔너리	
선구자	forerunner 포러너 ● pioneer 파이어니어	
선글라스	sunglasses 선글래시즈	
선금	prepayment 프리페이먼트 ● an advance 언 어드밴스	
	● prepay / pay in advance 선금 치르다	
선녀	fairy 페어리 ● nymph 님프	
선데이	Sunday 선데이	
선두	the head 더 헤드 ● the top 더 탑	
	● be at the head 선두에 서다	
선로	a railroad line 어 레일로드 라인	
	a railroad track 어 레일로드 트랙	
	● cross a railroad track 선로를 횡단하다	
선물(先物)	futures 퓨처즈	
	● advance business 선물거래	
	● futures market 선물시장	
선물(膳物)	present 프레즌트 ● gift 기프트	
선반	shelf 쉘프 ● rack 랙	
선발	selection 실렉션 ● choice 초이스	
선배	senior 시니어 ● superior 수피리어	

선불	advance payment 어드밴스 페이먼트
	prepayment 프리페이먼트
선생님	teacher 티처 • instructor 인스트럭터
선선한	cool 쿨 • refreshing 리프레싱 (시원하다)
	candid 캔디드 (성질이)
	◎ give in with good grace 선선히 승낙하다
선수	player 플레이어 ◎ take the initiative 선수를 치다(기선)
선술집	bar 바 • tavern 태번
선악	good and evil 굿 앤 이블 • right and wrong 라잇 앤 롱
	virtue and vice 버츄 앤 바이스
	◎ know good from bad 선악을 분별하다
선언	declaration 데클러레이션
선원	crew 크루
선율	melody 멜로디
선장	captain 캡틴
선전	propaganda 프라파갠더
	propagation 프라퍼게이션 (보급)
	advertisement 어드버타이즈먼트 (광고)
선정(選定)	selection 실렉션 • choice 초이스
선정적(煽情的)	sensational 센세이셔널 • suggestive 서제스티브
	sex-appealing 섹스어필링
선조	ancestor 앤세스터 • forefather 포파더
선진국	developed country 디벨롭트 컨트리
	advanced country 어드밴스트 컨트리
선창	wharf 워프 • pier 피어 • hatch 햇치
선천적	native 네이티브 • inborn 인본
선출	election 일렉션
선택	selection 실렉션 • choice 초이스 • option 옵션
	◎ You have no choice in this matter 선택의 여지가 없다
선편	shipping service 쉬핑 서비스 ◎ by ship 선편으로
선풍기	electric fan 일렉트릭 팬 • motor fan 모터 팬
선하품	a forced yawn 어 포스트 연
섣불리	awkwardly 어쿼들리 • carelessly 캐어리슬리

설계	plan 플랜 ● design 디자인
설교	preaching 프리칭 ● sermon 서먼
설득	persuasion 퍼슈에이젼
설득하다	persuade 퍼슈에이드 ● prevail 프리베일
설령	even if 이븐 이프 ● though 도우
	○ granted it is true, you are still in the wrong 설령 그것이 사실이라 할지라도 네가 역시 나쁘다
설립	foundation 파운데이션
	establishment 이스태블리시먼트
	○ found a new school 새학교를 설립하다
설마	by no means 바이 노 민즈 ● hardly 하들리
	never 네버 ○ Impossible! 설마하니!
설명	explanation 익스플러네이션
설사	loose bowel movement 루스 바울 무브먼트
	diarrhea 다이어리어 (의학)
설정	creation 크리에이션 ● establishment 이스태블리시먼트
설치	establishment 이스태블리시먼트 ● institution 인스티튜션
설탕	sugar 슈가
섬	island 아일런드 ● isle 아일
섬기다	serve 서브 ○ obey one's teacher 스승을 섬기다
섭리	providence 프라버던스
	○ trust in Divine Providence 신의 섭리에 맡기다
섭취	intake 인테이크 ● ingestion 인제스천
	adoption 어답션
성	anger 앵거 ● indignation 인디그네이션
	○ grow angry 성이 나다
	family name 패밀리 네임 ● surname 서네임 (姓)
	nature 네이쳐 (본성) ● gender 젠더 (性)
	castle 캐슬 ● fortress 포트리스 (城)
성가신	annoying 어노잉 ● bothering 바더링
성격	character 캐릭터 ● personality 퍼스낼러티
	○ The character of the hero is well described 주인공의 성격이 잘 묘사되어 있다

성공	success 석세스 ● achievement 어치브먼트
성과	result 리절트 ● product 프러덕트
성교	sexual intercourse 섹슈얼 인터코스
	coitus 코우이터스 (의학)
	○ have sex 성교하다
성급한	hasty 해이스티 ● impatient 임페이션트
	quick-tempered 퀵템퍼드
성기	genitalia 제너테일리어 ● genital 제너털
성냥	match 매치 ○ light a match 성냥을 켜다
성년	full age 풀 에이지 ● one's majority 원스 머조리티
	○ come of age 성년이 되다
성능	efficiency 에피션시 ● capability 캐퍼빌러티
	performance 퍼포먼스
성대한	prosperous 프로스퍼러스 (번영) ● successful 석세스풀
	magnificent 매그니피슨트 (훌륭한)
성립	existence 이그지스턴스 (존립)
	completion 컴플리션 (완성)
	realization 리얼라이제이션 (실현)
	conclusion 컨클루젼 (체결)
	○ A compromise has been effected between the two 두 사람 사이에 타협이 성립됐다.
성명	full name 풀 네임 ● name 네임
성명서	statement 스테잇먼트
성모	the Holy Mother 더 홀리 마더
	the Virgin Mary 더 버진 메어리
성묘하다	visit one's ancestral graves 비짓 원스 앤세스트럴 그레이브스
성별	sex distinction 섹스 디스팅션
성병	venereal disease 버니어리얼 디지즈
성불하다	attain Buddhahood 어테인 붓다후드
	enter Nirvana 엔터 너바너
성서	the Bible 더 바이블
성수기	high-demand season 하이 디맨드 시즌

성숙	ripeness 라이프니스 ● maturity 머추어리티
성악	vocal music 보컬 뮤직
성역	holy grounds 홀리 그라운즈
	sacred precincts 세이크리드 프리싱츠
성욕	sexual desire 섹슈얼 디자이어
성우	radio performer (actor, actress)
	레이디오 퍼포머(액터, 액트리스)
성인(成人)	adult 어덜트 ◎attain adulthood 성인이 되다
성인(聖人)	saint 세인트 ● sage 세이지 (현인)
성장	growth 그로우쓰 ◎grow quickly 성장이 빠르다
성적	result 리절트 ● record 레코드
	◎have a good record 성적이 좋다
	grade 그레이드 ● mark 마크● score 스꼬어
성적매력	sex appeal 섹스 어필
성좌	constellation 칸스털레이션 ● asterism 애스터리즘
성질	nature 네이처 ● disposition 디스포지션 ● temper 템퍼
성취	achievement 어취브먼트 ● completion 컴플리션
	fulfillment 풀필먼트
성탄절	Christmas 크리스마스
성패	success and failure 석세스 앤 페일러
성황	prosperity 프로스페러티 ● success 석세스
	◎be a great success 성황을 이루다
세계	world 월드
세관	custom 커스텀
세균	bacillus 버실러스 ● bacterium 백테어리엄
세금	tax 택스 ● duty 듀티
세뇌	brainwashing 브레인워싱
세다	be strong 비 스트롱 ● be powerful 비 파워풀 (강력)
세다	count 카운트 ● enumerate 이누머레잇
	◎miscalculate 잘못세다
세대	generation 제너레이션
	◎a shift in generations 세대교체
세대	household 하우스홀드 ● housekeeping 하우스키핑

		○householder 세대주
세레나데		serenade 세러네이드
세례		baptism 뱁티즘 ● palingenesis 팰런제너시스
		○be baptized 세례를 받다
세력		influence 인플루언스 ● power 파워 ● sway 스웨이
세련		polishing 폴리싱 ● refinement 리파인먼트
세로		length 렝쓰 ● height 하이트 ● vertically 버티컬리(세로로)
세면		washing up 워싱 업 ● washstand 세면대
세모		triangular thing 트라이앵귤러 씽
세무서		tax office 택스 어피스
세상		world 월드 ● society 소사이어티
		○know much of the world 세상일을 잘 알다
		○never in my life have I seen anything like that 세상에 별일 다 봤다
세상살이		the way of living 더 웨이 어브 리빙
세수하다		wash up 워시 업
세우다		stand 스탠드(서게하다) ● build 빌드
		construct 컨스트럭트(건조하다)
		○have a new house built 새로 집을 세우다
세월		time and tide 타임 앤 타이드
		○time flies like an arrow 세월이 유수같다
세율		tax rates 택스 레잇츠 ● tariff 태리프 (관세)
세제		cleaning material 클리닝 머티리얼 ● cleanser 클렌져
세차		car washing 카 워싱
세탁		laundry 런드리
세태		social condition 소셜 컨디션
		the way of the world 더 웨이 어브 더 월드
세트		set 셋
세포		cell 셀
섹시한		sexy 섹시 ● glamorous 글래머러스
섹스		sex 섹스
센터		center 센터(중심지) ● the center field 더 센터 필드(야구)
센티		centi 센티 ● centimeter 센티미터

셀러리	celery 셀러리
셀프	self 셀프
셋	three 쓰리 ● third 써드 (셋째로)
셋방살이	living in a rented room 리빙 인 어 렌티드 룸
셋집	a house for rent 어 하우스 포 렌트 (미)
	a house to let 어 하우스 투 렛 (영)
셔츠	shirt 셔트 ● dress shirt 드레스 셔트
셔터	shutter 셔터 ◐ pull down a shutter 셔터를 내리다
셰퍼드	German shepherd dog 저먼 셰퍼드 독
소	cow 카우 (암소) ● bull 불 (황소) ● cattle 캐틀 (총칭)
소개	introduction 인트로덕션 ● presentation 프레즌테이션
	◐ Introduce things korean to the American public
	한국의 풍물을 미국에 소개하다
소경	blindman 블라인맨 ● the blind 더 블라인드
소극적	negative 네거티브 ● passive 패시브
	◐ take a negative attitude 소극적 태도를 취하다
소금	salt 솔트 ● salted / pickled with salt 소금에 절인
소금기의	salty 솔티
소나기	(sudden) shower (서든) 샤워 ● passing rain 패싱 레인
소나무	pine tree 파인 트리
소나타	sonata 소나타
소녀	maid 메이드 ● little girl 리틀 걸
소년	boy 보이 ● lad 래드 ● youth 유쓰
소독	disinfection 디스인펙션 ● sterilization 스테릴리제이션
소독저	sanitary chopsticks 세네터리 찹스틱스
소동	disturbance 디스터번스 ● agitation 애지테이션
소득	income 인컴 ● earnings 어-닝즈
소라	conch 칸취 ● wreath shell 리쓰 쉘
소름	gooseflesh 구스플레시 ● goose bumps 구스 범스
소름끼치는	hair-rising 헤어라이징 ● horrifying 호러파잉
	creepy 크리피
소리	sound 사운드 (음향) ● voice 보이스 (음성)
	◐ make a sound 소리를 내다

소리치다	shout 샤우트 • bawl 보울 • yell 옐
소망	desire 디자이어 • wish 위시 • hope 호웁
소매	sleeve 슬리브 • arm 암 (양복)
소매치기	pickpocket 픽파킷 • dip 딥 (미, 속)
소맷자락	the hem of a sleeve 더 헴 어브 어 슬리브
소모품	consumption goods 컨섬션 굿즈
소문	rumor 루머 • gossip 가십
	◎ spread a rumor 소문을 퍼뜨리다
소박한	simple 심플 • artless 아트리스 • naive 나이브
소박데기	mistreated wife 미스트릿티드 와이프
소반	tray 트레이
소방차	fire engine 파이어 엔진
소변	urine 유어린 • piss 피스
소비하다	consume 컨슘 • spend 스펜드 • expend 익스펜드
소상한	detailed 디테일드 • minute 마이늇
소생하다	revive 리바이브 • resuscitate 리서서테잇
소설	novel 나블 • fiction 픽션
소속하다	belong to 비롱 투 • be attached 비 어태취트
	◎ an assemblyman belonging to the Republican
	공화당 속의 국회의원
소송	lawsuit 로수트 • suit 수트
	◎ drop a suit 소송을 취하하다
소스	sauce 소스
소시지	sausage 소시지
소식	news 뉴스 • hear the news of 소식을 듣다
소신	belief 빌리프 • conviction 컨빅션 • opinion 오피니언
	◎ act according to one's conviction 소신대로 단행하다
소아	young child 영 차일드 • infant 인펀트 • baby 베이비
소용돌이	whirlpool 월풀 • swirl 스월
소원	one's desire (wish) 원스 디자이어(위시)
소위(所謂)	what is called 왓 이즈 콜드 • so-called 소-콜드
	◎ He is what is called a young prince
	그는 소위 귀공자다

소위(少尉)	second lieutenant 세컨드 루테넌트 (육군)
	ensign 엔사인 (해군, 미)
소유	possession 포제션 ● ownership 오너쉽
소음	noise 노이즈 ● cacophony 캐카퍼니
소장(所長)	the head 더 헤드
소장(少將)	major general 메이저 제너럴 (육군)
	rear admiral 리어 앳머럴 (해군)
	air vice-marshal 에어 바이스마셜 (공군)
소재(所在)	one's where-abouts 원스 웨어어바웃츠 (사람)
	○ clarify where the responsibility lies
	책임 소재를 명확히 하다
소중한	important 임포턴트 ● valuable 밸류어블
소지품	one's things 원스 씽즈
소질	temperament 템퍼러먼트 ● character 캐릭터
소집	call 콜 ● summon 서먼
	○ convene a special session of the Assembly
	임시국회를 소집하다
소총	rifle 라이플 ● small arms 스몰 암즈 (총칭)
소켓	socket 사킷 ● receptacle 리셉터클 (미)
소쿠리	crate 크레잇 ● bamboo basket 뱀부 배스킷
소탈한	informal 인포멀 ● offhand 어프핸드
소파	sofa 소우퍼
소포	parcel 파슬 ● package 패키지
	○ send by parcel post 소포로 보내다
소풍	outing 아웃팅 ● picnic 피크닉 ● excursion 익스커션
소프라노	soprano 서프래노우
소행	conduct 컨덕트 ● behavior 비헤비어
	○ a man of bad conduct 소행이 나쁜 사람
소홀	indifference 인디퍼런스 ● carelessness 캐어리스니스
	negligence 니글리전스
	○ neglect one's studies 공부를 소홀히 하다
소화	digestion 다이제스천 ● absorption 앱섶션
속눈썹	eyelash 아일래쉬

속다	be cheated 비 취티드 ● get deceived 겟 디시브드
	● I was fairly taken in 감쪽같이 속았다
속단	hasty conclusion 헤이스티 컨클루전
속달	express delivery 익스프레스 딜리버리
	● send a letter by express 편지를 속달로 보내다
속담	proverb 프라버브 ● common saying 커먼 세잉
속도	speed 스피드 ● velocity 벨로서티
속력	speed 스피드 ● rate 레잇 ● velocity 벌라서티
속마음	one's innermost feelings 원스 이너모스트 필링즈
속물	a vulgar person 어 벌거 퍼슨 ● snob 스납
속박	restraint 리스트레인트 ● restriction 리스트릭션
	● restrict freedom 자유를 속박하다
속삭이다	whisper 위스퍼 ● murmur 머머
	● whisper in ear 귀에 대고 속삭이다
속성	quickly mastery 퀴클리 매스터리
	rpid completion 컴플리션
	● learn in a quick way 영어를 속성으로 배우다
속세	mundane life 먼데인 라이프
	● renounce the world 속세를 버리다
속셈	intention 인텐션 ● inner thought 이너 쏘트
	mental arithmetic 멘틀 어리쓰머틱 (암산)
	● I cannot quite see his motive 어떤 속셈인지 전혀 모르겠다
속속	one after another 원 애프터 언아더
	in succession 인 석세션
속속들이	to the core 투 더 코어 ● thoroughly 써로울리
	inside out 인사이드 아웃
속수무책	resourcelessness 리소스리스니스
	helplessness 헬프리스니스
속어	slang 슬랭
속옷	underwear 언더웨어 ● underclothes 언더클로우즈
속이다	deceive 디시브 ● cheat 취잇 ● take in 테이크 인
	trick 트릭
속임수	trick 트릭 ● deception 디셉션

		○ fall victim to fraud 속임수에 넘어가다
속죄		atonement 어토운먼트 ● expiation 엑스피에이션
속출하다		occur in succession 어커 인 석세션 ● crop up 크랍 업
속치마		underskirt 언더스커트 ● slip 슬립
속하다		belong 비롱 ● appertain 애퍼테인
		○ A whale belongs to the animal life 고래는 동물에 속한다
손		hand 핸드
손가락		finger 핑거
손님		guest 게스트 ● customer 커스터머
손대중		measuring by hand 메저링 바이 핸드
		hand-measurement 핸드 메저먼트
손등		the back of the hand 더 백 어브 더 핸드
손바닥		the palm of the hand 더 팜 어브 더 핸드
손버릇		a habitual action of the hands
		어 해비추얼 액션 어브 더 핸즈
		a thievish habit 어 씨비쉬 핸드 (도벽)
		○ be light-fingered 손버릇이 사납다
손색		inferiority 인피어리아러티
손수건		handkerchief 핸커치프
손쉬운		easy 이지 ● simple 심플
손실		loss 로스 ● incur a loss 손실을 초래하다
손아래		one's inferior 원스 인피리어 ● junior 주니어
		○ He is my junior by three years 나보다 세살 손아래이다
손자		grandson 그랜선
손잡이		handle 핸들 ● knob 납
손질		handling 핸들링 ● care 케어 ● repair 리페어 (수선)
손짓		gesture 제스처 ● sign 사인
손찌검		a blow 어 브로우 ● striking 스트라이킹 ● hitting 히팅
		beating 비팅
손톱		fingernail 핑거네일
손톱깎이		nail clipper 네일 클리퍼
손해		damage 데미지 ● injury 인저리 ● harm 함
솔		brush 브러시

솔개	kite 카잇
솔선하다	lead 리드 • be a pioneer 비 어 파이어니어
솔직한	frank 프랭크 • candid 캔디드
솜	cotton 코튼 • cotton wool 코튼 울
솜씨	skill 스킬 • dexterity 덱스테러티 • tact 택트
솟구치다	raise quickly 레이즈 퀵클리 • soar 소어
솟다	rise 라이즈 (높이) • gush out 거쉬 아웃 (샘 따위가)
	○ a well flows 샘물이 솟는다
송골매	siberian peregrine falcon 시베리안 페러그린 팰컨
송곳	gimlet 짐릿 • awl 얼 • drill 드릴
송곳니	cuspid 커스피드 • canine tooth 캐이나인 투쓰
송구하다	be filled with awe 비 필드 위드 오
송금	remittance 리미턴스
송별회	farewell party 페어웰 파티
송사리	minnow 미노우 • small fry 스몰 프라이 (하찮은 사람)
송아지	calf 캐프
송충이	pine-eating caterpillar 파인 이팅 캐터필러
솥	iron pot 아이언 팟 • kettle 케틀
쇄도	rush 러시 • flood 플러드
	○ have a rush of orders 주문이 쇄도하다
쇠	iron 아이언
쇠고기	beef 비프
쇠망치	iron hammer 아이언 해머
쇠사슬	chain 체인 • fetter 페터 ○ chain up 쇠사슬로 매다
쇠약	weakness 위크니스 • emaciation 이메이쉬에이션
쇠창살	an iron window bar 언 아이언 윈도우 바
쇼	show 쇼우
쇼크	shock 샄 ○ be shocked 쇼크를 받다
쇼핑	shopping 샤핑
수(數)	number 넘버 • figure 피겨
수건	towel 타우얼
수고	pains 페인즈 • efforts 에포츠 • labor 레이버 trouble 트러블

	○ spare no pains 수고를 아끼지 않다
수고하다	work hard 워크 하드 ● take pains 테익 페인즈
	suffer troubles 서퍼 트러블즈
수긍하다	assent 어센트 ● consent 컨센트
	nod in approval 나드 인 어푸르벌 어브
수기	note 노트 ● memo 메모
수난	suffering 서퍼링 ● ordeal 오딜 ● crucifixion 크루서픽션
수녀	nun 넌 ● sister 시스터
수뇌	head 헤드 ● leader 리더 ● the brains 더 브레인즈 (집합적)
수다	talkativeness 토커티브니스
수다쟁이	talkative 토커티브 ● chatterbox 채터박스 (여자)
수단	means 민즈 ● way 웨이
	○ exhaust every means 갖은 수단을 쓰다
수달	otter 오터
수당	allowance 얼라우언스 ● bonus 보우너스
	○ a retirement allowance 퇴직수당
수도	capital 캐피틀 ● metropolis 메트라펄리스
수도	piped water 파잎트 워터 ● aqueduct 애쿼덕트 (수도관)
	○ water supply 수도설비
수도꼭지	tap 탭 ● faucet 파싯 ● hydrant 하이드런트 (소화전)
수렁	slough 슬라우 ● quagmire 쾌그마이어
	○ fall in the mire 수렁에 빠지다
수레바퀴	wagon wheel 웨건 윌
수렵	shooting 슈팅 (영) ● hunting 헌팅 (미)
수리	repair 리페어 ● mending 멘딩
	○ have a watch mended 시계를 수리하다
수립	establishment 이스태블리쉬먼트 ● founding 파운딩
	setting up 셋팅 업
수면(水面)	the surface of the water 더 서피스 어브 더 워터
	○ come up to the suface 수면에 떠오르다
수면(睡眠)	sleep 슬립 ● slumber 슬럼버
수면부족	want(lack) of sleep 원트(랙) 어브 슬립
	insufficient sleep 인서피션트

수면제	sleeping drug 슬리핑 드럭
수명	the length of life 더 렝쓰 어브 라이프
	life span 라이프 스팬
	◐ the average span of a man's life 인간의 평균수명
수박	watermelon 워터멜런
수배	arrangement 어레인쥐먼트 ● preparation 프리퍼레이션
	search 서취(경찰의)
	◐ a man wanted by police 경찰에서 수배중인 사람
수배자	a criminal wanted by the police
	어 크리미널 원티드 바이 더 펄리스
수법	technique 테크닉 ● method 메써드 ● way 웨이
	trick 트릭
수비	defense 디펜스
수사	investigation 인베스티게이션 ● search 서치
	detection 디텍션
	◐ change the plan of investigation 수사방침을 바꾸다
수산물	marine products 머린 프로덕츠
수상(水上)	the water surface 더 워터 서피스 (수면)
수상(首相)	prime minister 프라임 미니스터
	the premier 더 프리미어
수상(授賞)	award a prize 어워드 어 프라이즈
수상한	suspicious 서스피셔스 ● doubtful 다웃풀
	◐ suspect 수상히 여기다
수석	the top seat 더 탑 싯트 ● the head seat 더 헤드 싯트
수선	fuss 퍼스 ● ado 어두 ◐ make a fuss 수선을 피우다
수세미	pot cleaner 팟 클리너
수속	process 프라세스 ● procedure 프러시줘
	◐ I have gone through the entry procedure
	입국수속을 마쳤다
수송	transportation 트랜스포테이션
	conveyance 컨베이언스 ● traffic 트래픽
수수께끼	riddle 리들 ● enigma 이닉머 ● puzzle 퍼즐
	◐ solve a riddle 수수께끼를 풀다

수수료	commission 커미션 ● fee 피 ● brokerage 브로커리지
수수한	ordinary looking 오디너리 루킹
	unpretentious 언프리텐셔스
수술	operation 아퍼레이션
	○ undergo a surgical operation 수술을 받다
수습하다	deal 딜 ● control 컨트롤
수신인	addressee 애드리시 ● recipient 리시피언트
수업(授業)	teaching 티칭 ● lessons 레슨즈 ● class 클래스
수업(修業)	study 스터디
	pursuit of knowledge 퍼수트 어브 날리지
수염	beard 비어드 (턱수염) ● mustache 머스태쉬 (콧수염)
수영	swimming 스위밍 ● bathing 베이딩
수영복	swimming suit 스위밍 수트
수완	ability 어빌리티 ● skill 스킬 ● capability 캐퍼빌러티
수완가	a man of ability 어 맨 어브 어빌러티
수요	demand 디맨드 ● requirement 리콰이어먼트
수요일	Wednesday 웬즈데이
수월하다	be easy 비 이지 ● be no trouble 비 노 트러블
수위	guard 가드 ● doorkeeper 도어키퍼 ● sergeant 서전트
수위	the leading position 더 리딩 포지션
	the first place 더 퍼스트 플레이스
수위	water level 워터 레벨
수입(輸入)	import 임포트 ● importation 임포테이션
	○ The imports exceed the exports
	수입이 수출을 초과하고 있다
수입(收入)	income 인컴 (개인의) ● revenue 레브뉴 (법인, 국가의)
	○ I'm looking for a job that pays better
	나는 좀더 수입이 좋은 일을 찾고 있다
수재(秀才)	genius 지니어스
	○ The school has produced many brilliant men
	그 학교는 많은 수재를 배출했다
수재(水災)	flood disaster 플러드 디재스터
수저	spoon and chopstick 스푼 앤 찹스틱

수준	level 레블 ● standard 스탠다드	
수줍은	shy 샤이 ● bashful 배쉬펄	
수줍음	shyness 샤이니스 ● bashfulness 배쉬펄니스	
수족관	aquarium 어퀘리엄	
수증기	steam 스팀 ● vapor 베이퍼	
수직	perpendicular 퍼펀디컬러 ● verticalness 버티컬니스	
수차	several times 세버럴 타임즈	
	time and again 타임 앤 어게인	
수채화	watercolor 워터컬러	
수척한	haggard 해거드 ● gaunt 곤트	
	emaciated 이메이쉬에잇티드	
수첩	pocket book 파킷 북	
수출	export 엑스포트 ● exportation 엑스포테이션	
	○ ship iron abroad 철을 수출하다	
수취인	recipient 리시피언트 ● receiver 리시버	
수치	numerical value 누메리컬 밸류	
수컷	male 메일	
수탉	rooster 루스터 ● cock 칵	
수평선	the sea line 더 시 라인 ● the horizon 더 허라이즌	
수포	foam 폼(거품) ● bubble 버블 ● naught 너트(헛수고)	
	○ come to naught 수포로 돌아가다	
수표	check 체크	
	○ cash a check 수표를 현금으로 바꾸다	
	○ dishonored check 부도수표	
수프	soup 수웁	
수필	essay 에세이	
수학	mathematics 메쓰매틱스	
수행(修行)	ascetic exercise 어세틱 엑서사이즈 (불교의)	
	training 트레이닝 (훈련)	
수행(遂行)	accomplishment 어컴플리시먼트	
	achievement 어치브먼트	
수험하다	take(undergo, sit for) an examination	
	테이크(언더고, 싯 포) 언 이그재미네이션	

수혈	blood transfusion 블러드 트랜스퓨전
수호	protection 프로텍션 ● safeguard 세이프가드
숙녀	lady 레이디
숙련	skill 스킬 ● mastery 매스터리 ● expertness 엑스퍼트니스
숙명	fate 페잇 ● destiny 데스티니 ● fatality 퍼탤러티
숙모	aunt 안트
숙박하다	lodge 라지 ● take up 테익크업
숙부	uncle 엉클
숙어	idiom 이디엄 ● phrase 프레이즈
숙연한	solemn 살럼 ● reverential 레버렌셜
숙이다	lower 로우어 ● drop 드랍
	◐ He hung his head in shame
	부끄러워서 고개를 숙였다
숙제	homework 호움워크 ● assignment 어사인먼트
	pending question 펜딩 퀘스천 (현안)
숙직하다	be on night duty 비 온 나이트 듀티
	keep night watch 킵 나이트 왓치
순간	moment 모먼트 ◐ in a moment 순간적으로
순결	purity 퓨어리티 ● cleanliness 클린리니스
순경	policeman 폴리스맨
순교자	martyr 마터
순서	order 오더 ● sequence 시퀀스
	◐ follow the wrong order 순서를 어기다
순수	purity 퓨어리티 ● genuineness 제뉴인니스
순식간에	in the twinkling of an eye 인 더 트윙클링 어브 언 아이
	in a flash 인 어 플래쉬
순정	pure heart 퓨어 허트 ● minded feeling 마인디드 필링
순진한	naive 나이브 ● pure 퓨어
순찰	patrol 패트롤
숟가락	spoon 스푼
술	liquor 리쿼 ● alcoholic drinks 앨커홀릭 드링스
	◐ brew rice wine 술을 빚다
	◐ get drunk 술에 취하다

술술	fluently 플루언틀리 ● facilely 패실리
	○ solve a hard question easily 어려운 문제를 술술 풀다
술잔	wine cup 와인 컵 ● liquor glass 리쿼 글래스
	goblet 가블릿 ○ drain the cup 술잔을 비우다
술집	drinkery 드링커리 ● bar 바(미) ● pub 펍(영, 구)
숨기다	conceal 컨실 ● hide 하이드 ● cover 커버
숨막히다	be suffocated 비 서포케이티드
숨바꼭질	hide and seek 하이드 앤 식
숨통	the windpipe 더 윈파이프 (의학)
	the breath of life 더 브레쓰 어브 라이프
숫자	figure 피겨 ● numeral 뉴머럴
숫제	rather 래더 ● preferably 프리퍼러블리
	○ If I had to do such a thing, I would die first 그따위 짓을 해야 한다면 숫제 죽는 편이 낫겠다
숫처녀	immaculate virgin 이매컬릿 버진
숭고	sublimity 섭리머티 ● loftiness 로프티니스
숭배	worship 워십 ● adoration 애더레이션
숭어	mullet 멀릿
숯	charcoal 차코울
숲	forest 포리스트 ● wood 우드 ● grove 그로우브
쉬다	rest 레스트 ● relax 릴랙스
	○ have no time to take a rest 쉴 사이도 없다
쉬엄쉬엄	with frequent rests 위드 프리퀀트 레스츠
	intermittently 인터미턴틀리
쉽게	easily 이질리 ● plainly 플레인리 ● simply 심플리
쉽다	be easy 비 이지 ● be simple 비 심플
	be light 비 라이트
	○ be liable to err 잘못을 저지르기 쉽다
슈미즈	chemise 셔미즈 (프) (속옷의 일종)
슈퍼마켓	supermarket 수퍼마킷
스냅	snap shot 스냅 샷 ○ snapshot 스냅 사진을 찍다
스릴	thrill 쓰릴
스마트	smart 스마트

스미다	soak into 소크 인투 • permeate 퍼밋
스모그	smog 스모그
스무살	twenty years of age 트웬티 이어스 어브 에이지
스스로	for oneself 포 원셀프 • by oneself 바이 원셀프
	in person 인 퍼슨
	◎ look after yourself 자기 일은 자기 스스로 해라
스승	teacher 티처 • master 매스터
스웨터	sweater 스웨터 • pull-over 풀 오버
스위치	switch 스윗치
스카우트	scout 스카웃
스카프	scarf 스카프
스캔들	scandal 스캔들
스커트	skirt 스커트
스케이트	skate 스케이트 • a pair of skates 스케이트신발
스케줄	schedule 스케줄 • program 프로그램
스케치	sketch 스케치
스코어	score 스코어 ◎ by a score of 5 to 3 5대 3의 스코어로
스쿨	school 스쿨
스크린	screen 스크린
스키	ski 스키
스타	star 스타 • star actor(actress) 스타 액터(액트리스)
스타일	style 스타일
스타킹	stocking 스타킹 ◎ a pair of stocking 스타킹 한 켤레
스타트	start 스타트
스탠드	stands 스탠즈 (관람석)
	desk lamp 데스크 램프 (탁상 전등)
스탬프	stamp 스탬프 • datemark 데잇마크 (날짜도장)
스테이션	station 스테이션
스테이크	steak 스테이크
스텝	step 스텝 • step / dance 스텝을 밟다
스트레스	stress 스트레스
스토리	story 스토리
스토브	stove 스토브 • heater 히터

스톱	stop 스탑
스튜디오	studio 스튜디오
스튜어디스	stewardess 스튜어디스
	flight attendant 플라잇 어텐던트
스팀	steam 스팀 • steam heating 스팀 히팅 (난방)
	◐ steam heater 난방장치
스파게티	spaghetti 스퍼게티
스파이	spy 스파이 • secret agent 시크릿 에이전트
스펠링	spelling 스펠링
스포츠	sports 스포츠
스폰서	sponsor 스판서
스푼	spoon 스푼
스프레이	spray 스프레이
스프링	spring 스프링
스피드	speed 스피드 ◐ speed up 속도를 내다
슬럼프	slump 슬럼프
	◐ get out of a slump 슬럼프에서 벗어나다
슬로건	slogan 슬로건 • motto 모토
슬리퍼	slippers 슬리퍼
슬슬	slowly 슬로울리 • gently 젠틀리 • nicely 나이슬리
슬픈	sad 새드 • sorrowful 소로우풀
슬픔	sorrow 소로우 • sadness 새드니스 • grief 그리프
습관	habit 해빗 • custom 커스텀
	◐ break of a habit 습관을 고치다
습성	habit 해빗 • habitude 해비튜드
승강기	elevator 엘리베이터 (미) • lift 리프트 (영)
승객	passenger 패신저 • fare 페어
승격하다	raise in status 레이즈 인 스테이터스
승낙	consent 컨센트 • assent 어센트 • agreement 어그리먼트
승려	priest 프리스트
승리	victory 빅토리 • conquest 컨퀘스트
	◐ win a victory 승리를 얻다
승마	horse riding 호스 라이딩 • riding 라이딩

승무원	trainman 트레인맨(열차, 미) ● train crew 트레인 크루 stewardess 스튜어디스(비행기, 여자) ● crew 크루(총칭)
승부	victory or defeat 빅토리 오어 디핏 (승패) outcome 아웃컴 (결과)
	○ contend for victory 승부를 다투다
승산	a chance(prospect) of victory 어 챈스(프로스펙트) 어브 빅토리
	○ the chances are dead against us 전혀 승산이 없다
승용차	passenger car 패신저 카 motorcar for riding 모토카 포 라이딩
승인	recognition 레커그니션 ● admission 어드미션(용인) agreement 어그리먼트 (동의)
승진	promotion 프로모션 ● a rise in rank 어 라이즈 인 랭크
승차하다	take a train 테잌 어 트레인 ● get on a car 겟 온 어 카
시(詩)	poetry 포이트리(총칭) ● poem 포임
시가	street 스트릿
시각(時刻)	time 타임 ● hour 아워
	○ the appointed time 약속한 시각
시각(視覺)	eyesight 아이사이트 ● sight 사이트 ● vision 비전
시간	time 타임 ● hour 아우어
시계	clock 클락 ● watch 왓치(손목시계)
	○ the watch keeps good time 시계가 잘맞는다
시골	country 컨트리 ● rural district 루럴 디스트릭트
시골뜨기	hick 힠 ● yokel 요우클
시공	space time 스페이스 타임
시국	the situation 더 시츄에이션 the state of things 더 스테잇 어브 씽즈
시궁창	cesspool 세스풀 ● ditch 디치
	○ fall into a ditch 시궁창에 빠지다
시그널	signal 시그널
시금치	spinach 스피니치
시기	time 타임 ● season 시즌 (계절) the time of the year 더 타임 어브 디 이어

○ This is the best season for study
지금이 공부하기 가장 좋은 시기이다

시끄러운 noisy 노이지 ● boisterous 보이스트러스
시나리오 scenario 시나리오 ● screenplay 스크린플레이
시내 city 시티 ○ live in the city 시내에 살다
시내 stream 스트림 ● brook 브룩
○ go across a river 시내를 건너다
시늉 imitation 이미테이션 ● mimicry 미미크리
시대 age 에이지 ● period 피리어드 ● time 타임
○ in my father's day 아버지 시대에는
○ the Choson Dynasty period(age) 조선시대
시도하다 attempt 어템트 ● try out 트라이 아웃
○ give the method a trial 그 방법을 시도하다
시들다 wither 위더 ● die 다이 ● fade 페이드
○ His popularity is off color 그의 인기도 시들었다
시럽 sirup 시럽 (미) ● syrup (영)
시력 sight 사이트 ● eyesight 아이사이트
○ lose one's sight 시력을 잃다
시련 trial 트라이얼 ● ordeal 오딜
○ stand the trial 시련을 견디다
시리즈 series 시리즈
시립 municipal 뮤니서플
시멘트 cement 시멘트
시민 citizen 시티즌
시범 setting an example 세팅 언 이그잼플
○ an exhibition game 시범경기
시선 one's eye 원스 아이 ● gaze 게이즈
○ turn one's eyes upon 시선을 던지다
시설 equipment 이큅먼트 ● institution 인스티튜션
시소게임 seesaw 시소
시속 speed per hour 스피드 퍼 아워
velocity per hour 벨라서티 퍼 아워
○ 30 miles per hour 시속 30마일

시스템	system 시스템
시시한	dull and flat 덜 앤 플랫 ● uniteresting 언인터레스팅
시식	tasting 테이스팅 ● sampling 샘플링
시아버지	woman's father-in-law 우먼스 파더 인 로
	one's husband's father 원스 허즈번스 파더
시야	a visual field 어 비쥬얼 필드
	● his mental vision is broad 그는 시야가 넓다
시어머니	one's husband's mother 원스 허즈번스 마더
	woman's mother-in-law 우먼스 마더 인 로
시외	suburb 서버브 ● out of town 시외에
시원한	cool 쿨 ● refresh 리프레쉬
시인	poet 포잇
시작	beginning 비기닝 ● start 스타트
시작하다	begin 비긴 ● commence 커멘스 ● start 스타트
	● from the first(begining) 시작부터
시장	market 마킷 ● fair 페어 ● go to market 시장에 가다
시장하다	be hungry 비 헝그리
시절	the season 더 시즌 ● time 타임 ● occasion 어케이젼
시즌	season 시즌
시집	anthology 앤쌀러지
	a collection of poems 어 컬렉션 어브 포임즈
시집가다	marry 매리 ● get married 겟 메리드
시찰	inspection 인스펙션 ● observation 업저베이션
시청	seeing and hearing 싱 앤 히어링
시치미	feigned ignorance 페인드 이그너런스
	dissimulation 디시멀레이션
	● pretend not to know 시치미 떼다
	play the innocent 플레이 디 이노슨트
시키다	make 메이크 ● cause 커즈 ● let 렛
	● make work 일을 시키다
시트	seat 시트 (자리) ● sheet 쉬트 (침대의)
시판	marketing 마케팅
	● come into the market 시판되다

시합	game 게임 • match 맷치 • contest 컨테스트
시험	examination 이그재머네이션 • test 테스트
	○ pass an examination 시험에 합격하다
식	form 폼(양식) • style 스타일(형) • system 시스템(방법)
식기	tableware 테이블웨어
식다	get cold 겟 콜드 • cool 쿨
식단	menu 메뉴 • a bill of fare 어 빌 어브 페어
식당	dining room 다이닝 룸 • restaurant 레스터런트
식대	the charge for food 더 차지 포 푸드
식량	food 푸드 • provision 프라비젼
	○ run out of food 식량이 떨어지다
식료품	articles for food 아티클즈 포 푸드
식모	kitchenmaid 키친메이드 • cook 쿡
식물	plant 플랜트
식사	meal 밀 • fare 페어 ○ dine with 식사를 같이 하다
식욕	appetite 애피타잇
	○ His appetite improves 식욕이 난다
식용	edibility 에더빌러티 • edible / eatable 식용의
식은 땀	cold sweat 콜드 스윗
	○ be in a cold sweat 식은 땀을 흘리다
식은 죽	cold gruel 콜드 그루얼
	○ That's nothing 그런 것은 식은 죽 먹기다
식이요법	dietary treatment 다이어테리 트리트먼트
식장	the hall of ceremony 더 홀 어브 세러머니
식중독	food poisoning 푸드 포이즈닝
식초	vinegar 비니거
식칼	cleaver 클리버 (큰 칼) • kitchen knife 키친 나이프
식탁	table 테이블
식품	food 푸드 • grocery 그로서리
식히다	cool 쿨 • let cool 렛 쿨
	○ cool hot water 더운 물을 식히다
신	God 가드 • the almighty 디 올마이티 (전능자)
신간	new publication 뉴 퍼블리케이션

	○ a new book 신간서적	
신경	nerve 너브 ○ be nervous 신경이 날카롭다	
신규	new project 뉴 프로젝트	
신기한	wonderful 원더풀 ● miraculous 미래컬러스	
	○ The medicine works like magic 약이 신기하게 잘 듣는다	
신다	put on 풋 온 ● wear 웨어	
	○ put on these shoes today 오늘은 이 신을 신으세요	
신도	believer 빌리버 ● follower 팔로우어	
신랄한	sharp 샤-앞 ● severe 시비어	
신랑	bridegroom 브라이드그룸	
신뢰	trust 트러스트 ● faith 페이쓰 ● reliance 릴라이언스	
신문	newspaper 뉴스페이퍼	
신발	footwear 풋웨어 ● shoes 슈즈	
신병	new recruit 뉴 리쿠르트 ● rookie 루키 (속)	
신분	social position 소셜 포지션 (지위)	
	identity 아이덴터티 (신원)	
	○ disclose one's identity 신분을 밝히다	
신비	mystery 미스터리	
신사	gentlemen 젠틀먼	
신상	one's body 원스 바디 (몸) ● one's lot 원스 랏 (형편)	
	○ one's personal affairs 신상문제	
신생아	new-born baby 뉴 본 베이비	
신선한	fresh 프레쉬 ○ fresh fruits 신선한 과일	
신설	new establishment 뉴 이스태블리쉬먼트	
	creation 크리에이션	
신성	sacredness 세이크리드니스 ● sanctity 생터티	
신용	credit 크레딧 ● confidence 컨피던스 ● trust 트러스트	
	○ I have lost faith in him 그를 신용하지 않는다	
신원	identity 아이덴티티	
신음	moaning 모우닝 ● groaning 그로우닝	
	○ groan under the tyranny 독재의 압제 밑에서 신음하다	
신인	new man 뉴 맨 ● new figure 뉴 피겨	
신임 (信任)	confidence 컨피던스 ● trust 트러스트	

	○ enjoy the confidence of 신임을 받고 있다
신임(新任)	a new appointment 어 뉴 어포인먼트
	○ a newly appointed professor 신임교수
신자	believer 빌리버 ● devotee 디보티
신장	height 하이트 ● take one's height 신장을 재다
신전	shrine 쉬라인 ● sanctuary 생추에리
신중	prudence 프루던스 ● discretion 디스크레션
신조	creed 크리드 ● principle 프린서플
	○ keep one's creed 신조를 지키다
신참	newcomer 뉴커머 ● freshman 프레쉬맨
신청	application 어플리케이션 ● request 리퀘스트
	○ apply to the government for permission 정부에 허가를 신청하다
신체	body 바디
	○ build up a healthy body 신체를 단련하다
신축	building 빌딩 ● constructing 컨스트럭팅
신탁(信託)	trust 트러스트
	○ leave one's property in trust 재산을 신탁하여
신탁(神託)	oracle 오러클
신품	new article 뉴 아티클
신하	subject 섭젝트 ● retainer 리테이너
신학	theology 씨알러지
신형	new style 뉴 스타일 ● novelty 나블티
신호	signal 시그널
	○ the signal showed 'Proceed' 파란 신호가 켜졌다
신혼	a new marriage 어 뉴 메리지
신흥	newly rising 뉼리 라이징 ● up-and-coming 업앤커밍
싣다	load 로드 (적재)
	○ a wagon loaded with vegetables 야채를 실은 수레
	publish 퍼블리쉬 (기재)
	○ publish a novel in a newspaper 신문에 소설을 싣다
실	thread 쓰레드
실내	the room 더 룸 ○ indoor 실내의

실력	ability 어빌리티 ● merit 메리트 ● worth 워쓰
	○ He is proficient in English 그는 영어 실력이 좋다
실례	rudeness 루드니스 ● impoliteness 임펄라이트니스
	○ act rudely 실례를 저지르다
	○ I must be going now 이만 실례합니다
실마리	clue 클루 (단서)
	○ the first step toward the solution of the question 문제 해결의 실마리
실망	disappointment 디서포인트먼트
	despair 디스페어
실명	loss of sight 로스 어브 사이트
실수	mistake 미스테이크 ● blunder 블런더 ● slip 슬립
	○ make a slip of the tongue 말실수를 하다
실습	practice 프랙티스
	○ have practical training at factory 공장에서 실습하다
실시	execution 엑스큐션 ● operation 아퍼레이션
	enforcement 인포스먼트
실언	a slip of the tongue 어 슬립 어브 더 텅
실업(失業)	unemployment 언임플로이먼트
	○ There is much unemployment 실업자가 많다
실업(實業)	industry 인더스트리
실용	utility 유틸러티
	○ have no practical use 실용성이 없다
실적	actual results 액츄얼 리절츠
	accomplishment 어컴플리쉬먼트 (업적)
실제	reality 리앨리티 ● actuality 액츄앨리티
실종	missing 미싱 ● disappearance 디스어피어런스
실천	practice 프랙티스
	○ carry those precepts into practice 그 교훈을 실천하다
실컷	heartily 허틸리 ● to the full 투 더 풀
	○ I have done ample justice to the meal 실컷 먹었습니다
실태	the actual condition 디 액츄얼 컨디션 ● reality 리앨리티

실패	failure 페일려 • blunder 블런더
	○ one's plans fail 계획이 실패하다
실행	fulfillment 풀필먼트 (이행) • operation 어퍼레이션 (실시)
실험	experiment 익스페리먼트
실현	realization 리얼라이제이션
싫다	be hateful 비 헤잇풀 • be unpleasant 비 언플리전트
	○ I would not have it even as a gift 거저 주어도 싫다
싫어하다	dislike 디스라이크 • hate 헤잇
	○ I hate to lie 나는 거짓말하기를 싫어한다.
싫증나다	be tired of 비 타이어드 어브
	○ He grew tired(sick) of his work 그는 일에 싫증이 났다.
심각	seriousness 시리어스니스 • gravity 그래비티
	○ The difficulty of living is felt more and more keenly 생활난이 점점 심각해진다
심다	plant 플랜트 • sow 소우 (씨를)
심리	mentality 멘탤러티 • psychology 사이칼러지 mind 마인드
	○ I have no idea of his real state of mind. 그의 심리를 모르겠다
심문	inquiry 인콰이어리 • inquest 인퀘스트
심벌	symbol 심벌 • emblem 엠블럼
심부름	errand 에런드
	○ Can you do a little errand for me? 심부름 좀 해다오
심부름꾼	errand boy 에런드 보이 • messenger 메신저
심사	judgment 저지먼트 • inspection 인스펙션
심술꾸러기	ill-natured person 일 네이처드 퍼슨
심심풀이	killing time 킬링 타임 • pastime 패스타임
심장	the heart 더 하트
심포니	symphony 심퍼니
심포지엄	symposium 심포우지엄
심한	extreme 익스트림 • intense 인텐스 • terrible 테러블
	○ He used abusive language 심한 말을 했다

심호흡	a deep breath 어 딥 브레쓰
십대	teens 틴즈 • teenagers 틴에이저즈
십상	just right 저스트 라잇 • admirable 어드미러블
십자가	a cross 어 크로스 • the Holy cross 더 홀리 크로스
십자매	a society finch 어 소사이어티 핀치
싱글싱글	grinningly 그리닝리
싸구려	cheap stuff(things) 췹 스떠프(씽즈)
싸늘한	cold 콜드 • chill 칠 • freezing 프리징
싸다	pack 팩(짐을) • wrap up 랩 업 • bundle 번들
	○ wrap up in a cloth-wrapper 보자기에 싸다
싸다	excrete 익스크릿(똥, 오줌)
싸다	be cheap 비 췹
	be low-priced 비 로우 프라이스드 (가격이)
싸우다	fight 파이트 • combat 컴뱃
싸움	struggle 스트러글 • fight 파이트 • battle 배틀
	○ lose a battle 싸움에 지다
싹	bud 버드(씨앗의) • sprout 스프라우트
쌀	rice 라이스
쌀쌀한	chilly 칠리 • cold 콜드 • distant 디스턴트
	cold-hearted 콜드 허티드 (태도가)
	○ a cold-hearted person 쌀쌀한 사람
쌍꺼풀	double-edged eyelid 더블 에지드 아이리드
쌍둥이	twins 트윈스
쌓다	pile up 파일 업 • lay 레이
	○ lay bricks 벽돌을 쌓다
쌓이다	stack 스택 • be heaped 비 힙트
	○ I have stacks of work to do 할일이 태산같이 쌓였다
썩다	rot 랏 • spoil 스포일 (부패)
	○ rotten fish 썩은 생선
	break 브레이크 • become heavy 비컴 헤뷔(속이)
	○ He is blue over his failure
	실패로 말미암아 속이 썩는다
썰물	ebb 에브 • ebb tide 에브 타이드

쏘다	shoot 슛 ● fire 파이어
쏜살같다	be swift as an arrow 비 스위프트 애즈 언 애로우
쏟다	pour 푸어 ● spill 스필 ● drop 드랍
	◐ concentrate one's energies on the research 연구에 정력을 쏟다
쏟아지다	pour 푸어 ● get spilt 겟 스필트
	◐ The rain is pouring down 비가 쏟아진다
쑥	wormwood 웜우드 ● mugwort 머그워트
쑥스러운	unseemly 언심리 ● indecent 인디슨트
	improper 임프라퍼
쓰다	write 라이트 (글씨를)
	use 유즈 (사용) ● employ 임플로이 (고용)
	◐ What is this used for? 이것은 무엇에 씁니까?
	put on 풋 온 ● wear 웨어 ● cover 커버 (모자를)
	◐ put on glasses 안경을 쓰다
쓰러뜨리다	throw down 쓰로우 다운 ● knock down 넉다운
	◐ overthrow a government 정부를 쓰러뜨리다
쓰러지다	fall down 폴 다운 ● collapse 컬랩스
	break down 브레이크 다운
쓰레기	waste 웨이스트 ● trash 트래쉬 (미) ● garbage 가비지
	◐ He is dirt 그는 쓰레기 같은 인간이다
쓰레받기	dustpan 더스트팬
쓴웃음	bitter smile 비터 스마일
쓸다	sweep 스위프 ◐ sweep the dirt out 먼지를 쓸어내다
쓸모	use 유스 ● utility 유틸러티
쓸쓸한	lonely 로운리 ● lonesome 론섬
씌우다	put on 풋 온 ● cover 커버 ● impute 임퓻 (탓으로 돌리다)
씨름	wrestling 레슬링
씨앗	seed 씨드
씩씩한	manly 맨리 ● valiant 밸리언트 ● brave 브레이브
씹다	chew 츄우 ● masticate 매스터케잇
씻다	wash 워시 ● cleanse 클린즈 ● rinse 린스

ㅇ

아가미	branchia 브랭키어
아가씨	Miss 미스 • young lady 영 레이디
아궁이	fireplace 파이어플레이스 • fuel hole 퓨얼 호울
아기	baby 베이비 • infant 인펀트
아까	a while ago 어 와일 어고우
	○ for some time / since a while ago 아까부터
아깝다	be regrettable 비 리그렛터블 • be pitiful 비 피티풀
	○ be defeated by a narrow margin 아깝게 패하다
아끼다	grudge 그러지 • spare 스페어 • value 밸류
	○ use one's time sparingly 시간을 아껴 쓰다
아나운서	announcer 아나운서
아날로그	analogue 애널로그
아내	wife 와이프
	○ take a wife 아내를 얻다
아담	Adam 애덤
아동	child 차일드 • juvenile 쥬버나일
	○ preschool children 취학전의 아동
아들	son 선 • boy 보이
아래	the lower part 더 로워 파트 • the bottom 더 바텀
	the foot 더 풋 • the base 더 베이스
아래층	downstairs 다운스테어스
아르바이트	Arbeit 아르바이트 (독) • side job 사이드 잡
	part-time job 파트타임 잡
아름다운	beautiful 뷰티풀 • pretty 프리티
	○ decorate beautifully 아름답게 꾸미다
아마도	perhaps 퍼햅스 • probably 프라버블리 • maybe 메이비
	○ He will probably come 아마도 그는 올 것이다
아마추어	amateur 애머추어
아무래도	anyway 애니웨이 • anyhow 애니하우

아무렇게나	○ I can't do it anyway 아무래도 그것을 할 수 없다 indifferently 인디퍼런틀리 • carelessly 케어리슬리 ○ give a random answer 아무렇게나 대답하다 ○ do as you please 아무렇게나 하시오
아무리	however 하우에버 • no matter how 노 매터 하우 ○ however rich a man may be 아무리 부자라도
아무쪼록	by all means 바이 올 민즈 as much as one can 애즈 머치 애즈 원 캔 ○ I'll try my best to do so 아무쪼록 노력해보겠소
아버지	father 파더 ○ take after one's father 아버지를 닮다
아부하다	flatter 플래터 • fawn 폰
아뿔싸	Dear me! 디어 미 • Oh my 오 마이 ○ Oh my! what shall I do? 아뿔싸 이 일을 어쩐담
아쉬워하다	miss 미스 • feel the lack of 필 더 랙 어브
아스팔트	asphalt 애스팰트
아예	altogether 올투게더 • never 네버 ○ never do such a thing 그런 짓은 아예 말아라
아우성치다	clamor 클래머 • cry 크라이 • scream 스크림
아웃	out 아웃
아이	child 차일드 • kid 키드
아이디어	idea 아이디어
아장아장	with toddling steps 위드 토들링 스텝스 ○ toddle along 아장아장 걷다
아저씨	uncle 엉클
아주	very 베리 • quite 콰이트 ○ feel quite well 아주 기분이 좋다
아주머니	aunt 앤트
아지랑이	heat haze 힛 헤이즈 • shimmering air 쉬머링 에어 ○ heat waves are shimmering 아지랑이가 끼었다
아직	yet 옛 • still 스틸 ○ It is not yet nine(o'clock) 아직 9시가 안되었다.
아침	morning 모닝

	○ early in the morning 아침 일찍이
아침결	forenoon 포눈
아침잠	a morning sleep 어 모닝 슬립
아틀리에	atelier 애틀레이 (프) ● studio 스튜디오
아파트	apartment 어파트먼트
아프다	pain 페인 ● ache 에이크 ● hurt 허-트
	○ Where's the pain? 어디가 아프냐?
아홉	nine 나인
악기	musical instrument 뮤지컬 인스트루먼트
악녀	wicked woman 위키드 우먼
악당	villain 빌런 ● ruffian 러피언
악랄	viciousness 비셔스니스 ● knavishness 네이비쉬니스
악마	devil 데블 ● fiend 핀드
악몽	nightmare 나이트매어 ● a bad dream 어 배드 드림
	○ be troubled by nightmares 악몽에 시달리다
악물다	clench 클렌치 ● shut one's teeth hard 셧 원스 티쓰 하드
악보	a musical note 어 뮤지컬 노트 ● score 스코어
악성	malignancy 멀리그넌시 ● viciousness 비셔스니스
악센트	accent 액센트 ● stress 스트레스
악수	handshake 핸드쉐이크
	○ shake hands with each other 악수를 나누다
악어	crocodile 크로커다일 ● alligator 앨리게이터 (북미산의) gavial 게이비얼 (인도산의)
악인	villain 빌런 ● knave 네이브
악착같이	unyieldingly 언이일딩리
악질	malignancy 멀리그넌시 ● wickedness 위키드니스 evil nature 이블 네이처
악취	bad smell 배드 스멜 ● stench 스텐치 ● stink 스팅크
	○ have a bad smell 악취를 풍기다
악화	aggravation 애그러베이션 (정세 따위) deterioration 디티어리레이션 (품질)
	○ The situation grows worse 정세가 악화한다
안의	interior 인티어리어 ● inside 인사이드

안개	fog 포그 ● mist 미스트	
안경	glasses 글래시즈	
	○ put on (take off) one's glasses 안경을 쓰다(벗다)	
안과의사	ophthalmologist 앞쌜말러지스트	
안내	guidance 가이던스(인도) ● lead 리드	
	invitation 인비테이션(초대) ● notice 노티스(통지)	
	○ show around the town 거리를 안내하다	
안다	hold 홀드 ● in one's arm 인 원스 암	
	○ draw closer to one's breast 끌어안다	
안도	relief 릴리프	
	○ heave a sigh of relief 안도의 숨을 내쉬다	
안마	massage 머사-지 ● shampoo 샴푸	
안면	face 페이스 ● acquaintance 어퀘인턴스	
	○ I am acquainted with him 그와는 안면이 있다	
안목	appreciative eye 어프리시에이티브 아이	
	good eye 굿 아이	
	○ have an eye 안목이 있다	
	○ a man of insight 안목있는 사람	
안성맞춤	the right thing 더 라잇 씽	
	○ fit / suit for 안성맞춤의	
안심하다	relieve 릴리브 ● rest assure 레스트 어슈어	
	○ I can assure you that the worst is over	
	고비를 넘겼으니 안심하십시오	
안장	saddle 새들	
안전	safety 세이프티 ● security 시큐리티	
	○ make secure 안전을 도모하다	
안절부절	restless 레스트리스 ● anxious 엥셔스	
	fidgety 피지티 ● irritate 이러테잇	
	○ irritatingly / impatiently 안절부절 못하여	
안정	stability 스테빌러티 ● equilibrium 이퀄리브리엄(평형)	
	○ stabilization 안정화	
	○ economic stabilization 경제안정	
안쪽	inside 인사이드 ● the inner part 디 이너 파트	

안채	the main building (of a house) 더 메인 빌딩(어브 어 하우스)	
안타깝다	it is distressing 잇 이즈 디스트레싱	
	it is tantalizing 잇 이즈 탠털라이징	
	make one feel sorry	
	● await the vacation impatiently 방학을 안타깝게 기다리다	
안테나	antenna 앤테너	
앉다	sit 싯 ● take a seat 테이크 어 싯	
앉은뱅이	cripple 크리플	
	● He is crippled 그는 앉은뱅이다	
알	egg 에그 (새, 닭) ● spawn 스펀(물고기, 조개류)	
알갱이	kernel 커넬 ● grain 그레인 ● berry 베리	
알다	know 노우 ● understand 언더스탠드 (이해)	
	● so far as I know 내가 알고 있는 바로는	
	● I don't know for certain 정확히는 알지 못한다	
	● You're the only one that really understand me 나를 진정으로 알아주는 것은 너뿐이다	
알레르기	allergie 알레르기 (독) ● allergy 알러지	
알려지다	be known 비 노운 ● come to knowledge 컴 투 날리지	
	● become generally known 세상에 알려지다	
알리다	let know 렛 노우 ● inform 인폼 ● notify of 노티파이 어브	
	● let know when one leaves 출발날짜를 알리다	
알리바이	alibi 알리바이 ● excuse 익스큐즈 (미, 구)	
알맞은	fit 핏 ● suitable 슈터블	
	● suitable to the occasion 경우에 알맞은	
알맹이	stone 스톤 ● kernel 커넬 (과실)	
	substance 섭스턴스 ● contents 컨텐츠 (실질)	
	● His speech is instructive edifying 그의 연설은 알맹이가 있다	
알몸	naked(nude) body 네이키드(누드) 바디	
	nudity 누더티	
알선	mediation 미디에이션 (중개)	
	recommendation 레커멘데이션 (추천)	
알아듣다	comprehend 컴프리핸드 ● understand 언더스탠드	

		catch 캐치 ● get the meaning 겟 더 미닝
알약		tablet 태블릿 ● tabloid 태블로이드 ● pill 필
알코올		alcohol 앨코홀
앓다		be ill 비 일 ● be sick 비 식
		◐ be troubled with neuralgia 신경통을 앓다
암거래		black marketeering 블랙 마켓티어링
		black-market dealings 블랙마켓 딜링즈
암거래상		black marketeer 블랙 마켓티어
암기		memorizing 메모라이징
암담한		dark 다크 ● gloomy 글루미
		◐ The future looks dark 장래가 암담하다
암살		assassination 어세서네이션
암시		hint 힌트 ● suggestion 서제스천 ● allusion 얼루전
암실		dark room 다크 룸
암자		monk's cell 멍크스 셀
		small Buddhist temple 스몰 부디스트 템플
암컷		female 피메일
암탉		hen 헨 ● pullet 풀릿 (병아리의)
암흑		darkness 다크니스 ● blackness 블랙니스
압도하다		overwhelm 오버웰름 ● overcome 오버컴
		overpower 오버파워
압력		pressure 프레셔 ● stress 스트레스
압류		attachment 어태치먼트 ● seizure 시져
		distraint 디스트레인트 (법률)
		◐ Have one's property attached 재산을 입류당하다
압박		pressure 프레셔 ● oppression 어프레션
		◐ suppress the freedom of speech
		언론의 자유를 압박하다
앙케트		enquete 앙케트 (프)
앙금		deposit 디파짓 ● dreg 드레그
앞		the future 더 퓨처 (미래) ● front 프론트 (전방)
		presence 프레즌스 (면전)
		◐ look into the future 앞을 내다 보다

	○ go straight ahead 곧장 앞으로 가다
앞길	outlook 아웃룩 • hope 호웁 • promise 프라미스
	○ a promising young man 앞길이 유망한 청년
앞니	front tooth 프론트 투쓰 • fore-tooth 포어 투쓰
앞당기다	move up 무브 업 • advance 어드밴스
	make earlier 메이크 어얼리어
앞잡이	guide 가이드 (안내) • leader 리더
	agent 에이전트 • tool 툴 (끄나풀)
앞지르다	pass 패스 • outdo 아웃두
	○ get far ahead of 훨씬 앞지르다
앞치마	apron 에이프런
애교	charms 참즈 • winsomeness 윈섬니스
	attractiveness 어트랙티브니스
애교(愛校)	love of one's school 러브 어브 원스 스쿨
애국	patriotism 페이트리어티즘 • nationalism 내셔널리즘
애로	defile 디파일 • bottleneck 바틀넥
애먹다	have bitter experience 해브 비터 익스피리언스
	○ He is hard up for money 돈이 없어 애먹고 있다
애무하다	love 러브 • pet 펫 • caress 커레스
애송이	novice 노비스 • greenhorn 그린혼
애오라지	somehow 섬하우 • somewhat 섬왓 • only 오운리
	just 저스트
애완하다	fondle 폰들 • prize 프라이즈 • treasure 트레저
	make a pet of 메이크 어 펫 어브
애용	one's favorite use 원스 페이버릿 유스
	○ favorite 애용하는
	○ patronize home products 국산품을 애용하다
애원	appeal 어필 • supplication 서플리케이션
애정	love 러브 • affection 어펙션
	○ have an affection 애정을 가지다
애착	attachment 어태치먼트 • affection 어펙션
애처가	devoted husband 디보우티드 허즈번드
애처로운	pitiful 피티풀 • sorrowful 서로우풀

	○ pity / feel sorry for 애처롭게 생각하다
애태우다	worry oneself 워리 원셀프 • feel anxiety 필 앵자이어티
	○ Don't let that worry you 그런것에 애태우지 마라
애프터서비스	after-sale service 애프터 세일 서비스
액세서리	accessory 액세서리
액자	frame 프레임
액체	liquid 리퀴드 • fluid 플루이드
앨범	album 앨범
앵글	angle 앵글
앵무새	parrot 패럿
야구	baseball 베이스볼
야단법석	spree 스프리 • racket 래킷
야단치다	give a good scolding 기브 어 굿 스콜딩
	bawl out 볼 아웃
야릇한	queer 퀴어 • strange 스트레인지 • odd 아드
야망	ambition 앰비션 • aspiration 애스퍼레이션
야맹증	nyctalopia 닉털로우피어
야박한	hard-hearted 하드 허티드 • cool-hearted 쿨 허티드
	○ behave in a heartless manner 야박한 짓을 하다
야생의	wild 와일드 • uncultivated 언컬티베이티드
야수	wild beast 와일드 비스트
야심	ambition 앰비션 • aspiration 애스퍼레이션
야영	camp 캠프
야외	the open air 디 오픈 에어 (옥외)
	the fields 더 필즈 (들판)
	the outskirts 디 아웃스커츠 (교외)
	○ outdoor 야외의
야채	vegetable 베지터블
약	medicine 메디신 • drug 드럭 • pill 필 (알약)
	○ This is a good medicine for a cold
	이것은 감기에 잘 듣는 약이다
약간	some 섬 • a little 어 리틀 • a bit 어 빗
약국	pharmacy 파머시 • drugstore 드럭스토어 (미)

약다	be clever 비 클레버 ● be smart 비 스마트 be shrewd 비 쉬루드
	○ a shrewd way 얕은 수작
약도	rough sketch 러프 스케치 ● outline map 아웃라인 맵
약삭빠르다	be shrewd 비 쉬루드
약속	promise 프라미스 ● appointment 어포인트먼트 engagement 인게이지먼트
	○ make an appointment a date 만날 약속을 하다
약식	informality 인포맬러티
약 오르다	get angry 겟 앵그리 ● take offense 테이크 오펜스
	○ Her temper was ruffled up by their behavior 그녀는 그들의 행동에 약이 올랐다
약자	the weak 더 위크 ● loser 루저
	○ side with the weak 약자의 편을 들다
약점	weak point 위크 포인트 ● weakness 위크니스
	○ He has got my sore spot 그는 나의 약점을 알고 있다
약탈	plunder 플런더 ● pillage 필리지 ● looting 루팅
약품	medicines 메디신즈 ● drugs 드럭즈 chemicals 케미컬스
약한	weak 위크 ● feeble 피블 ● faint 페인트 delicate 델리킷
약혼	engagement 인게이지먼트 ● betrothal 비트로우덜
약혼반지	an engagement ring 언 인게이지먼트 링
약혼자	engaged person 인게이지드 퍼슨 ● fiance 피앙세(남, 프) fiancee 피앙세(여, 프)
얄궂은	nasty 내스티 ● treacherous 트레처러스 ● queer 퀴어
얄미운	offensive 오펜시브 ● saucy 소시 ● cheeky 치키
	○ say cheeky things 얄미운 소리를 하다
얄팍한	thin 씬 ● shallow 쉘로우
얌전한	gentle 젠틀 ● graceful 그레이스풀
	○ a real nice boy 얌전한 아이
양	sheep 쉽
양념	spice 스파이스

양도	transfer 트랜스퍼 ● assignment 어사인먼트 (권리의) cession 세션
양동이	metal tub 메탈 튜브 ● metal bucket 메탈 버킷
양로원	an old people's home 언 올드 피플스 호움
양말	socks 삭스 ◌ a pair of socks 양말 한 켤레
양배추	cabbage 캐비지
양보하다	recede 리시드 ● concede 컨시드 ● yield 이일드 ◌ make no concession 조금도 양보 않다
양복	Western(European) style clothes 웨스턴 스타일 클로우즈 a suit 어 숱
양산	parasol 패러솔 ● sunshade 선쉐이드
양성	training 트레이닝 ● education 에듀케이션 cultivation 컬티베이션 ◌ cultivate men of talent 인재를 양성하다
양식(洋式)	Western style 웨스턴 스타일
양식(洋食)	Western food 웨스턴 푸드 foreign cookery 포린 쿠커리
양식(樣式)	form 폼 ● modality 모우댈러티
양식(糧食)	provision 프로비전 ● food 푸드 ● bread 브레드 ◌ mental food 마음의 양식
양심	conscience 칸션스 ◌ He has not an ounce of conscience. 그는 양심이라곤 손톱만큼도 없다
양육	bringing up 브링잉 업 ● rearing 리어링 breeding 브리딩
양자	adopted son 어답티드 선 ● foster child 포스터 차일드 ◌ make an adopted child 양자로 삼다
양장	foreign style dress 포린 스타일 드레스 ◌ She looks better in Western dress 그녀는 양장이 어울린다
양재	foreign (style) dress making 포린 드레스 메이킹
양지	sunny place 써니 플레이스 ● sunshine 선샤인

양쪽	both sides 보쓰 사이즈 ● either side 이더 사이드
	◐ both / either 양쪽의
양초	candle 캔들 ● taper 테이퍼
	◐ burn a candle 양초를 켜다
양치질	brushing one's teeth 브러싱 원스 티쓰
양친	parents 페어런츠
양파	union 어니언
얕다	be shallow 비 쉘로우
	◐ The stream was shallow and we could walk across it 개울이 얕아서 걸어서 건널 수 있었다.
얕은 꾀	transparent subterfuge 트랜스페어런트 섭터퓨지
얕은 여울	shoal 쇼울 ● shallow 섈로우
얕잡아보다	look down upon 룩 다운 어펀 ● despise 디스파이스 belittle 빌리틀
	◐ Don't belittle even a weak enemy 약한적이라도 얕보지 마라
어금니	molar 모울러 ● grinder 그라인더
어긋나다	pass each other 패스 이치 아더 (길이) go amiss 고우 어미스 (빗나가다)
	◐ We took different paths, so I missed him 길이 어긋나서 그를 못 만났다.
어기다	be against 비 어겐스트 ● break 브레이크 violate 바이올레잇
	◐ violate the regulations 규칙을 어기다
	◐ disobey orders 명령을 어기다
어깨	shoulder 숄더
어느	which 위치 ● what 왓 ● any 애니 ● some 섬
	◐ In what part of the town do you live? 시내의 어느 곳에 살고 계십니까?
어느 것	which 위치
	◐ Which do you like best? 어느 것이 제일 좋습니까?
어느덧	before one knows 비포 원 노우즈 in no time 인 노 타임

어느새	● We reached seoul before we knew it 우리들은 어느덧 서울에 도착했다 in no time 인 노 타임 ● so soon 소우 순 ● quickly 퀵클리 ● He has slipped away 그는 어느새 가버렸다.
어느 쪽	which side 위치 사이드 (의문) ● Which side won? 어느쪽이 이겼어? whichever 위치에버 (무엇이든) ● which do you want? 어느쪽이 필요한가? ● both 어느쪽이나 다 ● I know both of them 어느 쪽이나 다 알고 있다.
어두컴컴한	very dark 베리 다크 ● dark night 어두컴컴한 밤
어둠	darkness 다크니스
어둡다	be dark 비 다크 ● be dim 비 딤 ● a dark room 어두운 방
어렴풋이	dimly 딤리 ● faintly 페인틀리 ● Have a dim recollection 어렴풋이 기억하고 있다
어루만지다	stroke 스트로크 ● pat 팻
어류	fishes 피쉬즈 ● the finny tribe 더 피니 트라이브
어르다	dandle 댄들 ● fondle 폰들 ● humor a crying baby 우는 아이를 어르다
어른	adult 어덜트 ● grown-up person 그론업 퍼슨
어리둥절하다	be confuse 비 컨퓨우즈 ● be dazed 비 데이즈드 be stund 비 스턴드 ● Be quite at a loss what to do 어리둥절해서 어찌할 바를 모르다
어린	young 영 ● infant 인펀트 (유치) ● crude 크루드 (미숙)
어린아이	child 차일드 ● boy 보이 (남아) ● girl 걸 (여아)
어머니	mother 마더 ● mom 맘 ● mommy 마미
어묵	boiled fish paste 보일드 피시 페이스트
어부	fisher 피셔
어색하다	feel awkward 필 어쿼드 ● be crude 비 크루드 (서투르다) ● I feel kind of awkward to be seen in public

	사람앞에 나서기가 좀 어색하다	
어선	fishing boat 피싱 보트 ● fisher boat 피셔 보트	
어설픈	coarse 코어스 ● rough 러프 ● sloppy 슬러피	
	● be a sloppy worker 일하는 것이 어설프다	
어수선한	chaotic 케이아틱 ● in disorder 인 디소오더	
	● be distracted 마음이 어수선하다	
어슬렁거리다	hang(wander) about 행(원더) 어바웃 ● prowl 프라울	
	● take a turn in a garden 정원을 어슬렁거리다	
어업	fishery 피셔리	
어엿한	respectable 리스펙터블 ● decent 디슨트	
	● He is now master of his own house	
	그는 어엿한 가장이다	
어울리다	become 비컴 ● suit 수우트 ● match 매치 (조화)	
	join 조인 ● associate 어소우쉬에잇 (교제)	
	● I am not fit for such work 그런 일은 나에게 안 어울린다	
	● You should keep clear of that fellow	
	저 사람과는 어울리지 말아라	
어음	bill 빌 ● draft 드래프트	
	● draw a credit bill 어음을 발행하다	
어저께	yesterday 예스터데이	
어젯밤	last night 래스트 나잇	
어중간하다	be about halfway 비 어바웃 해프웨이	
	● It is half finished 어중간히 끝났다	
어지간히	fairly 페얼리 ● tolerably 탈러러블리 ● quite 콰이트 (대단히)	
	● It is a good distance from here	
	여기서부터 어지간히 멀다	
어지럼	dizziness 디지니스 ● giddiness 기디니스	
어째서	why 와이 ● how is it that 하우 이즈 잇 댓	
	● Why do you think so? 어째서 그렇게 생각합니까?	
어쨌든	anyway 애니웨이	
	somehow or other 섬하우 오아 아더	
	● let's start, anyway 어쨌든 나가자	
	● It must be done somehow or other	

		어쨌든 그것은 해야 한다
어쩌다가		by chance 바이 챈스 • by accident 바이 액시던트 casually 캐쥬얼리
		○ I met him by accident on the street 어쩌다가 그를 길에서 만났다
어쩐지		somehow 섬하우 • so it is why 소우 잇 이즈 와이
		○ somehow I feel like crying 어쩐지 울고 싶은 기분이다
어차피		anyhow 애니하우 • anyway 애니웨이
		○ I must do it anyhow 어차피 그것은 해야한다
어필		appeal 어필
어항		fishing pot 피싱 팟
억		hundred million 헌드리드 밀리언 a milliard 어 밀리어드 (영) (10억) • a billion 어 빌리언 (미)
억누르다		suppress 서프레스 • oppress 어프레스
		○ contain one's anger 노여움을 억누르다
억울하다		feel mistreated 필 미스트리티드 suffer unfairness 서퍼 언페어니스
		○ I am mortified at being mistreated 억울해 죽겠다
억지로		by force 바이 포스 • compulsorily 컴펄서릴리
언덕		hill 힐 • slope 슬로웁
언론		speech 스피치 • discussion 디스커션
		○ freedom of speech 언론의 자유
언어		language 랭귀지
		○ a language is understood 언어가 통하다
언쟁		quarrel 쿼럴 • dispute 디스퓨트
언저리		the edge 디 엣지 • the brim 더 브림
언제		when 웬 • what time 왓 타임 (의문) someday 섬데이 (미래)
		○ When are you going to start? 언제 출발합니까?
		○ I hope you will come sometime soon 언제 한 번 와 주십시오
언제나		always 올웨이즈 (항상) • usually 유절리 (평소에)
언젠가		some time 섬타임 • one day 원데이 • once 원스 (과거의)

언질	pledge 플레지
	○ give a pledge 언질을 주다
언청이	harelip 해어립
얹다	put on 풋 온 ● lay on 레이 온 ● load 로드
얻다	get 겟 ● acquire 어콰이어 ● obtain 업테인
얼간이	fool 풀 ● dunce 던스 ● ass 애스
얼굴	face 페이스 ● looks 룩스
얼다	freeze 프리즈 ●
	○ I felt as cold as ice 추워서 몸이 얼었다
얼룩	stain 스테인 ● spot 스팟
	○ remove stains 얼룩을 빼다
얼마	how many 하우 매니(수) ● how much 하우 머치(양)
	○ How much is that hat? 저 모자는 얼마입니까?
얼버무리다	shuffle 셔플 ● equivocate 이퀴버케이트
얼싸안다	hug 허그 ● embrace 임브레이스
	○ The two threw themselves into each other's arms and wept 둘은 얼싸안고 울었다
얼어붙다	freeze up 프리즈 업
	○ The river is frozen over 강이 꽁꽁 얼어붙었다
얼음	ice 아이스 ● thin ice 살얼음
얽히다	be involved 비 인벌브드 ● be entangled 비 엔탱글드 twine round 트와인 라운드
	○ Various circumstances are involved in this event 이 사건은 여러 사정이 얽혀있다
엄격한	strict 스트릭트 ● stern 스턴 ● rigorous 리거러스
	○ strictly speaking 엄격히 말하자면
엄숙	seriousness 시리어스니스 ● solemnity 설렘너티 gravity 그래비티 ● dignity 디그너티
	○ speak gravely 엄숙히 말하다
엄지손가락	thumb 썸 ● pollex 팔렉스
엄청난	exorbitant 익조버튼트 ● absurd 업서드 ● terrible 테러블
엄포	bluff 블러프 ● empty threat 엠티 쓰렛
엄한	strict 스트릭 ● severe 시비어

263

	◐ be strict to one's children 자식에게 엄하다
업다	carry on one's back 캐리 온 원스 백
업무	business 비즈니스 • duty 듀티 • operation 오퍼레이션
업신여기다	despise 디스파이즈 • scorn 스콘 • disdain 디스데인
	◐ Do not hold me cheap 사람을 업신여기지 마라
업적	work 워크 • achievement 어치브먼트 • result 리절트
	◐ produce achievement 업적을 올리다
업종	types of industry 타입스 어브 인더스트리
	a category of business 어 캐터고리 어브 비지니스
없다	there is no 데어 이즈 노
	do not exist 두 낫 이그지스트 (존재하지않다)
	do not have 두 낫해브 (소유하지 않다)
	◐ without 없이
없애다	remove 리무브 (제거) • waste 웨이스트 (낭비)
	◐ remove obstacles 장애물을 없애다
	◐ throw one's money away 돈을 다 써 없애다
없어지다	lose 루즈 (분실)
	◐ lose one's face 면목이 없어지다
	run out 런 아웃 (다하다)
	◐ our food supplies have run out 식량이 없어졌다
엉거주춤하다	half-stand half-sit 해프스탠드 해프싯 • hover 하버
	hesitate 헤지테이트 (망설이다)
	◐ get off the fence and make up your mind
	엉거주춤하지 말고 결정해라
엉덩방아	fall on one's backside 폴 온 원스 백사이드
	pratfall 프랫폴 (미, 구)
엉덩이	buttocks 버턱스 • rump 럼프 • hips 힙스
엉뚱한	extraordinary 엑스트라오디너리
	extravagant 엑스트라베이건트
	◐ say extravagant things 엉뚱한 소리를 하다
엉망	mess 메스 • muddle 머들 • wreck 렉
	◐ get out of shape / be spoiled 엉망이 되다
엉터리	fake 페이크 • gyp 집

	○ He does a slapdash job 그는 일을 엉터리로 한다
엎드리다	prostrate 프로스트레이트
	lie on the ground 라이 온 더 그라운드
	○ sleep on one's stomach 엎드려 자다
	○ prostrate oneself before an alter 제단 앞에 엎드리다
엎지르다	spill 스필 • slop 슬랍
	○ spill water on the floor 마루에 물을 엎지르다
에너지	energy 에너지
에누리	overcharge 오버차지 (비싸게) • discount 디스카운트 (감가)
	○ tell me your lowest price 에누리 없이 얼마
에로	eroticism 에로티시즘
에세이	essay 에세이
에스컬레이터	escalator 에스컬레이터
에어메일	air mail 에어메일 • air post 에어 포스트
에어포트	airport 에어포트
에워싸다	encircle 인서클 • surround 서라운드
	○ enclose a house with a wall 집을 담으로 에워싸다
에이프런	apron 에이프론
에티켓	etiquette 에티켓 • good manners 굿 매너스
에피소드	episode 에피소드
엔지니어	engineer 엔지니어
엔진	engine 엔진
	○ have some engine trouble 엔진이 고장나다
엔화	the yen 더 엔
엘리베이터	elevator 엘리베이터 (미) • lift 리프트 (영)
엘리트	elite 엘리트 • the chosen 더 초즌
여가	leisure 레져
	○ make use of one's spare time 여가를 이용하다
여객	passenger 패신저 • traveler 트래블러
여관	hotel 호텔 • inn 인
여권	passport 패스포트
여급	waitress 웨이트리스 • barmaid 바메이드
여기	here 히어 • this place 디스 플레이스

여기저기	here and there 히어 앤 데어
여념없다	be absorbed 비 앱저브드
여드름	pimple 핌플 • acne 애크니
	◐ squeeze open a pimple 여드름을 짜다
여러 가지	various 배리어스 • all kinds 올 카인즈
여러분	all of you 올 어브 유
	ladies and gentlemen 레이디즈 앤 젠틀맨
여류	lady 레이디 • woman 우먼
	◐ a lady writer 여류작가
여름	summer 서머
여린	soft 소프트 • tender 텐더 • frail 프레일
여명	dawn 돈 • daybreak 데이브레이크
여문	ripen 라이픈 • mature 머츄어
여물	cattle feed 캐틀 피드 • fodder 포더 • forage 포리지
여배우	actress 액트리스
여봐란 듯이	demonstratively 데몬스트레잇티블리
	ostentatiously 오스텐터셔슬리
여비	traveling expenses 트래블링 익스펜시즈
여사	Mrs. 미세스
여사원	office girl 어피스 걸
여성	woman 우먼
여신	goddess 가디스
여왕	queen 퀸
여우	fox 폭스
여울	shallow 쉐로우 • shoal 쇼울
여유	room 룸 • space 스페이스 (여유)
	surplus 서플러스 (잉여) • margin 마진 (돈)
	◐ They live in comfort 그들은 여유있는 생활을 하다
여위다	lose weight 루즈 웨이트 • get lean 겟 린
여인	woman 우먼
여자	woman 우먼 • female 피메일 • lady 레이디
여전히	as it used to be 애즈 잇 유즈드 투 비 • as ever 애즈 에버
	◐ be as beautiful as ever 여전히 아름답다

여쭙다	tell 텔 • say 세이 • ask 애스크
여치	katydid 케이티디드
여편네	one's wife 원스 와이프
여학생	girl student 걸 스튜던트 • schoolgirl 스쿨걸
여행	travel 트래블 • tour 투어 • journey 저니
	◯ He made a journey round the world
	그는 세계 일주여행을 했다
역	station 스테이션
역대	successive generation 석세시브 제너레이션
	many generation 매니 제너레이션
역량	ability 어빌러티 • capacity 커패서티
역력히	plainly 플레인니 • vividly 비비들리 • clearly 클리얼리
역무원	station staff 스테이션 스태프
역사	history 히스토리
	◯ His name will stay in history
	그의 이름은 역사에 남을 것이다
역설	paradox 패러독스
역시	too 투 • also 올소우 (또한)
	◯ still 아직도 ◯ so am I / me too 나 역시 그렇소
역자	translator 트랜스레이터
역작	great work 그레잇 워크
역장	stationmaster 스테이션마스터
	station agent 스테이션 에이전트 (미)
역전(逆轉)	reversal 리버설 • reversion 리버전
	◯ The situation reversed itself 형세가 역전했다
역전(驛前)	the front of the station 더 프론트 어브 더 스테이션
	◯ a station square 역전광장
역점	emphasis 엠퍼시스
역할	part 파트 • role 롤
	◯ play an important role 중대한 역할을 하다
역행하다	reverse 리버스 • go back 고우 백
	move backward 무브 백워드
	◯ row against the stream 시대에 역행하다

엮다	plait 플레이트 ● knit together 니트 투게더
	weave 위브
연	kite 카이트
연감	yearbook 이어북 ● annual 애뉴얼
연결	connection 커넥션 ● linking 링킹 ● coupling 커플링
	○ a bridge linking an island to land
	섬과 육지를 연결하는 다리
연고(軟膏)	salve 새-브 ● ointment 오인트먼트
연고(緣故)	reason 리즌 (까닭) ● relation 릴레이션 (관계)
	connection 커넥션
	○ have no connection 연고가 없다
연구	study 스터디 ● research 리서치
	○ publish one's research work 연구를 발표하다
연극	play 플레이 ● drama 드라마
	○ put a play on the stage 연극을 상연하다
연금	pension 펜션 ● annuity 애뉴어티
	○ retire to live on a pension 퇴직하여 연금으로 생활하다
연기(煙氣)	smoke 스모크 ● fume 퓸
	○ vanish into thin air 연기처럼 사라지다
연기(演技)	performance 퍼포먼스 ● acting 액팅
	playing 플레잉
연기하다(延期)	postpone 포스트폰 ● put off 풋 어프
연꽃	lotus flower 로터스 플라워
연도	year 이어 ● term 텀 ● period 피리어드
연락	connection 커넥션 ● contact 컨택트
연령	age 에이지 ● year 이어
	○ in order of age 연령순으로
연료	fuel 퓨얼
연륜	age 에이지 ● annual ring 애뉴얼 링
연마	training 트레이닝 ● practice 프랙티스
	○ improve one's skill 기술을 연마하다
연말	the year-end 디 이어 엔드
연모하다	love 러브 ● be charmed 비 참드

연못	pond 판드
연문	love letter 러브 레터
연민	compassion 컴페션 • pity 피티
	○ take pity on 연민의 정을 느끼다
연봉	annual salary 애뉴얼 샐러리
	yearly stipend 이얼리 스타이펜드
연분홍	light pink 라이트 핑크
연상(年上)	elder 엘더 • senior 시니어
연설	speech 스피치
연소	combustion 컴버스천
연속	continuity 컨티뉴어티 • series 시리즈
연쇄점	chain store 체인 스토어 (미)
연수(研修)	study and training 스터디 앤 트레이닝
연습	practice 프랙티스 • exercise 엑서사이즈
	○ train for the race 경기에 대비해서 연습하다
연애	love 러브 • affection 어펙션
연약한	tender 텐더 • weak 위크 • frail 프레일
연어	salmon 새먼
연예	performance 퍼포먼스 • entertainment 엔터테인먼트
연유	origin 오리진(유래) • source 소스
	reason 리즌(사유) • cause 커즈
연인	lover 러버 • sweetheart 스윗하트
연장(延長)	extension 익스텐션 • continuation 컨티뉴에이션
	○ extend a railway 철도를 연장하다
연재	serial publication 시리얼 퍼블리케이션
	○ publish a novel serially 소설을 연재하다
연주	musical performance 뮤지컬 퍼포먼스
연주자	player 플레이어 • performer 퍼포머
연주하다	perform 퍼폼 • play 플레이 • render 렌더
연줄	relation 릴레이션 • connection 커넥션 • pull 풀
연착	late arrival 레잇 어라이벌 • delay 딜레이
연출	production 프로덕션
연필	pencil 펜슬

연하(年下)	juniority 주녀러티 ● younger 영거
연하장	New Year's card 뉴 이어스 카드
열(十)	ten 텐
열(熱)	heat 히트 ● warmth 웜쓰 (열기)
	temperature 템퍼러쳐 (체온)
열광	enthusiasm 인쑤지애즘
열다	open 오픈 (뚜껑을) ● unfold 언폴드 (펴다)
	unlock 언락 (자물쇠를)
	○ open a shop 가게를 열다
	hold 홀드 (개최)
	○ hold athletic meeting 운동회를 열다
열대	tropic 트라픽
열도	chain of islands 체인 어브 아일랜즈
	archipelago 아커펠러고우
열등감	a sense of inferiority 어 센스 어브 인페리어리티
	inferiority complex 인페리어리티 콤플렉스
열람	perusal 퍼루절 ● reading 리딩 ● inspection 인스펙션
열렬한	ardent 아던트 ● fervent 퍼번트 ● passionate 페셔닛
열리다	open 오픈 ● be held 비 헬드
열매	fruit 푸룻트 ● nut 너트
	○ His dream bore fruit 그의 꿈이 열매를 맺었다
열쇠	key 키
	○ Lock the door with a key 열쇠로 문을 잠그다
열심히	enthusiastically 인쑤지애스틱컬리
열중	enthusiasm 인쑤지애즘 ● zeal 질
열차	train 트레인
열혈	hot blood 핫 블러드 ● fieriness 파이어리니스
	fervent zeal 퍼번트 질
열흘	ten days 텐 데이즈
염려	anxiety 앵자이어티 ● worry 워리
염불	Buddhist invocation 부디스트 인버케이션
염색	dyeing 다잉
염소	goat 고우트

염원하다	desire 디자이어 ● wish 위시
염주	rosary 로우저리 ● beads 비즈 ● chaplet 채플릿
염치	a sense of honor(shame) 어 센스 어브 아너(쉐임)
	⊙ have no sense of honor 염치없다
엽서	postcard 포스트카드 ● postal card 포스털 카드(미)
엿	wheat-gluten 위트 글루튼
엿듣다	overhear 오버히어 ● eavesdrop 이브스드랍
엿보다	watch for 왓치 포 ● spy out 스파이 아웃
	look for 룩 포
	⊙ watch for a chance 기회를 엿보다
영감	old man 올드 맨 ● lord 로드(존칭)
영광	glory 글로리 ● honor 아너
영구	permanence 퍼머넌스 ● eternity 이터니티
	⊙ semipermanent 반영구적인
영국	Britain 브리튼 ● England 잉글랜드
영락없이	infallibly 인팰러블리 ● without fail 위다웃 페일
영리한	clever 클레버 ● bright 브라이트
	⊙ He looks intelligent 영리하게 생겼다
영면	eternal sleep 이터널 슬립
영문(英文)	English 잉글리시
영문	reason 리즌 (까닭) ● cause 커즈 ● why 와이
	⊙ There is neither rhyme nor reason about it 어떻게 된 셈인지 영문을 모르겠다
영부인	esteemed wife 이스팀드 와이프
영사관	consulate 컨슬리트
영수증	receipt 리시트
영아	infant 인펀트 ● baby 베이비
	new-born child 뉴본 차일드
영양	nourishment 너리쉬먼트 ● nutrition 뉴트리션
영어	English 잉글리시
영업	business 비즈니스 ● trade 트레이드
영역	territory 테러토리 ● domain 도메인 ● province 프라빈스
	⊙ move in another's sphere 자기 영역을 벗어나다

영웅	hero 히어로	
영원	eternity 이터니티 ● permanence 퍼머넌스	
영위하다	carry on 캐리 온 ● operate 아퍼레이트	
영장	warrant 워런트 ● writ 리트	
	○ issue a warrant 영장을 발부하다	
영재	talent 탤런트 ● genius 지녀스	
영전	promotion 프로모션	
	○ He was transferred to the head office on promotion 그는 본사로 영전됐다	
영주권	denizenship 데너전십	
영토	territory 테러토리 ● possession 퍼제션 domain 도메인	
영하	below zero 빌로우 지로우 ● sub-zero 서브지로우	
	○ fall to 16 degrees below zero 영하 16도로 내리다	
영향	influence 인플루언스 ● consequence 칸시퀀스	
영혼	soul 소울 ● spirit 스피릿	
영화	glory 글로리	
영화(映畵)	movie 무비 (미) ● film 필름 (총칭) ● cinema 시네마	
옆	side 사이드 ● flank 플랭크	
	○ by the side / beside / near 옆에서	
옆구리	the side 더 사이드 ● the flank 더 플랭크	
옆길	side road(way) 사이드 로드(웨이)	
옆모습	side face 사이드 페이스 ● profile 프로우파일	
예고	advance notice 어드밴스 노티스 ● warning 워닝 (경고)	
예금	deposit 디파짓 ● bank account 뱅크 어카운트	
예능	art 아트 ● public entertainments 퍼블릭 엔터테인먼트	
예리	sharpness 샤프니스 ● keenness 키니스	
예매	advance purchase 어드벤스 퍼처스	
예민한	sharp 샤프 ● keen 킨	
	○ a keen sense 예민한 감각	
예방	prevention 프리벤션 ● protection 프로텍션	
예배	worship 워십 ● adoration 애더레이션	
	○ chapel 예배당	

예보하다	forecast 포캐스트 ● predict 프리딕트
	○ forecast the weather 일기를 예보하다
예비	preparation 프리퍼레이션 ● reserve 리저브
예비조사	preliminary inspection 프릴리머너리 인스펙션
예산	budget 버짓 ● estimate 에스터메이트
예삿일	common things 커먼 씽즈
예상	expectation 익스펙테이션 ● forecast 포캐스트
	○ go against one's expectation 예상을 뒤엎다
예술	art 아트
예약	preengagement 프리인게이지먼트 ● booking 부킹
	reservation 레저베이션
	○ book a seat 좌석을 예약하다
예외	exception 익셉션
	○ every rule has its exceptions 예외없는 규칙은 없다
예의	courtesy 커터시 ● civility 시빌러티
	manners 매너즈 ● etiquette 에티켓
예정	schedule 스케줄 ● plan 플랜
	○ one day behind schedule 예정보다 하루 늦게
예측	prediction 프리딕션 ● forecast 포캐스트
	○ the prediction didn't come true 예측이 어긋났다
예컨대	for instance 포 인스턴스 ● for example 포 이그잼플
옛날	old days 올드 데이즈 ● the past 더 패스트
	○ an old story 옛날이야기
오기	unyielding spirit 언옐딩 스피릿
	proud temper 프라우드 템퍼
	○ stick to one's own opinion 오기부리다
오너	owner 오우너
오늘	today 투데이 ● this day 디스 데이
오늘밤	tonight 투나잇
오늘아침	this morning 디스 모닝
오다	come 컴 ● reach 리치 ● arrive 어라이브
오더	order 오더
오두막	hut 헛 ● shanty 쉔티

	○ put up a shanty 오두막을 짓다
오디션	audition 오디션
오디오	audio 오디오
오뚝이	tumbler 텀블러 ● tumbling doll 텀블링 덜
오락	recreation 레크리에이션 ● entertainment 엔터테인먼트
오래간만	after a long time 애프터 어 롱 타임
	○ I went home after a long absence
	오래간만에 집에 돌아왔다
오랫동안	for a long time 포 어 롱 타임
오렌지	orange 어린지
오로지	only 오운리 ● wholly 훌리 ● solely 소울리
	○ He is solely bent on making money
	그는 오로지 돈벌이만을 생각하고 있다
오류	mistake 미스테이크 ● error 에러
오르다	go up 고우 업 ● climb 클라임
	○ climb a mountain 산에 오르다
오르막길	uphill road 업힐 로드
오른손	the right hand 더 라이트 핸드
오른쪽	the right side 더 라이트 사이드
오리	duck 덕
오리엔테이션	orientation 오리엔테이션
오리온	orion 오리언
오리지널	original 오리지널
오므리다	pucker 퍼커 ● purse 퍼스
	○ pucker up one's mouth 입을 오므리다
오므라들다	close 클로우즈 ● curl up 컬 업
오버	over 오버
오빠	girl's elder brother 걸스 엘더 브라더
오산	miscalculation 미스캘컬레이션
오소리	badger 배저
오싹하다	shudder 셔더 ● feel thrill 필 쓰릴
오아시스	oasis 오아시스
오열	sobbing 사빙 ● choking with sobs 초우킹 위드 삽스

오이	cucumber 큐컴버
오전	forenoon 포눈
오존	ozone 오우조운
오지	upcountry 업컨트리 • interior 인티어리어
오직	only 오운리 • merely 미얼리
	◐ You are the only friend I have
	친구라고는 오직 너 하나뿐이다
오진	wrong diagnosis 롱 다이어그노우시스
오징어	cuttlefish 커틀피시 • squid 스퀴드
오케스트라	orchestra 오케스트라
오토바이	motorcycle 모터사이클 • motorbike 모터바이크
오페라	opera 아프러
오픈	open 오픈
오피스	office 어피스
오한	chill 칠 • cold fit 콜드 핏
	◐ feel a chill 오한이 나다
오해	misunderstanding 미스언더스탠딩
	◐ That's misunderstanding on your part
	그것은 너의 오해다
오후	afternoon 애프터눈
오히려	rather 래더 • preferably 프레퍼러블리
옥	jade 제이드 • gem 젬
옥내	inside of a house 인사이드 어브 어 하우스
옥상	rooftop 루프탑 • housetop 하우스탑
옥수수	corn 콘(미) • maize 메이즈
옥시풀	Oxyful 악시풀(상표명) • peroxide 퍼락사이드
옥편	dictionary of Chinese characters
	딕셔너리 어브 차이니즈 캐릭터즈
온갖	all kinds of 올 카인즈 어브
	every kind of 에브리 카인드 어브
	◐ make every preparation 온갖 준비를 갖추다
온도	temperature 템퍼러처
온라인	online 온라인

온몸	the whole body 더 호울 바디
온상	hotbed 핫베드 ● warm nursery 웜 너서리
온실	greenhouse 그린하우스 ● hothouse 핫하우스 glasshouse 글래스하우스 (영)
온천	hot spring 핫 스프링 ● spa 스파
온통	all 올 ● wholly 홀리 ● entirely 인타이얼리
올가미	noose 누즈 ● snare 스내어 ● trap 트랩
	● put the rope on 올가미를 씌우다
오르간	organ 올건
올라가다	go up 고우 업 ● climb 클라임 (높이)
	● go upstairs 2층에 올라가다
	rise 라이즈 ● rise in rank 지위가 올라가다
올라타다	get on 겟 온 ● get into 겟 인투 ● mount 마운트
올림픽	olympic 올림픽
올바른	right 라이트 ● straight 스트레이트 ● upright 업라이트
올빼미	owl 아울
올챙이	tadpole 태드포울 ● polliwog 폴리워그 (미)
올챙이배	potbelly 팟벨리 ● protuberant belly 프로튜버런트 벨리
올해	this year 디스 이어
	● This is plenteous year 올해는 풍년이다
옮기다	move 무브 ● transfer 트랜스퍼 ● shift 쉬프트
옮다	be infected 비 인펙티드 ● catch 캐치 contract 컨트랙트
옴니버스	omnibus 옴니버스
움츠리다	flinch 플린치 ● crouch 크라우치 ● draw in 드로 인
	● shrug one's shoulders 어깨를 움츠리다
옵서버	observer 업저버
옷	clothes 클로우즈 ● garment 가먼트 ● dress 드레스
	● try on new clothes 새옷을 입어보다
옷감	cloth 클로쓰 ● dry goods 드라이 굿즈 (미) texture 텍스처 (직물)
옷자락	the skirt 더 스커트 ● the train 더 트레인
	● trail the skirt 옷자락을 끌다

옷차림	attiring oneself 어타이어링 원셀프
	personal appearance 퍼스날 어피어런스
	○ be shabby 옷차림이 꾀죄죄하다
옹고집	obstinacy 압스터너시 ● bigotry 비거트리
옻	lacquer 랙커
와글거리다	swarm 스웜 ● crowd 크라우드
와들와들	shivering 쉬버링 ● trembling 트렘블링
	○ shiver from cold 추워서 와들와들 떨다
와이프	wife 와이프
와인	wine 와인
왁친	vaccine 백신
완고	stubbornness 스따번니스 ● obstinacy 업스터너시
완구	toy 토이 ● plaything 플레이씽
완납	full payment 풀 페이먼트
완력	physical strength 피지컬 스트렝쓰 ● force 포스
	○ use force 완력을 사용하다
완벽한	perfect 퍼픽트 ● complete 컴플릿
완비	perfection 퍼펙션 ● completion 컴플리션
완성	accomplishment 어컴플리쉬먼트
	consummation 컨서메이션 ● completion 컴플리션
	perfection 퍼펙션
	○ near completion 완성에 가깝다
	○ perfect an invention 발명을 완성하다
완수	accomplishment 어컴플리시먼트
	○ perform one's duties 직책을 완수하다
완수하다	accomplish 어컴플리쉬 ● complete 컴플리트
	bring off 브링 어프
완장	armband 암밴드 ● brassard 브래사드
완전	perfection 퍼펙션 ● completeness 컴플리트니스
	○ gain a complete success 완전한 성공을 거두다
완치	perfect cure 퍼펙트 큐어
	complete recovery 컴플리트 리커버리
완행하다	go slow 고우 슬로우 ● run slow 런 슬로우

	○ a local train / a slow train 완행열차
왈가닥	hussy 허시 ● minx 밍크스 ● tomboy 톰보이
왈츠	waltz 왈츠
왕	king 킹 ● monarch 모나크
왕관	crown 크라운 ● diadem 다이어뎀
왕래	come-and-go 컴앤고우 ● traffic 트래픽
	○ traffic is heavy 왕래가 빈번하다
왕복	coming and going 커밍 앤 고잉
	○ How much is the return fare from here to Busan? 여기서 부산까지의 왕복 요금은 얼마입니까?
왕비	queen 퀸 ● empress 엠프리스
왕새우	prawn 프론
왕성한	prosperous 프라스퍼러스 ● vigorous 비거러스 energetic 에너제틱
	○ be full of vigor 원기 왕성하다
왕자	prince 프린스
왕진	doctor's visit 닥터스 비지트
왜	why 와이 ● for what reason 포 왓 리즌
	○ I cannot tell you why 왜 그런지 나는 모르겠다
왜냐하면	because 비커즈 ● for 포 ● the reason is 더 리즌 이즈
외곬으로	intently 인텐틀리 ● simply 심플리 ● solely 소울리
	○ see things from only one point of view 외곬으로 생각하다
외과	surgery 서저리
	○ undergo a surgical operation 외과수술을 받다
외교	diplomacy 디플로머시 ● foreign policy 포린 팔러시
외국	foreign country 포린 컨트리
외딴섬	solitary island 솔리터리 아일랜드
외로운	lonely 로운리 ● lonesome 로운섬 ● solitary 살리테리
외박하다	sleep out 슬립 아웃 ● stay out 스테이 아웃
외신	foreign news 포린 뉴스 overseas dispatch 오버지스 디스패치
외우다	memorize 메모라이즈 ● learn by heart 런 바이 허트

외유	foreign travel 포린 트래블
외출	going out 고잉 아웃 ● outing 아우팅
외출하다	go out 고우 아웃
	○ get ready to go out 외출준비를 하다
외치다	shout 샤우트 ● exclaim 익스클레임 ● cry out 크라이 아웃
	○ cry for a reform 개혁을 외치다
외톨이	single person 싱글 퍼슨 ● loner 로우너
외투	overcoat 오버코트 ● greatcoat 그레잇코트
	topcoat 탑코트
외화(外畵)	foreign film 포린 필름
외화(外貨)	foreign currency 포린 커런시
왼손	the left hand 더 레프트 핸드
왼손잡이	left-handed person 레프트 핸디드 퍼슨
왼쪽	the left side 더 레프트 사이드
요가	yoga 요가
요구	demand 디멘드 ● claim 클레임
	○ a demand for higher wages 임금 인상 요구
요구르트	yoghurt 요거트
요금	charge 차지 ● fee 피 ● fare 페어 ● rate 레잇
	○ collect fees 요금을 징수하다
요령	the point 더 포인트 (요점) ● knack 내크 (기교)
	○ speak to the point 요령 있게 말하다
	○ get the knack 요령을 터득하다
요리	cookery 쿠커리 ● cooking 쿠킹
	cuisine 퀴진 (만들기)
	dish 디쉬 ● food 푸드 ● fare 페어 (음식)
	○ be a good hand at cookery 요리를 잘하다
요소	element 엘러먼트 ● important factor 임포턴트 팩터
	constituent 컨스티츄언트 ● requisite 레퀴짓
	○ the three requisites for production 생산의 3요소
요술	magic 매직 ● witchcraft 윗치크래프트
요술쟁이	juggler 저글러 ● conjurer 컨쥬어
요염한	bewitching 비위칭 ● voluptuous 벌럽츄어스

	fascinating 패서네이팅
요일	weekday 위크데이 • day of the week 데이 어브 더 위크
	○ What day of the week is this? 오늘은 무슨 요일이냐?
요점	the main point 더 메인 포인트 • gist 지스트
	substance 서브스턴스
	○ give the gist of 요점을 말하다
요정	fairy 페어리 • elf 엘프 • nymph 님프
요즘	nowadays 나우어데이즈 • these days 디즈 데이즈
요컨대	in short 인쇼트 • in a word 인 어 워드
	○ In short, he is a dreamer 요컨대 그는 몽상가다
요트	yacht 욧
욕구	desire 디자이어 • aspiration 애스퍼레이션 • urge 어지
욕망	desire 디자이어 • craving 크레이빙
	appetite 애피타이트
욕설	abuse 어뷰즈 • slander 슬랜더 • swearwords 스웨어워즈
욕실	bathroom 배쓰룸
욕심쟁이	grabber 그래버 • miser 마이저
욕의	bathrobe 배쓰로브
욕조	bathtub 배쓰튜브
욕창	bedsore 베드소어
욧잇	sheet-covering for matters 쉬트커버링 포 매터즈
용	dragon 드래건
용감한	brave 브레이브 • courageous 커레이져스
	valiant 밸련트
	○ fight bravely 용감히 싸우다
용건	business 비즈니스
	matter of business 매터 어브 비즈니스
	○ What can I do for you? 용건이 무엇입니까?
용기	courage 커리지 • bravery 브레이버리
	○ pluck up one's courage 용기를 내다
용돈	pocket money 파킷 머니
	spending money 스펜딩 머니(미)
	○ I have run out of pocket money 나는 용돈이 떨어졌다

용모	face 페이스 ● countenance 카운터넌스
	features 피처스 ● looks 룩스
용변을보다	relieve oneself 릴리브 원셀프
용사	brave 브레이브 ● warrior 워리어
용서	pardon 파든 ● forgiveness 포기브니스
용서하다	pardon 파든 ● forgive 포기브 ● excuse 익스큐즈
	◐ beg pardon / apologize for 용서를 빌다
	◐ I beg your pardon / please pardon me 용서하십시오
용솟음치다	boil up 보일업 ● seethe 시드 ● bubble up 버블업
용수철	spring 스프링
용어	term 텀 ● terminology 터머날러지
	vocabulary 버캐별러리
	◐ technical terms 전문용어
용의자	suspect 서스펙트
용지(用紙)	paper 페이퍼
용지(用地)	lot 랏 ● site 사이트
	◐ choose on a site to use 용지를 선정하다
용품	supplies 서플라이즈 ● article 아티클
용해	melting 멜팅 ● solution 설루션
	◐ be soluble in water 물에 용해하다
우거지다	grow thick 그로우 씩 ● overgrow 오버그로우
	◐ The garden was overgrown with weeds
	뜰에는 잡초가 우거져 있었다
우글우글	swarm 스웜
우기다	force 포스 ● impose 임포우즈
	◐ stick to one's own opinion 자기 의견이 옳다고 우기다
우두머리	the top 더 탑 ● the head 더 헤드 ● leader 리더
	chief 치프
	◐ assume the leadership 우두머리가 되다
우두커니	vacantly 베이컨틀리 ● blankly 블랭크리
우등생	honor student 아너 스튜던트
우람한	grand 그랜드 ● magnificent 매그니피슨트
우러러보다	look up 룩 업 (쳐다보다) ● admire 어드마이어 (앙모하다)

우렁이	pond snail 판드 스네일	
	freshwater snail 프레쉬워터 스네일	
우르르	all in a group 올 인 어 그룹 (떼지어)	
	all in a heap 올 인 어 힙 (소리)	

◐ The wall came down all in a heap
담이 우르르 무너졌다

◐ They poured out of the office all together (in a group)
그들은 사무실에서 우르르 몰려나왔다

우리	we 위 ● our 아우어 (우리의) ● us 어스 (우리에게)
우리 편	our side 아워 사이드 ● our party 아워 파티
우물	well 웰

◐ draw water form a well 우물물을 긷다

우물우물	mumblingly 멈블링리
우물쭈물하다	hesitate 헤지테이트 ● vacillate 배설레이트
우박	hail 헤일 ● hailstone 헤일스톤
우산	umbrella 엄브렐러
우상	idol 아이들 ● icon 아이컨

◐ worship an idol 우상을 숭배하다

우선	first 퍼스트 ● first of all 퍼스트 어브 올
우수(優秀)	superiority 슈피어리티 ● excellence 엑설런스

◐ He is definitely superior to the others
단연 남보다 우수하다

우습다	be funny 비 퍼니 ● be amusing 비 어뮤징
우승	victory 빅토리 ● championship 챔피언십
우아한	elegant 엘러건트 ● graceful 그레이스풀
우연	chance 챈스 ● accident 액시던트 ● fortuity 포츄어티

◐ chance has nothing to do with his present success
그의 이번 성공은 결코 우연이 아니다

◐ meet by chance 우연히 만나다

우울	melancholy 멜런컬리 ● gloom 글룸
우유	milk 밀크
우정	friendship 프렌드십 ● fellowship 펠로우십
우주	universe 유니버스 ● space 스페이스 ● cosmos 코스모스

우쭐하다	be proud 비 프라우드 ● be puffed up 비 퍼프드 업
	○ He is puffed up with his success 성공으로 우쭐해있다
우체국	postoffice 포스트오피스
우편	post 포스트 ● mail 메일(미)
우표	stamp 스탬프 ● postage-stamp 포스티지스탬프
욱신거리다	tingle 팅글 ● throb 쓰랍
운	fortune 포츈 ● luck 럭
	○ be lucky 운이 좋다
	○ trust to chance(luck) 운에 맡기다
운동	motion 모션 ● movement 무브먼트
운명	fate 페이트 ● destiny 데스터니
운반	conveyance 컨베이언스 ● transport 트랜스포트
운송	conveyance 컨베이언스 ● transport 트랜스포트
운임	goods rates 굿즈 레이츠 (영) ● freight(rates) 프레이트(미)
운전	driving 드라이빙 ● running 러닝 (기차)
	operation 오퍼레이션 (기계)
운전사	driver 드라이버
운하	canal 커낼 ● waterway 워터웨이
울다	cry 크라이 ● weep 위프 ● sob 솝
울리다	make cry 메이크 크라이
	○ Don't let the child cry 아이를 울리지 마라
	ring 링
	sound 사운드
	○ sound the horn 경적을 울리다
울보	crybaby 크라이베이비 ● blubberer 블러버러
울상	tearful face 티어풀 페이스 ● weeping eyes 위핑 아이즈
울음소리	cry 크라이 ● tearful voice 티어풀 보이스
울창한	luxuriant 럭셔리언트 ● thich 씩 ● dense 덴스
	○ a thick forest 울창함 삼림
울타리	fence 펜스 ● hedge 헷지 ● enclosure 인클로져
	○ enclose with a fence 울타리를 치다
울퉁불퉁한	uneven 언이븐 ● bumpy 범피 ● rugged 러기드
움직이다	move 무브 ● stir 스터 ● shift 쉬프트

움찔하다	be startled 비 스타틀드
움츠리다	shrink back 쉬링크 백 ● flinch 플린치
움트다	sprout 스프라우트 ● bud 버드 ● shoot 슈트
웃기다	make laugh 메이크 래프 ● excite 익사이트
웃다	laugh 래프 ● smile 스마일
웅덩이	pool 풀 ● puddle 퍼들 ● plash 플래시
웅변	eloquence 엘러퀀스 ● fluency 플루언시
웅크리다	crouch 크라우치 ● pull in a limb 풀 인 어 림
워밍업	warming-up 워밍업
원가	cost 코스트
원고(原告)	plaintiff 플레인티프 ● accuser 어큐저
원고(原稿)	manuscript 메뉴스크립트 ● copy 카피
원래	originally 오리지널리 ● primarily 프라이머릴리 naturally 내츄럴리
원로	elder 엘더 ● senior 시니어
원료	raw material 로우 머티리얼 ● material 머티리얼즈
원리	principle 프린스플 ● theory 씨어리
원만	harmony 하모니 (조화) ● peace 피스 satisfaction 새티스팩션 (만족)
원망하다	grudge 그러쥐 ● resentment 리젠트먼트 reproach 리프로우치
원색	primary color 프라이머리 컬러 original color 오리지널 컬러
원서	application 어플리케이션
원수	enemy 에너미 ● foe 포우 ○ become an enemy 원수지다
원숭이	monkey 멍키
원시	the beginning 더 비기닝 ● origin 오리진 genesis 제너시스
원앙	mandarin duck 맨더린 덕 a pair of love-birds 어 페어 어브 러브 버즈
원예	gardening 가드닝 ● horticulture 호터컬처 floriculture 플로리컬처 (꽃재배)

원유	crude petroleum 크루드 피트로울리엄
원인	cause 커즈 ● factor 펙터
	○ clarify the cause 원인을 분명히 하다
원자	atom 애텀 ● corpuscle 코퍼슬
원작	original 오리지널
원장(園長)	the principal 더 프린시플
원장(院長)	the director 더 디렉터 ● the president 더 프레지던트
원조(元朝)	founder 파운더 ● originator 오리지네이터
원조(援助)	assistance 어시스턴스 ● support 서포트 ● aid 에이드
	○ receive assistance 원조를 얻다
원죄	original sin 어리지널 신
원주민	native 네이티브 ● aborigine 애버리저니
	indigenous people 인디저너스 피플
원칙	principle 프린스플 ● fundamental rule 펀더멘털 룰
원통한	resentful 리젠트풀 ● indignant 인디그넌트
	regrettable 리그렛터블
원피스	one-piece dress 원피스 드레스
원하다	want 원트 ● desire 디자이어 ● wish 위시
월간	monthly publication 먼쓸리 퍼블리케이션
월경	menstruation 멘스트루에이션 ● period 피리어드
월급	salary 샐러리 ● payroll 페이롤
	○ get a rise in one's salary 월급이 오르다
월등	vast difference in degree 베스트 디퍼런스 인 디그리
	○ out of common 월등히
월부	monthly installment 먼쓸리 인스톨먼트
	○ buy by three month's installment
	3개월의 월부로 사다
월요일	Monday 먼데이
웨딩마치	wedding march 웨딩 마치
웨이터	waiter 웨이터
위	upside 업사이드 ● the top 더 탑
	○ fly over the sea 바다 위를 날다
위	stomach 스토머크

위기	crisis 크라이시스 • emergency 이머전시
위대한	great 그레이트 • mighty 마이티 • grand 그랜드
위독	critical condition of illness 크리티컬 컨디션 오브 일니스
위로	consolation 컨설레이션 • comport 컴포트
위로하다	console 컨소울 • solace 살러스 • comfort 컴포트
위문	inquiry 인카이어리 (환자)
	visit of sympathy 비짓 어브 심퍼씨
위반	violation 바이얼레이션 • infringement 인프린지먼트

● He was arrested for a breach of the election law
그는 선거법 위반으로 검거되었다

위생	sanitation 새니테이션 • hygiene 헤이진
위세	power 파워 • might 마이트

● make a disply of ones's influence 위세를 보이다

위스키	whisky 위스키
위안	consolation 컨설레이션 • solace 살러스
	comfort 컴포트
위원	committeeman 커미티맨 • commissioner 커미셔너
	committee 커미티 (전체)
위자료	consolation money 컨설레이션 머니 • alimony 앨러모우니
위장(胃腸)	the stomach and intestines 더 스토머크 앤 인테스틴즈
위장(僞裝)	disguise 디스가이즈 • camouflage 캐무플라지
위조	forgery 포저리 • fabrication 패브리케이션
위치	situation 시츄에이션 • location 로케이션
	position 포지션

● He was raised to the position of president in the end
그는 드디어 사장의 위치까지 올라갔다

위탁	trust 트러스트 • commission 커미션
	consignment 컨사인먼트
위태로운	dangerous 데인저러스 • perilous 페럴러스

● He is in danger of his life 그는 생명이 위태롭다

위하여	for 포 • for the sake of 포 더 세이크 어브
	in the interests of 인 더 인터레스츠 어브

● in the interest of peace 평화를 위해서

위협하다	menace 메너스 ● threaten 쓰레튼 intimidate 인티머데이트 ○ assume a threatening attitude 위협적 태도를 취하다
윙크	wink 윙크
유감	regret 리그렛 ● pity 피티 ○ to my regret 유감스럽게도
유골	ash 애쉬 ● remain 리메인 ● bone 보운
유괴	kidnaping 키드내핑 ● abduction 앱덕션
유교	Confucianism 컨퓨셔니즘
유난히	especially 이스페셜리
유능	ability 어빌러티 ● competence 컴피턴스
유니폼	uniform 유니폼
유달리	conspicuously 컨스피큐어슬리 ● especially 이스페셜리 unusually 언유절리 ● uncommonly 언커머니
유도	judo 쥬도우
유도탄	missile 미설
유들유들하다	brazen 브레이즌 ● be brassy 비 브래시 be cheeky 비 치키
유람선	excursion ship 익스커젼 쉽
유래	origin 오리진 ● genesis 제너시스 (기원) history 히스토리 (내력) ● source 소스 (출처)
유럽	Europe 유럽
유력한	power 파워 ● influential 인플루언셜 ○ a strong candidate 유력한 후보자
유령	ghost 고스트 ● apparition 애퍼리션 ● specter 스펙터
유료	charged 촤지드 ● with fee 위드 피 ○ Is the admission free or charged for? 입장은 무료입니까? 유료입니까?
유류(遺留)하다	leave behind 리브 비하인드
유리	glass 글래스 ● pane 페인 (창문의) ○ glass ware 유리그릇 ○ a glass bottle 유리병
유망하다	be hopeful 비 호프풀

	have a bright future 해브 어 브라이트 퓨처
	○ He is a man of promise 그는 장래가 유망한 사람이다
유머	humor 유머
유명한	famous 페이머스 ● noted 노우티드
	celebrated 셀러브레이티드
	○ He is a celebrated author 그는 유명한 작가이다
유모차	baby carriage 베이비 캐리지(미) ● pram 프램(영)
유물	relic 렐릭 ● remains 리메인즈
	○ antiquities / a survival of olden days 구시대의 유물
유방	breast 브레스트
유배	exile 에그자일 ● banishment 베니쉬먼트
유배지	place of exile 플레이스 어브 에그자일
유보	reservation 레저베이션
유부	fried bean curd 프라이드 빈 커드
유부녀	married woman 매리드 우먼
유산	inheritance 인헤리턴스 ● property 프라퍼티
	○ leave property 유산을 남기다
유서	testament 테스터먼트 ● will 윌
	○ make one's will 유서를 쓰다
유성	shooting star 슈팅 스타 ● meteor 미티어
유세	stumping 스텀핑(미) ● propaganda 프라파갠다(선전)
유실물	lost property 로스트 프라퍼티 ● lost article 로스트 아티클
유아	baby 베이비 ● infant 인펀트
	○ babyhood 유아기
유야무야한	noncommittal 난커미틀 ● vague 베이그
	ambiguous 앰비규어스
	○ be dropped / be buried in oblivion 유야무야하게되다
유언	will 윌 ● testament 테스터먼트
	○ administer will 유언을 집행하다
유익한	profitable 프라피터블 ● beneficial 베너피셜
유인	temptation 템테이션 ● allurement 얼루어먼트
	inducement 인두스먼트
유일하다	unique 유니크 ● single 싱글

유적	○ the one and only / unique / peerless 유일무이한 exile 이그자일 ● banishment 배니쉬먼트
유전(油田)	oil field 오일 필드
유지하다	maintain 메인테인 ● keep 킵 ● preserve 프리저브 hold 홀드 ○ maintain one's health 건강을 유지하다
유창한	fluent 플루언트 ● flowing 플로잉 ○ speak fluent Chinese 중국어를 유창하게 말하다
유치원	kindergarten 킨더가튼 ● infant school 인펀트 스쿨 (영) preschool 프리스쿨 (미)
유쾌한	cheerful 취어풀 ● pleasant 플레즌트 delight 딜라이트 ○ Pass the day pleasantly 유쾌하게 하루를 보내다
유토피아	utopia 유토피아
유통	circulation 서큘레이션 ● currency 커렌시
유학	studying abroad 스터딩 어브로드 ○ study abroad at government expenses 국비로 유학하다
유행	fashion 패션 ● vogue 보그 ● prevalence 프레벌런스 ○ be behind the fashion 유행에 뒤지다
유혹	temptation 템테이션 ● allurement 얼루어먼트
유화(油畵)	oil painting 오일 페인팅
유효	validity 벌리더티 ● availability 어베일러빌러티 effectiveness 이펙티브니스 ○ This agreement holds good for a year 이 계약은 1년 동안 유효하다
육군	army 아미 ● military service 밀리터리 서비스
육상	land 랜드 ● ground 그라운드 ○ athletic sports / field and track events 육상경기
육성하다	nurture 너처 ● bring up 브링 업 ● raise 레이즈
육아	upbringing(nursing) of infant 업브링잉(너싱) 어브 인펀트
육안	the naked eye 더 네이키드 아이 ○ see with the naked eye 육안으로 보다

육욕	carnal desires 카늘 디자이어즈 ● sexual lust 섹슈얼 러스트
육지	land 랜드
육체	body 바디 ● flesh 플레시
	○ a sound mind in a sound body 건전한 육체에 건전한 정신
육친	blood relative 블러드 렐러티브
	one's immediate relative 원스 이미디잇 렐러티브
윤곽	outline 아우트라인 ● sketch 스케치 ● contour 컨투어
윤년	leap year 립 이어 ● intercalary 인터캘러리
윤리	ethics 에씩스
윤전기	cylinder press 실린더 프레스
윤회	rotation 로테이션
	transmigration of souls 트랜스미그레이션 어브 소울즈
융단	carpet 카핏
융자	financing 파이낸싱 ● loan 론
융통	circulation 서큘레이션 ● accommodation 어커머데이션
융합	fusion 퓨전 ● union 유니언
으리으리한	magnificent 매그니피슨트 ● majestic 머제스틱
으스대다	be proud 비 프라우드 ● swagger 스웨거
은닉	concealment 컨실먼트 ● secretion 시크리션
은막	the silver screen 더 실버 스크린 ● a screen 어 스크린
	○ the cinema world 영화계
	○ a queen of the screen 은막의 여왕
은빛	silver 실버
은방울꽃	lily-of-the-valley 릴리 어브 더 밸리
은사	one's teacher 원스 티처
은어	sweetfish 스윗피쉬
은인	benefactor 베너팩터 ● patron 패트론
	○ I owe him my life 그는 나의 생명의 은인이다
은총	favor 페이버 ● grace 그레이스
은행	bank 뱅크
	○ deposit money in a bank 은행에 예금하다
은행나무	ginkgo tree 징코 트리

은혜	favor 페이버 ● benefit 베너핏 ● boon 분
	○ I shall be eternally grateful to you
	이 은혜는 결코 잊지 않겠습니다
읊조리다	recite 리사이트 ● chant 챈트
음란	lewdness 루드니스 ● lechery 레처리
음료	beverage 비버리지 ● drink 드링크
음모	plot 플랏 ● conspiracy 컨스피러시
음미	appreciation 어프리시에이션 ● tasting 테이스팅
음성	voice 보이스
	○ raise one's voice 음성을 높이다
음식	food 푸드 ● food-stuff 푸드스터프 ● meal 밀
	○ I eat anything offered at table
	나는 음식에 까다롭지 않다
음악	music 뮤직
음탕한	dissipated 디서페잇티드 ● debauched 디보츠트
	voluptuous 벌럽추어스
응급실	emergency room 이머전시 룸
응달	shade 쉐이드 ● shady side 쉐이디 사이드
응답	answer 앤서 ● reply 리플라이 ● response 리스판스
응석하다	presume upon another's love 프리즘 어펀 언아더스 러브
응석받다	give in to a child's whims 기브 인 투 어 차일드 윔스
응시하다	stare at 스테어 앳 ● gaze at 게이즈 앳
	watch intently 왓치 인텐틀리
응어리	pith 피쓰 ● core 코어 ● stiff muscle 스티프 머슬 (근육의)
응용	practical application 프랙티컬 어플리케이션
	practice 프랙티스 ● adaptation 어댑테이션
	○ applied fine arts 응용 미술
응원	aid 에이드 ● support 서포트 (원병)
	cheering 치어링 (경기의)
	○ support a candidate 후보자를 응원하다
응접실	drawing room 드로잉 룸 ● parlor 팔로 (미)
응하다	answer 앤서 ● reply to 리플라이 투 (답하다)
	accept 액셉트 (승낙) ● apply 어플라이 (모집에)

	○ accept an invitation 초대에 응하다
의견	opinion 어피니언 ● view 뷰 ● suggestion 서제스천
의도	intention 인텐션 ● aim 에임 ● purpose 퍼포우즈
의뢰	dependence 디펜던스 (의지) ● request 리퀘스트 (부탁)
	○ bring a case to a lawyer 소송사건을 변호사에게 의뢰하다
의료	medical treatment(care) 메디컬 트리트먼트(케어)
의류	clothes 클로즈 ● dresses 드레시즈 ● clothing 클로딩
의무	duty 듀티 ● obligation 아블러게이션
	○ fail in one's duty 의무를 태만히 하다
의문	question 퀘스천 ● doubt 다웃
	○ There is no doubt about it 그것은 의문의 여지가 없다
의미	meaning 미닝 ● sense 센스 ● point 포인트
	○ What does this mean? 이것은 무슨 의미입니까?
의사	doctor 닥터 ● physician 피지션 (내과의)
	surgeon 서전 (외과의)
의사(意思)	intention 인텐션 ● idea 아이디어 ● thought 쏘트
	mind 마인드
의상	clothes 클로즈 ● clothing 클로딩
의심하다	doubt 다웃 ● suspect 서스펙트
의아하다	suspect 서스펙트 ● wonder 원더
	mistrust 미스트러스트
의욕	volition 보울리션 ● will 윌 ● desire 디자이어
의자	chair 체어
	○ take a chair / have a seat (미) 의자에 앉다
의지(意志)	will 윌 ● volition 보울리션 ● intention 인텐션
	○ a man of strong will 의지가 강한 사람
의지하다	lean on 린 온 ● depend on 디펜드 온 ● turn to 턴 투
	○ have no one to turn to 의지할 사람이 없다
의회	congress 컁그리스 (미) ● Parliament 팔러먼트 (영)
이	tooth 투쓰
	○ pull a tooth 이를 뽑다
이것	this 디스 ● this thing 디스 씽
이곳	this place 디스 플레이스 ● here 히어

이기다	win 윈 (승리) ● triumph 트라이엄프 (쳐부수다)
	conquer 캉커 (정복)
	◐ win a lawsuit 재판에 이기다
	knead 니드 ● mash 매시 (반죽)
	◐ knead clay 진흙을 이기다
이기주의	egoism 에고이즘 ● selfishness 셀피시니스
이끌다	guide 가이드 ● lead 리드 ● conduct 컨덕트
이끼	moss 모스 ● lichen 라이켄
이내	soon 순 ● at once 앳 원스 (곧) ● right away 라이러웨이
	◐ I'll be back in a moment 이내 돌아오겠다
이념	idea 아이디어 ● ideology 아이디알러지
이니셜	initial 이니셜
이단(異端)	heresy 헤러시 ● paganism 페이거니즘
이달	this month 디스 먼쓰 ● instant 인스턴트
이대로	as it is 애즈 잇 이즈 ● intact 인택트
	◐ Leave it as it is 이대로 두시오
이데올로기	ideology 아이디알러지
이동	movement 무브먼트 ● transfer 트랜스퍼
	locomotion 로우커모우션
이따금	from time to time 프롬 타임 투 타임
	sometimes 섬타임즈 ● once in a while 원스 인 어 와일
	occasionally 어캐이져널리
	◐ hear from once in a while 이따금 소식을 듣다
이래	since 신스 ● after that 애프터 댓 (그후)
	in future 인 퓨처 (금후)
이러쿵저러쿵	this or that 디스 오어 댓
	◐ without saying this or that
	이러쿵 저러쿵 말 할 것 없이
이력서	resume 레쥬메이
이론	theory 씨어리
	◐ advance a theory 이론을 세우다
이루다	accomplish 어컴플리시 ● achieve 어치브 (성취)
	complete 컴플리트 (완성) ● realize 리얼라이즈 (실현)

	make 메이크 (형성)
	◎ achieve one's purpose 목적을 이루다
	◎ make a fortune 부를 이루다
이륙	take-off 테이커프 ● hop-off 하퍼프
이른바	what is called 왓 이즈 콜드 ● so-called 소우 콜드
	◎ as a proverb runs 속담에 이른바
이름	name 네임 ● full name 풀 네임
이마	forehead 포해드 ● brow 브라우
이맘때	about this time 어바웃 디스 타임
	at this time of day 앳 디스 타임 어브 데이
이미	already 얼레디
	◎ It is now too late 이미 때가 늦다
이미지	image 이미지
이민	emigration 에머그레이션 (출국)
	immigration 이머그레이션 (입국)
이발관	barber's shop 바버 샵
이방인	alien 에일리언 ● foreigner 포리너 ● stranger 스트레인저
이번	this time 디스 타임 ● now 나우
	◎ Now it is your turn to go 이번은 네가 갈 차례다
이별	separation 세퍼레이션 ● divorce 디보스 (이혼)
이불	bedding 베딩 ● quilt 퀼트 (누비이불) ● sheet 쉬트 (홑이불)
	◎ put on a quilt 이불을 덮다
이사	removal 리무벌 ● house-moving 하우스 무빙
	◎ move into a new house 새집으로 이사하다
이상(以上)	more than 모어 댄 ● over 오버
	◎ more than ten years 10년 이상
이상(異常)한	strange 스트레인지 ● queer 퀴어 ● odd 아드
	◎ sound strange 이상하게 들리다
이상(異狀)	indisposition 인디스포지션 ● abnormal 업노멀
	◎ be abnormal 이상이 있다
이상(理想)	ideal 아이디얼
이성(理性)	reason 리즌 ● rationality 래셔낼리티
	◎ appeal to one's reason 이성에 호소하다

이성(異性)	the other(opposite) sex 디 아더(아퍼짓) 섹스	
	◎ He has a large acquaintance of the opposite sex 그는 이성 간에 교제가 넓다	
이슬	dew 듀 ● dewdrop 듀쓰랍	
이쑤시개	toothpick 투쓰픽	
이야기	conversation 컨버세이션 ● talk 톡(담화) ● chat (잡담)	
	◎ I want a little talk with you 너와 잠깐 이야기하고 싶다	
	speak 스피크 (화제) ● tell 텔	
	◎ I have many things to tell you 할 이야기가 많다	
	story 스토리 (사실, 허구) ● tale 테일	
	statement 스테잇먼트 (진술)	
	◎ state one's view 의견(입장)을 이야기하다	
이용	use 유스 ● utilization 유틸라이제이션	
	◎ avail oneself of an opportunity 기회를 이용하다	
이웃	neighborhood 네이버후드 ● next door 넥스트 도어	
이유	reason 리즌 ● cause 커즈 ●	
	◎ for reason of health 건강상의 이유로	
이윽고	after a while 애프터 어 와일 ● soon after 순 애프터	
	presently 프레즌틀리	
이익	profit 프라핏 ● gain 게인 (이윤) ● benefit 베너핏 (도움)	
	advantage 어드밴티지 (편리) ● interest 인터레스트 (유리)	
	◎ give a profit participation 이익을 분배하다	
이자	interest 인터레스트	
	◎ yield interest 이자가 붙다	
이제 와서	now 나우 ● after so long a time 애프터 소우 롱 어 타임	
	when it is too late 웬 잇 이즈 투 레잇	
	◎ It is too late to cancel it 이제와서 취소도 할 수 없다	
이질	dysentery 디센테리	
이쪽	this way(side) 디스 웨이(사이드)	
이층집	two-story house 투 스토리 하우스	
이치	reason 리즌 ● principle 프린스플	
	◎ There is a lot of truth in what you say 네 말도 충분히 이치가 있다	

이코노믹	economic 이커나믹
이탈리아	Italy 이를리
이튿날	the next day 더 넥스트 데이
	the day after 더 데이 애프터
이틀	two days 투데이즈
이해(利害)	interest 인터레스트 • gain and loss 게인 앤 로스
	advantage and disadvantage
	어드밴티지 앤 디스어드밴티지
	○ Have an interest in the matter 이해관계가 있다
이해(理解)	understanding 언더스탠딩
	comprehension 컴프리헨션
	○ be easy to understand 이해하기 쉽다
이혼	divorce 디보스
	○ a divorce by agreement 합의 이혼
익은	ripe 라이프 • mellow 멜로우 • mature 머추어
익명	anonymity 애너니머티
	○ anonymous letter 익명의 편지
익사	drowning 드라우닝
익살	drollery 드로우러리 • waggishness 왜기쉬니스
	jocularity 조커래러티
	○ be funny / be droll 익살스럽다
익숙한	familiar 퍼밀리어 • skilled 스킬드 • skillful 스킬풀
	○ You'll soon get used to it 곧 익숙해질 것이다
익히다	make ripe 메이크 라이프 (과일을)
	brew 브루 (술, 간장 등)
	boil 보일 • cook 쿡 (음식)
	○ boil potatoes 감자를 익히다
	make oneself familiar 메이크 원셀프 퍼밀리어 (익숙)
	○ learn how to drive a car 자동차운전을 익히다
인가(人家)	house 하우스 • dwelling house 드웰링 하우스
인가(認可)	confirmation 컨퍼매이션 • affirmation 애퍼메이션
인간	man 맨 • human being 휴먼 빙
인격	personality 퍼스낼러티

	○ respect personality 인격을 존중하다
인공	art 아트 ● human skill 휴먼 스킬 human work 휴먼 워크
	○ nature and art 자연과 인공
인구	population 파퓰레이션
인기	popularity 파퓰래러티 ● popular favor 파퓰러 페이버
	○ gain in public favor 인기를 얻다
인내	patience 페이션스 ● endurance 인쥬어런스
인도(引渡)	delivery 딜리버리 ● transfer 트랜스퍼
인도하다	guide 가이드 ● lead 리드
인두	small iron 스몰 아이언
인디언	indian 인디언
인류	mankind 맨카인드 ● human beings 휴먼 빙즈
인물	man 맨 ● person 퍼슨 ● individual 인디비절
	○ he has a fine personality 훌륭한 인물이다
인민	the people 더 피플
	○ people's republic 인민공화국
인부	coolie 쿨리 ● sundry labor 선드리 레이버
인사	greeting 그리팅 ● salutation 샐류테이션
	○ bow / make a bow 인사하다
인상(印象)	impression 임프레션 ● imprint 임프린트
	○ impress favorably 좋은 인상을 주다
인상(引上)	pulling up 풀링 업 ● raising 레이징 ● raise 레이즈
	○ a raise in wages 임금인상
인색한	stingy 스틴쥐 ● miserly 마이저리
	○ He keeps track of every penny he spends 그는 돈 쓰는데 인색하다
인생	life 라이프
인솔하다	lead 리드 ● command 커맨드
인스턴트	instant 인스턴트
	○ precooked food 인스턴트식품
인습	convention 컨벤션 ● tradition 트래디션 (전통) long-established custom 롱 이스태블리쉬트 커스텀 (낡은풍습)

인식	recognition 레커그니션
	understanding 언더스탠딩 (이해)
인연	destiny 데스터니 ● affinity 어피너티
	◐ money and I are strangers 돈과는 인연이 없다
	◐ break off relations / cut a connection 인연을 끊다
인용	quotation 쿼테이션 ● citation 사이테이션
인원	the number of person 더 넘버 어브 퍼슨
인정(人情)	sympathy 심퍼씨 ● humanity 휴매너티
	◐ be moved to pity 인정에 끌리다
인정(認定)	recognition 레커그니션 (승인)
	acknowledgement 액날리쥐먼트
	confirmation 컨퍼메이션 (확인)
	◐ They have acknowledged defeat
	그들은 드디어 패배를 인정하였다
인정하다	recognize 레커그나이즈 ● acknowledge 액날리지
	admit 어드밋
인종	human race 휴먼 레이스
	human species 휴먼 스피시즈
	◐ racial discrimination / segregation 인종차별
인주	red stamping ink 레드 스탬핑 잉크
인출	drawing out 드로잉 아웃
인터넷	internet 인터넷
인터뷰	interview 인터뷰
인테리어	interior 인티어리어
인품	personality 퍼스낼러티 ● character 캐릭터
인플레이션	inflation 인플레이션
인하	reduction 리덕션 ● cut 컷
인형	doll 덜 ● puppet 퍼핏
일	work 워크 ● task 태스크 ● job 잡 (직업)
	business 비즈니스 (사무) ● duty 듀티 (근무)
	mission 미션 (사명)
	◐ set to work 일에 착수하다
	◐ This is no easy task 이것은 쉬운 일이 아니다

일간지	daily publication(issue) 데일리 퍼블리케이션(이슈)	
	daily 데일리(미)	
일곱	seven 세븐	
일과	daily work 데일리 워크 ● daily lesson 데일리 레슨	
일광	sunlight 선라이트 ● sunshine 선샤인	
일구이언	double-tongue 더블 텅	
일기	diary 다이어리 ● journal 저널	
일념	single heart 싱글 허트	
	concentrated mind 컨센트레이티드 마인드	
일단	once 원스 ● for the moment 포 더 모먼트	
	● The case was closed for the moment	
	그 사건은 일단 끝이 났다	
일당(一黨)	ring 링 ● partisan 파티즌 ● participator 파티서페이터	
	● all the fellow-conspirators were nabbed	
	일당이 체포되었다	
일동	all the persons present 올 더 퍼슨즈 프레즌트	
일등	the first class 더 퍼스트 클래스	
	the first rank 더 퍼스트 랭크	
일류	the first class 더 퍼스트 클래스	
일몰	sunset 선셋 ● sundown 선다운(미)	
일반의	general 제너럴 ● universal 유니버설	
	common 커먼	
	● generally / in general / as a rule 일반적으로	
일방적	one-sided 원 사이디드 ● lopsided 랍사이디드	
	unilateral 유널래터럴	
일본	Japan 저팬	
일본어	Japanese 재패니즈	
일본인	Japanese 재패니즈	
일부	part 파트 ● portion 포션 ● section 섹션	
	division 디비전	
	● amend partially 일부를 수정하다	
일부러	on purpose 온 퍼포우즈 ● intentionally 인텐셔널리	
	● I am here for that express purpose	

	그 일 때문에 일부러 왔다
일상	everyday 에브리데이 • daily 데일리 • usually 유절리
	◐ It is a daily event 그것은 일상 다반사이다
일생	one's lifetime 원스 라이프타임 • one's life 원스 라이프
일손	work in hand 워크 인 핸드 • skill 스킬
	◐ take a work break 일손을 쉬다
일어나다	rise 라이즈 • get up 겟 업 (기상)
	stand up 스탠드 업 (일어나다)
	happen 해픈 • occur 어커 • arise 어라이즈 (발생)
	◐ It is a common occurrence 그것은 자주 일어난 일이다
일어서다	stand up 스탠드 업 • rise 라이즈
	◐ rise from one's seat 자리에서 일어서다
일요일	Sunday 선데이
일용품	daily necessities 데일리 네세서티즈
일으키다	raise 레이즈 • set up 셋 업 • cause 커즈 (야기)
	◐ promote an enterprise 사업을 일으키다
일제히	altogether 올투게더
일종	kind 카인드 • sort 소트 • variety 버라이어티
일찌감치	a little early 어 리틀 어얼리 • rather early 래더 어얼리
일찍이	early 어얼리
일체	all 올 • everything 에브리씽 • whole 호울
일치	agreement 어그리먼트 • accord 어코드
	harmony 하모니 (조화)
	◐ consensus of opinions 의견의 일치
	◐ union / solidarity 일치단결
일하다	work 워크 • labor 레이버 • toil 토일
	◐ work for a living 먹고 살기 위해 일하다
읽다	read 리드 • peruse 퍼루즈 (정독) • recite 리사이트 (암송)
	◐ read aloud 소리 내어 읽다
읽을거리	reading 리딩 • literature 리터러처
잃다	lose 루즈 • miss 미스
	◐ a lost article 잃어버린 물건
	◐ get lost 길을 잃다

임금	wage 웨이쥐 ● pay 페이
	○ pay 임금을 지불하다
	○ raise wages 임금을 올리다
임금님	king 킹
임명	appointment 어포인먼트 ● nomination 나머네이션
임무	duty 듀티 ● task 태스크
	● neglect one's task 임무를 게을리 하다
임산부	pregnant woman and nursing mother 프레그넌트 우먼 앤 너싱 마더
임시	being temporary 빙 템퍼러리
임시변통의	makeshift 메익쉬프트 ● impromptu 임프람프추 temporary 템퍼러리
임신	pregnancy 프레그넌시 ● conception 컨셉션
	● She is in the fifth month of pregnancy 임신 5개월이다
임용	appointment 어포인먼트 employment 임플로이먼트
임자	owner 오너 ● possessor 퍼제서
임종	the hour of death 디 아워 어브 데쓰 the dying hour 더 다잉 아워
	● the end is near 임종이 다가왔다
입	mouth 마우쓰 ● lips 립스 (입술)
	● a smile came to his lips 그의 입가에 미소가 떠 올랐다
입고	warehousing 웨어하우징 entering the car shed 엔터링 더 카 쉐드
입교	entrance into school 엔트런스 인투 스쿨
입구	entrance 엔트런스 ● way in 웨이 인 gateway 게이트웨이
입국	entry into a country 엔트리 인투 어 컨트리
입금	receipt 리씻 ● money received 머니 리시브드
입다	put on 풋 온 ● wear 웨어 ● slip on 슬립 온
입덧	morning sickness 모닝 시크니스
입력	power input 파워 인풋
입막음하다	seal(close) one's lips 씰(클로우즈) 원즈 립스

입맞춤	kiss 키스
입문	introduction 인트러덕션
	entrance a school 엔트런스 어 스쿨
입버릇	a way(habit) of saying 어 웨이(해빗) 오브 세잉
	○ always say / never fail to say 입버릇처럼 말하다
입법	legislation 레지슬레이션 ● lawmaking 로우메이킹
입사하다	enter(join) a company 엔터(조인) 어 컴퍼니
입석	standing room 스탠딩 룸
	room for standing 룸 포 스탠딩
입시	entrance examination 엔트런스 이그재미네이션
	○ prepare for an entrance examination 입시를 준비하다
입안	drafting 드래프팅 ● drawing up 드로잉 업
	planning 플래닝
입원	hospitalization 하스피털리제이션
입을 다물다	shut one's mouth 셧 원스 마우쓰
입이 가볍다	be talkative 비 토커티브 ● be voluble 비 발려블
입이 닳도록	over and over again 오버 앤 오버 어겐
	○ tell a person over and over again 입이 닳도록 말하다
입장(立場)	position 포지션 ● situation 시츄에이션
	○ make one's position clear 입장을 밝히다
입장(入場)	admission 어드미션 ● entrance 엔트런스
입찰	tender 텐더(영) ● bid 비드 ● bidding 비딩(미)
입체(立體)	solid 솔리드
	○ cubic / vertical / solid 입체의
입학	admission to a school 어드미션 투 어 스쿨
	entrance into a school 엔트런스 인투 어 스쿨
	○ admit into a school 입학을 허가하다
입항	entry into port 엔트리 인투 포트
	arrival in port 어라이벌 인 포트 ● docking 도킹
입히다	dress 드레스 ● put on 풋 온
	○ put clothes on 옷을 입히다
	plate 플레이트 ● coat 코트 ● gild 길드(도금)
	○ coat copper with tin 주석을 입히다

잇달아	successively 석세시블리 one after another 원 애프터 어나더 ○ for the hours running 10시간 잇달아 ○ have a run of ill luck 불행이 잇달다
잇몸	gum 검 ● teethridge 티쓰리쥐
있는 그대로	as it is 애즈 잇 이즈 (사실대로) ● frankly 프랭클리 (솔직히) honestly 아니스틀리 ● plainly 플레인리
있다	be 비 ● exist 이그지스트 (존재) ○ There is a house on the hill 산 위에 집이 있다 stay 스테이 (머무르다) ○ stay a little longer 좀더 있거라 stand 스탠드 (위치하다) ○ a temple standing by the river 강가에 있는 절
있음직한	probable 프라버블 ● possible 파서블
잉어	crap 크랩
잉여	surplus 서플러스 ● overplus 오버플러스
잉크	ink 잉크
잉태하다	conceive 컨시브 ● get 겟
잊다	forget 포겟 ○ I forgot his name 그의 이름을 잊었다
잎	leaf 리프

ㅈ

자	ruler 룰러
	○ measure with a rule 자로 재다
자각	consciousness 컨셔스니스 • awakening 어웨이크닝
자갈	gravel 그래블 • pebble 페블 • shingle 싱글
	○ a gravel road 자갈길 / gravelly field 자갈밭
자격	qualification 퀄러피케이션
	requirement 리콰이어먼트
	○ be disqualified 자격을 잃다
자국	mark 마크 • print 프린트 • trace 트레이스
	track 트랙
	○ traces of erased pencil marks 연필로 지운 자리
자궁	womb 움 • uterus 유터러스
자극	stimulus 스티멸러스 • impetus 임퍼터스
	incentive 인센티브
자금	funds 펀즈 • capital 캐피틀
	○ accomodate with money 자금을 융통하다
자기	oneself 원셀프 • self 셀프 • ego 에고
자꾸	repeatedly 리피티들리 • always 올웨이즈
	frequently 프리퀀틀리
	○ He frequently sleeps in class
	그는 수업 중에 자꾸 잠만 잔다
자다	sleep 슬립 • fall asleep 폴 어슬립
	○ sleep like a dog 정신없이 자다
	○ go to bed 잠자리에 들다
자동	automatic action 오토매틱 액션
	automatism 오타머티즘
자동차	car 카 • automobile 오토모빌(미) • auto 오토(미. 속)
	○ drive a car 자동차를 운전하다
자두	plum 플럼

304

자라	snapping turtle 스내핑 터틀 ● terrapin 테러핀
자라다	grow up 그로우 업 (성장) ● increase 인크리스 (증가)
	◯ grow into manhood 자라서 어른이 되다
자랑	self-praise 셀프 프레이즈 ● vanity 배너티
	brag 브래그 ● pride 프라이드
자랑하다	be proud of 비 프라우드 어브 ● brag of 브래그 어브
	take a boast of 테이크 어 보우스트 어브
자료	material 머티리얼 ● data 데이터
자루	bag 백 ● sack 색 ◯ put into a bag 자루에 넣다
자르다	cut 컷 ● chop 찹 ● sever 세버 (칼 따위로)
자리	seat 시트 (좌석) ◯ clear the seat 자리를 비우다
	room 룸 ● space 스페이스 (여지)
	◯ occupy much space 자리를 많이 차지하다
자막	title 타이틀 ● caption 캡션
자만	self-satisfaction 셀프 새티스팩션
자매	sisters 시스터즈
자명종시계	alarm clock 얼람 클락
자물쇠	lock 락 ● padlock 패드락 ◯ unlock 자물쇠를 열다
자백	confession 컨페션 ● avowal 어바우얼
	◯ confess to a crime 죄를 자백하다
자비	mercy 머시 ● charity 췌러티 ● compassion 컴패션
	◯ have mercy 자비를 베풀다
자빠지다	tumble down 텀블 다운
	fall on one's back 폴 온 원스 백
자살	suicide 수어사이드
자서전	autobiography 오토바이오그래피
자석	magnet 마그넷 ● compass 컴파스
자선	charity 채러티 ● benevolence 버네벌런스
	almsgiving 암즈기빙
자세	posture 포스처 ● pose 포우즈
	attitude 애티튜드 (태도) ● carriage 캐리쥐 (몸가짐)
	◯ a correct carriage 올바른 자세
자세히	in detail 인 디테일 ● in full 인 풀

	◐ give a full explanation 자세히 설명하다
자손	sons and grandsons 선즈 앤 그랜드선즈
	progeny 프로저니 ● posterity 포스터러티
자수(自首)	surrender 서렌더 ● give oneself up 기브 원셀프 업
자수(刺繡)	embroidery 엠브로이더리
자습	self-study 셀프 스터디 ● self-teaching 셀프 티칭
자신	self-confidence 셀프 컨피던스 ● confidence 컨피던스
	◐ be full of confidence 자신만만하다
자아	self 셀프 ● ego 에고
자아내다	reel off 릴 어프 ● spin 스핀
자애	affection 어펙션 ● love 러브 ● kindness 카인드니스
	◐ affectionate / loving / benevolent 자애 깊은
자연	nature 네이처
자원	resource 리소스
	◐ develop the resource 자원을 개발하다
자위	self-consolation 셀프 컨설레이션
자유	freedom 프리덤 ● liberty 리버티
자장가	lullaby 럴러바이 ● cradle song 크래들 송
자주	often 오픈 ● frequently 프리퀀틀리
	repeatedly 리피티들리
자초지종	the whole story 더 호울 스토리
	all the details 올 더 디테일즈
자취	trace 트레이스 ● track 트랙 ● vestige 베스티지
	◐ disappear / cover up one's track 자취를 감추다
자칫하면	at the slightest slip 앳 더 슬라이티스트 슬립
자택	one's own house(home) 원스 오운 하우스(호움)
	private residence 프라이빗 레지던스
자퇴하다	leave one's post 리브 원즈 포스트
	resign of one's own accord
	리자인 어브 원스 오운 어코드
자포자기	desperation 데스퍼레이션 ● despair 디스페어
자화상	self-portrait 셀프 포트레이트
작가	writer 라이터 ● author 어써

작곡	composition 컴포지션 ● composer 작곡가
작년	last year 래스트 이어 ● the past year 더 패스트 이어
작문	composition 컴포지션 ● writing 라이팅
	● composition lesson 작문시간
작사	lyric making 리릭 메이킹 ● writing songs 라이팅 송즈
작살	harpoon 하푼 ● fish spear 피쉬 스피어
작성하다	draw up 드로우 업 ● frame 프레임
	make out 메이크 아웃
	● make out a contract in duplicate 계약서를 사본을 작성하다
작심삼일	short-lived resolve 숏 리브드 리절브
	unsteady plan 언스테디 플랜
작업	work 워크 ● operation 어퍼레이션
	● while at work 작업중
작용	action 액션 ● effect 이펙트 ● function 펑션
	● interact 서로 작용하다
작은	small 스몰 ● little 리틀 ● tiny 타이니
	● a small mind 그릇이 작은 사람
작은 돌	stone 스톤
작작	properly 프라퍼리 ● not too much 낫 투 머치
	● do not drink too much 술을 작작 마셔라
작전	operation 오퍼레이션 ● strategy 스트래터지
	● elaborate a plan of operations 작전을 짜다
작정하다	decide 디사이드 ● determine 디터민 ● intend 인텐드
작품	work 워크 ● product 프로덕트
	● a work of art 예술작품
잔고	the remainder 더 리메인더 ● balance 밸런스
잔꾀	petty guile 페티 가일
	little selfish wiles 리틀 셀피시 와일즈
잔돈	small charge 스몰 촤지
	● Change a thousand won bill 천 원짜리를 잔돈으로 바꾸다
잔디밭	lawn 론 ● grassplot 그래스플랏
잔뜩	fully 풀리 ● extremely 익스트림리

		○ eat one's fill 잔뜩 먹다
잔물결		little waves 리틀 웨이브즈 ● ripples 리플즈
잔소리		small talk 스몰 토크 ● scolding 스콜딩
잔인한		cruel 크루얼 ● brutal 브루틀
잔혹한		cruel 크루얼 ● brutal 브루틀
잘라내다		cut off 컷 어프 ● tear off 테어 어프 ● cleave 클리브
잘못		fault 폴트 ● mistake 미스테이크
		○ the wrong idea 잘못된 생각
잘잘못		right and wrong 라잇 앤 롱
		○ discriminate the right from the wrong 잘잘못을 헤아리다
잠		sleep 슬립 ● nap 냅 (낮잠) ● doze 도우즈 (졸음) slumber 슬럼버 (선잠)
		○ fail to get to sleep 잠을 못 이루다
잠깐		a moment 어 모먼트 ● a little while 어 리틀 와일
		○ Wait a few moments / please 잠깐 기다리십시오
잠꼬대		sleeptalking 슬립토킹
잠꾸러기		sleepyhead 슬리피헤드 ● lie-a-bed 라이어베드
잠버릇		one's sleep habit
		○ be an untidy sleeper 잠버릇이 나쁘다
잠옷		nightwear 나이트 웨어 ● pajama 파자마(미)
잠자리		dragonfly 드래곤플라이 ○ red dragonfly 고추잠자리
잡곡		cereal 시리얼 ● minor grain 마이너 그레인
잡념		distracting thoughts 디스트랙팅 쏘츠 earthly thoughts 어쓸리 쏘츠
잡다		catch 캐치 ● get 겟 ● take 테이크
		○ seize by the neck 멱살을 잡다
		arrest 어레스트 ● catch a thief 도둑을 잡다
잡담		gossip 가십 ● chitchat 칫챗
		○ pass time gossiping 잡담으로 시간을 보내다
잡동사니		sundry 선드리 ● odds and ends 아즈 앤 엔즈
잡수시다		eat 잇 ● drink 드링크 ● have 해브
		○ Help yourself, please 많이 드세요

308

잡아당기다	pull 풀 • draw 드로우 • tug 터그
	◘ pull by the ear 귀를 잡아당기다
잡아떼다	pull apart 풀 어파트 • take off 테이크 어프
잡음	noise 노이즈
잡지	magazine 메거진 • journal 저널
잡초	weed 위드 • coarse grass 코스 그래스
잡치다	spoil 스포일 • ruin 루인 • hurt 허트
	◘ upset plan 계획을 잡치다
잡화점	general shop 제너럴 샵 • grocery 그로서리
장갑	glove 글러브
장관	minister 미니스터 • secretary 세크러태리
장교	officer 어피서
장기(將棋)	chess 체스 • play chess 장기를 두다
장기(長技)	special skill 스페셜 스킬 • one's forte 원스 포-트
	◘ What is his speciality? 그의 장기는 무엇이냐?
장난	game 게임 • play 플레이
	◘ play with fire 불장난을 하다
장난감	toy 토이 • plaything 플레이씽 ◘ toy shop 장난감가게
장남	the eldest son 디 엘디스트 선
장녀	the eldest daughter 디 엘디스트 도오터
장님	blind man 블라인드 맨 • the blind 더 블라인드
장담	assurance 어슈어런스 • assertion 어서션
	◘ I affirm it to be a fact 그것이 사실임을 나는 장담한다
장대	pole 폴 • rod 로드 • swipe 스와잎
장딴지	calf 캐프
장래	future 퓨처 • prospect 프로스펙트
	◘ in the near future 가까운 장래에
장려하다	encourage 인커리쥐 • promote 프로모우트
	incite 인사이트
	◘ encourage in saving 저축을 장려하다
장례식	funeral 퓨너럴
장롱	wardrobe 워드로웁 • bureau 뷰어로우(미)
장르	genre 잔르(프)

장마	the rainy spell in summer 더 레이니 스펠 인 서머
	◐ the rainy season sets in 장마가 지다
장만하다	prepare 프리패어 ● buy 바이
	◐ get(buy) a house 집을 장만하다
장면	scene 씬
장모	one's wife's mother 원즈 와이프스 마더
	one's mother-in-law 원즈 마더 인 로
장미	rose 로즈
장부	register 레지스터 ● account book 어카운트 북
장사	trade 트레이드 ● commerce 커머스
	business 비즈니스
	◐ a paying business 수지 맞는 장사
장소	place 플레이스 ● spot 스팟 ● location 로케이션
장수(長壽)	longevity 란제버티
장식	decoration 데커레이션 ● adornment 어던먼트
장식하다	decorate 데커레잇 ● adorn 어돈
	◐ decorate a room with flowers 방을 꽃으로 장식하다
장어	eel 일 ● a freshwater eel 민물장어
장인(匠人)	artisan 아티즌 ● craftsman 크래프츠맨
장작	firewood 파이어우드
	◐ feed a fire with firewood 장작을 지피다
장점	merit 메리트 ● good point 굿 포인트 ● forte 포트
장지	paper sliding door 페이퍼 슬라이딩 도어
장치	equipment 이큅먼트 ● installation 인스톨레이션
장치하다	equip 이큅 ● install 인스톨
장편	long work 롱 워크 ● long piece 롱 피스
	◐ novel / a full-length novel 장편소설
장해물	hazard 해저드
장화	boots 부츠(미) ● high boots 하이 부츠
재	ash 애쉬
	◐ be reduced to ashes 타서 재가 되다
	◐ ash tray 재떨이 / cigarette ashes 담뱃재
재고	stock 스탁 ◐ goods in stock, stored goods 재고품

재난	misfortune 미스포춘 ● calamity 컬래머티
	disaster 디재스터
재능	talent 탤런트 ● ability 어빌리티 ● capability 캐퍼빌러티
	○ able / talented / capable 재능 있는
재단(財團)	foundation 파운데이션
재단(裁斷)	decision 디시전 ● judgment 저지먼트 (재결)
	cutting 커팅 (마름질)
재두루미	white-naped crane 와이트 네이피드 크레인
재떨이	ash tray 애쉬 트레이
재료	material 머티리얼 ● stuff 스터프
	○ the cost of materials 재료비
재목	wood 우드 ● timber 팀버(영) ● lumber 럼버(미)
재배	cultivation 컬티베이션 ● culture 컬처
재벌	financial clique 파이낸셜 클리크
	plutocracy 플루타크러시
재봉틀	sewing machine 소우잉 머쉰
재빠른	quick 퀵 ● nimble 님블 ● alert 얼러트
재빨리	quickly 퀵클리 ● rapidly 래피들리 ● fast 패스트
재산	property 프라퍼티 ● fortune 포춘 ● assets 애셋츠
재수	luck 럭 ● fortune 포춘
	○ be fortunate / be lucky 재수가 좋다
재수 없게	unluckily 언럭킬리 ● unfortunately 언포추닛틀리
	by ill luck 바이 일 럭
재우다	put to sleep 풋 투 슬립 ● make sleep 메이크 슬립
	○ lullaby a child to sleep 자장가를 불러 아이를 재우다
재작년	the year before the last 디 이어 비포 더 래스트
재즈	jazz 재즈 ● ragtime music 래그타임 뮤직
재채기	sneeze 스니즈
재촉하다	press 프레스 ● urge 아규
	○ urge to pay debt 빚을 재촉하다
재치	wit 위트 ● cleverness 클레버니스 ● tact 택트
	○ be quick-witted 재치가 있다
재킷	jacket 재킷

재판	justice 저스티스 • trial 트라이얼 (공판)	
	judgment 저쥐먼트 (판결)	
	○ put on trial 재판에 붙이다	
재학생	student 스튜던트 • undergraduate 언더그래쥬에잇	
재혼	second marriage 세컨드 메리지	
잼	jam 잼	
잽싸다	be nimble 비 님블 • be quick 비 퀵	
쟁반	tray 트레이 • salver 샐버	
쟁쟁한	outstanding 아웃스탠딩 • eminent 에머넌트	
	conspicuous 컨스피셔스	
	○ an outstanding man 쟁쟁한 인물	
저것	that 댓 • that thing 댓 씽	
저곳	there 데어	
저금	saving 세이빙 • deposit 디파짓	
저기	that place 댓 플레이스 • there 데어	
저녁놀	the evening glow 디 이브닝 글로우	
저녁때	evening 이브닝 • dusk 더스크 • sunset 선셋	
저리다	be asleep 비 어슬립 (손발이)	
	be benumbed 비 비넘드	
	○ benumbed feet 저린 발	
저마다	each one 이치 원 • everyone 에브리원	
	○ Every man claims that he himself is right 저마다 제가 옳다고 한다	
저물다	grow dark 그로우 다크 • set 셋 • fall 폴	
	○ till a late hour 저물도록	
	○ This year has come to a close 이 해도 다 저물었다	
저속	vulgarity 벌개러티	
	○ He is vulgar in his speech 그는 말씨가 저속하다	
저수지	reservoir 레저봐	
저술	writing 라이팅 • authorship 어써쉽	
	○ write on history 역사에 관해서 저술하다	
저승	the world beyond 더 월드 비욘드	
저울	balance 밸런스	

저작	a book 어 북 • a work 어 워크 (저서)
	writing 라이팅 (저술) • copyright 저작권
저절로	by itself 바이 잇셀프 • of itself 어브 잇셀프
	○ The candle went out of itself 촛불이 저절로 꺼졌다
저주	curse 커스 • imprecation 임프리케이션
	execration 엑시크레이션
	○ curse the world 세상을 저주하다
저주하다	curse 커스 • imprecate 임프리케잇
	execrate 엑시크레잇
저지르다	commit 커밋 • do 두 • spoil 스포일
	○ There is no knowing what he will be up to next 또 무슨 일을 저지를지 알 수 없다.
저쪽	that side 댓 사이드 • over there 오버 데어
저축	saving 세이빙 • storing 스토링
	○ encourage savings 저축을 장려하다
저택	mansion 맨션 • residence 레지던스
저항	resistance 레지스턴스 • opposition 어포지션
	struggle 스트러글
	○ offer stubborn resistance 완강히 저항하다
적	enemy 에너미 • foe 포우
적국	the enemy country 디 에너미 컨트리
	hostile power 하스틀 파워
적군	the enemy 디 에너미
적극적	positive 퍼지티브 • active 액티브
	○ work on positive lines 적극적으로 활동하다
적나라	nakedness 네이키드니스 • nudity 누더티
	frankness 프랭크니스
	○ frankly confess 적나라하게 고백하다
적당	fitness 피트니스 • suitableness 수터블니스
	○ a proper book for children 아이들에게 적당한 책
적도	equator 이퀘이터
적립	accumulation 어큐뮬레이션
적성	aptitude 앱티튜드 ○ an aptitude test 적성검사

적시다	wet 웻 ● moisten 모이슨 ● drench 드렌치
	◉ Wet one's sleeves with tears 눈물로 쇄를 적시다
적신호	red(danger) signal 레드(데인저) 시그널
적십자	the Red Cross 더 레드 크로스
적어도	at least 앳 리스트 ● at a minimum 앳 어 미니멈
	◉ It will cost you at least 10,000 won
	적어도 1만원은 들것이다
적외선	infrared rays 인프라레드 레이즈
적은	few 퓨(수가) ● little 리틀 (양이)
	◉ have a small income 수입이 적다
적자	deficit 데퍼싯 ● loss 로스
	◉ cover the deficit 적자를 메우다
적중	hit 히트
	◉ Your prophecy came true 너의 예언이 적중했다
적잖이	in no small numbers 인 노 스몰 넘버즈
	not a few 낫 어 퓨 ● not a little 낫어 리틀
	◉ be not a little surprised 적잖이 놀라다
적탄	the enemy's bullets 디 에너미스 불릿츠
전갈	message 메시지
전개	unfolding 언폴딩 ● development 디벨롭먼트
	deployment 디플로이먼트
	◉ What will be the future developments of the affair?
	이 사건은 앞으로 어떻게 전개될까?
전격	electric shock 일렉트릭 샥
	lightning attack 라이트닝 어택
전공	specialty 스페셜티 ● major 메이저
	◉ specialize in economics at the university
	대학에서 경제학을 전공하다
전과자	ex-convict 엑스컨빅트
전구	electric bulb 일렉트릭 벌브 ● light bulb 라이트 벌브
전국(全國)	the whole country(nation) 더 호울 컨트리(네이션)
	◉ hold a national conference 전국대회를 열다
전국(戰國)	a country at war 어 컨트리 앳 워

전근	transference 트랜스퍼런스
	○ be transferred to the Busan branch
	부산지점으로 전근 명령을 받다
전기	electricity 일렉트리서티
전념	concentration of mind 컨선트레이션 어브 마인드
전능	omnipotence 옴니퍼턴스
	○ almighty(God) 전능의 신
전달	delivery 딜리버리 ● conveyance 컨베이언스
	transmission 트랜스미션
	○ serve with an order 명령을 전달하다
전당	pawn 포온 ● pledge 플레지
	○ be in(at) pawn / be in pop 전당에 잡혀있다
전당포	pawnshop 포온샵
전대	former generation 포머 제너레이션
	former ages 포머 에이지스
	○ We have never heard of this before
	이것은 전대미문의 일이다
전도(前途)	one's future 원스 퓨처 ● outlook 아웃룩
	prospect 프로스펙트
	○ He has a bright future before him 그는 전도가 유망하다
전도(全道)	the whole province 더 호울 프라빈스
전등	electric light(lamp) 일렉트릭 라이트(램프)
전라	total nudity 토탈 누더티
	stark nakedness 스탁 네이키드니스
전락	fall 폴 ● downfall 다운폴 ● slump 슬럼프
	drop 드랍
전란	war 워 ● hostility 하스틸러티
	○ a war breaks out 전란이 일어나다
전략	strategy 스트래티지 ● tactic 택틱
	○ work out strategy 전략을 세우다
전망	view 뷰 ● prospect 프로스펙트
	observation 업저베이션
	○ have a good prospect 전망이 좋다

전매(轉賣)	resale 리세일	
전매(專賣)	monopoly 머노폴리 ● monopolization 머나펄리제이션	
전멸	extermination 익스터미네이션	
	annihilation 어나이얼레이션	
	🔵 The whole town was wiped out 그 도시는 전멸했다	
전무(專務)	special duty 스페셜 듀티	
	managing director 매니징 디렉터 (회사의)	
전문	specialty 스페셜티 ● major 메이저	
	🔵 specialize 전문화하다	
전보(電報)	telegram 텔레그램 ● wire 와이어	
전보용지	telegram form 텔레그램 폼	
전부	all 올 ● the whole 더 호울 ● in full 인 풀	
	🔵 There are five volumes in all 전부 다섯권이다	
전사(戰士)	soldier 솔저 ● fighter 파이터	
전사(戰死)	death in battle 데쓰 인 배틀	
전설	tradition 트래디션 ● legend 레전드 ● myth 미쓰	
	🔵 according to tradition(legend) 전설에 의하면	
전성기	heyday 헤이데이 ● golden age 골든 에이지	
전세	reservation 레저베이션(미) ● engagement 인게이지먼트	
	🔵 a chartered bus 전세버스	
전속하다	belong exclusively 빌롱 익스클루시블리	
전송하다	telegraph 텔레그래프 ● wire 와이어 ● transmit 트랜스밋	
전술	tactic 택틱	
	🔵 tactical 전술상의 / tactically 전술적으로	
전시	exhibition 엑서비션 ● display 디스플레이	
	🔵 a variety of things are displayed for sale 여러 가지 상품이 전시되어 있다	
전신주	telegraph pole 텔레그래프 폴	
전염	infection 인펙션 ● contagion 컨테이전	
	🔵 yawning is infectious 하품은 전염된다	
전용	exclusive use 익스클루시브 유스	
	private use 프라이빗 유스	
	🔵 Customer Parking Only 고객 전용 주차창	

전우	comrade 캄래드
전율	shudder 셔더 ● shivering 시버링
	terror 테러 ● horror 호러(공포)
전자	electron 일렉트란
전쟁	war 워 ● warfare 워페어 ● battle 배틀
	● bring on war 전쟁을 일으키다
전지	electric cell 일렉트릭 셀 ● battery 배터리
전직	change of employment 체인지 어브 임플로이먼트
전진하다	advance 어드밴스 ● proceed 프로시드
	go ahead 고우 어헤드
전차	electric car 일렉트릭 카 ● tramcar 트램카(영)
	streetcar 스트릿카(미)
전체	the whole 더 호울
전출하다	move out 무브 아웃
	be transferred to 비 트랜스퍼드 투
전치	complete cure 컴플릿 큐어 ● full recovery 풀 레커버리
	● an injury which will take two weeks to heal completely 전치 2주의 부상
전통	tradition 트래디션 ● convention 컨벤션
전투	combat 컴뱃 ● war 워 ● battle 배틀
	encounter 인카운터
전파(電波)	electric wave 일렉트릭 웨이브
	radio wave 레이디오 웨이브
	● over the radio / on the air 전파를 통하여
전파(傳播)	spread 스프레드 ● circulation 서큘레이션
	diffusion 디퓨전
	● It is a vehicle for the spread germs 그것은 병을 전파시키는 매개체이다
전하다	convey 컨베이 ● report 리포트 ● deliver 딜리버
	tell 텔(전달하다)
	● give a false report 허위 보도를 전하다
	give 기브 ● initiate 이니쉬에잇 ● impart 임파트(전수하다)
	● initiate into the secrets 비결을 전하다

전혀	entirely 인타이얼리 ● utterly 어털리 ● wholly 홀리 totally 토틀리
	◐ I have nothing to do with it 나는 전혀 상관이 없다
전화	telephone 텔러폰 ● phone 폰
	◐ phone number 전화번호
	◐ a public phone / a pay phone 공중전화
전환	conversion 컨버전 ● turnover 턴오버 switchover 스위치오버
	◐ turn one's attention to 주의를 다른 데로 전환하다
전후(前後)	sequence 시퀀스 ● order 오더 front and rear 프론트 앤 리어
	◐ for 10 years off and on 전후 10년간
전후(戰後)	postwar days 포스트워 데이즈
절	Buddhist temple 부디스트 템플
절교	break of friendship 브레이크 어브 프렌드십
절구	mortar 모터
	◐ pounding grain in a mortar 절구질
절단	cutting 커팅 ● amputation 앰퓨테이션 severance 세버런스 ◐ cut in two 둘로 절단하다
절대	absoluteness 앱솔룻니스
절대로	absolutely 앱솔룻틀리 ● positively 파지티블리
절름발이	cripple 크리플 ● lame person 레임 퍼슨
절망	despair 디스페어 ● hopelessness 호프리스니스
	◐ the situation is hopeless 정세는 절망적이다
절묘한	superb 수퍼브 ● exquisite 익스퀴짓
	◐ exquisite touch 절묘한 필치
절반	half 해프 ◐ share the profit equally 이익을 절반하다
절벽	cliff 클리프 ● bluff 블러프
절실한	urgent 어전트 ● earnest 어니스트 ● sincere 신시어
	◐ feel keenly the necessity of 필요성을 절실히 느끼다
절약	saving 세이빙 ● economy 이코노미 husbandry 허즈번드리
	◐ save down expenditure 경비를 절약하다

절정	the summit 더 서밋 • the top 더 탑 (산꼭대기) the height 더 하이트 • the peak 더 피크 ◯ gain the summit 절정에 달하다
절호	golden opportunity 골든 어퍼튜니티 excellent chance 엑설런트 챈스 ◯ let slip a capital opportunity 절호의 기회를 놓치다
젊은	young 영 • youthful 유쓰풀 ◯ a young man 젊은이 / look young 젊어 보이다
점(點)	spot 스팟 • dot 닷 • speck 스펙 ◯ a black dog with white spots 흰점 박힌 검정개 ◯ a dotted line 점선
점령	occupation 어큐페이션 • possession 포제션
점성술	astrology 어스트랄러지
점심시간	the noon recess 더 눈 리세스 ◯ take lunch / lunch 점심을 먹다
점원	shop-assistance 샵 어시스턴스(영) • clerk 클럭(미)
점잖은	dignified 디그니파이드 • wellbred 웰브레드 gentle 젠틀
점쟁이	fortune-teller 포춘 텔러 • diviner 디바이너
점점	more and more 모어 앤 모어 (많이) less and less 레스 앤 레스 (적게) ◯ be getting hotter 점점 더워진다 ◯ The story is getting more and more interesting 이야기는 점점 재미있게 된다
점차	gradually 그래쥬얼리 • by steps 바이 스텝스 ◯ be getting better gradually 점차 나아지다
점치다	consult a fortuneteller 컨설트 어 포춘텔러 have one's fortune told 해브 원스 포춘 톨드
점퍼	jumper 점퍼 • jacket 재킷
점포	shop 샵(영) • store 스토어(미)
점프	jump 점프
접근하다	approach 어프로우취 • get near 겟 니어
접는 부채	folding fan 폴딩 팬

접다	fold 폴드 • wrap up 랩 업
	◐ fold paper into four leaves 종이를 네 겹으로 접다
접대	reception 리셉션 • welcome 웰컴
	entertainment 엔터테인먼트
	◐ receive guests 손님을 접대하다
접수처	information office 인포메이션 어피스
접시	plate 플레이트 • dish 디쉬
	◐ dish up food 음식을 접시에 담다
접질리다	get sprained 겟 스프레인드 • be wricked 비 릭트
	◐ have one's ankle sprained 발목을 접질리다
젓가락	chopsticks 찹스틱스
젓다	row 로우 • scull 스컬 • paddle 패들 (배를)
	stir 스터 • churn 천 • whip 윕 (액체를)
정가(定價)	fixed price 픽스트 프라이스 • the price 더 프라이스
	◐ This is priced at five hundred won
	이것은 정가 500원입니다
정각	the exact time 디 이그잭트 타임 • just 저스트
	◐ just at five 정각 5시에
정강이	shin 쉰 • shank 쉥크
	◐ kick in the shin 정강이를 차다
정계	the political world 더 폴리티컬 월드
	political circles 폴리티컬 서클즈
정권	political power 폴리티컬 파워 • power 파워
	◐ come to power 정권을 장악하다
정글	jungle 정글
정기	fixed time(term, period) 픽스트 타임(텀, 피리어드)
	regular interval 레귤러 인터벌
	◐ fixed / regular / periodical 정기의
정년	retirement age 리타이어먼트 에이지
	the age limit 디 에이지 리밋
	◐ retire due to age 정년으로 퇴직하다
정답	right answer 라잇 앤써
정당(政黨)	political party 폴리티컬 파티

정당한	just 저스트 ● right 라이트 ● proper 프라퍼
	○ He deserves the punishment 그의 처벌은 정당하다
정도	grade 그레이드 ● degree 디그리 (분량) ● rate 레잇 (비율)
	extent 익스텐트 (범위) ● limit 리밋 (한도)
	○ a matter of degree 정도문제
정돈	order 오더 ● arrangement 어래인쥐먼트
정력	energy 에너지 ● vigor 비거 ● vitality 바이탤러티
정렬	array 어레이 ● line up 라인 업
정류소	stop 스탑 ● station 스테이션
정리하다	arrange 어래인쥐 ● put in order 풋 인 오더
정말	truth 트루쓰 ● reality 리얼리티 ● fact 팩트
	○ It is really beauiful 정말로 아름답다
정면	frontage 프론티지 ● front 프론트
정박	anchorage 앵커리지 ● mooring 무어링
정보	information 인포메이션 ● intelligence 인텔리전스
정복	conquest 컨퀘스트 ● mastery 매스터리
	○ conquer the world 세계를 정복하다
정부(政府)	government 거번먼트
	administration 어드미너스트레이션
정부(情婦)	mistress 미스트레스 ● paramour 패러무어
정사(政事)	political affairs 폴리티컬 어페어즈
정사(情死)	love suicide 러브 수어사이드
	double suicide 더블 수어사이드
정상(定常)	normality 노맬러티
	○ normal 정상적 / abnormal 정상이 아닌
정상(頂上)	top 탑 ● summit 서밋 ● peak 픽
	○ summit talks 정상 회담
정색	seriousness 시리어스니스
정성껏	with one's utmost sincerity 위드 원스 엇모스트 신시어리티
정세	situation 시츄에이션 ● condition 컨디션
정수기	water purifier 워터 퓨어러파이어
정식	formality 포맬러티 ○ formally 정식으로
정신	mind 마인드 ● spirit 스피릿 ● soul 소울

	mentality 멘탤러티
정열	passion 패션 • ardor 아더
정오	noon 눈 • midday 미드데이
정원	garden 가든
정원사	gardener 가드너
정욕	lust 러스트 • carnal desire 카늘 디자이어
정월	January 재뉴어리
정육점	meat shop 미트 샵 • butcher's 부춰즈
정의	justice 저스티스 • right 라이트
정자(亭子)	pavilion 퍼빌련 • arbor 아버
정자(精子)	spermatozoon 스퍼머터조우언
정장	full dress 풀 드레스 • full uniform 풀 유니폼
정적	stillness 스틸니스 • silence 사일런스
정전(停電)	blackout 블랙카웃 • power cut 파워 컷
	interruption of the power supply 인터럽션 어브 더 파워 서플라이
정전(停戰)	cease-fire 시스 파이어
	the suspension of arms 더 서스펜션 어브 암스
정제	refining 리파이닝
정조	chastity 채스터티 • constancy 컨스턴시
정중한	courteous 커티어스 • polite 펄라잇트 • careful 캐어풀
	○ treat courteously 정중히 대하다
정지	stop 스탑 • suspension 서스펜션
	interruption 인터럽션
정직	honesty 아니스티 • uprightness 업라이트니스
정차	stop 스탑 • stoppage 스탑피지
정착	fixation 픽세이션
정책	policy 팔러시
정체	identity 아이덴티티 ○ wear a mask 정체를 감추다
	○ show oneself in true colors 정체를 드러내다
정치	politics 팔러틱스 • administration 엇미너스트레이션
	government 거번먼트
정하다	decide 디사이드 • fix 픽스 • settle 세틀

정해지다	determine 디터민 ○ define one's attitude 태도를 정하다 be decided 비 디사이디드 • be settled 비 세틀드 be determined 비 디터민드 ○ demand determines supply 공급은 수요에 따라 정해진다
정확한	correct 커렉트 • exact 이그잭트 • accurate 애큐릿
젖	breast 브레스트 (유방) • milk 밀크 (유즙)
젖다	get wet 겟 웻 • be damp 비 댐프 • moisten 모이스튼 ○ get wet in the rain 비에 젖다
제각기	each 이취 • respectively 리스펙티블리 individually 인디비쥬얼리
제거	exclusion 익스클루전 • removal 리무벌 elimination 일리머네이션
제공	offer 어퍼 • proffer 프라퍼
제국	empire 엠파이어
제대로	smoothly 스무들리 • without a hitch 위다웃 어 히취 as it is 애즈 잇 이즈 (있는 대로) ○ Leave it as it is 제대로 두다
제대하다	be discharged from military service 비 디스촤쥐드 프롬 밀리터리 서비스
제도	system 시스템 • organization 오가니제이션 institution 인스티튜션
제독	admiral 애드머럴 • commodore 코머더 (미)
제명	expulsion 익스펄션 dismissal from membership 디스미설 프롬 멤버십
제목	subject 섭직트 • theme 씸 • title 타이틀
제발	please 플리즈 • kindly 카인들리 • pray 프레이
제방	bank 뱅크 • embankment 엠뱅크먼트 • levee 레비 (미)
제법	quite 콰이트 • fairly 페얼리 • rather 래더 ○ be better than expected 제법이다
제복	uniform 유니폼 • regulation dress 레귤레이션 드레스
제비	swallow 스왈로우
제비꽃	violet 바이얼릿 • pansy 팬지

제비뽑기	draw lots 드로우 랏츠	
제스처	gesture 제스처	
제시	presentation 프레즌테이션	
제안	proposal 프로포절 ● suggestion 서쮀스천 overture 오버처	
	○ adopt a proposal 제안을 가결하다	
제약(製藥)	manufacture of medicines 매뉴펙쳐 어브 메디신즈 pharmacy 파마시	
제약(制約)	condition 컨디션 (조건) ● restriction 리스트릭션 (속박)	
	○ be restricted by time 시간의 제약을 받다	
제언	epigraph 에피그래프	
제왕	emperor 엠퍼러 ● monarch 모나크 ● sovereign 서버린	
제외	exception 익셉션 ● exclusion 익스클루전	
제의	proposal 프로포절 ● proposition 프로포지션 offer 어퍼 ● overture 오버처	
제일	number one 넘버 원 ● the first 더 퍼스트 the best 더 베스트	
제자	disciple 디사이플 ● pupil 퓨플 ● student 스튜던트	
제작(制作)	production 프로덕션 ● work 워크	
제작(製作)	manufacture 매뉴팩쳐 ● production 프로덕션	
제정(制定)하다	make 메이크 ● enact 인액트 ● establish 이스태블리쉬	
제조	making 메이킹 ● manufacture 매뉴팩쳐 production 프로덕션	
제지	restraint 리스트레인트 ● repression 리프레션	
제출	presentation 프레즌테이션 ● submission 섭미션	
제한	limit 리밋 ● restriction 리스트릭션 limitation 리미테이션	
제휴	cooperation 코우아퍼레이션 ● coalition 코우얼리션	
젠틀맨	gentleman 젠틀맨	
조	millet 밀릿	
조각	piece 피스 ● bit 빗 ● strip 스트립 ● slip 슬립	
	○ a broken piece of glass 유리조각	
	○ a piece paper 종잇조각	

조각조각	in pieces(bits, fragments, shreds) 인 피시스(빗츠, 프래그먼츠, 쉬레즈)
조간	morning edition 모닝 에디션
	◐ a morning paper 조간신문
조개	shellfish 쉘피쉬 ● clam 클램
조개껍질	shell 쉘
조건	condition 컨디션 ● term 텀
	◐ conditionally / on condition 조건부로
조국	the fatherland 더 파더랜드
	one's mother country 원스 마더 컨트리
조금	a little 어 리틀 ● a small quantity 어 스몰 퀀티티 (양)
	a few 어 퓨 ● a small number 어 스몰 넘버 (수)
	◐ I need some money 돈이 조금 필요하다
조금도	in the least 인 더 리스트 ● at all 앳 올
	the slightest 더 슬라이스트
	◐ be of no use at all 조금도 쓸모가 없다
조끼	vest 베스트 (미) ● waistcoat 웨이스트코트 (영)
조난	disaster 디재스터 ● accident 액시던트
	shipwreck 쉽렉
조달	supply 서플라이 (공급)
	procurement 프로큐어먼트 (관청에서)
	provision 프로비전 (식량, 일용품 따위)
	raising 레이징 (자금)
조력	aid 에이드 ● assistance 어시스턴스 ● support 서포트
조롱하다	jeer 쥐어 ● ridicule 리디큘 ● deride 디라이드
	laugh at 래프 앳
조류(潮流)	tide 타이드 ● ocean current 오션 커런트
조류(鳥類)	birds 버즈 ● the feathered tribe 더 페더드 트라이브
조르다	tie up 타이 업 ● strangle 스트랭글 (죄다)
	ask 애스크 (요구) ◐ tie a belt 허리띠를 조르다
조리다	boil down 보일 다운
	◐ boil fish down in soy 생선을 간장에 조리다
조리사	cook 쿡

조립	construction 컨스트럭션
	organization 오가니제이션 ● set-up 셋 업
조마조마	feel nervous 필 너버스 ● be fidgety 비 피쥐티
	○ put into a flutter 사람을 조마조마하게 하다
조만간	sooner or later 수너 오어 레이터 ● in time 인 타임
	by and by 바이 앤 바이
조명	lighting 라이팅 ● illumination 일루머네이션
조모	grandmother 그랜마더
조무래기	small article 스몰 아티클 ● sundries 선드리즈 (물건)
	small children 스몰 칠드런 ● little kids 리틀 키즈
	kiddies 키디즈 (아이)
조바심하다	worry 워리 ● be cautious 비 커셔스
	be nervous 비 너버스 ● be anxious 비 앵셔스
조반	breakfast 브랙퍼스트
조부	grandfather 그랜파더
조사	inquiry 인콰이어리 ● investigation 인베스티게이션
조사하다	inquire 인콰이어 ● investigate 인베스티게잇
	○ inquire into the cause 원인을 조사하다
조상	ancestor 앤세스터 ● forefather 포파더
조소	scornful laugh 스콘풀 래프 ● ridicule 리디큘
	derision 디리젼 ● sneer 스니어
	○ be mocked and derided 조소를 당하다
조수	assistant 어시스턴트 ● helper 헬퍼
조숙하다	mature early 머추어 어얼리 ● grow early 그로우 어얼리
조심	care 캐어 ● caution 커션 ● prudence 프루든스
	discretion 디스크리션
	○ take care / Be careful 조심하십시오
조약	treaty 트리티 ● agreement 어그리먼트
	convention 컨벤션
	○ conclude a treaty 조약을 체결하다
조약돌	gravel 그래블 ● pebble 페블
조언	advice 어드바이스 ● counsel 카운슬
	suggestion 서제스천

조예	attainment 어테인먼트 • scholarship 스칼러십
조용히	quietly 콰이엇틀리 • calmly 캄리 • peacefully 피스풀리
조이다	strain 스트레인 • tighten 타이튼 • stiffen 스티픈
조작	operation 어퍼레이션 • handling 핸들링
조정(調停)	mediation 메디에이션 • arbitration 아비트레이션
	○ mediate a dispute 분쟁을 조정하다
조정(調整)	regulation 레귤레이션 • adjustment 엇저스트먼트
	control 컨트롤 ○ adjust the price 가격을 조정하다
조종하다	manage 매니지 • control 컨트롤 • handle 핸들
	operate 아퍼레잇
조준	aim 에임
조직	organization 오가니제이션 • formation 포메이션
	structure 스트럭처
조짐	symptom 심텀 • sign 사인 • indication 인디케이션
조처하다	manage 매니지 • conduct 컨덕트 • arrange 어래인쥐
	○ a measure suited to the occasion 적절한 조처
조카	nephew 네퓨
조카딸	niece 니스
조퇴	leaving early 리빙 어얼리
	leaving earlier than usual 리빙 어얼리어 댄 유절
조화(調和)	harmony 하모니 (일치) • symmetry 시머트리 (균형)
조화(造花)	artificial flower 아티피셜 플라워
	imitation flower 이미테이션 플라워
조회(朝會)	morning meeting 모닝 미팅
조회(照會)	inquiry 인콰이어리 • reference 레퍼런스
족자	hanging picture(scroll) 행잉 픽처(스크롤)
족제비	weasel 위절
족하다	be sufficient 비 서피션트 • be enough 비 이너프
존경	respect 리스펙트 • esteem 이스팀
존립	existence 이그지스턴스
존속하다	continue to exist 컨티뉴 투 이그지스트
	keep up 킵 업 • last 래스트
존재	existence 이그지스턴스 • subsistence 섭시스턴스

존중하다	respect 리스펙트 ● esteem 이스팀
	○ respectable / estimable 존중할만한
졸라대다	badger 뱃쥐 ● tease 티즈
졸리다	feel sleepy 필 슬리피 ● grow drowsy 그로우 드라우지
	○ sleepily / drowsily 졸린 듯이
졸업	graduation 그래쥬에이션
졸음	sleepiness 슬리피니스 ● drowsiness 드라우지니스
졸졸	trickling 트리클링 ● murmuring 머머링
	○ a brook murmurs along 시냇물이 졸졸 흐르다
졸지에	suddenly 서든리 ● all of a sudden 올 어브 어 서든
좀더	a little more 어 리틀 모어 (양) ● a few more 어 퓨 모어 (수)
	a little longer 어 리틀 롱거 (시간)
좀도둑	filcher 필쳐 ● pilferer 필퍼러
좁은	narrow 내로우 ● tight 타이트 ● confined 컨파인드
좀처럼	rarely 레얼리 ● seldom 셀덤
	○ It seldom snows in this region
	이 지방은 좀처럼 눈이 안 온다
좁히다	make narrow 메이크 내로우 ● compact 컴팩트 (간격을)
종	bell 벨 ● buzzer 버저 ● doorbell 도어벨
종교	religion 릴리전 ● faith 페이쓰 ● creed 크리드
종기	swell 스웰 ● tumor 튜머 ● abscess 앱세스
종달새	skylark 스카이락 ● lark 락
종래	up to now 업 투 나우 ● hitherto 히더투
	○ as in the past / as usual / as before 종래와 같이
종류	kind 카인드 ● sort 소트 ● class 클래스
	○ classify 종류별로 나누다
종말	end 엔드 ● conclusion 컨클루전
종목	item 아이템 ● line 라인 ● event 이벤트 (경기의)
종사하다	devote oneself 디보우트 원셀프 (전념한)
	engage in 인게이지 인 ● pursue 퍼슈
	attend to 어텐드 투 (집무에)
	○ What business is he engaged in?
	그는 무슨 직업에 종사하고 있습니까?

종이	paper 페이퍼	○ a sheet of paper 종이 한 장
종이쪽지	a slip of paper 어 슬립 어브 페이퍼 ● tag 택	
종자(種字)	seed 씨드 (식물의) ● breed 브리드 (동물의)	
종점	the terminal(station) 더 터미널(스테이션) (미) the terminus 더 터미너스	
종지부	period 피리어드 ● full stop 풀 스탑	
좋다	be good 비 굿 ● be fine 비 파인 ● nice 나이스	
	○ That's a good idea 좋은 생각이다	
	be beneficial 비 베니피셜	
	be favorable 비 페이버러블 (유익)	
좋아하다	like 라이크 ● be fond of 비 펀드 어브 ● love 러브	
좌석	seat 시트 (비행기의) ● pew 퓨 (교회의)	
	○ reserve a seat 좌석을 잡아두다	
좌우	right and left 라이트 앤 레프트	
죄	crime 크라임 ● sin 신 ● vice 바이스	
	○ confess oneself to be guilty 죄를 자백하다	
	○ fasten the crime on 죄를 씌우다	
죄수	prisoner 프리즈너 ● convict 컨빅트 ● jailbird 제일버드	
죄악	sin 신 ● crime 크라임 ● vice 바이스	
죄인	criminal 크리미널 ● convict 컨빅트	
주간(晝間)	daytime 데이타임 ● day 데이	
	○ day-duty / daywork 주간근무	
주간(週刊)	weekly 위클리 ● weekly publication 위클리 퍼블리케이션	
주근깨	freckle 프레클 ● fleck 플렉	
주눅들다	feel timid 필 티미드 ● lose one's nerve 루즈 원스 너어브	
주다	give 기브 ● present 프리젠트 ● bestow 비스토우	
	○ feed the chickens 닭에게 모이를 주다	
주둔	staying 스테잉 ● stationing 스테이셔닝 ● posting 포스팅	
	○ stationary troops 주둔군	
주둥이	mouth 마우쓰 ● lips 립스 ● tongue 텅	
	○ wag one's tongue 주둥이를 놀리다	
주렁주렁	in cluster 인 클러스터 ● in abundance 인 어번던스	
주름살	wrinkle 링클	

주름잡히다	become wrinkled 비컴 링클드
	○ smooth out / iron out 주름을 펴다
주말	weekend 위켄드
주머니	moneybag 머니백 ● pocketbook 파킷북 pouch 파우치
	○ I have a tight pocketbook 나는 주머니 사정이 좋지 않다
주먹	fist 피스트 ● the bunch of fives 더 번치 어브 파이브스
	○ clench one's fist 주먹을 쥐다
주먹밥	rice ball 라이스 볼
주목	attention 어텐션 ● notice 노티스
	○ attract public attention 세인의 주목을 받다
주문	order 오더 ○ have a rush of order 주문이 쇄도하다
주방	kitchen 키친 ● cookroom 쿡룸
주부	housewife 하우스와이프
주사	injection 인젝션 ● shot 샷
	○ give an injection 주사를 놓다
주사위	dice 다이스 ○ diceplay 주사위놀이
주소	address 어드레스 ● abode 어보우드
주시다	give 기브 ● bestow 비스토우
주식	share 쉐어 (영) ● stock 스탁 (미)
주위(周圍)	surrounding 서라운딩 ● circumference 서컴퍼런스 girth 거쓰(둘레)
주의(注意)	attention 어텐션 ● notice 노티스 ● heed 히드
	○ bring to notice 주의를 환기하다
주인	master 매스터 ● head 헤드 owner 오우너 (물건의 주인) host 호스트 (남) ● hostess 호스티스 (여)
주장	assertion 어서션 ● contention 컨텐션 insistence 인시스턴스 ● advocacy 앳버커시
	○ Insist on one's innocence 무죄를 주장하다
주저하다	hesitate 헤지테이트 ● waver 웨이버 ● falter 폴터
주전자	kettle 케틀 ● teakettle 티케틀
주제	the main subject 더 메인 서브젝트 ● theme 씸

주제넘다	be impertinent 비 임퍼터넌트 ● be saucy 비 소시
주지스님	the resident priest 더 레지던트 프리스트
주차장	parking lot(place) 파킹 랏(플레이스) (미)
	car park 카 파크 (영)
주최하다	host 호스트 ● sponsor 스폰서
주택	house 하우스 ● residence 레지던스
주판	abacus 애버커스
	◐ be clever with one's abacus 주판을 놓다
죽	gruel 그루얼 ● porridge 포리쥐 ● pap 팹
죽다	die 다이 ● pass away 패스 어웨이
죽순	bamboo shoot(sprout) 뱀부 슛(스프라우트)
죽음	death 데쓰 ● decease 디시스 ● demise 디마이즈 (서거)
죽이다	kill 킬 ● slay 슬레이 ● murder 머더
준비	preparation 프레퍼레이션
	arrangement 어래인지먼트 ● readiness 레디니스
	◐ provide a dinner 식사 준비를 하다
	◐ get everything in readiness 만반의 준비를 하다
줄	rope 로프 ● cord 코드 ● string 스트링 ● line 라인
	◐ stand in queue 한 줄로 서다
줄거리	outline 아웃라인 (골자) ● stalk 스톡 ● stem 스템 (줄기)
줄곧	all the time 올 더 타임 ● all through 올 쓰루
	◐ all through the morning 아침부터 줄곧
줄기	trunk 트렁크 ● stem 스템 (나무 따위의)
	stream 스트림 (물줄기) ● vein 베인 (혈관의)
	range 레인지 (산의)
줄넘기	rope-skipping 로프-스키핑
	rope-jumping 로프-점핑
줄다	decrease 디크리스 ● diminish 디미니시
줄다리기	a tug of war 어 턱 어브 워
줄무늬	stripe 스트라이프
줄자	measuring tape 메저링 테잎
줄줄	profusely 프러퓨슬리 (풍부하게)
	◐ swelter 땀을 줄줄 흘리다

	smoothly 스무들리 (매끄럽게)
	without stopping 위다웃 스타핑
	fluently 플루언틀리 (유창하게)
줍다	pick up 픽 업 ● gather up 개더 업
중	monk 멍크 ● bonze 본즈
	Buddhist priest 부디스트 프리스트
중간	middle 미들 ● midway 미드웨이 ● halfway 해프웨이
	midterm 미드텀
중계	relay 릴레이 ● hook up 훅 업 (미)
중고	second hand article 세컨드 핸드 아티클 (물건)
	the middle age 더 미들 에이지 (역사)
중국	China 차이나 ○Chinese 중국의
중년	mid-life 미드라이프 ● middle age 미들 에이지
중대(重大)	importance 임포턴스 ● gravity 그래비티
	○grave affair 중대한 사건
중대(中隊)	company 컴퍼니 (보병, 공병) ● battery 배터리 (포병)
	squadron 스콰드론
중도(中途)	halfway 해프웨이 ● midway 미드웨이
	midcourse 미드코오스
	○stop working halfway 중도에서 그만두다
중독	poisoning 포이즈닝 ● toxication 탁시케이션
중량	weight 웨이트
중류	mid-stream 미드스트림 (흐름의복판)
	the middle class 더 미들 클래스 (사회)
중립	neutrality 뉴트랠리티
중매	matchmaking 매치메이킹
중병	serious illness 시리어스 일니스
중복	overlapping 오버래핑 ● repetition 레퍼티션 (반복)
	duplication 두플리케이션
중상	serious wound(injury) 시리어스 운드 (인저리)
	○receive a serious wound 중상을 입다
중생	mankind 맨카인드 ● human being 휴먼 빙
중성	the neuter gender 더 뉴터 젠더 ● neutrality 뉴트랠러티

중세	the middle age 더 미들 에이지
중순	the second(middle) ten days of a month 더 세컨드 텐 데이즈 어브 어 먼쓰
중심	center 센터 (복판) ● focus 포커스 (초점)
중앙	center 센터 ● middle 미들
	○ in the middle(center) 중앙에서
중얼거리다	mutter 머터 ● grumble 그럼블 ● murmur 머머
중얼중얼	muttering 머터링 ● murmuring 머머링
중요	importance 임포턴스 ● consequence 칸시퀀스
중요시하다	take a serious view of 테이크 어 시리어스 뷰 어브 attach great importance to 어태치 그레잇 임포턴스 투
중요한	important 임포턴트 ● momentous 모멘터스
	○ the matter is of little importance 그일은 그다지 중요하지 않다
중절	interruption 인터럽션 ● discontinuance 디스컨티뉴언스
중절모	soft hat 소프트 햇 ● felt hat 펠트 햇
중점	emphasis 엠퍼시스 ● stress 스트레스
	○ lay emphasis(stress) on 중점을 두다
중지	stoppage 스탑피지 ● interruption 인터럽션
중지하다	stop 스탑 ● suspend 서스펜드 ● call off 콜 어프
	○ stop the speaker 연설을 중지시키다
중풍	palsy 펄지 ● paralysis 퍼랠러시스
중학교	middle school 미들 스쿨 junior high school 주니어 하이 스쿨 (미)
중학생	middle school student 미들 스쿨 스튜던트 junior high school student 주니어 하이 스쿨 스튜던트
쥐	rat 랫 ● mouse 마우스
쥐다	hold 홀드 ● grasp 그래습
쥐약	rat poison 랫 포이즌 ● raticide 래터사이드
쥐어뜯다	pluck 플럭 ● pick 픽
쥐어짜다	press out 프레스 아웃 ● extract 익스트랙트
주스	juice 주스
즈음하여	when 웬 ● at the time 앳 더 타임 ● in case 인 케이스

즉	namely 네임리 ● that is 댓 이즈
	○ This is just a thing I wanted 이것이 즉 내가 원했던 것이다
즉각	on the spot 온 더 스팟 ● at once 앳 원스
	right away 라잇 어웨이
즉사	instantaneous death 인스턴테너스 데쓰
즉시	immediately 이미디어틀리 ● at once 앳 원스
	instantly 인스턴틀리
즉위	accession to the throne 액세션 투 더 쓰로운
즉흥	impromptu amusement 임프람추 어뮤즈먼트
	○ an impromptu address 즉흥 연설
즐거움	pleasure 플레저 ● enjoyment 인조이먼트
	delight 딜라이트
즐겁다	be pleasant 비 플레즌트 ● be delightful 비 딜라이트풀
	be cheerful 비 치어풀
즐기다	enjoy oneself 인조이 원셀프
	take pleasure in 테익 플레저 인
	○ enjoy reading 독서를 즐기다
증가	increase 인크리스 ● gain 게인 ● growth 그로쓰
증거	evidence 에버던스 ● proof 프루프
	testimony 테스터모우니
증발	evaporation 이배퍼레이션
	volatilization 발러틀라이제이션
증명	proof 프루프 ● evidence 에비던스
증상	symptom 심텀
증언	testimony 테스터머니 ● witness 위트니스
증오하다	hate 헤잇 ● abhor 애브호
증인	witness 위트니스 ● testifier 테스터파이어
	surety 슈어티 (보증인)
증정	presentation 프레즌테이션 ● proffering 프라퍼링
지각(遲刻)	lateness 레잇니스
	○ be late for school 학교에 지각하다
지각(知覺)	perception 퍼셉션 (인식)
	consciousness 컨셔스니스 (의식)

	sensation 센세이션 (감각)
	○ sensible / discreet 지각 있는
지갑	purse 퍼스
지구	earth 어쓰 • globe 글로브
지그재그	zigzag 지그재그
지극히	exceedingly 익시딩리 • extremely 익스트림리
지긋하다	be advanced in years 비 어드밴스트 인 이어스
	be well up in years 비 웰 업 인 이어스
	○ a man well advanced in years 나이가 지긋한 사람
지금	now 나우 • the present time 더 프레즌 타임
지급	provision 프로비젼 • grant 그랜트
	○ provide with travel 여비를 지급하다
지껄이다	chatter 췌터 • gabble 개블 • jabber 줴버
지나가다	pass by 패스 바이 • go past 고우 패스트
	○ Please drop in sometime when you are passing by 지나가는 길에 한번 들르시오
지나다	pass 패스 • go on 고우 온
	○ as time goes on 시간이 지남에 따라
	expire 익스파이어 • terminate 터미네잇 (만기)
	○ the contract has expired 계약기간이 지났다
지난달	last month 래스트 먼쓰
지네	centipede 센터피드
지느러미	fin 핀 • pinna 피나
지능	intelligence 인텔리전스 • intellect 인털렉트
지니다	carry 캐리 • have 해브 (휴대) • keep 킵 (소유)
	hold 홀드 (간직)
지다	bear 베어 • carry on the back 캐리 온 더 백 (짐을)
	○ bear a heavy burden 무거운 짐을 지다
	owe 오우 • get into debt 겟 인투 뎃 (빚)
	○ owe money 빚을 지다
	fall 폴 • fade and fall 페이드 앤 폴 (잎, 꽃)
	set 셋 • sink 싱크 • go down 고우 다운 (해, 달)
	○ the moon has set 달이 졌다

지당한	proper 프라퍼 • right 라이트 • fair 페어 reasonable 리즈너블 ◯ a reasonable demand 지당한 요구
지도(地圖)	map 맵 • atlas 애틀러스
지도(指導)	guidance 가이던스 • leadership 리더십 ◯ guide research work 연구를 지도하다
지렁이	earthworm 어쓰웜 ◯ even a worm will turn 지렁이도 밟으면 꿈틀하다
지레짐작	guesswork 게스워크 • conjecture 컨젝처 prejudgement 프리저쥐먼트
지레	lever 레버 • handspike 핸드스파이크
지루하다	be tedious 비 티디어스
지름길	shortcut 숏컷 • shorter way 숏터 웨이
지리	geography 지오그래피 • topography 토파그래피
지명(地名)	the name of a place 더 네임 어브 어 플레이스
지명(指名)	naming 네이밍 • nomination 나머네이션 ◯ be nominated for President 대통령 후보자로 지명하다
지문	fingerprint 핑거프린트 • finger mark 핑거마크
지방(地方)	the country 더 컨트리 • the provinces 더 프라빈시즈 locality 로우캘러티 • district 디스트릭트 (지구)
지방(脂肪)	fat 팻 • grease 그리스 ◯ fatty / sebaceous 지방질의
지배	control 컨트롤 (관리) • management 매니지먼트 (처리) direction 디렉션 (지휘) • rule 룰 (통치)
지불	payment 페이먼트 • defrayment 디프레이먼트
지불하다	pay 페이 • defray 디프레이 • discharge 디스차지 ◯ postpone one's payment 지불을 연기하다
지붕	roof 루프
지사	branch (office) 브랜치 (어피스)
지상	the ground 더 그라운드
지성	intellect 인털렉트 • intelligence 인텔리전스
지시(指示)	direction 디렉션 • instruction 인스트럭션 indication 인디케이션

지식	knowledge 날리쥐 ● information 인포메이션
지옥	hell 헬 ● Hades 헤이디즈
지우개	eraser 이레이저 ● cleaner 클리너
지우다	put on back 풋 온 백 ● bear 베어 (등에)
	charge 촤쥐
	lay a duty upon 레이 어 듀티 어펀 (부담시키다)
	erase 이레이즈 ● rub 럽
	cross out 크로스 아웃 (지워없애다)
지위	position 포지션 ● status 스테이터스 ● rank 랭크
지장	difficulty 디피컬티 (곤란) ● impediment 임페디먼트 (장애)
지저귀다	twitter 트위터 ● chirp 처프 ● chatter 췌터
지적(指摘)	pointing out 포인팅 아웃 ● indication 인디케이션
	○ point out mistakes 잘못을 지적하다
지점(支店)	branch office 브랜취 어피스
지점(地點)	spot 스팟 ● point 포인트
	○ advantage point 유리한 지점
지정(指定)하다	appoint 어포인트 ● designate 데지그네잇
	assign 어사인
	○ appoint a day and a place 날짜와 장소를 지정하다
지지(支持)	support 서포트 ● backing 배킹
	○ popular support 민중의 지지
	○ support a candidate 입후보자를 지지하다
지진	earthquake 어쓰퀘익 ● shock 샥
지참금	dowry 다우어리 ● marriage portion 메리지 포션
지출	expense 익스펜스 ● expenditure 익스펜디처
	outlay 아웃레이
지치다	be exhausted 비 이그조스티드 ● be worn out 비 원 아웃
	○ be tired out / be dead tired 몹시 지치다
지키다	defend 디펜드 ● protect 프로텍트 ● guard 가드
지팡이	stick 스틱 ● cane 케인 (영)
지퍼	zipper 지퍼
지평선	horizon 허라이즌
지폐	paper money 페이퍼 머니 ● bill 빌

지푸라기	straw 스트로
지하도	underground passage 언더그라운드 패시지 subway 서브웨이
지하철	subway 서브웨이(미) ● underground 언더그라운드(영)
지혈	stopping of bleeding 스타핑 어브 블리딩
지혜	intelligence 인텔리전스 ● wisdom 위즈덤
지휘	command 커맨드 ● order 오더
직경	diameter 다이애미터
직계	the direct line 더 다이렉트 라인 direct descendant 다이렉트 디센던트
직공	workman 워크맨 ● worker 워커 factory hand 팩토리 핸드
직면하다	face 페이스 ● confront 컨프론트 ○ problems that are now being faced 직면하고 있는 문제
직무	duty 듀티 ● function 펑션 ○ a service allowance 직무수당
직선	straight line 스트레이트 라인 ● beeline 비라인
직업	job 잡 ● occupation 어큐페이션 ● career 커리어
직장(職場)	one's place of work 원스 플레이스 어브 워크
직접	directly 다이렉틀리 ● firsthand 퍼스트핸드
직진하다	go right on 고우 라이트 온 make straight for 메이크 스트레이트 포
직함	the title of a position 더 타이틀 어브 어 포지션 one's official title 원스 어피셜 타이틀
직행	going straight 고잉 스트레이트 (바꾸어타지 않고) going non-stop 고잉 난스탑 (무정차)
진격	attack 어택 ● advance 어드밴스
진급	promotion 프로모션 ○ He is rapid in promotion 그는 진급이 빠르다
진눈깨비	sleet 슬릿 snow mixed with rain 스노우 믹스트 위드 레인
진단	diagnosis 다이어그노우시스 ○ a medical certificate 진단서

진달래	azalea 어제일려
진드기	tick 틱 ● mite 마이트
진로	course 코-스 ● direction 디렉션 ● path 패쓰
진리	truth 트루쓰 ● fact 팩트
	○ seek after truth 진리를 탐구하다
진보	progress 프로그레스 ● advance 어드밴스
진부한	commonplace 커먼플레이스
	old-fashioned 올드 패션드 ● trite 트라이트
	○ a trite expression 진부한 표현
진상(眞相)	truth 트루쓰 ● real fact 리얼 팩트
	○ inquire into the truth 진상을 규명하다
진술	statement 스테이트먼트 ● testimony 테스터머니 (증언)
진실	truth 트루쓰 ● sincerity 신세러티 ● reality 리얼리티
진심	true heart 트루 허트 ● sincerity 신세러티
	the whole heart 더 호울 허트
진열	exhibition 엑서비션 ● show 쇼우 ● display 디스플레이
진영(陣營)	camp 캠프 ● encampment 인캠프먼트
진지(陣地)	position 포지션 ● encampment 인캠프먼트
	quarter 쿼터
	○ evacuate a position / decamp 진지를 철수하다
진지한	serious 시리어스 ● sincere 신시어
	sober 소우버 (맑은 정신의)
	○ take seriously 진지하게 생각하다
진짜	genuine article 제뉴인 아티클
	real thing(stuff) 리얼 씽(스터프)
진찰	medical examination 메디컬 이그재머네이션
	diagnosis 다이어그노우시스
	○ see a doctor 진찰을 받다
진창	mud 머드 ● muddy place 머디 플레이스
진척되다	progress 프로그레스 ● advance 어드밴스
	○ The road work is making progress steadily
	도로 공사는 착착 진척되고 있다
진출	advance 어드밴스 ● debouchment 디부쉬먼트

진통	relieve the pain 릴리브 더 페인
	○ anodyne / analgesic 진통제
진학하다	enter a school of higher grade 엔터 어 스쿨 어브 하이어 그레이드
진한	dark 다크 ● deep 딥 (빛깔이) ● thick 씩 (국물 따위)
진행	progress 프로그레스 ● advance 어드밴스
진행시키다	advance 어드밴스 ● proceed 프로시드
진화	evolution 에벌루션
진흙	mud 머드 ● dirt 더트 ● mire 마이어 (진창)
질그릇	clay ware 클레이 웨어
질리다	get sick of 겟 식 어브
	become fed up with 비컴 페드 업 위드
	○ I am fed up with this work 이 일에는 질렸다
	turn pale 턴 패일 (파랗게) ● cower 카우어 (기가)
	○ He loses his nerve and cannot say a word 기가 질려서 말 한마디 못한다
질문	question 퀘스천 ● query 퀴어리
	○ answer a question 질문에 답하다
질병	disease 디지즈 ● sickness 식니스
질색	disgust 디스거스트 ● detestation 디테스테이션
질서	order 오더 ● system 시스텀 ● regularity 레귤랠러티
	○ in good order / systematically 질서정연하게
질주	speeding 스피딩 ● scamper 스캠퍼
질질	trailingly 트레일링리 ● draggingly 드래깅리 (끄는 모양)
	dribbling 드리블링 ● oozing 우징 (흐르는 모양)
질질 끌다	drag 드래그 ● draggle 드래글
질타	scolding 스콜딩
질투	jealousy 젤러시
	○ jealous / envious / greeneyed 질투가 많은
질투하다	be jealous 비 젤러스
질펄질퍽	squish and squish 스퀴시 앤 스퀴시
짊어지다	bear 베어 ● carry 캐리 (짐을)
	be charged with 비 촤지드 위드 (의무 따위의)

짐	○ bear a heavy burden 무거운 짐을 짊어지다	
	load 로드 ● burden 버든 ● cargo 카고	
	○ load 짐을 싣다 / unpack 짐을 풀다	
짐꾸리기	packing 패킹	
짐승	beast 비스트 ● brute 브루트	
짐작	guess 게스 ● conjecture 컨젝처	
	○ guess right 짐작이 맞다	
짐작하다	guess 게스 ● conjecture 컨젝처 ● infer 인퍼	
집	house 하우스 ● residence 레지던스 ● home 호움	
	dwelling 드웰링	
집계	total 토우틀	
집념	deep attachment 딥 어태취먼트	
	concentration of one's attention	
	컨센트레이션 어브 원스 어텐션	
집단	group 그룹 ● mass 매스	
	○ collectively / as a group 집단적으로	
집세	rent 렌트 ● house-rent 하우스렌트	
집시	gypsy 집시 (미) ● gipsy 집시 (영)	
집어넣다	put in 풋 인 ● take in 테이크 인 ● bring in 브링 인	
집중	concentration 컨센트레이션	
집필	writing 라이팅	
집합	gathering 개더링 ● collection 컬렉션	
집행	execution 엑서큐션 ● enforcement 인포스먼트	
짓궂은	annoying 어노잉 ● bothersome 바더섬	
	nagging 내깅	
짓다	make 메이크 (만들다) ● build 빌드 (건조하다)	
	write 라이트 (작성하다)	
	boil 보일 ● cook 쿡 (밥을)	
짓누르다	weigh down 웨이 다운 ● press down 프레스 다운	
	○ The debt lay like a heavy weight on his mind	
	그 빚이 그의 마음을 짓눌렀다	
짓무르다	be sore 비 소어 ● become blistered 비컴 블리스터드	
짓밟다	trample on 트램플 온 ● tread down 트레드 다운	

징계	discipline 디서플린 ● reprimand 레프러맨드
징병	conscription 컨스크립션 ● enlistment 엔리스트먼트
징수	collection 컬렉션 ● levy 레비
징역	penal servitude 페널 서버투드
	imprisonment 임프리즌먼트
짖다	bark 바크 ● bay 베이
짙은	dark 다크 ● deep 딥 (색채가)
	dense 덴스 ● thick 씩 (안개 따위가)
	◐ thick fog 짙은 안개
짚	straw 스트로
짜다	piece together 피스 투게더
	assemble 어셈블 ● make 메이크 (만들다)
	form 폼 ● organize 오거나이즈 (편성하다)
	weave 위브 ● spin 스핀 ● knit 니트 (실, 끈으로)
	wring 링 ● compress 컴프레스 ● squeeze 스퀴즈 (물기를)
	◐ wring wet clothes 젖은 옷을 짜다
	◐ form a plan 계획을 짜다
짜증	ill humor 일 유머 ● temper 템퍼
	◐ offend / ruffle 짜증이 나게 하다
짝꿍	one of a pair 원 어브 어 페어
짝사랑	one-sided love 원사이디드 러브
	unrequited love 언리콰이티드 러브
짝수	even number 이븐 넘버
	◐ odd(uneven) number 홀수
짝짝이	unmatched(odd) pair 언맷치트(아드) 페어
짧은	short 쇼트 ● brief 브리프
	◐ in short / to be brief 짧게 말하면
짬	leisure 레저 ● free time 프리타임
	time to spare 타임 투 스페어
	◐ at odd moments / in one's spare time 짬짬이
쩨쩨한	stingy 스틴쥐 ● niggardly 니거들리 ● miserly 마이절리
	◐ miser / a stingy person 쩨쩨한 사람
쩔쩔매다	be at a loss 비 앳 어 로스

쪼그리다 쫓다	be at one's wit's end 비 앳 원스 위츠 엔드 ◐ be hard up for money 돈이 없어 쩔쩔매다 crush 크러시 ● crouch 크라우치 ● bend low 벤드 로우 drive away 드라이브 어웨이 (쫓아버리다) ◐ drive away flies 파리떼를 쫓다 run after 런 애프터 (뒤쫓다) ◐ run after a thief 도둑을 쫓다 follow 팔로우 (따르다) ◐ follow the fashion 유행을 쫓다
찌꺼기 찌다	dregs 드레그즈 (앙금) ● remnant 렘넌트 grow fat 그로우 팻 ● gain weight 게인 웨이트 (살이) ◐ He is over-weight 그는 너무 살이 쪘다 be humid 비 휴미드 ● be sultry 비 설트리 (날씨가) ◐ the sweltering heat 찌는 듯한 날씨 steam 스팀 (김으로) ◐ steam potatoes 감자를 찌다
찌르다 찌르레기 찌부러지다	pierce 피어스 ● prick 프릭 ● stab 스탭 starling 스탈링 collapse 컬랩스 ● get deflated 겟 디플레이티드 be squashed 비 스쿼쉬트
찌푸리다	cloud over 클라우드 오버 get cloudy 겟 클라우디 (날씨가) frown 프라운 ● scowl 스카울 (얼굴을) ◐ cloudy wether 찌푸린 날씨
찍다	stamp 스탬프 ● seal 씨일 ● impress 임프레스 ◐ set a seal / fix a seal 도장을 찍다
찜질	fomentation 포우먼테이션 applying a poultice 어플라잉 어 포울티스 ◐ apply an ice pack 얼음찜질
찢다 찢어지다	tear 테어 ● rend 렌드 ● split 스플릿트 ● cleave 클리브 be torn 비 톤 ● be rent 비 렌트 ◐ be torn into shreds 갈기갈기 찢어지다

ㅊ

차(車)	vehicle 비이클 ● car 카
차(茶)	tea 티 ◐ take(drink) a cup of tea 차를 한 잔 마시다
차갑다	be cold 비 코울드 ◐ be as cold as ice 매우 차갑다
차고	garage 거라쥐
차기(次期)	the next term(period) 더 넥스트 텀(피리어드)
차남	one's second son 원스 세컨드 선
차다	be cold 비 코울드 ● be icy 비 아이시
	◐ be ice-cold / be as cold as ice 얼음장같이 차다
차다	kick 킥 ◐ kick a ball 공을 차다
차단	interception 인터셉션 ● isolation 아이설레이션
차도	road way 로드 웨이 ● car lane 카 레인
차라리	rather 래더 ● preferably 프레퍼러블리
차례	order 오더 ● sequence 시퀀스
	◐ in order / one by one / by turns 차례로
	◐ wait for one's turn 차례를 기다리다
차례(茶禮)	ancestor-memorial services 앤시스터 메모리얼 서비시스
차마	for the world 포 더 월드
	◐ We do not have the heart to be angry at him 그에게 차마 화를 낼 수 없었다.
차밍	charming 차밍 ● attractive 어트랙티브
차별	distinction 디스팅션 ● difference 디퍼런스
차비	carfare 카페어 ● charges 촤지즈
	◐ What is the fare to Seoul and back? 서울까지의 왕복차비는 얼마입니까?
차선(車線)	lane 레인 ◐ keep to one's lane 차선을 지키다
차양	blind 블라인드 ● pent roof 펜트 루프
	◐ pull the blind down 차양을 내리다
차용	borrowing 바로잉 ● loan 로운

차이	difference 디퍼런스
차장(車掌)	conductor 컨덕터 (미) ● guard 가드 (영)
차장(次長)	vice-chief(director) 바이스 치프(디렉터)
차지하다	hold 홀드 ● occupy 어큐파이 ● take 테이크
	◎ win the final victory 최후의 승리를 차지하다
차창	car(train) window 카(트레인) 윈도우
차체	frame 프레임 ● body 바디
차츰	gradually 그래쥬얼리 ● by degree 바이 디그리
	step by step 스텝 바이 스텝
차트	chart 차트
착각	illusion 일루전 ● hallucination 헐루서네이션
	misapprehension 미스어프리헨션 (잘못 생각)
착공	starting work 스타팅 워크
착륙	landing 랜딩 ● alighting 얼라이팅
착상(着想)	idea 아이디어 ● conception 컨셉션
착수	start 스타트 ● commencement 커맨스먼트
	setting about 세팅 어바웃
착실한	steady 스테디 ● faithful 페이쓰풀
	◎ do one's work faithfully 일을 착실히 하다
착안	aim 에임 ● notice 노티스 ● observation 업저베이션
착오	mistake 미스테이크 ● error 에러
	misapprehension 미스어프리헨션
착용	putting on 푸팅 온 ● wearing 웨어링
찬란한	brilliant 브릴리언트 ● shining 샤이닝 ● bright 브라이트
찬미	praise 프레이즈 ● glorification 글로리피케이션
	adoration 애더레이션
	◎ sing praise of life 인생을 찬미하다
찬밥	cold boiled-rice 콜드 보일드 라이스
찬성	approval 어프루벌 ● approbation 어프로베이션
	agreement 어그리먼트
	◎ I agree to your opinion / I am for you
	너의 의견에 찬성하다
찬송가	hymn 힘 ● psalm 삼

찬스	chance 챈스 ● opportunity 어포튜너티	
	◐ a capital chance / a golden opportunity 절호의 찬스	
찬장	pantry chest 팬트리 체스트 ● cupboard 컵보드 sideboard 사이드보드	
찬조	support 서포트 ● backing 백킹 sponsorship 스폰서십	
찰나	moment 모먼트 ● instant 인스턴트	
찰흙	clay 클레이	
참가	participation 파티서페이션 ● joining 조이닝 entry 엔트리	
참고서	reference book 레퍼런스 북	
참깨	sesame 세서미	
참다	bear 베어 ● endure 인쥬어 ● put up with 풋 업 위드	
	◐ patient / persevering / long-suffering 참을성 있는	
참담	misery 미저리 ● tragedy 트래저디 wretchedness 레치드니스 ● distress 디스트레스	
	◐ It has wreaked havoc with the crops 그 때문에 농사는 참담했다	
참모	staff 스태프 (총칭) ● staff office 스태프 어피스 (개인) adviser 어드바이저 ● brain truster 브레인 트러스터 (상담자)	
참배	worship 워십	
참새	sparrow 스패로우	
참여	participation 파티서페이션	
참외	melon 멜런	
참으로	really 리얼리 ● truly 트룰리 ● indeed 인디드	
	◐ I am really very pleased to hear the news 그 소식을 들으니 참으로 기쁘다	
참을성	patience 페이션스 ● perseverance 퍼시비어런스 endurance 인쥬어런스	
참치	tuna 튜나	
참회	confession 컨페션 (고백) ● repentance 리펜턴스 (회오)	
	◐ confess one's sins 죄를 참회하다	
찻잔	teacup 티컵	

찻집	tea-house(stall) 티하우스(스톨) ● tea-shop 티샵
	tearoom 티룸
창(窓)	window 윈도우
창가(娼家)	bawdy house 보디 하우스 ● brothel 브로쎌
	cathouse 캣하우스 (미, 속)
창가(唱歌)	singing 싱잉 ● song 송 ● vocal music 보컬 뮤직
창고	warehouse 웨어하우스 ● store-house 스토어하우스
창립	founding 파운딩 ● foundation 파운데이션
	establishment 이스태블리쉬먼트
창백	pallor 팰러 ● paleness 페일니스
	pallidness 팰리드니스
창백한	pale 패일 ● pallid 팰리드 ● white 화이트
	○ He is looking awfully washed out 안색이 몹시 창백하다
창설	establishment 이스태블리쉬먼트
	foundation 파운데이션
창세기	the Genesis 더 제너시스
창안	original idea(plan) 오리지널 아이디어(플랜)
	originality 오리지낼러티 (생각)
	origination 오리지네이션 (입안)
창업	the commencement of an enterprise
	더 커멘스먼트 어브 언 엔터프라이즈
	establishment 이스태블리쉬먼트
	foundation 파운데이션
창작	creation 크리에이션 ● origination 어리지네이션
	original work 어리지널 워크
창조	creation 크리에이션
	○ creative / originative 창조적
창피	shame 쉐임 ● disgrace 디스그레이스
	ignominy 이그너미니
	○ be put to shame / be humiliated 창피를 당하다
찾다	seek 식 ● search 서치 ● trace 트레이스
	look for 룩 포 ● look for a person 사람을 찾다
찾아내다	find out 파인드 아웃 ● discover 디스커버

	detect 디텍트 • locate 로우케잇
	○ trace the cause of death 사망 원인을 찾아내다
채권(債券)	bond 본드 • debenture 디벤처
	○ issue bonds 채권을 발행하다
채권(債權)	credit 크레딧 • claim 클레임
	○ I am his creditor 그에 대하여 나는 채권이 있다
채널	channel 췌늘
채다	sense 센스 • suspect 서스펙트 • spot 스팟
	smell 스멜 (눈치를)
채다	snatch 스냇취 • seize 시즈 • filch 필취 (훔치다)
	pull with jerk 풀 위드 저크 (잡아당기다)
	○ jerk one's fishing rod out 낚싯대를 잡아채다
채비	preparation 프레퍼레이션
채색(彩色)	coloring 컬러링 • painting 페인팅
	coloration 컬러레이션
채색하다	color 컬러 • paint in colors 페인트 인 컬러스
	decorate 데커레잇
채소	vegetable 베지터블 • greens 그린즈
채소가게	greengrocer's 그린그로서즈
	vegetable shop 베지터블 샵
채식	living on vegetable 리빙 온 베지터블
	vegetarian diet 베지테리언 다이엇
채용	adoption 어댑션 • acceptance 액셉턴스 (채택)
	employment 임플로이먼트 (임용)
	○ appoint on probation 임시로 채용하다
	○ employ as a clerk 서기로 채용하다
채우다	lock 락 • fasten 페이슨 • hook 후크
	○ fasten a lock 자물쇠를 채우다
채우다	complete 컴플리트 • fulfill 풀필 (기한을)
	satisfy 새티스파이 (욕심을)
채집	collection 컬렉션 • collecting 컬렉팅
	gathering 개더링
책	book 북 • volume 볼륨

책꽂이	bookshelf 북쉘프 ● bookcase 북케이스
책략	stratagem 스트래터점 ● artifice 아터피스
	trick 트릭
책받침	underlay 언더레이
	a pad inserted under a notebook sheet
	어 패드 인서티드 언더 어 노트북 쉿
책방	bookstore 북스토어 ● bookshop 북샵
	bookseller's 북셀러스
책상	desk 데스크
책상다리	legs of a table(desk) 레그즈 어브 어 테이블(데스크)
책임	responsibility 리스판서빌러티 ● duty 듀티 (의무)
처	wife 와이프
처녀	virgin 버진 ● maiden 메이든
처단	decision 디시전 ● settlement 세틀먼트
처리	handling 핸들링 ● treatment 트리트먼트
	● take care of one's own business
	자기 일을 스스로 처리하다
처마	eaves 이브즈
처방	prescription 프리스크립션 ● recipe 레서피
	● prescription 처방전
처벌	punishment 퍼니쉬먼트 ● penalty 페널티
	● punish severely 엄중히 처벌하다
처분	disposal 디스포절 ● disposition 디스포지션
처사	management 매니쥐먼트 ● transaction 트랜잭션
	disposal 디스포절
처세	conduct of life 컨덕트 어브 라이프
	● the art of living 처세술
	● He is worldly wise 그는 처세가 능하다
처음	the first 더 퍼스트 ● the beginning 더 비기닝
	the opening 디 오프닝
처음으로	first 퍼스트 ● for the first time 포 더 퍼스트 타임
처자(妻子)	one's wife and children 원스 와이프 앤 췰드런
	one's family 원스 패밀리

처치	disposition 디스포지션 ● dealing 딜링
	management 매니쥐먼트
처형	punishment 퍼니쉬먼트 ● execution 엑서큐션
척도	measure 메져 ● scale 스케일 ● standard 스탠다드
	criterion 크라이티어리언
	○ an index(barometer) of civilization 문명의 척도
척척	quickly 퀵클리 ● rapidly 래피들리
	easily 이질리(잘되는)
	○ solve a hard question easily 어려운 문제를 척척 풀다
	stick to 스틱 투(달라붙는)
	heap by heap 힙 바이 힙(쌓는)
	○ heap(pile) up rice bags 쌀가마니를 척척 쌓다
척추	vertebra 버터브러
천(千)	thousand 싸우전드
천국	heaven 헤븐 ● paradise 패러다이스
	○ an earthly heaven 지상의 천국
천녀	heavenly maid 헤븐리 메이드
	celestial nymph 셀레스철 님프
천둥	thunder 썬더
천막	tent 텐트 ● marquee 마키
	○ pitch(strike) a tent 천막을 치다
천문학	astronomy 어스트라너미
천박한	shallow 섈로우 ● crude 크루드
천사	angel 에인절
천연(天然)	nature 네이쳐 ● natural state 내추럴 스테이트
	○ natural gas 천연가스
	○ a natural monument 천연기념물
천재(天才)	genius 지녀스 ● talent 탤런트
천재(天災)	calamity 캘래머티 ● natural disaster 내추럴 디재스터
천정(天井)	ceiling 실링
천직	calling 콜링 ● vocation 보우케이션
	○ I feel a call to this work 나는 이일을 천직으로 알고 있다
천천히	slowly 슬로울리 ● leisurely 레절리

	○ speak slowly 천천히 말하다
천체	heavenly body 헤븐리 바디 ● orb 오브
	a celestial sphere 어 셀레스철 스피어
천하	universe 유니버스 ● earth 어쓰 ● the world 더 월드
	○ unify a country 천하를 통일하다
천한	humble 험블 (신분) ● cheap 칩 (흔한)
	○ He was a man of humble birth
	그는 천한 집안에서 태어난 사람이었다
천황	The Lord of Heaven 더 로드 어브 헤븐 (옥황상제)
	the Emperor of Japan 디 엠퍼러 어브 저팬 (일본의)
철강	steel 스틸
철교	iron bridge 아이언 브릿지
철근	steel reinforcing 스틸 리인포싱
철도	railroad 레일로드
철면피	brazen face 브레이즌 페이스 ● cheek 칙 (속어)
	○ He is a cheeky fellow 그는 철면피한 놈이다
철물점	hardware shop 하드웨어 샵 (미)
철봉	iron rod(bar) 아이언 라드(바)
	exercise bar 엑서사이즈 바
	horizontal bar 호러전틀 바 (운동용)
철사	wire 와이어
철새	seasonal(migratory) bird 시즈널(마이그러토리) 버드
철수하다	withdraw 윗드로 ● evacuate 이배큐에잇
	○ withdraw the troops 군대를 철수시키다
철야	all-night vigil 올-나잇 비질
	sitting up all night 시팅 업 올 나잇
철저	thoroughness 쎠로우니스
	exhaustiveness 이그조스티브니스
	○ make a thorough job 일을 철저하게 하다
철학	philosophy 필로서피
첨단	tip 팁 ● fine point 파인 포인트
	○ set the fashion 유행에 첨단을 걷다
첨부하다	accompany 어컴퍼니 ● append 어펜드 ● annex 어넥스

첩	concubine 컹켜바인	
	(secrete) mistress (시크릿) 미스트리스	
첫눈	the first snow of the season	
	더 퍼스트 스노우 어브 더 시즌	
첫사랑	first love 퍼스트 러브	
	one's first lover 원스 퍼스트 러버 (사람)	
첫째	the first 더 퍼스트 • the foremost 더 포모우스트	
	number one 넘버 원	
청각	auditory sense 오디터리 센스	
	the sense of hearing 더 센스 어브 히어링	
청개구리	tree frog 트리 프록	
청결	cleanness 클리니스 • purity 퓨어리티	
	neatness 니트니스	
청구서	bill 빌 • written claim 리튼 클레임	
청년	young man 영맨 • youth 유쓰	
	◯ he is a promising young man 그는 전도유망한 청년이다	
청부	contract 컨트랙트	
청산(淸算)	liquidation 리퀴데이션	
	settling account 세틀링 어카운트 • clearing 클리어링	
	◯ liquidate (have done) the past 과거를 청산하다	
청색	blue 블루 • blue color 블루컬러	
청소	cleaning 클리닝	
청순	purity 퓨어리티	
청어	herring 헤링	
청운	blue clouds 블루 클라우즈 (구름)	
	high ranks 하이 랭쓰 (고위)	
	◯ aspire after greatness (distinction) 청운의 뜻을 품다	
청중	audience 어디언스 • hearers 히어러즈	
	attendance 어텐던스	
청진기	stethoscope 스테쓰코우프	
청춘	youth 유쓰	
	the springtime of life 더 스프링타임 어브 라이프	
쳐다보다	look up 룩 업	

체감	gradual decrease 그래쥬얼 디크리스
	decrease in order 디크리스 인 오더
체격	physique 피지크
	structure of body 스트럭처 어브 바디
체계	system 시스템 ● organization 오가니제이션
체납	non-payment 난페이먼트
	deferred payment 디퍼드 페이먼트
체내	the interior of the body 디 인테리어 어브 더 바디
	○ in the body / in the system 체내의
체념하다	give up 기브 업 ● renounce 리나운스 ● resign 리자인
체력	physical strength 피지컬 스트렝쓰
	body strength 바디 스트렝쓰
체류(滯留)	stay 스테이 ● sojourn 소우전
체면	one's face 원스 페이스 ● prestige 프레스티지
	dignity 디그너티 ● reputation 레퓨테이션
	○ keep up one's dignity 체면을 유지하다
체온	temperature 템퍼러처
	○ one's temperature rises 체온이 오르다
체육	physical education 피지컬 에듀케이션
	physical exercise 피지컬 엑서사이즈
	gymnastics 짐내스틱스 (과목)
체인	chain 체인
체인지	change 체인쥐
체재	style 스타일 (생김새) ● form 폼
	appearance 어피어런스 (외형) ● make up 메이크업 (꾸밈)
	○ have proper form (style) 체재를 갖추고 있다
체조	gymnastics 짐내스틱스 ● gym 짐
체중	weight 웨이트 ○ gain weight 체중이 늘다
체질(體質)	constitution 컨스티튜션 ● habitude 해빗튜드
체크	check 체크 ● collation 컬레이션
체포	arrest 어레스트 ● apprehension 어프리헨션
	capture 캡처
체험	experience 익스피리언스

초(醋)	vinegar 비니거
초가을	early autumn(fall) 어얼리 어텀(폴)
초가집	grass-roofed house 그래스-루프트 하우스
초과	excess 익세스 • surplus 서플러스
초기	the early days 디 어얼리 데이즈
	the first stage 더 퍼스트 스테이지
	◐ shakespeare's early works 셰익스피어의 초기작품
초급(初級)	primary grade(class) 프라이머리 그레이드(클래스)
	the beginner's class 더 비기너스 클래스
초대	invitation 인비테이션
초등학교	elementary(primary) school 엘리멘터리(프라이머리) 스쿨
	public school 퍼블릭 스쿨 (미)
초라한	shabby 섀비 • miserable 미저러블
초래하다	bring about 브링 어바웃 • cause 커즈 • incur 인커
초록색	green 그린 • green color 그린 컬러
초면	the first meeting 더 퍼스트 미팅
	seeing for the first time 시잉 포 더 퍼스트 타임
초목	trees and grass 트리즈 앤 그래스 • plants 플랜츠
초밥	sushi 수시
초보	first step 퍼스트 스텝 • first stage 퍼스트 스테이쥐
	beginners 비기너즈
초사흘	the third day of month 더 써드 데이 어브 먼쓰
초상화	portrait 포트레잇트
초석(礎石)	foundation stone 파운데이션 스톤
	cornerstone 코너스토운
초순	the first third(ten days) of a month
	더 퍼스트 써드(텐 데이즈) 어브 어 먼쓰
	◐ early in October 시월 초순에
초승달	new(young) moon 뉴(영) 문 • crescent 크레슨트
초안(草案)	draft 드래프트
초여름	early summer 어얼리 서머
	the beginning of summer 더 비기닝 어브 서머
초원	plain 플레인 • prairie 프레어리 (북미의)

	pampas 팸퍼스 (남미의)
초인종	call-bell 콜-벨 • buzzer 버저
초저녁	early in evening 어얼리 인 이브닝
초조한	impatient 임페이션트 • irritated 이러테잇티드 anxious 앵셔스
초췌한	haggard 해거드 • emaciated 이메이쉬에이티드 • thin 씬 ○ he looks haggard 그는 모습이 초췌하다
초콜릿	chocolate 초컬릿
초하루	the first of the month 더 퍼스트 어브 더 먼쓰
초혼(初婚)	one's first marriage 원스 퍼스트 매리지
촉각(觸覺)	a sense of touch 어 센스 어브 터치 tactile sense 택타일 센스
촉감	tactile sensation 택타일 센세이션 • touch 터치 feel 필 ○ feel soft to the touch 촉감이 부드럽다
촉구하다	urge 어쥐 • press 프레스 • demand 디멘드 call upon 컬 어펀
촉망	expectation 익스펙테이션 • hope 호웁
촉성	promotion of growth 프로모션 어브 그로우쓰
촉수(觸手)	feeler 필러 • tentacle 텐터클
촉진	promotion 프로모션 • speeding up 스피딩 업
촌뜨기	countryman 컨트리맨 • peasant 피전트 hillbilly 힐빌리 • rustic 러스틱
촌락	village 빌리지 • hamlet 햄릿
촌스러운	farmerly 파머리 • rustic 러스틱 • boorish 부리쉬 countrified 컨트리파이드
촌지	token of good will 토큰 어브 굿 윌 trifle present 트라이플 프레즌트
촛대	candlestick 캔들스틱 • candlestand 캔들스탠드 candle holder 캔들 홀더
총	gun 건 • rifle 라이플 • firearms 파이어암즈
총계	the total 더 토우틀 • the total amount 더 토우틀 어마운트 the sum 더 썸

총독	viceroy 바이스로이 ● governor-general 거버너 제너럴	
총력	total strength 토우틀 스트렝쓰	
	the aggregate power 디 애그리게잇 파워	
	all one's energy 올 원스 에너지	
총리	the premier 더 프리미어	
	the prime minister 더 프라임 미니스터	
총명하다	be bright 비 브라이트	
	have a good memory 해브 어 굿 메모리	
총부리	muzzle of a rifle 머즐 어브 어 라이플	
총살	shooting to death 슈팅 투 데쓰	
	execution by shooting 엑서큐션 바이 슈팅	
총성	gunshot 건샷 ● the report of a gun 더 리포트 어브 어 건	
총아	favorite child 페이버릿 차일드 ● darling 달링	
	favorite 페이버릿	
총액	the total(sum) amount 더 토우틀(섬) 어마운트	
	the grand total 더 그랜드 토탈	
총재	president 프레지던트 ● governor 가버너	
총회	general meeting 제너럴 미팅	
	plenary session 플레너리 세션	
촬영	photographing 포토그래핑	
	picture-taking 픽쳐-테이킹 ● filming 필르밍	
	○ take a photograph 사진을 촬영하다	
최고	maximum 맥시멈 ● the highest 더 하이스트	
최근	lately 래잇톨리 ● recent 리슨트	
최대	the biggest 더 비기스트 ● the largest 더 라지스트	
	the greatest 더 그레이티스트	
최대한도	the maximum 더 맥시멈	
최면	hypnosis 힙노우시스 ● hypnogenesis 힙너제너시즈	
최상	the best 더 베스트 ● the finest 더 파이니스트	
	the highest 더 하이스트	
최선	the best 더 베스트 ● the highest good 더 하이스트 굿	
	○ We'll see what we can do 최선을 다해보겠습니다	
최소	the smallest 더 스몰리스트	

최신	the minimum 더 미니멈 • the least 더 리스트
	the newest 더 뉴이스트 • up-to-date 업-투-데이트
최악	the worst 더 워스트
최저	the lowest 더 로우스트 • the minimum 더 미니멈
최종	last 래스트 • final 파이널 • terminal 터미널
	○ in the end 최종에 가서
최초	the very first 더 베리 퍼스트 • the start 더 스타트
	outset 아웃셋
	○ It wasn't the original plan to do so
	최초에는 그럴 계획이 아니었다
최후	the last 더 래스트 • the end 디 엔드
	the conclusion 더 컨클루전
	○ they fought to the last(end) 그들은 최후까지 싸웠다
추가	addition 어디션 • supplement 서플먼트 (부록)
	○ add to one's order 주문을 추가하다
추구	pursuit 퍼숫 • chase 체이스
	○ in quest of / in pursuit of 추구하여
추궁하다	press hard 프레스 하드
	○ call to account 책임을 추궁하다
추대하다	have(set up, install) as head 해브(셋업, 인스톨) 애즈 헤드
	○ have Dr. N as(for) the director of the school
	N 박사를 교장으로 추대하다
추도식	memorial service 미모리얼 서비스
추돌	rear-end collision 리어-엔드 컬리전 • bump 범프
추락	fall 폴 • crash 크래쉬 • plunge 플런쥐
추리	reasoning 리즈닝 • inference 인퍼런스
	deduction 디덕션 (논리)
추방	expulsion 익스펄션 • banishment 배니시먼트
	deportation 디포테이션
추상적	abstract 앱스트랙트 • nonobjective 넌오브젝티브
	metaphysical 메터피지컬
추악	ugliness 어글리니스 • abominableness 어바머너블니스
추억	remembrance 리멤브런스 • recollection 리컬렉션

	○ be absorbed in memories of one's childhood 어린 시절의 추억에 잠겨 있다
추월하다	out-run 아웃-런 ● pass 패스
추위	the cold 더 콜드 ● coldness 콜드니스
	cold weather 콜드 웨더 ● chill 칠
추장	chief 치프 ● chieftain 치프턴
추정	assumption 어썸션 ● presumption 프리점션
추진	propulsion 프러펄션 ● drive 드라이브
추켜세우다	speak highly of 스피크 하일리 어브
	pay tribute to 페이 트리뷰트 투
	sing the praises of 싱 더 프레이지즈 어브
추태	disgraceful behavior 디스그레이스풀 비해이비어
	shameful conduct 쉐임풀 컨덕트 (행동)
	unseemly sight 언심리 사이트 (상태)
	○ behave in a shameful manner 추태를 부리다
추파	amorous glance 애머러스 글랜스 ● ogle 오우글
추호도	in the least 인 더 리스트 ● at all 앳 올
	○ I have not the slightest doubt 추호도 의심 않는다
축구	football 풋볼
축농증	empyema 엠파이이머
축배	toast 토우스트
	drink in celebration 드링크 인 셀러브레이션
축복	blessing 블레싱
축사(畜舍)	stall 스톨 ● cattle shed 캐틀 쉐드
축사(祝辭)	greeting 그리팅 ● congratulations 컨그래츄레이션즈
	○ wedding congratulations 결혼축사
축산	stock raising 스탁 레이징
	livestock farming 라이브스탁 파밍
축소	reduction 리덕션 ● abridgment 어브리쥐먼트
축재(蓄財)	the accumulation of wealth 디 어큐뮬레이션 어브 웰쓰
축전(祝電)	congratulatory telegram 컨그래츄러토리 텔레그램
	○ send a congratulatory telegram to 축전을 치다
축전지	storage battery 스토리지 배터리

축제	festival 페스티벌
축축한	moist 모이스트 • damp 댐프 • humid 휴미드
	◐ His back is damp with sweat 등골에 땀이 축축하다
축하	congratulation 컨그래츄레이션
	celebration 셀러브레이션
축하하다	congratulate 컨그래츄레잇 • greet 크릿
	celebrate 셀러브레잇
춘설	spring snow 스프링 스노우
춘추	spring and autumn 스프링 앤 어텀 (세월)
	years 이어즈 • ages 에이쥐즈 (연령)
	◐ What is your age, sir? 춘추가 어떻게 되십니까?
출가(出家)	leaving home 리빙 홈
	entering the Buddhist priesthood 엔터링 더 부디스트 프리스트후드
출가(出嫁)하다	be married to 비 메리드 투
출격	sally 샐리 • sortie 소티 • going out attack 고잉 아웃 어택
출고	delivery 딜리버리
	◐ a factory(store) price 출고가격
출국하다	depart form the country 디파트 프롬 더 컨트리
	leave the country 리브 더 컨트리
출근	attendance at work 어텐던스 앳 워크
	going to work 고잉 투 워크
	◐ come(go) to the office at 8 8시에 출근하다
출납	receipts and payments 리씻츠 앤 페이먼츠
	revenue and expenditure 레버뉴 앤 익스펜디처
	incomes and outgoings 인컴즈 앤 아웃고잉즈
	◐ handle the cash 현금 출납을 하다
출동	going(moving) out 고잉(무빙) 아웃
	mobilization 모빌러제이션
출두	appearance 어피어런스 • presence 프레즌스
출력	generating power 제너레이팅 파워
	output of power 아웃풋 어브 파워
출마	running for office 러닝 포 어피스

	coming forward as a candidate 커밍 포워드 애즈 어 캔디데잇
	○ run for the National Assembly 국회의원 선거에 출마하다
	appearing frequently 어피어링 프리퀀틀리
출몰	
출발	departure 디파춰 ● leaving 리빙 ● starting 스타팅
출범	sailing 세일링 ● departure 디파춰
출산	child birth 차일드 버쓰 ● delivery 딜리버리 parturition 파투리션
출생	birth 버쓰
출신	native 네이티브 ● origin 오리진 ● birth 버쓰
출연	performance 퍼포먼스
	one's appearance on stage 원스 어피어런스 온 스테이지 debut 데뷰(첫출연)
출옥	release from prison 릴리즈 프롬 프리즌
	○ He was released after serving a sentence of 10 years' confinement 그는 10년 형기를 마치고 출옥했다.
출입	coming and going 커밍 앤 고잉
	going in and out 고잉 인 앤 아웃
	○ permit to come in and go out 출입을 허가하다
출자	financing 파이낸싱 ● investment 인베스트먼트
	○ invest one's money into stocks 주식에 투자하다
출장	official tour (trip) 어피셜 투어(트립)
	business trip 비즈니스 트립
출정(出征)	departure for the front 디파춰 포 더 프론트 expedition 엑스퍼디션
출제	setting questions 세팅 퀘스천스
	presenting problems 프리젠팅 프라블럼즈
출처	source 소스 ● origin 오리진 ● provenance 프라브넌스
출판	publication 퍼블리케이션 ● publishing 퍼블리싱
	○ freedom of the press 출판의 자유
출품	exhibition 엑서비션 ● display 디스플레이
출하	shipment 쉽먼트 ● shipping forwarding 쉬핑 포워딩
출항	leaving port 리빙 포트 ● departure 디파춰

	○ leave Busan 부산을 출항하다
출현	appearance 어피어런스 ● emergence 이머전스 ● arrival 어라이벌
출혈	bleeding 블리딩 ● loss of blood 로스 어브 블러드
춤	dancing 댄싱 ● dance 댄스
춤추다	dance 댄스
	○ be a good dancer 춤을 잘추다
춥다	be cold(chilly) 비 콜드(칠리) ● feel cold 필 콜드
충격	shock 샥 ● impact 임팩트
충고	advice 어드바이스 ● counsel 카운슬
	○ ask advice 충고를 구하다
충돌	collision 컬리전 ● clash 클래쉬
충동	instigation 인스티게이션 ● incitement 인사이트먼트 ● impulse 임펄스
충만	abundance 어번던스 ● fullness 풀니스 ● repletion 리플리션
충복	faithful servant 페이스풀 서번트 ● henchman 헨치멘
충분한	sufficient 서피션트 ● enough 이너프 ● ample 앰플
	○ that's enough 그만하면 충분하다
충성	loyalty 로열티 ● devotion 디보우션 ● faithfulness 페이쓰풀니스
	○ pledge loyalty 충성을 맹세하다
충신	fidelity 피델러티 ● loyalty 로열티
충실	substantiality 서브스탠셜러티 ● fullness 풀니스 ● repletion 리플리션
충전(充電)	electric charging 일렉트릭 차징
충치	decayed tooth 디케이드 투쓰 ● decay of teeth 디케이 어브 티쓰
취급	treatment 트릿트먼트 ● dealing 딜링
취미	hobby 하비 ● pastime 패스타임
취사	cooking 쿠킹 ● cookery 쿠커리 ● kitchen work 키친 워크
취소	cancellation 캔슬레이션 ● retraction 리트랙션

취소하다	cancel 캔슬 ● retract 리트랙트 ● rescind 리신드	
취약	fragility 프러질러티 ○fragile 취약한	
취업	employment 임플로이먼트 ● working 워킹	
취임	installation 인스톨레이션	
	induction into office 인덕션 인투 어피스	
취재(取材)	news gathering 뉴스 개더링 ● coverage 커버리쥐	
	selection of materials 셀렉션 어브 머티리얼즈	
취조	investigation 인베스티게이션 ● inquiry 인콰이어리	
취직	employment 임플로이먼트 ● getting a job 게팅 어 잡	
취하	withdrawal 위드드로얼	
취하다	adopt 어답트 ● assume 어슘(채용)	
	○assume the offensive 공세를 취하다	
	prefer 프리퍼 ● pick 픽(선택하다)	
	take 테이크(섭취, 선택)	
취하다	get drunk 겟 드렁크 ● have a jag on 해브 어 재그 온	
	○be drunk like a fish(fiddler) 곤드레만드레 취하다	
취학	school attendance 스쿨 어텐던스	
	entering school 엔터링 스쿨	
측근	around 어라운드 ● surrounding 서라운딩	
	○have nobody around 측근에 아무도 없다	
측량	measurement 메저먼트 ● measuring 메저링	
측면	the side 더 사이드 ● the flank 더 플랭크	
측정	measurement 메저먼트 ● survey 서베이(토지)	
	○measure the distance 거리를 측정하다	
층계	steps 스텝스 ● stairs 스테어즈	
치과의사	dentist 덴티스트	
치다	strike 스트라이크 ● hit 힛 ● beat 비트	
	○hit a ball 공을 치다 / beat a drum 북을 치다	
	attack 어택 ● defeat 디핏(공격)	
	○make a surprise attack 적 불시에 치다	
치료	medical treatment(attention) 메디컬 트리트먼트(어텐션)	
	medical cure 메디컬 큐어 ● remedy 레머디	
치마	skirt 스커트	

치매	imbecility 임버실러티 ● dementia 디멘쉬어
치명적	fatal 페이틀 ● mortal 모틀 ● deadly 데들리
	○ deal a fatal blow 치명적인 타격을 주다
치밀	minuteness 미니트니스 ● precision 프리시전
	delicacy 델리커시
치사(致死)의	fatal 페이틀 ● lethal 리썰 ● causing death 커징 데쓰
치사한	shameful 쉐임풀 ● dishonorable 디스아너러블
	disgraceful 디스그레이스풀
치세	regime 리짐 ● reign 레인
치수	size 사이즈 ● measure 메저 ● dimensions 디멘션즈
치안	public peace 퍼블릭 피스
치약	dentifrice 덴터프리스 ● tooth paste 투쓰 페이스트
치우다	clear away 클리어 어웨이 ● put in order 풋 인 오더
	tidy up 타이디 업
치유	recovering 리커버링 ● cure 큐어 ● healing 힐링
치장하다	embellish 임벨리쉬 ● decorate 데커레잇
치정	blind love 블라인드 러브 ● foolish passion 풀리시 패션
치즈	cheese 치즈
치켜세우다	pay a tribute to 페이 어 트리뷰트 투 ● boost 부스트
	encourage 인커리지
치킨	chicken 치킨
치통	toothache 투쓰에이크
치하하다	celebrate 셀러브레잇 ● congratulate 컨그래츄레잇
치한	molester of women 멀레스터 어브 위민
	groper 그로우퍼
친구	friend 프렌드 ● companion 컴패년 ● pal 팰
	company 컴퍼니 ● fellow 펠로우
친목	friendship 프렌십 ● amity 애머티
친밀	intimacy 인터머시
	○ associate with each other intimately 친밀하게 사귀다
친선	friendship 프렌쉽
	friendly relations 프렌들리 릴레이션즈
	goodwill 굿윌

친절	kindness 카인드니스 • goodness 굿니스
친정집	one's maiden home 원스 메이든 호움 the old home of one's wife 디 올드 어브 원스 와이프
친지	intimate friend 인터밋 프렌드 close acquaintance 클로스 어퀘인턴스
친척	relation 릴레이션 • relative 렐러티브
친필	one's own handwriting 원스 오운 핸드라이팅 autograph 오토그래프
친한	intimate 인터밋 • familiar 퍼밀리어 • friendly 프렌들리
칠면조	turkey 터키
칠칠치 못한	slovenly 슬로븐리 • lax 랙스 • untidy 언타이디
칠하다	paint 페인트 • lacquer 래커
칠흑	pitch-black 핏치 블랙 • coal-black 코울 블랙
침	saliva 설라이버 • spit 스핏 • spittle 스피틀 (내뱉은)
침구	bedclothes 베드클로즈 • bedding 베딩
침대	bed 베드 • bedstead 베드스테드 (침대틀)
침략	aggression 어그레션 • invasion 인베이전
침몰	sinking 싱킹 • foundering 파운더링
침묵	silence 사일런스 • reticence 레터슨스
침묵하다	be silent 비 사일런트
침범하다	invade 인베이드 • intrude 인트루드 encroach 인크로우치 ○ invade territorial sky 영공을 침범하다
침실	bedroom 베드룸 • sleeping room 슬리핑 룸
침입	invasion 인베이전 ○ invade the enemy's territory 적국에 침입하다
침착	calmness 캄니스 • self-possession 셀프 포제션 composure 컴포우저
침해	infringement 인프린지먼트 • violation 바이얼레이션
칫솔	toothbrush 투쓰브러시
칭찬하다	praise 프레이즈 • admire 어드마이어 extol 익스토울

ㅋ

카나리아	canary 커네어리
카네이션	carnation 카네이션
카니발	carnival 카너벌
카드	card 카드
카레	curry 커리
	◦ curry and rice / curried rice 카레라이스
카메라	camera 캐머러
	◦ take a photograph of 카메라에 담다
카바레	cabaret 캐버레이
커버	cover 커버
카세트	cassette 커셋
카스텔라	castella 캐스틀러 ● sponge cake 스폰지 케잌
카우보이	cowboy 카우보이 ● wrangler 랭글러 (미)
카운슬링	counseling 카운슬링
카운터	counter 카운터
카운트	count 카운트
카지노	casino 커시노우
카탈로그	catalog 캐털러그 ● brochure 브로우셔
카테고리	category 캐터고리
카페	cafe 커페이 ● coffee-house 커피하우스
카펫	carpet 카핏
카피	copy 카피
칵테일	cocktail 칵테일
칸막이	partition 파티션 ● screen 스크린
칼	sword 소드
칼럼	column 칼럼
칼로리	calorie 캘러리 ● calory 캘러리
캐나다	Canada 캐너더
캐내다	dig up 딕 업 ● unearth 언어쓰

캐러밴	caravan 캐러밴
캐러멜	caramel 캐러멜
캐럿	carat 캐럿
캐리어	career 커리어
캐리커처	caricature 캐리커처
캐묻다	ask inquisitively 애스크 인퀴저티블리
	be inquisitive 비 인퀴저티브
	make a searching inquiry 메이크 어 서칭 인콰이어리
캐비닛	cabinet 캐버닛 ● console 컨소울
캐스트	cast 캐스트
캐스팅보트	casting vote 캐스팅 보우트
캐주얼	casual 캐주얼
캔버스	canvas 캔버스
캘린더	calendar 캘린더
캠퍼스	campus 캠퍼스
캠페인	campaign 캠페인
캠프	camp 캠프 ◐ camp / build camp 캠프를 치다
캡슐	capsule 캡슐
캥거루	kangaroo 캥거루
커닝	cheating 치팅
커리큘럼	curriculum 커리컬럼
커뮤니케이션	communication 커뮤니케이션
커미션	commission 커미션
	◐ take one's percentage 커미션을 먹다
커브	curve 커브 ● bend 벤드
커트	cut 컷
커튼	curtain 커튼
커플	couple 커플
커피	coffee 커피
컨디션	condition 컨디션
컨설턴트	consultant 컨설턴트
컨트롤	control 컨트롤

컨트리클럽	country club 컨트리 클럽
컬러	color 컬러
컬렉션	collection 컬렉션
컴백	comeback 컴백
컴퍼니	company 컴퍼니
컴퍼스	compass 컴퍼스
컴퓨터	computer 컴퓨터
컵	cup 컵 • trophy 트로피 (우승컵)
케이블카	cable car 케이블 카
	funicular railway coach 퓨니컬러 레일웨이 코우치
케이스	case 케이스
케이크	cake 케이크
케첩	ketchup(catchup, catsup) 케첩
	○ tomato ketchup 토마토 케첩
켜다	light 라이트 • turn on 턴 온
	○ light a candle 촛불을 켜다
코	nose 노우즈
코골다	snore 스노어
코끼리	elephant 엘러펀트
코냑	cognac 코냑
코너	corner 코너
코드	cord 코드 ○ electric cord 전기줄
코딱지	snot 스낫 • nose wax 노우즈 왝스
	○ pick one's nose 코딱지를 후비다
코란	Koran 코랜
코러스	chorus 코러스
코미디	comedy 카머디
코믹	comic 카믹
코발트	cobalt 코우볼트
코브라	cobra 코브라
코뿔소	rhinoceros 라이나서러스 • rhino 리노
코스	course 코스 • lane 레인 • track 트랙
코스모스	cosmos 카즈머스

코스트	cost 코스트
코알라	koala 코우알러
코인	coin 코인
코치	coach 코우치
코코넛	cocoanut 코우커넛
코코아	cocoa 코우코우
코트	coat 코트 ● overcoat 오버코드
코트	(tennis) court (테니스) 코트
코풀다	blow the nose 블로우 더 노우즈
코피	nosebleed 노우즈블리드 ● epistaxis 에퍼스택시스
	◐ bleed at the nose / have a nosebleed 코피가 나다
콘사이스	concise 컨사이스
	◐ pocket (-sized) dictionary 콘사이스형의 사전
콘서트	concert 칸서트
콘소메	consomme 컨소메이(프)
콘돔	condom 칸덤
콘크리트	concrete 칸크리트
콘택트렌즈	contact lens 컨택트 렌즈
	◐ wear contact leses 콘택트 렌즈를 끼우다
콘테스트	contest 컨테스트
콜레라	cholera 칼러러
콜레스테롤	cholesterol 컬레스터로울
콤비	combination 컴비네이션
콤팩트	compact 컴팩트
콤플렉스	complex 컴플렉스
콧구멍	nostril 노스트릴
콧날	the bridge(line) of the nose 더 브리지(라인) 어브 더 노우즈
콧물	snivel 스니벌 ● nose dripping 노우즈 드리핑
	◐ nasal mucus 콧방귀 뀌다
	snort 스노트
콩	bean 빈 (강낭콩) ● pea 피 (완두류)
콩나물	bean sprout 빈 스프라우트

콩쿠르	concours 콩쿠르 (프) ● contest 컨테스트
콩트	conte 콩트 (프) ● tale 테일
	short-short(brief) story 숏-숏(브리프) 스토리
콸콸	gushing 거슁 ● copiously 코우피어슬리
	in spout 인 스파웃
	○ flow out steadily / gush out 콸콸 흘러나오다
쾌감	pleasant sensation 플레즌트 센세이션
쾌락	pleasure 플레져 ● enjoyment 인조이먼트
쾌활한	cheerful 치어풀 ● cheery 치어리 ● merry 메리
쿠데타	coup deta 쿠데타 (프)
쿠션	cushion 쿠션
쿠키	cookie 쿠키 (미) ● cooky 쿠키 (영)
쿠킹	cooking 쿠킹
쿠폰	coupon 쿠폰
쿡	cook 쿡 (요리사) ● chef 쉐프 (프)
쿨러	cooler 쿨러 (냉각기)
퀴즈	quiz 퀴즈
퀸	queen 퀸
크기	size 사이즈 ● magnitude 메그너튜드
	bulk 벌크 (덩치) ● volume 볼륨 (용적)
크래커	cracker 크래커 ● biscuit 비스킷 (영)
크레용	crayon 크레이언
크레파스	crayon pastel 크레이언 파스텔
크로켓	croquette 크로우켓 (프)
크리스마스	Christmas 크리스마스
크리스천	Christian 크리스천
크리스털	crystal 크리스틀
크림	cream 크림
큰	big 빅 ● large 라지 ● grand 그랜드
큰소리	loud voice 라우드 보이스 ● yell 옐 ● shout 샤우트
큰일	important affair 임포턴트 어페어
	serious matter 시리어스 매러 (중대사)
	big enterprise 빅 엔터프라이즈 (대업)

ㅋ

	big ceremony 빅 세러모니 ● wedding 웨딩
	funeral 퓨너럴 (예식, 잔치)
클라리넷	clarinet 클래러넷
클래스	class 클래스 ○ class mate(classfellow) 클래스메이트
클라이맥스	climax 클라이맥스
클래식	classic 클래식
클랙슨	klaxon 클랙슨 ● horn 혼 (경적)
	○ sound(toot, blow) a klaxon 클랙슨을 울리다
클럽	club 클럽
클로버	clover 클로우버
클로즈업	close-up 클로우즈업
클리닉	clinic 클리닉
클리닝	cleaning 클리닝 ● laundry 런드리 (세탁)
	○ dry cleaning 드라이 클리닝
클릭	click 클릭
클린치	clinch 클린치
키	height 하이트 ● stature 스태춰
	○ How tall are you? / What's your height?
	당신은 키가 얼마나 됩니까?
키	key 키
키다리	tall man(fellow) 톨 맨(펠로우)
	gangling fellow 갱글링 펠로우 (미)
키스	kiss 키스
키우다	bring up 브링 업 ● raise 레이즈 ● foster 포스터
	○ foster musical ability 음악의 재능을 키우다
키친	kitchen 키친
킬러	killer 킬러
킬로그램	kilogram 킬러그램
킬로미터	kilometer 킬러미터

#

타개	break 브레이크 ● breakthrough 브레익쓰루 new turn 뉴 턴
	○ find a way out of the difficulties 난국을 타개하다
	○ a way out / remedy / countermeasure 타개책
타격	blow 블로우 ● hit 힛 ● crusher 크러셔
	○ The fire was a heavy blow to his business 그 화재는 그의 사업에 큰 타격을 주었다
	batting 배팅 ● hitting 히팅 ● clout 클라우트 (야구)
타계	another world 어나더 월드 (다른 세계)
	death 데쓰 ● decease 디시스 ● demise 디마이즈
타고난	born 본 ● inborn 인본 ● natural 내추럴
	native 네이티브
	○ be gifted with a talent 재간을 타고나다
타구	batting 배팅 (야구)
타국	foreign country 포린 컨츠리
	strange land 스트레인쥐 랜드
타념	different intention 디퍼런트 인텐션
	other thought 아더 쏘우트
타다	burn 번 ● blaze 블레이즈 (불이)
	be tanned 비 탠드 ● be sunburned 비 선번드 (볕에)
	○ His skin deeply sunburned(tanned) 그의 피부는 볕에 까맣게 탔다
타다	put in 풋 인 ● mix 믹스 ● blend 블렌드
	dissolve 디솔브 (섞다)
	○ dissolve salt in water 물에 소금을 타다
타다	get on 겟 온 ● get in 겟 인 ● ride 라이드
	take 테이크 (탈 것) ○ get on a bus 버스를 타다
	climb 클라임 (산을)
타당	propriety 프러프라이어티

		reasonableness 리즈너블니스
타도		knocking(breaking) down 낙킹(브레이킹) 다운
		overthrow 오우버쓰루
타락		corruption 커럽션 ● degradation 데그러데이션
		depravity 디프래버티
타령		a kind of tune 어 카인드 어브 튠 (한 곡조)
		ballad 밸러드 (민요)
타산		calculation 캘컬레이션
		self-interest 셀프-인터레스트
		selfishness 셀피시니스
타살		murder 머더 ● foul play 파울 플레이
타성(惰性)		inertia 이너쉬어 ● momentum 모우멘텀
		force of habit 포스 어브 해빗
타수(打手)		hitter 히터 ● batter 배터 (야구)
		bowler 보울러 (크리켓)
타악기		percussion instrument 퍼커션 인스트루먼트
타액		saliva 설라이버 ● sputum 스푸텀 (가래)
타오르다		blaze up 블레이즈 업 ● burn up 번 업
		burst into flame 버스트 인투 플레임
타워		tower 타우어
타원형		oval 오우벌
타월		towel 타우얼
타율(打率)		one's batting average 원스 배팅 애버리지
타이르다		counsel 카운슬 ● admonish 앳마니시
		remonstrate 레먼스트레이트
타이밍		timing 타이밍
타이어		tire 타이어 ● tyre 타이어 (영)
타이틀		title 타이틀 ● championship 챔피언쉽 (선수권)
		◐ gain a title / win a championship 타이틀을 빼앗다
타인		another person 어나더 퍼슨 ● others 아더즈
		stranger 스트레인저
타임		time 타임
타자(打者)		batter 배터 (야구) ● batman 뱃트맨

타자기	typewriter 타이프라이터	
타전(打電)	telegraphing 텔러그래핑	
	sending a telegram 센딩 어 텔러그램	
타조	ostrich 아스트리취	
타진	percussion 퍼커션 (의학) • sounding 사운딩 (떠봄)	
	◑ gauge the trend of public opinion 여론의 추세를 타진하다	
타파	breaking 브레이킹 • destruction 디스트럭션	
타파하다	break down 브레이크 다운 • overthrow 오버쓰루	
타협	compromise 컴프러마이즈	
	mutual concession 뮤추얼 컨세션	
	◑ There is no room for compromise 타협의 여지가 없다	
탁구	ping-pong 핑퐁 • table tennis 테이블 테니스	
탁류	muddy stream 머디 스트림	
	turbid current 터비드 커런트	
탁마	polishing 폴리싱 (옥석을)	
	cultivating 컬티베이팅 (학덕을)	
탁발	religious mendicancy 릴리저스 멘디컨시	
탁상	the table(desk) 더 테이블(데스크)	
	◑ a desk theory / an armchair argument 탁상공론	
탁상시계	table clock 테이블 클락	
탁수	muddy(turbid) water 머디(터비드) 워터	
탁아소	day nursery 데이 너서리	
	nursery school 너서리 스쿨	
	prekindergarten 프리킨더가튼	
탁월한	excellent 엑설런트 • eminence 에머넌스	
	superiority 수피어리어러티	
	◑ superior ability 탁월한 능력	
탁음	voiced sound 보이스드 사운드 • sonant 소우넌트	
탄력	elasticity 일래스티서티 • flexibility 플렉서빌러티	
	resilience 리질련스	
탄로	disclosure 디스클로우저 • detection 디텍션	
	exposure 익스포우저	
탄로나다	be(get) found out 비(겟) 파운드 아웃	

		come to light 컴 투 라이트 ● come out 컴 아웃
		○ the plot has been laid bare 그 음모는 탄로나고 말았다
탄생		birth 버쓰
탄성		sigh 사이 ● groan 그로운
탄식		sigh 사이 ● lamentation 래먼테이션 ● grief 그리프
탄약		ammunition 애뮤니션
탄원서		petition 피티션
탄핵		impeachment 임피치먼트
		denunciation 디넌시에이션
		accusation 애큐제이션
탄환		projectile 프로젝타일 ● shot 샷 ● bullet 불릿
탈		mask 매스크 ● disguise 디스가이즈
탈곡		threshing grain 쓰레싱 그레인
탈당		secession 시세션
		defection from a political party
		디펙션 프롬 어 폴리티컬 파티
탈락		omission 오미션 ● leaving out 리빙 아웃
		exclusion 익스클루전
		○ be left out of the public nomination 공천에서 탈락되다
탈루		omission 오미션 ● being left out 비잉 레프트 아웃
탈모		loss(falling out) of hair 로스(폴링 아웃) 오브 헤어
탈바꿈		transformation 트랜스포메이션
탈선		derailment 디레일먼트 (기차 따위가)
		deviation 디비에이션 ● aberration 애버레이션
		○ an erratic student 탈선학생
탈세		evasion of tax 이베이젼 오브 택스
		tax evasion 택스 이베이젼
탈수		dehydration 디하이드레이션
탈옥		prison-breaking 프리즌 브레이킹
		jail-break 제일 브레이크
탈의실		dressing room 드레싱 룸 ● locker room 락커 룸
탈주하다		escape 이스케이프 ● flee 플리 ● run away 런 어웨이
탈지면		absorbent cotton 앱소번트 코튼

탈출하다	escape from 이스케이프 프롬 ● flee from 플리 프롬
탈취하다	carry off 캐리 오프 ● seize 시즈 ● wrest 레스트
탈퇴	secession 시세션 ● withdrawal 위드드로얼
탈피	ecdysis 엑더시스 (동물)
	emergence 이머전스 (벗어남)
탈환	recapture 리캡처
탐구	quest 퀘스트 ● search 서치 ● pursuit 퍼슛
탐나다	want 원트 ● desire 디자이어 ● wish for 위시 포
	● I want that book 나는 저 책이 탐난다
탐내다	want 원트 ● desire 디자이어 ● covet 커빗
	● covet what belongs to others 남의 물건을 탐내다
탐닉	indulgence 인덜전스 ● addiction 어딕션
탐문	indirect inquiry 인디렉트 인콰이어리
탐미	love of beauty 러브 어브 뷰티
	● aesthetic 탐미적인
탐사	investigation 인베스티게이션 ● inquiry 인콰이어리
탐욕	greed 그리드 ● avarice 애버리스
	● He is avarice itself 그는 탐욕의 덩어리다
탐지	detection 디텍션
탐하다	covet 커빗 ● devour 디바우어
	● covet fame and gain 명예와 이익을 탐하다
탐험	exploration 엑스플러레이션 ● expedition 엑스퍼디션
탑	tower 타워 ● pagoda 퍼고우더
탑승	boarding 보딩 ● riding 라이딩
탑재	loading 로딩 ● embarkation 엠바케이션
탓	fault 폴트 ● blame 블레임
	responsibility 리스판서빌러티 (잘못)
	reason 리즌 ● ground 그라운드 (까닭)
	● You are responsible for it 그것은 당신탓이다
탕아	debauchee 데보취 ● libertine 리버틴
태고	ancient times 에인션트 타임즈
	● ancient / primitive 태고의
태교	prenatal care 프리네이틀 케어

태도	attitude 애티튜드 ● manner 매너
태동	quickening 퀴크닝 ● fetal movement 피틀 무브먼트
태두	authority 오쎠러티 ● leading light 리딩 라이트
	luminary 루머내리
	○ a great authority on economics 경제학의 태두
태만	negligence 네글리전스 ● neglect 니글렉트
태만한	negligent 네글리전트 ● inattentive 인어텐티브
태몽	dream of conception 드림 어브 컨셉션
태반(太半)	most 모스트 ● the majority 더 머줘러티
	○ spend the greater part for one's life abroad 인생의 태반을 외국에서 보내다
태반(胎盤)	placenta 플러센터
태생	birth 버쓰 ● origin 오리진 (출신)
	viviparity 비버패러티 (동, 식물)
태세	attitude 애티튜드 ● setup 셋업
	preparedness 프리패어드니스
태아	embryo 엠브리오우 ● fetus 피터스
	unborn child 언본 차일드
태양	sun 선
태어나다	be born 비 본
태연한	cool 쿨 ● calm 캄 ● composed 컴포우즈드
	○ be sitting calmly as if nothing had happened 아무 일 없는 듯이 태연히 앉아 있다
태우다	burn 번 (연소) ● scorch 스코취 (그슬리다)
	○ burn the rice 밥을 태우다
태우다	carry 캐리 ● let ride 렛 라이드 (탈것에)
	○ take on (pick up) passengers 손님을 태우다
태자	Crown Prince 크라운 프린스
	Heir Apparent 에어 어패런트
태평한	peaceful 피스풀 ● quiet 콰이엇 ● carefree 캐어프리
	○ He takes things easy 그는 매사가 태평이다
태평양	the Pacific 더 퍼시픽
태풍	typhoon 타이푼

택시	taxi 택시 ● taxicab 택시캡
택일	choice of an auspicious day 초이스 어브 언 오스피셔스 데이
택하다	choose 추즈 ● select 셀렉트
	◎ What is your choice? 넌 어느 것을 택하느냐?
탤런트	talented person 탤런티드 퍼슨 ● talent 탤런트
탱고	tango 탱고
터널	tunnel 터늘 ● excavation 엑스커베이션
터럭	hair 헤어
터덜터덜	trudgingly 트러징리 ● ploddingly 플라딩리
터득	understanding 언더스탠딩 comprehension 컴프리헨션
	◎ understand(perceive) a truth 진리를 터득하다
터미널	terminal 터머널
터부	taboo 터부
터지다	break 브레이크 ● rip 립 ● crack 크랙 explode 익스플로이드 ● burst 버스트 (폭발하다)
	◎ a war burst out 전쟁이 터졌다
터치	touch 터취
터키	Turkey 터키
터프가이	tough guy 터프가이
턱	jaw 조 ● chin 췬
턱걸이	chinning exercises 치닝 엑서사이지즈 chin up 췬 업
턱시도	tuxedo 턱시도우
털	hair 헤어 ● fur 퍼
털다	shake off 쉐이크 어프 ● brush up 브러쉬 업 (떼다) rob of 랍 어브 (빼앗다) ● empty 엠프티 (비우다)
털실	woolen yarn 울런 얀
털썩	with a plop 위드 어 플랍
	◎ plop down / sit flop 털썩 주저앉다
털어놓다	empty 엠프티 (물건을) open one's heart 오픈 원스 하트 (마음)

	○ come out with your plan 계획을 털어놓게
테너	tenor 테너
테니스	tennis 테니스
테두리	girth 거쓰 ● circumference 서컴퍼런스
테라스	terrace 테러스
테러	terror 테러 ● terrorism 테러리즘 (행위)
	terrorist 테러리스트 (사람)
테마	theme 씸 ● subject 섭직트
테스트	test 테스트
테이블	table 테이블
테이프	tape 테잎
테크닉	technic 테크닉 ● technique 테크닉
텍스트	text 텍스트 ● textbook 텍스트북
텐트	tent 텐트 ○ pitch a tent 텐트를 치다
텔레비전	television 텔레비전
텔레파시	telepathy 털러퍼씨
템포	tempo 템포우 ● speed 스피드
토기	crockery 크로커리 ● earthenware 어쓴웨어
토끼	rabbit 래빗 (집토끼) ● hare 헤어 (산토끼)
토끼풀	clover 클로버
토대	foundation 파운데이션 ● base 베이스
토라지다	pout 파웃 ● sulk 설크
토론	discussion 디스커션
토마토	tomato 토메이토 ○ tomato ketchup 토마토 케첩
토목	engineering works 엔지니어링 웍스
	public works 퍼블릭 웍스
토박이	natives 네이티브즈 ● aborigines 애버리저니즈
토산물	local products 로컬 프로덕션즈
	native produce 네이티브 프로듀스
토속	folkways 포크웨이즈 ● local customs 로컬 커스텀즈
	○ folk food (dishes) 토속 음식
토스트	toast 토우스트
토요일	Saturday 새터데이

토의	discussion 디스커션 ● debate 디베잇
토지	land 랜드 ● ground 그라운드
토착	aboriginality 애버리저낼러티
토하다	vomit 보밋 ● throw up 쓰루 업
	◐ throw up what one has eaten 먹은 것을 토하다
톤	ton 턴 ● tonnage 터니쥐
톱	saw 소오
톱	top 탑
톱니바퀴	saw-toothed wheel 소우-투쓰드 윌
	toothed wheel 투쓰드 윌
톱밥	sawdust 소오더스트
통	in the confusion of 인 더 컨퓨전 어브
	in the ravages of 인 더 래비쥐즈 어브
	◐ He died in the ravages of war 난리 통에 죽었다
통(筒)	tub 튜브 ● pipe 파이프 ● tin 틴 ● can 캔
통계	statistics 스터티스틱스
통고	notice 노티스 ● notification 노티피케이션
	announcement 어나운스먼트
통곡	wailing 웨일링 ● lamentation 래먼테이션
통과	passage 패시지
통근	attending office 어텐딩 어피스
	going to work 고잉 투 워크
통나무	log 로그 ● pole 폴
통념	common idea 커먼 아이디어
통로	passage 패시지 ● way 웨이 ● aisle 아일
통보	report 리포트 ● information 인포메이션
통상(通常)	ordinarily 오디너릴리 ● normally 노멀리
통상(通商)	commerce 커머스 ● trade 트레이드
통속	popularity 파펄래러티 ● conventionality 컨빈셔낼러티
통솔	command 커맨드 ● leadership 리더십
	control 컨트롤
통신	correspondence 카러스판던스
	communication 커뮤니케이션

통역	interpreting 인터프리팅 ● interpreter 인터프리터 (사람)
통용	popular use 파퓰러 유스
통일	unity 유너티 ● unification 유너피케이션
	unify 유너파이 ● ◐unity a nation 나라를 통일하다
통장	passbook 패스북 ● bankbook 뱅크북
통제	control 컨트롤 ● regulation 레귤레이션
통조림	canned goods 캔드 굿즈
	tinned provision 틴드 프러비전
통지	notice 노티스 ● advice 어드바이스
통찰	discernment 디선먼트 ● penetration 페너트레이션
	insight 인사이트
통치	rule 룰 ● reign 레인 ● government 가번먼트
통쾌	great pleasure 그레잇 플레저
통틀어	in all 인 올 ● all told 올 톨드 ● altogether 올투게더
통하다	run 런 ● lead 리드 (길이)
	◐This door leads to the garden
	이 문은 마당으로 통한다
	flow 플로우 (전류가) ● go through 고우 쓰루
통학	attending school 어텐딩 스쿨
통합	unity 유너티 ● synthesis 신쎄시스
통행	passing 패싱 ● passage 패시지 ● transit 트랜짓
통화(通話)	telephone call 텔레폰 콜
	◐While talking over the telephone 통화중에
	◐The line is busy 통화중입니다
통화(通貨)	currency 커런시
퇴각	retreat 리트릿 ● withdrawal 위드로얼
퇴교	leaving school 리빙 스쿨
	dismissal from school 디스미설 프롬 스쿨 (퇴학)
	withdrawal from school 윗드로얼 프롬 스쿨 (자퇴)
퇴근	leaving one's office 리빙 원스 어피스
	coming home from work 커밍 호움 프롬 워크
퇴보	retrogression 리트러그레션 ● setback 셋백
퇴사하다	retire from a company 리타이어 프롬 어 컴퍼니

	leave a company 리브 어 컴퍼니
퇴색	discoloration 디스컬러레이션 ● fading 페이딩
퇴역	retirement from service 리타이어먼트 프롬 서비스
퇴원	leaving the hospital 리빙 더 하스피틀
	○ He will soon be out of hospital
	그는 곧 퇴원할 것이다
퇴장	leaving 리빙 ● withdrawal 위드드로얼
퇴적	accumulation 어큐멸레이션 ● heap 힙
퇴조	the ebb tide 디 에브 타이드
퇴직	retirement 리타이어먼트
	resignation 레지그네이션
퇴치	wiping out 와이핑 아웃
	elimination 엘리머네이션
퇴폐	corruption 커럽션
퇴학	withdrawal from school 윗드로얼 프롬 스쿨
퇴화	degeneration 디제너레이션
툇마루	wooden verandah 우든 버랜더
투고	contribution 컨트리뷰션
투구	helmet 헬밋 ● headpiece 헤드피스
투구(投球)	pitching 피칭
투기	speculation 스페컬레이션 ● venture 벤처
투망	cast net 캐스트 넷
투매	bargain sale 바겐 세일 ● dumping 덤핑
투명	clarity 클래러티 ● transparency 트랜스페어런시
투병	fight against a disease 파이트 어겐스트 어 디지즈
투사	fighter 파이터 ● champion 챔피언
투서	anonymous note 어나너머스 노우트
투석	stone-throwing 스톤 쓰로잉
투수	pitcher 핏처
투숙	staying at 스테잉 앳
투시	seeing through 씨잉 쓰루
	clairvoyance 클레어보이언스
투신	suicide by drowning 수어사이드 바이 드라우닝

투어	tour 투어 (관광 여행)
투여	medication 메더케이션
투옥	imprisonment 임프리즌먼트
	confinement 컨파인먼트 • jailing 제일링
투입	input 인풋 • introjection 인트러젝션
투자	investment 인베스트먼트
투쟁	fighting 파이팅 • combat 컴뱃 • struggle 스트러글
투정	complaining 컴플레이닝 • grumbling 그럼블링
	growling 그라울링
투철한	penetrating 페너트레이팅 • lucid 루시드
투표	vote 보우트 • poll 폴
	○ by a majority of votes 다수의 투표를 얻어
투피스	two-piece dress(suit) 투피스 드레스(수트)
투하	dropping 드라핑 • throwing down 쓰로잉 다운
툭하면	always 올웨이즈
	without any reason 위다웃 애니 리즌
퉁소	bamboo flute(clarinet) 뱀부 플룻(클래리넛)
튜브	tube 튜브
튤립	tulip 튤립
튀김	fried food 프라이드 푸드 • fried dish 프라이드 디쉬
	fritter 프리터
트랙	track 트랙
트랩	trap 트랩 • ramp 램프 (비행기의)
	gangway 갱웨이 (배의)
트러블	trouble 트러블
트럭	truck 트럭
트럼펫	trumpet 트럼핏
트럼프	card 카드 ○ play cards 트럼프를 치다
트렁크	trunk 트렁크
트레이닝	training 트레이닝
트로피	trophy 트로피
트롯	trot 트랏
트리오	trio 트리오

트릭	trick 트릭
트림	belch 벨취 • burp 버-프
트집	warp 워-프 • blemish 블레미쉬 • fault 폴트
특강	intensive course 인텐시브 코스
특권	privilege 프리블리지
특급(特急)	special express 스페셜 익스프레스
	superexpress 수퍼익스프레스
특기	speciality 스페쉬앨러티
특명	special command(order) 스페셜 커맨드(오더)
특별하다	be special 비 스페셜 • be particular 비 퍼티큘러
특별히	especially 이스페셜리 • particularly 퍼티큘럴리
특사	special envoy 스페셜 안보이
특선	special selection 스페셜 셀렉션
특성	characteristic 캐릭터리스틱
특수하다	be special 비 스페셜 • be unique 비 유니크
특약점	special agent 스페셜 에이전트 • agency 에이전시
특유	peculiarity 피큘레러티
특이하다	be peculiar 비 피큘리어
특전	advantage 어드밴티지 • privilege 프리벌리지
특정	specification 스페시피케이션
특종	a special kind 어 스페셜 카인드 (종류)
	exclusive news 익스클러시브 뉴스
	scoop 스쿱 (기사) ○ get a scoop 특종을 잡다
특진	special promotion 스페셜 프로모션
특집	special edition 스페셜 에디션
특징	characteristic 캐릭터리스틱 • feature 피처
특채	special appointment 스페셜 어포인먼트
특출	distinction 디스팅션 • prominence 프라머넌스
특출하다	stand out 스탠드 아웃 • prominent 프라미넌트
	distinguish 디스팅귀쉬
특허	license 라이슨스 • permit 퍼밋
특필	special writing 스페셜 라이팅
	special mention 스페셜 멘션

특히	especially 이스페셜리
	○ It is especially cold this morning
	오늘 아침은 특히 춥다
튼튼한	solid 솔리드 ● firm 펌 ● strong 스트롱
	○ have a strong body 몸이 튼튼하다
틀니	denture 덴처
틀리다	get turned 겟 턴드 (꼬이다) ● go wrong 고우 롱
	be mistaken 비 미스테이큰 (잘못되다)
틀림없이	without fail 위다웃 페일 ● certainly 서튼리
	surely 슈얼리
틀어박히다	be confined in 비 컨파인드 인
	shut oneself up 셧 원셀프 업
	○ keep one's room all day long 종일 방에 틀어박히다
틈	crevice 크레비스 ● crack 크랙 ● gap 갭 (벌어진 사이)
	spare time 스페어 타임 (겨를)
	○ have no time 틈이 없다
티끌	dust 더스트 ● mote 모우트
티켓	ticket 티킷
팀	team 팀 ○ organize a team 팀을 만들다
팁	tip 팁 ● gratuity 그러튜어티

ㅍ

파	stone-leek 스톤-릭 ● Welsh onion 웰시 어니언
	◌ onion 양파
파계하다	transgress 트랜스그레스 ● apostatize 어포스터타이즈
파격	exception 익셉션 ● irregularity 이레규랠러티
파견	dispatch 디스팻치 ● despatch (영)
파경	broken mirror 브로큰 미러 (거울)
	divorce 디보스 (이혼)
파고	wave height 웨이브 하이트
파괴	destruction 디스트럭션 ● demolition 데몰리션
	breakdown 브레이크다운
파국	catastrophe 커태스트로피 ● collapse 컬랩스
파급	spreading 스프레딩
파기	destruction 디스트럭션 (파괴)
	annulment 어널먼트 (무효)
	breach 브리치 (약속의)
	reversal 리버설 (법률 계약의)
파노라마	panorama 패너래머
파다	dig 딕 (구멍, 구덩이) ● drill 드릴 (우물을)
	carve 카브 (새기다) ● engrave 인그레이브 (새기다)
	◌ engrave a seal 도장을 파다
파도	wave 웨이브 ● billow 빌로우 ● swell 스웰
파동	wave 웨이브 ● undulation 언덜레이션
	fluctuation 플럭추에이션
	◌ political upheaval 정치파동
파라다이스	paradise 패러다이스
파란	wave 웨이브 ● billow 빌로우 ● surge 서쥐 (파도)
	trouble 트러블 ● disturbance 디스터번스 (소란)
파랑	blue 블루
파랗다	be blue 비 블루 ● be pale 비 페일 (안색이)

		○ She turned pale 그 여자는 파랗게 질렸다
파리		fly 플라이
파멸		ruin 루인 ● destruction 디스트럭션 ● wreck 렉
		downfall 다운폴
파문		ripple 리플 (수면의) ● stir 스터
		sensation 센세이션 (영향)
		○ cause a sensation in the economic world
		경제계에 파문을 던지다
파묻다		bury 베리 ● inter 인터
		○ He buried himself in the country
		그는 시골에 파묻혀 살았다
파산		bankruptcy 뱅크럽시
파생		derivation 데러베이션
파손		damage 데미지 ● injury 인저리
파수꾼		watchman 왓치맨 ● guard 가드
파시(波市)		seasonal fish market 시즈널 피시 마켓
파악		seizing 시징 ● understanding 언더스탠딩
		○ catch the meaning 의미를 파악하다
파업		strike 스트라이크 ● walkout 워크아웃 (미)
파열		explosion 익스플로우전 ● breakage 브레이키지
파운드		pound 파운드
파울		foul 파울
파이프		pipe 파이프
파인애플		pineapple 파인애플
파인플레이		fine play 파인 플레이
파일럿		pilot 파일럿
파자마		pajamas 퍼재머즈
파출소		police box 펄리스 박스
		○ report to a policeman at the police stand
		파출소에 신고하다
파충류		reptile 렙틀
파킹		parking 파킹
파탄		failure 페일려 (실패) ● rupture 럽쳐 (결렬)

	bankruptcy 뱅크럽시 (파산)
	◐ He failed in business 사업이 파탄났다
파트너	partner 파트너
파티	party 파티
파편	fragment 프래그먼트 ● splinter 스플린터
	scrap 스크랩
파행	limping 림핑
파헤치다	unmask 언매스크 ● expose 익스포우즈
	disclose 디스클로우즈 (폭로하다)
	◐ disclose the truth 진상을 파헤치다
	open 오픈 ● dig(lay) open 딕(레이) 오픈 (발굴하다)
파혼	breaking off a betrothal(an engagement) 브레이킹 어프 어 비트로덜(언 인게이지먼트)
판결	judgment 저지먼트 ● decision 디시젼
판단	judgment 저지먼트 ● decision 디시젼
	adjudication 어쥬디케이션
판도	territory 테러토리 ● domain 도메인
	dominion 더미니언
판도라	pandora 팬도러
판독	interpretation 인터프리테이션
	decipherment 디사이퍼먼트
판례	precedent 프레서던트 ● leading case 리딩 케이스
판로	market 마켓 ● outlet 아웃렛
판매	sale 세일 ● selling 셀링 ● marketing 마케팅
판매원	salesman 세일즈맨 ● sales clerk 세일즈 클럭
판명	becoming clear 비커밍 클리어
	◐ The report turned out false 그 보도가 허위임이 판명되었다
판별	distinction 디스팅션 ● discernment 디선먼트
	discrimination 디스크리머네이션
판사	judge 저지 ● justice 저스티스
판이하다	be entirely different 비 엔타이얼리 디퍼런트
판자	board 보드 ● plank 플랭크
판정	judgment 저지먼트

판촉	sales promotion 세일즈 프로모션
판타지	fantasy 팬터시
판판하다	flat 플랫 • level 레벌
팔	arm 암
팔꿈치	elbow 엘보우
팔다	sell 셀 • put on sail 풋 온 세일
	deal in goods 딜 인 굿즈
	○ sell at a loss 손해를 보고 팔다
팔다리	legs and arms 렉스 앤 암스 • limb 림
팔등신	well-proportioned figure 웰-프로포션드 피겨
팔랑개비	pinwheel 핀윌 • paper windmill 페이퍼 윈드밀
팔리다	sell 셀 • be sold 비 솔드
	○ Sell like hot cakes 날개가 돋친 듯이 팔리다
팔목	wrist 리스트 • carpus 카퍼스
팔방미인	everybody's friend 에브리바디스 프렌드
	Jack of all trades 잭 어브 올 트레이즈
팔찌	bracelet 브레이슬릿
팥	red-bean 레드빈
팥죽	rice gruel boiled together with red-beans 라이스 그루얼 보일드 투게더 위드 레드빈즈
패랭이꽃	China(Indian) pink 차이나(인디언) 핑크
패망	defeat 디핏 • ruin 루인
패배	defeat 디핏 • loss 로스 • rout 라우트
	○ be completely defeated 완전히 패배하다
패션	fashion 패션 ✧ fashion model 패션 모델
패스포트	passport 패스포트
패자	loser 루저
패전	defeat 디핏 • lost battle 로스트 배틀
패주하다	be routed 비 라우티드 • be put to rout 비 풋 투 라우트
패턴	pattern 패턴
패트롤카	patrol car 패트롤카 (순찰차)
패하다	be defeated 비 디핏티드 • be beaten 비 비튼
	○ be defeated in a war 전쟁에 패하다

팩	pack 팩
팩시밀리	facsimile 팩시멀리
팬	fan 팬 • enthusiast 인쑤지애스트
팬츠	pants 팬츠 • underpants 언더팬츠 (속바지)
팬터마임	pantomime 팬터마임 • dumb show 덤 쇼
팬티	panties 팬티즈
팸플릿	pamphlet 팸플릿
팽개치다	throw away 쓰루 어웨이 • fling away 플링 어웨이 cast away 캐스트 어웨이
팽이	top 탑 ○ spin a top 팽이를 돌리다
팽창	swelling 스웰링 • inflation 인플레이션 increase 인크리스
퍼뜩	suddenly 서드리 • in a flash 인 어 플래시
퍼레이드	parade 퍼레이드
퍼센트	percent 퍼센트
퍼스트	first 퍼스트
퍼 올리다	draw up 드로우 업 • scoop up 스쿱 업 pump up 펌프 업
퍼즐	puzzle 퍼즐
퍼지다	spread out 스프레드 아웃 ○ a rumor spreads 소문이 퍼지다
펀치	punch 펀치
펄럭거리다	flutter 플러터 • flap 플랩 ○ a flag flutters in the wind 기가 바람에 펄럭거린다
펄프	pulp 펄프
펑크	puncture 펑처 • blow out 블로 아웃 ○ a flat tire 펑크 난 타이어
페달	pedal 페들
페스트	pest 페스트
페이스	face 페이스 (얼굴)
페이지	page 페이지 • leaf 리프
페이퍼	paper 페이퍼
페인트	paint 페인트

펜	pen 펜
펜던트	pendant 펜던트
펴다	spread 스프레드 ● open 오픈 ● unfold 언폴드
	○ spread its wings 날개를 펴다
편견	prejudice 프레주디스 ● bias 바이어스
편도	one way 원웨이 ● each way 이치 웨이
	○ a one-way ticket 편도승차권
편도선	tonsil 탄슬 ● amygdala 어미그덜러
편리	convenience 컨비넌스 ● expediency 익스피디언시
편물	knitting 니팅 ● knitwork 니트워크
편성(編成)	organization 오가니제이션 ● formation 포메이션
편식	unbalanced(one-sided) diet 언밸런스드(원-사이디드) 다이어트
편안한	peaceful 피쓰풀 ● comfortable 컴포터블 ● calm 캄
	○ feel at ease / have one's mind at rest 마음이 편안하다
편애	favoritism 페이버러티즘 ● partiality 파쉬앨러티
편입	entry 엔트리 ● admission 어드미션 enrolment 인롤먼트
편자	horseshoe 호슈
편제	formation 포메이션
편중하다	attach too much importance 어태취 투 머취 임포턴스 overemphasize 오버엠퍼사이즈
편지	letter 레터 ○ mail a letter 편지를 부치다
편지지	letter paper 레터 페이퍼
편집	editing 에디팅 ● compilation 캄펄레이션
편찬	compilation 캄펄레이션 ● editing 에디팅
펼치다	open 오픈 ● spread 스프레드 outstretch 아웃스트레치 ○ open a book 책을 펼치다
평가	valuation 밸류에이션 ● assessment 어세스먼트 appraisal 어프레이절
평균	average 에버리지
평년	common year 커먼 이어
	○ We have the average temperature 기온은 평년과 같다

평등	equality 이퀄러티 ● parity 패러티
평론	criticism 크리티시즘 ● comment 커멘트 ● review 리뷰
평면	plane 플레인 ● level 레블 ● a plane figure 평면도
평민	the common people 더 커먼 피플
	plebeian 플리비안
평방	square 스퀘어
평범한	common 카먼 ● ordinary 오더너리
평복	plain clothes 플레인 클로우즈
	ordinary dress 오더너리 드레스
평사원	mere clerk 미어 클럭
평생	one's life 원스 라이프 ● life-time 라이프-타임
	● He remained single all his life
	그는 평생을 독신으로 지냈다
평소	ordinary times 오더너리 타임즈
평소에	usually 유절리 ● always 올웨이즈
평야	plain 플레인 ● champaign 섐페인 (문어)
평온	calmness 캄니스 ● quietness 콰이엇니스
평일	weekday 위크데이
	ordinary days 오더너리 데이즈 (평소)
평지	level land 레블 랜드 ● plain 플레인
평판	reputation 레퓨테이션 ● fame 페임
평행선	parallel line 패럴렐 라인
평화	peace 피스 ● harmony 하모니
폐(肺)	lung 렁
폐	trouble 트러블 ● bother 바더 (괴로움)
	evil 이블 ● vice 바이스 (폐단)
	● I am sorry to have caused you so much trouble
	폐를 끼쳐 미안합니다
폐간	discontinuance 디스컨티뉴언스
폐기	disuse 디슈스 ● abolition 애벌리션
	● abrogate a treaty 조약을 폐기하다
폐렴	pneumonia 누모우녀
폐막하다	end 엔드 ● close 클로우즈

폐쇄	closure 클로저 • lock out 락아웃	
폐암	cancer of the lung 캔서 어브 더 렁	
폐업	quitting(closing) of one's business 퀴팅(클로징) 어브 원스 비즈니스	
폐옥	dilapidated house 딜래퍼데이티드 하우스	
폐인	disabled person 디세이블드 퍼슨	
폐점	closing a store 클로징 어 스토어	
	○ the closing time 폐점시간	
폐지	abolition 애벌리션 • disuse 디슈스	
폐차	scrapped car 스크랩트 카	
폐품	waste article 웨이스트 아티클	
	useless article 유스리스 아티클	
폐허	the ruins 더 루인즈	
포개다	pile up 파일 업 • heap up 힙 업	
포개지다	overlap 오버랩 • be laid over 비 레이드 오버	
포격	bombardment 밤바드먼트 • cannonade 캐너네이드	
포경(包莖)	phimosis 파이모우시스	
포기	abandonment 어밴던먼트 • resignation 레지그네이션	
	○ resign the right 권리를 포기하다	
포도(葡萄)	grape 그레이프	
포도(鋪道)	pavement 페이브먼트 • paved street 페이브드 스트릿	
포로	prisoner 프리즈너	
포르투갈	Portugal 폴쳐걸	
포만	satiety 서타이티 • satiation 세이쉬에이션	
포목점	linen shop 리넌 샵	
	dry goods store 드라이 굿즈 스토어(미)	
	draper's 드레이퍼스(영)	
포문	the muzzle of a gun 더 머즐 어브 어 건	
	porthole 포트호울	
	○ All the guns opened fire simultaneously 일제히 포문을 열었다.	
포병	artillery 아틸러리 • gunner 거너	
포부	aspiration 애스퍼레이션 • ambition 앰비션	

포상	prize 프라이즈 ● reward 리워드	
포스터	poster 포스터 ● placard 플래카드	
포스트	post 포스트	
포연(砲煙)	cannon smoke 캐넌 스모크	
	powder smoke 파우더 스모크	
포옹	hug 허그 ● embrace 임브레이스	
포위	siege 시쥐 ● investment 인베스트먼트	
포장	packing 패킹	
포즈	pose 포우즈	
포지션	position 포지션	
포켓	pocket 파킷	
포크	fork 포크	
포탄	shell 쉘 ● shot 샷 ● cannon ball 캐넌 볼	
포테이토	potato 퍼테이토우	
포플러	poplar 파플러	
포함하다	include 인클루드 ● contain 컨테인	
	comprise 컴프라이즈	
포화	gunfire 건파이어 ● artillery 아틸러리	
포획	capture 캡쳐 ● seizure 시-저	
포효	roar 로어 ● howling 하울링	
폭격	bombing 바밍	
폭군	tyrant 타이어런트 ● despot 데스펏	
폭동	riot 라이엇 ● disturbance 디스터번스	
	○ a riot arises 폭동이 일어나다	
폭락하다	decline heavily 디클라인 헤빌리 ● slump 슬럼프	
	fall suddenly 폴 서든리	
폭력	violence 바이올런스 ● force 포스	
폭로하다	reveal 리빌 ● expose 익스포우즈	
	disclose 디스클로우즈	
	○ expose an impostor 사기꾼의 정체를 폭로하다	
폭리	excessive profits 익세시브 프라핏츠	
폭발	explosion 익스플로젼 ● blow-up 블로우 업	
	○ a volcano burst into eruption 화산이 폭발했다	

폭소	burst of laughter 버스트 어브 래프터
	○ There was a burst into laughter 폭소를 터뜨렸다
폭우	pouring rain 포링 레인 ● downpour 다운포어
폭음	explosion 익스플로전 ● detonation 데터네이션
폭주족	a gang of hot-rodder 어 갱 어브 핫-로더
	Hell's Angels 헬스 엔젤 (구어)
폭죽	firecracker 파이어크래커 ● petard 피타드
폭탄	bomb 밤
폭파	blowing 블로잉 ● blasting 블래스팅
폭포	waterfall 워터폴
폭풍	storm 스톰 ● windstorm 윈드스톰
폭풍우	rainstorm 레인스톰 ● storm 스톰
폭행	violence 바이얼런스 ● outrage 아우트레이지
폴란드	Poland 포울런드
폴리스	police 펄리스
표	ticket 티킷 ● coupon 쿠폰
표결	vote 보우트
표고버섯	pyogo mushroom 표고 머쉬룸
표구사	paper hanger 페이퍼 행거 ● mounter 마운터
표기	mark 마크 ● sign 사인
표류	drifting 드리프팅
표면	surface 서피스
표면적	surface area 서피스 에어리어
표명	expression 익스프레션
표백	bleaching 블리칭
표범	leopard 레오파드
표변	sudden change 서든 체인지
표시	indication 인디케이션 ● expression 익스프레션
표시하다	indicate 인디케잇 ● manifest 매너패스트
	express 익스프레스
표어	slogan 슬로건 ● motto 모토우
표적	target 타깃 ● mark 마크
표절	plagiarism 플레이저리즘 ● piracy 파이어러시

표정	look 룩 ● expression 익스프레션
표제	title 타이틀 ● head 헤드
	superscription 슈퍼스크립션
표준	standard 스탠다드 ● level 레블
	◎ come up to the standard 표준에 달하다
표지	cover 커버 ● binding 바인딩
표창	commendation 커멘데이션 ● citation 사이테이션
표현	expression 익스프레션
푸념	complaint 컴플레인
푸르다	be blue 비 블루 ● be azure 비 애저
푼돈	petty cash 페티 캐시 ● loose coins 루스 코인즈
풀(草)	grass 그래스 ● plant 플랜트 ● weed 위드
풀	paste 페이스트 (밀가루의) ● glue 글루 (갖풀)
	starch 스타치 (녹말)
	◎ a stiffly starched shirt 뻣뻣하게 풀을 먹인 셔츠
풀다	untie 언타이 (짐, 끈 따위) ◎ untie a tie 넥타이를 풀다
	solve 설브 (문제를) ◎ solve a riddle 수수께끼를 풀다
풀리다	come loose 컴 루즈 (맨 것이)
풀빛	green 그린
풀숲	bush 부시 ● a cluster of grass 어 클러스터 어브 그래스
풀죽다	lose its starch 루즈 잇츠 스타치 (옷이)
	feel blue 필 블루
	lose one's starch 루즈 원스 스타치 (기세가 죽다)
풀잎	blade 블레이드 ● leaf of grass 리프 어브 그래스
품	width 윗쓰 (옷의) ● bosom 부점
	breast 브레스트 (가슴)
	◎ hold in one's bosom 품에 안다
품	labor 레이버 ● work 워크
	◎ work for wages 품을 팔다
품다	hold in one's bosom 홀드 인 원스 부점
	embrace 임브레이스 (안다) ● brood 브루드 (알을)
	harbor 하버 ● entertain cherish 엔터테인 체리쉬
	◎ carry a dagger in one's bosom 비수를 가슴에 품다

품목	item 아이템
품삯	wages 웨이쥐즈 • pay 페이
품절	out of stock 아웃 어브 스탁
품종	kind 카인드 • sort 소트 • species 스피쉬즈
	description 디스크립션
품질	quality 퀄러티 ○improve in quality 품질을 개량하다
풋내기	novice 나비스 • green hand 그린 핸드
풍경	landscape 랜드스케이프 • scenery 시너리 (경치)
	view 뷰 • sight 사이트 (전망)
풍기	discipline 디서플린 • public moral 퍼블릭 모럴
풍년	good harvest 굿 하비스트
풍뎅이	May beetle 메이 비틀
풍로	portable cooking furnace 포터블 쿠킹 퍼니스
풍류	elegance 엘리건스 • taste 테이스트
	refinement 리파인먼트 (멋) • music 뮤직 (음악)
풍만	abundance 어번던스 • plenty 플렌티 (풍부)
	plumpness 플럼니스 • corpulence 코펄런스 (비만)
풍문	rumor 루머 • hearsay 히어세이
	○rumor has it 풍문에 의하면
풍미	flavor 플레이버 • savor 세이버 • taste 테이스트
풍선	balloon 벌룬
풍설(風雪)	wind and snow 윈드 앤 스노우
	snowstorm 스노우스톰
풍속	manners 매너즈 • customs 커스텀즈
풍습	manners 매너즈 • customs 커스텀즈
	○observe a custom 풍습에 따르다
풍운	wind and cloud 윈드 앤 클라우드
	the state of affairs 더 스테잇 어브 어페어스 (형세)
풍자	irony 아이러니 • satire 새타이어
풍작	good harvest 굿 하비스트 • bumper crop 범퍼 크랍
풍전	before the wind 비포 더 윈드
풍조	the lee tide 더 리 타이드 (바닷물)
	tendency 텐던시 • trend 트렌드 • stream 스트림

풍차	windmill 윈드밀
풍채	appearance 어피어런스 • presence 프레즌스
	○ a man of commanding appearance 풍채가 당당한 사람
풍치	taste 테이스트 • elegance 엘러건스
	○ This garden is tastefully arranged 정원은 풍치가 있다
풍토	climate 클라이밋
	natural features region 내추럴 피처스 리전
풍화	weathering 웨더링 (지질)
	efflorescence 에플로레슨스
프랑스	France 프랜스
프라이버시	privacy 프라이버시
프러포즈	propose 프러포우즈
	○ I proposed to her 나는 그녀에게 프로포즈했다
프런트	front 프런트 • reception 리셉션 • desk 데스크 (미)
프리미엄	premium 프리미엄
프레젠트	present 프레즌트 ○ a birthday present 생일 선물
프로	pro 프로 • professional 프로페셔널
프로그램	program 프로그램 • card 카드 (미, 구)
프로덕션	production 프러덕션
프로듀서	producer 프러듀서
프로젝트	project 프로젝트
프리마돈나	prima donna 프리머 더너
프린스	prince 프린스
프린트	print 프린트
플라스틱	plastic 플라스틱
플라타너스	platanus 플래태너스 • plane tree 플레인 트리
플라토닉	platonic 플러타닉 • spiritual 스피리추얼
플랑크톤	plankton 플랭크턴
플래시	flash 플래시
플랜	plan 플랜
플랫폼	platform 플랫폼 • track 트랙
플러스	plus 플러스 • addition 애디션
플레이	play 플레이

피	blood 블러드 ● gore 고어 (핏덩이)
	○ bleed / blood runs out 피가 나다
피고	defendant 디펜던트
피난	refuge 리퓨즈 ● shelter 쉘터
피다	come out 컴 아웃 ● bloom 블룸 (꽃이)
	○ be in full bloom 활짝 피어 있다
	burn 번 (불을)
피라미	dace 데이스
피라미드	pyramid 피러미드
피로한	tired 타이어드 ● exhausted 이그조스티드
	○ a tired look 피로한 기색 / feel tired 피로를 느끼다
피리	pipe 파이프 ● flute 플롯 ● recorder 리코더
피부	skin 스킨
피비린내	bloody stink 블러디 스팅크 ● bloodiness 블러디니스
피사체	subject 섭직트 ● object 업직트
피서	summering 서머링
	avoiding the heat of summer 어보이딩 더 힛 어브 서머
피아노	piano 피애노우
피아니스트	pianist 피애니스트
피안	the other world 디 아더 월드 ● paradise 패러다이스
	Nirvana 니어바나
피앙세	fiance 피안세 (프, 남자) ● fiancee 피안세이 (프, 여자)
피에로	pierrot 피어로우 ● clown 클라운
피우다	burn 번 ● kindle 킨들 (불을) ● smoke 스모크 (담배를)
피임(避妊)	contraception 칸트러셉션
피자	pizza 핏자
피켓	picket 피킷
피투성이의	bloody 블러디 ● blood-soaked 블러드 소우크트
피트	feet 핏
피하다	avoid 어보이드
	○ avoid bad company 나쁜 친구를 피하다
피해자	victim 빅팀 ● sufferer 서퍼러
픽션	fiction 픽션

픽업	pickup 피컵
핀	pin 핀
핀셋	pincette 팬셋(프) • tweezers 트위저스
필경	after all 애프터 올 • finally 파이널리
	in the end 인 디 엔드
	○ He will marry her after all
	필경에 가서는 그녀와 결혼할 것이다
필기	note 노우트 • taking notes 테이킹 노우츠
	○ take down a speech 연설을 필기하다
필름	film 필름
필명	name as a calligrapher 네임 애즈 어 컬리그러퍼 (명예)
	pen name 펜 네임 (이름)
필사적	desperate 데스퍼릿 • frantic 프랜틱
필살의 일격	deathblow 데쓰 블로우
필수	essentiality 이센쉬앨러티
필시	certainly 서틀리 • surely 슈얼리
필연	necessity 네세서티 • inevitability 이네비터빌러티
필자	writer 라이터 • author 어써
필적(筆跡)	holograph 할러그래프 • handwriting 핸드라이팅
	○ give an expert opinion on handwriting 필적을 감정하다
필적(匹敵)	equal 이퀄 • rival 라이벌
	○ have no equal(match) 필적할 자가 없다
필터	filter 필터
필통	pencil case 펜슬 케이스 (연필통)
	writing-brush case 라이팅-브러쉬 케이스 (붓통)
핏기	the color of the skin 더 컬러 어브 더 스킨
	complexion 컴플렉션
핏줄	vein 베인 (혈관) • blood vessel 블러드 베슬
	blood relation 블러드 릴레이션
	lineage 리니지 (혈통)
핑계	excuse 익스큐즈 • apology 어팔러지
핑크	pink 핑크
핑퐁	ping-pong 핑퐁 • table tennis 테이블 테니스

ㅎ

하계	summer 서머 ● the summer season 더 서머 시즌
하나	one 원 ● the same 더 세임 (동일한)
	○ Our idea are the same 우리 생각은 하나다
	once 원스 ● just 저스트 (한 번)
	○ I want to ask you just a little favor 하나 부탁할게 있소
하느님	God 갓 ● the Lord 더 로드 ● Providence 프로비던스
하는 수 없이	unavoidably 어너보이더블리 ● reluctantly 릴럭턴틀리
	inevitably 이네비터블리
하늘	sky 스카이 ● heaven 헤븐
하다	do 두 ● act 액트
	○ When I say I will do it / I mean business
	나는 한번 한다 하면 반드시 하는 사람이다
하다못해	at least 앳 리스트 ● at most 앳 모스트
	at best 앳 베스트
하등(下等)	inferiority 인피어리아러티 (열등)
	lower class(grade) 로우어 클래스(그레이드) (하급)
하등(何等)	in any way 인 애니 웨이 ● whatever 와레버
	○ without any reason 하등의 이유도 없이
	○ have no connection whatever 하등의 관계가 없다
하락	fall 폴 ● depreciation 디프리시에이션
	degrade 디그레이드
하루	a day 어 데이 ● the daytime 더 데이타임
하룻밤	one(a) night 원(어) 나잇
	○ all night / overnight 밤새
하류	downstream 다운스트림 ● the lower 더 로우어
하마	hippopotamus 히퍼파터머스
하모니카	harmonica 하머니카
하물며	much more 머치 모어 (긍정)
	much less 머치 레스 (부정)

하사관	noncommissioned officer 넌커미션드 어피서 (육군)
	petty officer 페티 아피서 (해군)
하산하다	go down a moutain 고우 다운 어 마운튼
	go downhill 고우 다운힐
하수(下水)	foul water 파울 워터 • sewage 수이지
하수인	slyer 슬라이어 • culprit 컬프릿
하숙	board and lodging 보드 앤 라징
	board and room 보드 앤 룸 (미)
하순	the last ten days 더 라스트 텐 데이즈
	○ during the last ten days of July 7월 하순에
하야하다	go out of office 고우 아웃 어브 어피스
	retire to private life 리타이어 투 프라이빗 라이프
하양	white 와이트
하얗다	pure white 퓨어 와이트 • snow white 스노우 와이트
하이에나	hyena 하이너
하이틴	one's late teens 원스 래잇 틴즈
하이힐	high heels 하이힐즈
	high-heeled shoes 하이 힐드 슈즈
하인	servant 서번트
하지만	but 벗 • however 하우에버
하차	getting off 게팅 어프
하찮다	worthless 워쓸리스
	○ He lost his temper on a slight provocation 그는 하찮은 일로 성을 냈다
하청	subcontract 섭컨트랙트
하체	the lower part of the body 더 로우어 파트 어브 더 바디
하트	heart 하트
하품	yawning 야닝 • yawn 얀
하필이면	of all occasion 어브 올 어케이전
하행	going away from capital 고잉 어웨이 프롬 캐피틀
	going down 고잉 다운 • a down-train 하행열차
학	crane 크레인
학계	learned circles 러언드 서클즈

		the academic world 디 애커데믹 월드
		○ Do much for the cause of learning 학계에 공헌하다
학과(學科)		school subject 스쿨 섭직트 ● curriculum 커리큘럼
학교		school 스쿨
학급		class 클래스 ● grade 그레이드 (미) ● form 폼 (영)
		○ organize a class 학급을 편성하다
학기		term 텀 ● semester 시메스터 (미) ● session 세션 (미)
학년		grade 그레이드 (미) ● form 폼 (영)
		○ What grade are you in? 너는 몇 학년이냐?
학대		ill-treatment 일-트릿먼트
		maltreatment 멀트릿먼트 (영)
		mistreatment 미스트릿먼트 (미)
학력(學歷)		school career 스쿨 커리어
		academic background 애커데믹 백그라운드
학문		learning 러닝 (학업) ● scholarship 스칼러십 (학식)
		○ devote oneself to one's studies 학문에 전념하다
학비		school expenses 스쿨 익스펜시즈
		the cost of schooling 더 코스트 어브 스쿨링
학사		university graduate 유니버서티 그래쥬에잇
학살		slaughter 슬로터 ● massacre 매서커어
학술		science 사이언스 (과학) ● scholarship 스칼러십 (학문)
학습		studying 스터딩 ● learning 러닝
학예회		literary exhibition 리터러리 엑서비션
학용품		school things(supplies) 스쿨 씽즈(서플라이즈)
학우		schoolmate 스쿨메이트 ● classmate 클래스메이트
학위		academic degree 애커데믹 디그리 ● doctorate 닥터릿
		○ grant a degree 학위를 주다
학자		scholar 스칼러 ● savant 새번트 (문어)
학창		school 스쿨 ● campus 캠퍼스
학칙		school regulations 스쿨 레귤레이션즈
학회		institute 인스티튜트 ● academy 어캐더미
한가한		free 프리 ● leisure 레저
한가운데		center 센터 ● midst 미드스트

한결	🔹 Hit the target right in the center 과녁 한가운데를 맞히다 conspicuously 컨스피큐어슬리 (눈에띄게) much more 머치 모어 (한층) especially 이스페셜리 (특히)
한계	limit 리밋 ● boundary 바운더리 ● bound 바운드
한국	Korea 코리어
한국어	Korean 코리언
한국인	Korean 코리언
한눈팔다	look away 룩 어웨이 ● see off 시 어프 take one's eyes off 테익 원스 아이즈 어프
한대	the Frigid Zone 더 프리지드 존
한동안	quite a time 콰이트 어 타임 ● for a while 포 어 와일
한때	a time 어 타임 ● once 원스 ● sometime 섬타임 🔹 Your suffering is only momentary 고생하는 것도 한때다
한란계	thermometer 써마미터 ● the mercury 더 머큐리
한랭	cold 콜드 ● coldness 콜드니스 ● chill 칠
한류	cold current 콜드 커런트
한마디	a word 어 워드 🔹 I should like to say a word 한마디 말씀드리겠습니다
한문	Chinese composition 차이니즈 컴포지션 Chinese writing 차이니즈 라이팅
한바탕	a scene 어 씬 ● a round 어 라운드
한바퀴	a round 어 라운드 ● a turn 어 턴 🔹 take a turn in the park 공원을 한바퀴 돌다
한발	a (one) step 어(원) 스텝
한방(漢方)	Chinese medicine 차이니즈 메디신
한 사람	one person 원 퍼슨 🔹 one by one 한사람씩 individually 인디비쥬얼리 (개별적으로)
한손	one hand 원 핸드 ● each hand 이치 핸드 🔹 It was hard work one-handed 그 일은 한손으로 힘들다
한숨	sigh 사이 ● deep breath 딥 브레쓰 🔹 Every one gave a sigh of relief 모두들 안도의 한숨을 쉬었다

한심한	pitiful 피티풀 ● regretful 리그렛펄	
	miserable 미저러블	
	◎ be extremely deplorable 한심하기 짝이 없다	
한여름	midsummer 미드서머	
	the middle of summer 더 미들 어브 서머	
한자	Chinese character 차이니즈 캐릭터	
한정	limitation 리미테이션 ● definition 데피니션	
한줌	a handful 어 핸드풀 ● a lock 어 락	
한쪽	one side 원 사이드 ● one way 원 웨이	
한창 때	in the midst 인 더 미드스트	
	at the height 앳 더 하이트	
한탄	sigh 사이 ● lamentation 래먼테이션 ● grief 그리프	
한탄하다	sigh 사이 ● lament 러멘트 ● moan 모운	
한파	cold wave 콜드 웨이브	
한패	one of the party 원 어브 더 파티	
	confederate 컨페더릿	
할당	division 디비전 ● distribution 디스트리뷰션	
할머니	grandmother 그랜드마더 ● grandma 그랜마	
할 수 있다	can 캔	
할아버지	grandfather 그랜드파더 ● grandpa 그랜파	
할인	discount 디스카운트 ● price-cutting 프라이스-커팅	
	◎ give 10 percent discount 1할 할인하다	
할퀴다	scratch 스크래치 ● claw 클로	
핥다	lick 릭 ● lap 랩	
함께	together 투게더	
함대	fleet 플릿 ● squadron 스콰드런	
함락	fall 폴 ● sinking 싱킹 ● collapse 컬랩스	
함부로	at random 앳 랜덤	
	indiscriminately 인디스크리머닛틀리	
	recklessly 레클리슬리	
함석	zinc 징크	
	galvanized iron sheet 갤버나이즈드 아이언 쉬트	
함정(陷穽)	pitfall 핏폴 ● trap 트랩 ● snare 스네어	

	◎ fall into a trap 함정에 빠지다
함정(艦艇)	war vessel 워 베설 ● naval vessel 네이벌 베설
함포	the guns of a warship 더 건즈 어브 어 워십
합격	success in an examination 석세스 인 언 이그재미네이션
	passing an exam 패싱 언 이그잼
합계	the sum total 더 섬 토틀 ● total 토틀
	aggregate 어그리게잇
합동	combination 캄버네이션 ● union 유니언
합리적	rational 래셔널 ● reasonable 리즈너블
	logical 라지컬
합법	lawfulness 로풀니스 ● legality 리갤러티
합산	adding up 애딩 업 ● footing 푸팅
합석	sitting together 시팅 투게더
합성	composition 컴포지션 ● synthesis 신써시즈
합숙	joint billet 조인트 빌릿
	lodging together 라징 투게더
합승	riding together 라이딩 투게더
합의(合議)	consultation 컨설테이션 ● counsel 카운슬
	conference 컨퍼런스
합의(合意)	come to an agreement 컴 투 언 어그리먼트
	◎ reach an agreement 합의에 도달하다
합자	joint stock 조인트 스탁 ● partnership 파트너쉽
합작	collaboration 컬래버레이션 (협동)
	joint work 조인트 워크
합주	concert 컨서트 ● ensemble 안삼블
합창	chorus 코러스
합치다	put together 풋 투게더 ● unite 유나잇 (하나로)
	sum up 섬 업 ● add up 애드 업 (합계하다)
	◎ Put two sheets of paper together 종이 두 장을 합치다
항고	appeal 어필 ● complaint 컴플레인트
	protest 프로테스트
항공	aviation 에이비에이션 ● flight 플라이트

항구(港口)	port 포트 ● harbor 하버	
항로	route 루트 ● course 코오스 ● fairway 페어웨이	
	○ lay a course 항로를 정하다	
항만	harbor 하버 ● harbors and bays 하버즈 앤 베이즈	
항문	anus 에이너스	
항복	surrender 서렌더 ● submission 섭미션 (복종)	
	capitulation 커피철레이션	
항상	always 올웨이즈 ● at all time 앳 올 타임	
	constantly 컨스턴틀리	
항성	fixed star 픽스트 스타 ● sun 선	
항소	the appeal suit 디 어필 숫	
항아리	jar 자 ● pot 팟	
항의	protest 프러테스트	
항쟁	contention 컨텐션 ● opposition 아퍼지션	
항체	antibody 앤티바디	
항해	voyage 보이지	
해	sun 선 ○ the sun rises 해가 뜨다	
해(年)	year 이어 ○ the year changes 해가 바뀌다	
해결	solution 설루션 ● settlement 세틀먼트	
	○ Bring a matter to a peaceful settlement	
	문제를 평화적으로 해결하다	
해고	discharge 디스차지 ● dismissal 디스미설	
	lay-off 레이어프	
해골	skeleton 스켈러튼 ● skull 스컬	
해군	navy 네이비 ● naval service 네이벌 서비스	
해녀	woman diver 우먼 다이버	
해답	solution 설루션 ● answer 앤써	
해당하다	come under 컴 언더 ● correspond to 커러스판드 투	
해당화	wild rose 와일드 로즈	
해독(害毒)	evil 이블 ● harm 함 ● mischief 미스취프	
	○ books of this kind work mischief to society	
	이런 종류의 책은 사회에 해독을 끼친다	
해독(解毒)	counteracting poison 카운터랙팅 포이즌	

해독(解讀)	decoding 디코우딩 ● deciphering 디사이퍼링
해류	ocean current 오션 커런트
해마다	every year 에브리 이어 ● each year 이치 이어
해면(海面)	the surface of the sea 더 서피스 어브 더 씨
	the sea level 더 씨 레블
해면(海綿)	sponge 스펀지
해명	elucidation 일루서데이션
	explanation 익스플러네이션
해바라기	sunflower 선플라워
해발	above the sea 어버브 더 씨
	above the sea level 어버브 더 씨 레블
해방	liberation 리버레이션
해변	beach 비치 ● seashore 시쇼어 ● coast 코우스트
해부	dissection 디섹션
	postmortem examination 포우스트머텀 이그재머네이션 (사후조사)
해빙	thawing 쏘잉 ● thaw 쏘어
해산	break-up 브레이크-업 ● dispersion 디스퍼전
	◉ break up a meeting 회의를 해산하다
해산물	marine products 머린 프러덕츠
해삼	sea slug 씨 슬럭 ● trepang 트리팽
해상	sea 씨 ● maritime 매러타임 ● marine 머린
해석	interpretation 인터프리테이션 (판단)
	construction 컨스트럭션 (추정)
	translation 트랜스레이션 (번역)
	◉ Put your own construction on it 좋을 대로 해석해라
해설	explanation 익스플러네이션
	elucidation 일루서데이션
해소	dissolution 디스솔루션 ● annulment 어널먼트 (해약)
	settlement 세틀먼트 (해결)
해수욕	sea-bathing 씨-베이딩
해수욕복	swimming suit 스위밍 수트 ● swimsuit 스웜수트
	bathing suit 베이딩 수트

해안	seashore 씨쇼어 • coast 코우스트
	seaside 씨사이드
	○ take a walk along the beach 해안을 산보하다
해약	cancellation of a contract
	캔설레이션 어브 어 컨트랙트
해양	the sea 더 씨 • the ocean 디 오션
해오라기	white(snowy) heron 와이트(스노위) 헤런
해외	overseas 오버시즈 • foreign countries 포린 컨트리즈
	○ He has a thorough knowledge of foreign affairs
	그는 해외 사정에 정통하다
해적	pirate 파이럿 • sea robber 씨 라버
해제	cancellation 캔설레이션 (취소)
	release 릴리즈 (해방)
해질 녘	at sunset 앳 선셋 • toward sundown 토워드 선다운
해체	dismantlement 디스맨틀먼트 (분해)
	dissolution 디설루션 (해산)
	○ disjoint a machine 기계를 해체하다
해초	seaweed 씨위드 • sea plants 씨 플랜츠
해충	harmful insect 함풀 인섹트 • blight 블라이트
	vermin 버민
해치다	injure 인쥬어 • harm 함 • hurt 허트
	○ injure one's health 건강을 해치다
해치우다	finish up 피니시 업 • get done 겟 던
	○ get through with one's work 일을 해치우다
해탈	deliverance 딜리버런스 • salvation 샐베이션
해파리	jellyfish 젤리피시 • medusa 머두서
해프닝	happening 해프닝
해피엔드	happy ending 해피 엔딩
해학	jest 제스트 • humor 유머 • joke 조우크
해협	strait 스트레잇 • channel 채늘
핵가족	nuclear(two-generation) family
	뉴클리어(투-제너레이션) 패밀리
핵병기	nuclear weapon 뉴클리어 웨펀

핵심	kernel 커널 • core 코어	
	○ touch the core 핵심을 찌르다	
핸드백	handbag 핸드백	
핸드폰	cellular phone 셀룰러 폰 • mobile phone 모바일 폰	
핸들	handle bar 핸들 바 (자전거) • wheel 윌 (자동차의)	
	○ Sit at the wheel 핸들을 잡다	
핸섬	handsome 핸섬	
햄	ham 햄	
행군	march 마치	
행동	action 액션 • behavior 비해이버	
	○ clean up your act / Behave yourself 행동을 조심해라	
행렬	procession 프러세션 • parade 퍼레이드	
행로	path 패쓰 • road 로드	
행복	happiness 해피니스 • felicity 필리서티	
	well-being 웰빙 ○ live a happy life 행복하게 살다	
행사	event 이벤트 • function 펑션	
행상	peddling 페들링 • hawking 호킹	
행선지	one's destination 원스 데스터네이션	
행실	behavior 비해이버 • conduct 컨덕트 • manner 매너	
	○ be well behaved / show good conduct 행실이 좋다	
행운	good luck 굿 럭 • good fortune 굿 포춘	
행운아	lucky person 럭키 퍼슨	
행위	act 액트 • action 액션 • deed 디드	
행정	administration 엇미너스트레이션	
행주	dish towel 디쉬 타우얼	
행진	march 마취 • parade 퍼레이드	
행패	misconduct 미스컨덕트 • misbehavior 미스비해이버	
행하다	do 두 • act 액트 • behave 비해이브 (행동하다)	
	practice 프랙티스 (실행하다) • perform 퍼폼 (이행하다)	
	conduct 컨덕트 (실시하다) • hold 홀드 (거행하다)	
	○ perform(do) one's duties 의무를 행하다	
	○ hold a ceremony 의식을 행하다	
향기	perfume 퍼퓸 • fragrance 프래그런스 • scent 센트	

향락	enjoyment 인조이먼트 ● pleasure 플레저
향상	elevation 엘러베이션 ● rise 라이즈
	improvement 임프루브먼트 (개선)
	progress 프러그레스 (진보)
	● elevate the standard of living 생활수준을 향상시키다
향수(香水)	perfume 퍼퓸 ● scent 센트
향수(鄕愁)	homesickness 홈식니스 ● nostalgia 나스탤저
향하다	front 프론트 ● look out 룩 아웃
	turn towards 턴 터워즈 (대하다)
	proceed to 프로시드 투 ● leave for 리브 포 (가다)
	● look out on the sea 바다를 향하다
허가	permission 퍼미션 ● approval 어프루벌
허공	the empty sky(space) 디 엠프티 스카이(스페이스)
호구	population 파펄레이션
허니문	honeymoon 허니문
허다한	numerous 뉴머러스 ● frequent 프리퀀트
허둥거리다	get flustered 겟 플러스터드
	rush about madly 러시 어바웃 매들리
허둥지둥	all flustered 올 플러스터드 ● in a hurry 인 어 허리
	● flee helter-skelter / run away with bare life
	허둥지둥 도망치다
허락	consent 컨센트 ● assent 어센트 ● approval 어프루벌
허락하다	consent 컨센트 ● assent 어센트
	approve 어프루브 ● permit 퍼밋
	● so far as circumstances permit 사정이 허락하는 한
허례	empty forms 엠프티 폼즈 ● formality 포맬러티
	artificial manner 아티피셜 매너
허리	waist 웨이스트
허리케인	hurricane 허리케인
허무	nothingness 너씽니스 ● nihility 나이일러티
허무하다	be nonexistent 비 넌이그지스턴트 ● be nil 비 닐
	be null 비 널 ● be empty 비 엠프티
	● be empty / be false 허무맹랑하다

허물	fault 폴트 ● error 에러 ● mistake 미스테이크
	blame 블레임 ◎ conceal a defect 허물을 감추다
허물없는	faultless 폴트리스 ● blameless 블레임리스
	perfect 퍼펙트
허상	virtual image 버츄얼 이미지
허세	bluff 블러프 ● bluster 블러스터
	fanfaronade 팬퍼러네이드
	◎ bluff / make show of power 허세를 부리다
허수아비	scarecrow 스케어크로우 ● dummy 더미
	puppet 퍼핏
허스키	husky voice 허스키 보이스
허영	vanity 배너티 ● vainglory 베인글로리
허우적거리다	struggle 스트러글 ● paw 포 ● flounder 플라운더
	◎ Paw the air to get out of the water
	물 밖으로 나오려고 허우적거리다
허위	falsehood 폴스후드 ● fiction 픽션
	fallacy 팰러시 (논리학)
허풍	boasting 보우스팅 ● bragging 브래깅
헌금	contribution 컨트리뷰션 ● donation 도네이션
	subscription 섭스크립션
헌법	constitution 컨스티튜션 ● organic law 오가닉 로
헌병	military policeman 밀리터리 펄리스먼(M.P.)
헌신하다	devote oneself 디보우트 원셀프
	sacrifice oneself 새크러파이스 원셀프
헌옷	old clothes 올드 클로우즈
헌장	constitution 컨스티튜션
	charter of constitution 차터 어브 컨스티튜션
헐값	low price 로우 프라이스
	dirt-cheap price 더트-칩 프라이스
헐떡이다	gasp 개습 ● breathe hard 브리드 하드 ● puff 퍼프
헐뜯다	slander 슬랜더 ● defame 디페임
	disparage 디스패리지
	◎ pick on / speak ill of 사람을 헐뜯다

험난한	rough and difficult 러프 앤 디피컬트
	perilous 페럴러스
험담	slander 슬랜더 ● abuse 어뷰즈
	backbiting 백바이팅
험악한	dangerous 데인저러스 (위험한) ● rough 러프 (날씨가)
	critical 크리티컬 (사태가)
	◎ matters have taken a bad turn 사태가 험악해졌다
험한	steep 스팁 ● rugged 러기드 (길이)
	◎ rugged road 험한 길
	foul 파울 ● stormy 스토미 ● rough 러프 (날씨가)
	◎ foul weather 험한 날씨
헛간	barn 반 ● open shed 오픈 쉐드
헛걸음하다	make a trip in vain 메이크 어 트립 인 베인
	go in vain 고우 인 베인
헛기침	clearing one's throat 클리어링 원스 쓰롯
	ahem 어헴
헛된	vain 베인 ● futile 퓨타일 ● empty 엠프티
	◎ pass one's time idly 시간을 헛되이 보내다
헛듣다	mishear 미스히어 ● hear amiss 히어 어미스
헛소리	talking in delirium 토킹 인 딜리리엄 (정신 없는 말)
	gibberish 지버리시 (횡설수설) ● nonsense 넌센스
	silly talk 실리 토크 (헛말)
헛수고	vain effort 베인 에포트 ● lost labor 로스트 레이버
	◎ one's labor comes to nothing 헛수고로 돌아가다
헝겊	a piece of cloth 어 피스 어브 클로우쓰 ● rag 랙
헤드라이트	headlight 헤드라이트
헤매다	wander about 원더 어바웃 ● rove 로우브
헤아리다	consider 컨시더 ● ponder 판더 (고려하다)
	◎ undertake a plan with consideration
	일을 잘 헤아려서 한다
	count 카운트 ● calculate 컬큘레이트
	estimate 에스터메이트
	◎ be incalculable 헤아릴 수 없다

헤어스타일	hair style 헤어 스타일
헤어지다	part from 파트 프롬 ● separate 세퍼레잇
	divorce oneself 디보스 원셀프
	○ part from a friend 친구와 헤어지다
헥타르	hectare 헥테아
헬리콥터	helicopter 헬리캅터
헹구다	rinse away 린스 어웨이 ● wash out 워시 아웃
혀	tongue 텅
혁대	leather belt 래더 벨트
혁명	revolution 레벌루션
혁신	reform 리폼 ● renovation 레너베이션
현관	porch 포치 ● entrance 엔트런스
현금	cash 캐시
	○ pay in cash / present ready money 현금을 지불하다
현기증	vertigo 버티고우 ● dizziness 디지니스
현대	the present age 더 프레즌트 에이지
	our time 아워 타임
	modern times 마던 타임즈
현명함	wisdom 위즈덤 ● intelligence 인텔리전스
	○ adopt a wise a policy 현명한 조처를 취하다
현미	uncleaned rice 언클린드 라이스
	brown rice 브라운 라이스
현상(現狀)	the present situation 더 프레즌트 시추에이션
	○ maintain the status quo 현상을 유지하다
현상(現象)	appearance 어피어런스 ● phenomenon 피나머넌
현상(現像)	development 디벨럽먼트
현수막	hanging banner 행잉 배너
현실	actuality 액추앨러티 ● reality 리앨러티
	○ the reality of our national economy 우리국가의 경제 현실
현안	pending question 펜딩 퀘스천
	outstanding question 아웃스탠딩 퀘스천
현역	active service 액티브 서비스
현장	the spot 더 스팟 ● the scene 더 신

		jobsite 잡사이트
현재		the present 더 프레즌트 ● now 나우
		○ I am contented where I am 나는 현재의 지위에 만족한다
현지		the actual place 디 액추얼 플레이스
		the field 더 필드
현처		wise wife 와이즈 와이프
		good housewife 굿 하우스와이프
현행		existing 이그지스팅 ● current 커런트
혈관		vein 베인 (정맥) ● artery 아터리 (동맥)
혈구		blood-corpuscle 블러드 코퍼슬 ● globule 글라뷸
		○ leukocyte / migratory cell 백혈구
		○ red blood corpuscle 적혈구
혈기		vitality 바이탤러티 ● strength 스트렝쓰
		stamina 스태미너
혈당		blood sugar 블러드 슈가
		sugar in the blood 슈거 인 더 블러드
혈루		tears of blood 티어스 어브 블러드
		bitter tears 비터 티어스
혈맥		blood vessel 블러드 베슬 ● vein 베인 (정맥)
		artery 아터리 (동맥)
혈맹		blood pledge 블러드 플레지
혈색		color of the face 컬러 어브 더 페이스
		complexion 컴플렉션
		○ look well / have a ruddy complexion 혈색이 좋다
혈서		writing in blood 라이팅 인 블러드
혈안		bloodshot eye 블러드샷 아이
혈압		blood pressure 블러드 프레셔
혈액형		type of blood 타입 어브 블러드
		blood type 블러드 타입
혈연		blood relation 블러드 릴레이션 ● kin 킨
		kith and kin 키쓰 앤 킨
혈우병		haemophilia 히머우필리어
		bleeder's disease 블리더스 디지즈

혈족	kinship 킨십 ● blood-relationship 블러드 릴레이션십
혈통	blood 블러드 ● lineage 리니지 ● pedigree 페더그리
혈투	bloody fight 블러디 파이트
혐오하다	hate 헤이트 ● dislike 디스라이크 ● detest 디테스트
혐의	suspicion 서스피션 ● accusation 애큐제이션
협공	attack on both sides 어택 온 보쓰 사이즈
협동	cooperation 코우아퍼레이션
협력	cooperation 코우아퍼레이션
협박	threat 쓰렛 ● menace 메너스 ● terrorism 테러리즘
협상	negotiation 네고쉬에이션 ● agreement 어그리먼트
협약	agreement 어그리먼트
협정	agreement 어그리먼트 ● arrangement 어래인지먼트
협조	cooperation 코우아퍼레이션 ● concord 콩코드
	harmony 하머니
협회	society 소사이어티 ● association 어소시에이션
	league 리그
형	elder brother 엘더 브라더 ● senior 시니어 (선배)
형광등	fluorescent lamp 플루어레슨트 램프
형기	the term of imprisonment 더 텀 어브 임프리즌먼트
	prison term 프리즌 텀
형벌	punishment 퍼니쉬먼트 ● penalty 페널티
형사	criminal case 크리미널 케이스 (사건)
	detective 디텍티브 (사람)
형설	diligent study 딜리전트 스터디
	○ prosecute one's studies for years 형설의 공을 쌓다
형성	formation 포메이션
형수	the wife of one's elder brother
	더 와이프 어브 원스 엘더 브라더
형식	form 폼 ● formality 포맬러티 ● mode 모드
형언	description 디스크립션 ● expression 익스프레션
형용	form 폼 ● figure 피겨 ● appearance 어피어런스 (형상)
	modification 마더피케이션 (수식)
	description 디스크립션 (서술) ● metaphor 메타포 (비유)

형장	execution-ground 익스큐션 그라운드
형제	brother 브라더 (남) ● sister 시스터 (여)
	brethren 브레드런 (동포)
형태	form 폼 ● shape 쉐입
	◐ assume the form 형태를 취하다
형편	situation 시추에이션 ● state 스테잇 (일의 경로, 결과)
	one's family situation 원스 패밀리 시추에이션 (살림의)
	condition 컨디션 ● convenience 컨비년스 (형세)
	◐ Let us see how things turn out before we decide 형편을 보아 결정하자
호감	good feeling 굿 필링 ● goodwill 굿윌
호걸	hero 히어로
호기(好期)	good season 굿 시즌 ● good time 굿 타임
호기심	curiosity 큐리어서티
	◐ arouse one's curiosity 호기심을 일으키다
호도하다	gloss over 글로스 오버 ● varnish 바니쉬
호된	severe 시비어 ● harsh 하시 ● cruel 크루얼
	◐ scold severly 호되게 꾸짖다
호들갑스러운	abrupt and frivolous 앱럽트 앤 프리벌러스
	flippant 플리펀트
	◐ act hastily / take a rash step 호들갑스럽게 굴다
호락호락한	ready 레디 ● easily manageable 이질리 매니저블
	tractable 트랙터블
호랑나비	large spotted butterfly 라지 스팟티드 버터플라이
호랑이	tiger 타이거
호령	command 커맨드 ● order 오더
호루라기	whistle 위슬
호르몬	hormone 호모운
호리병박	bottle gourd 바틀 구어드
호박	pumpkin 펌킨 ● squash 스쿼시
호반	lake side 레이크 사이드
	the shores of a lake 더 쇼어스 어브 어 레이크
호사다마	Lights are usually followed by shadows

	라이츠 아 유절리 팔로우드 바이 쉐도우즈
호색한	lewd man 루드 맨 • lecher 레처
호스	hose 호우즈 • hosepipe 호우즈파이프
호소	appeal 어필 • petition 피티션
호소하다	appeal 어필
호수	lake 레이크
호스티스	hostess 호우스티스 • barmaid 바메이드 (여급)
호언장담	big talk 빅 토크 • boasting 보우스팅
호우	heavy rain 헤비 레인 • torrential rain 토렌셜 레인
	downpour 다운포어
호외(戶外)	the open air 디 오픈 에어 • outdoors 아웃도어즈
호의	goodwill 굿윌 (선의) • friendliness 프렌들리니스 (우의)
	kindness 카인드니스 • favor 페이버 (친절)
	○ Show a friendly feeling 호의를 보이다
호인	good person 굿 퍼슨 • good fellow 굿 펠로우
호적	census registration 센서스 레저스트레이션
	○ have one's name entered in the census register (record) 호적에 싣다
호조	being in good condition 빙 인 굿 컨디션
	favorable tone 페이버러블 톤
호주	the head of family 더 헤드 어브 패밀리
호출하다	call 콜 • call out 콜 아웃
호탕한	magnanimous 매그내니머스
	large-minded 라지-마인디드
호텔	hotel 호텔
호평	favorable criticism 페이버러블 크리티시즘
호화	splendor 스플렌더 • pomp 팜프
	gorgeousness 고저스니스
호황	boom 붐 • prosperity 프라스페러티
	○ Show signs of prosperity 호황을 보이다
호흡	breath 브레쓰 • respiration 레스퍼레이션
혹	lump 럼프 • wen 웬 • swelling 스웰링
혹사하다	work hard 워크 하드 • drive hard 드라이브 하드

	overdrive 오버드라이브
	○ drive one's servants too hard 하인을 혹사하다
혹시	sometimes 섬타임즈
	once in a while 원스 인 어 와일
	rarely 래얼리
	○ It sometimes snows in April
	4월에도 혹시 눈이 오는 수가 있다
혼	soul 소울 • spirit 스피릿 • ghost 고우스트
혼기	marriageable age 메리저블 에이지
혼담	marriage talk 메리지 토크
	○ arrange a marriage 혼담을 성립시키다
혼동	confusion 컨퓨전 • mixing 믹싱
	○ mix up public and private matters 공사를 혼동하다
혼란	confusion 컨퓨전
혼례	wedding 웨딩 • nuptial 넙셜
	marriage ceremony 메리지 세러머니
혼미	stupidity 스튜피더티 • derangement 디래인쥐먼트
혼선	cross wires 크로스 와이어스
	entanglement of wires
	인탱글먼트 어브 와이어즈 (전신 전화의)
	confusion 컨퓨전 (혼란)
	○ The lines are crossed 전화가 혼선되었다
	○ His ideas are confused 말에 혼선이 있다
혼수	deep sleep 딥 슬립 (깊이 잠듦) • coma 코마
	trance 트랜스 (무의식)
	○ become comatose / fall into a coma 혼수상태에 빠지다
혼식	mixed food 믹스트 푸드
혼신	the whole body 더 호울 바디
	all the body 올 더 바디
	○ put forth every ounce of one's energies 혼신의 힘을 내다
혼용하다	use together with 유즈 투게더 위드 • mix 믹스
혼잡	disorder 디스오더 • congestion 컨제스천
	bustling 버슬링

혼잣말	monolog 모널러그 • soliloquy 설릴러퀴
혼쭐나다	be frightened 비 프라이튼드
	be appalled 비 어폴드
혼합	mixing 믹싱
혼혈아	half-blood 해프 블러드
	mixed blood child 믹스트 블러드 차일드
홀딱	completely 컴플릿틀리 • quickly 퀵클리 (벗는 모양)
	inside out 인사이드 아웃 (뒤집는 모양)
	in a bound 인 어 바운드 (뛰어넘는 모양)
	◉ Take one's clothes off completely 옷을 홀딱 벗다
	deeply 디플리 • madly 매들리 (홀딱 반할 때)
	◉ He is quite taken with her 그는 그녀에게 홀딱 반했다
홀로	alone 얼론
홀수	odd number 아드 넘버
	cardinal number 카더늘 넘버
홀아비	widower 위도어
홀연	suddenly 서든리 • on a sudden 온 어 서든
	in a flash 인 어 플래시
홀쭉한	thin 씬 • slim 슬림 • slender 슬렌더
홍수	flood 플러드 • inundation 이넌데이션
	deluge 델류쥐
홍역	measles 미즐즈
홍일점	the only woman among those present
	디 오운리 우먼 어멍 도우즈 프레즌트
홍차	tea 티 • black tea 블랙 티
홍채	iris 아이리스
홍학	flamingo 플러밍고우
효과	effect 이펙트
효과적	effective 이펙티브 • effectual 이펙추얼
효도	filial piety(duty) 필리얼 파이어티(듀티)
효력	effect 이펙트 • virtue 버츄
	validity 벌리더티 • force 포스 (법적)
	◉ have legal force 법적 효력을 갖다

효용	use 유스 (용도) ● utility 유티리티 (유용성)	
	virtue 버츄 (효험)	
	○ What is the good? 무슨 효용이 있는가?	
효자	dutiful son 듀티풀 선	
효능	efficacy 에피커시 ● virtue 버츄 ● good 굿	
환각	illusion 일루전 ● hallucination 헐루서네이션	
환경	environment 인바이언먼트	
	surroundings 서라운딩즈	
	circumstance 서컴스턴스	
	○ You have to adapt yourself to your new circumstances	
	새로운 환경에 순응해야 한다	
환대	hospitality 하스피탤러티 ● welcome 웰컴	
환멸	disillusion 디스일루전	
환불	repayment 리페이먼트	
	○ return the price paid 대금을 환불하다	
환상	fantasy 팬터시 ● dream 드림	
환송(歡送)	farewell 페어웰 ● send-off 센더프	
환승	transfer 트랜스퍼	
환영(幻影)	phantom 팬텀 ● vision 비전 ● phantasm 팬태즘	
환영(歡迎)	welcome 웰컴 ● reception 리셉션	
환자	patient 페이션트 ● sufferer 서퍼러	
환절기	a change of season 어 체인지 어브 시즌	
환한	clear 클리어 ● bright 브라이트	
	○ a room is bright 방이 환하다	
	plain 플레인 ● evident 에비던트 ● obvious 압벼스	
	○ be up on the political situation 정국에 환하다	
환호하다	cheer 치어 ● acclaim 어클레임	
활	bow 바우	
활개치다	swing one's arm 스윙 원스 암 (팔)	
	flap the wings 플랩 더 윙스 ● flutter 플러터 (날개)	
활기	vigor 비거 ● vitality 바이탤러티 ● energy 에너지	
활동	activity 액티비티 ● action 액션 ● motion 모션	
	○ He has a wide sphere of action 그의 활동범위는 크다	

활력	vital power 바이탈 파워 ● life force 라이프 포스
활로	a way out 어 웨이 아웃
	a means of escape 어 민즈 어브 이스케잎
	○ Find a way out of a difficulty 활로를 개척하다
활발한	lively 라이블리 ● active 액티브 ● brisk 브리스크
	○ The market is active 시장이 활발하다
활보하다	stride 스트라이드 ● strut 스트럿
활약	activity 액티비티 ● action 액션
활용	practical use 프랙티컬 유즈
	○ He made the best use of talent 그는 인재활용을 잘했다.
	inflection 인플렉션 ● declension 디클렌션 (문법, 어법)
활자	type 타입 ● printing type 프린팅 타입
활주로	runway 런웨이 ● airstrip 에어스트립
활화산	active volcano 액티브 볼케이노
홧김	the influence of anger 디 인플루언스 어브 앵거
	○ in a fit of anger / in the heat of passion 홧김에
홧술	liquor drunk in anger 리커 드렁크 인 앵거
황금	gold 골드
황금색	gold color 골드 컬러 ● golden yellow 골든 옐로우
황새	stork 스토크
황송하다	awe-stricken 오우-스트릭큰 (황공)
	grateful 그레잇풀 ● indebted 인데티드 (죄송)
	○ May I humbly inform you 말씀드리기 황송합니다만
황야	wilderness 와일더니스 ● waste land 웨이스트 랜드
황제	Emperor 엠퍼러
황토	yellow earth 옐로우 어쓰 ● loess 로우에스
황혼	dusk 더스크 ● twilight 트와일라이트
	gloaming 글로밍
황홀	rapture 랩처 ● ecstasy 엑스터시 ● trance 트랜스
	○ She was thrown into ecstasy 그녀는 황홀했다
회견	interview 인터뷰 ● meeting 미팅
회계	account 어카운트 (출납) ● bill 빌 (계산서)
회고	reflection 리플렉션 ● recollection 리컬렉션

	retrospect 레트로스펙트
회기(回忌)	anniversary of death 애니버서리 어브 데쓰
회기(會期)	session 세션 ● term 텀
회담	talk 토크 ● conversation 컨버세이션
회답	reply 리플라이 ● answer 앤써 ● response 리스판스
회동하다	gather together 개더 투게더
	have a meeting 해브 어 미팅
	assemble 어셈블 ● get together 겟 투게더
회람	circulation 서큘레이션 ● reading in turn 리딩 인 턴
회복	recovery 리커버리
	recuperation 리큐퍼레이션 (건강)
	restoration 레스터레이션 (복구)
	retrieval 리트리벌 (명예 따위)
회비	dues 듀즈 ● membership fee 멤버십 피
회사	company 컴퍼니 ● corporation 코퍼레이션 ● firm 펌
회상	reflection 리플렉션
	○ look back on the past / recall old times
	과거를 회상하다
회색	gray 그레이 ● ash color 애쉬 컬러
회수	collection 컬렉션 ● withdrawal 윗드로얼
	○ collect loans 빚을 회수하다
회오리바람	whirlwind 월윈드 ● cyclone 사이클론
	twister 트위스터
회의(會議)	meeting 미팅 ● conference 컨퍼런스
	assembly 어셈블리
회의(懷疑)	doubt 다웃 ● skepticism 스켑티시즘
회장(會長)	president 프레지던트 ● chairman 체어맨
회장(會場)	place of meeting (assembly)
	플레이스 어브 미팅(어셈블리) ● hall 홀
	○ Where is the meeting to be held? 회장은 어디입니까?
회전	turning 터닝 ● revolution 레벌루션
	rotation 로테이션
회중시계	watch 왓치 ● ticker 티커

회초리	whip 윕 • rod 라드
회춘	recovery 리커버리 • rejuvenation 리쥬버네이션
회충	roundworm 라운드웜 • belly worm 벨리 웜
회충약	vermifuge 버머퓨쥐
회항	cruising 크루징 • sailing 세일링
회화	conversation 컨버세이션 • talk 토크
획득	acquisition 애쿼지션 • acquirement 어콰이어먼트
횡단	crossing 크로싱
	◎ cross the Atlantic ocean 대서양을 횡단하다
횡령	embezzlement 임베즐먼트 • usurpation 유서페이션
횡설수설	random talk 랜덤 토크 • gibberish 지버리쉬
횡포	oppression 어프레션 • violence 바이얼런스
	tyranny 티러니
후계자	successor 석세서 • inheritor 인헤리터
	replacement 리플레이스먼트
후기	the latter term 더 래터 텀
	the final term 더 파이널 텀
후배	one's junior 원스 주니어
후보	candidacy 캔디더시 (미, 입후보)
	candidate 캔디데잇 (후보자)
후비다	scoop out 스쿱 아웃 • gouge 가우지
	pick 픽 (귀, 코를)
	◎ keep picking one's ear 귀를 후비다
후세	the future 더 퓨처 • coming age 커밍 에이지
후속	succession 석세션 • succeeding 석시딩
후예	descendant 디센던트
후원자	supporter 서포터 • sponsor 스판서
후임	successor 석세서
후처	second wife 세컨드 와이프
후천적	postnatal 포스트네이틀 • posterior 포스테리어
후추	pepper 페퍼
후퇴	retreat 리트릿
후회	regret 리그렛 • repentance 리펜턴스

후회하다	regret 리그렛 ● repent 리펜트
	◯ There is no use repenting later 후회막급이다
훈독	the Korean reading of a Chinese character 더 코리언 리딩 어브 어 차이니즈 캐릭터
훈련	training 트레이닝
훈방하다	dismiss with a caution 디스미스 위드 어 코션 release with warning 릴리즈 위드 워닝
훈육	instruction 인스트럭션 ● discipline 디서플린
훈장	medal 메들 ● decoration 데커레이션 ● order 오더
	◯ decorate / confer a decoration 훈장을 수여하다
훌륭한	nice 나이스 ● fine 파인 ● excellent 엑설런트 (좋다)
	◯ He speaks very good Engllish 그는 영어를 훌륭하게 한다
	great 그레잇 (위대) ● noble 노블 (고상)
	admirable 어드미러블 (감탄)
훌쩍	quickly 퀵클리 ● nimbly 님블리
훌쩍훌쩍	sipping 시핑 ● sobbingly 사빙리 (울다)
훔치다	swipe 스와이프 ● steal 스틸 ● pilfer 필퍼
	◯ stolen goods 훔친 물건
훔치다	wipe 와이프 ● mop 맙
	◯ wipe a desk with a cloth 걸레로 책상을 훔치다
휘감기다	get wound 겟 와운드 ● entwine 엔트와인
휘두르다	swing(whirl) around 스윙(월) 어라운드
	brandish 브랜디쉬 ● flourish 플러리쉬
휘발유	volatile oil 발러틀 오일 ● benzine 벤진
	gasoline 개솔린 ● gas 개스 (구어)
휘청거리다	yield 이일드 ● flex 플렉스
	supple 서플 ● stagger 스태거
휘파람	whistle 윗슬
휘호	wielding a brush 윌딩 어 브러시 (서)
	handwriting 핸드라이팅 (글씨) ● painting 페인팅 (그림)
휴가	vacation 베이케이션 ● holiday 할러데이
	◯ take a holiday(vacation) 휴가를 얻다
휴간	suspension of publication 서스펜션 어브 퍼블리케이션

	discontinuation 디스컨티뉴에이션
	◌ There will be no issue of the paper tomorrow 내일은 휴간입니다
휴게소	resting place 레스팅 플레이스
휴교하다	close temporarily 클로우즈 템포래럴리
	cease study temporarily 시스 스터디 템포래럴리
휴대	carrying along 캐링 어롱
휴대전화	mobile phone 모바일 폰
	cellular phone 셀룰러 폰
휴대하다	carry with one 캐리 위드 원
	◌ portable / handy 휴대용의
휴무	have off 해브 어프
	◌ We have wednesday off 수요일은 휴무이다
휴식하다	take a rest 테이크 어 레스트 ● rest 레스트
	repose 리포우즈 ● take a breath 테이크 어 브레쓰
휴전	armistice 아머스티스 ● truce 트루스
	cease-fire 시스-파이어
휴지(休紙)	waste paper 웨이스트 페이퍼
	toilet paper 토일럿 페이퍼
휴학	temporary absence from school 템퍼러리 앱슨스 프롬 스쿨
흉가	house of ill omen 하우스 어브 일 오먼
	haunted house 헌티드 하우스
흉계	wicked plan 위키드 플랜 ● evil plot 이블 플랏
	◌ devise wicked designs 흉계를 꾸미다
흉내	imitation 이미테이션 ● mimicry 미미크리 ● mock 맑
흉내내다	imitate 이미테이트 ● mimic 미믹 ● copy 카피
	◌ mimic way of talking 남의 말을 흉내내다
흉년	bad year 배드 이어 ● lean year 린 이어
	◌ have a bad harvest 흉년지다
흉악한	atrocious 어트로우셔스 ● heinous 헤이너스
	felon 펠런 ● cruel 크루얼
흉작	bad(poor, lean) crop 배드(푸어, 린) 크랍

	◯ The rice crop is short this year 금년은 벼가 흉작이다
흉터	scar 스카
흉하다	ominous 아머너스 (불길)
	◯ ominous presentiment 흉한 예감
	ugly 어글리 ● bad looking 배드 루킹 (보기에)
흐느끼다	sob 사브 ● be choked with 비 초욱트 위드
	◯ speak with sobs 흐느끼며 말하다
흐르다	flow 플로우 ● stream 스트림 ● trickle 트리클
흐린	muddy 머디 ● turbid 터비드 (혼탁)
	cloudy 클라우디 (날씨가)
	◯ The rains has made the river muddy 비가 와서 강물이 흐리다
흐물흐물하다	be overripe 비 오우버라잎
	be very soft 비 베리 소프트
흐뭇한	pleasing 플리징 ● gratifying 그래티파잉
	satisfying 새티스파잉
흑막	black curtain 블랙 커튼
	the inside 디 인사이드
	◯ concealed circumstances 내막
흑백	black and white 블랙 앤 화이트
	right and wrong 라이트 앤 롱 (시비)
흑색	black 블랙
흑인	negro 니그로우 ● darky 다키 ● nigger 니거
흑판	blackboard 블랙보드
흔들다	shake 쉐이크 ● wave 웨이브 ● swing 스윙
	wag 왜그 ◯ the dog wags his tail 개가 꼬리를 흔든다
흔들리다	shake 쉐이크 ● sway 스웨이 ● rock 락
	◯ rock from side to side 좌우로 흔들리다
흔들흔들	swingingly 스윙잉리 ● wavingly 웨이빙리
	swayingly 스웨잉리
흔적	marks 막스 ● traces 트레이시즈 ● vestige 베스티지
	track 트랙
흔한	plentiful 플렌티플 ● rife 라이프 ● common 커먼

흔히	○ an old story 흔해빠진 이야기 commonly 커먼리 ● usually 유절리 plentifully 플렌티풀리 ○ They are common enough 흔히 있는 일이다.
흘리다	spill 스필 ● drop 드랍 ● shed 쉐드 ○ spill water 물을 흘리다 / sweat 땀을 흘리다
흙	earth 어쓰 ● soil 소일
흙먼지	dust 더스트
흙탕물	muddy water 머디 워터
흙투성이	being covered all over with mud 빙 커버드 올 오버 위드 머드
흠뻑 젖다	be soaked to the skin 비 소욱트 투 더 스킨 be wet through 비 웻쓰루
흡사	close resemblance 클로즈 리셈블런스 just as 저스트 애즈 ○ look as if dead 흡사 죽은 것 같다
흡수	absorption 앱솝션 ● assimilation 어시멀레이션 suction 석션
흡연	smoking 스모킹
흥망	rise and fall 라이즈 앤 폴 ups and downs 업스 앤 다운스
흥미	interest 인터레스트 ● zest 제스트
흥분	excitement 익사이트먼트 ● stimulation 스티뮬레이션
흥분시키다	excite 익사이트 ● stimulate 스티뮬레잇 ○ The news excited everybody 그 소식을 듣고 모두가 흥분했다
흥신소	inquiry agency(office) 인콰이어리 에이전시(어피스)
흥정	bargain 바건 ● purchase and sale 퍼처스 앤 세일 ○ act as a broker / help strike a bargain 흥정 붙이다
흥행	the entertainment industry 디 엔터테인먼트 인더스트리 show enterprise 쇼 엔터프라이즈 (사업) performance 퍼포먼스 ● show 쇼 ● run 런
흩어지다	scatter 스캐터 ● disperse 디스퍼스

		○ Blossoms are scattered in the wind
		꽃이 바람에 흩어지다
히스테리		hysteria 히스티리어 ● hysteric 히스테릭(발작)
히죽 히죽		with sweet smile after sweet smile
		위드 스윗 스마일 애프터 스윗 스마일
히트		hit 히트
힌트		hint 힌트
힘		strength 스트렝쓰 ● force 포스 ● might 마이트
		energy 에너지
힘겹다		be too much 비 투 머취 ● be beyond 비 비연드
		○ The task is beyond my ability 내게는 힘겨운 일이다
힘껏		to the best of one's ability
		투 더 베스트 어브 원스 어빌러티
		○ Do one's best to help 힘껏 돕다
힘들다		be arduous 비 아주어스 ● be painful 비 페인풀
힘쓰다		put forth one's strength 풋 포쓰 원스 스트렝쓰
		help 헬프 ● give a hand 기브 어 핸드(도와주다)
		○ Help a friend land a job 친구의 취직을 위해서 힘쓰다
희곡		drama 드라머 ● paly 플레이
희다		be white 비 와이트 ● be fair 비 페어
희망		hope 호웁 ● wish 위시 ● desire 디자이어
희미하다		faint 페인트 ● dim 딤 ● misty 미스티
희생		sacrifice 새크러파이스
희생물		victim 빅틈
희열		joy 조이 ● delight 딜라이트
희한한		rare 레어 ● curious 큐리어스 ● uncommon 언커먼
흰색		white 와이트

PART 2

영한단어

ENGLISH & KOREAN VOCA

A

a	[ei/ə] 에이, 어	괜 하나의, 어떤, 같은
abandon	[əbǽndən] 어밴던	타 버리다, 버려두다, 포기하다

○ **abandon oneself to** ~에 빠지다, ~에 잠기다

○ **with abandon** 멋대로, 마음대로

abase	[əbéis] 어베이스	타 낮추다, 깎아내리다
abate	[əbéit] 어베이트	타 감하다
		자 감소하다, (값을) 내리다
abbey	[ǽbi] 애비	명 대수도원, 사원, 성당
abbot	[ǽbət] 애버트	명 대수도원장, 승원장
abbreviate	[əbríːvièit] 어브리–비에이트	타 생략하다, 단축하다, 짧게 하다
abbreviation	[əbrìːviéiʃən] 어브리–비에이션	명 생략, 약어, 약분
abdomen	[ǽbdəmən] 앱더먼	명 배, 복부
abhor	[æbhɔ́ːr] 앱호–	동 몹시 싫어하다, 멸시하다
abide	[əbáid] 어바이드	타 자 남다, 살다, 머무르다

○ **abide by** ~을 지키다, 따르다

ability	[əbíləti] 어빌러티	명 능력, 수완, 할 수 있음, 재능
abject	[ǽbdʒekt] 앱젝트	형 비천한, 비굴한, 처참한
able	[éibəl] 에이벌	형 ~할 수 있는, 유능한

○ **be able to** ~할 수 있다

abnormal	[æbnɔ́ːrməl] 애브노–멀	형 비정상의, 예외의, 변태적인
aboard	[əbɔ́ːrd] 어보–드	부 배에, 차내에, ~을 타고
abode	[əbóud] 어보우드	명 주소, 거처 동 abide의 과거
abolish	[əbáliʃ] 어발리쉬	동 (제도, 법률 등을) 폐지하다
abolition	[æ̀bəlíʃən] 애벌리션	명 폐지, 전폐, 철폐
abominable	[əbámənəbəl] 어바머너벌	형 밉살맞은, 지긋지긋한, 지겨운
abomination	[əbámənéiʃən] 어바머네이션	명 증오, 혐오, 추행, 추악
abound	[əbáund] 어바운드	자 많이 있다, 충만하다

○ **abound in (with)** ~이 많이 있다, (~으로) 가득하다

about	[əbáut] 어바우트	전 ~에 대하여 부 대략~, 거의
	○ (be) about to	막~하려 하고 있다(=on the point of doing)
above	[əbʌ́v] 어버브	전 ~보다 위에 부 위로, ~이상
abridge	[əbrídʒ] 업리쥐	동 요약하다, 단축하다, 줄이다
abroad	[əbrɔ́ːd] 업로-드	부 국외로, 널리, 해외로
abrupt	[əbrʌ́pt] 업럽트	형 뜻밖의, 급한, 갑작스러운
absence	[ǽbsəns] 앱선스	명 부재, 출타, 결석, 결근
absent	[ǽbsənt] 앱선트	형 부재의, 결근의 동 결석하다
absentminded	[ǽbsəntmáindid] 앱선트마인디드	멍하고 있는, 넋 잃은
absolute	[ǽbsəlùːt] 앱설루-트	형 절대의, 완전무결한 명 절대
absolutely	[ǽbsəlùːtli] 앱설루-틀리	형 절대적으로, 무조건, 완전히
absolution	[ǽbsəlúːʃən] 앱설루-션	명 면죄, 해제, 사면
absolve	[əvzálv] 업잘브	동 방면하다, 무죄를 언도하다
absorb	[əbsɔ́ːrb] 업소-브	타 흡수하다, 병합하다
	○ (be) absorbed in	~에 열중하고 있다, 몰두해 있는
absorption	[əbsɔ́ːrpʃən] 업소-옵션	명 흡수, 병합, 골몰, 전심
abstain	[əbstéin] 업스테인	동 삼가다, 그만두다, 기권하다
	○ abstain from	삼가다, 끊다
abstract	[æbstrǽkt] 앱스트랙트	형 추상적인 동 추상하다
abstraction	[æbstrǽkʃən] 앱스트랙션	명 추상(작용), 절취, 훔침
absurd	[əbsɔ́ːrd] 업서-드	형 불합리한, 어리석은
abundance	[əbʌ́ndəns] 어번던스	명 풍부, 다수, 다량, 윤택
	○ an abundance of	많은, 풍부한
abundant	[əbʌ́ndənt] 어번던트	형 많은, 풍부한, 풍족한
abuse	[əbjúːz] 어뷰-즈	명 남용, 악용 타 남용하다
	○ abuse the confidence of	~을 배반하다
abut	[əbʌ́t] 어버트	타 접하다, 기대다
abyss	[əbís] 어비스	명 지옥, 나락
academic	[æ̀kədémik] 애커데믹	형 학원의, 대학의, 학문의
academical	[æ̀kədémikəl] 애커데미컬	형 학원의, 대학의
academy	[əkǽdəmi] 어캐더미	명 예술원, 전문학교, 학원, 학회
accelerate	[æksélərèit] 액셀러레이트	자 타 속도를 더하다, 빨라지다
acceleration	[æksèləréiʃən] 액셀러레이션	명 가속, 촉진, 가속도

accent	[ǽksent] 액센트	명 악센트 동 악센트를 붙이다
accept	[æksépt] 액셉트	타 수락하다, 받아들이다
acceptable	[ækséptəbəl] 액셉터벌	형 만족한, 기꺼운, 마음에 드는
access	[ǽkses] 액세스	명 접근, 면접, 입구
accessary	[æksésəri] 액세서리	명 부속물, 부대물 (=accessory)
accession	[ækséʃən] 액세션	명 도달, 접근, 계승, 임관
accessory	[æksésəri] 액세서리	명 악세서리, 부속물, 부대물
accident	[ǽksidənt] 액시던트	명 재난, 고장, 사고
accidental	[æksidéntl] 액시덴틀	형 우연의, 우발적인, 뜻밖의
accommodate	[əkámədèit] 어카머데이트	타 편의를 봐주다, 숙박시키다
accommodation	[əkàmədéiʃən] 어카머데이션	명 적응, 조화, 조절, 시설
accompany	[əkʌ́mpəni] 어컴퍼니	타 동반하다 ~와 함께 가다

- (be) accompanied with (by) 수반하다, 뒤를 이어 일어나다

accomplice	[əkámplis] 어캄플리스	명 공범자, 연루자
accomplish	[əkámpliʃ] 어캄플리쉬	타 이루다, 목적을 달성하다
accomplished	[əkámpliʃt] 어캄플리쉬트	형 성취한, 능숙한, 완성한
accomplishment	[əkámpliʃmənt] 어캄플리쉬먼트	명 완성, 성취, 수행, 업적
accord	[əkɔ́ːrd] 어코-드	자 타 일치하다, 조화하다 명 일치
accordance	[əkɔ́ːrdəns] 어코-던스	명 일치, 조화
according	[əkɔ́ːrdiŋ] 어코-딩	부 따라서, 응해서

- according to ~에 준하여, ~함에 따라서
- according as ~에 의하면, ~에 따라서

accordingly	[əkɔ́ːrdiŋli] 어코-딩리	부 따라서, 그러므로, 적당히
accordion	[əkɔ́ːrdiən] 어코-디언	명 손풍금, 아코디언
accost	[əkɔ́ːst] 어코스트	타 (남에게) 다가가서 말을 걸다, ~에게 인사하다
account	[əkáunt] 어카운트	명 계산(서), 회계 자 타 ~라고 생각하다

- account with ~와 거래하다
- on account of ~때문에, ~이유로

- **on every account** 기어이, 어떤 일이 있더라도

accountable	[əkáuntəbəl] 어카운터벌	형 책임이 있는, 설명할 수 있는
accountant	[əkáuntənt] 어카운턴트	명 회계원, 계리사
accumulate	[əkjúːmjəleit] 어큐-멀레이트	자타 (조금씩) 모으다, 축적하다
accumulation	[əkjùːmjəléiʃən] 어큐-멀레이션	명 축적, 축재, 축적물
accuracy	[ǽkjərəsi] 애커러시	명 정확, 엄밀, 정밀도
accurate	[ǽkjərit] 애커리트	형 정확한, 정밀한, 빈틈없는
accursed	[əkə́ːrsid] 어커-시드	형 저주받은, 운이 다한, 지겨운
accusation	[ǽkjuzéiʃən] 애큐제이션	명 고발, 고소, 죄(명), 비난
accuse	[əkjúːz] 어큐-즈	타 고발하다, 고소하다

- **accuse ~ of** ~을 비난하다, 나무라다, 고소하다

accustom	[əkʌ́stəm] 어커스텀	타 습관 들이다, 익히다

- **oneself to** ~의 습관을 붙이다, ~에 익숙케 되다
- **accustomed to** ~에 익숙해 있는, 항상 ~하는

accustomed	[əkʌ́stəmd] 어커스텀드	형 익숙한, 평소의, 습관의
ache	[eik] 에이크	자 아프다, 쑤시다 명 아픔
achieve	[ətʃíːv] 어취-브	타 성취하다, 완수하다, 이루다
achievement	[ətʃíːvmənt] 어취-브먼트	명 달성, 성취, 성공, 업적
acid	[ǽsid] 애시드	형 신, 신맛의, 산성의 명 산(酸)
acknowledge	[əknɑ́lidʒ] 억날리쥐	타 인정하다, 알리다, 감사하다
acknowledg(e)ment	[əknɑ́lidʒmənt] 억날리쥐먼트	명 승인, 용인, 자백, 통지
acorn	[éikɔːrn] 에이코-온	명 도토리, 상수리
acquaint	[əkwéint] 어퀘인트	타 알리다, 고하다, 통고하다
acquaintance	[əkwéintəns] 어퀘인턴스	명 친지, 안면, 아는 사람
acquainted	[əkwéintid] 어퀘인티드	형 안면이 있는, 친한, 정통한

- **(be) acquainted with** ~을 알고 있다, 정통해 있다, ~을 알게 되다

acquiesce	[æ̀kwiés] 애퀴에스	자 묵인하다, 묵묵히 따르다
acquiescence	[æ̀kwiésəns] 애퀴에선스	명 묵종, 묵인
acquire	[əkwáiər] 어콰이어	타 얻다, 습득하다, 획득하다
acquirement	[əkwáiərmənt] 어콰이어먼트	명 취득, 획득, 습득
acquit	[əkwít] 어퀴트	타 무죄로 하다, 석방하다
acre	[éikər] 에이커	명 에이커(약 4046.8m²)

acrid	[ækrid] 애크리드	혱 매운, 쓴, 혹독한
across	[əkrɔ́ːs] 어크로-스	혱 건너서 젠 ~의 저쪽에

- **across the sea(s)** 해외에, 외국에
- **across the way** 길 건너편에
- **across the counter** 합법적으로, 정당하게

act	[ækt] 액트	명 행위, 소행, 짓 재 행동하다

- **act up** 떠들다, 장난치다, 사납게 굴다, 악화하다, 재발하다
- **act up to** ~에 어긋나지 않게 행동하다, 실행에 옮기다
- **act for a person** ~의 대리를 하다

acting	[æktiŋ] 액팅	혱 대리의, 임시의 명 공연, 연기
action	[ǽkʃən] 액션	명 활동, 작용, 행위, 몸짓
active	[ǽktiv] 액티브	혱 활동적인, 활발한, 활기 있는
activity	[æktívəti] 액티버티	명 활발, 활약, 활동, 활기
actor	[ǽktər] 액터	명 남자 배우, 배우, 행위자
actress	[ǽktris] 액트리스	명 여배우
actual	[ǽktʃuəl] 액츄얼	혱 현실의, 사실상의, 현재의
actuality	[æ̀ktʃuǽləti] 액츄앨러티	명 현실, 현존, 실재
actually	[ǽktʃuəli] 액츄얼리	부 현실로, 지금, 실제로
A.D.	[éidíː] 에이디-	명 서력 기원
adapt	[ədǽpt] 어댑트	타 적응(적합)시키다, 고쳐 쓰다
adaptation	[æ̀dæptéiʃən] 애댑테이션	명 적합, 적응, 순응
add	[æd] 애드	타 재 더하다, 추가하다, 가산하다

- **add in** 의견을 말하다 **add on** ~을 덧붙이다, 보태다
- **add up to** 합계가 ~이 되다, 요컨대 ~라는 뜻이 되다
- **add to** 증가하다, 늘다

addition	[ədíʃən] 어디션	명 부가, 추가, 덧셈

- **in addition to** ~에 더하여, ~이외에 또(=besides)

additional	[ədíʃənəl] 어디셔널	혱 부가의, 특별의 명 부가물
address	[ədrés] 어드레스	명 연설, 답사, 주소 타 말을 걸다
adequate	[ǽdikwit] 애디퀴트	혱 적당한, 충분한, 알맞은
adhere	[ædhíər] 애드히어	재 달라붙다, 집착(고집) 하다
adhesion	[ædhíːʒən] 애드히-전	명 점착(력), 유착
adieu	[ədjúː] 어듀-	명 안녕! 잘가! 명 이별, 작별

adjacent	[ədʒéisənt] 어제이선트	형 이웃의, 인접한, 부근의
adjective	[ǽdʒiktiv] 앳쥑티브	명 (문법) 형용사 형 형용사의
adjoin	[ədʒɔ́in] 엇죠인	자 타 (~에) 인접하다, 이웃하다
adjoining	[ədʒɔ́iniŋ] 엇죠이닝	형 이웃의, 부근의
adjourn	[ədʒə́ːrn] 엇져-언	자 타 연기하다, 이월하다
adjust	[ədʒʌ́st] 엇져스트	자 타 맞추다, 조정하다
adjustment	[ədʒʌ́stmənt] 엇져스트먼트	명 조정, 정리, 맞추다
administer	[ædmínəstər] 어드미니스터	타 경영하다, 관리하다
admirable	[ǽdmərəbəl] 애드머러블	형 칭찬할만한, 기특한, 훌륭한
admiral	[ǽdmərəl] 애드머럴	명 해군 대장, 제독, 어선 대장
admiration	[ædməréiʃən] 애드머레이션	명 감탄, 찬탄, 경탄
	○ in admiration of ~을 칭찬하여	
admire	[ædmáiər] 애드마이어	타 감탄(탄복)하다, 찬미하다
admirer	[ædmáiərər] 애드마이어러	명 숭배자, 찬미자, 구혼자
admiring	[ædmáiəriŋ] 애드마이어링	형 감탄하는, 칭찬(찬미)하는
admission	[ædmíʃən] 애드미션	명 입장, 입회, 입학, 가입
admit	[ædmít] 애드미트	자 타 허락하다, 들이다, 인정하다
admittance	[ædmítəns] 애드미턴스	명 입장, 입장 허가
admonish	[ædmániʃ] 애드마니쉬	타 훈계하다, 충고하다
ado	[ədúː] 어두-	명 소동, 수고, 법석
adopt	[ədápt] 어답트	타 채택하다, 양자로 삼다
adoption	[ədápʃən] 어답션	명 결연, 채택, 입양
adore	[ədɔ́ːr] 어도-	타 숭배하다, 그리워하다
adorn	[ədɔ́ːrn] 어도-온	타 꾸미다, 장식하다
adult	[ədʌ́lt] 어덜트	명 어른, 성인 형 어른의, 성인의
advance	[ædvǽns] 어드밴스	자 타 전진시키다, 앞으로 내보내다, 나아가다
	○ in advance 미리	
	○ in advance of ~보다 앞서서, ~보다 진보하여	
advanced	[ædvǽnst] 어드밴스트	형 전진한, 앞선, 진보한
advancement	[ædvǽnsmənt] 어드밴스먼트	명 진보, 발달, 촉진, 진흥
advantage	[ædvǽntidʒ] 어드밴티쥐	명 유리, 편의, 우월, 이익
	○ take advantage of ~을 이용하다, 틈타다, 속이다	

● to advantage 유리하게

advantageous	[æ̀dvəntéidʒəs] 애드번테이져스	형 유리한, 형편 좋은, 이로운
advent	[ǽdvent] 애드벤트	명 도래, 출현, 예수의 강림절
adventure	[ædvéntʃər] 어드벤쳐	명 모험, 모험담, 희한한 경험
adventureous	[ædvéntʃərəs] 어드벤쳐러스	형 모험을 좋아하는, 모험적인
adverb	[ǽdvəːrb] 애드버-브	명 (문법) 부사
adversary	[ǽdvərsèri] 애드버서리	명 적, 상대, 반대자
adverse	[ædvə́ːrs] 애드버-스	형 부정적인, 반대의
adversity	[ædvə́ːrsəti] 애드버-서티	명 역경, 불운, 재난
advertise	[ǽdvərtàiz] 애드버타이즈	자 타 광고하다, 공시하다
advertisement	[æ̀dvərtáizmənt] 어드버타이즈먼트	명 광고, 선전
advice	[ədváis] 어드바이스	명 충고, 조언, 권고, 통지
advisable	[ædváizəvəl] 어드바이저벌	형 권할만한, 현명한
advise	[ædváiz] 어드바이즈	타 자 충고하다, 조언하다
adviser, advisor	[ædváizər] 어드바이저	명 충고자, 의논 상대, 고문
advocate	[ǽdvəkit] 애드버키트	명 변론자, 주창자, 변호사
aerial	[ɛ́əriəl] 에어리얼	형 공기의, 대기의, 기체의
aerodrome	[ɛ́ərədròum] 에어러드로움	명 공항, 비행장
aeroplane	[ɛ́ərəplèin] 에어러플레인	명 비행기
Aesop	[íːsəp] 이-섭	명 이솝(고대 그리스의 우화 작가)
afar	[əfάːr] 어파-	부 멀리, 아득히

● afar off 멀리에, 멀리 떨어져

affable	[ǽfəbəl] 애퍼벌	형 붙임성 있는, 호감이 있는
affair	[əfɛ́ər] 어페어	명 사건, 일, 문제, 사무
affect	[əfékt] 어펙트	타 영향을 미치다, 감동시키다
affectation	[æ̀fektéiʃən] 애펙테이션	명 ~체하기, 꾸민 태도, 허식
affection	[əfékʃən] 어펙션	명 애정, 사랑, 감동, 영향
affectionate	[əfékʃənit] 어펙셔니트	형 애정이 깊은, 자애로운, 상냥한
affinity	[əfínəti] 어피너티	명 친척(관계), 유사성, 취미
affirm	[əfə́ːrm] 어퍼-엄	타 자 증언하다, 긍정하다
affirmative	[əfə́ːrmətiv] 어퍼-머티브	형 단언적인, 확언적인, 긍정적인
afflict	[əflíkt] 어플릭트	타 괴롭히다
affluence	[ǽflu(ː)əns] 애플루언스	명 풍요함, 부유, 유복

afford	[əfɔ́:rd] 어포-드	타 ~의 여유가 있다, 산출하다	

- **afford proof of** ~을 증명하기에 충분하다

affright	[əfráit] 어프라이트	명 공포, 위협 타 무섭게 하다
affront	[əfrʌ́nt] 어프런트	타 모욕하다
afloat	[əflóut] 어플로우트	부 형 배위에, 해상에
afraid	[əfréid] 어프레이드	형 두려워하는, 걱정하는
afresh	[əfréʃ] 어프레쉬	부 다시, 새롭게
Africa	[ǽfrikə] 애프리커	명 아프리카
after	[ǽftər] 앱터	전 ~의 뒤에 접 ~한 후에

- **go after** (얻으려고) 쫓아 다니다 ● **take after** 닮다
- **after one's min'd** 마음에 드는
- **after(on) the model of** ~을 모범으로 하여

afternoon	[æ̀ftərnú:n] 앱터누운	명 오후 형 오후의
afterward	[ǽftərwərd] 앱터워드	부 뒤에, 나중에, 그 후, 이후
again	[əgén] 어겐	부 다시, 또, 한번 더
against	[əgénst] 어겐스트	전 ~에 반대하여, 거슬러
age	[eidʒ] 에이쥐	명 나이, 연령, 시대

- **Age before beauty**
(익살) 미인보다 노인이 우선(젊은 여성 등이 길을 양보할 때 쓰는 말)

aged	[éidʒd] 에이쥐드	형 ~살의, 노령의, 오래된
agency	[éidʒənsi] 에이젼시	명 기능, 힘, 주선, 작용
agent	[éidʒənt] 에이젼트	명 대리인, 특약점, 지배인
aggravate	[ǽgrəvèit] 애그러베이트	타 더욱 악화시키다, 괴롭히다
aggressive	[əgrésiv] 어그레시브	형 침략적인, 공세의
agitate	[ǽdʒətèit] 애저테이트	타 ~을 동요시키다, 흔들다

- **agitate oneself** 초조해 하다, 안절부절 못하다

agitation	[æ̀dʒətéiʃən] 애져테이션	명 뒤섞기, 동요, 소동
ago	[əgóu] 어고우	부 (지금부터) ~전에
agonize	[ǽgənàiz] 애거나이즈	타 자 괴로워하다, 괴롭히다
agony	[ǽgəni] 애거니	명 심한 고통, 걱정, 몸부림
agree	[əgrí:] 어그리-	자 동의하다, 승낙하다, 응하다

- **like cats and dogs** 사이가 매우 나쁘다, 견원지간이다
- **agree to** ~에 응하다, 승락하다

agreeable	[əgríːəbəl] 어그리-어벌	형 유쾌한, 기분 좋은, 맞는
agreement	[əgríːmənt] 어그리-먼트	명 협정, 계약, 일치, 호응
agricultural	[æ̀grikʌ́ltʃərəl] 애그리컬처럴	형 농업의, 농학의, 농작의
agriculture	[ǽgrikʌ̀ltʃər] 애그리컬처	명 농업, 농예, 농학
ah	[ɑː] 아-	감 아아!(고통, 놀라움)
ahead	[əhéd] 어헤드	부 전방에, 앞으로, 앞서서

- ahead of ~의 전방에, ~보다 앞서, ~보다 이전에
- get ahead of ~을 따돌다, ~을 이기다
- Go ahead! 어서, 계속 하시오

aid	[eid] 에이드	타 돕다, 거들다 명 원조

- with the aid of ~의 도움으로

ail	[eil] 에일	타 자 괴롭히다, 고통주다, 앓다
ailing	[éiliŋ] 에일링	형 병든, 괴로워하는
ailment	[éilmənt] 에일먼트	명 병, 편찮음, 앓는 것
aim	[eim] 에임	타 자 겨누다, 목표삼다 명 겨냥

- aim true 정확하게 겨누다

aimless	[éimlis] 에임리스	형 (이렇다할) 목적(목표)이 없는
air	[ɛər] 에어	명 공기, 공간
airdrome	[ɛərdròum] 에어드로움	명 비행장, 공항
airman	[ɛ́ərmən] 에어먼	명 비행가, 비행사
airplane	[ɛ́ərplèin] 에어플레인	명 비행기 자 비행기로 가다
airport	[ɛ́ərpɔ̀ːrt] 에어포-트	명 공항
airship	[ɛ́ərʃip] 에어쉽	명 비행선
airy	[ɛ́əri] 에어리	형 공기 같은, 바람이 잘 통하는
aisle	[ail] 아일	명 (교회 좌석 사이의) 통로, 복도
akin	[əkín] 어킨	형 혈족의, 동족의, 유사한
alabaster	[ǽləbæ̀stər] 앨러배스터	형 희고 매끄러운
		명 설화(雪花), 석고
alarm	[əláːrm] 얼라-암	명 비상신호, 경보 타 경보를 울리다

- be alarmed at ~에 놀라서 - in alarm 놀라서

alarm clock	[əláːrmklɑk] 얼라-암 클락	명 자명종
alarming	[əláːrmiŋ] 얼라-밍	형 놀라운, 불안한, 급박한

alas	[əlas] 얼라스	감 아아, 슬프도다!
album	[ǽlbəm] 앨범	명 앨범, 사진첩, 방문객 명부
alcohol	[ǽlkəhɔ̀ːl] 앨커호-올	명 알콜, 주정, 술
alcoholic	[ǽlkəhɔ́(ː)lik] 앨커홀릭	형 알콜성의, 알콜중독의
alderman	[ɔ́ːldərmən] 오-올더먼	명 구청장, 시의원, 부시장
ale	[eil] 에일	명 맥주의 일종
alert	[ələ́ːrt] 얼러-트	형 빈틈없는, 민첩한 명 공습경보
algae	[ǽldʒi] 앨쥐	명 해초, 말무리
algebra	[ǽldʒəbrə] 앨져브러	명 대수학, 대수교과서
alien	[éiljən] 에일련	형 외국의, 성질이 다른 명 외국인
alight	[əláit] 얼라이트	자 (말에서) 내리다, (수레에서) 하차하다
	◐ alight on ~위에 내리다, ~와 마주치다	
alike	[əláik] 얼라익	형 서로 같은, 마찬가지의 부 다같게
aliment	[ǽləmənt] 앨러먼트	명 음식, 자양물
alive	[əláiv] 얼라이브	형 살아서, 활발한
	◐ alive to ~에 민감하여, ~을 눈치채어	
alkali	[ǽlkəlài] 앨컬라이	명 알카리
all	[ɔːl] 오-올	형 모든, 전부의, 전체의
	◐ all the more 그만큼 더, 더욱 더	
	◐ not ~ at all 조금도 ~않다	
allay	[əléi] 얼레이	타 가라앉히다, 누그러뜨리다
allege	[əlédʒ] 얼레쥐	타 주장하다, 증거없이 단언하다
alley	[ǽli] 앨리	명 좁은 길, 샛길, 뒷길
alliance	[əláiəns] 얼라이언스	명 결연, 조합, 관계, 동맹
allied	[əláid] 얼라이드	형 동맹한, 결연한, 연합국의
alligator	[ǽligèitər] 앨리게이터	명 악어, 악어가죽, 악어의 일종
allocate	[ǽləkèit] 앨러케이트	타 할당하다, 배치하다
allot	[əlát] 얼라트	타 할당하다, 충당하다, 주다
allotment	[əlátmənt] 얼라트먼트	명 할당, 분배, 배당, 몫
allow	[əláu] 얼라우	타 허락하다, 인정하다, 허가하다

- **allow for** ~을 고려하다, ~을 참작하다, ~에 따르다
- **allow of** 허용하다, ~의 여지가 있다

alloy	[ǽlɔi] 앨로이	명 합금, 순도, 비금속
allowance	[əláuəns] 얼라우언스	명 수당, 급여액

- **make allowance for** ~을 참작하다, 고려하다

allude	[əlúːd] 얼루―드	자 넌지시 비추다, 언급하다
allure	[əlúər] 얼루어	타 유혹하다, 부추기다
allusion	[əlúːʒən] 얼루―전	명 암시, 풍자, 빗댐, 언급
ally	[əlái] 얼라이	타 동맹하다, 결연을 맺다
almanac	[ɔ́ːlmənæ̀k] 오―올머넉	명 달력, 연감, 역서
almighty	[ɔːlmáiti] 오―올마이티	형 전능의, 대단한 부 굉장히
almost	[ɔ́ːlmoust] 오―올모우스트	부 거의, 거반, 대부분
alms	[ɑːmz] 아―암즈	명 시물(施物), 의연금, 시주
aloft	[əlɔ́(ː)ft] 얼로프트	부 높이, 위에, 꼭대기
alone	[əlóun] 얼로운	형 홀로, 혼자 부 외로이, 오직
along	[əlɔ́ːŋ] 얼로―옹	전 ~을 따라(끼고) 부 따라서

- **along with** ~와 함께(같이) (=together with)

alongside	[əlɔ́ːŋsàid] 얼로―옹사이드	접 ~의 곁에 부 곁에, 나란히
aloof	[əlúːf] 얼루―프	부 떨어져서, 초연히
aloud	[əláud] 얼라우드	부 큰 소리로, 소리를 내어
alphabet	[ǽlfəbèt] 앨퍼벳	명 알파벳, 초보, 자모
alpine	[ǽlpain] 앨파인	형 높은 산의, 알프스산의
Alps	[ælps] 앨프스	명 알프스 산맥
already	[ɔːlrédi] 오―올레디	부 이미, 벌써, 곧 전에
also	[ɔ́ːlsou] 오―올소우	부 또한, 역시, 똑같이
altar	[ɔ́ːltər] 오―올터	명 (교회의) 제단, 성찬대
alter	[ɔ́ːltər] 오―올터	타자 바꾸다, 변경하다, 바뀌다
alternant	[ɔ́ːltərnənt] 오―올터넌트	형 교호의, 교대의
alternate	[ɔ́ːltərnèit] 오―올터네이트	타자 교대하다, 번갈아 하다
alternative	[ɔːltə́ːrnətiv] 오―올터―네티브	형 어느 한쪽의, 대신의
although	[ɔːlðóu] 오올도우	전 비록 ~일지라도, ~이기는 하나
altitude	[ǽltətjùːd] 앨터튜―드	명 (산, 전체의) 높이, 고도, 해발

altogether	[ɔ̀ːltəgéðər] 오올터게더	부	아주, 전혀, 전부
aluminium	[æ̀ljumíniəm] 앨류미니엄	명	알미늄
always	[ɔ́ːlweiz] 오-올웨이즈	부	항상, 언제나, 늘, 전부터

● not always 반드시 ~한 것은 아니다

am	[æm/əm] 앰, 엄	동	~이다, (~에) 있다
a.m/A·M	[éiém] 에이엠	약	오전(pm=오후)
amateur	[ǽmətʃùər] 애머추어	명 아마추어 형	아마추어의
amaze	[əméiz] 어메이즈	타	자지러지다, 깜짝 놀라게 하다
amazement	[əméizmənt] 어메이즈먼트	명	경악, 깜짝 놀람
ambassador	[æmbǽsədər] 앰배서더	명	대사, 사절
amber	[ǽmbər] 앰버	명 호박 형	호박색의, 황갈색
ambition	[æmbíʃən] 앰비션	명	야심, 대망, 큰 포부
ambitious	[æmbíʃəs] 앰비셔스	형	야심적인, 대망이 있는
ambulance	[ǽmbjuləns] 앰뷸런스	명	야전병원, 구급차
ambush	[ǽmbuʃ] 앰부쉬	명	잠복, 복병, 매복, 기습
amen	[éimén] 에이멘	감 명	아멘(기도 끝에 하는 말)
amend	[əménd] 어맨드	타	정정하다, 개심하다
amends	[əméndz] 어맨즈	명	배상, 보충
amendment	[əméndmənt] 어멘드먼트	명	개정, 수정(안), 개심
America	[əmérikə] 어메리커	명	아메리카, 미국
American	[əmérikən] 어메리컨	형	아메리카의, 미국사람
amiable	[éimiəbəl] 에이미어벌	형	귀여운, 친절한, 상상한
amid	[əmíd] 어미드	전	~의 가운데, ~의 사이에
amiss	[əmís] 어미스	부	어긋나서, 잘못하여, 서투르게
ammonium	[əmóuniəm] 어모우니엄	명	암모늄
ammunition	[æ̀mjuníʃən] 애뮤니션	명 형	탄약, 병기, 무기 군수품 군용의
among(st)	[əmʌ́ŋ(st)] 어멍(스트)	전	~의 가운데, ~중에

● among the number of ~의 수 안에, ~의 가운데에

amount	[əmáunt] 어마운트	자	(총계) ~이 되다

● amount to ~이 되다, ~하게 되다
● amount to much 대단한 것이 되다, 훌륭하게 되다

amour	[əmjúz] 어뮤어	명	정사, 연애(사건)

ample	[ǽmpl] 앰플	형 넓은, 충분한, 광대한
amuse	[əmjúːz] 어뮤-즈	타 즐겁게 하다, 재미나게 하다
amusement	[əmjúːzmənt] 어뮤-즈먼트	명 즐거움, 오락, 위안, 소창
amusing	[əmjúːziŋ] 어뮤-징	형 재미있는, 우스운
an	[æn/ən] 앤, 언	관 하나의, 어떤
analogy	[ənǽlədʒi] 어낼러쥐	명 유사, 흡사, 닮음
analysis	[ənǽləsis] 어낼러시스	명 분해, 분석
analyze	[ǽnəlàiz] 애널라이즈	타 분해하다, 해석하다
anarchy	[ǽnərki] 애너키	명 무정부상태, 무질서
anatomist	[ənǽtəmist] 어내터미스트	명 해부학자, (세밀한) 분석자
anatomy	[ənǽtəmi] 어내터미	명 해부, 분석, 분해
ancestor	[ǽnsestər] 앤세스터	명 조상, 선조
anchor	[ǽŋkər] 앵커	명 닻 타 자 닻을 내리다
ancient	[éinʃənt] 에인션트	형 고대의, 옛날의 명 깃발
and	[ænd] 앤드, 언드	접 그리고, 및, 또한, 하니까

● and besides 게다가(또)
● and yet 그런데도, 그럼에도 불구하고

anecdote	[ǽnikdòut] 애닉도우트	명 일화, 기담, 일사
anemone	[ənéməni] 어네머니	명 아네모네(식물)
anew	[ənjúː] 어뉴-	부 새로이, 다시, 재차, 신규로
angel	[éindʒəl] 에인절	명 천사, 천사같은 사람, 수호신

● an angel of a (child) 천사 같은 (아이)

angelic	[ændʒélik] 앤젤릭	형 천사의(같은)
anger	[ǽŋgər] 앵거	명 노여움, 성화 타 성나게 하다
angle	[ǽŋgl] 앵글	명 각도, 낚시 타 자 각을 이루다
angrily	[ǽŋgrəli] 앵그럴리	형 성나서, 노하게
angry	[ǽŋgri] 앵그리	형 성난, 노한
anguish	[ǽŋgwiʃ] 앵귀쉬	명 고뇌, 격통, 고민
animal	[ǽnəməl] 애너멀	명 동물, 짐승 형 동물의
animate	[ǽnəmèit] 애너메이트	타 살리다, 활기를 주다
animation	[ænəméiʃən] 애너메이션	명 생기, 활기, 활발
ankle	[ǽŋkl] 앵클	명 발목, 복사뼈
annals	[ǽnəlz] 애널즈	명 연대기, 기록, 연보

annex	[ənéks] 어넥스	타 부가하다, 추가하다, 첨부하다
annihilate	[ənáiəlèit] 어나이어레이트	타 전멸시키다, 근절시키다
anniversary	[æ̀nəvə́ːrsəri] 애너버-서리	명 기념일 형 기념일의
announce	[ənáuns] 어나운스	타 발표하다, 알리다
announcement	[ənáunsmənt] 어나운스먼트	타 고시, 발표, 알림, 공고
annoy	[ənɔ́i] 어노이	타 괴롭히다, 귀찮게 굴다
annoyance	[ənɔ́iəns] 어노이언스	명 괴롭힘, 시달림
annual	[ǽnjuəl] 애뉴얼	형 예년의, 매해의, 일년에 걸친
anoint	[ənɔ́int] 어노인트	타 성식(聖式)에서 기름을 뿌리다
anon	[ənɑ́n] 어난	부 이내, 멀지않아, 곧
another	[ənʌ́ðər] 어너더	형 다른, 또 하나의 대 또 하나

○ one after another 차례로, 하나씩, 속속, 뒤이어
○ one another 서로

| answer | [ǽnsər] 앤서 | 타 자 (물음에) 대답하다 명 대답 |

○ answer back 말대꾸하다, (군사) 복창하다
○ answer for ~의 책임을 지다, ~을 보증하다
○ answer up 즉시 대답하다, 명확히 대답하다

answerable	[ǽnsərəbəl] 앤서러블	형 책임이 있는, 대답할 수 있는
ant	[ænt] 앤트	명 개미
antagonism	[æntǽgənìzəm] 앤태거니점	명 반대, 적대, 대립, 반항
antagonist	[æntǽgənist] 앤태거니스트	명 반대자, 적대자, 경쟁자
antarctic	[æntɑ́ːrktik] 앤타-악티크	형 남극(지방)의 명 남극지방
antecedent	[æ̀ntəsíːdənt] 앤터시-던트	형 앞서는, 선행의 명 선행자
antenna	[ænténə] 앤테너	명 공중선, 촉각, 안테나
anterior	[æntíəriər] 앤티어리어	형 (때, 사건) 전의, 먼저의
anthem	[ǽnθəm] 앤썸	명 찬송가, 성가, 축가, 송가
anthracite	[ǽnθrəsàit] 앤쓰러싸이트	명 무연탄
antic	[ǽntik] 앤티크	형 기묘한, 기괴한, 색다른
anticipate	[æntísəpèit] 앤티서페이트	타 예상하다, 미리 짐작하다, 내다보다

○ anticipate the worst 최악의 경우를 예상하다(각오하다)

| anticipation | [æntìsəpéiʃən] 앤티서페이션 | 명 예기, 예견, 예상 |

antidote	[ǽntidòut] 앤티도우트	명 해독제, 교정(矯正) 수단
antique	[æntíːk] 앤티-크	형 고풍의, 시대에 뒤진, 구식의
antiquity	[æntíkwəti] 앤티쿼티	명 오래됨, 낡음, 태고, 먼 옛날
antler	[ǽntlər] 앤틀러	명 (사슴의) 가지진 뿔
anvil	[ǽnvəl] 앤벌	명 모루(대장간용)
anxiety	[æŋzáiəti] 앵자이어티	명 근심, 걱정, 불안
anxious	[ǽŋkʃəs] 앵(크)셔스	형 염려하여, 걱정되는

- be anxious about ~을 걱정하다
- give anxiety to ~에게 걱정을 끼치다
- with anxiety 근심스럽게, 걱정하여

any	[éni] 에니	형 대 무엇이나, 누군가, 얼만가

- any amount of ~아무리 많은 ~이라도, 얼마 되는지
- in any cace 어떤 경우에도, 어떻든 간에

anybody	[énibàdi] 에니바디	형 누군가, 아무도, 누구라도
anyhow	[énihàu] 에니하우	부 어떻게든, 어쨌든, 아무튼
anyone	[éniwʌ́n] 에니원	대 누구라도, 누구도, 아무도
anything	[éniθìŋ] 에니씽	대 무엇이든, 아무 것도

- anything but ~외는 무엇이든, 결코~은 아니다
- anything of 조금도, 조금은

anytime	[énitàim] 에니타임	부 언제든지, 언제나
anyway	[éniwèi] 에니웨이	부 하여튼, 어쨌든, 적당히
anywhere	[éni*h*wɛ̀ər] 에니웨어	부 어디든, 어디엔가, 아무데도
apace	[əpéis] 어페이스	부 빨리, 속히, 신속히
apart	[əpáːrt] 어파-트	부 떨어져서, 뿔뿔이, 따로

- apart from ~은 별문제로 하고, ~은 놓아두고

apartment	[əpáːrtmənt] 어파-트먼트	명 방, 아파트, 한 세대의 방
ape	[eip] 에잎	명 원숭이 타 흉내내다
aperture	[ǽpərtʃùər] 애퍼츄어	명 틈새, 구멍, 아가리
apiece	[əpíːs] 어피-스	부 각각, 하나하나
apologist	[əpálədʒist] 어파러쥐스트	명 변명자
apologize	[əpálədʒàiz] 어파러쟈이즈	자 변명하다, 사죄하다
apology	[əpálədʒi] 어파러쥐	명 사죄, 사과, 변명, 해명

- a letter of apology 사과편지

apostle	[əpásl] 어파슬	명 사도, 선구자, 개척자, 주창자
apostrophe	[əpástrəfi] 어파스트러피	명 생략기호, 돈호법, 호칭
appal	[əpɔ́ːl] 어포-올	타 섬뜩하게 하다, 놀라게 하다
appalling	[əpɔ́ːliŋ] 어포-링	형 간담을 서늘케 하는, 섬뜩한
apparatus	[æ̀pəréitəs] 애퍼레이터스	명 기구류, 기계장치
apparel	[əpǽrəl] 어패럴	타 입히다, 차려입다 명 의상
apparent	[əpǽrənt] 어패런트	형 또렷한, 명백한
apparition	[æ̀pəríʃən] 애퍼리션	명 환영, 허깨비, 유령
appeal	[əpíːl] 어피-일	자 항소하다, 호소하다
appear	[əpíər] 어피어	자 나타나다, 나오다
appearance	[əpíərəns] 어피어런스	명 출현, 외관, 출장, 출두
appease	[əpíːz] 어피-즈	타 달래다, 진정시키다
appendix	[əpéndiks] 어펜딕스	명 부속물, 부록, 맹장
appetite	[ǽpitàit] 애피타이트	명 욕망, 욕구, 식욕, 성욕
applaud	[əplɔ́ːd] 어플로-드	타 자 성원하다, 박수갈채하다
applause	[əplɔ́ːz] 어플로-즈	명 박수갈채, 찬성, 칭찬

○ win an applause 박수갈채를 받다

apple	[ǽpl] 애플	명 사과, 능금
appliance	[əpláiəns] 어플라이언스	명 기구, 설비, 장치
applicant	[ǽplikənt] 애플리컨트	명 신청자, 지원자, 응모자
application	[æ̀plikéiʃən] 애플리케이션	명 적용, 응용, 지원, 출원
apply	[əplái] 어플라이	타 자 적용하다, 쓰다, 적합하다

○ apply for a job ~일자리에 응모하다
○ apply oneself to ~에 마음을 기울이다, ~에 전념하다

appoint	[əpɔ́int] 어포인트	타 자 임명하다, 지정하다
appointment	[əpɔ́intmənt] 어포인트먼트	명 임명, 관직, 지정, 약속
appreciable	[əpríːʃəbl] 어프리-셔블	형 눈에 보일 정도의, 상당한
appreciate	[əpríːʃièit] 어프리-쉬에이트	타 평가하다, 감정하다
appreciation	[əprìːʃiéiʃən] 어프리-쉬에이션	명 판단, 감상, 존중
apprehend	[æ̀prihénd] 애프리헨드	타 염려하다, 이해하다, 체포하다
apprehension	[æ̀prihénʃən] 애프리헨션	명 염려, 우려, 불안
apprentice	[əpréntis] 어프렌티스	명 계시, 견습 타 견습으로 보내다

approach	[əpróutʃ] 어프로우취	타 자 접근하다, ~에 가까이
approbation	[æproubéiʃən] 애프로-베이션	명 허가, 인가, 면허, 시인
appropriate	[əpróuprit] 어프로-프리에트	형 적당한, 특정의 타 착복하다
approval	[əprú:vəl] 어프루-벌	명 시인, 찬성, 허가
approve	[əprú:v] 어프루-브	타 자 시인하다, 찬성하다
approximate	[əpráksəmèit] 어프락시메이트	타 자 접근하다 형 비슷한
approximation	[əpràksəméiʃən] 어프락서메이션	명 접근, 근사, 개산, 근사치
April	[éiprəl] 에이프럴	명 4월(약어 Apr)
apron	[éiprən] 에이프런	명 애프런, 앞치마, 행주치마
apt	[ǽpt] 앱트	형 하기 쉬운, 적절한, 재주있는
	○ be apt at ~에 능란하다, ~에 재주가 있다	
	○ be apt (to) ~하기 쉽다, (흔히) 잘 하다	
aptly	[ǽptli] 앱틀리	부 적절히
Arab	[ǽrəb] 애럽	명 아랍사람 형 아라비아의
Arabia	[əréibiə] 어레이비어	명 아라비아
arbitrary	[ɑ́:rbitrəri] 아-비트러리	형 임의의, 제멋대로의
arbo(u)r	[ɑ́:rbər] 아-버	명 정자(亭子), 나무그늘, 큰 나무
arc	[ɑ́:rk] 아-크	명 호(弧), 아아크, 활 모양, 궁형
arcade	[ɑ:rkéid] 아-케이드	명 아케이드, 상점가
arch	[ɑ́:rtʃ] 아-치	명 아아취, 홍예, 아아치문
archbishop	[ɑ̀:rtʃbíʃəp] 아-치비숖	명 대주교
archer	[ɑ́:rtʃər] 아-쳐	명 사수, 궁술가, 궁수자리
architect	[ɑ́:rkitèkt] 아-키텍트	명 건축가, 건축기사
architectural	[ɑ̀:rkətéktʃərəl] 아-커텍쳐럴	형 건축술(학)의, 건축상의
arctic	[ɑ́:rktik] 아-크틱	형 북극의
ardent	[ɑ́:rdənt] 아-던트	형 열심인, 열렬한, 격렬한
ardo(u)r	[ɑ́:rdər] 아-더	명 열심, 열의, 열렬함, 열정
arduous	[ɑ́:rdʒuəs] 아-쥬어스	형 힘드는, 부지런한
are	[ɑ:r] 아-, 어	동 (be의 2인칭 단수), ~이다
	○ Are you there? (전화) 여보세요?	
area	[ɛ́əriə] 에어리어	명 구역, 지역, 영역, 지방, 지대
aren't	[ɑ́:rnt] 아-안트	약 are not의 줄임
argue	[ɑ́:rgju:] 아-규-	타 자 논의하다, 논하다, 주장하다

- **argue a person down** ~을 설복시키다
- **argue it out** 끝까지(철저히) 논하다
- **argue on(upon)** ~에 언급하다

argument	[ɑ́ːrɡjəmənt] 아-겨먼트	명 논의, 논증, 의론, 이유
arid	[ǽrid] 애리드	형 건조한, 빈약한, 바싹 마른
aright	[əráit] 어라이트	부 바르게, 정확히
arise	[əráiz] 어라이즈	자 나타나다, 일어나다, 생기다
aristocracy	[æ̀rəstɑ́krəsi] 애러스타크러시	명 귀족정치, 귀족사회, 귀족풍
aristocrat	[ərístəkræ̀t] 어리스터크랫	명 귀족, 귀족주의자
aristocratic	[ərìstəkrǽtik] 어리스터크래틱	형 귀족의, 귀족적인
arithmetic	[ərίθmətik] 어리쓰머틱	명 산수, 계산, 셈
arm	[ɑːrm] 아-암	명 팔, 권력, 무기, 병기

- **arm in(with) arm** 서로 팔을 끼고
- **one's better arm** 오른팔, 주로 쓰는 팔

armada	[ɑːrmɑ́ːdə] 아-마-더	명 함대, 군용기대
armament	[ɑ́ːrməmənt] 아-머먼트	명 군비, 병기, 무장
armchair	[ɑ́ːrmtʃɛ̀ər] 아-암췌어	명 팔걸이의자, 안락의자
armistice	[ɑ́ːrməstis] 아-머스티스	명 휴전, 정전, 휴전조약
armo(u)r	[ɑ́ːrmər] 아-머	명 갑옷, 장갑(裝甲) 타 장갑하다
army	[ɑ́ːrmi] 아-미	명 육군, 군대, 큰떼
around	[əráund] 어라운드	부 주변에, 사방에 전 ~을 돌아
arouse	[əráuz] 어라우즈	타 깨우다, 일으키다
arrange	[əréindʒ] 어레인쥐	타 자 가지런히 하다, 정돈하다

- **arrange with** ~와 협정하다

arrangement	[əréindʒmənt] 어레인쥐먼트	명 정돈, 정리, 배열, 배치
array	[əréi] 어레이	타 집합체, 배열하다 명 정렬
arrest	[ərést] 어레스트	타 막다, 체포하다 명 체포

- **arrest (attract, draw) attention** ~에 주의를 끌다

arrival	[əráivəl] 어라이벌	명 도착, 입항, 도착자
arrive	[əráiv] 어라이브	자 도착하다, 닿다

- **arrive at** ~이 성립되다 **arrive back** ~에 돌아오다

arrogant	[ǽrəɡənt] 애러건트	형 거만한, 건방진, 오만한
arrow	[ǽrou] 애로우	명 화살, 화살표

art	[ɑːrt] 아-트	명 예술, 미술, 기능, 기술, 기예
artery	[ɑ́ːrtəri] 아-터리	명 동맥, 간선도로, 중추
artful	[ɑ́ːrtfəl] 아-트펄	형 기교를 부리는, 능수능란한
article	[ɑ́ːrtikl] 아-티클	명 물품, 논설, (문법) 관사
artificial	[ɑ̀ːrtəfíʃəl] 아-터피셜	형 인공의, 모조의, 인위적인
artillery	[ɑːrtíləri] 아-틸러리	명 대포, 포병, 포술
artist	[ɑ́ːrtist] 아-티스트	명 예술가, 화가
artistic(al)	[ɑːrtístikəl] 아-티스틱(얼)	형 예술의, 예술가의, 미술의
as	[æz/əz] 애즈, 어즈	부 ~만큼, 같을 정도로
		접 ~이므로

- as a matter of course 당연한 일로써, 물론
- as a (gerneral) rule 대체로, 일반적으로
- as ~ as before 전과 마찬가지로

ascend	[əsénd] 어센드	자 올라가다, 오르다, 등귀하다
ascent	[əsént] 어센트	명 상승, 오름, 향상, 승진
ascertain	[æ̀sərtéin] 애서테인	타 확인하다, 조사하다
ascribe	[əskráib] 어스크라이브	타 ~에 돌리다, ~의 탓으로 하다
ash	[æʃ] 애쉬	명 재, 유골, 유해, 폐허
ashamed	[əʃéimd] 어쉐임드	형 수줍어하여, 부끄러운
ashore	[əʃɔ́ːr] 어쇼-	부 물가에, 해변에, 기슭에
Asia	[éiʒə] 에이저	명 아시아
aside	[əsáid] 어사이드	부 곁에, 옆에, 떨어져서
ask	[æsk] 애스크	타 자 묻다, 물어보다, 질문하다

- ask about ~에 관해서 묻다
- ask after ~의 일을 묻다, ~의 안부를 묻다
- ask another! (구어) 바보 같은 소리 작작해!

asleep	[əslíːp] 어슬리-입	부 잠들어, 마비되어, 영면하여
aslope	[əsloup] 어슬로프	부 비탈이 져서, 경사지어
aspect	[ǽspekt] 애스펙트	명 국면, 모습, 외관
asphalt	[ǽsfɔːlt] 애스포-올트	명 아스팔트 타 ~로 포장하다
aspiration	[æ̀spəréiʃən] 애스퍼레이션	명 갈망, 대망, 포부
aspire	[əspáiər] 어스파이어	자 열망하다, 갈망하다
ass	[æs] 애스	명 당나귀, 바보, 외고집장이

assail	[əséil] 어세일	타 습격하다, 공격하다, 추궁하다
assassinate	[əsǽsənèit] 어새서네이트	타 암살하다
assault	[əsɔ́ːlt] 어소-올트	명 습격, 공격, 폭행
assay	[ǽsei] 애세이	타 시금하다, 분석하다
assemble	[əsémbəl] 어셈벌	타 자 모으다, 소집하다
assembly	[əsémbli] 어셈블리	명 집합, 집회, 회의, 의회
assent	[əsént] 어센트	자 동의(찬성)하다 명 동의, 찬동
assert	[əsə́ːrt] 어서-트	타 주장하다, 단언하다

○ **assert oneself** 주제넘게 나서다, 자기 설을 주장하다

assertion	[əsə́ːrʃən] 어서-션	명 단언, 주장
assign	[əsáin] 어사인	타 배당하다, 할당하다
assist	[əsíst] 어시스트	타 자 돕다, 거들다, 원조하다
assistance	[əsístəns] 어시스턴스	명 도움, 원조
assume	[əsjúːm] 어슈-움	타 자 가정하다, 주제넘게 굴다
assumption	[əsʌ́mpʃən] 어섬(프)션	명 인수, 취임, 가장
assurance	[əʃúərəns] 어슈어런스	명 보증, 확신, 자신, 장담

○ **assurance for** ~을 보증하다

○ **give an assurance for** 보증하다

assure	[əʃúər] 어슈어	타 보증하다, 안심시키다

○ **assure oneself of** ~을 확인하다

astonish	[əstániʃ] 어스타니쉬	타 놀라게 하다, 깜짝 놀래다
astonishing	[əstániʃiŋ] 어스타니싱	형 놀랄만한, 눈부신
astound	[əstáund] 어스타운드	타 깜짝 놀라게 하다
astray	[əstréi] 어스트레이	형 부 길을 잃어, 잘못하여
astronomer	[əstránəmər] 어스타너머	명 천문학자
astronomy	[əstránəmi] 어스타너미	명 천문학
asunder	[əsʌ́ndər] 어선더	부 산산이 흩어져, 따로 떨어져
asylum	[əsáiləm] 어사일럼	명 수용소, 보호소, 도피처
at	[æt] 앳	전 ~에서, ~에, ~하고
ate	[eit] 에이트	동 est(먹다)의 과거형
atelier	[ǽtəljèi] 애털лей	명 아뜰리에, 화실, 일터

atheism	[éiθiìzəm] 에이씨이점	몡 무신론, 무신론자
athlete	[ǽθli:t] 애쓸리-트	몡 운동가, 경기자
Atlantic	[ətlǽntik] 어틀랜틱	혱 대서양의 몡 대서양
atlas	[ǽtləs] 애틀러스	몡 지도책, 도해서
atmosphere	[ǽtməsfìər] 애트머스피어	몡 대기, 공기, 분위기, 환경
atom	[ǽtəm] 애텀	몡 원자, 미분자, 극소량
atone	[ətóun] 어토운	타 보상하다, 속죄하다, 갚다
atrocity	[ətrásəti] 어트라서티	몡 극악, 포악, 잔악
attach	[ətǽtʃ] 어태취	타 붙이다, 달다, 첨부하다

○ attach importance to ~을 중요시하다

○ attach oneself to ~에 가입하다, ~에 애착을 느끼다

attache	[ætəʃéi] 애터쉐이	몡 공사관원, 무관, 수행원
attack	[ətǽk] 어택	타 공격하다 습격하다
attain	[ətéin] 어테인	타 자 목적을 이루다, 달성하다

○ attain one's object 목적을 달성하다

○ (achieve) one's aim 자기 목적을 이루다

attainment	[ətéinmənt] 어테인먼트	몡 도달, 달성, 성취
attempt	[ətémpt] 어템(프)트	타 해보다, 시도하다, 꾀하다
attend	[əténd] 어텐드	타 자 출석하다, 모시다

○ attend on (upon) ~의 시중을 들다, 간호하다, 모시다

○ attend to ~에 주의하다, 유의하다

attendance	[əténdəns] 어텐던스	몡 출석, 시중, 참석
attendant	[aténdənt] 어텐던트	혱 시중드는, 신중의
attention	[əténʃən] 어텐션	몡 주의, 주의력, 주목
attentive	[əténtiv] 어텐티브	혱 주의깊은, 정중한, 세심한
attest	[ətést] 어테스트	타 자 증명하다, 선서시키다
attic	[ǽtik] 애틱	몡 다락방
attire	[ətáiər] 어타이어	몡 옷차림새, 복장 타 차려입다
attitude	[ǽtitjùːd] 애티튜-드	몡 자세, 태도, 마음가짐
attorney	[ətə́ːrni] 어터-니	몡 변호사, 검사, 대변인
attract	[ətrǽkt] 어트랙트	타 끌다, 유혹하다, 매혹하다
attraction	[ətrǽkʃən] 어트랙션	몡 끄는 힘, 매력, 유혹
attractive	[ətrǽktiv] 어트랙티브	혱 매력있는, 아름다운

attribute	[ətríbjuːt] 어트리뷰-트	태 ~에 (행위, 탓) 돌리다 명 속성, 특질
auction	[ɔ́ːkʲən] 오-옥션	명 경매, 공매 태 경매하다
	◐ be auctioned off 경매되다	
audacity	[ɔːdǽsəti] 오-대서티	명 대담무쌍, 뻔뻔스러움, 무례
audible	[ɔ́ːdəbl] 오-더블	형 들리는, 들을 수 있는
audience	[ɔ́ːdiəns] 오-디언스	명 시청자, 관객, 접견
auditorium	[ɔ̀ːditɔ́ːriəm] 오-디토-리엄	명 강당, 청중석
aught	[ɔːt] 오-트	대 어떤 일(것), 무엇인가 명 제로, 영
augment	[ɔːgmént] 오-그멘트	태 자 증가하다, 늘리다
August	[ɔ́ːgəst] 오-거스트	명 8월(약어 Aug)
aunt	[ænt] 앤트	명 아주머니(숙모, 고모, 이모)
aural	[ɔ́ːrəl] 오-럴	형 귀의, 청력의
aurora	[ərɔ́ːrə] 어로-러	명 극광, 서광, 새벽 빛
auspice	[ɔ́ːspis] 오-스피스	명 주최, 후원, 찬조
austere	[ɔːstíər] 오-스티어	형 엄격한, 가혹한, 심한
Australia	[ɔːstréiljə] 오-스트레일리어	형 믿을만한, 진짜의
author	[ɔ́ːθər] 오-써	명 저자, 창조자, 저술가
authoritative	[əθɔ́ːritèitiv] 어쏘-리테이티브	형 권위있는, 믿을만한
authority	[əθɔ́ːriti] 어쏘-리티	명 권위, 권력, 위신
authorize	[ɔ́ːθəràiz] 오-써라이즈	태 권한을 주다, 위임하다
auto	[ɔ́ːtou] 오-토우	명 자동차, 자신의
automatic	[ɔ̀ːtəmǽtik] 오-터매틱	형 자동식의, 기계적인
automobile	[ɔ̀ːtəməbíːl] 오-터머비-일	명 자동차 자 자동차로 가다
autumn	[ɔ́ːtəm] 오-텀	명 가을
auxiliary	[ɔːgzíljəri] 오-옥질려리	형 보조의, 부의
avail	[əvéil] 어베일	태 자 소용이 되다, 가치가 있다
	◐ avail oneself of (=avail of) ~을 이용하다, ~을 틈타다 (=make use of)	
	◐ be of (no) avail 도움이 되다(안된다), 쓸모가 있다(없다)	
avarice	[ǽvəris] 애버리스	명 탐욕, 허욕
avenge	[əvéndʒ] 어벤쥐	태 복수하다, 앙갚음하다

	○ average out	결국 평균에 달하다
	○ on (the) average	평균하여, 대개
avenue	[ǽvənjùː] 애버뉴-	명 가로수길, 큰 거리
average	[ǽvəridʒ] 애버리쥐	명 평균 형 보통의, 평균의
avert	[əvə́ːrt] 어버-트	타 피하다, 막다, 비키다
aviation	[èiviéiʃən] 에이비에이션	명 비행, 항공, 비행술
aviator	[éivièitər] 에이비에이터	명 비행가, 비행사
avoid	[əvɔ́id] 어보이드	타 피하다, 회피하다
await	[əwéit] 어웨이트	타 기다리다, 대기하다, 대망하다
awake	[əwéik] 어웨이크	타 각성시키다, 깨우다
		자 눈뜨다
	○ awake to one's full mind	눈을 뜨다, 제정신이 들다
awaken	[əwéikən] 어웨이컨	타 잠깨다(=awake), 일깨우다
award	[əwɔ́ːrd] 어오-드	타 심사하여 주다 명 심판, 상품
aware	[əwɛ́ər] 어웨어	형 알고, 깨닫고, 의식하고
	be (become) aware of	~을 알아채다, ~을 알다
away	[əwéi] 어웨이	부 떨어져서, 멀리
	○ back away	후퇴하다, 꽁무니 빼다
	○ away back	훨씬 전에(=as long ago as)
awe	[ɔː] 오-	타 두렵게 하다 명 두려움, 외경
awful	[ɔ́ːfəl] 오-펄	형 두려운, 장엄한
awfully	[ɔ́ːfəli] 오-펄리	부 무섭게, 아주, 무척
awhile	[əhwáil] 어와일	부 잠시, 잠깐
awkward	[ɔ́ːkwərd] 오-쿼드	형 눈치없는, 어설픈, 서투른
awning	[ɔ́ːniŋ] 오-닝	명 (창문 밖에 단) 차일, 차양
ax, axe	[æks] 액스	명 도끼, 자귀 타 도끼로 자르다
axis	[ǽksis] 액시스	명 굴대, 축, 추축(樞軸)
axle	[ǽksəl] 액설	명 차축, 굴대
ay, aye	[ai] 아이	감 예! 예(=yes) 명 찬성
azalea	[əzéiljə] 어제일려	명 진달래
azure	[ǽʒər] 애저	명 하늘색, 푸른빛 형 푸른빛의

B

baas	[bɑːs] 바스	명 주인, 나으리
babble	[bǽbəl] 배벌	타 자 떠듬거리다 명 서투른 말
babe	[beib] 베이브	명 천진난만한 사람, 갓난아이
baby	[béibi] 베이비	명 갓난애, 젖먹이
bachelor	[bǽtʃələr] 배철러	명 미혼남자, 학사
back	[bæk] 백	명 등 부 뒤 형 뒤의 타 자 후퇴시키다

- **at the back of** ~의 뒤로, 후원자로서, ~을 쫓아
- **back away** 후퇴하다, 공무니 빼다
- **to the back** 철저하게, 뼛속까지

backbone	[bǽkbòun] 백보운	명 등뼈, 기골, 척추
background	[bǽkgràund] 백그라운드	명 배경, 바탕색
backward	[bǽkwərd] 백워드	형 후방으로, 뒤편의, 역행하여
bacon	[béikən] 베이컨	명 베이컨, 고기의 소금저림
bacteria	[bæktíəriə] 백티어리어	명 박테리아, 세균류
bad	[bæd] 배드	형 나쁜, 불량한, 악질의

- **all for the bad** 전적으로 나쁜
- **be bad at** ~이 서투르다

badge	[bædʒ] 배쥐	명 기장, 상징, 배지
badger	[bǽdʒər] 배져	명 오소리 타 지분거리다
badly	[bǽdli] 배들리	부 나쁘게, 졸렬하게
badminton	[bǽdmintən] 배드민턴	명 배드민턴
baffle	[bǽfəl] 배펄	타 좌절시키다, 곤란케하다
bag	[bæg] 백	명 자루, 가방, 손가방
baggage	[bǽgidʒ] 배기쥐	명 수하물(군용), 부대
bail	[beil] 베일	명 보증인, 보석금
bailiff	[béilif] 베일리프	명 집달리, 법정내의 간수
bait	[beit] 베이트	명 미끼, 먹이, 유혹 타 유혹하다
bake	[beik] 베이크	타 (빵 따위를) 굽다 명 빵굽기

baker	[béikər]	베이커	명 빵장수, 빵 제조업자
bakery	[béikəri]	베이커리	명 제빵소, 빵집
baking	[béikiŋ]	베이킹	명 빵굽기
balance	[bǽləns]	밸런스	명 저울, 균형, 평균

- **back in balance** 균형이 잡혀, 조화하여
- **on balance** 모든 것을 고려하여, 결국
- **strike balances out** 균형을 이루다

balcony	[bǽlkəni]	밸커니	명 발코니, (이층의) 노대
bald	[bɔːld]	보-올드	형 벗어진, 털없는, 대머리의
bale	[beil]	베일	명 꾸러미, 가마니 타 포장하다
ball	[bɔːl]	보-올	명 공, 보울, 야구, 무도회
ballad	[bǽləd]	밸러드	명 민요, 속요, 전설가요
balloon	[bəlúːn]	벌루-운	명 풍선, 기구 자 부풀다
ballot	[bǽlət]	밸러트	명 비밀(무기명), 투표용지
ballotbox	[bǽlətbaks]	밸러트박스	명 투표함
ballotpaper	[bǽlətpéipər]	밸러트페이퍼	명 투표용지
ballroom	[bɔ́ːlrù(ː)m]	보-올룸	명 무도장
balm	[bɑːm]	바-암	명 향유, 진통제
balmy	[bɑ́ːmi]	바-미	형 향기로운, 기분좋은, 진통의
bamboo	[bæmbúː]	뱀부-	명 대, 죽재, 대나무
ban	[bæn]	밴	명 금지(령), 파문 타 금지하다
banana	[bənǽnə]	버내너	명 바나나
band	[bænd]	밴드	명 띠, 끈 타 자 결합하다
bandage	[bǽndidʒ]	밴디쥐	명 붕대, 띠 타 붕대를 감다
bandit	[bǽndit]	밴디트	명 산적, 악당, 노상강도
bane	[bein]	베인	명 독, 해독
bang	[bæŋ]	뱅	명 탕, 쾅하는 소리 타 자 쾅 치다
banish	[bǽniʃ]	배니쉬	타 추방하다, 쫓아버리다
bank	[bæŋk]	뱅크	명 둑, 제방, 은행, 강기슭
banker	[bǽŋkər]	뱅커	명 은행가, (도박의) 물주
bankrupt	[bǽŋkrʌpt]	뱅크럽트	명 파산자 형 파산한
bankruptcy	[bǽŋkrʌptsi]	뱅크럽시	명 파산, 도산, 파탄

banner	[bǽnər] 배너	명 기, 군기, 표지
banquet	[bǽŋkwit] 뱅퀴트	명 연회 타 자 잔치를 베풀다
baptism	[bǽptizəm] 뱁티점	명 세례(식), 침례, 영세
Baptist	[bǽptist] 뱁티스트	명 침례교도, 세례자, 세자
bar	[baːr] 바-	명 막대기, 방망이, 쇠지레
barbarian	[baːrbɛ́əriən] 바-베어리언	명 야만인, 미개인 형 야만적인
barbarous	[báːrbərəs] 바-버러스	형 야만스런, 잔인한
barber	[báːrbər] 바-버	명 이발사 타 이발하다
bard	[baːrd] 바-드	명 (고대 Celt족의) 음영시인
bare	[bɛər] 베어	형 벌거벗은, 들어낸 타 벌거벗기다
barefoot	[bɛərfùt] 베어풋	형 맨발의 부 맨발로
barefooted	[bɛərfútid] 베어푸티드	형 맨발의 부 맨발로
barely	[bɛ́ərli] 베어리	부 간신히, 겨우, 가까스로
bargain	[báːrgin] 바-긴	명 매매계약, 흥정, 싸구려 물건
	● into (in) the bargain 덤으로, 그위에, 게다가	
	● (make) a bargain 매매 계약(약속)을 하다, 거래하다	
barge	[baːrdʒ] 바-쥐	명 짐배, 거룻배, 유람선
	● barge in on ~에 쓸데없이 참견하다	
bark	[baːrk] 바-크	명 나무껍질, 짖는 소리 자 짖다
barley	[báːrli] 바-알리	명 보리
barn	[baːrn] 바-안	명 헛간, 광(곡물, 건초)
barometer	[bərámitər] 버라미터	명 청우계, 기압계, 지표
baron	[bǽrən] 배런	명 남작, 외국 귀족
barrack	[bǽrək] 배럭	명 막사, 병역 타 막사에 수용하다
barrel	[bǽrəl] 배럴	명 통 타 통에 넣다
barren	[bǽrən] 배런	형 불모의, 메마른, 임신 못하는
barrier	[bǽriər] 배리어	명 울타리, 장벽, 관문
base	[beis] 베이스	명 기초 타 물건을 받치는 토대
	● base ~ on (upon) ~을 ~의 기초위에 두다	
baseball	[béisbɔ̀ːl] 베이스보-울	명 야구(공)

baseless	[béislis] 베이스리스	형 근거없는, 이유없는
basement	[béismənt] 베이스먼트	명 지하실
basic	[béisik] 베이식	형 기초의, 근본적인
basin	[béisən] 베이선	명 물그릇, 대야, 저울판
basis	[béisis] 베이시스	명 기초, 근거
basket	[bǽskit] 배스키트	명 바구니, 광주리
basketball	[bǽskitbɔ̀ːl] 배스키트보-올	명 농구(공)
bass	[beis] 베이스	명 저음악기, 저음(가수)
bat	[bæt] 밷	명 타봉, (구기의) 배트, 박쥐
bath	[bæθ] 배쓰	명 목욕, 입욕(入浴)
bathe	[beið] 베이드	타 자 담그다, 씻다, 미역감다
bathroom	[bǽθrù(ː)m] 배쓰룸	명 목욕실, 화장실
battalion	[bətǽljən] 버탤련	명 군대대, 대부대
batter	[bǽtər] 배터	명 연타, 난타 타 자 난타하다
battery	[bǽtəri] 배터리	명 한벌의 기구, 포대, 구타, 건전지
battle	[bǽtl] 배틀	명 싸움, 경쟁, 투쟁
battleship	[bǽtlʃip] 배틀쉽	명 전투함
bawl	[bɔːl] 보-올	타 자 외치다, 아우성치다
bay	[bei] 베이	명 짖는 소리, 만(灣) 타 자 짖다
bayonet	[béiənit] 베이어니트	명 총검, 무력 타 총검으로 찌르다
bazaar	[bəzáːr] 버자-	명 중동의 상점가, 시장, 마켓
B.B.C.	[bibisi] 비 비 씨	명 영국 방송협회
B.C.	[bisi] 비 씨	명 기원후
B.C.G.	[bisidʒi] 비 씨 지	약 결핵예방 주사약
be	[biː] 비-	자 ~이다, 있다

○ **be it true or not** 사실이든 아니든
○ **be ~what it may** ~은 어쨌든, ~일지라도

beach	[biːtʃ] 비-취	명 바닷가, 호숫가, 해변(shore)
beacon	[bíːkən] 비-컨	명 봉화, 등대, 표지
bead	[biːd] 비-드	명 구슬, 염주알, 목걸이
beak	[biːk] 비-크	명 (새 따위의) 부리, 주둥이

beam	[bi:m] 비-임	명 들보, 도리 타 자 빛을 내다
bean	[bi:n] 비-인	명 강낭콩, 대두, 잠두
bear	[bɛər] 베어	명 곰, 난폭자 타 자 잘 견디다

- bear in mind 기억하다, 명심하다
- bear oneself 처신하다, 거동하다

beard	[biərd] 비어드	명 턱수염, (보리 따위의) 까끄라기
bearer	[bɛərər] 베어러	명 상여꾼, 짐꾼, 인부
bearing	[bɛəriŋ] 베어링	명 태도, 행동거지, 방위
beast	[bi:st] 비-스트	명 짐승, (네발) 동물, 비인간
beat	[bi:t] 비-트	타 자 계속해서 치다, 때리다

- on the (one's) beat 전문으로, 순찰중에
- beat up and down 여기저기 쫓아다니다

beaten	[bí:tn] 비-튼	동 beat의 과거분사 형 두들겨 맞은
beating	[bí:tiŋ] 비-팅	명 때림, 매질
beau	[bou] 보우	명 멋쟁이, 애인 형 아름다운
beautiful	[bjú:təfəl] 뷰-터펄	형 아름다운, 훌륭한
beauty	[bjú:ti] 뷰-티	명 미모, 아름다움, 미인
beaver	[bí:bər] 비-버	명 해리, 비이버(동물)
because	[bikɔ́:z] 비코-즈	접 왜냐하면 ~이므로

- all the more because ~하기 때문에 더욱(오히려)
- none the less because ~임에도 불구하고(역시)

beckon	[békən] 베컨	타 자 고개짓하다, 손짓하다
become	[bikʌ́m] 비컴	타 자 ~(이, 으로) 되다
bed	[bed] 베드	명 침대, 화단, 모판
bedroom	[bédrùm] 베드루-움	명 침실
bedside	[bédsàid] 베드사이드	명 베갯머리 형 머리맡의
bedtime	[bédtàim] 베(드)타임	명 취침 시간, 잘 시각
bee	[bi:] 비-	명 꿀벌
beech	[bi:tʃ] 비-취	명 너도밤나무(그 목재)
beef	[bi:f] 비-프	명 쇠고기
been	[bi:n] 비-인	동 be의 과거분사

beer	[biər] 비어	몡 맥주
beet	[biːt] 비-트	몡 근대, 사탕 무우
beetle	[bíːtl] 비-틀	몡 딱정벌레 자 돌출하다
befall	[bifɔ́ːl] 비포-올	몡 (~의 신상에) 일어나다, 생기다
before	[bifɔ́ːr] 비포-	젠 ~의 앞에 부 앞쪽에

- before long 머지 않아, 곧, 오래지 않아, 이윽고
- long before 오래 전에
- before now 지금까지에, 더 일찍

beforehand	[bifɔ́ːrhæ̀nd] 비포-핸드	부 전부터, 이전에(의), 미리
befriend	[bifrénd] 비프렌드	타 친구가 되다, 도와주다
beg	[beg] 백	타 자 구걸하다, 빌다, 청하다

- beg for one's ~에게 빌다, 바라다
- one's pardon 사과(사죄)하다, 용서를 빌다

beggar	[bégər] 베거	몡 거지, 빈털터리
begin	[bigín] 비긴	타 자 시작하다, 시작되다

- begin with ~부터 다시 시작하다
- begin again 다시 시작하다
- to begin with 우선 첫째로, 맨 먼저

beginner	[bigínər] 비기너	몡 초심자, 초학자, 창시자
beginning	[bigíniŋ] 비기닝	몡 시작, 초기, 발단, 처음
begun	[bigʌ́n] 비건	통 begin의 과거분사
beguile	[bigáil] 비가일	타 ~을 현혹시키다, 기만하다
behalf	[bihǽf] 비해프	몡 이익, 측, 편

- in behalf of ~을 위하여, ~의 이익이 되도록
- on behalf of ~을 대표(대리)하여, ~을 위하여

behave	[bihéiv] 비헤이브	타 자 처신하다, 행동하다
behavio(u)r	[bihéivjər] 비헤이비여	몡 행실, 품행, 태도, 동작
behead	[bihéd] 비헤드	타 ~의 목을 베다
behind	[biháind] 비하인드	부 뒤에, 나중에, 그늘에서

- be behind time 지각하다
- go behind a thing ~의 이면[진상]을 살피다

behold	[bihóuld] 비호울드	타 보다 감 보라!

being	[bíːiŋ] 비-잉	동 be의 현재분사 명 존재, 생명	

○ **for the time being** 당분간, 우선은
○ **in being** 현존하는, 생존하고 있
○ **come into being** (태어나다, 생기다)

belch	[beltʃ] 벨취	자 트림하다, 분출하다
belief	[bilíːf] 빌리-프	명 믿음, 신념, 확신
believe	[bilíːv] 빌리-브	타 믿다, 신용하다(말, 이야기 등)
bell	[bel] 벨	명 종, 방울, 초인종

○ **with bells on** 기꺼이, 열심히
○ **bell the cat** (모두를 위해) 자진해서 어려운 일을 떠맡다

belle	[bel] 벨	명 미인, 미녀(사교계의 여왕)
bellow	[bélou] 벨로우	타 자 황소가 울다, 고함을 지르다
belly	[béli] 벨리	명 배, 복부, 위, 탐욕
belong	[bilɔ́(ː)ŋ] 빌롱	자 ~에 속하다, ~의 것이다
beloved	[bilʌ́vid] 빌러비드	형 사랑하는, 소중한, 애용하는
below	[bilóu] 빌로우	부 ~의 아래에(로)
		전 ~의 아래에
belt	[belt] 벨트	명 띠, 혁대, 가죽띠
bench	[bentʃ] 벤취	명 벤취, 긴 의자
bend	[bend] 벤드	타 구부리다, 굴복시키다
beneath	[biníːθ] 비니-쓰	부 아래쪽에, 전 ~의 아래에
beneficial	[bènəfíʃəl] 베너피셜	형 유용한, 유리한, 이로운
benefit	[bénəfit] 베너피트	명 이익, 은혜, 자선공연

○ **be of benefit to** ~에 이롭다
○ **for the benefit of** ~을 위하여, ~의 이익을 위하여

benevolent	[bənévələnt] 비네벌런트	형 친절한, 인자한, 호의적인
bent	[bent] 벤트	동 bend의 과거 형 굽은
bequeath	[bikwíːð] 비쿠-드	타 후세에 남기다, 전하다
Berlin	[bərlín] 버-얼린	명 베를린(독일의 수도)
berry	[béri] 베리	명 열매, 새우의 알 자 열매가 열다

berth	[bəːrθ] 버-쓰	명 (배, 차의) 침대, 거처, 숙소
beseech	[bisíːtʃ] 비시-취	타 탄원하다, 구하다, 간청하다
beset	[bisét] 비셋	타 공격하다, 에워싸다
beside	[bisáid] 비사이드	전 ~의 곁에, ~와 비교하여

- beside oneself 정신을 잃고, 실성하여
- beside that 그 위에
- beside the question 문제 외로

besides	[bisáidz] 비사이즈	형 그 이외에, 따로 전 ~의 외에
besiege	[bisíːdʒ] 비시-쥐	타 포위하다, 몰아세우다, 공격하다
best	[best] 베스트	형 가장 좋은 부 가장 잘 명 최선

- to the best of ~하는데 까지, ~이 미치는 한
- at one's best 한창(이다), 가장 좋은 상태에, 전성기에
- best of all 우선 무엇보다도, 첫째로

bestow	[bistóu] 비스토우	타 주다, 부여하다, 이용하다
bet	[bet] 벹	명 내기 타 내기를 하다
betray	[bitréi] 비트레이	타 배반하다, 저버리다
better	[bétər] 베터	형 더욱 좋은 부 더 좋게

- had better (do) ~하는 편이 낫다 (좋다)
- better and better 점점(더욱) 더

between	[bitwíːn] 비튀인	전 (둘)의 사이를 부 사이에(among)

- between ourselves(=between you and me)
  우리끼리의 이야기이지만, 은밀하게
- come(be, stand) between
  ~(양자)의 사이에 들다, ~의 방해가 되다, ~을 방해하다

beverage	[bévəridʒ] 베버리쥐	명 음료, 마실 것
bevy	[bévi] 베비	명 떼, 무리
bewail	[biwéil] 비웨일	타 자 통곡하다, 슬퍼하다
beware	[biwéər] 비웨어	타 자 주의하다, 경계하다
bewilder	[biwíldər] 비윌더	타 당황케하다
bewitch	[biwítʃ] 비위취	타 매혹하다, 마법에 걸다

beyond	[bijánd] 비얀드	전 ~의 저쪽에, ~을 건너서
	● beyond expression (words) 형용할 수 없는	
	● beyond the mark 빗맞아서, 적중하지 않고	
	● go beyond oneself 도가 지나치다, 제 분수를 넘다	
bias	[báiəs] 바이어스	명 사선, 편견 타 엇갈리게 하다
bib	[bib] 비브	명 턱받이 타자 조금씩 마시다
Bible	[báibəl] 바이벌	명 성서, 성경
bicycle	[báisikəl] 바이시컬	명 자전거 자 자전거에 타다
bid	[bid] 비드	타자 명하다, 말하다, 명령하다
big	[big] 빅	형 큰, 성장한, 대금
bill	[bil] 빌	명 계산서, 목록, 명세서, 삐라
billiards	[bíljərdz] 빌려즈	명 당구
billion	[bíljən] 빌련	명 (미) 10억, (영·독·프) 조
billow	[bílou] 빌로우	명 큰 물결 자 큰 파도가 일다
bin	[bin] 빈	명 큰 상자 타 큰 상자에 넣다
bind	[báind] 바인드	타 동이다, 포박하다 자 굳어지다
	● bind oneself to 할 의무가 있다, ~할 것을 약속하다	
	● bind up 붕대로 매다, 동이다, 엮어 매다	
binding	[báindiŋ] 바인딩	형 묶는, 구속하는 명 묶는 것
biography	[baiàgrəfi] 바이아그러피	명 전기문학, 전기(傳記)
biology	[baiálədʒi] 바이알러쥐	명 생물학, 생태학
birch	[bəːrtʃ] 버-취	명 자작나무 타 자작나무로 때리다
bird	[bəːrd] 버-드	명 새, 엽조
	● a bonny bird 예쁜 아가씨	
	● a bird in the hand 수중에 든 새, 현실의 이익	
birth	[bəːrθ] 버-쓰	명 출생, 탄생, 혈통, 집안
	● by birth 태생은, 타고난 ● of birth 가문이 좋은	
	● give birth to ~을 낳다, ~의 원인이 되다	
birthday	[bə́ːrθdèi] 버-쓰데이	명 생일, 창립일
birthright	[bə́ːrθràit] 버-쓰라이트	명 타고난 권리, 생득권, 상속권
biscuit	[bískit] 비스컷	명 작은 빵, 비스켓
bishop	[bíʃəp] 비섭	명 주교, 감독

bit	[bit] 비트	명 작은 조각, 소량, 조금, 잠시
	○ bit by bit=by bits 조금씩, 점차로	
	○ a bit of 금, 작은 ○ do one's bit 본분을 다하다	
bite	[bait] 바이트	타 자 물다, 물어뜯다, 모기가 쏘다
biting	[báitiŋ] 바이팅	형 쏘는 듯한, 얼얼한, 날카로운
bitten	[bítn] 비튼	명 bite의 과거분사
bitter	[bítər] 비터	형 쓴, 모진, 격심한 명 쓴맛
bitterness	[bítərnis] 비터니스	명 쓴맛, 괴로움, 비통, 비꼼
biweekly	[baiwí:kli] 바이위-클리	형 격주(隔週)의 부 1주에 두 번으로
black	[blæk] 블랙	형 검은, 암담한 명 검정
blackbird	[blǽkbə̀ːrd] 블랙버-드	명 지빠귀, 찌르레기, 흑인
blackboard	[blǽkbɔ̀ːrd] 블랙보-드	명 흑판
blacken	[blǽkən] 블랙컨	타 자 검게하다, 헐뜯다
blacksmith	[blǽksmiθ] 블랙스미쓰	명 대장장이
blade	[bleid] 블레이드	명 풀잎, 칼날, 도신
blame	[bleim] 블레임	타 비난하다, 책망하다
	○ be to blame 책임이 있다	
	○ (take) the blame for ~의 책임을 지다	
	○ incur blame for ~때문에 비난을 받다	
blank	[blæŋk] 블랭크	형 백지의, 공백의 명 백지, 여백
blanket	[blǽŋkit] 블랭키트	명 담요, 모포
blast	[blæst] 블래스트	명 한바탕 부는 바람, 돌풍
blaze	[bleiz] 블레이즈	명 화염 자 타오르다
bleach	[bliːtʃ] 블리-취	타 표백하다, 희게 하다
bleak	[bliːk] 블리-크	형 황량한, 쌀쌀한, 바람받이의
bleat	[bliːt] 블리-트	자 매애 울다 명 매애 우는 소리
bleed	[bliːd] 블리-드	자 출혈하다 타 피를 뽑다
blend	[blend] 블렌드	타 자 섞이다, 혼합되다
bless	[bles] 블레스	타 은총을 내리다, 축복하다, ~에 주다

- **be blessed with** ~의 행운을 누리다, ~의 혜택을 받는
- **bless oneself** (십자를 그어) 스스로 축복하다, 신의 축복을 빌다

blessed	[blésid] 블레시드	형 신성한, 복된
blessing	[blésiŋ] 블레싱	명 축복, (신의) 은총, 행복
blight	[blait] 블라이트	명 말라죽는 병 타 말라죽게 하다
blimp	[blimp] 블림프	명 비행선, 뚱뚱보
blind	[blaind] 블라인드	형 장님의, 맹목적인

- **(be) blind to** ~이 보이지 않는, ~을 모르는

blink	[bliŋk] 블링크	타 자 깜박거리다, 힐끔보다
bliss	[blis] 블리스	명 더 없는 행복, 희열
blister	[blístər] 블리스터	타 자 물집이 생기게 하다, 중상이다
block	[blɑk] 블락	명 덩어리, 큰 토막 타 방해하다
blockade	[blɑkéid] 블라케이드	명 봉쇄, 폐쇄
blond(e)	[blɑnd] 블란드	형 금발의 명 금발의 사람
blood	[blʌd] 블러드	명 피, 혈액, 살육
bloody	[blʌ́di] 블러디	형 피의, 피 같은, 피투성이의
bloom	[bluːm] 블루-움	명 꽃이 활짝 핌, 개화기 자 꽃이 피다 (flower)

- **in (out of) bloom** 꽃이 피어(져), 한창 때이고(한창 때를 지나)
- **in full bloom** 활짝 피어, 만발하여

blossom	[blɑ́səm] 블라섬	명 (과실의) 꽃 자 꽃이 피다
blot	[blɑt] 블라트	명 얼룩, 결점 타 더럽히다
blouse	[blaus] 블라우스	명 블라우스, 셔츠식의 웃옷, 작업복
blow	[blou] 블로우	타 자 불다, 허풍치다 명 강타, 구타, 불행

- **at one blow** 일격에, 단번에
- **blow off** 불어 날리다   **blow out** 불어 끄다

blue	[bluː] 블루-	형 푸른, 우울한 명 파랑

bluebird	[blúːbə́ːrd] 블루-버-드	명 파랑새
bluff	[blʌf] 블러프	명 절벽 타 자 속이다
blunder	[blʌ́ndər] 블런더	명 실수, 실책 타 자 큰 실수 하다
blunt	[blʌnt] 블런트	형 어리석은, 무딘
blur	[bləːr] 블러-	타 자 더럽히다, 더러워지다
blush	[blʌʃ] 블러쉬	명 얼굴을 붉힘 자 얼굴을 붉히다
boar	[bɔːr] 보-	명 숫돼지, 산돼지
board	[bɔːrd] 보-드	명 선반, 널, 두께, 칠판, 흑판
	○ on board 승선하여, 승차하여	
	○ go (get) on board (배 비행기 따위에) 타다	
boast	[boust] 보우스트	타 자 자랑하다
boat	[bout] 보우트	명 보트, 작은 배
boatman	[bóutmən] 보우트먼	명 뱃사공, 보트 젓는 사람
bob	[bab] 밥	명 추 통 움직이다
bobby	[bábi] 바비	명 경관, 순경
bodily	[bádəli] 바덜리	형 신체의, 육체적인 부 몸소
body	[bádi] 바디	명 몸, 육체, 몸통
bog	[bag] 바그	명 수렁, 늪 자 수렁에 가라앉다
boil	[bɔil] 보일	타 자 끓다, 비등하다, 격분하다
boisterous	[bɔ́istərəs] 보이스터러스	형 떠들석한, 난폭한, 거센
bold	[bould] 보울드	형 대담한, 불손한
boldly	[bouldli] 보울들리	부 대담하게, 뻔뻔스럽게
bolt	[boult] 보울트	명 번개, 빗장, 볼트
bomb	[bam] 밤	명 폭탄, 뜻밖의 사건 타 폭격하다
bombast	[bámbæst] 밤배스트	형 과장된, 과대한
bond	[band] 반드	명 묶는 것, 속박, 동맹, 유대
bondage	[bándidʒ] 반디쥐	명 노예의 신분, 속박
bone	[boun] 보운	명 뼈, 골격, 해골, 시체
bonnet	[bánit] 바니트	명 턱끈 있는 모자, 보네트
bonny	[báni] 바니	형 아름다운, 건강해 보이는

bonus	[bóunəs] 보우너스	명 보너스, 상여금, 특별수당
book	[buk] 북	명 책, 서적
bookcase	[búkkèis] 북케이스	명 책장, 책꽂이, 서가
bookkeeping	[búkkìːpiŋ] 북키-핑	명 부기
booklet	[búklit] 부클리트	명 팜플렛, 소책자
bookseller	[búksèlər] 북셀러	명 책 장수, 서적 상인
bookstall	[búkstɔ̀ːl] 북스토-올	명 (정거장의) 신문 서적 매점
bookstore	[búkstɔ̀ːr] 북스토-	명 책방, 서점
boom	[buːm] 부-움	명 크게 울리는 소리, 벼락 경기
boon	[buːn] 부-운	명 혜택, 이익, 은혜
		형 명랑한, 유쾌한
boot	[buːt] 부-트	명 장화, 목이 긴 구두, 군화
booth	[buːθ] 부-쓰	명 매점, 노점, 오두막집
booty	[búːti] 부-티	명 전리품, 획득물
bopeep	[boupíːp] 보우피-잎	명 아웅, 까꿍(애를 놀리는 소리)
border	[bɔ́ːrdər] 보-더	명 갓, 경계 타 자 인접하다 의 과거형
bore	[bɔːr] 보-	타 구멍을 뚫다, 도려내다
born	[bɔːrn] 보-온	형 타고난, 태어난 동 bear의 과거분사

- **be born again** 갱생하다, 재생하다
- **born of** ~에서 태어난, ~출신의
- **born to (to do)** ~으로 태어난, ~을 타고난

borough	[bə́ːrou] 버-로	명 자치 읍 면, 독립구
borrow	[bɔ́(ː)rou] 보로우	타 자 빌리다, 차용하다
bosom	[búzəm] 부점	명 가슴, 흉부, 유방
boss	[bɔ(ː)s] 보스	명 두목 타 우두머리가 되다
botanical	[bətǽnikəl] 버태니컬	형 식물의, 식물학의
botany	[bátəni] 바터니	명 식물학
both	[bouθ] 보우쓰	명 양쪽의 대 둘다 부 다같이

- **both ~ and** 둘 다, 양쪽 다

| bother | [báðər] 바더 | 타 자 폐를 끼치다, 성가시게 하다 |

bottle	[bátl] 바틀	명 병, 술병 타 병에 담다
bottom	[bátəm] 바텀	명 밑, 밑바닥, 바다밑
bough	[bau] 바우	명 큰 가지
boulder	[bóuldər] 보울더	명 큰 둥근 돌, 옥석
bounce	[bauns] 바운스	타 자 튀기다, 튀다, 펄쩍 뛰다
bound	[baund] 바운드	명 경계, 범위, 한계 타 자 튀다

- **at a bound** 일약, 단 한번의 도약으로
- **bound up in (with)** ~에 열중하여, ~와 밀접한 관계에

boundary	[báundəri] 바운더리	명 경계, 한계
boundless	[báundlis] 바운들리스	형 무한한, 한없는, 끝없는
bounty	[báunti] 바운티	명 관대함, 하사품, 축하금
bouquet	[boukéi] 보우케이	명 꽃다발, 향기
bout	[baut] 바우트	명 한바탕, 한 판의 승부
bow	[bau] 바우	명 활, 이물 타 자 절하다
bowel	[báuəl] 바월	명 내장, 창자
bower	[báuər] 바워	명 정자, 나무 그늘
bowl	[boul] 보울	명 대접, 사발, 보시기, 나무공
box	[baks] 박스	명 상자 타 상자에 넣다
boxer	[báksər] 박서	명 복서, 권투선수
boxing	[báksiŋ] 박싱	명 권투, 복싱
boy	[bɔi] 보이	명 소년, 사내아이, 급사
boycott	[bɔ́ikat] 보이카트	명 불매동맹, 공동배척, 배척
boyhood	[bɔ́ihud] 보이후드	명 소년기, 소년시대, 소년들
boyish	[bɔ́iiʃ] 보이이쉬	형 소년같은, 어린애같은
boyscouts	[bɔ́iskauts] 보이스카우츠	명 소년단, 보이스카우트
brace	[breis] 브레이스	명 버팀대, 지주 타 자 받치다
bracket	[brǽkit] 브래키트	명 까치발, 선반받이
brag	[bræg] 브래그	명 자랑 타 자 자랑하다
braid	[breid] 브레이드	명 끈끈, 노끈 타 끈을 꼬다
brain	[brein] 브레인	명 뇌, 두뇌
brake	[breik] 브레이크	명 브레이크, 제동기 타 자 브레이크를 걸다
bran	[bræn] 브랜	명 밀기울, 겨

branch	[bræntʃ] 브랜취	명 가지, 부문, 분파, 분가
brand	[brænd] 브랜드	명 상표, 품질 타 낙인을 찍다
brandy	[brǽndi] 브랜디	명 브랜디, 화주(술)
brass	[bræs] 브래스	명 놋쇠, 금관 악기, 황동
brave	[breiv] 브레이브	형 용감한, 화려한
bravery	[bréivəri] 브레이버리	명 용기, 용감, 화려한 옷
brawl	[brɔːl] 브로-올	명 말다툼 자 싸우하다
brazen	[bréizən] 브레이전	형 놋쇠로 만든, 놋쇠 빛의
Brazil	[brəzíl] 브러질	명 브라질
breach	[briːtʃ] 브리-취	명 파괴, 파열구, 깨뜨림 타 깨뜨리다
bread	[bred] 브레드	명 빵, 양식, 생계
breadth	[bredθ] 브레드쓰	명 폭, 넓이, 넓은 도량
break	[breik] 브레이크	타 자 부수다, 쪼개다, 꺾다 명 깨짐

- **break away** 도망치다, 이탈하다, 갑자기 그만두다
- **break in** (말 등을) 길들이다, (아이들을) 훈육하다
- **break loose(free)** 탈출하다, 도망치다

breaker	[bréikər] 브레이커	명 깨뜨리는 사람, 파괴자
breakfast	[brékfəst] 브렉퍼스트	명 조반, 타 자 조반을 먹다
breast	[brest] 브레스트	명 가슴, 흉부, 심정, 마음속
breath	[breθ] 브레쓰	명 숨, 호흡, 한숨
breathe	[briːð] 브리-드	타 자 호흡하다, 쉬다, 휴식하다
breathless	[bréθlis] 브레쓸리스	형 숨가쁜, 헐떡이는
breeches	[brítʃiz] 브리취즈	명 승마용 바지, 바지
breed	[briːd] 브리-드	타 자 기르다, 새끼를 낳다
breeze	[briːz] 브리-즈	명 산들바람, 미풍, 연풍, 초속
brethren	[bréðrən] 브레드런	명 동포, 동업자, 교우
brew	[bruː] 브루-	타 자 양조하다 명 양조장
briar	[bráiər] 브라이어	명 찔레, 들장미
bribe	[braib] 브라이브	명 뇌물 타 자 뇌물을 주다
brick	[brik] 브릭	명 벽돌 타 벽돌을 쌓다
bridal	[bráidl] 브라이들	명 결혼식 형 새색시의, 신혼의

bride	[braid] 브라이드	명 새색시, 신부
bridegroom	[bráidgrù(ː)m] 브라이드그룸	명 신랑
bridge	[bridʒ] 브리쥐	명 다리, 육교, 함교, 선교
bridle	[bráidl] 브라이들	명 굴레, 고삐, 구속
brief	[briːf] 브리-프	형 잠시의, 간결한, 덧없는

- hold a brief for ~을 변호하다
- in brief 요컨대, 요약하면

brier	[bráiər] 브라이어	명 찔레, 들장미
brigade	[brigéid] 브리게이드	명 여단, 대대(군), 조
bright	[brait] 브라이트	형 빛나는, 광채나는, 밝은
brighten	[bráitn] 브라이튼	타 자 반짝이다, 밝게하다
brightly	[bráitli] 브라이틀리	부 밝게, 빛나게, 슬기롭게
brightness	[bráitnis] 브라이트니스	명 현명, 빛남, 선명, 영특
brilliant	[bríljənt] 브릴련트	형 빛나는, 찬란한
brim	[brim] 브림	명 가장자리, 언저리
bring	[briŋ] 브링	타 가져오다, 데려오다

- bring about 야기하다, 초래하다, (배의) 방향을 돌리다
- bring down (짐 등을) 부리다, 내리다, 쏘아 떨어뜨리다

brink	[briŋk] 브링크	명 (벼랑의) 가장자리, 물가
brisk	[brisk] 브리스크	형 기운찬, 활발한, 팔팔한
bristle	[brísl] 브리슬	명 뻣뻣한 털
Britain	[brítən] 브리턴	명 대 영국
British	[brítiʃ] 브리티쉬	형 영국의, 영국인의
brittle	[brítl] 브리틀	형 부서지기 쉬운, 덧없는, 무상한
broad	[brɔːd] 브로-드	형 넓은, 명백한, 광대한
broadcast	[brɔ́ːdkæ̀st] 브로-드캐스트	명 방송, 방영 타 자 방송하다
broadcasting station	[brɔ́ːdkæ̀stiŋstéiʃən] 브로-드캐스팅스테이션	명 방송국
broil	[brɔil] 브로일	타 자 굽다, 쬐다 명 굽기, 싸움
broken	[bróukən] 브로우컨	break의 과거분사 형 깨진
broker	[bróukər] 브로우커	명 중개인, 실력자, 전당포
bronze	[branz] 브란즈	형 청동색의 명 청동
brooch	[broutʃ] 브로우취	명 브로찌
brood	[bruːd] 브루-드	명 한 배의 병아리, 한 배 새끼

brook	[bruk] 브룩	명 시내, 개울 타 견디다, 참다	
broom	[bru(ː)m] 브루움	명 비 타 비로 쓸다	
broth	[brɔ(ː)θ] 브로쓰	명 묽은 수프, 고깃국	
brother	[brʌ́ðər] 브러더	명 형제, 형, 아우, 동료	
brotherhood	[brʌ́ðərhùd] 브러더후드	명 형제, 관계, 형제의 우애	
brow	[brau] 브라우	명 이마, 눈썹, 돌출부	
brown	[braun] 브라운	명 갈색(밤색) 형 갈색의	
bruise	[bruːz] 브루-즈	명 타박상, 멍 타 자 상처를 입다	
brush	[brʌʃ] 브러쉬	명 솔, 모필, 붓, 화필	
	● at a brush 일거에, 단번에		
	● brush up 멋을 내다, 다듬다		
	● brush aside 털어버리다, 무시하다		
brutal	[brúːtl] 브루-틀	형 짐승같은, 잔인한, 천한	
brute	[bruːt] 브루-트	명 짐승, 야수, 축생	
bub	[bʌb] 버브	명 아가, 젊은이	
bubble	[bʌ́bəl] 버벌	명 거품, 사기 타 자 거품이 일다	
buck	[bʌk] 버크	명 수사슴	
bucket	[bʌ́kit] 버킷	명 양동이, 물통	
buckle	[bʌ́kəl] 버컬	명 혁대 장식, 죔쇠, 버클	
bud	[bʌd] 버드	명 꽃눈, 싹, 봉오리	
budget	[bʌ́dʒit] 버쥐트	명 예산안 자 예산을 세우다	
buff	[bʌf] 버프	명 담황색의 가죽	
buffalo	[bʌ́fəlòu] 버펄로우	명 물소, 들소	
buffet	[bʌ́fit] 버피트	명 일격, 한 대, 찬장	
bug	[bʌg] 버그	명 곤충, 벌레, 병원균	
bugle	[bjúːgəl] 뷰-걸	명 나팔 타 자 나팔을 불다	
build	[bild] 빌드	타 자 짓다, 세우다, 건축하다	
builder	[bíldər] 빌더	명 건축가, 건설자	
building	[bíldiŋ] 빌딩	명 건물, 빌딩	
bulb	[bʌlb] 벌브	명 구근(球根), 전구	
bulge	[bʌldʒ] 벌쥐	명 불룩한 부분 타 자 부풀다	

bulk	[bʌlk] 벌크	명 부피, 크기, 대부분
bull	[bul] 불	명 황소, 수컷
bulldog	[búldɔ̀ɡ] 불도-그	명 불독(개의 일종), 완강한 사람
bullet	[búlit] 불리트	명 소총탄
bulletin	[búlətin] 불러틴	명 공보, 회보, 공시
bullion	[búljən] 불리언	명 금덩어리
bully	[búli] 불리	명 난폭자, 경호원 타 자 위협하다
bulwark	[búlwərk] 불워크	명 성채, 방파제 타 방어하다
bumf	[bʌmf] 범프	명 휴지, 싫증나는 서류
bump	[bʌmp] 범프	타 자 부딪치다, 충돌하다 명 충돌
bun	[bʌn] 번	명 건포도를 넣은 단빵
bunch	[bʌntʃ] 번취	명 송이, 다발 타 자 다발로 묶다
bundle	[bʌ́ndl] 번들	명 다발, 꾸러미 타 자 꾸리다
bungalow	[bʌ́ŋɡəlòu] 벙걸로우	명 방갈로식 주택
bunk	[bʌŋk] 벙크	명 (배, 기차의) 침대, 잠자리
bunny	[bʌ́ni] 버니	명 (애칭으로) 토끼, 다람쥐
buoy	[búːi] 부-이	명 부표(浮漂), 구명대 타 띄우다
buoyant	[bɔ́iənt] 보이언트	형 쾌활한, 부력이 있는
burden	[bɔ́ːrdn] 버-든	명 짐, 무거운 짐, 부담
bureau	[bjúərou] 뷰어로우	명 국, 부, 처, 사무소, 안내처
burglar	[bɔ́ːrɡlər] 버-글러	명 밤도둑, 야간의 강도
burial	[bériəl] 베리얼	명 매장 형 매장의
burn	[bəːrn] 버-언	타 자 눋다, 타다, 바짝 마르다

- **burn down** 전소하다, 불기운이 약해지다
- **burn to the ground** 완전히 타다(태우다), 전소하다

burrow	[bɔ́ːrou] 버-로우	명 굴, 숨어있는 곳, 피난처
burst	[bəːrst] 버-스트	타 자 파열하다, 터지다 명 파열, 폭발

- **burst into** 갑자기 ~하기 시작하다
- **burst on (upon)** ~에 갑자기 나타나다, ~을 엄습하다

bury	[béri] 베리	타 묻다, 덮다, 매장하다
bus	[bʌs] 버스	명 버스
bush	[buʃ] 부쉬	명 관목, 수풀, 덤불
bushel	[búʃəl] 부셜	명 부셜(양을 재는 단위 8갤론)
bushy	[búʃi] 부쉬	명 관목(덤불)이 많은, 털이 많은
busily	[bízəli] 비절리	부 바쁘게, 분주하게, 틈이 없이
business	[bíznis] 비즈니스	명 실업, 장사, 직업, 영업

- **do good (big) business** 장사가 잘 되다, 번창하다
- **make a great business of** ~을 감당 못하다, 힘겨워하다

bust	[bʌst] 버스트	명 흉상, 상반신, 부인의 흉부
bustle	[bʌ́sl] 버슬	자 떠들다 타 떠들게 하다
busy	[bízi] 비지	형 바쁜, 분주한
but	[bʌt] 벹	접 그러나, 하지만, 그렇지만 부 다만

- **but for** ~이 없다면(=without) **but** 거의
- **but (very) little** 거의 ~하지 않다

butcher	[bútʃər] 부쳐	명 학살자, 백정 타 도살하다
butler	[bʌ́tlər] 버틀러	명 하인의 우두머리, 집사
butt	[bʌt] 버트	타 자 머리(뿔)로 받다, 부딪치다
butter	[bʌ́tər] 버터	명 버터 타 버터를 바르다
butterfly	[bʌ́tərflài] 버터플라이	명 나비, 바람둥이, 멋장이
button	[bʌ́tn] 버튼	명 단추, (초인종의) 누름 단추
buy	[bai] 바이	타 사다, 구입하다
buzz	[bʌz] 버즈	명 (윙윙) 울리는 소리, 소란스런 소리
by	[bai] 바이	전 ~의 곁에, ~가까이

- **by and by** 얼마 안있어, 이윽고

bystreet	[báistri:t] 바이스트라-트	명 뒷길, 뒷골목

C

cab	[kæb] 캡	몡 승합마차, 기관사실 자 택시를 타다
cabbage	[kǽbidʒ] 캐비쥐	몡 양배추, 무관심판
cabin	[kǽbin] 캐빈	몡 선실, 오두막집
cabinet	[kǽbənit] 캐버니트	몡 상자, 캐비넷, 농, 진열실
cable	[kéibəl] 케이벌	몡 굵은 밧줄, 해저 전선, 닻줄
caddish	[kǽdiʃ] 캐디쉬	혱 비신사적인, 예절없는
cadence	[kéidəns] 케이든스	몡 운율, 억양
cafe	[kæféi] 캐페이	몡 다방, 커피점, 요리점
cage	[keidʒ] 케이쥐	몡 새장, 동물의 우리, 감옥
cake	[keik] 케익	몡 생과자, 케이크, 양과자
calamity	[kəlǽməti] 컬래머티	몡 비참, 참화, 재난, 불행, 비운
calcium	[kǽlsiəm] 캘시엄	몡 칼슘
calculate	[kǽlkjəlèit] 캘켤레이트	타 자 계산하다, 추정하다
calendar	[kǽlindər] 캘린더	몡 달력, 목록, 역법
calf	[kæf] 캐프	몡 송아지, 코끼리새끼, 바보
calibre	[kǽləbər] 캘러버	몡 (총포의) 구경, 도량, 품질
calico	[kǽlikòu] 캘리코우	몡 옥양목, 캘리코
call	[kɔːl] 코올	타 부르다, 소리내어 부르다 몡 외침

○ **call after** ~을 따라 이름짓다, ~을 쫓아서 부르다
○ **call at** (집을 방문하다, ~에 기항하다
○ **call out** 도전하다, 소집하다, 소리지르다

calm	[kɑːm] 카-암	혱 고요한, 조용한 타 자 가라앉히다
calorie	[kǽləri] 캘러리	몡 칼로리(음식의 열량단위)
camel	[kǽməl] 캐멀	몡 낙타, 부함
camera	[kǽmərə] 캐머러	몡 카메라, 사진기
camp	[kæmp] 캠프	몡 야영, 텐트 생활, 막사

campaign	[kæmpéin] 캠페인	명 선거 운동, 유세 자 유세하다
campus	[kǽmpəs] 캠퍼스	명 교정, 구내, 학원, 대학 생활
can	[kæn] 캔	명 깡통, 양철통 조 ~할 수 있다

- **can not ~ too** 아무리 ~하여도 지나치지 않다
- **can not but** ~하지 않을 수 없다

Canada	[kǽnədə] 캐너더	명 캐나다
Canadian	[kənéidiən] 커네이디언	형 캐나다의, 캐나다 사람
canal	[kənǽl] 커낼	명 운하, 도랑, 수로
canary	[kənɛ́əri] 커네어리	명 카나리아(빛), 선황색
cancel	[kǽnsəl] 캔설	명 취소 타 취소하다, 말살하다
cancer	[kǽnsər] 캔서	명 암(癌), 사회악, 해악
candid	[kǽndid] 캔디드	형 솔직한, 성실한, 노골적인
candidate	[kǽndədèit] 캔더데이트	명 후보자, 지망자, 지원자
candle	[kǽndl] 캔들	명 양초, 촉광
cando(u)r	[kǽndər] 캔더	명 공평함, 솔직, 담백함
candy	[kǽndi] 캔디	명 사탕, 캔디, 과자
cane	[kein] 케인	명 지팡이, 단장, 매, 막대기
cannon	[kǽnən] 캐넌	명 대포, 기관포 자 대포를 쏘다
cannot	[kǽnɑt] 캐나트	조 ~할 수 없다

- **cannot but do** ~하지 않을 수 없다 (=cannot help ~ing)
- **cannot ~ too** 아무리 ~하여도 지나치지 않다
- **cannot ~ without**

~안하고선 ~못하다, ~하면 반드시 ~하다

canoe	[kənúː] 커누~	명 카누우, 마상이, 통나무배
canon	[kǽnən] 캐넌	명 교회법, 교회 법규, 규범
canopy	[kǽnəpi] 캐너피	명 낙하산, 닫집 자 천개로 덮다
canter	[kǽntər] 캔터	명 캔터, 느린 구보
canton	[kǽntn] 캔튼	명 (스위스의) 현, (프랑스)군
canvas	[kǽnvəs] 캔버스	명 돛, 범포, 캔버스
canyon	[kǽnjən] 캐년	명 대협곡
cap	[kæp] 캡	명 모자, 사각모, 뚜껑
capable	[kéipəbəl] 케이퍼블	형 유능한, 자격 있는
capacious	[kəpéiʃəs] 커페이셔스	형 널따란, 큰

capacity	[kəpǽsəti] 커페서티	몡 용량, 능력, 재능, 수용량
cape	[keip] 케잎	몡 갑(岬), 곶, 소매없는 외투
caper	[kéipər] 케이퍼	자 깡총거리다, 희롱거리다
capital	[kǽpitl] 캐피틀	몡 수도, 서울, 대문자
captain	[kǽptin] 캡틴	몡 수령, 두목, 선장
captive	[kǽptiv] 캡티브	몡 포로 혱 포로가 된
capture	[kǽptʃər] 캡쳐	몡 포획, 생포 타 잡다, 빼앗다
car	[kɑːr] 카	몡 차, 자동차
caramel	[kǽrəməl] 캐러멀	몡 구운 설탕, 카라멜
caravan	[kǽrəvæ̀n] 캐러밴	몡 (사막의) 대상(隊商), 포장마차
carbon	[káːrbən] 카ː번	몡 탄소(비금속원소), 기호
carbonic	[kɑːrbánik] 카ː바닉	혱 탄소의
carcass	[káːrkəs] 카ː커스	몡 (짐승의) 시체
card	[kɑːrd] 카ː드	몡 카드, 트럼프, 명함, 엽서
cardboard	[káːrdbɔ̀ːrd] 카ː드보ː드	몡 판지, 마분지
cardinal	[káːrdənl] 카ː더널	혱 주요한, 기본적인
care	[kɛər] 케어	몡 근심, 걱정 자 염려하다

- care about ~을 걱정하다, ~에 관심을 가지다
- take care of ~을 돌보다, ~을 소중히 하다
- with care 조심하여, 신중히

career	[kəríər] 커리어	몡 질주, 속력, 생애, 경력
careful	[kɛ́ərfəl] 케어펄	혱 주의 깊은, 검소한, 조심스런
careless	[kɛ́ərlis] 케얼리스	혱 부주의한, 조심성 없는
caress	[kərés] 커레스	몡 애무 타 애무하다, 입맞추다
cargo	[káːrgou] 카ː고우	몡 뱃짐, 화물, 선화, 적하
carnation	[kɑːrnéiʃən] 카ː네이션	몡 카네이션, 살색
carnival	[káːrnəvəl] 카ː너벌	몡 사육제, 축제
carol	[kǽrəl] 캐럴	몡 기쁨의 노래, 찬미가, 축가
carp	[kɑːrp] 카ː프	몡 잉어 자 흠을 잡다
carpenter	[káːrpəntər] 카ː펀터	몡 목수 타 자 목수일을 하다
carpet	[káːrpit] 카ː피트	몡 융단, 양탄자, 깔개
carriage	[kǽridʒ] 캐리쥐	몡 탈것, 마차, 객차, 차

carrier	[kǽriər] 캐리어	몡 운반인, 배달인, 운수업자
carrot	[kǽrət] 캐러트	몡 당근, 머리털이 붉은 사람
carry	[kǽri] 캐리	타 자 나르다, 운반하다, 실어 보내다

- **carry away** 가져가다, 황홀하게 하다, 넋을 잃게 하다
- **carry off** (상품·명예를) 획득하다, 빼앗아 가다
- **carry out** 실행하다, 성취하다, (의무 따위를) 다하다

cart	[kɑːrt] 카트	몡 손수레 타 손수레로 나르다
carve	[kɑːrv] 카브	타 자 조각하다, 새기다, 파다
cascade	[kæskéid] 캐스케이드	몡 분기 폭포, 인공 폭포
case	[keis] 케이스	몡 경우, 사정, 상자, 케이스
casement	[kéismənt] 케이스먼트	몡 좌우 여닫이 창, 창틀
cash	[kæʃ] 캐쉬	몡 현금, 현찰 타 현금으로 지불하다
cashier	[kæʃíər] 캐쉬어	몡 출납계
cask	[kæsk] 캐스크	몡 통, 한통(의 분량) 타 통에 넣다
casket	[kǽskit] 캐스키트	몡 (보물 넣는) 작은 상자, 관, 함
cast	[kæst] 캐스트	타 자 던지다, 투표하다, 치다 몡 던짐

- **cast about** 찾아 다니다, 궁리하다
- **cast a glance** 힐끗 보다
- **cast the dice** 주사위를 던지다

castle	[kǽsl] 캐슬	몡 성곽, 저택, 누각 타 자 성을 쌓다
casual	[kǽʒuəl] 캐쥬얼	톙 우연의, 뜻하지 않은
cat	[kæt] 캐트	몡 고양이
catalog	[kǽtəlɔ̀ːg] 캐터로-그	몡 목록, 요람 타 목록에 올리다
catastrophe	[kətǽstrəfi] 커태스트러피	몡 재앙, (비극의) 파국, 대이변
catch	[kætʃ] 캐취	타 자 붙잡다, 잡다, 따르다 몡 포획

- **catch (a) cold** 감기들다, 감기에 걸리다

○ **catch sight of** ~을 발견하다, ~을 갑자기 보다

catcher	[kǽtʃər] 캐쳐	명	잡는 사람, 포수
caterpillar	[kǽtəpìlər] 캐터필러	명	모충, 풀쐐기, 무한 궤도
cathedral	[kəθíːdrəl] 커씨-드럴	명	대성당, 대교회
catholic	[kǽθəlik] 캐써릭	형	천주교의, 가톨릭교의
cattle	[kǽtl] 캐틀	명	소, 가축
cause	[kɔːz] 코-즈	명	원인, 이유, 동기
caution	[kɔ́ːʃən] 코-션	명	조심, 경고, 담보, 보증
cautious	[kɔ́ːʃəs] 코-셔스	형	주의 깊은, 신중한
cavalier	[kæ̀vəlíər] 캐벌리어	명	기사, 춤 상대
cavalry	[kǽvəlri] 캐벌리	명	기병대, 기갑부대
cave	[keiv] 케이브	명 타 자	동굴, 함몰하다
cavern	[kǽvərn] 캐번	명	(넓은) 동굴
cavity	[kǽvəti] 캐버티	명	충치, 구멍, 빈곳
caw	[kɔː] 코-	형	(까마귀가) 깍깍 울다
cease	[siːs] 시-스	타 자	그치다, 끝나다, 멈추다
cedar	[síːdər] 시-더	명	히말라야 삼나무
ceiling	[síːliŋ] 시-일링	명	천장, 반자, 한계, 상한
celebrate	[séləbrèit] 셀러브레이트	타 자	경축하다, 거행하다
celebrated	[séləbrèitid] 셀러브레이티드	형	유명한, 이름 높은
celebration	[sèləbréiʃən] 셀러브레이션	명	축하, 칭찬, 의식, 찬양

○ **in celebration of** ~을 축하하여

celery	[séləri] 셀러리	명	셀러리(식물의 이름)
celestial	[siléstʃəl] 실레스철	형	하늘의, 천상의, 신성한
cell	[sel] 셀	명	작은 방, 독방, 세포, 영창
cellar	[sélər] 셀러	명	지하실, 땅광, 움
celluloid	[séljəlɔ̀id] 셀려로이드	명	세루로이드, 영화, 필름
cement	[simént] 시멘트	명	시멘트, 양회, 접합제
cemetery	[sémətèri] 세머트리	명	공동 묘지, 매장지
censure	[sénʃər] 센셔	명 타	비난 비난하다, 나무라다
census	[sénsəs] 센서스	명	(인구) 조사, 국세조사
cent	[sent] 센트	명	센트(미국 화폐 단위)
center	[séntər] 센터	명	중심, 중앙, 핵심, 중점

centigram(me)	[séntəgræm] 센티그램	명	센티그램(cg)
centiliter	[séntəlìːtər] 센터리-터	명	센터리터 (cl)
centimeter	[séntəmìːtər] 센터미-터	명	센티미터(cm)
central	[séntrəl] 센트럴	형	중심의, 주요한, 기본적인
century	[séntʃuri] 센츄리	명	1세기, 100년, 백인조
cereal	[síəriəl] 시어리얼	형	곡물의, 곡식의
		명	곡물, 곡초류
ceremony	[sérəmòuni] 세러모우니	명	의식, 예식, 예의, 형식
certain	[sə́ːrtən] 서-턴	형	확실한, 틀림없는, 확정된

● for certain 확실히(=for sure)
● make certain of (that) ~을 확인하다, 반드시 ~하도록 하다

certainly	[sə́ːrtənli] 서-턴리	부	확실히, 반드시, 틀림없이
certainty	[sə́ːrtənti] 서-턴티	명	확신, 확실성, 꼭
certificate	[sərtífəkit] 서티퍼키트	명	증명서, 증서
chafe	[tʃeif] 체이프	타자	비벼서 따뜻하게 하다
chaff	[tʃæf] 채프	명	왕겨, 여물, 마초, 찌꺼기
chain	[tʃein] 체인	명	사슬, 연쇄, 연속, 체인
chair	[tʃɛər] 체어	명	의자, 강좌, 의장석
chairman	[tʃɛ́ərmən] 체어먼	명	의장, 위원장, 사회자
chalk	[tʃɔːk] 쵸-크	명	분필, 백묵, 초크
challenge	[tʃǽlindʒ] 챌린쥐	명	도전, 결투의 신청 타 도전하다
chamber	[tʃéimbər] 체임버	명	방, 침실, 회의실
chamberlain	[tʃéimbərlin] 체임벌린	명	시종, 집사, 가령, 의전관
champagne	[ʃæmpéin] 샴페인	명	프랑스 북부지방, 샴페인
champion	[tʃǽmpiən] 챔피언	명	우승자, 선수, 투사, 전사
chance	[tʃæns] 챈스	명	기회, 우연, 호기, 운
chandelier	[ʃæ̀ndəlíər] 샌덜리어	명	꽃 전등, 샹들리에
change	[tʃeindʒ] 체인쥐	타	변경하다, 바꾸다 명 변화

● change for the better 좋아지다, 호전하다
● change about 변절하다, 마음이 흔들리다
● change one's mine 생각(방침을 바꾸다, 마음이 변하다

channel	[tʃǽnl] 채늘	명 수로, 해협, 강바닥
chant	[tʃænt] 챈트	명 노래, 멜로디 타 자 노래하다
chaos	[kéiɑs] 케이아스	명 혼돈, 혼란, 무질서
chap	[tʃæp] 챕	명 녀석, 사나이, 고객
chapel	[tʃǽpəl] 채펄	명 병원, 학교, 예배당, 교회당
chaplain	[tʃǽplin] 채플린	명 군목, 예배당 목사
chapter	[tʃǽptər] 챕터	명 (책의) 장(章), 한시기
character	[kǽriktər] 캐릭터	명 인격, 성격, 품성, 특성
characteristic	[kæ̀riktərístik] 캐릭터리스틱	형 특유한, 특색의
characterize	[kǽriktəràiz] 캐릭터라이즈	타 특징을 나타내다, 특색짓다
charcoal	[tʃɑ́ːrkòul] 차-코올	명 숯, 목탄
charge	[tʃɑːrdʒ] 차-쥐	타 짐을 싣다, 채우다 명 책임

- (be) charge with ~이 부과된, ~이란 죄로 고발된
- take charge of ~을 떠맡다, 담임하다

charger	[tʃɑ́ːrdʒər] 차-져	명 (장교용의) 군마, 충전기
chariot	[tʃǽriət] 채리어트	명 (옛, 희랍, 로마의) 2륜마차
charity	[tʃǽrəti] 채러티	명 사랑, 자비, 양육원
charm	[tʃɑːrm] 차-암	명 미관, 매력 타 자 매혹하다
charming	[tʃɑ́ːrmiŋ] 차-밍	형 매력적인, 아름다운, 즐거운
chart	[tʃɑːrt] 차-트	명 그림, 해도, 도표
charter	[tʃɑ́ːrtər] 차-터	명 특허장, 헌장, 선언서
chase	[tʃeis] 체이스	타 추적하다 명 추격
chasm	[kǽzəm] 캐점	명 깊게 갈라진 틈, 틈새, 빈틈
chaste	[tʃeist] 체이스트	형 정숙한, 수수한, 담백한
chat	[tʃæt] 챗	명 잡담, 담화 자 잡담하다
chatter	[tʃǽtər] 채터	자 지껄여대다 명 수다, 잡담
chauffeur	[ʃóufər] 쇼우퍼	명 (자가용차의) 운전수 자 몰고가다
cheap	[tʃiːp] 취-프	형 싼, 값이 싼
cheat	[tʃiːt] 취-트	타 자 속이다, 사취하다
check	[tʃek] 체크	명 저지, 억제, 살피다

- check in 호텔에 투숙하다
- check out (계산을 치르고) 호텔에서 나오다

cheek	[tʃiːk] 취-크	몡 볼, 뺨
cheer	[tʃiər] 치어	몡 환호, 갈채, 만세, 격려
cheerfully	[tʃíərfəli] 치어펄리	부 기분 좋게, 유쾌하게
cheery	[tʃíəri] 치어리	형 기운 좋은, 명랑한
cheese	[tʃiːz] 치-즈	몡 치즈
chemical	[kémikəl] 케미컬	형 화학의, 화학적인
chemise	[ʃəmíːz] 셔미-즈	몡 속치마, 슈미즈
chemist	[kémist] 케미스트	몡 화학자, 약제사, 약종상
chemistry	[kémistri] 케미스트리	몡 화학
cherish	[tʃériʃ] 체리쉬	타 귀여워하다, 소중히 하다
chess	[tʃes] 체스	몡 체스, 서양 장기
chest	[tʃest] 체스트	몡 큰 상자, 궤, 금고, 가슴
chestnut	[tʃésnʌt] 체스너트	몡 밤 형 밤색의
chew	[tʃuː] 츄-	타 자 씹다, 깨물어 부수다
chick	[tʃik] 치크	몡 병아리, 새끼 새
chicken	[tʃíkin] 치킨	몡 닭, 닭고기
chide	[tʃaid] 차이드	타 자 꾸짖다, 꾸짖어 내쫓다
chief	[tʃiːf] 치-프	몡 수령, 지도자, 추장
child	[tʃaild] 차일드	몡 아이, 어린애, 유아, 아동
childhood	[tʃáildhùd] 차일드후드	몡 유년기, 어린 시절
childish	[tʃáildiʃ] 차일디쉬	형 어린애 같은, 유치한
children	[tʃíldrən] 칠드런	몡 child의 복수, 어린이들
chill	[tʃil] 칠	몡 한기, 냉기, 오한
chime	[tʃaim] 차임	몡 차임, 타 자 가락을 맞추어 울리다
chimney	[tʃímni] 침니	몡 굴뚝, 남포, 등피
chin	[tʃin] 친	몡 턱, 지껄여댐, 턱끝
China	[tʃáinə] 챠이너	몡 중국
china	[tʃáinə] 챠이너	몡 도자기, 사기전 형 도자기의
Chinese	[tʃainíːz] 챠이니-즈	형 중국의 몡 중국어
chink	[tʃiŋk] 칭크	몡 쨀랑쨀랑 타 자 쨍그랑 울리다
chip	[tʃip] 칩	몡 나무때기, 얇은 조각, 토막

chirp	[tʃəːrp] 처-프	탄 잔 짹짹 울다
chisel	[tʃízl] 치즐	명 조각칼 탄 끌로 깎다
choice	[tʃɔis] 초이스	명 선택, 가림, 선택권

- by choice 좋아서, 스스로 선택하여
- have no choice but to do ~할 밖에 없다
- make a choice 선택하다

choir	[kwáiər] 콰이어	명 성가대, 합창단
choke	[tʃouk] 초우크	탄 잔 질식시키다, 막다, 메우다
cholera	[kálərə] 칼러러	명 콜레라, 호열자
choose	[tʃuːz] 츄-즈	탄 잔 고르다, 선택하다, 선정하다
chop	[tʃap] 찹	탄 잔 자르다, 빠개다
chord	[kɔːrd] 코-드	명 (악기의) 줄, 화현
chosen	[tʃóuzn] 초우즌	통 choose의 과거분사 형 선택된
Christ	[kraist] 크라이스트	명 그리스도, 구세주
christen	[krísn] 크리슨	탄 잔 세례를 주다, 이름을 붙이다
Christian	[krístʃən] 크리스천	명 기독교도 형 그리스도의
Christianity	[krìstʃiǽnəti] 크리스채너티	명 기독교
Christmas	[krísməs] 크리스머스	명 크리스마스, 성탄절
chronicle	[kránikl] 크라니클	명 연대기(年代記), 기록
chuckle	[tʃʌ́kl] 처클	잔 킬킬 웃다, 꼬꼬거리다
church	[tʃəːrtʃ] 처-취	명 교회당, 성당
churchman	[tʃəːrtʃmən] 처-취먼	명 목사, 성직자
churchyard	[tʃəːrtʃjɑːrd] 처-취야-드	명 (교회, 부속) 묘지
cider	[sáidər] 사이더	명 사과 술, 사이다
cigar	[sigɑ́ːr] 시가-	명 엽궐련, 여송연, 시가
cigaret	[sìgərét] 시가렛	명 궐연, 시가레트, 담배
cinder	[síndər] 신더	명 (석탄따위) 탄 재, 숯, 쇠똥
cinema	[sínəmə] 시너머	명 영화관, 영화
cinnamon	[sínəmən] 시너먼	명 계피 형 육계색의
circle	[səːrkl] 서-클	명 원, 원형의 장소, 원주
circuit	[səːrkit] 서-키트	명 주위, 순회, 회전

circular	[sə́ːrkjələr] 서-컬러	형 원형의, 고리모양의
circulate	[sə́ːrkjəlèit] 서-컬레이트	타 자 돌다, 돌게하다
circulation	[sə̀ːrkjəléiʃən] 서-컬레이션	명 순환, 배포, 유포, 유통
circumference	[sərkʌ́mfərəns] 서컴퍼런스	명 원주, 주변, 주선, 지역
circumfuse	[sə̀ːrkəmfjúːz] 서-컴퓨-즈	타 주위에 붓다(쏟다), 에워싸다
circumstance	[sə́ːrkəmstæns] 서-컴스탠스	명 사정, 상황, 환경
circus	[sə́ːrkəs] 서-커스	명 곡마, 곡예, 서커스
cite	[sait] 사이트	타 인용하다, 예증하다, 소환하다
citizen	[sítəzn] 시티즌	명 시민, 국민, 주민
city	[síti] 시티	명 시, 도시, 도회
civic	[sívik] 시빅	형 시의, 시민의
civil	[sívəl] 시벌	형 시민의, 문명인, 국민의
civilian	[sivíljən] 시빌련언	명 일반인, 비전투원
civility	[sivíləti] 시벌러티	명 정중함, 공손함
civilization	[sìvəlizéiʃən] 시벌리제이션	명 문명, 개화
civilize	[sívəlàiz] 시벌라이즈	타 문명으로 이끌다, 교화하다
claim	[kleim] 클레임	명 요구, 청구 타 자 되찾다
clam	[klæm] 클램	명 대합조개, 말없는 사람
clamber	[klǽmbər] 클램버	자 기어오르다
clamo(u)r	[klǽmər] 클래머	명 소란한 소리, 외치는 소리
clan	[klæn] 클랜	명 씨족, 일가, 일문, 당파
clang	[klæŋ] 클랭	타 자 쾅(땡그랑) 울리다
clap	[klæp] 클랩	타 자 (손뼉을) 치다, 박수하다
clash	[klæʃ] 클래쉬	명 격돌, 충돌 타 자 충돌하다
clasp	[klæsp] 클래스프	타 자 껴안다, 꽉 쥐다
class	[klæs] 클래스	명 계급, 학급, 종류, 악수
classy	[klǽsi] 클래시	형 고급의, 세련된, 멋진
classic	[klǽsik] 클래식	형 고전적인, 명작의, 고상한
classical	[klǽsikəl] 클래시컬	형 고전의, 고전주의의
classification	[klæ̀səfikéiʃən] 클래서피케이션	명 분류, 종별, 등급
classify	[klǽsəfài] 클래서파이	타 분류하다, 등급으로 가르다
classmate	[klǽsmèit] 클래스메이트	명 급우, 동급생

classroom	[klǽsrù(ː)m] 클래스룸	명 교실
clatter	[klǽtər] 클래터	명 시끄러운 소리 타 자 덜걱덜걱 소리나다
clause	[klɔːz] 클로-즈	명 조목, 조항
claw	[klɔː] 클로-	명 발톱, 집게발
clay	[klei] 클레이	명 찰흙, 점토, 흙
clean	[kliːn] 클리-인	형 깨끗한, 청결한, 순결한
cleaner	[klíːnər] 클리-너	명 청소부, 깨끗이 하는 사람
cleaning	[klíːniŋ] 클리-닝	명 세탁, 청소
cleanly	[klénli] 클렌리	형 깨끗한 것을 좋아하는, 산뜻한
cleanliness	[klénlinis] 클렌리니스	명 청결, 깨끗함
cleanse	[klenz] 클렌즈	타 정화하다, 청결하게 하다
clear	[kliər] 클리어	형 밝은, 투명한, 갠

- clear off 제거하다, (빚 따위를) 청산하다, (날씨가) 개다
- clear out 쓸어내다, 떠나가다
- clear up (날씨가) 개다, 치우다, 해결하다

clearly	[klíərli] 클리어리	부 명백히, 틀림없이
clearing	[klíəriŋ] 클리어링	명 청소, 제거, 조해
cleave	[kliːv] 클리-브	타 자 짜개다, 가르다, 단결하다
cleft	[kleft] 클렙트	동 cleave의 과거분사 형 쪼개진
clench	[klentʃ] 클렌취	타 자 꽉 죄다, 악물다
clergy	[klə́ːrdʒi] 클러-쥐	명 목사(들), 성직자
clerk	[kləːrk] 클라-크	명 학자, 점원, 사무원
clever	[klévər] 클레버	형 영리한, 머리가 좋은
cliff	[klif] 클리프	명 벼랑, 절벽, 낭떠러지
climate	[kláimit] 클라이미트	명 기후, 풍토, 환경, 분위기
climax	[kláimæks] 클라이맥스	명 절정, 극점 타 자 절정에 달하다
climb	[klaim] 클라임	타 자 기어오르다, 올라가다
clime	[klaim] 클라임	명 (詩) 풍토, 지방, 나라
cling	[kliŋ] 클링	자 달라붙다, 밀착하다

clinic	[klínik] 클리닉	명 임상강의(실), 진료소
clip	[klip] 클립	타 자르다, 깎다
cloak	[klouk] 클로우크	명 (소매 없는) 외투, 망토
clock	[klɑk] 클라크	명 시계 타 자 ~의 시간을 재다
cloister	[klɔ́istər] 클로이스터	명 수도원, 은둔처, 복도, 낭하
close	[klouz] 클로우즈	타 닫다, 감다 형 가까운, 좁은

- close in 가두다, 에워싸다, 포위하다
- close on (upon) ~에 가까운, 거의(=nearly)
- close up ~을 닫다, 밀집하다, 막히다, (상처가) 아물다

closet	[klɑ́zit] 클라지트	명 벽장, 받침 타 벽장에 가두다
cloth	[klɔ(:)θ] 클로쓰	명 헝겊, 천, 옷감, 직물
clothe	[klouð] 클로우드	타 입히다, 덮다, 가리다
clothes	[klouðz] 클로우드즈	명 옷, 침구, 의복
clothing	[klóuðiŋ] 클로우딩	명 의류, 의복, 덮개
cloud	[klaud] 클라우드	명 구름, 연기, 암운
cloudy	[kláudi] 클라우디	형 흐린, 똑똑하지 않은, 탁한
clover	[klóuvər] 클로우버	명 토끼풀, 클로버
clown	[klaun] 클라운	명 어릿광대, 촌뜨기
club	[klʌb] 클러브	명 곤봉, 동호회
cluck	[klʌk] 클러크	타 (암탉이) 꼬꼬 울다
clump	[klʌmp] 클럼프	명 숲, 덤불 자 쿵쿵 걷다
clumsy	[klʌ́mzi] 클럼지	형 볼품없는, 솜씨없는
cluster	[klʌ́stər] 클러스터	명 떼, 덩어리, 송이 자 몰리다
clutch	[klʌtʃ] 클러취	타 자 꽉 붙들다, 부여잡다
Co.	[kʌ́mpəni] 컴퍼니	명 회사(company)의 약어
coach	[koutʃ] 코우취	명 4륜마차, 객차, 코치, 감독
coachman	[kóutʃmən] 코우취먼	명 마부
coal	[koul] 코울	명 석탄, 숯, 무연탄
coalesce	[kòuəlés] 코월레스	명 합동, 합체 자 합체하다
coalition	[kòuəlíʃən] 코윌리션	명 연합, 동맹, 제휴, 연립
coarse	[kɔːrs] 코-스	형 거칠은, 조잡한, 음탕한
coast	[koust] 코우스트	명 해안 자 해안을 항해하다

coat	[kout] 코우트	명 상의, 코트, 모피
coax	[kouks] 코욱스	타 자 어르다, 달래다
cobweb	[kábwèb] 카웨브	명 거미줄 타 거미줄로 덮다
cock	[kɑk] 칵	명 수탉, 수컷, 두목, 왕초
cocktail	[kɑ́ktèil] 칵테일	명 꼬리자른 말, 칵테일
cocoa	[kóukou] 코우코우	명 코코아(음료)
coco(a)nut	[kóukənʌ̀t] 코우커너트	야자수 열매
cod	[kɑd] 카드	명 대구 타 속이다, 우롱하다
code	[koud] 코우드	명 법전, 규정, 암호, 약호
coffee	[kɔ́:fi] 코-피	명 커피, 커피색
coffin	[kɔ́:fin] 코-핀	명 관(棺), 널 타 관에 넣다
coign	[kɔin] 코인	명 벽 따위의 모서리, 구석돌
coil	[kɔil] 코일	명 둘둘 감음 타 자 관에 넣다
coin	[kɔin] 코인	명 화폐, 돈 타 화폐를 주조하다
coinage	[kɔ́inidʒ] 코이니쥐	명 화폐 주조, 화폐제도, 발명
coincide	[kòuinsáid] 코우인사이드	자 일치하다, 부합하다
cold	[kould] 코울드	형 추운, 차가운, 찬
collapse	[kəlǽps] 컬랩스	명 붕괴, 쇠약 자 붕괴하다
collar	[kɑ́lər] 칼러	명 칼라, 깃, (개 등의) 목걸이
colleague	[kɑ́li:g] 칼리-그	명 동료, 동업자
collect	[kəlékt] 컬렉트	타 자 모으다, 수집하다, 모이다
collection	[kəlékʃən] 컬렉션	명 수금, 수집, 채집
collective	[kəléktiv] 컬렉티브	형 집합적인, 집단적인, 공동적
college	[kɑ́lidʒ] 칼리쥐	명 단과대학, 전문학교
colonel	[kə́:rnəl] 커-널	명 육군대령, 연대장, 부장, 단장
colonial	[kəlóuniəl] 컬로우니얼	형 식민지의, 식민의
colonist	[kɑ́lənist] 칼러니스트	명 이주민, 식민지 사람
colony	[kɑ́ləni] 칼러니	명 식민지, 거류지, 이민단
colo(u)r	[kʌ́lər] 컬러	명 색, 빛깔 타 자 색칠하다
colo(u)rful	[kʌ́lərfəl] 컬러펄	형 다채로운, 화려한
colossal	[kəlɑ́səl] 컬라설	형 거대한, 굉장한
colt	[koult] 코울트	명 망아지, 초심자, 애송이
column	[kɑ́ləm] 칼럼	명 원주, 단, 기둥, 칼럼

comb	[koum] 코움	명 빗, 닭의 볏 타 빗질하다
combat	[kámbæt] 캄배트	명 싸움, 전투, 결투
combination	[kùmbənéiʃən] 캄버네이션	명 결합, 단결, 배합
combine	[kəmbáin] 컴바인	타 자 결합시키다, 협력하다
combustion	[kəmbʌ́stʃən] 컴버스쳔	명 연소, 산화
come	[kʌm] 컴	자 오다, 도착하다

- **come across** ~을 우연히 찾아내다, ~을 만나다, 발견하다
- **come back** 돌아오다, 회복하다, 생각나다
- **come together** 만나다, 모이다

comedy	[kámədi] 카머디	명 희극, 희극적 요소
comely	[kámli] 컴리	형 아름다운, 말쑥한
comet	[kámit] 카미트	명 혜성, 살별
comfort	[kʌ́mfərt] 컴퍼트	명 위로, 위안, 안락, 편함
comfortable	[kʌ́mfərtəbəl] 컴퍼터블	형 기분좋은, 안락한 타 위로하다
comic	[kámik] 카믹	형 희극의, 우스운
coming	[kʌ́miŋ] 커밍	명 도래, 내방 형 다음의, 다가올
comma	[kámə] 카머	명 콤마, 구두점(,), 쉼표
command	[kəmǽnd] 커맨드	타 명하다, 요구하다

- **at one's command** ~의 지휘 아래, 마음대로 쓸 수 있는
- **take command of** ~을 지휘하다, ~의 지휘관이 되다

commandment	[kəmǽndmənt] 커맨(드)먼트	명 계명, 계율, 율법
commander	[kəmǽndər] 커맨더	명 지휘관, 해군 중령
commence	[kəméns] 커멘스	타 자 개시하다, 시작하다
commencement	[kəménsmənt] 커멘스먼트	명 개시, 졸업식, 시작
commend	[kəménd] 커멘드	타 위탁하다, 추천하다, 권하다
comment	[kámənt] 카먼트	명 주석, 해석, 논평
commentary	[káməntèri] 카먼테리	명 비평, 논평, 실황방송
commerce	[káməːrs] 카머-스	명 상업, 통상, 무역, 거래
commercial	[kəmə́ːrʃəl] 커머-셜	형 상업의, 판매용의, 영리적인
commission	[kəmíʃən] 커미션	명 위임, 위탁, 직권
commissioner	[kəmíʃənər] 커미셔너	명 위원, 이사, 국장, 협회회장

commit	[kəmít] 커미트	타	저지르다, 범하다
committee	[kəmíti] 커미티	명	위원회, 위원들
commodity	[kəmádəti] 커마더티	명	물품, 상품, 일용품
common	[kámən] 카먼	명	공통의, 공유의, 협동의
commonplace	[kámənplèis] 카먼프레이스	형	평범한 명 비망록
commonwealth	[kámənwèlθ] 카먼웰쓰	명	국가, 공화국
commotion	[kəmóuʃən] 커모우션	명	동요, 동란, 소동, 폭동
commune	[kəmjúːn] 커뮤-운	자	간담하다, 교제하다
communicate	[kəmjúːnəkèit] 커뮤-너케이트	타	전하다, 통신하다
communication	[kəmjùːnəkéiʃən] 커뮤-너케이션	명	전달, 통신, 보도, 발표
communion	[kəmjúːnjən] 커뮤-년	명	공유, 친교, 간담, 영적교섭
communism	[kámjənìzəm] 카머니점	명	공산주의(운동, 정치)
community	[kəmjúːnəti] 커뮤-너티	명	사회, 공동 생활체, 부락
compact	[kəmpǽkt] 컴팩트	형	잔뜩 찬 타 꽉 채우다
companion	[kəmpǽnjən] 컴패니언	명	동반자, 동무, 짝
company	[kʌ́mpəni] 컴퍼니	명	일행, 단체, 떼

○ in company 사람 틈에서, 다른 사람 앞에서
○ in company with ~와 함께, ~와 더불어

comparable	[kámpərəbəl] 캄퍼러블	형	비교되는, 필적하는
comparative	[kəmpǽrətiv] 컴패러티브	형	비교의, 비교적인
compare	[kəmpɛ́ər] 컴페어	타 자	비교하다, 대조하다

○ compare ~ to ~을 ~에 비유하다
○ compare ~ with ~을 ~와 비교하다
○ in (by) compare with ~에 비하면

compartment	[kəmpáːrtmənt] 컴파-트먼트	명	구획, 구분, 칸막이
compass	[kʌ́mpəs] 컴퍼스	명	둘레, 콤파스, 한계, 주위
compassion	[kəmpǽʃən] 컴패션	명	동정, 불쌍히 여김
compel	[kəmpél] 컴펠	타	강제하다, 억지로 ~시키다
compensate	[kámpənsèit] 캄펀세이트	타 자	보상하다, 보충하다
compensation	[kàmpənséiʃən] 캄펀세이션	명	보상, 봉급, 배상
compete	[kəmpíːt] 컴피이트	자	경쟁하다, 겨루다, 필적하다
competent	[kámpətənt] 캄퍼턴트	형	유능한, 능력있는
competition	[kàmpətíʃən] 캄퍼티션	명	경쟁, 겨루기, 시합

competitive	[kəmpétətiv]	컴페터티브	형	경쟁적인, 경쟁의
competitor	[kəmpétətər]	컴페터터	명	경쟁자
compile	[kəmpáil]	컴파일	타	자료를 모으다, 편집하다
complain	[kəmpléin]	컴플레인	자	불평을 하다, 고소하다
complaint	[kəmpléint]	컴플레인트	명	불평, 고소, 우는 소리
complement	[kámpləmənt]	캄플러먼트	명	보충, 보완하는 것
complete	[kəmplí:t]	컴플리-트	형	완전한, 완벽한 타 완성하다
completely	[kəmplí:tli]	컴플리-트리	부	전적으로, 완전히
completion	[kəmplí:ʃən]	컴플리-션	명	완료, 종료, 완성
complex	[kəmpléks]	콤플렉스	형	복잡한, 착잡한
complexion	[kəmplékʃən]	컴플렉션	명	안색, 외모, 형세, 피부색
complicate	[kámpləkèit]	캄플러케이트	타	복잡하게 하다, 뒤얽히게 하다
complicated	[kámpləkèitid]	캄플러케이티드	형	복잡한, 까다로운
complication	[kàmpləkéiʃən]	캄플러케이션	명	복잡, 분규
compliment	[kámpləmənt]	캄플러먼트	명	경의, 칭찬, 빈말, 인사
comply	[kəmplái]	컴플라이	자	응하다, 따르다, 쫓다
compose	[kəmpóuz]	컴포우즈	타자	구성하다, 짜맞추다
composed	[kəmpóuzd]	컴포우즈드	형	태연한, 침착한, 가라앉은

○ (be) composed of ~으로 이루어진

composer	[kəmpóuzər]	컴포우저	명	작곡가, 구성자, 구도자
composition	[kàmpəzíʃən]	캄퍼지션	명	짜맞춤, 조성, 합성
composure	[kəmpóuʒər]	컴포우저	명	차분함, 침착, 고요
compound	[kámpaund]	캄파운드	타	혼합하다, 합성하다
comprehend	[kàmprihénd]	캄프리헨드	타	이해하다, 포함하다
comprehensive	[kàmprihénsiv]	캄프리헨시브	형	이해력이 있는, 포함하는
compress	[kəmprés]	컴프레스	타	압축하다, 축소하다
comprise	[kəmpráiz]	컴프라이즈	타	포함하다, ~로 되다
compromise	[kámprəmàiz]	캄프러마이즈	명	타협, 절충안 타 타협하다
compulsory	[kəmpʌ́lsəri]	컴펄서리	형	강제적인, 의무적, 필수의
compute	[kəmpjú:t]	컴퓨-트	타자	계산하다, 평가하다
comrade	[kámræd]	캄래드	명	동무, 동지, 전우
conceal	[kənsí:l]	컨시-일	타	숨기다, 비밀로 하다

concede	[kənsíːd] 컨시-드	타 자	인정하다, 허락하다
conceit	[kənsíːt] 컨시-트	명	자부심, 생각, 사견
conceive	[kənsíːv] 컨시-브	타 자	상상하다, 임신하다, 진술하다
conceivable	[kənsíːvəbəl] 컨시-버벌	형	생각할 수 있는
concentrate	[kánsəntrèit] 칸선트레이트	타	집중하다, 농축하다
concentration	[kànsəntréiʃən] 칸선트레이션	명	집중, 전념, 전신
conception	[kənsépʃən] 컨셉션	명	임신, 개념, 착상
concern	[kənsə́ːrn] 컨써언	타	관여하다, 관계하다
concerned	[kənsə́ːrnd] 컨써언드	형	근심하여, 걱정하는

○ (be) concerned with (in) ~에 관계가 있다

○ concerned oneself with

~에 관심을 가지다, ~을 걱정하다

concerning	[kənsə́ːrniŋ] 컨써-닝	전	~에 관하여(=about)
concert	[kánsə(ː)rt] 칸서트	명	협력, 합주, 음악회
concession	[kənséʃən] 컨세션	명	양보, 허가, 용인, 조계
concise	[kənsáis] 컨사이스	형	간명한, 간결한
conclude	[kənklúːd] 컨클루-드	타 자	끝내다, 결정하다, 종결하다
conclusion	[kənklúːʒən] 컨클루-젼	명	종결, 결과, 결론, 결말
concord	[kánkɔːrd] 캉코-드	명	일치, 화합, 평화
concrete	[kánkriːt] 캉크리-트	형	구체적인, 유형의 명 콘크리트
condemn	[kəndém] 컨뎀	타	나무라다, 선고하다
condense	[kəndéns] 컨덴스	타 자	응축하다, 요약하다
condition	[kəndíʃən] 컨디션	명	상태, 처지, 조건, 신분

○ (be) in (out of) condithon

건강한(건강하지 않은), 좋은 (나쁜) 상태인

○ on condithon that ~이라는 조건으로, ~이라면(=if)

conduct	[kándʌkt] 칸덕트	명	행동, 품행, 경영, 지휘
conductor	[kəndʌ́ktər] 컨덕터	명	지도자, 안내자, 호송자
cone	[koun] 코운	명	원추, 솔방울, 원뿔꼴
confederacy	[kənfédərəsi] 컨페더러시	명	연합, 동맹, 연방
confer	[kənfə́ːr] 컨퍼-	타 자	주다, 베풀다, 수여하다

conference	[kánfərəns] 칸퍼런스	명 회의 상담, 협의
confess	[kənfés] 컨페스	타 자 자인하다, 자백하다
confession	[kənféʃən] 컨페션	명 자백, 신앙, 실토, 참회
confide	[kənfáid] 컨파이드	타 털어놓다, 신탁하다
confidence	[kánfidəns] 칸피든스	명 신임, 신용, 자신
confident	[kánfidənt] 칸피던트	형 확신하여, 자신있는, 대담한
confidential	[kànfidénʃəl] 칸피덴셜	형 신임하는, 심복의
confine	[kənfáin] 컨파인	타 감금하다, 제한하다

○ confine oneself to ~에 틀어박히다, ~에 국한하다

confirm	[kənfə́ːrm] 컨퍼엄	타 확인하다, 증명하다
confirmation	[kànfərméiʃən] 칸퍼메이션	명 확정, 확인, 인가
confiscate	[kánfiskèit] 칸피스케이트	타 몰수하다, 압수하다
conflict	[kánflikt] 칸플릭트	명 투쟁, 충돌, 대립
conform	[kənfɔ́ːrm] 컨포옴	타 자 일치하다, 따르게 하다
confound	[kənfáund] 컨파운드	타 혼동하다, 혼란시키다
confront	[kənfrʌ́nt] 컨프런트	타 직면하다, 맞서다

○ (be) confront with (by)
(위험·난관 따위에) 직면한(=be faced by)

confuse	[kənfjúːz] 컨퓨-즈	타 헷갈리게 하다, 혼동하다
confusion	[kənfjúːʒən] 컨퓨-전	명 혼란, 당황, 혼동
congenial	[kəndʒíːnjəl] 컨지-녈	형 같은 성질의, 적합한
congratulate	[kəngrǽtʃəlèit] 컨그래철레이트	타 축하하다, 축사를 드리다
congregation	[kàŋgrigéiʃən] 캉그리게이션	명 회합, 모이기, 집회
congress	[káŋgris] 캉그리스	명 회의, 회합, 의회
congressional	[kəŋgréʃənəl] 컹그레셔널	형 국회의, 의회의
congressman	[káŋgrismən] 캉그리스먼	명 국회의원
conjecture	[kəndʒéktʃər] 컨젝쳐	명 추측, 억측 타 자 추측하다
conjoin	[kəndʒɔ́in] 컨죠인	타 자 결합하다, 합치다
conjugal	[kándʒəgəl] 칸져걸	형 부부의, 혼인상의
conjugation	[kàndʒəgéiʃən] 칸져게이션	명 (동사의) 변화, 활용
conjunct	[kəndʒʌ́ŋkt] 컨정(크)트	형 결합한, 연합한, 공동의
conjunction	[kəndʒʌ́ŋkʃən] 컨정(크)션	명 결합, 접합, (문법)접속사
conjure	[kándʒər] 칸져	타 자 요술을 쓰다, 출현시키다

connect	[kənékt] 커넥트	타 자 결합하다, 연결시키다
connection	[kənékʃən] 커넥션	명 연결, 관계, 관련
conquer	[káŋkər] 캉커	타 자 정복하다, 획득하다, 이기다
conqueror	[káŋkərər] 캉커러	명 정복자, 승리자
conquest	[káŋkwest] 캉퀘스트	명 정복, 획득
conscience	[kánʃəns] 칸션스	명 양심, 도의심, 자각
conscientious	[kànʃiénʃəs] 칸쉬엔셔스	형 양심적인, 도의적인
conscious	[kánʃəs] 칸셔스	형 의식적인, 알고 있는
	○ (be, become) conscious of ~을 의식하는, ~을 알아차는	
consciousness	[kánʃəsnis] 칸셔스니스	명 의식, 자각, 알아챔
consecrate	[kánsikrèit] 칸시크레이트	타 하나님에게 바치다, 봉헌하다
consent	[kənsént] 컨센트	명 동의 자 승낙하다, 찬성하다
consequence	[kánsikwèns] 칸시퀀스	명 결과, 결말, 영향
consequent	[kánsikwènt] 칸시퀀트	형 결과로서 생기는, 필연의
consequently	[kánsikwəntli] 칸시퀀틀리	부 따라서, 그러므로
conservation	[kànsərvéiʃən] 칸서-베이션	명 보존, 보안림, 유지
conservative	[kənsə́rvətiv] 컨서-버티브	형 보수적인, 보수당
conserve	[kənsə́rv] 컨서-브	타 설탕에 절여두다, 보존하다
consider	[kənsídər] 컨시더	타 자 숙고하다, 고찰하다
considerable	[kənsídərəbəl] 컨시더러벌	형 고려할만한, 중요한, 어지간한
considerate	[kənsídərit] 컨시더리트	형 인정 있는, 사려 깊은
consideration	[kənsìdəréiʃən] 컨시더레이션	명 고려, 숙고, 중요함, 사려
	○ in consideration of ~을 고려하여, ~때문에	
	○ take inro consideration 고려에 넣다(=consider)	
considering	[kənsídəriŋ] 컨시더링	전 (~한 점을) 고려한다면
consign	[kənsáin] 컨싸인	타 인도하다, 교부하다
consist	[kənsíst] 컨시스트	자 ~로 되다, ~에 있다
	○ consist in ~에 있다, ~에 존재하다	
	○ consist of ~으로 이루어지다(=be made up of)	
consistent	[kənsístənt] 컨시스턴트	형 일치하는, 일관된

consolation	[kànsəléiʃən] 칸설레이션	명	위자료, 위로, 위안
console	[kənsóul] 컨소울	타	위로하다, 위문하다
consolidate	[kənsálədèit] 컨살러데이트	타자	공고히 하다, 굳어지다
consonant	[kánsənənt] 칸서넌트	형	일치된, 자음의 명 자음
consort	[kánsɔːrt] 칸소-트	명	(왕, 여왕의) 배우자
conspicuous	[kənspíkjuəs] 컨스피큐어스	형	특징적인, 유난히 눈에 띄는
conspiracy	[kənspírəsi] 컨스피러시	명	공모, 음모, 모반
conspirator	[kənspírətər] 컨스피러터	명	공모자, 음모자
conspire	[kənspáiər] 컨스파이어	타자	공모하다, 음모를 꾸미다
constable	[kánstəbl] 칸스터블	명	경관, 순경, 치안관
constancy	[kánstənsi] 칸스턴시	명	불변성, 항구성, 정절
constant	[kánstənt] 칸스턴트	형	불변의, 일정한
constantly	[kánstəntli] 칸스턴틀리	부	끊임없이, 항상, 변함없이
constellation	[kànstəléiʃən] 칸스텔레이션	명	별자리, 성좌, 간부들의 무리
constituent	[kənstítʃuənt] 컨스티츄언트	타	구성하다, 임명하다
constitute	[kánstətjùːt] 칸스터튜-트	타	구성하다, 임명하다
constitution	[kànstətjúːʃən] 칸스터튜-션	명	구성, 조직, 골자
constitutional	[kànstətjúːʃənəl] 칸스터튜-셔널	형	타고난, 소질의, 구조상의
construct	[kənstrʌ́kt] 컨스트럭트	타	조립하다, 세우다, 건설하다
construction	[kənstrʌ́kʃən] 컨스트럭션	명	세움, 구성, 건조
constructive	[kənstrʌ́ktiv] 컨스트럭티브	형	구성상의, 건설적인
construe	[kənstrúː] 컨스트루-	타	분석하다, 해석하다
consul	[kánsəl] 칸설	명	영사, 집정관, 총독
consult	[kənsʌ́lt] 컨설트	타	상의하다, 의견을 듣다
consultation	[kànsəltéiʃən] 칸설테이션	명	상담, 진찰, 조사, 합의
consume	[kənsúːm] 컨수움	타자	소비하다, 다 써 버리다
consumer	[kənsúːmər] 컨수-머	명	소비자, 수요자
consummate	[kánsəmèit] 칸서메이트	타	이루다, 성취하다
consumption	[kənsʌ́mpʃən] 컨섬(프)션	명	소비, 소모, 멸시
contact	[kántækt] 칸택트	명	접촉, 인접 타 자 연락하다
● in contact with	~와 접촉하여, ~와 사귀어		
contagious	[kəntéidʒəs] 컨테이져스	형	전염성의, 감염하는
contain	[kəntéin] 컨테인	타	포함하다, 넣다, 품다

contemplate	[kάntəmplèit] 칸템플레이트	탄 자 응시하다, 정관하다
contemplation	[kὰntəmpléiʃən] 칸템플레이션	명 응시, 눈여겨 봄, 명상
contemporary	[kəntémpərèri] 컨템퍼러리	형 현대의 명 같은 시대 사람
contempt	[kəntémpt] 컨템(프)트	명 모욕, 경멸, 체면손상

- **in contempt** 경멸하여, 모욕하여

contemptuous	[kəntémptʃuəs] 컨템(프)츄어스	형 모욕적인, 업신여기는
contend	[kənténd] 컨텐드	탄 자 싸우다, 경쟁하다, 논쟁하다

- **contend with (against)** ~와 다투다, 싸우다

content	[kəntént] 컨텐트	명 용적, 만족 탄 흡족시키다

- **(be) content oneself with** ~에 만족하다, ~에 충분하다

contented	[kənténtid] 컨텐티드	형 만족한, 만족해 하는
contention	[kənténʃən] 컨텐션	명 경쟁, 논쟁
contest	[kάntest] 칸테스트	명 경쟁, 논쟁 탄 자 다투다
continent	[kάntənənt] 칸티넌트	명 대륙, 육지, 유럽 대륙
continual	[kəntínjuəl] 컨티뉴얼	형 빈번한, 계속되는
continuance	[kəntínjuəns] 컨티뉴언스	명 연속, 계속
continuation	[kəntìnjuéiʃən] 컨티뉴에이션	명 계속, 연속, 속편
continue	[kəntínju:] 컨티뉴-	탄 자 계속하다, 연장하다
continuous	[kəntínjuəs] 컨티뉴어스	형 연속적인, 끊임없이
contract	[kάntrækt] 칸트랙트	명 계약, 정관 탄 자 계약하다
contradict	[kὰntrədíkt] 칸트러딕트	탄 부정하다, 반박하다
contrary	[kάntreri] 칸트레리	형 불순한, 반대의, 모순된

- **on the contray** 이에 반하여, 오히려, ~는 커녕
- **to the contray** 그와 반대로(반대 취지의)

contrast	[kάntræst] 칸트래스트	명 대조, 대비 탄 자 대조하다
contribute	[kəntríbjut] 컨트리뷰트	탄 자 기부하다, 공헌하다, 기증하다
contribution	[kὰntrəbjúːʃən] 칸트리뷰-션	명 기부, 기여, 공헌
contrive	[kəntráiz] 컨트라이브	탄 연구하다, 고안하다, 설계하다
control	[kəntróul] 컨트로울	명 지배, 관리 탄 통제하다
controversy	[kάntrəvə̀ːrsi] 칸트러버-시	명 논쟁, 논박전
convenience	[kənvíːnjəns] 컨비-년스	명 편의, 유리, 형편(좋음)

convenient	[kənvíːnjənt] 컨비-년트	형 편리한, 형편 좋은
convent	[kánvənt] 칸번트	명 수녀원, 수도원
convention	[kənvénʃən] 컨벤션	명 협의회, 협약, 집합, 관례
conventional	[kənvénʃənəl] 컨벤셔널	형 관습적인, 인습적인
conversation	[kànvərséiʃən] 칸버세이션	명 회화, 담화
converse	[kənvə́ːrs] 컨버-스	자 친교하다, 담화하다
conversion	[kənvə́ːrʒən] 컨버-전	명 전환, 전향, 개종
convert	[kənvə́ːrt] 컨버-트	타 바꾸다, 전환시키다
convey	[kənvéi] 컨베이	타 나르다, 운반하다, 전달하다
convict	[kənvíkt] 컨빅트	타 유죄로 하다 명 죄수
conviction	[kənvíkʃən] 컨빅션	명 유죄, 확신, 신념
convince	[kənvíns] 컨빈스	타 납득시키다, 깨닫게 하다

○ (be) convince of ~을 확신하는

convincing	[kənvínsiŋ] 컨빈싱	형 설득력 있는, 수긍시키는
coo	[kuː] 쿠-	자 (비둘기가) 구구 울다
cook	[kuk] 쿡	타 요리하다 명 요리사, 쿡
cookery	[kúkəri] 쿠커리	명 취사장, 요리법
cool	[kuːl] 쿠울	형 서늘한, 시원한, 냉정한
cooperate	[kouápərèit] 코아퍼레이트	자 합동하다, 서로 돕다
cooperation	[kouápəréiʃən] 코아퍼레이션	명 협력, 협동
cooperative	[kouápərèitiv] 코아퍼레이티브	형 협동의, 조합의 명 협동조합
coordinate	[kouɔ́ːrdənit] 코오-더니트	형 동등의 명 동등한 것
cope	[koup] 코우프	자 극복하다, 대처하다
copper	[kápər] 카퍼	명 동, 구리, 동화
copy	[kápi] 카피	명 복사, 모방, 사본
copyright	[kápiràit] 카피라이트	명 판권 타 판권을 얻다
coral	[kɔ́ːrəl] 코-럴	명 산호 형 산호빛의
cord	[kɔːrd] 코-드	명 가는 줄, 끈 타 가는 바로 묶다
cordial	[kɔ́ːrdʒəl] 코-절	형 충심으로의, 성실한, 청결한
core	[kɔːr] 코-	명 핵심, 응어리, 마음속, 속
cork	[kɔːrk] 코-크	명 코르크 타 코르크 마개를 하다
corn	[kɔːrn] 코온	명 곡물, 낟알, 곡식

단어	발음	한글표기	뜻
corner	[kɔ́ːrnər]	코-너	명 구석, 모퉁이, 귀퉁이
corona	[kəróunə]	커로우너	명 관, 화관, 부관
coronation	[kɔ̀ːrənéiʃən]	코-러네이션	명 즉위식, 대관식
corporal	[kɔ́ːrpərəl]	코-퍼럴	형 육체의 명 상등병
corporation	[kɔ̀ːrpəréiʃən]	코-퍼레이션	명 법인, 자치단체
corps	[kɔːr]	코-	명 군단, 병단
corpse	[kɔːrps]	코-프스	명 시체, 송장
correct	[kərékt]	커렉트	형 정확한, 옳은 타 바로 잡다
correction	[kərékʃən]	커렉션	명 정정, 교정, 바로 잡음
correspond	[kɔ̀ːrəspánd]	코-러스판드	자 해당하다, 상당하다

○ correspond to ~에 부합하다, ~에 해당하다
○ correspond with ~와 편지 왕래를 하다, ~에 일치하다

단어	발음	한글표기	뜻
correspondence	[kɔ̀ːrəspándəns]	코-러스판던스	명 서신 왕래, 일치, 상응, 통신
correspondent	[kɔ̀ːrəspándənt]	코-러스판던트	명 특파원, 통신자
corresponding	[kɔ̀ːrəspándiŋ]	코-러스판딩	형 일치하는, 대응하는
corridor	[kɔ́ːridər]	코-리더	명 복도, 낭하
corrupt	[kərʌ́pt]	커럽트	형 타락한, 썩은, 부정한 타 자 썩다
corruption	[kərʌ́pʃən]	커럽션	명 부패, 타락
cosmetic	[kɑzmétik]	카즈메틱	명 형 화장품(의), 미용의
cosmos	[kɑ́zməs]	카즈머스	명 우주, 천지만물, 코스모스
cost	[kɔːst]	코-스트	명 비용, 원가, 경비, 값

○ at a (the) costs of ~값(비용)으로, ~을 희생하여
○ at all costs (any cost)
어떻게 해서라도, 꼭, 어떠한 희생을 치르더라도

단어	발음	한글표기	뜻
costume	[kɑ́stjuːm]	카스튜움	명 복장, 몸치장, 여성복
cot	[kɑt]	카트	명 간이 침대, (비둘기, 양 등의) 집
cottage	[kɑ́tidʒ]	카티쥐	명 시골 집, 아담한 집
cotton	[kɑ́tn]	카튼	명 목화, 솜(무명실)
couch	[kautʃ]	카우치	명 침대, 소파, 침상
cough	[kɔ(ː)f]	코-프	명 기침 타 자 기침하다
could	[kud]	쿠드	조 ~하고 싶은, can의 과거

council	[káunsəl] 카운설	명 평의회, 회의
counsel	[káunsəl] 카운설	명 조언, 협의, 충고, 권고
counselor	[káunsələr] 카운설러	명 고문, 상담역, 의논상대
count	[kaunt] 카운트	타 자 세다, 계산하다, 셈에 넣다

- count for little (nothing) 대수롭지 않다, 중요하지 않다
- count on (upon) ~을 믿다, 기대하다(=epect)

countenance	[káuntənəns] 카운터넌스	명 얼굴, 용모, 표정
counter	[káuntər] 카운터	명 판매대, 계산대
counteract	[kàuntərækt] 카운터랙트	타 반작용하다, 좌절시키다
counterfeit	[káuntərfìt] 카운터피트	형 모조의, 가짜의 타 흉내내다
countless	[káuntlis] 카운틀리스	형 수 없이 많은, 무수한
country	[kʌ́ntri] 컨트리	명 나라, 국가, 국토, 고향
countryman	[kʌ́ntrimən] 컨트리먼	명 시골 사람, 촌뜨기
countryside	[kʌ́ntrisàid] 컨트리사이드	명 시골, 지방, 지방인
county	[káunti] 카운티	명 주, 군, 지방
couple	[kʌ́pəl] 커플	명 한 쌍, 둘, 부부 타 자 결혼하다, 맺다

- a couple of 두 개의, 두 서넛의

coupon	[kjúːpɑn] 큐-판	명 승차권, 우대권, 회수권
courage	[kə́ːridʒ] 커-리쥐	명 용기(=bravery), 담력, 배짱
courageous	[kəréidʒəs] 커레이져스	형 용기 있는, 용감한
course	[kɔːrs] 코-스	명 진행, 진로, 길, 코스

- in (the) course of ~동안에, ~하는 중에
- in (the) course of time 때가 경과함에 따라, 마침내
- of course 물론, 당연히

court	[kɔːrt] 코-트	명 안뜰, 궁정, 큰저택
courteous	[kə́ːrtiəs] 커-티어스	형 정중한, 예의바른
courtesy	[kə́ːrtəsi] 코-터시	명 예의, 정중함, 호의
courtier	[kɔ́ːrtiər] 코-티어	명 아첨꾼, 정신, 조신
courtyard	[kɔ́ːrtjɑ̀ːrd] 코-탸-드	명 안뜰, 안마당
cousin	[kʌ́zn] 커즌	명 사촌, 종형제, 친척일가
cove	[kouv] 코우브	명 후미, 작은 만, 한구석

covenant	[kʌ́vənənt] 커비넌트	명 서약 타 자 서약하다
cover	[kʌ́vər] 커버	타 덮다, 가리다, 씌우다
covet	[kʌ́vit] 커비트	타 자 몹시 탐내다, 갈망하다
cow	[kau] 카우	명 암소, 젖소
coward	[káuərd] 카워드	명 겁쟁이, 비겁한 자 형 겁많은
cowboy	[káubɔ̀i] 카우보이	명 목동, 카우보이, 난폭한 운전수
cozy	[kóuzi] 코우지	형 아늑한, 포근한
crab	[kræb] 크랩	명 게(를잡다), 짖궂은 사람
crack	[kræk] 크랙	명 균열, 갈라진 금
cracker	[krǽkər] 크래커	명 깨뜨리는 사람, 비스킷
crackle	[krǽkəl] 크래컬	명 꽝 하는 소리
cradle	[kréidl] 크레이들	명 요람, 발상지 타 요람에 넣다
craft	[kræft] 크래프트	명 솜씨, 교묘함, 기교
crafty	[krǽfti] 크래프티	형 교활한, 간악한
crag	[kræg] 크랙	명 울퉁불퉁한 바위
cram	[kræm] 크램	타 자 잔뜩 채워 넣다, 다져넣다
cramp	[kræmp] 크램프	명 꺽쇠 타 속박하다
crane	[krein] 크레인	명 두루미, 학, 기중기
crank	[kræŋk] 크랭크	명 크랭크, 굴곡, 변덕
crash	[kræʃ] 크래쉬	명 충돌, 추락 타 자 와지끈 무너지다
crate	[kreit] 크레이트	명 나무틀, 나무판 상자
crave	[kreiv] 크레이브	타 자 열망하다, 갈망하다
crawl	[krɔːl] 크로올	자 기다, 천천히 가다
crayon	[kréiən] 크레이언	명 크레용 타 크레용으로 그리다
crazy	[kréizi] 크레이지	형 미친, 열광적, 열중한
creak	[kriːk] 크리-크	타 자 삐꺽거리다, 금이 가다
cream	[kriːm] 크리임	명 크림, 크림색, 유지, 노른자
create	[kriéit] 크리에이트	타 창조하다, 고안하다

creation	[kri:éiʃən] 크리-에이션	명 창조, 창설, 창작
creative	[kri:éitiv] 크리-에이티브	형 창조적인, 창작력
creature	[krí:tʃər] 크리-쳐	명 창조물, 피조물, 생물
credit	[krédit] 크레디트	명 신용, 명예, 명성
creed	[kri:d] 크리-드	명 신조, 교의
creek	[kri:k] 크리-크	명 후미, 작은 개울, 시내
creep	[kri:p] 크리-프	자 기다, 포복하다
crescent	[krésənt] 크레선트	명 초생달 형 초생달 모양의
crest	[krest] 크레스트	명 닭의 볏, 봉우리, 깃장식
crevice	[krévis] 크레비스	명 갈라진 틈, 터진 곳
crew	[kru:] 크루-	명 승무원, 선원, 동아리
cricket	[kríkit] 크리키트	명 귀뚜라미, 크리켓
crime	[kraim] 크라임	명 범죄, 위범, 죄악
criminal	[krímənl] 크리머널	형 범죄의, 죄의 명 범인
crimson	[krímzn] 크림전	명 진홍색 형 심홍색의
crinkle	[kríŋkl] 크링클	명 주름, 물결모양, 굴곡
cripple	[krípl] 크리플	명 신체 장애자, 불구자
crisis	[kráisis] 크라이시스	명 위기, 공황, 중대한 시기
crisp	[krisp] 크리스프	형 파삭파삭한, 깨지기 쉬운
critic	[krítik] 크리틱	명 비평가, 흠잡는 사람
critical	[krítikəl] 크리티컬	형 비평의, 비판적인, 정밀한
criticism	[krítisìzəm] 크리티시점	명 비평, 평론, 비판
criticize	[krítisàiz] 크리티사이즈	타 자 비평하다, 비관하다
croak	[krouk] 크로우크	타 자 까악까악 울다
crochet	[krouʃéi] 크로우쉐이	타 자 코바늘 뜨개질하다
crocodile	[krákədàil] 크라커다일	명 악어
crook	[kruk] 크룩	명 굽은 것, 손잡이가 굽은 지팡이
crooked	[krúkid] 크루키드	형 꼬부라진, 부정직한, 뒤틀린
crop	[krɑp] 크랍	명 농작물, 수확
cross	[krɔ:s] 크로-스	명 십자가, 십자형
crouch	[krautʃ] 크라우취	타 쭈그리다 명 웅크림
crow	[krou] 크로우	명 까마귀 타 함성을 지르다

crowd	[kraud] 크라우드	명 군중, 많은 사람, 민중
	○ a crowd of	많은
	○ (be) crowded with	~으로 붐비는(혼잡한)
crown	[kraun] 크라운	명 왕관 타 왕위에 즉위시키다
crucial	[krúːʃəl] 크루-셜	형 최종적인, 중대한, 엄격한
crude	[kruːd] 크루-드	형 천연 그대로의, 생으로의
cruel	[krúːəl] 크루-얼	형 잔인한, 무자비한, 비참한
cruise	[kruːz] 크루-즈	명 순항 자 순항하다, 돌아다니다
crumb	[krʌm] 크럼	명 빵가루, 작은 조각
crumble	[krʌ́mbl] 크럼블	타 자 무너지다, 부서지다
crumple	[krʌ́mpl] 크럼플	명 주름, 꾸김 타 자 꾸기다
crusade	[kruːséid] 크루-세이드	명 십자군, 개혁운동
crush	[krʌʃ] 크러쉬	타 눌러 부수다, 으깨다
crust	[krʌst] 크러스트	명 빵의 껍질, 파이 껍질
		타 자 외피로 덮다
crutch	[krʌtʃ] 크러취	명 버팀, 지주
cry	[krai] 크라이	명 외침 타 자 부르짖다, 외치다
	○ cry for	~을 울며 요구하다, ~을 갈망하다
	○ out	큰 소리로 말하다, 외치다, 소리치다
crystal	[krístl] 크리스틀	명 결정체, 수정 형 수정같은
cub	[kʌb] 컵	명 애송이, (곰, 사자) 새끼
cube	[kjuːb] 큐-브	명 입방체, 세제곱 타 세제곱하다
cubic	[kjúːbik] 큐-빅	형 세제곱의, 입방의
cuckoo	[kú(ː)kuː] 쿠쿠-	명 뻐꾹새, 멍청이
cucumber	[kjúːkəmbər] 큐-컴버	명 오이
cuddle	[kʌ́dl] 커들	타 자 꼭 껴안다, 포옹
cuff	[kʌf] 커프	명 소맷부리, 소맷동
cultivate	[kʌ́ltəvèit] 컬터베이트	타 양식하다, 재배하다
culture	[kʌ́ltʃər] 컬쳐	명 경작, 재배, 문화
cunning	[kʌ́niŋ] 커닝	형 교묘한, 잘된, 교활한
		명 교활
cup	[kʌp] 컵	명 잔, 찻종, 글라스

cupboard	[kʌ́bərd] 커버드	명 찬장, 벽장, 작은장
cupola	[kjúːpələ] 큐-퍼러	명 둥근 지붕(천장), 돔
curb	[kəːrb] 커-브	명 고삐, 구속 타 구속하다
cure	[kjuər] 큐어	타 치료하다, 고치다 명 치유
curiosity	[kjùəriásəti] 큐어리아서티	명 호기심, 진기한 것
curious	[kjúəriəs] 큐어리어스	형 기묘한, 이상한
curl	[kəːrl] 커얼	명 곱슬머리 타 자 곱슬거리게 하다
currant	[kə́ːrənt] 커-런트	명 건포도, 까치밥 나무의 열매
currency	[kə́ːrənsi] 커-런시	명 유통, 통화, 화폐
current	[kə́ːrənt] 커-런트	형 유행하는, 현재의, 유행의
curse	[kəːrs] 커-스	명 저주, 악담 타 자 저주하다
curtail	[kəːrtéil] 커-테일	타 짧게 줄이다, 단축하다
curtain	[kə́ːrtən] 커-턴	명 커튼, 막 타 커튼을 달다
curve	[kəːrv] 커-브	명 곡선, 굽음 타 자 구부리다
cushion	[kúʃən] 쿠션	명 방석, 베개, 바늘겨레
custard	[kʌ́stərd] 커스터드	명 커스터드(과자의 일종)
custody	[kʌ́stədi] 커스터디	명 보관, 보호, 관리
custom	[kʌ́stəm] 커스텀	명 습과, 풍습, 관습
customary	[kʌ́stəməri] 커스터머리	형 관습상의, 재래의
customer	[kʌ́stəmər] 커스터머	명 고객, 단골, 거래처
cut	[kʌt] 커트	타 베다, 자르다, 절개하다

- cut across 횡단하다, 질러가다
- cut a figure 사람의 눈을 끌다, 두각을 나타내다

cute	[kjuːt] 큐-트	형 영리한, 약삭빠른, 빈틈없는
cutter	[kʌ́tər] 커터	명 자르는 사람, 재단기
cycle	[sáikl] 싸이클	명 주기, 순환, 한시대
cylinder	[sílindər] 실린더	명 원통, 원기둥
cynical	[sínikəl] 시니컬	형 냉소적인, 비꼬는
cypress	[sáipris] 싸이프리스	명 삼나무의 일종(애도의 상징)
Czar	[zɑːr] 짜-	명 황제, 독재자

D

dad, daddy	[dæd/dædi] 대드, 대디	명 아빠(=papa), 아버지
daffodil	[dǽfədil] 대퍼딜	명 수선, 수선화의 일종
dagger	[dǽgər] 대거	명 단도, 비수, 단검
dahlia	[dǽljə] 댈리어	명 다알리아(꽃)
daily	[déili] 데일리	형 매일의, 일상의 부 매일
dainty	[déinti] 데인티	형 우아한, 고상한, 맛좋은
dairy	[dɛ́ri] 데어리	명 낙농장, 우유점, 낙농업
daisy	[déizi] 데이지	명 들국화, 데이지 형 귀여운, 멋진
dale	[deil] 데일	명 골짜기, 작은 골짜기
dam	[dæm] 댐	명 둑, 방축, 땜, 장애물
damage	[dǽmidʒ] 대미쥐	명 손해, 손상, 배상금
dame	[deim] 데임	명 귀부인, 중년여자
damn	[dæm] 댐	타 자 비난하다, 악평하다
damp	[dæmp] 댐프	명 습기, 낙담 형 축축한
damsel	[dǽmzəl] 댐절	명 소녀, 처녀
dance	[dæns] 댄스	명 춤, 무용 타 자 춤추다, 뛰다
dancer	[dǽnsər] 댄서	명 댄서, 무용가, 무희
dancing	[dǽnsiŋ] 댄싱	명 춤, 연습
dandelion	[dǽndəlàiən] 댄덜라이언	명 민들레
danger	[déindʒər] 데인져	명 위험, 위난
	✪ (be) in danger of ~의 위험이 있는	
dangerous	[déindʒərəs] 데인져러스	형 위험한, 사나운
dangle	[dǽŋgəl] 댕걸	타 자 매달리다, 붙어있다
dare	[dɛər] 데어	타 자 감히 ~하다, 도전하다
daring	[dɛ́riŋ] 데어링	형 대담한, 용감한 명 대담, 무모
dark	[da:rk] 다-크	형 어두운, 캄캄한 명 암흑
darkly	[dá:rkli] 다-클리	부 어둡게, 음침하게

darkness	[dá:rknis] 다크니스	명 암흑, 무지, 어두움
darken	[dá:rkən] 다-컨	타자 어둡게 하다, 거뭇해지다
darling	[dá:rliŋ] 다알링	형 소중한 명 귀여운 사람
darn	[da:rn] 다안	타 꿰매 깁다, 떠서 깁다
darned	[da:rnd] 다안드	부 터무니 없는, 엄청나게
dart	[da:rt] 다-트	명 창, 표창 타 돌진하다
dash	[dæʃ] 대쉬	타 좌절시키다, 내던지다
		형 돌진

- at a dash 단숨에   - cut a dash 허세를 부리다
- dash against (upon) ~에 충돌하다

data	[déitə] 데이터	명 지식, 정보, 자료, 데이터
date	[deit] 데이트	명 날짜, 연, 월일 타자 날짜를 적다

- (down) to date 오늘까지, 지금까지
- out of date 시대에 뒤떨어진, 구식의, 낡은
- up to date 이날까지, 현재까지의, 최신식의

daughter	[dɔ́:tər] 도-터	명 딸, 여자자손
dawn	[dɔ:n] 도온	자 동이 트다, 여명 명 새벽
day	[déi] 데이	명 날, 하루, 낮, 주간, 일광

- day after day 매일 매일
- day in and day out 날이면 날마다, 언제나
- all day long 하루 종일   - by day 낮에는

daybreak	[déibrèik] 데이브레이크	명 동틀녘, 새벽녘
daylight	[déilàit] 데일라이트	명 일광, 낮, 주간, 밝음
daytime	[déitàim] 데이타임	명 주간, 낮
daze	[deiz] 데이즈	타 눈부시게 하다, 멍하게 하다
dazzle	[dǽzəl] 대절	타 눈부시게 하다, 현혹케 하다
dead	[ded] 데드	형 죽은, 생명이 없는 부 아주
deadly	[dédli] 데들리	형 죽음 같은, 치명적인
deaf	[def] 데프	형 귀머거리의, 귀먹은
deafen	[défən] 데펀	타 귀먹게 하다, 귀가 멀게 하다
deal	[di:l] 디일	타자 분배하다, 거래하다

- deal out ~을 나누어 주다

- **deal with** ~을 취급하다, ~와 거래(교제)하다
- **a great (good) deal** 많은(상당한) 양,대단(상당)히

dealing	[díːliŋ] 디일링	명 취급, 조치, 교제
dean	[diːn] 디인	명 학장, 학부장, 사제장
dear	[diər] 디어	형 사랑하는, 귀중한 명 애인
death	[deθ] 데쓰	명 죽음, 사망, 절멸, 사인

- **be the death of** ~의 사인이 되다, ~을 죽이다
- **put ~ to death** ~을 죽이다, 사형에 처하다
- **to the death** 최후까지, 죽을 때까지

debase	[dibéis] 디베이스	타 떨어뜨리다, 저하시키다
debate	[dibéit] 디베이트	명 토론회, 논쟁 자 토론하다
debt	[det] 데트	명 부채, 빚, 채무

- **be in debt** 빚지고 있다

decade	[dékeid] 데케이드	명 10년간, 열권
decagram	[dékəgræm] 데커그램	명 데카그램, 10그램
decaliter	[dékəlìːtər] 데커리이터	명 데카리터, 10리터
decameter	[dékəmìːtər] 데커미이터	명 데카미터, 10미터
decay	[dikéi] 디케이	자 썩다, 부패하다
		명 부패, 부식
decease	[disíːs] 디시스	명 사망 자 사망하다
deceit	[disíːt] 디시이트	명 허위, 사기, 속임
deceive	[disíːv] 디시이브	타 속이다, 기만하다, 혹하게 하다
December	[disémbər] 디셈버	명 12월(=Dec)
decency	[díːsnsi] 디-슨시	명 예의, 점잖음
deception	[disépʃən] 디셉션	명 사기, 속임, 가짜
decide	[disáid] 디사이드	타 자 판결하다, 해결하다
decided	[disáidid] 디사이디드	형 뚜렷한, 명백한, 결정적인
decigram	[désigræm] 데시그램	명 데시그램, 1/10그램
deciliter	[désilìːtər] 데시리-터	명 데시리터, 1/10리터
decimeter	[désəmìːtər] 데서미-터	명 데시미터, 1/10미터
decision	[disíʒən] 디시젼	명 결정, 결의, 판결
decisive	[disáisiv] 디싸이시브	형 결정적, 단호한, 확고한

503

deck	[dek]	데크	명 갑판, 평평한 지붕, 지면
declaration	[dèkləréiʃən]	데클러레이션	명 선언, 포고, 발표, 공표
declare	[dikléər]	디클레어	타 자 선언하다, 발표하다
decline	[dikláin]	디클라인	타 자 기울다, 아래로 향하다
decompose	[dìːkəmpóuz]	디컴포우즈	타 자 분해하다, 썩게 하다
decorate	[dékərèit]	데커레이트	타 장식하다, 꾸미다
decoration	[dèkəréiʃən]	데커레이션	명 장식, 훈장
decrease	[díːkriːs]	디-크리-스	명 감소 타 자 감소시키다, 줄다
decree	[dikríː]	데크리-	명 법령, 포고, 명령
dedicate	[dédikèit]	데디케이트	타 헌납하다, 봉납하다
deed	[diːd]	디-드	명 소위, 실행
deem	[diːm]	디임	타 자 생각하다, ~으로 간주하다
deep	[diːp]	디-프	형 깊은, 심원한, 심한
deepen	[díːpn]	디-픈	타 자 깊게 하다, 짙어지다
deeply	[díːpli]	디-플리	부 깊게, 짙게
deer	[diər]	디어	명 사슴, 수사슴
defeat	[difíːt]	디피이트	타 쳐부수다, 지우다 명 격파
defect	[difékt]	디펙트	명 약점, 결점, 부족, 단점
defective	[diféktiv]	디펙티브	형 불완전한, 결함이 있는
defence	[diféns]	디펜스	명 방위, 수비, 방어, 방비
defend	[difénd]	디펜드	타 지키다, 방위하다
defendant	[diféndənt]	디펜던트	명 피고
defense	[diféns]	디펜스	명 방위, 수비, 방어
defensive	[difénsiv]	디펜시브	명 방위, 수세 형 방어의
defer	[difə́ːr]	디퍼-	타 늦추다, 연기하다
defiance	[difáiəns]	디파이언스	명 도전, 반항, 저항

○ **in defiance of** ~을 무시하고, ~을 상관 않고
○ **set ~ at defiance** 반항하다, 무시하다

deficiency	[difíʃənsi]	디피션시	명 결함, 결핍, 부족
deficient	[difíʃənt]	디피션트	형 결함있는, 불충분한
defile	[difáil]	디파일	타 자 더럽히다, 모독하다
define	[difáin]	디파인	타 한계를 정하다, 규정짓다

definite	[défənit] 데퍼니트	형 명확한, 일정한, 뚜렷한
definition	[dèfəníʃən] 데퍼니션	명 한정, 정의, 명확
deformity	[difɔ́ːrməti] 디포-머티	명 불구, 모양이 흉함, 결함
defy	[difái] 디파이	타 도전하다, 경쟁하다
degenerate	[didʒénəreit] 디제너레이트	타 타락시키다, 좌천시키다
degradation	[dègrədéiʃən] 데그러데이션	명 강직, 퇴화, 타락
degree	[digríː] 디그리-	명 정도, 등급, 눈금, 계급
dejected	[didʒéktid] 디젝티드	형 낙담한, 기운없는, 풀없는
delay	[diléi] 딜레이	타 자 지연시키다, 미루다
delegate	[déligit] 델리기트	명 대표자, 대리 타 대표로 보내다
delegation	[dèligéiʃən] 델리게이션	명 대리 파견, 위임
delete	[dilíːt] 딜리트	타 삭제하다, 지우다
deliberate	[dilíbəreit] 딜리버레이트	타 자 숙고하다 형 계획적인
deliberation	[dilìbəréiʃən] 딜리버레이션	명 숙고, 심의, 신중
delicacy	[délikəsi] 델리커시	명 섬세, 민감, 정교, 예민
delicate	[délikət] 델리커트	형 섬세한, 우아한, 미묘한
delicious	[dilíʃəs] 딜리셔스	형 맛있는, 유쾌한, 맛좋은
delight	[diláit] 딜라이트	명 기쁨, 즐거움 타 자 기뻐하다

- (be) delight with ~이 마음에 드는
- take delight in ~을 기뻐하다, ~을 즐기다

delightful	[diláitfəl] 딜라이트펄	형 매우 기쁜, 유쾌한, 즐거운
deliver	[dilívər] 딜리버	타 구하다, 해방하다, 배달하다
deliverance	[dilívərəns] 딜리버런스	명 구출, 석방, 진술
delivery	[dilívəri] 딜리버리	명 인도, 교부, 납품
dell	[del] 델	명 작은 골짜기, 협곡
delta	[déltə] 델터	명 삼각주, 삼각형의 물건
deluge	[déljuːdʒ] 델류-지	명 대 홍수, 큰비, 호우
delusion	[dilúːʒən] 딜루-전	명 기만, 미혹, 환상, 착각
demand	[diménd] 디맨드	명 요구 타 요구하다, 청구하다
demeanor	[dimíːnər] 디미이너	명 태도, 품행, 행실
democracy	[dimάkrəsi] 디마크러시	명 민주주의, 민주정체
democrat	[déməkræt] 데머크래트	명 민주주의자

democratic	[déməkrǽtik] 데머크래틱	형 민주주의의, 서민적인
demon	[díːmən] 디-먼	명 악마, 귀신, 사신
demonstrate	[démənstrèit] 데먼스트레이트	타 자 논증하다, 시위 운동을 하다
demonstration	[dèmənstréiʃən] 데먼스트레이션	명 증명, 표명, 논증, 증거
den	[den] 덴	명 우리, (도둑의) 소굴
denial	[dináiəl] 디나이얼	명 부정, 거부, 거절
Denmark	[dénmɑːrk] 덴마-크	명 덴마크
denomination	[dinàmənéiʃən] 디나머네이션	명 명칭, 종류, 이름
denote	[dinóut] 디노우트	타 표시하다, 의미하다
denounce	[dináuns] 디나운스	타 공공연히 비난하다, 고발하다
dense	[dens] 덴스	형 조밀한, 밀집한
density	[dénsəti] 덴서티	명 밀도, 농도
dent	[dent] 덴트	명 옴폭 들어간 곳, 눌린 자국
dental	[déntl] 덴틀	형 이의, 치과의, 치음의
dentist	[déntist] 덴티스트	명 치과의사
denude	[dinjúːd] 디뉴-드	타 발가벗기다, 박탈하다
deny	[dinái] 디나이	타 거절하다, 부인하다
depart	[dipɑ́ːrt] 디파-트	타 자 출발하다, 떠나다
department	[dipɑ́ːrtmənt] 디파-트먼트	명 부(部), 성(省), 국(局)
departure	[dipɑ́ːrtʃər] 디파-쳐	명 출발, 떠남, 이탈
depend	[dipénd] 디펜드	자 좌우되다, 달려있다

● Depend upon it 걱정하지 말라, 틀림없다
● (be) dependent on (upon) ~에 의한 (의존)하는

dependent	[dipéndənt] 디펜던트	형 의지하고 있는, 의존하는
dependence	[dipéndəns] 디펜던스	명 의존, 신뢰, 종속
dependent	[dipéndənt] 디펜던트	형 의지하는
depeople	[diːpíːpl] 디-피-플	타 자 인구가 줄다
depict	[dipíkt] 디피트	타 묘사하다, 그리다
deplore	[diplɔ́ːr] 디플로-	타 ~을 비탄하다, 슬퍼하다
deploy	[diplɔ́i] 디플로이	타 자 전개하다
depose	[dipóuz] 디포우즈	타 면직하다, 왕을 폐하다

deposit	[dipázit] 디파지트	타 놓다, 맡기다 명 예금, 공탁금
depot	[díːpou] 디-포우	명 저장소, 창고, 정거장
deprave	[dipréiv] 디프레이브	타 자 타락(악화)시키다, 부패시키다
depreciate	[dipríːʃièit] 디프리-쉬에이트	타 자 (화폐, 물품의) 평가(가치)를 절하하다
depress	[diprés] 디프레스	타 불경기로 만들다, 저하시키다
depression	[dipréʃən] 디프레션	명 하락, 침하, 상실, 손해
deprive	[dipráiv] 디프라이브	타 빼앗다, 박탈하다
depth	[depθ] 뎁쓰	명 심도, 깊은 곳, 저음
deputy	[dépjəti] 데퍼티	명 대리인, 대표자, 부관
deride	[diráid] 디라이드	타 비웃다, 조롱하다
derision	[diríʒən] 디리젼	명 비웃음, 조롱, 경멸
derive	[diráiv] 디라이브	타 끌어내다, 유래하다 자 획득하다
descend	[disénd] 디센드	자 경사지다, 내려가다
descendant	[diséndənt] 디센던트	명 자손, 후예
descent	[disént] 디센트	명 하강, 하산, 상속
describe	[diskráib] 디스크라이브	타 기술하다, 그리다
description	[diskrípʃən] 디스크립션	명 서술, 묘사, 기술, 특징
desert	[dézərt] 데저-트	명 사막, 황무지 타 돌보지 않다
deserve	[dizə́ːrv] 디져-브	타 자 ~을 받을 가치가 있다
design	[dizáin] 디자인	명 디자인, 의장 타 계획하다

○ **by design** 고의로, 계획적으로

designate	[dézignèit] 데지그네이트	타 가리키다, 명명하다
desirable	[dizáiərəbl] 디자이어러블	형 바람직한, 탐나는
desire	[dizáiər] 디자이어	타 원하다, 바라다 명 욕망, 소원
desirous	[dizáiərəs] 디자이어러스	형 바라는, 원하는, 열망하는
desk	[desk] 데스크	명 책상, 사무용 책상
desolate	[désəlit] 데설리트	형 황폐한, 황량한, 고독한

despair	[dispέər]	디스페어	명 절망 자 절망하다, 단념하다
despairing	[dispέəriŋ]	디스페어링	형 절망의, 단념의, 자포자기
despatch	[dispǽtʃ]	디스패취	명 발송 타 급송하다 (=dispatch)
desperate	[déspərit]	데스퍼리트	형 절망적인, 필사적인, 무모한
despise	[dispáiz]	디스파이즈	타 경멸하다, 멸시하다
despite	[dispáit]	디스파이트	명 원한, 멸시 전 ~에도 불구하고
despond	[dispánd]	디스판드	자 낙담하다, 실망하다, 기가 죽다
dessert	[dizə́ːrt]	디저어트	명 디저트(식후의 과자나 과실)
destine	[déstin]	데스틴	타 운명짓다, 할당하다, 예정하다
destiny	[déstəni]	데스터니	명 운명, 천명, 숙명
destitute	[déstətjùːt]	데스터튜우트	형 결핍한, ~이 없는
destroy	[distrɔ́i]	디스트로이	타 파괴하다, 죽이다, 부수다
destruction	[distrʌ́kʃən]	디스트럭션	명 파괴, 멸망, 분쇄
destructive	[distrʌ́ktiv]	디스트럭티브	형 파괴적인, 파멸시키는
detach	[ditǽtʃ]	디태치	타 분리하다, 파견하다, 떼다
detail	[díːteil]	디-테일	명 세부, 세목 타 상세히 설명하다

● **in detail** 상세히, 자세히

detain	[ditéin]	디테인	타 말리다, 붙들다, 억류하다
detect	[ditékt]	디텍트	타 발견하다, 간파하다
detective	[ditéktiv]	디텍티브	명 탐정, 형사 형 탐정의
detente	[deitáːnt]	데이타안트	명 국제간의 긴장완화
deter	[ditə́ːr]	디터어	타 단념시키다, 방해하다
deteriorate	[ditíəriərèit]	디티어리어레이트	타 저하시키다 자 나빠지다
determination	[ditə̀ːrmənéiʃən]	디터-머네이션	명 결심, 확정
determine	[ditə́ːrmin]	디터-민	타 자 결정하다, 결의하다
determined	[ditə́ːrmind]	디터-민드	형 결정된, 단호한, 확정된
detest	[ditést]	디테스트	타 미워하다, 혐오하다
detract	[ditrǽkt]	디트랙트	타 자 (가치 등을) 떨어뜨리다, 줄이다

detriment	[détrəmənt] 데트러먼트	명 손해, 손상
devastate	[dévəstèit] 데버스테이트	타 약탈하다, 망치다, 유린하다
develop	[divéləp] 디벨럽	타 자 발전시키다, 확장하다
development	[divéləpmənt] 디벨럽먼트	명 발전, 계발, 발육
device	[diváis] 디바이스	명 계획, 고안, 도안, 장치
devil	[dévl] 데블	명 악마, 악인, 마왕, 사탄
devise	[diváiz] 디바이즈	타 궁리하다, 고안하다, 발명하다
devolve	[diválv] 디발브	타 (권리, 의무) 양도하다
devote	[divóut] 디보우트	타 바치다, 충당하다

○ devote oneself to
~에 열중하다, ~에 전념하다, ~에 빠지다, ~에 몰두하다

devoted	[divóutid] 디보우티드	형 헌신적인, 충실한
devotion	[divóuʃən] 디보우션	명 헌신, 전념, 강한 애착
devour	[diváuər] 디바워	타 게걸스럽게 먹다, 멸망시키다
dew	[dju:] 듀-	명 이슬, (땀, 눈물 따위) 방울
dewy	[djúːi] 듀-이	형 이슬에 젖은, 이슬의
diagram	[dáiəgræm] 다이어그램	명 도표, 도식, 도형
dial	[dáiəl] 다이얼	명 문자판, 눈금판, 다이얼
dialect	[dáiəlèkt] 다이얼렉트	명 방언, 사투리
dialog(ue)	[dáiəlɔ̀ːg] 다이얼로-그	명 대화, 문답
diameter	[daiǽmitər] 다이애미터	명 직경, 지름, 배율
diamond	[dáiəmənd] 다이어먼드	명 다이아몬드, 금강석, 마름모꼴
diary	[dáiəri] 다이어리	명 일기, 일지
dice	[dais] 다이스	명 주사위, 노름
dictate	[díkteit] 딕테이트	타 자 받아쓰게 하다, 명령하다
dictation	[diktéiʃən] 딕테이션	명 받아쓰기, 명령, 지령
dictator	[díkteitər] 딕테이터	명 명령자, 지령자, 독재자
dictionary	[díkʃəneri] 딕셔너리	명 사전, 사서
did	[did] 디드	동 do의 과거, 행하다, 하다
die	[dai] 다이	자 죽다, 꺼지다, 말라죽다

○ die away 사라지다, 차츰 조용해 지다

○ **die from (of)** ~으로 죽다

diet	[dáiət] 다이어트	명	식품, 특별 식사, 규정식
differ	[dífər] 디퍼	자	다르다, 틀리다
difference	[dífərəns] 디퍼런스	명	다름, 차이, 불화
different	[dífərənt] 디퍼런트	형	다른, 이상한, 틀린
difficult	[dífikʌlt] 디피컬트	형	곤란한, 어려운, 난해한
difficulty	[dífikʌlti] 디피컬티	명	곤란, 난사, 어려움, 수고

○ **be in difficulties** 경제적으로 곤란하다
○ **with difficulty** 간신히, 겨우
○ **without difficulty** 수월하게, 쉽게

diffuse	[difjúːz] 디퓨-즈	타 자	발산하다, 흐트러뜨리다
dig	[dig] 디그	타 자	(땅을) 파다, 탐구하다

○ **dig in** 파묻다, 찔러 넣다   ○ **dig opun** 파헤치다
○ **dig out** 조사해 내다, 파내다   ○ **dig over** 파서 찾다

digest	[didʒést] 디제스트	타 자	소화하다, 이해하다, 삭이다
digestion	[didʒéstʃən] 디제스쳔	명	소화, 숙고, 소화력
digestive	[didʒéstiv] 디제스티브	형	소화의 명 소화제
digger	[dígər] 디거	명	파는 사람, 갱부, 공부벌레
dignify	[dígnəfài] 디그너파이	타	위엄을 갖추다, 고상하게 보이다
dignity	[dígnəti] 디그너티	명	위엄, 존엄, 품위
dike	[daik] 다이크	명	둑, 방벽
dilate	[dailéit] 다일레이트	타 자	펼치다, 넓히다
dilemma	[dilémə] 딜레머	명	진퇴양난, 딜렘마
diligence	[dílədʒəns] 딜러전스	명	부지런함, 근면, 주의
diligent	[dílədʒənt] 딜러전트	형	부지런한, 근면한, 애쓴
dilute	[dilúːt] 딜루-트	타	묽게 하다, 약하게 하다
dim	[dim] 딤	형	어둠침침한, 희미한
dime	[daim] 다임	명	10센트 은화
dimension	[dimén∫ən] 디멘션	명	치수, 크기, 용적
diminish	[dəmíniʃ] 더미니쉬	타 자	감소시키다, 줄이다
diminutive	[dimínjətiv] 디미녀티브	형	작은, 소형의

dimly	[dímli] 딤리	부 어둑(희미)하게
dimple	[dímpəl] 딤펄	명 보조개 타자 보조개를 짓다
din	[din] 딘	명 소음, 떠듦 타 소음을 일으키다
dine	[dain] 다인	타자 식사를 하다, 정찬을 먹다
dingy	[díndʒi] 딘쥐	형 평이 나쁜, 더러운, 지저분한
diningcar	[dáiniŋkɑːr] 다이닝카-	명 식당차
diningroom	[dáiniŋruːm] 다이닝루움	명 식당
dinner	[dínər] 디너	명 정찬, 만찬, 오찬, 저녁식사
dint	[dint] 딘트	명 맞은 자국, 움푹 들어간 곳
		○ by dint of ~의 힘으로, ~에 의하여
dip	[dip] 딥	타 적시다, 담그다, 살짝 적시다
diploma	[diplóumə] 디플로우머	명 면허장, 졸업장, 수여금
diplomacy	[diplóuməsi] 디플로우머시	명 외교, 권모술수
diplomat	[dípləmæt] 디플러매트	명 외교관, 외교가
dire	[daiər] 다이어	형 무서운, 극도의, 비참한
direct	[dirékt] 디렉트	타 지도하다 형 직접의, 솔직한
direction	[dirékʃən] 디렉션	명 방위, 지휘, 감독, 관리
directly	[diréktli] 디렉틀리	부 곧바로, 즉시, 직접
director	[diréktər] 디렉터	명 관리자, 지도자, 중역, 장관
dirt	[dəːrt] 더-트	명 쓰레기, 먼지, 오물, 진흙
dirty	[dəːrti] 더-티	형 더러운, 추잡한, 불결한
disable	[diséibəl] 디세이벌	타 무능하게 하다, 쓸모없게 하다
disadvantage	[dìsədvǽntidʒ] 디서드밴티쥐	명 불리, 불편, 손해
disagree	[dìsəgríː] 디서그리-	자 일치하지 않다, 다르다
disagreeable	[dìsəgríːəbəl] 디서그리-어벌	형 불쾌한, 까다로운
disappear	[dìsəpíər] 디서피어	자 사라지다, 소멸하다
disappoint	[dìsəpɔ́int] 디서포인트	타 실망시키다, 기대를 어기다
disappointment	[dìsəpɔ́intmənt] 디서포인트먼트	명 실망, 낙담, 기대의 어긋남
disapprove	[dìsəprúːv] 디서프루-브	타 ~을 안된다고 하다, 비난하다
disapproval	[dìsəprúːvəl] 디서프루-벌	명 불찬성, 비난, 불만
disarm	[disɑ́ːrm] 디사암	타자 무기를 거두다

disarmament	[disáːrməmənt]	디사아머먼트	몡 군비 축소, 무장 해제
disaster	[dizǽstər]	디재스터	몡 재앙, 재해, 참사
disatrous	[dizǽstras]	디재스트라스	혱 재해의, 비참한
discard	[diskάːrd]	디스카-드	타 버리다, 해고하다
discern	[disə́ːrn]	디서언	타 자 인식하다, 분별하다
discharge	[distʃάːrdʒ]	디스차-쥐	타 발사하다, 방출하다, 면제하다
disciple	[disáipəl]	디사이펄	몡 제자, 문하생(종도)
discipline	[dísəplin]	디서플린	몡 훈련, 훈육, 규율 타 훈련하다
disclose	[disklóuz]	디스클로우즈	타 나타내다, 폭로하다
discomfort	[diskʌ́mfərt]	디스컴퍼트	몡 불쾌, 불편 타 불편을 주다
discontent	[dìskəntént]	디스컨텐트	몡 불만, 불평 타 불만케 하다
discontinue	[dìskəntínjuː]	디스컨티뉴-	타 자 중지하다, 중단하다
discord	[dískɔːrd]	디스코-드	몡 불화, 불일치, 압력
discount	[dískaunt]	디스카운트	몡 할인, 에누리 타 할인하다
discourage	[diskə́ːridʒ]	디스커-쥐	타 낙담시키다, 실망시키다
discourse	[dískɔːrs]	디스코-	몡 강연, 설교 타 자 강연하다
discover	[diskʌ́vər]	디스커버	타 발견하다, 깨닫다
discoverer	[diskʌ́vərər]	디스커버러	몡 발견자
discovery	[diskʌ́vəri]	디스커버리	몡 발견, 발견물
discredit	[diskrédit]	디스크레디트	몡 불신용 타 신용하지 않다
discreet	[diskríːt]	디스크리-트	혱 신중한, 분별있는
discretion	[diskréʃən]	디스크레션	몡 사려, 분별, 판단
discriminate	[diskrímənèit]	디스크리머네이트	타 자 구별하다, 차별대우하다
discuss	[diskʌ́s]	디스커스	타 논의하다, 토론하다
discussion	[diskʌ́ʃən]	디스커션	몡 토론, 검토, 변론
disdain	[disdéin]	디스데인	몡 경멸, 멸시, 오만 타 경멸하다
disease	[dizíːz]	디지-즈	몡 병, 질환, 불건전
disfigure	[disfígjər]	디스피겨	타 모양을 손상하다, 추하게 하다
disgrace	[disgréis]	디스그레이스	몡 치욕, 불명예 타 망신을 주다

disguise	[disɡáiz] 디스가이즈	타 변장하다, 위장하다
disgust	[disɡʌ́st] 디스거스트	타 역겹게 하다, 정떨어지게 하다
dish	[diʃ] 디쉬	명 접시, 식기류 타 접시에 담다
dishonest	[disɑ́nist] 디사니스트	형 정직하지 않은, 부정의
dishono(u)r	[disɑ́nər] 디사너	명 불명예, 치욕 타 망신을 시키다
disk	[disk] 디스크	명 원반, 레코오드
dislike	[disláik] 디슬라이크	타 싫어하다, 미워하다 명 혐오
dismal	[dízməl] 디즈멀	형 어두운, 음침한, 무서운
dismay	[disméi] 디스메이	타 깜짝 놀라게 하다 명 경악
dismiss	[dismís] 디스미스	타 해고하다, 해산시키다
dismount	[dismáunt] 디스마운트	타 자 말에서 내리다, 하차하다
disobey	[dìsəbéi] 디서베이	타 자 반항하다, 복종하지 않다
disorder	[disɔ́ːrdər] 디소-더	명 무질서 타 혼란시키다
dispart	[dispɑ́ːrt] 디스파-트	타 분할하다
dispatch	[dispǽtʃ] 디스패취	타 자 급송하다, 특파하다 명 발송
dispense	[dispéns] 디스펜스	타 자 분배하다, 베풀다

○ **dispense with** ~없이 지내다, ~을 생략하다, ~을 면제하다

disperse	[dispə́ːrs] 디스퍼-스	타 자 분산시키다, 흩뜨리다
displace	[displéis] 디스플레이스	타 옮기다, 이동시키다
display	[displéi] 디스플레이	타 보이다, 전시하다, 진열하다 명 진열

○ **make a display of** ~을 드러내 보이다, 과시하다
○ **on display** 진열(전시)하여

displease	[displíːz] 디스플리-즈	타 불쾌하게 하다, 노하게 하다
disposal	[dispóuzəl] 디스포우절	명 배치, 처리, 매각, 양도
dispose	[dispóuz] 디스포우즈	타 배치하다, 배열하다

○ **dispose of** ~을 처분하다, 해결하다, ~을 먹어 치우다
○ **be dispose to** ~할 뜻이 있는, 경향이 있는

| disposition | [dìspəzíʃən] 디스퍼지션 | 명 배열, 배치, 성질 |
| dispute | [dispjúːt] 디스퓨-트 | 타 자 싸우다, 논쟁하다 |

disregard	[dìsrigá:rd]	디스리가-드	명 무시, 경시 타 무시하다
dissect	[disékt]	디섹트	타 해부하다, 분석하다
dissemble	[disémbəl]	디셈벌	타 (성격, 감정) 숨기다, 속이다
dissension	[disénʃən]	디센션	명 의견차이, 불화
dissolution	[dìsəlú:ʃən]	디설루-션	명 용해, 분해, 해산
dissolve	[dizálv]	디잘브	타 자 용해하다, 녹이다
distance	[dístəns]	디스턴스	명 거리, 간격 타 사이를 두다

- at a distance 어떤 거리를 두고, 좀 떨어져
- in the (far) distance 먼 곳에(=far away)

distant	[dístənt]	디스턴트	형 먼, 희미한, 떨어진
distil(l)	[distíl]	디스틸	타 자 증류하다, 추출하다
distinct	[distíŋkt]	디스팅(크)트	형 독특한, 별개의, 다른
distinction	[distíŋkʃən]	디스팅(크)션	명 차별, 구별, 특성, 특질
distinctive	[distíŋktiv]	디스팅(크)티브	형 독특한, 특이한
distinguish	[distíŋgwiʃ]	디스팅귀쉬	타 분간하다, 구별하다

- distinguish ~ from~ B ~와 ~B를 구별하다, 분간하다
- distinguish between ~ and ~와 ~를 구별하다
- distinguish oneself 이름을 떨치다, 유명하게 하다

distort	[distɔ́:rt]	디스토-트	타 (얼굴을) 일그러뜨리다
distract	[distrækt]	디스트랙트	타 혼란케 하다, 미혹게 하다
distress	[distrés]	디스트레스	명 고통, 고민, 심통, 가난
distribute	[distríbju:t]	디스트리뷰-트	타 배포하다, 분류하다
distribution	[dìstrəbjú:ʃən]	디스트러뷰-션	명 분배, 배당, 분류
district	[dístrikt]	디스트릭트	명 지구, 지방, 행정
disturb	[distə́:rb]	디스터-브	타 어지럽히다, 방해하다
disturbance	[distə́:rbəns]	디스터-번스	명 소동, 방해, 폭동
ditch	[ditʃ]	디취	명 도랑, 개천, 시궁창
dive	[daiv]	다이브	명 잠수, 다이빙 자 다이빙하다
divers	[dáivərz]	다이버-즈	형 여러가지의, 약간의
diverse	[divə́:rs]	디버-스	형 잡다한, 다양한
diversion	[divə́:rʒən]	디버-전	명 전환, 기분전환, 오락
diversity	[divə́:rsəti]	디버-서티	명 다름, 다양성, 각종
divert	[daivə́:rt]	디이버-트	타 돌리다, 전환하다, 유용하다

divide	[diváid] 디바이드	타 자 쪼개다, 나누다, 분리하다
dividend	[dívidènd] 디비덴드	명 배당금, 피제수
divine	[diváin] 디바인	형 신의, 신성한 타 자 예언하다
divinity	[divínəti] 디비너티	명 신성, 신, 신학, 상제
division	[divíʒən] 디비전	명 분할, 구분, 구획
divorce	[divɔ́ːrs] 디보-스	명 이혼, 별거 타 이혼하다
dizzy	[dízi] 디지	형 현기증나는, 팽팽 도는
do	[duː] 두-	타 하다, 행하다, 처리하다

- **do away with** ~을 폐지하다, ~을 없애다
- **do without** ~없이 지내다, ~없이 해 나가다
- **have to do with** ~와 관계(관련)가 있다, ~을 다루다

dock	[dɑk] 다크	명 선창, 계선장, 부두 타 자 도크를 넣다
doctor	[dɑ́ktər] 닥터	명 의사, 박사 타 치료하다
doctrine	[dɑ́ktrin] 닥트린	명 교의(教義), 주의, 학설
document	[dɑ́kjəmənt] 다켜먼트	명 서류, 문서, 증서, 증권
dodge	[dɑdʒ] 다쥐	타 자 날쌔게 비키다, 살짝 피하다
dog	[dɔ(ː)g] 독	명 개, 놈, 수캐
dogma	[dɔ́(ː)gmə] 도그머	명 교의, 신조, 정설, 교리
doing	[dúːiŋ] 두-잉	명 행위, 짓, 소행, 노력
doll	[dɑl] 달	명 인형, 젊은 여자
dollar	[dɑ́lər] 달러	명 달러(미국의 화폐 단위)
dolly	[dɑ́li] 달리	명 작은 수레, 인형, 각시
dolphin	[dɑ́lfin] 달핀	명 돌고래
domain	[douméin] 도메인	명 영토, 판도, 영역, 세력
dome	[doum] 도움	명 둥근 지붕, 둥근 천장
domestic	[douméstik] 도우메스틱	형 가정내의, 가사의, 가정적인
dominant	[dɑ́mənənt] 다머넌트	형 우세한, 지배적인, 유력한
dominate	[dɑ́mənèit] 다머네이트	타 자 지배하다, 통치하다
dominion	[dəmínjən] 더미니언	명 통치권, 주권, 지배력
don	[dɑn] 단	타 입다, 차리다
donate	[dóuneit] 도우네이트	타 기부하다, 기증하다

done	[dʌn] 던	동 do의 과거분사, 끝난, 다된
donkey	[dáŋki] 당키	명 당나귀, 얼간이, 고집퉁이
doom	[du:m] 두움	명 운명, 숙명, 파멸 타 운명짓다
door	[dɔr] 도-	명 문, 문짝, 도어, 문간

- answer (go to) the door 현관으로 손님을 맞으러 나가다
- lie at the door of ~의 탓으로 돌리다
- next door but one 한 집 건너 이웃집

doorstep	[dɔ́:rstèp] 도-스텝	명 현관의 계단
doorway	[dɔ́:rwèi] 도-웨이	명 문간, 입구
dope	[doup] 도웁	명 진한 액체, 마취제
dormitory	[dɔ́:rmətɔ̀:ri] 도-머토-리	명 기숙사, 공동 침실
dosage	[dóusidʒ] 도우시쥐	명 투약, 조제, 적량
dose	[dous] 도우스	명 한첩 타 투약하다
dot	[dɑt] 닷	명 점, 작은 점
double	[dʌ́bəl] 더벌	형 2배의 부 2배로 타 자 2배로 하다
doubt	[daut] 다우트	명 의심, 의문 타 자 의심하다
doubtful	[dáutfəl] 다우트펄	형 의심스러운, 확신을 못하는
doubtfully	[dáutfəli] 다우트펄리	부 확실히, 물론 형 수상스럽게
doubtless	[dáutlis] 다우틀리스	부 확실히, 의심없이 형 확실한
dough	[dou] 도우	명 밀가루 반죽, 굽기 전의 빵
doughnut	[dounət] 도우넛	명 도우넛
dove	[dʌv] 더브	명 비둘기, 순진한, 온유한
down	[daun] 다운	부 아래로 형 아래로의

- be down on ~에게 화내고 있다, ~을 미워(싫어)하고 있다
- get down to ~에 본격적으로 달려들다
- up and down ~을 이리 저리, 왔다 갔다

downfall	[dáunfɔ̀:l] 다운포올	명 낙하, 호우, 추락, 쏟아짐
downstairs	[dáunstɛ́ərz] 다운스테어즈	형 아래층의 부 아래층으로
downtown	[dáuntáun] 다운타운	명 도심지, 중심지 형 부 도심지로(의)
downward	[dáunwərd] 다운워드	형 아래로의 부 내려가는

downwards	[dáunwərdz] 다운워즈	부 아래쪽으로, 밑으로
doze	[douz] 도우즈	명 선잠, 졸기 타 자 졸다, 겉잠들다
dozen	[dʌ́zn] 더즌	명 타스(12개)
Dr.	[dáktər] 닥터	약 Doctor의 줄임, 박사, 의사
draft	[dræft] 드래프트	명 설계도, 초안 타 기초하다
drag	[dræg] 드래그	타 자 끌다, 질질끌다, 끌어당기다
dragon	[drǽgən] 드래건	명 용, 용자리
dragonfly	[drǽgənflài] 드래건플라이	명 잠자리
drain	[drein] 드레인	타 자 배수하다, 간척하다
drainage	[dréinidʒ] 드레이니쥐	명 배수, 하수
drake	[dreik] 드레이크	명 들오리, 집오리
drama	[drάːmə] 드라-머	명 극, 희곡, 연극, 극작법
dramatic	[drəmǽtik] 드러매틱	형 연극의, 희곡의
drapery	[dréipəri] 드레이퍼리	명 포목, 피륙, 직물
drastic	[drǽstik] 드래스틱	형 과감한, 맹렬한, 격렬한
draught	[dræft] 드래프트	타 선발하다(draft)
draw	[drɔː] 드로-	타 자 끌어당기다, 당기다, 접근하다

- draw away ~의 선두에 나서다, 떨어 뜨리다
- draw oneself up 꼿꼿이(떡 버터) 서다, 자세를 고치다
- draw upon ~을 이용하다, ~에 의지하다(=draw on)

drawer	[drɔ́ːər] 드로어	명 (어음)발행인, 서랍
drawing	[drɔ́ːiŋ] 드로오잉	명 도화, 선화, 제도, 그림
drawing-room	[drɔ́ːiŋ ruːm] 드로오잉룸	명 응접실, 객실, 특별객차
drawl	[drɔːl] 드로올	타 자 느릿느릿 말하다
drawn	[drɔːn] 드로온	동 draw의 과거분사 형 무승부의
dread	[dred] 드레드	타 자 두려워하다, 걱정하다
dreadful	[drédfəl] 드렛펄	형 무서운, 두려운, 지독한
dream	[driːm] 드리임	명 꿈, 환상, 공상 타 자 꿈꾸다

- be (live, go about) in a dream 꿈결같이 지내다

- **beyond a person's wildest dreams** ~의 기대(상상) 이상의(으로)

dreary	[dríəri] 드리어리	형 울적한, 황량한, 지루한
dreg	[dreg] 드레그	명 찌꺼기, 앙금
drench	[drentʃ] 드렌취	타 담그다, 흠뻑 젖게 하다
dress	[dres] 드레스	타 자 옷을 입다, 정장시키다 명 의복
dressing	[drésiŋ] 드레싱	명 마무리, 장식, 옷치장, 손질
dressmaker	[drésmèikər] 드레스메이커	명 양재사, 재봉사, 양장점
drift	[drift] 드리프트	명 조류, 흐름 타 자 표류하다
drill	[dril] 드릴	명 훈련, 연습 타 자 훈련하다, 구멍을 뚫다
drink	[driŋk] 드링크	타 자 흡수하다, 마시다 명 음료
drip	[drip] 드립	타 자 (물방울 따위가) 똑똑 떨어지다
drive	[draiv] 드라이브	타 자 몰다, 운전하다, 쫓다

- **drive at** 추구하다, 목표삼다
- **drive away at** ~을 부지런히(열심히) 하다
- **drive out** 쫓아내다, ~대신 들어앉다

driver	[dráivər] 드라이버	명 기관사, 조종사, 운전수
drizzle	[drízl] 드리즐	자 이슬비가 내리다 명 가랑비
drone	[droun] 드로운	명 (꿀벌의) 숫벌, 게으름뱅이
droop	[dru:p] 드룹	자 처지다, 시들다
drop	[drɑp] 드랍	명 물방울, 소량의 술 타 자 떨어지다

- **drop off** 차츰 없어지다(줄다), 사라져 가다, (어느새) 잠들다
- **drop out** 떠나다, 사라지다, 빠지다, 없어지다

dross	[drɔːs] 드로-스	명 쇠똥
drought	[draut] 드라우트	명 가뭄, 건조, 한발
drown	[draun] 드라운	타 자 물에 빠뜨리다, 흠뻑 젖게 하다
drowsy	[dráuzi] 드라우지	형 졸리는, 졸음 오게 하는

drug	[drʌg] 드럭	명 약, 약제, 약품, 마취약
druggist	[drʌ́gist] 드러기스트	명 약종상, 약제사
drum	[drʌm] 드럼	명 북, 고수, 고동 타 자 북을 치다
drunkard	[drʌ́ŋkərd] 드렁커드	명 술고래
drunken	[drʌ́ŋkən] 드렁컨	형 술취한, 술고래의
dry	[drai] 드라이	형 마른, 건성, 건조한 타 자 말리다
dryly	[dráili] 드라일리	부 냉담하게, 공연히
duchess	[dʌ́tʃis] 더취스	명 공작 부인, 여공작
duck	[dʌk] 덕	명 오리, 집오리, 암오리
duckling	[dʌ́kliŋ] 덕클링	명 새끼 오리, 집오리 새끼
due	[dju:] 듀-	형 정당한, 만기가 된, 당연한

● **due to** ~에 기인하는, ~때문인, ~에게 치러야(주어야) 할
● **in due form** 정식으로 ● **by (of) due** 마땅히, 당연히
● **give a person his due** ~을 공정하게 다루다, ~하다

duke	[dju:k] 듀-크	명 공작(公爵), 손, 주먹
dull	[dʌl] 덜	형 우둔한, 무딘, 타 무디게 하다
duly	[djú:li] 듀-리	부 올바르게, 적당히, 정당하게
dumb	[dʌm] 덤	형 벙어리의, 무언의, 말 못하는
dump	[dʌmp] 덤프	타 탁 떨어뜨리다, 내버리다
dungeon	[dʌ́ndʒən] 던전	명 토굴, 감옥, 지하의 옥
duplicate	[djú:pləkit] 듀-플러키트	형 이중의, 중복의 명 사본
durable	[djúərəbəl] 듀어러벌	형 튼튼한, 지탱하는
duration	[djuəréiʃən] 듀어레이션	명 기간, 지속, 내구
during	[djúəriŋ] 듀어링	전 ~의 동안에, ~사이
dusk	[dʌsk] 더스크	명 황혼, 땅거미, 어스름
dusky	[dʌ́ski] 더스키	형 어스레한, 어둑한, 음침한
dust	[dʌst] 더스트	명 먼지, 티끌 타 먼지를 털다
dusty	[dʌ́sti] 더스티	형 먼지투성이의, 먼지 많은
Dutch	[dʌtʃ] 더취	형 네덜란드의 타 네덜란드말
duty	[djú:ti] 듀-티	명 본분, 의무, 임무, 직책

- **be (in) duty bound to do** ~할 의무가 있다
- **in the line of duty** 근무 중, 일로(서)
- **take a person's duty** ~의 일을 대신해서 하다

dwarf	[dwɔːrf] 드워-프	몡 난쟁이, 좀생이 혱 작은
dwell	[dwel] 드웰	자 살다, 거주하다, 체재하다

- **dwell in** 살다(=live in), ~에 있다
- **dwell on (upon)** ~에 유의하다, ~을 (곰곰이) 생각하다, 자세히 설명하다

dweller	[dwélər] 드웰러	몡 거주자, 주민
dwelling	[dwéliŋ] 드웰링	몡 집, 주소, 주거
dwindle	[dwíndl] 드윈들	자 감소되다, 줄다, 야위다
dye	[dai] 다이	몡 물감, 염색 타자 물들이다
dying	[dáiiŋ] 다이잉	혱 죽어가는, 임종의, 빈사의
dynamic	[dainǽmik] 다이내믹	혱 동력의, 활동적인, 정력적인
dynamite	[dáinəmàit] 다이너마이트	몡 다이너마이트, 최고의, 굉장한
dynamo	[dáinəmòu] 다이너모우	몡 발전기
dynasty	[dáinəsti] 다이너스티	몡 왕조, 왕가, 왕조의 지배

E

each	[iːtʃ] 이-치	형 각각의, 각자의 대 각자, 제각기

- each other 서로(를), 상호간에
- each time 매번, 그때마다, 언제나
- on each occasion 일이 있을 때마다, 매번

eager	[íːgər] 이-거	형 열심인, 간절히 바라고, 열망하여
eagerly	[íːgərli] 이-걸리	부 열심히
eagerness	[íːgərnis] 이-거니스	명 열심, 열망
eagle	[íːgl] 이-걸	명 독수리, 수리, 수리표
ear	[iər] 이어	명 귀, 귓바퀴, 청력
earl	[əːrl] 어얼	명 백작(伯爵)
early	[əːrli] 어얼리	형 이른, 초기의 부 일찍이
earn	[əːrn] 어언	타 벌다, 획득하다, 손에 넣다
earning	[əːrniŋ] 어-닝	명 벌이, 소득, 수입
earnest	[əːrnist] 어-니스트	형 성실한, 착실한, 진지한 명 성실

- in earnest 진심으로, 진지하게

earth	[əːrθ] 어-쓰	명 지구, 대지, 땅 타 흙 속에 파묻다

- move heaven and earth 백방으로 노력하다
- on earth 지상에 (살아 있는), 이 세상에서
- put to earth (전기) 어스하다, 접지시키다

earthen	[əːrθən] 어-썬	형 흙의, 흙으로 만든
earthly	[əːrθli] 어-쓸리	형 지구의, 이 세상의, 현세의
earthquake	[əːrθkwèik] 어-쓰퀘익	명 지진, 동란, 큰 변동
earthworm	[əːrθwəːrm] 어-쓰워엄	명 지렁이
ease	[iːz] 이-즈	명 편안, 안락 타 자 안심시키다

- at (one's) ease 마음 편하게, 여유 있게, 안심하고

- **be (feel) at ease** 안심하다, 마음 놓다
- **with ease** 용이하게, 손쉽게 (=easily)

easily	[íːzəli] 이-절리	튀	용이하게, 쉽사리, 편안히
east	[iːst] 이-스트	명	동쪽, 동방 형 동쪽의
Easter	[íːstər] 이-스터	명	부활절, 주일
eastern	[íːstərn] 이-스턴	형	동쪽의, 동양의, 동양풍의
easy	[íːzi] 이-지	형	용이한, 쉬운, 평이한
eat	[iːt] 이-트	타 자	먹다, 식사하다
eaves	[íːvz] 이-브즈	명	차양, 처마
ebb	[eb] 에브	명	썰물, 간조, 쇠퇴, 감퇴
ebony	[ébəni] 에버니	명	흑단, 칠흑 형 칠흑의
eccentric	[ikséntrik] 익센트릭	형	이상한, 별난 명 별난 사람
echo	[ékou] 에코우	명	메아리, 흉내, 반향 타 자 반향하다
eclipse	[iklíps] 이클립스	명	일(월)식, (세력, 명예가) 떨어짐
economic	[ìːkənámik] 이-커나믹	형	경제상의, 재정상의
economical	[ìːkənámikəl] 이-커나미컬	형	절약하는, 경제적인, 실속 있는
economics	[ìːkənámiks] 이-커나믹스	명	경제학, 채산
economist	[ikánəmist] 이카너미스트	명	경제학자, 절약가
economy	[ikánəmi] 이카너미	명	경제, 절약, 검약
ecstasy	[ékstəsi] 엑스터시	명	대희열, 무한한 기쁨
eddy	[édi] 에디	형	작은 소용돌이, 회오리
Eden	[íːdn] 이-든	명	에덴동산, 낙원
edge	[edʒ] 에쥐	명	칼날, 테두리 타 날을 세우다

- **on the edge of** ~의 가장자리(언저리)에

edible	[édəbəl] 에더벌	형	먹을 수 있는
edifice	[édəfis] 에더피스	명	큰 건물, 건축물, 구성
edit	[édit] 에디트	타	편집하다, 교정보다
edition	[edíʃən] 애디션	명	(서적, 신문의) 판, 간행본
editor	[édətər] 에더터	명	편집자
editorial	[èdətɔ́ːriəl] 에더토오리얼	명	사설, 논설 형 주필의

educate	[édʒukèit] 에쥬우케이트	타 교육하다, 양성하다
education	[èdʒukéiʃən] 에쥬우케이션	명 교육, 훈도, 양성
educational	[èdʒukéiʃənəl] 에쥬우케이셔널	형 교육상의, 훈도의
eel	[i:l] 이일	명 뱀장어, 칠성장어
efface	[iféis] 이페이스	타 지우다, 삭제하다
effect	[ifékt] 이펙트	명 결과, 효과, 결말

- give effect to ~을 실행(실시)하다
- put ~ into effects 실행하다, 실시하다
- to the effect that ~이라는 취지로[의]

effective	[iféktiv] 이펙티브	형 유효한, 효과적인, 효력이 있는
effectual	[ifékt∫uəl] 이펙츄얼	형 유효한, 효과 있는
effendi	[eféndi] 에펜디	명 나리, 선생님
efficiency	[ifíʃənsi] 이피션시	명 능률, 효력, 능력
efficient	[ifíʃənt] 이피션트	형 능률적인, 효과적인
effort	[éfərt] 에퍼트	명 노력, 수고, 진력
egg	[eg] 에그	명 알, 달걀
ego	[égou] 에고우	명 자아, 자기, 자부심
Egypt	[í:dʒipt] 이-집트	명 이집트, 아랍공화국
eight	[eit] 에이트	명 8 형 8의
eighteen	[éití:n] 에이티인	명 18 형 18의
eighteenth	[éití:nθ] 에이티인쓰	명 제 18 형 제 18의
eighth	[eitθ] 에이트쓰	명 제 8 형 제 8의
eighty	[éiti] 에이티	명 80 형 80의
eightieth	[éitiiθ] 에이티이쓰	명 제 80 형 제 80의
either	[í:ðər] 이-더	형 대 둘 중 어느 것인가, 양쪽 다

- either ~ or ~든가 또는 ~든가 어느 쪽, ~도 ~도
- in either case 어느 경우에나, 좌우간

eject	[idʒékt] 이젝트	타 쫓아내다, 몰아내다
elaborate	[ilǽbərèit] 일래버레이트	형 공들인, 힘들여 만든
elapse	[ilǽps] 일랩스	자 (때가) 경과하다
elastic	[ilǽstik] 일래스틱	형 탄력있는, 유연한

elate	[iléit] 일레이트	타	의기양양하다, 우쭐대다
elbow	[élbou] 엘보우	명 팔꿈치 타 자	팔꿈치로 찌르다
elder	[éldər] 엘더	형	손위의, 연장의
eldest	[éldist] 엘디스트	형	최연장의, 맏아들의
elect	[ilékt] 일렉트	타 뽑다, 선임하다 형	뽑힌
election	[ilékʃən] 일렉션	명	선택, 선거, 선정
elector	[iléktər] 일렉터	명	선거인, 유권자
electric	[iléktrik] 일렉트릭	형	전기의, 발전용인
electrical	[iléktrikəl] 일렉트리컬	형	전기같은, 강렬한, 전기의
electricity	[ilèktrísəti] 일렉트리서티	명	전기, 전기학, 전류
electron	[iléktrɑn] 일렉트란	명	전자
elegant	[éləgənt] 엘러건트	형	우아한, 품위있는, 기품있는
element	[éləmənt] 엘러먼트	명	요소, 분자, 성분
elementary	[èləméntəri] 엘러멘터리	형	초보의, 기본의, 초등의
elephant	[éləfənt] 엘러펀트	명	코끼리, 미국 공화당의 상징
elevate	[éləvèit] 엘러베이트	타	올리다, 승진시키다, 높이다
elevation	[èləvéiʃən] 엘러베이션	명	승진, 향상, 높은 곳, 고도
elevator	[éləvèitər] 엘러베이터	명	승강기, 엘리베이터, 기중기
eleven	[ilévən] 일레번	명 11 형	11의
eleventh	[ilévənθ] 일레번쓰	명 제 11의 형	제 11
elf	[elf] 엘프	명	꼬마 요정, 난장이
eliminate	[ilímənèit] 일리머네이트	타	제거하다, 삭제하다
elm	[elm] 엘름	명	느릅나무, 느릅나무 재목
eloquence	[éləkwəns] 엘러퀀스	명	웅변, 웅변술
eloquent	[éləkwənt] 엘러퀀트	형	웅변의, 말 잘하는
else	[els] 엘스	부	그 외에, 그 밖에
		접	그렇지 않으면
elsewhere	[elshwɛ̀ər] 엘스웨어	부	어딘가, 딴 곳에, 딴 곳으로
elude	[ilúːd] 일루우드	타	피하다, 모면하다, 벗어나다
emancipate	[imǽnsəpèit] 이맨서페이트	타	해방하다, 이탈시키다
embank	[imbǽŋk] 임뱅크	타	제방을 쌓다, 둑을 쌓다
embark	[embɑ́ːrk] 엠바ー크	타 자	배를 타다, 출항하다

embarrass	[imbǽrəs] 임배러스	타 난처하게 하다, 당황케 하다
embarrassment	[imbǽrəsmənt] 임배러스먼트	명 난처함, 당황, 거북함
embassy	[émbəsi] 엠버시	명 대사관, 사절단
ember	[émbər] 엠버	명 타다 남은 불, 여신, 잔화
emblem	[émbləm] 엠블럼	명 상징, 표상, 문장 타 상징하다
embody	[embádi] 엠바디	타 유행화하다, 구체화하다
embrace	[embréis] 엠브레이스	타 포옹하다, 얼싸안다
embroider	[embrɔ́idər] 엠브로이더	타 자수하다, 수놓다
embroidery	[embrɔ́idəri] 엠브로이더리	명 자수, 수, 윤색
embryo	[embriou] 엠브리오우	명 배아, 태아, 움, 눈
emerald	[émərəld] 에머럴드	명 녹옥, 에메랄드(빛깔)
emerge	[imə́ːrdʒ] 이머-쥐	자 나타나다, 나오다
emergency	[imə́ːrdʒənsi] 이머-전시	명 위급, 비상사태, 돌발
emigrant	[éməgrənt] 에머그런트	형 이주하는, 이민하는 명 이민
eminence	[émənəns] 에머넌스	명 높은 곳, 언덕, 탁월, 고귀
eminent	[émənənt] 에머넌트	형 우수한, 저명한, 뛰어난
emit	[imít] 이미트	타 내다, 방사하다, 방출하다
emotion	[imóuʃən] 이모우션	명 정서, 감정, 흥분, 감격
emotional	[imóuʃənəl] 이모우셔널	형 감정의, 정서의
emperor	[émpərər] 엠퍼러	명 황제, 제왕
emphasis	[émfəsis] 엠퍼시스	명 강조, 강세, 역설
emphasize	[émfəsàiz] 엠퍼사이즈	타 강조하다, 역설하다
empire	[émpaiər] 엠파이어	명 제국, 절대 지배권, 통치
employ	[emplɔ́i] 엠플로이	타 고용하다, 쓰다 명 사용, 고용

- be in a person's employ ~에게 고용되어 있다
- in (out of) employ of 취직 (실직)하여

employer	[emplɔ́iər] 엠플로이어	명 고용주, 사용자
employment	[emplɔ́imənt] 엠플로이먼트	명 고용, 사용, 직업, 사역
employee	[emplɔ́iːi] 엠플로이이	명 사용인, 종업원, 고용인
empress	[émpris] 엠프리스	명 황후, 여왕, 왕비
empty	[émpti] 엠(프)티	형 빈, 공허한, 무의미한

enable	[enéibəl] 에네이벌	타 능력을 주다
enact	[enǽkt] 에낵트	타 (법을) 제정하다, 명하다
enamel	[inǽməl] 이내멀	명 잿물, 유약
encamp	[enkǽmp] 엔캠프	타 자 야영케 하다, 야영하다
enchant	[entʃǽnt] 엔챈트	타 매혹하다, 황홀하게 하다
enchantment	[entʃǽntmənt] 엔챈트먼트	명 요술, 황홀, 매력, 매혹
encircle	[ensə́ːrkl] 엔써-클	타 둘러싸다, 일주하다
enclose	[enklóuz] 엔클로우즈	타 둘러싸다, 에워싸다
enclosure	[enklóuʒər] 엔클로우저	명 울타리, 담, 경계
encore	[ɑ́ŋkɔːr] 앙코-	감 앙코올, 재청 타 재청하다
encounter	[enkáuntər] 엔카운터	타 우연히 만남 타 자 만나다
encourage	[enkɔ́ːridʒ] 엔커-리쥐	타 용기를 돋구다, 격려하다
encroach	[enkróutʃ] 엔크로우취	자 침입하다, 침해하다, 침식하다
encyclop(a)edia	[ensàikloupíːdiə] 엔사이클로피-디어	명 백과 사전
end	[end] 엔드	명 마지막, 종말, 끝, 최후

- end for end 양끝을 거꾸로, 반대로
- from end to end 끝에서 끝까지
- in the end 마침내, 드디어, 결국 ○ at the end 마침내

endeavo(u)r	[endévər] 엔데버	명 노력 타 자 노력하다
endemic	[endémik] 엔데믹	명 지방병, 풍토병
endless	[éndlis] 엔들리스	형 끝없는, 무한한, 부단한
endow	[endáu] 엔다우	타 부여하다, 기부하다, 주다

- (be) endowed with ~을 부여받은, ~을 갖추고 있는

endurance	[indjúərəns] 인듀어런스	명 인내, 인내력 타 견디다
endure	[endjúər] 엔듀어	타 자 견디다, 참다, 지속하다
endurable	[indjúərəbəl] 인듀어러벌	형 견딜 수 있는, 참는
enemy	[énəmi] 에너미	명 적, 원수, 적군, 적수
energetic	[ènərdʒétik] 에너제틱	형 정력적인, 원기왕성한
energy	[énərdʒi] 에너쥐	명 정력, 활기, 힘, 에너지
enforce	[enfɔ́ːrs] 엔포-스	타 실시하다, 강요하다, 집행하다
enforcement	[enfɔ́ːrsmənt] 엔포-스먼트	명 실시, 시행, 강요

engage	[engéidʒ] 엔게이쥐	타 자	속박하다, 약속하다
	○ engage oneself to (do) ~할 것을 약속하다		
	○ engage for 약속하다, 보증하다		
	○ engage with ~에 관계하다, ~와 교전하다		
engagement	[engéidʒmənt] 엔게이쥐먼트	명	약속, 예약, 약혼
engine	[éndʒən] 엔전	명	기관, 엔진, 발동기
engineer	[èndʒəníər] 엔지니어	명	기사, 기관사, 기술자, 설계자
England	[íŋglənd] 잉글런드	명	잉글랜드, 영국
English	[íŋgliʃ] 잉글리쉬	형	영국의, 잉글랜드의, 영어의
engrave	[engréiv] 엔그레이브	타	새기다, 조각하다, 파다
engross	[engróus] 엔그로우스	타	열중시키다, 몰두시키다
enhance	[enhǽns] 엔핸스	타	(가치 등을) 높이다, 향상하다
enjoin	[endʒɔ́in] 엔죠인	타	명령하다, 분부하다
enjoy	[endʒɔ́i] 엔죠이	타	즐기다, 향락하다, 맛보다
	○ enjoy oneself 즐겁게 지내다, 유쾌히 지내다, 지내다		
enjoyable	[endʒɔ́iəbəl] 엔조이어벌	형	즐거운, 유쾌한
enjoyment	[endʒɔ́imənt] 엔죠이먼트	명	즐거움, 쾌락, 기쁨, 향수
enlarge	[enláːrdʒ] 엔라아쥐	타 자	확대하다, 넓어지다
enlighten	[enláitn] 엔라이튼	타	교화하다, 계발하다
enlist	[enlíst] 엔리스트	타 자	병적에 넣다, 입대하다
enmity	[énməti] 엔머티	명	적의, 증오, 불화
enormous	[inɔ́ːrməs] 이노어머스	형	거대한, 막대한, 무도한
enough	[inʌ́f] 이너프	형	충분한, ~에 족한 부 충분히
enrage	[enréidʒ] 엔레이쥐	타	격분시키다, 노하게 하다
enrich	[enrítʃ] 엔리취	타	유복하게 하다, 기름지게 하다
enroll	[enróul] 엔로울	타	명부에 올리다, 입회시키다
ensign	[énsain] 엔사인	명	휘장, 표장, 국기, 기
ensue	[ensúː] 엔수-	자	잇달아 일어나다
entail	[entéil] 엔테일	타	상속권을 한정하다
entangle	[entǽŋgl] 엔탱글	타	얽히게 하다, 엉클어지게 하다

enter	[éntər] 엔터	타 자	참가하다, 들어가다, 박히다

- **enter for** (경기 등에) 참가하다
- **enter up** (장부에) 기입을 끝내다, (재판) 기록에 기재하다
- **enter upon one's duties** 취임하다

enterprise	[éntərpràiz] 엔터프라이즈	명	사업, 기업, 기획
entertain	[èntərtéin] 엔터테인	타	환대하다, 접대하다
entertainment	[èntərtéinmənt] 엔터테인먼트	명	대접, 환대, 주연
enthusiasm	[enθúːziæzm] 엔쑤우지애점	명	열심, 열중, 열광
entice	[entáis] 엔타이스	타	유혹하다, 꾀다, 부축이다
entire	[entáiər] 엔타이어	형	전체의, 완전한, 흠없는
entitle	[entáitl] 엔타이틀	타	칭호를 주다, 제목을 붙이다
entourage	[àːnturáːʒ] 앙투라즈	명	측근자, 주위, 환경
entrance	[éntrəns] 엔트런스	명	들어감, 입장, 입구
entreat	[entríːt] 엔트리이트	타	간청하다, 탄원하다, 부탁하다
entreaty	[entríːti] 엔트리이티	명	간청, 간원, 애원
entrust	[entrʌ́st] 엔트러ー트	타	맡기다, 위임하다, 위탁하다

- **entrust with** ~을 맡기다, ~을 위탁하다

entry	[éntri] 엔트리	명	입장, 참가, 입구, 등장
enumerate	[injúːmərèit] 이뉴ー머레이트	타	일일이 헤아리다, 열거하다
envelop	[envéləp] 엔벨럽	타	싸다, 봉하다, 덮다
envelope	[énvəlòup] 엔벌로웁	명	봉투, 포장지, 싸개
envious	[énviəs] 엔비어스	형	부러워하는, 시기하는
environment	[inváiərənmənt] 인바이어런먼트	명	환경, 주위, 둘러쌈, 포위
envy	[énvi] 엔비	타	부러워하다 명 선망, 부러움
epic	[épik] 에픽	명	서사시 형 서사시적인
epidemic	[èpədémik] 에퍼데믹	명	유행병, 전염병 형 유행성의
episcopal	[ipískəpəl] 이피스커펄	형	감독의
episode	[épəsòud] 에퍼소우드	명	삽화, 에피소드, 소설, 극
epistle	[ipísl] 이피슬	명	편지, 서간, 시한
epitaph	[épətæf] 에퍼태프	명	(묘)비명, 비문
epoch	[épək] 에퍽	명	신기원, 신시대, 시대

equal	[íːkwəl] 이-퀄	형 같은, 동등한 타 ~과 같다
	○ be equal to ~와 같다, ~에 비등하다, ~을 감당할 수 있다
equality	[i(ː)kwáləti] 이이쿨러티	명 평등, 대등, 평균, 균등
equator	[ikwéitər] 이퀘이터	명 적도(赤道), 주야
equip	[ikwíp] 이큅	타 갖추다, 설비하다, 꾸미다
	○ be equip with ~을 갖추고 있다, ~이 장비되어 있다
	○ equip oneself 몸차림하다, 갖추다
equipment	[ikwípmənt] 이큅먼트	명 비품, 준비, 장비
equity	[ékwəti] 에쿼티	명 공평, 공정, 정당
equivalent	[ikwívələnt] 이퀴벌런트	명 동의의, 동등한, ~와 같은
era	[íərə] 이어러	명 기원, 시대, 연대
erase	[iréis] 이레이스	타 지워버리다, 삭제하다
eraser	[iréisər] 이레이서	명 칠판 지우개, 고무지우개
ere	[ɛər] 에어	전 ~의 전에 접 ~이전에
erect	[irékt] 이렉트	형 똑바로 선 타 똑바로 세우다
erosion	[iróuʒən] 이로우전	명 부식, 침식
err	[əːr] 어-	자 잘못하다, 헤매다
errand	[érənd] 에런드	명 심부름, 용건, 사명
	○ go on an errands 심부름 가다
error	[érər] 에러	명 잘못, 실수, 착오, 과오
escalator	[éskəlèitər] 에스컬레이터	명 자동 계단, 에스컬레이터
escape	[iskéip] 이스케잎	타 자 탈출하다, 도망하다
escort	[éskɔːrt] 에스코-트	명 호위, 호송 타 호송하다
Eskimo	[éskəmòu] 에스커모우	명 에스키모인
especial	[ispéʃəl] 이스페셜	형 특별한, 특수한, 예외적인
especially	[ispéʃəli] 이스페셔리	형 특히, 대단히, 각별히
esquire	[eskwáiər] 에스콰이어	명 지원자, 기사의 종자
essay	[ései] 에세이	명 평론, 수필, 시론
essence	[ésəns] 에선스	명 본질, 정수, 정유
essential	[isénʃəl] 이센셜	형 본질적인, 필수의 명 요소
essentially	[isénʃəli] 이센셜리	부 본래, 본질적으로
establish	[istǽbliʃ] 이스태블리쉬	타 확립하다, 창립하다
	○ establish oneself 자리잡다, 정착하다, 취업하다

establishment	[istǽbliʃmənt] 이스태블리쉬먼트	명 설립, 설정, 설치
estate	[istéit] 이스테이트	명 재산, 유산, 토지, 부동산
esteem	[istíːm] 이스티임	타 존경하다, 존중하다
estimate	[éstəmèit] 에스터메이트	타 자 어림잡다, 견적하다, 평가하다
estimation	[èstəméiʃən] 에스터메이션	명 견적, 평가, 판단, 추산
etc.	[etsétərə] 엣세터러	약 et cetera 줄임, ~따위, ~등
eternal	[itə́ːrnəl] 이터-널	형 영원한, 불멸의, 끝없는
eternity	[itə́ːrnəti] 이터-너티	명 영원, 영구, 무궁, 불사
ether	[íːθər] 이-써	명 에테르, 정기(精氣), 대기
ethics	[éθiks] 에씩스	명 윤리, 윤리학, 도덕
etiquette	[étikèt] 에티켓	명 예의, 예의범절, 예법
etymology	[ètəmάlədʒi] 에터말러쥐	명 어원(語源), 어원학, 어원론
Europe	[júərəp] 유어럽	명 유럽, 구라파
European	[jùərəpíːən] 유어러피언	형 유럽의 명 유럽 사람
evade	[ivéid] 이베이드	타 면하다, 속이다
evaporate	[ivǽpərèit] 이배퍼레이트	타 자 증발하다, 증발시키다
Eve	[iːv] 이-브	명 이브(아담의 아내), 하와
eve	[iːv] 이-브	명 전야제, 명절의 전날밤, 직전
even	[íːvən] 이-번	형 평평한 부 ~이라도, ~조차

- even as ~마침(바로) ~할 때에(~한 대로)
- even so 비록 그렇다 하더라도
- even though ~ (though의 강조형) ~인(하는) 데도

evening	[íːvniŋ] 이-브닝	명 저녁 때, 해질 무렵, 밤
event	[ivént] 이벤트	명 사건, 대사건, 결과, 사변

- at all events (=in any event) 좌우간, 여하튼 간에
- in the event 결과적으로, 결국, 마침내(=finally)
- pull off the event 상을 타다

ever	[évər] 에버	부 일찍이, 언젠가, 언제나

- ever since 그 이후 쭉, 그 이래
- ever so 매우, (제) 아무리 ~할지라도
- for ever 영원히, 언제나, 끊임없이

단어	발음	한글발음	품사 및 뜻
evergreen	[évərgrìːn]	에버그리인	형 상록의 명 상록수
everlasting	[èvərlǽstiŋ]	에버래스팅	형 영원한, 변함없는, 지루한
evermore	[èvərmɔ́ːr]	에버모-	부 언제나, 항상, 영구히, 늘
every	[évriː]	에브리-	형 모든, 일체의, 충분한

- every other 그 밖의 모든, 하나 걸러
- every so 아무리 ~라도
- every time (~할) 때마다, 언제고, 매번, 예외없이

everybody	[évribàdi]	에브리바디	대 누구나, 각자, 제각기
everyday	[évridèi]	에브리데이	형 매일의, 일상의, 평범한
everyone	[évriwʌ̀n]	에브리원	대 누구나, 각자, 모두
everything	[évriθìŋ]	에브리씽	대 모든 것, 모두, 만사
everywhere	[évrihwɛ̀ər]	에브리웨어	부 어디에나, 도처에
evidence	[évidəns]	에비든스	명 증거, 증언 타 증명하다
evident	[évidənt]	에비던트	형 뚜렷한, 명백한, 분명한
evidently	[évidəntli]	에비던틀리	부 분명히, 명백히
evil	[íːvəl]	이-벌	형 간악한, 나쁜, 사악한
evolution	[èvəlúːʃən]	에벌루-션	명 진화, 전개, 발전, 진전
evolve	[iválv]	이발브	타자 전개하다, 발전시키다
ewe	[juː]	유-	명 암양
exact	[igzǽkt]	익잭트	형 엄밀한, 정확한, 틀림없는
exaggerate	[igzǽdʒərèit]	익재져레이트	타 과장하다, 허풍떨다
exalt	[igzɔ́ːlt]	익조올트	타 높이다, 승진시키다, 올리다
examination	[igzæ̀mənéiʃən]	익재머네이션	명 시험, 검사, 심사, 조사
examine	[igzǽmin]	익재민	타자 조사하다, 검사하다
example	[igzǽmpəl]	익잼펄	명 실례, 보기, 견본

- be beyond(without) example 전례가 없다
- for example 예컨대, 이를테면(=for instance)
- set(give) a good example to ~에게 좋은 본을 보이다

exasperate	[igzǽspərèit]	익재스퍼레이트	타 화나게 하다, 격앙시키다
exceed	[iksíːd]	익시-드	타자 초과하다, (한도를) 넘다
exceeding	[iksíːdiŋ]	익시-딩	형 대단한, 초과의, 지나친
exceedingly	[iksíːdiŋli]	익시-딩리	부 대단히, 몹시, 굉장히
excel	[iksél]	익셀	타자 (~을) 능가하다, 뛰어나다

excellence	[éksələns] 엑설런스	명	탁월, 우수, 장점, 뛰어남
Excellency	[éksələnsi] 엑설런시	명	(높은 사람에 대한 경칭) 각하
excellent	[éksələnt] 엑설런트	형	우수한, 탁월한, 일류의
except	[iksépt] 익셉트	타	제외하다 전 ~을 제외하고

○ except for ~외에, ~이 없으면

exception	[iksépʃən] 익셉션	명	제외, 예외, 이의(異議)

○ with the exception of ~을 제외하고는

○ without exception 예외없이, 남김없이

exceptional	[iksépʃənəl] 익셉셔널	타	예외적인, 특별한, 드문
exceptionally	[iksépʃənəli] 익셉셔널리	부	예외적으로, 특별히
excess	[iksés] 익세스	명	과다, 과잉, 초과, 잉여

○ go (run) to excess 지나치게 하다, 극단적으로 흐르다

○ in (to) excess 너무나, 과도하게

○ in excess of ~을 초과하여, ~이상으로

excessive	[iksésiv] 익세시브	형	과도한, 엄청난, 부절제한
exchange	[ikstʃéindʒ] 익스체인쥐	타 자	교환하다, 환전하다

○ in exchange for ~의 상환으로, ~와 교환으로

excite	[iksáit] 익사이트	타	자극하다, 흥분시키다, 돋우다
exclaim	[ikskléim] 익스클레임	타 자	외치다, 부르짖다
exclamation	[èksklǝméiʃən] 엑스클러메이션	명	외침, 절규, 감탄
exclude	[iksklú:d] 익스클루-드	타	배척하다, 추방하다
exclusive	[iksklú:siv] 익스클루시브	형	배타적인, 독점적인
exclusively	[iksklú:sivli] 익스클루-시블리	부	오로지, 독점적으로
excursion	[ikskə́ːrʒən] 익스커-젼	명	소풍, 수학여행, 회유
excuse	[ikskjúːz] 익스큐-즈	타	변명하다, 용서하다, 면제하다

○ excuse oneself 변명하다, 사과하다

○ in excuse of ~의 변명으로서

execute	[éksikjùːt] 엑시큐-트	타	실행하다, 실시하다, 수행하다
execution	[èksikjúːʃən] 엑시큐-션	명	실행, 수행, 이행, 달성

executive	[igzékjətiv] 익제켜티브	형 실행의, 실시의, 적합한
exempt	[igzémpt] 익젬(프)트	타 면제하다, 면해주다
		형 면제된
exercise	[éksərsàiz] 엑서사이즈	명 사용, 운동, 연습, 훈련
exert	[igzə́ːrt] 익저-트	타 발휘하다, 노력하다, 쓰다

● exert oneself (to) 하려고 노력하다, 진력하다

exertion	[igzə́ːrʃən] 익저-션	명 노력, 진력, 발휘, 수고
exhale	[ekshéil] 엑세일	타 자 발산하다, 증발시키다
exhaust	[igzɔ́ːst] 익조-스트	타 자 비우다, 다하다, 유출하다
exhaustion	[igzɔ́ːstʃən] 익조-스천	명 소모, 고갈, 피로
exhibit	[igzíbit] 익지비트	타 보이다, 공개하다
exhibition	[èksəbíʃən] 엑서비션	명 공개, 전시회, 진열, 공시

● make an exhibition of oneself

웃음거리가 되다, 창피를 당하다

exile	[éɡzail] 엑자일	타 추방하다, 망명하다, 유형하다
exist	[igzíst] 익지스트	자 존재하다, 생존하다
existence	[igzístəns] 익지스턴스	명 실재, 생존, 실존, 존재
exit	[éɡzit] 엑지트	명 나가는 곳, 출구 타 퇴거하다
expand	[ikspǽnd] 익스팬드	타 자 넓히다, 퍼지다, 펴다
expanse	[ikspǽns] 익스팬스	명 넓음, 넓은 장소, 팽창

● free of expense 무료로

expansion	[ikspǽnʃən] 익스팬션	명 확장, 확대, 팽창, 퍼짐
expect	[ikspékt] 익스펙트	타 기대하다, 예기하다
expectation	[èkspektéiʃən] 엑스펙테이션	명 기대, 예기, 예상
expedient	[ikspíːdiənt] 익스피-디언트	형 쓸모있는, 유용한, 편리한
expedition	[èkspədíʃən] 엑스퍼디션	명 여행, 원정, 탐험, 토벌
expel	[ikspél] 익스펠	타 쫓아내다, 몰아내다
expend	[ikspénd] 익스펜드	타 소비하다, 쓰다
expenditure	[ikspénditʃər] 익스펜디쳐	명 소비, 경비, 비용, 지출
expense	[ikspéns] 익스펜스	명 소비, 지출, 비용, 출비
expensive	[ikspénsiv] 익스펜시브	형 비싼, 사치스런, 돈이 드는
experience	[ikspíəriəns] 익스피어리언스	명 경험, 체험, 경력

experiment	[ikspérəmənt]	익스페러먼트	명 실험, 시도 타 실험하다
experimental	[ikspèrəméntl]	익스페러멘틀	형 실험적인, 실험상의
expert	[ékspəːrt]	엑스퍼-트	명 숙달자, 노련가, 전문가
expire	[ikspáiər]	익스파이어	타 자 끝나다, (숨을) 내쉬다
explain	[ikspléin]	익스플레인	타 자 설명하다, 해석하다, 쉽게 하다
explanation	[èksplənéiʃən]	엑스플러네이션	명 설명, 해설, 변명
explode	[ikslóud]	익스플로-드	타 자 폭발시키다, 타파하다
exploit	[éksplɔit]	엑스플로이트	타 이용하다, 개발하다 명 공훈
exploration	[èkspləréiʃən]	엑스플러레이션	명 탐험, 탐구, 개발
explore	[iksplɔ́ːr]	익스플로-	타 자 탐험하다, 답사하다
explorer	[iksplɔ́ːrər]	익스플로-러	명 탐험가, 탐구자
explosion	[ikslóuʒən]	익스플로-젼	명 파열, 폭발, 폭파
export	[ikspɔ́ːrt]	익스포-트	명 수출 타 수출하다
expose	[ikspóuz]	익스포-즈	타 (위험, 비바람 따위에) 쐬다
exposition	[èkspəzíʃən]	엑스퍼지션	명 해명, 박람회, 해설, 제시
exposure	[ikspóuʒər]	익스포-저	명 노출, 폭로, 적발
express	[iksprés]	익스프레스	타 표현하다, 발표하다
			형 명백한 명 급행열차

- express oneself 변명하다, 마음을 털어놓다
- beyond (past) express 말로 표현할 수 없는
- for the express purpose of ~을 위하여 특별히(일부러)

expression	[ikspréʃən]	익스프레션	명 표현, 말투, 표시, 어귀
exquisite	[ikskwízit]	익스퀴지트	형 미묘한, 우아한, 훌륭한
extend	[iksténd]	익스텐드	타 늘이다, 펴다, 넓히다

- to the certain extend 어느 정도, 다소간
- extreme go to extreme (=to an extreme) 극단으로 흐르다

extension	[ikstén ʃən]	익스텐션	명 신장, 연장, 확장, 진전
extensive	[iksténsiv]	익스텐시브	형 넓은, 대규모의, 광대한
extent	[ikstént]	익스텐트	명 넓이, 크기, 지역, 범위
exterior	[ikstíəriər]	익스티어리어	형 외부의, 바깥의 명 외부, 외관

external	[ikstə́ːrnəl] 익스터어널	형	외부의, 외계의, 표면의
extinct	[ikstíŋkt] 익스팅(크)트	형	꺼진, 끊어진, 다된
extinguish	[ikstíŋgwiʃ] 익스팅귀쉬	타	끄다, 진화하다
extra	[ékstrə] 엑스트러	형	임시의, 특별한 부 가외로
extract	[ikstrǽkt] 익스트랙트	타	끌어내다, 뽑아내다, 캐내다
extraordinary	[ikstrɔ́ːrdənèri] 익스트로오더네리	형	비상한, 비범한, 엄청난
extravagant	[ikstrǽvəgənt] 익스트래버건트	형	지나친, 엄청난
extravagance	[ikstrǽvəgəns] 익스트래버건스	명	엉뚱한 낭비, 터무니 없음
extreme	[ikstríːm] 익스트리임	형	극단의, 최후의, 말단의
extremely	[ikstríːmli] 익스트림리	부	극도로, 아주, 몹시
extremity	[ikstréməti] 익스트레머티	명	말단, 극단, 선단
exuberant	[igzúːbərənt] 익쥬버런트	형	무성한, 풍부한
exult	[igzʌ́lt] 익절트	자	무척 기뻐하다, 우쭐대다
eye	[ai] 아이	명	눈, 시력, 눈동자 타 잘 보다

- see eye to eye with ~와 의견이 일치하다
- one's eyes open 정신을 차려 경계하고 있다, 감시하다

eyeball	[áibɔ̀ːl] 아이보올	명	안구, 눈알
eyebank	[áibæ̀ŋk] 아이뱅크	명	안구은행, 각막은행
eyebrow	[áibràu] 아이브라우	명	눈썹
eyelash	[áilæ̀ʃ] 아이래쉬	명	속눈썹
eyelid	[aílìd] 아이리드	명	눈꺼풀, 눈두덩
eyesight	[áisait] 아이사이트	명	시력, 시야, 시각, 시계

F

fable	[féibəl] 페이벌	명 우화(寓話), 꾸민 이야기, 전설
fabric	[fǽbrik] 패브릭	명 조직, 피륙, 직물, 천
fabulous	[fǽbjələs] 패별러스	형 전설적인, 믿기 어려운
face	[feis] 페이스	명 낯, 얼굴, 표정 타 자 대면하다

- in the face of the world 체면 불구하고
- make(pull) faces(a face) 얼굴을 찌푸리다
- make a person's face fall ~을 실망시키다

facilitate	[fəsílətèit] 퍼실러테이트	타 쉽게하다, 촉진하다, 돕다
facility	[fəsíləti] 퍼실러티	명 기능, 능숙, 재능, 솜씨
fact	[fækt] 팩트	명 사실, 진상, 실제, 진실

- after(before) the fact 범행 후(전)에, 사후(사전)에
- for a fact 사실로서 ◐ get the facts 진상을 알아내다

faction	[fǽkʃən] 팩션	명 도당, 당파, 파벌
factor	[fǽktər] 팩터	명 요소, 요인, 원동력, 인자
factory	[fǽktəri] 팩터리	명 공장, 제작소, 대리점
faculty	[fǽkəlti] 패컬티	명 능력, 권능, 기능, 지능
fade	[feid] 페이드	타 자 시들다, 색이 바래지게 하다
Fahrenheit	[fǽrənhàit] 패런하이트	명 화씨 온도계 형 화씨의
fail	[feil] 페일	타 자 실수하다, 태만히 하다

- cannot (never) fail to (do) 반드시 ~하다
- be unable to fail 실수할 리가 없다, 꼭 성공하다
- fail of (목적을) 이루지 못하다, ~에 실패하다

failure	[féiljər] 페일리어	명 실패, 태만, 낙제, 부족
fain	[fein] 페인	형 기꺼이 ~하는 부 기꺼이, 쾌히
faint	[feint] 페인트	형 희미한, 약한 자 기절하다

faintly	[féintli] 페인틀리	튀 힘없이, 희미하게, 어렴풋이
fair	[fɛər] 페어	형 아름다운, 고운 명 공진회, 박람회
	● be in a fair way to (do) ~할 듯하다, ~할 가망이 있다	
fairly	[fɛ́ərli] 페얼리	튀 바르게, 공평히, 바로
fairy	[fɛ́əri] 페어리	명 요정 형 요정의, 경쾌한
fairyland	[fɛ́ərilæ̀nd] 페어리랜드	명 요정의 나라, 동화의 나라
faith	[feiθ] 페이쓰	명 신뢰, 신념, 신조
faithful	[féiθfəl] 페이쓰펄	형 성실한, 정확한, 충실한
faithfully	[féiθfəli] 페이쓰펄리	튀 충실히, 성실하게, 정숙하게
falcon	[fǽlkən] 팰컨	명 송골매, 매
fall	[fɔːl] 포울	자 떨어지다, 함락하다, 지다
	● fall down 넘어지다, 엎드리다, ~에 실패하다	
	● fall in for (혜택 등을) 받다, (피해 등을) 입다	
	● fall doing ~하기 시작하다	
fallen	[fɔ́ːlən] 포울런	동 fall의 과거분사 형 떨어진
false	[fɔːls] 포울스	형 거짓의, 그릇된 튀 거짓으로
falsehood	[fɔ́ːlshùd] 포울스후드	명 거짓, 허위, 잘못, 허언
falter	[fɔ́ːltər] 포울터	타 자 비틀거리다, 더듬거리다
fame	[feim] 페임	명 명성, 성망 타 유명하게 만들다
familiar	[fəmíljər] 퍼밀리어	형 친한, 흔한, 가까운
familiarity	[fəmiljǽrəti] 퍼미리애러티	명 친교, 친밀, 친숙
family	[fǽməli] 패멀리	명 가족, 식구, 일가, 가정
famine	[fǽmin] 패민	명 기근, 굶주림, 결핍
famous	[féiməs] 페이머스	형 유명한, 잘 알려진
fan	[fæn] 팬	명 부채, 선풍기 타 자 부채질하다
fancy	[fǽnsi] 팬시	명 공상, 환상, 변덕 타 공상하다
fantastic(al)	[fæntǽstik(əl)] 팬태스틱(얼)	형 공상적인, 기묘한, 환상적인
fantasy	[fǽntəsi] 팬터시	명 공상, 환상, 기상
far	[fɑːr] 파-	형 먼, 저쪽의 튀 멀리, 아득한

- **as far as** ~까지, ~만큼, ~한
- **far from (~ing)** ~하기는 커녕, 결코 ~하지 않다
- **by far** 훨씬(최상급, 비교급을 수식한다)

farce	[fɑːrs] 파스	명	익살, 연극, 광대극, 소극
fare	[fɛər] 페어	명	요금, 운임, 통행료 자 지내다
farewell	[fɛ̀ərwél] 페어웰	감	안녕! 형 작별의 명 작별
farm	[fɑːrm] 파암	명	농지, 농가 타 자 경작하다
farmer	[fɑ́ːrmər] 파머	명	농부, 농민
farmhouse	[fɑ́ːrmhàus] 파암하우스	명	농가, 농사꾼의 집
farmyard	[fɑ́ːrmjɑ̀ːrd] 파암야-드	명	농가의 마당, 농장의 구내
far-off	[fɑ́ːrɔ́(ː)f] 파-로프	형	아득히 먼, 까마득한
farther	[fɑ́ːrðər] 파-더	형	더 먼, 더 앞의 부 더 멀리
farthest	[fɑ́ːrðist] 파-디스트	형	가장 긴 부 가장 멀리
fascination	[fæ̀sənéiʃən] 패서네이션	명	매혹, 눈독 들임
fashion	[fǽʃən] 패션	명	유행, 방식 타 모양을 만들다

- **after (in) the fashion of** ~을 본따서, ~식으로
- **go out of fashion** 유행하지 않게 되다, 한물가다
- **in (the) fashion** 유행하고 있는, 현대식으로

fashionable	[fǽʃənəbəl] 패셔너벌	형	유행의, 사교계의
fast	[fæst] 패스트	형	빠른, 민첩한, 고속의, 단단한
fasten	[fǽsn] 패슨	타 자	단단히 고정시키다, 잠기다
fat	[fæt] 패트	형	살찐, 비대한 명 기름기
fatal	[féitl] 페이틀	형	숙명의, 치명적인, 운명의
fate	[feit] 페이트	명	운명, 숙명, 파멸, 인연
father	[fɑ́ːðər] 파-더	명	아버지, 조상, 장인
father-in-law	[fɑ́ːðərinlɔ̀ː] 파-더린로-	명	시아버지, 장인
fathom	[fǽðəm] 패덤	명	길(6ft, 약 183cm) 타 수심을 재다
fatigue	[fətíːg] 퍼티-그	명	피로, 피곤 타 지치게 하다
fault	[fɔːlt] 포올트	명	결점, 과실, 과오, 허물
favo(u)r	[féivər] 페이버	명	호의, 친절, 은혜, 부탁

- ask a favor of (one) ~에게 부탁하다, 청탁하다
- out favor with (~의) 눈 밖에 나서

favo(u)rable	[féivərəbəl] 페이버러벌	형 형편좋은, 유리한
favo(u)rite	[féivərit] 페이버리트	형 마음에 드는 명 행운아
fawn	[fɔːn] 포온	명 새끼 사슴 타 자 새끼를 낳다
fear	[fiər] 피어	명 두려움, 공포 타 자 무서워하다
fearful	[fiərfəl] 피어펄	형 무서운, 두려운
fearfully	[fiərfəli] 피어퍼리	부 지독히, 두려워하면서
feast	[fiːst] 피-스트	명 축제일, 향연 타 자 잔치를 베풀다
feat	[fiːt] 피-트	명 행위, 공적, 묘기
feather	[féðər] 페더	명 깃털, 깃 장식
feature	[fíːtʃər] 피-쳐	명 용모, 특징 타 ~의 특징이 되다
February	[fébruèri] 페브루에리	명 2월(약 Feb)
federal	[fédərəl] 페더럴	형 연방의, 연방 정부의, 동맹의
federate	[fédərit] 페더리트	타 자 연합시키다, 동맹하다
federation	[fèdəréiʃən] 페더레이션	명 연합, 연방, 연맹, 동맹
fee	[fiː] 피-	명 수수료, 요금 타 요금을 치르다
feeble	[fíːbəl] 피-벌	형 약한, 연약한, 힘없는
feebly	[fíːbli] 피-블리	부 약하게, 힘없이, 무기력하게
feed	[fíːd] 피-드	타 자 먹이다, 기르다

- feed on ~을 먹고 살다, ~으로 기르다

feeder	[fíːdər] 피-더	명 먹이통, 사육자, 선동자
feel	[fíːl] 피일	타 자 만지다, 더듬다 명 느낌

- feel at ease 안심하다
- feel like (~ing) ~하고 싶은 마음이 들다, ~하고 싶어지다

feeling	[fíːliŋ] 피일링	명 촉감, 지각, 느낌, 감촉
feign	[fein] 페인	타 자 가장하다, ~체하다
fellow	[félou] 펠로우	명 동무, 친구, 동지 형 동지의

fellowship	[féləuʃip] 펠로우쉽	명 교우, 공동단체, 우정, 친교
felt	[felt] 펠트	명 펠트 동 feel의 과거분사
female	[fíːmeil] 피-메일	명 여성, 암컷 형 여자의
feminine	[fémənin] 페머닌	형 여성의, 여자다운
fence	[fens] 펜스	명 담, 울타리 타 자 방어하다
ferment	[fə́ːrment] 퍼-멘트	명 효소, 발효 타 자 발효시키다
fern	[fəːrn] 퍼언	명 고사리무리, 양치류
ferry	[féri] 페리	명 나룻터, 나룻배, 도선장
fertile	[fə́ːrtl] 퍼-틀	형 기름진, 풍부한
fertilize	[fə́ːrtəlàiz] 퍼-털라이즈	타 비옥하게 하다, 수정시키다
fervent	[fə́ːrvənt] 퍼-번트	형 뜨거운, 열렬한, 격심한
fervo(u)r	[fə́ːrvər] 퍼-버	명 열렬, 열정, 열심
festival	[féstəvəl] 페스터벌	명 축전, 축제일, 향연
fetch	[fetʃ] 페취	타 가서 가져오다, 불러오다
fetter	[fétər] 페터	명 속박, 구속 타 속박하다
feud	[fjuːd] 퓨-드	명 불화, 반목, 싸움
feudal	[fjúːdl] 퓨-들	형 봉건적인, 영지의
feudalism	[fjúːdəlizəm] 퓨-덜리점	명 봉건제도
fever	[fíːvər] 피-버	명 열병, 열, 열광 타 발열시키다
feverish	[fíːvəriʃ] 피-버리쉬	형 열이 있는, 열병의
few	[fjuː] 퓨-	명 소수 형 소수의, 적은

○ **a few** 소수의, 두셋의 ○ **very few** 극소수의(사람, 물건)
○ **few and far between** 아주 드문, 드문 드문

fiance	[fìːɑːnséi] 피-아안세이	명 (프랑스말) 약혼자(남자)
fiber	[fáibər] 파이버	명 섬유, 성질, 실
fickle	[fíkəl] 피컬	형 변덕스러운, 변하기 쉬운
fiction	[fíkʃən] 픽션	명 소설, 꾸며낸 일, 가정, 가설
fiddle	[fídl] 피들	명 바이올린 타 자 바이올린을 켜다
fidelity	[fidéləti] 피델러티	명 충실, 엄수, 진실, 성실
field	[fíːld] 피일드	명 벌판, 들, 논, 목초지
fiend	[fíːnd] 피-인드	명 악마, 악령, 잔인한 사람

fierce	[fiərs] 피어스	형 사나운, 맹렬한, 흉포한
fiercely	[fiərsli] 피어슬리	부 맹렬히, 지독하게
fiery	[fáiəri] 파이어리	형 불의, 불같은, 불길의
fifteen	[fiftí:n] 핍틴	명 15 형 15의
fifteenth	[fiftí:nθ] 핍티쓰	명 열다섯째 형 15번째의
fifth	[fifθ] 핍쓰	명 제 5, 5분의 1 형 5번째의
fifty	[fífti] 핍티	명 50 형 50의, 쉰의
fiftieth	[fíftiiθ] 피프티-쓰	형 제 50의 명 제 50
fig	[fig] 피그	명 무화과, 복장, 모양
fight	[fait] 파이트	명 전투, 다툼 타 자 전투하다
	● fight for ~을 위하여 싸우다	
	● fight off 싸워서 격퇴하다	
fighter	[fáitər] 파이터	명 전사, 투사, 무인
fighting	[fáitiŋ] 파이팅	명 싸움, 전투, 투쟁
figure	[fígjər] 피겨	명 모양, 형태 타 자 그리다
	● figure out 생각해내다	
filament	[fíləmənt] 필러먼트	명 섬유, 꽃실, 필라멘트
file	[fail] 파일	명 서류철, 표지 타 철하다
fill	[fil] 필	타 자 채우다, 가득 차다
film	[film] 필름	명 필름, 피막 타 자 얇은 껍질로 덮다
filter	[fíltər] 필터	명 여과기, 여과판 타 자 거르다
filth	[filθ] 필쓰	명 오물, 쓰레기
filthy	[fílθi] 필씨	형 더러운, 추잡한
fin	[fin] 핀	명 지느러미, 어류, 어족
final	[fáinəl] 파이널	형 최후의, 결정적인 명 최후, 최종
finally	[fáinəli] 파이널리	부 마침내, 최후로
finance	[fainǽns] 피낸스	명 재정, 재무, 재력
financial	[fainǽnʃəl] 파이낸셜	형 재정의, 재무의
find	[faind] 파인드	타 자 찾아내다, 발견하다
	● one's way 길을 찾아가다, ~에 도달하다	

- **find out** 발견하다(=discover), 이해하다, 문제를 풀다

fine	[fain] 파인	형 뛰어난, 훌륭한 명 벌금
finely	[fáinli] 파인리	부 훌륭하게, 아름답게, 곱게
finger	[fíŋɡər] 핑거	명 손가락 타 자 손가락을 대다
finish	[fíniʃ] 피니쉬	타 자 완성하다, 마치다, 끝나다
finite	[fáinait] 파이나이트	형 유한의, 한정된, 제한된
fir	[fəːr] 퍼-	명 전나무
fire	[faiər] 파이어	명 불, 화롯불, 모닥불, 숯불

- **catch fire** 불붙다, 흥분하다, 열광하다
- **on the fire** 준비 중인, 집필 중인
- **open fire** 사격을 개시하다, (일을) 시작하다

fire-engine	[faiəréndʒən] 파이어엔전	명 소방 펌프, 불 자동차
fire-fly	[faiərflai] 파이어프라이	명 개똥벌레, 반딧불
fireman	[fáiərmən] 파이어먼	명 (직업적) 소방수
fireplace	[fáiərplèis] 파이어플레이스	명 (벽)난로
fireworks	[fáiərwəːrks] 파이어워억스	명 불꽃
firm	[fəːrm] 퍼엄	형 굳은, 단단한 부 굳게
firmly	[fəːrmli] 퍼엄리	부 튼튼하게, 굳게
firmness	[fəːrmnis] 퍼엄니스	명 견고, 확실
firmament	[fəːrməmənt] 퍼-머먼트	명 하늘, 창공
first	[fəːrst] 퍼-스트	형 첫번째의, 최초의 부 첫째로

- **first of all** 우선 첫째로, 무엇보다도
- **in the first place** 맨 먼저, 무엇보다도 먼저
- **at first** 처음에는, 최초에는   **first or last** 조만간에

first-class	[fəːrstklǽs] 퍼-스트클래스	형 일류의 부 일등으로
first-rate	[fəːrstréit] 퍼-스트레이트	형 일류의 부 굉장히
fiscal	[fískəl] 피스컬	형 국고의, 회계의
fish	[fiʃ] 피쉬	명 물고기, 생선
fisher	[fíʃər] 피셔	명 물고기를 잡는 동물, 어부
fisherman	[fíʃərmən] 피셔먼	명 어부, 낚싯군
fist	[fist] 피스트	명 주먹, 철권 타 주먹으로 치다
fit	[fit] 피트	형 적당한 타 자 ~에 적합하다

- **fit on** ~에 맞는지 입어보다, 잘 끼우다

○ **fit up** 준비하다, 설비하다

○ **think (see) fit to do** ~함이 적당하다고 생각하다, ~하기로 결정하다

fitness	[fítnis] 피트니스	명 적당, 적절, 적합성
five	[faiv] 파이브	명 5 형 5의
fix	[fiks] 픽스	타 자 고정시키다, 고정하다
fixed	[fikst] 픽스트	동 fix의 과거(분사) 형 고정된
fixture	[fíkstʃər] 픽스쳐	명 정착물, 비품
flag	[flæg] 플래그	명 기 타 기를 올리다
flake	[fleik] 플레이크	명 얇은 조각, 박편(薄片)
flame	[fleim] 플레임	명 불길, 화염 자 활활 타다
flank	[flæŋk] 플랭크	명 옆구리, 측면, 옆구리살
flannel	[flǽnl] 플래늘	명 플란넬, 플란넬의류, 융의 일종
flap	[flæp] 플랩	타 자 펄럭거리다, 날개치며 날다
flare	[flɛər] 플레어	타 자 너울거리는 불길
flash	[flæʃ] 플래쉬	명 섬광, 번쩍임 타 자 번쩍이다
flask	[flæsk] 플라스크	명 프라스크, 작은 병
flat	[flæt] 플래트	형 평평한 타 자 평평하게 하다
flatten	[flǽtn] 플래튼	타 자 평평하게 하다, 고르다
flatter	[flǽtər] 플래터	타 아첨하다, 알랑거리다

○ **flatter oneself** 우쭐거리다, 자만하다

flatterer	[flǽtərər] 플래터러	명 아첨꾼, 추종자
flattery	[flǽtəri] 플래터리	명 아첨, 치렛말
flavo(u)r	[fléivər] 플레이버	명 풍미, 맛, 향기
flaw	[flɔː] 플로-	명 흠, 금, 결점 타 자 금가다
flax	[flæks] 플래스	명 아마(삼 종류)
flea	[fliː] 플리-	명 벼룩
flee	[fliː] 플리-	타 자 도망하다, 피하다
fleece	[fliːs] 플리-스	명 양털 타 양털을 깎다
fleet	[fliːt] 플리-트	명 함대 형 빠른 자 빨리 날아가다

flesh	[fleʃ] 플레쉬	명 살, 살집, 식육, 육욕
flexible	[fléksəbəl] 플렉서벌	형 구부리기 쉬운, 융통성 있는
flicker	[flíkər] 플리커	자 가물거리다 명 깜빡이는 빛
flight	[flait] 플라이트	명 비행, 날기
fling	[fliŋ] 플링	타 자 던지다, 돌진하다
flint	[flint] 플린트	명 부싯돌, 라이터돌 형 고집센
flirt	[flə:rt] 플러-트	타 자 흔들어대다, 희롱하다
flit	[flit] 플리트	자 훌쩍 날다, 훨훨 날다
float	[flout] 플로-트	타 자 뜨다, 띄우다 명 낚시찌
flock	[flɑk] 플락	명 (양, 새의) 떼 자 떼지어 오다
flood	[flʌd] 플러드	명 홍수, 만조 타 자 범람하다
floor	[flɔ:r] 프로-	명 마루, 층계, 의원석, 바닥
flop	[flɑp] 플랍	타 자 쾅 떨어지다, 탁 던지다
flora	[flɔ́:rə] 플로-러	명 (한 시대, 한 지역의) 식물상
flounder	[fláundər] 플라운더	명 버둥거림 자 버둥거리다
flour	[flauər] 플라워	명 가루, 밀가루 타 가루를 뿌리다
flourish	[flɔ́:riʃ] 플러리쉬	타 자 무성하다, 번창하다
flow	[flou] 플로우	자 흐르다, 지나가다
flower	[fláuər] 플라워	명 꽃 타 자 꽃이 피다, 번영하다
flowery	[fláuəri] 플라워리	형 꽃이 많은, 꽃무늬의
fluid	[flú:id] 플루-이드	명 액체, 유동체 형 유동성의
flush	[flʌʃ] 플러쉬	타 자 얼굴을 붉히다, 왈칵 쏟다
flute	[flu:t] 플루-트	명 피리, 플룻 타 자 피리를 불다
flutter	[flʌ́tər] 플러터	타 자 날개치다, 홰치다 명 외침
fly	[flai] 플라이	명 파리 타 자 날다, 비행하다

- **fly high** 높이 날다, 대망을 품다
- **fly in the face of** ~에 반항하다
- **off the fly** 아무 것도 하지않고, 쉬고 있는

| flying | [fláiiŋ] 플라잉 | 명 비행, 질주 형 나는, 급한 |
| foam | [foum] 포움 | 명 거품 타 자 거품 일다 |

focus	[fóukəs] 포우커스	명 초점, 중심점 타 자 집중하다
fodder	[fádər] 파더	명 마초, 꼴 타 마초를 주다
foe	[fou] 포우	명 적, 원수
foetus	[fíːtəs] 피-터스	명 태아, 뱃속의 아이
fog	[fɔ(ː)g] 포그	명 안개 타 안개로 덮다
foggy	[fɔ́(ː)gi] 포기	형 안개 짙은, 흐린, 뿌연
foil	[fɔil] 포일	명 (금속의) 박 타 좌절시키다
fold	[fould] 포울드	타 자 접다, 접치다 명 접음, 우리

○ **fold one's hand** 깍지 끼다, 빈둥빈둥 놀고 지내다
○ **fold up** 반듯하게 접다, 파산하다

foliage	[fóuliidʒ] 포울리이쥐	명 (무성한) 나뭇잎
folk	[fouk] 포우크	명 사람들, 가족, 친척
follow	[fálou] 팔로우	타 자 ~의 뒤를 따라가다, 따르다

○ **as follow** 다음과 같이 ○ **follow out** 끝까지 해내다

follower	[fálouər] 팔로워	명 수행자, 부하, 종자
following	[fálouiŋ] 팔로-잉	형 다음의, 순응의 명 다음
folly	[fáli] 팔리	명 어리석음, 어리석은 짓
fond	[fand] 판드	형 좋아하여, 다정한, 애정있는
fondly	[fándli] 판들리	부 정답게, 귀여워해서
fondness	[fándnis] 판드니스	명 애호, 자애
food	[fuːd] 푸-드	명 음식물, 자양분
fool	[fuːl] 푸울	명 바보, 어리석은 사람

○ **act the fool** 바보 노릇을 하다
○ **make a fool of** ~을 바보로 취급하다
○ **be a fool to** ~와는 비교가 안되다, 훨씬 못하다

foot	[fut] 풋	명 발, 족부, 피이트(=12인치)

○ **on foot** 보도로, 진행중, 착수되어, 걸어서
○ **put one's foot in (to) it** 곤경에 빠지다, 실수하다

football	[fútbɔ̀l] 풋보올	명 축구
footing	[fútiŋ] 푸팅	명 발판, 터전, 확고한 지반
footstep	[fútstèp] 풋스텝	명 걸음걸이, 발자국소리

단어	발음	한글발음	의미
for	[fɔːr]	포-	전 ~을 위하여, ~대신, ~동안
	○ for a while 잠시동안(= for some time)		
	○ for all that 그런데도 불구하고		
	○ for ever 영원히, 언제나, 끊임없이		
forage	[fɔ́ːridʒ]	포-리쥐	명 꼴, 마초 타 자 식량을 주다
forbear	[fɔːrbɛ́ər]	포-베어	타 자 억누르다, 참고 견디다
forbid	[fərbíd]	퍼비드	타 자 금하다, 금지하다
forbidden	[fərbídn]	퍼비든	동 forbid의 과거분사 형 금지된
force	[fɔːrs]	포-스	명 힘, 세력 타 폭력을 가하다
ford	[fɔːrd]	포-드	명 여울 타 자 여울을 건너다
fore	[fɔːr]	포-	명 앞면 부 앞에 형 전방의
forecast	[fɔ́ːrkæ̀st]	포-캐스트	명 예상 타 예상하다
forefather	[fɔ́ːrfɑ̀ːðər]	포-파-더	명 선조, 조상
forefinger	[fɔ́ːrfìŋgər]	포-핑거	명 집게손가락
forehead	[fɔ́(ː)rid]	포리드	명 이마, 앞 부분
foreign	[fɔ́(ː)rin]	포린	형 외국의, 외국풍의, 이질적인
foremost	[fɔ́ːrmòust]	포-모우스트	형 맨앞의 부 맨앞에
forenoon	[fɔ́ːrnùːn]	포-누운	명 오전
foresee	[fɔːrsíː]	포-시-	타 자 미리 알다, 예견하다
foresight	[fɔ́ːrsàit]	포-사이트	명 선견지명, 심려, 전망
forest	[fɔ́(ː)rist]	포리스트	명 숲, 삼림 타 숲으로 만들다
foretell	[fɔːrtél]	포-텔	타 자 예언하다, 예고하다
forever	[fərévər]	퍼레버	형 영원히, 언제나
forfeit	[fɔ́ːrfit]	포-피트	명 상실 타 상실하다, 몰수하다
forge	[fɔːrdʒ]	포-쥐	명 철공장 타 벼리다, 단련하다
forget	[fərgét]	퍼게트	타 잊어버리다, 망각하다
forgive	[fərgív]	퍼기브	타 용서하다, 탕감하다
forgiveness	[fərgívnis]	퍼기브니스	명 용서, 면제
fork	[fɔːrk]	포-크	명 포크, 쇠스랑
forlorn	[fərlɔ́ːrn]	퍼로온	형 버림받은, 고독한, 비참한
form	[fɔːrm]	포옴	명 모양, 형상 타 모양을 짓다
formal	[fɔ́ːrməl]	포-멀	형 정식의, 형식의

formally	[fɔ́ːrməli]	포-멀리	부 형식적으로, 공식으로
formality	[fɔːrmǽləti]	포-맬러티	명 형식, 존중, 형식적 행위
formation	[fɔːrméiʃən]	포-메이션	명 형성, 조직, 구성
former	[fɔ́ːrmər]	포-머	형 앞의, 이전의, 전자의
formerly	[fɔ́ːrmərli]	포-멀리	부 옛날에, 이전에
formidable	[fɔ́ːrmidəbəl]	포-미더벌	형 무서운, 만만치 않은
Formosa	[fɔːrmóusə]	포-모우서	명 타이완, 대만
formula	[fɔ́ːrmjələ]	포-미멀러	명 판에 박은 말, 법식, 처방
formulate	[fɔ́ːrmjəlèit]	포-멸레이트	타 공식으로 나타내다
forsake	[fərséik]	퍼세이크	타 포기하다, 내버리다
fort	[fɔːrt]	포-트	명 보루, 성채, 포대
forth	[fɔːrθ]	포-쓰	부 앞으로, 밖으로, ~이후
forthwith	[fɔ̀ːrθwíθ]	포-쓰위쓰	부 당장, 즉시, 즉각
fortieth	[fɔ́ːrtiiθ]	포오티이쓰	명 제 40 형 제 40의
fortification	[fɔ̀ːrtəfikéiʃən]	포-터피케이션	명 방비, 축성, 요새
fortify	[fɔ́ːrtəfài]	포-티파이	타 견고하게 하다, 뒷받침하다
fortitude	[fɔ́ːrtətjùːd]	포-터튜-드	명 인내, 견인불발(堅忍不拔)
fortnight	[fɔ́ːrtnàit]	포-트나이트	명 2주간, 14일
fortress	[fɔ́ːrtris]	포-트리스	명 요새(要塞), 성채
fortunate	[fɔ́ːrtʃənit]	포-처니트	형 행운의, 복받은, 운좋은
fortunately	[fɔ́ːrtʃənətli]	포-처너틀리	부 운좋게, 다행히
fortune	[fɔ́ːrtʃən]	포-천	명 운, 행운, 우연
forty	[fɔ́ːrti]	포-티	명 40 형 40의
forum	[fɔ́ːrəm]	포-럼	명 공회의 광장, 시장, 법정
forward(s)	[fɔ́ːrwərd(z)]	포-워드(즈)	부 앞으로, 앞에, 향후 형 앞의
fossil	[fásl]	파슬	명 화석 형 화석의
foster	[fɔ́(ː)stər]	포스터	타 기르다, 양육하다, 돌보다
foul	[faul]	파울	형 더러운, 불결한, 천한
foulness	[fáulnis]	파울니스	명 더러움, 불결, 입이 상스러움
found	[faund]	파운드	타 자 기초를 두다, 창설하다
foundation	[faundéiʃən]	파운데이션	명 토대, 기초, 근거
founder	[fáundər]	파운더	명 창설자, 발기인 타 자 침몰하다

fountain	[fáunt*i*n] 파운틴	명 샘, 분수, 원천, 수원
fountain pen	[fáunt*i*npen] 파운틴펜	명 만년필
four	[fɔːr] 포-	명 4, 넷 형 4의, 넷의
	○ on all four 네 발로 기어, ~와 일치하여	
fourscore	[fɔ́ːrskɔ́ːr] 포-스코오	명 80 형 80의
fourteen	[fɔ́ːrtíːn] 포-틴	명 14 형 14의
fourteenth	[fɔ́ːrtíːnθ] 포-티인쓰	명 제 14, 열넷 형 제 14의
fourth	[fɔːrθ] 포-쓰	명 제 4, 네 번째 형 제 4의
fowl	[faul] 파울	명 닭, 가금, 새고기
fox	[fɑks] 팍스	명 여우, 교활한 사람
fraction	[frǽkʃən] 프랙션	명 단편, 부분, 파편
fracture	[frǽktʃər] 프랙쳐	명 부숨, 부러짐 타 자 부수다
fragile	[frǽdʒəl] 프래절	형 부서지기 쉬운, 연약한
fragment	[frǽgmənt] 프래그먼트	명 파편, 단편, 미완성 유고
fragrant	[fréigrənt] 프레이그런트	형 냄새가 좋은, 상쾌한
fragrance(y)	[fréigrəns] 프레이그런스	명 향기, 방향
frail	[freil] 프레일	형 허약한, 무른
frailty	[fréilti] 프레일티	명 허약, 약점, 여림
frame	[freim] 프레임	명 뼈대, 구조, 기구 타 만들다
framework	[fréimwə̀ːrk] 프레임-어크	명 틀, 뼈대, 구성
franc	[fræŋk] 프랭크	명 프랑(프랑스, 벨기에 화폐 단위)
France	[fræns] 프랜스	명 프랑스
frank	[fræŋk] 프랭크	형 솔직한, 숨김없는 명 프랑스인
frankly	[frǽŋkli] 프랭클리	부 솔직히
frankness	[frǽŋknis] 프랭크니스	명 솔직, 담백
frantic	[frǽntik] 프랜틱	형 광제적인, 필사적인
fraternity	[frətə́ːrnəti] 프러터-너티	명 형제간의 우애, 동업
fraud	[frɔːd] 프로-드	명 사기, 부정수단, 사기꾼
freak	[friːk] 프리-크	명 변덕, 기형, 변종
freckle	[frékl] 프레클	명 주근깨 타 자 얼룩이 생기다
free	[friː] 프리-	형 자유로운 타 자유롭게 하다

- **free up** ~을 (제한으로부터) 해방시키다, ~의 엉킴을 풀다
- **free of** ~을 떠나서, ~을 면하여
- **freight free** 운임 무료

freedom	[fríːdəm] 프리-덤	명	자유, 독립, 해방
freeman	[fríːmən] 프리-먼	명	자유인
freeze	[friːz] 프리-즈	타자	얼어붙다, 얼다
freight	[freit] 프레이트	명	화물 수송, 수상 수송
French	[frentʃ] 프렌취	형	프랑스의, 프랑스어의
Frenchman	[fréntʃmən] 프렌취먼	명	프랑스인, 프랑스 사람
frenzy	[frénzi] 프렌지	명	광란 타 격앙시키다
frequent	[fríːkwənt] 프리-퀀트	형	빈번한 타 자주 가다
frequently	[fríːkwəntli] 프리-퀀틀리	부	자주, 빈번하게
fresh	[freʃ] 프레쉬	형	새로운, 신선한, 생기있는
fret	[fret] 프레트	타자	속타게 하다, 안달나게 하다
fretful	[frétfəl] 프레트펄	형	초조해 하는
friar	[fráiər] 프라이어	명	탁발승, 수도승
friction	[fríkʃən] 프릭션	명	마찰, 불화, 알력
Friday	[fráidi] 프라이디	명	금요일(약어 Fri)
friend	[frend] 프렌드	명	벗, 친구, 동무

- **make a friend of a person** ~와 친하게 사귀다
- **make friends (again)** 화해하다

friendly	[fréndli] 프렌들리	형	친구의, 우정이 있는
friendship	[fréndʃip] 프렌드쉽	명	우정, 친교, 교우
fright	[frait] 프라이트	명	공포, 놀람, 경악
frighten	[fráitn] 프라이튼	타자	놀라게 하다, 겁내다

- **be frighten at** ~에 놀라다, 섬뜩하다

frightful	[fráitfəl] 프라이트펄	형	무서운, 추악한
frightfully	[fráitfəli] 프라이트펄리	부	무섭게, 추악하게
fringe	[frindʒ] 프린쥐	명	술, 장식, 외변 타 술을 달다
frivolous	[frívələs] 프리벌러스	형	하찮은, 시시한, 경박한
fro	[frou] 프로우	부	저쪽으로, 앞뒤로

- **to and fro** 이리저리, 앞뒤로

frock	[frɑk] 프락	명 부인복, 성직자의 옷
frog	[frɔg] 프로-그	명 개구리
frolic	[frɑ́lik] 프라릭	명 장난 자 장난치다, 까불다
from	[frʌm] 프럼	전 ~에서, ~부터, ~때문

○ **from hand to mouth** 그날 벌어 그날 먹는

○ **from time to time** 때때로, 종종 (=often)

front	[frʌnt] 프런트	명 앞면 형 정면의 타 자 맞서다

○ **in front of** (~의) 앞에, 정면의

○ **change front** 방향을 바꾸다, 방침을 바꾸다

frontier	[frʌntíər] 프런티어	명 국경 지방, 변경
frost	[frɔst] 프로-스트	명 서리, 강상 타 서리로 덮다
frosty	[frɔ́sti] 프로-스티	형 서리가 내리는, 쌀쌀한
frown	[fraun] 프라운	타 자 얼굴을 찡그리다

○ **frown down** 무서운 얼굴로 위압하다

frozen	[fróuzən] 프로우전	동 freeze의 과거분사 형 냉동의
frugal	[frúːgəl] 프루-걸	형 검소한, 알뜰한, 검약한
fruit	[fruːt] 프루-트	명 과일 타 자 열매를 맺다
fruitless	[frúːtlis] 프루-틀리스	형 효과가 없는, 불모의
fruitful	[frúːtfəl] 프루-트펄	형 열매가 잘 열리는, 효과적인
frustrate	[frʌ́streit] 프러스트레이트	타 (적, 계획을) 꺾다
fry	[frai] 프라이	타 자 기름에 튀기다
frying-pan	[fraiŋpæn] 프라잉팬	명 프라이 팬
fuel	[fjúːəl] 퓨-얼	명 연료 타 자 연료를 공급하다
fugitive	[fjúːdʒətiv] 퓨-져티브	도망친, 덧없는 명 도망자
fulfill	[fulfíl] 풀필	타 이행하다, 완수하다
full	[ful] 풀	형 가득찬, 충분한 부 가득히

○ **at full speed** 전속력으로

○ **at the full** 한창으로, 최고조로   ○ **full of** ~으로 가득한

fully	[fúli] 풀리	부 충분히, 완전하게, 전혀
fullness	[fúlnis] 풀니스	명 충분, 풍족, 충만
fumble	[fʌ́mbəl] 펌벌	타 자 더듬다, 만지작거리다

fume	[fju:m] 퓨움	명 연기, 향기 타 자 연기가 나다
fun	[fʌn] 펀	명 장난, 놀이 타 장난하다
	○ full of fun 즐거워서 ○ make fun of 놀리다, 희롱하다	
function	[fʌ́ŋkʃən] 펑(크)션	명 기능, 작용, 임무
fund	[fʌnd] 펀드	명 기금, 자금, 소지금
fundamental	[fʌ̀ndəméntl] 펀더멘틀	형 근본적인, 중요한
funeral	[fjú:nərəl] 퓨-너럴	명 장례식 형 장례식의
fungus	[fʌ́ŋgəs] 펑거스	명 균, 균류, (곰팡이, 버섯의) 균
funnel	[fʌ́nl] 퍼늘	명 깔때기, 채광구멍
funny	[fʌ́ni] 퍼니	형 우스운, 재미있는
fur	[fər] 퍼-	명 모피, 부드러운 털, 털가죽
furious	[fjúəriəs] 퓨어리어스	형 격분한, 맹렬한, 무서운
furiously	[fjúəriəsli] 퓨어리어슬리	부 무섭게, 맹렬히
furnace	[fə́:rnis] 퍼-니스	명 화덕, 용광로
furnish	[fə́:rniʃ] 퍼-니쉬	타 공급하다, 주다
furniture	[fə́:rnitʃər] 퍼-니쳐	명 가구, 비품
furrow	[fə́:rou] 퍼-로우	명 밭고랑, 주름살
further	[fə́:rðər] 퍼-더	형 더욱이, 그 이상의 부 더 멀리
furthermore	[fə́:rðərmɔ̀:r] 퍼-더모-	부 더욱 더, 그 위에 더
furthest	[fə́:rðist] 퍼-디스트	형 가장 먼 부 가장 멀리
fury	[fjúəri] 퓨어리	명 분격, 광포, 격노
fuse	[fjuz] 퓨-즈	명 퓨우즈, 도화선, 신관
fuss	[fʌs] 퍼스	명 공연한 소란, 안달 타 자 속타다
	○ make a fuss 야단법석하다	
futile	[fjú:tl] 퓨-틀	형 쓸데없는, 하찮은, 무익한
future	[fjú:tʃər] 퓨-쳐	명 미래, 장래 형 미래의
	○ for the future 장래는, 금후에는	
fuzz	[fʌz] 퍼즈	명 잔털, 솜털 타 자 보풀이 일다

F

G

gaiety	[géiəti] 게이어티	몡 유쾌, 명랑, 쾌활
gaily	[géili] 게일리	뷔 유쾌하게, 명랑하게
gain	[gein] 게인	타 자 얻다, 이기다, 도달하다

● **gain on (upon)** ~에 접근하다, ~을 침식하다
● **gain over** 설복시키다, (자기 편으로) 끌어들이다

gait	[geit] 게이트	몡 걸음걸이, 걷는 모양
gale	[geil] 게일	몡 강풍, 질풍
gall	[gɔːl] 고올	몡 쓸개즙, 담낭, 쓴맛
gallant	[gǽlənt] 갤런트	혱 훌륭한, 용감한, 씩씩한
gallery	[gǽləri] 갤러리	몡 관람석, 화랑, 전시장
galley	[gǽli] 갤리	몡 갤리배(노예가 노젓는 돛배)
gallon	[gǽlən] 갤런	몡 갈론(용량을 재는 단위)
gallop	[gǽləp] 갤럽	몡 갤럽(말의 질주) 타 자 질주하다
gallows	[gǽlouz] 갤로우즈	몡 교수대, 교수형
gamble	[gǽmbəl] 갬벌	타 자 도박을 하다, 투기하다
game	[geim] 게임	몡 유희, 오락 타 자 내기하다
gang	[gæŋ] 갱	몡 한 떼
gangster	[gǽŋstər] 갱스터	몡 깽의 한 사람(폭력배)
gap	[gæp] 갭	몡 갈라진 틈, 빈틈
gape	[geip] 게이프	몡 하품 자 하품하다
garage	[gərάːʒ] 게라-지	몡 자동차 차고, 격납고, 주차장
garb	[gɑːrb] 가브	몡 (직업, 지위 등을 분별하는) 복장

● **be garbed in** ~을 입고 있다
● **garb oneself in** ~을 입다

garden	[gάːrdn] 가든	몡 뜰, 정원, 마당
gardener	[gάːrdnər] 가드너	몡 정원사, 원예가
gardening	[gάːrdniŋ] 가드닝	몡 뜰 만들기, 원예, 가꾸기

garland	[gáːrlənd] 가-런드	명 화환 타 ~으로 장식하다
garment	[gáːrmənt] 가-먼트	명 겉옷, 의복
garnish	[gáːrniʃ] 가-니쉬	명 장식 타 장식을 달다
garret	[gǽrit] 개리트	명 다락방
garrison	[gǽrəsən] 개러선	명 수비대, 요새지, 주둔지
garter	[gáːrtər] 가-터	명 양말 대님
gas	[gæs] 개스	명 기체, 가스 자 가스를 내다
gaseous	[gǽsiəs] 개시어스	형 가스 모양의, 기체의
gash	[gæʃ] 개쉬	명 깊은 상처 타 깊은 상처를 주다
gasoline	[gæsəlíːn] 개설리인	명 가솔린, 휘발유
gasp	[gæsp] 개스프	타 자 헐떡거리다, 숨이 차다
gate	[geit] 게이트	명 문, 수문, 통로, 관문
gateway	[géitwèi] 게이트웨이	명 문, 출입구, 대문
gather	[gǽðər] 개더	타 자 모으다, 채집하다, 모이다

○ **gather flesh** 살찌다, 살이 붙다
○ **gather oneself up** 기운을 내다, 용기를 내다
○ **gather up** 끌어 모으다, 한데 모으다

gathering	[gǽðəriŋ] 개더링	명 집합, 집회, 수금
gaudy	[gɔ́ːdi] 고디	형 야한, 번지르르한
gauge	[geidʒ] 게이쥐	명 표준 치수, 자, 규격
gaunt	[gɔːnt] 고온트	형 여윈, 수척한, 무시무시한
gauze	[gɔːz] 고-즈	명 가제, 사(紗), 얇은 천
gay	[gei] 게이	형 쾌활한, 화려한, 방탕한
gayly	[géili] 게일리	부 명랑하게, 화려하게
gaze	[geiz] 게이즈	명 응시, 주시 자 응시하다
gear	[giər] 기어	명 톱니바퀴, 연동기, 도구
geese	[giːs] 가-스	명 goose의 복수
gem	[dʒem] 젬	명 보석 타 보석으로 장식하다
gender	[dʒéndər] 젠더	명 (문법) 성(性), 성칭
general	[dʒénərəl] 제너럴	형 보통의, 일반적인

○ **as a general rule** 일반적으로, 보통은
○ **in general** 전반적으로, 일반적으로, 대체로

generally	[dʒénərəli]	제너럴리	부 일반적으로, 대체로
	○ generally speaking		일반적으로 말해서, 대체로
generate	[dʒénərèit]	제너레이트	타 낳다, 산출하다, 생기다
generation	[dʒènəréiʃən]	제너레이션	명 생식, 산출, 세대, 발생
generosity	[dʒènərάsəti]	제너라서티	명 관대, 도량이 큼, 대범
generous	[dʒénərəs]	제너러스	형 관대한, 마음이 넓은
generously	[dʒénərəsli]	제너러슬리	부 관대하게, 아낌없이
genial	[dʒíːnjəl]	지-니얼	형 온화한, 쾌적한, 기분좋은
genius	[dʒíːnjəs]	지-녀스	명 천재, 타고난 자질, 특질
gentle	[dʒéntl]	젠틀	형 상냥한, 온화한, 얌전한
gently	[dʒéntli]	젠틀리	부 상냥하게, 온화하게
gentleness	[dʒéntlnis]	젠틀니스	명 온화, 상냥, 친절
gentleman	[dʒéntlmən]	젠틀먼	명 신사, 점잖은 사람, 남자
gentry	[dʒéntri]	젠트리	명 신사 사회, 상류 계급
genuine	[dʒénjuin]	제뉴인	형 순수한, 성실한, 진짜인
geography	[dʒiːάgrəfi]	지-아그러피	명 지리학, 지리, 지형
geographic(al)	[dʒìːəgrǽfik(əl)]	지-어그래픽(얼)	형 지리학의, 지세의
geology	[dʒiːάlədʒi]	지-알러쥐	명 지질학, 지질
geometry	[dʒiːάmətri]	지-아머트리	명 기하학, 기하학책
germ	[dʒəːrm]	져엄	명 어린 싹, 병원균, 세균
German	[dʒəːrmən]	져-먼	형 독일의 명 독일사람
Germany	[dʒəːrməni]	져-머니	명 독일, 도이취
germinate	[dʒəːrmənèit]	져-머네이트	타 자 발아하다, 발아시키다
gerund	[dʒérənd]	제런드	명 (문법) 동명사
gesture	[dʒéstʃər]	제스쳐	명 손짓, 몸짓, 태도, 거동
get	[get]	게트	타 자 얻다, 획득하다, 도착하다
	○ get back 돌아가다, 돌아오다, 되찾다, 돌려 보내다		
	○ get better 좋아지다, 회복되다, 나아지다		
	○ get in touch with ~와 연락하다		
ghastly	[gǽstli]	개스틀리	형 송장같은 부 송장같이
ghost	[goust]	고우스트	명 유령, 환상, 망령
giant	[dʒáiənt]	자이언트	명 거인, 거물 형 거대한
giddy	[gídi]	기디	형 현기증나는, 어지러움

gift	[gift] 기프트	명 선물, 선사품 타 선사하다
gifted	[gíftid] 기프티드	형 천부의 재주가 있는, 수재의
gigantic	[dʒaigǽntik] 자이갠틱	형 거인같은, 거대한
giggle	[gígəl] 기걸	자 낄낄거리다 형 낄낄 웃기
gild	[gild] 길드	타 금을 입히다, 금 도금하다
gill	[gil] 길	명 (물고기의) 아가미, 처녀, 소녀
gilt	[gilt] 길트	동 gild의 과거분사 형 금 도금한
gin	[dʒin] 진	명 (진술 이름) 타 덫으로 잡다
ginger	[dʒíndʒər] 진져	명 생강, 정력, 원기
gingerbread	[dʒíndʒərbrèd] 진져브레드	명 생강이 든 빵 명 싸구려
gingham	[gíŋəm] 깅엄	명 강감(줄무늬가 있는 무명)
giraffe	[dʒərǽf] 져래프	명 지라프, 기린
gird	[gəːrd] 거ː드	타 허리띠로 졸라매다
girdle	[gə́ːrdl] 거ː들	명 띠, 허리띠
girl	[gəːrl] 거ː얼	명 소녀, 계집아이
give	[giv] 기브	타 자 주다, 선사하다, 증여하다

○ give away 거저 주다, 수여하다, 밀고하다
○ give of oneself 될 수 있는 대로 남을 돕다
○ give over 내어주다, 양도하다, 맡기다

giver	[gívər] 기버	명 주는 사람, 기증자
glacier	[gléiʃər] 글래셔	명 빙하
glad	[glæd] 글래드	형 기쁜, 기쁜 듯한, 즐거운

○ be grad to do ~해서 기쁘다, 기꺼이 ~하다

gladly	[glǽdli] 글래들리	부 기쁘게, 기꺼이
gladness	[glǽdnis] 글래드니스	명 기쁨, 기꺼움, 즐거움
gladden	[glǽdn] 글래든	타 자 기쁘게 하다, 기뻐하다
glade	[gleid] 글레이드	명 숲속의 빈터, 늪지
glamour	[glǽmər] 글래머	명 마력, 신비한 매력
glance	[glæns] 글랜스	명 힐끗 봄, 일견 타 자 힐끗 보다

○ steal a glance at ~을 슬쩍 보다

gland	[glænd] 글랜드	명 선(腺)
glare	[glɛər] 글레어	명 번쩍이는 빛, 섬광
glass	[glæs] 글래스	명 유리컵 타 유리를 끼우다
glaze	[gleiz] 글레이즈	타 자 유리를 끼우다, 매끄럽게 되다
gleam	[gli:m] 글리임	명 어렴풋한 빛 자 번쩍이다
glean	[gli:n] 글리인	타 자 이삭을 줍다, 수집하다
glee	[gli:] 글리-	명 환희, 유쾌
glen	[glen] 글렌	명 협곡, 작은 골짜기
glide	[glaid] 글라이드	타 자 미끄러지다, 미끄러뜨리다
glider	[gláidər] 글라이더	명 글라이더, 활주자
glimmer	[glímər] 글리머	자 희미하게 빛나다 명 미광
glimpse	[glimps] 글림프스	명 힐끗 봄, 언뜻 봄
glint	[glint] 글린트	자 반짝이다 명 반짝이는 빛
glisten	[glísn] 글리슨	자 반짝 빛나다 명 반짝 빛나는 빛
glitter	[glítər] 글리터	자 번쩍번쩍 명 반짝임
globe	[gloub] 글로우브	명 공, 지구, 천체
gloom	[glu:m] 글루움	명 암흑, 어둠 타 자 어두워지다
gloomy	[glú:mi] 글루-미	형 어두운, 음울한
glorify	[glɔ́:rəfài] 글로-러파이	타 찬미하다, 칭송하다
glorious	[glɔ́:riəs] 글로-리어스	형 영광스러운, 빛나는
glory	[glɔ́:ri] 글로-리	명 영광, 영예 자 기뻐하다
gloss	[glɔs] 글로-스	명 광택, 허식, 윤
glossy	[glɔ́(:)si] 글로시	형 광택이 있는, 겉만 차리는
glove	[glʌv] 글러브	명 장갑, (야구, 권투용) 글러브
glow	[glou] 글로우	자 타다 명 백열, 작열

○ glow with anger (rage) 성이 나서 빨개지다

glue	[glu:] 글루-	명 아교 타 아교로 붙이다
gnat	[næt] 내트	명 잔디, 등에, 모기, 각다귀
gnaw	[nɔ:] 노-	타 자 갉아먹다, 쏠다, 물다
go	[gou] 고우	자 가다, 나아가다, 지나가다

	● go about 돌아 다니다, 힘쓰다, (일에) 착수하다	
	● go abroad 외국에 가다	
	● go for ~을 가지러 (부르러, 얻으러) 가다, ~하러 가다	
goal	[goul] 고울	명 결승점, 목표, 득점
goat	[gout] 고우트	명 염소, 호색한
gobble	[gábəl] 가블	타 자 게걸스레 먹다, 채어가다
goblet	[gáblit] 가블리트	명 받침 달린 컵
goblin	[gáblin] 가블린	명 요마, 도깨비, 마귀
god	[gɑd] 갇	명 신, 하느님 타 신격화하다
	● by God 하느님께 맹세코, 꼭	
	● for God's sake 제발 ● God bless me! 저런! 어이쿠!	
	● God know 하느님만이 아신다, 아무도 모른다	
goddess	[gádis] 가디스	명 여신
godfather	[gádfɑ̀:ðər] 갓파-더	명 (세례식 때의) 대부(代父)
godmother	[gádmʌ̀ðər] 갓머더	명 (세례식 때의) 대모(代母)
going	[góuiŋ] 고우잉	명 보행, 여행 형 진행중의
gold	[gould] 고울드	명 금, 황금, 금화 형 금의
golden	[góuldən] 고울던	형 금빛의, 금의, 황금빛의
goldfish	[góuldfiʃ] 고울드피쉬	명 금붕어
goldsmith	[góuldsmìθ] 고울드스미쓰	명 금 세공인
golf	[gɑlf] 갈프	명 골프 자 골프를 치다
gone	[gɔːn] 고-ㄴ	동 go의 과거분사 형 사라진
good	[gud] 굳	형 좋은, 잘된, 훌륭한, 착한
	● good at (in) ~에 능숙한	
	● good for nothing 아무 도움이 안 되는, 어떤 능력도 없는	
	● be no good 도움이 되지 않다, 틀렸다	
	● do good to 이롭다, 도움이 되다, 기쁘게 하다	
good-by(e)	[gùdbái] 굳바이	감 안녕히! 명 고별, 작별
good-looking	[gúdlúkiŋ] 굳루킹	형 잘 생긴, 핸섬한
goodly	[gúdli] 굳리	형 유쾌한, 잘 생긴, 훌륭한
good-natured	[gúdnéitʃərd] 굳네이쳐드	형 사람이 좋은, 온후한
goodness	[gúdnis] 굳니스	명 좋음, 친절, 미덕, 우수
goods	[gudz] 굳즈	명 선, 이익, 행복, 선량함

goodwill	[gúdwíl] 굳윌	형 호의, 동정, 영업권
goose	[guːs] 구ː스	명 거위, 바보, 얼간이
gore	[gɔːr] 고ː-	명 흘린 피, 선지피, 삼각주
gorge	[gɔːrdʒ] 고ː-쥐	명 골짜기, 삼킨 음식, 불쾌
gorgeous	[gɔ́ːrdʒəs] 고ː-져스	형 호화스러운, 굉장한
gosh	[gɑʃ] 가쉬	감 아이쿠!, 큰일났군!, 기필코
gospel	[gáspəl] 가스펄	명 (예수의) 복음, 교리, 진리
gossip	[gásip] 가십	명 잡담 자 잡담하다
Gothic	[gáθik] 가씩	형 고트족의, 미개한
govern	[gʌ́vərn] 거번	타 자 통치하다, 관리하다
government	[gʌ́vərnmənt] 거번먼트	명 통치, 지배, 정치
governor	[gʌ́vərnər] 거버너	명 통치자, 지사, 장관, 사령관
gown	[gaun] 가운	명 긴 겉옷, 가운, 드레스
grab	[græb] 그래브	타 자 움켜잡다, 잡아채다
grace	[greis] 그레이스	명 우아, 매력, 얌전한
gracious	[gréiʃəs] 그레이셔스	형 고상한, 매력있는, 우아한
grade	[greid] 그레이드	명 단체, 계급, 등급
gradual	[grǽdʒuəl] 그래쥬얼	형 점차적인, 서서히 하는
gradually	[grǽdʒuəli] 그래쥬얼리	부 점차로, 서서히
graduate	[grǽdʒuèit] 그래쥬에이트	타 등급을 매기다 자 자격을 따다
graduation	[grædʒuéiʃən] 그래주에이션	명 졸업, 학위 수여
graft	[græft] 그램트	명 접목, 눈접 타 자 접목하다
grain	[grein] 그레인	명 곡식, 낟알, 미량, 알
gram	[græm] 그램	명 그램(=g)
grammar	[grǽmər] 그래머	명 문법, 문법책, 문전
gramme	[græm] 그램	명 그램(=g 영국에서 씀)
gramophone	[grǽməfòun] 그램머포운	명 축음기
grand	[grænd] 그랜드	형 웅대한, 장엄한, 광대한
grandfather	[grǽndfɑ̀ːðər] 그랜드파-더	명 할아버지, 조부
grandma	[grǽndmɑ̀ː] 그랜드마-	명 할머니
grandmother	[grǽndmʌ̀ðər] 그랜드머더	명 조모, 할머니
grandpa	[grǽndpɑ̀ː] 그랜드파-	명 할아버지

grandson	[grǽndsʌn] 그랜드선	명 손자
granite	[grǽnit] 그래니트	명 화강암, 쑥돌
granny	[grǽni] 그래니	명 할머니, 노파
grant	[grænt] 그랜트	타 승낙하다, 허락하다, 수여하다

○ grant admission to a person(=grant a person admission) ~에게 입장(입회, 입학)을 허가하다

○ take ~ for grant ~을 당연하다고 생각하다

grape	[greip] 그레이프	명 포도, 포도나무
grapple	[grǽpəl] 그래펄	타 자 꽉 잡다, 맞붙어 싸우다
grasp	[græsp] 그래습	타 잡다, 쥐다, 이해하다
grass	[græs] 그래스	명 풀, 목초, 잔디, 목장
grasshopper	[grǽshɑ̀pər] 그래스하퍼	명 메뚜기, 여치
grassy	[grǽsi] 그래시	형 녹색의, 풀이 무성한
grate	[greit] 그레이트	명 쇠살판 타 자 문지르다, 갈다
grateful	[gréitfəl] 그레밑펄	형 감사히 여기는, 고마운
gratefully	[gréitfəli] 그레밑펄리	부 고맙게 여기며, 감사하며
gratify	[grǽtəfài] 그래터파이	타 만족시키다, 기쁘게 하다, 채우다
gratitude	[grǽtətjùːd] 그래터튜-드	명 감사, 사의
grave	[greiv] 그레이브	명 무덤, 죽음 형 중대한
gravely	[gréivəli] 그레이벌리	부 진지하게, 중대하게
gravel	[grǽvəl] 그래벌	명 자갈 타 자갈을 깔다
gravitate	[grǽvətèit] 그래버테이트	자 중력에 끌리다, 가라앉다
gravitation	[grævətéiʃən] 그래버테이션	명 인력, 중력
gravity	[grǽvəti] 그래버티	명 진지함, 중대함, 중력
gravy	[gréivi] 그레이비	명 고기국물(소오스)
gray	[grei] 그레이	명 회색, 황혼 형 어두운, 창백한
graze	[greiz] 그레이즈	타 자 풀을 뜯어 먹다 명 목축
grease	[griːs] 그리-스	명 짐승의 기름 타 기름을 바르다
great	[greit] 그레이트	형 큰, 위대한, 훌륭한

greatly	[gréitli] 그레이트리	튀 크게, 대단히, 매우, 위대하게
greatness	[gréitnis] 그레이트니스	명 위대, 거대
Greece	[griːs] 그리-스	명 그리이스
greedy	[gríːdi] 그리-디	형 탐욕스러운, 욕심많은
Greek	[griːk] 그리-크	형 그리이스의 명 그리이스 사람
green	[griːn] 그리인	형 초록색의, 싱싱하게 푸른
greet	[griːt] 그리-트	타 인사하다, 맞이하다, 환영하다
greeting	[gríːtiŋ] 그리-팅	명 인사, 경례
grey	[grei] 그레이	명 회색 형 백발의, 회색의
greyhound	[gréihàund] 그레이하운드	명 그레이하운드(사냥개의 이름)
grief	[griːf] 그리-프	명 비탄, 슬픔

○ **bring to grief** 실패시키다, 불행하게 만들다, 파멸시키다
○ **to grief** 다치다, 재난을 당하다, 실패하다
○ **give a person grief** 호되게 야단치다

grievance	[gríːvəns] 그리-번스	명 불만, 불평
grieve	[griːv] 그리-브	타 자 슬퍼하다, 슬프게 하다
grievous	[gríːvəs] 그리-버스	형 괴롭히는, 쓰라린, 슬픈
grim	[grim] 그림	형 엄한, 무서운, 불굴의
grin	[grin] 그린	자 씩 웃다, 싱글거리다
grind	[graind] 그라인드	타 자 맷돌질하다, 빻다, 찧다
grip	[grip] 그립	타 잡기 타 자 잡다, 고착하다
grit	[grit] 그리트	명 (기계에 장해되는) 잔모래
grizzly	[grízli] 그리즐리	타 회색의, 회색을 띤
groan	[groun] 그로운	자 신음하다 명 신음소리
grocer	[gróusər] 그로우서	명 식료품상, 잡화상
grocery	[gróusəri] 그로우서리	명 어물점, 식료품점
groom	[gru(ː)m] 그루움	명 마부, 신랑 타 몸차림시키다
groove	[gruːv] 그루-브	명 가늘고 긴 홈, 정해진 순서
grope	[group] 그로웁	타 자 더듬다, 손으로 더듬다
gross	[grous] 그로우스	형 조잡한, 큰, 투박한, 거친
grotesque	[groutésk] 그로(우)테스크	형 괴상한, 터무니없는

ground	[graund] 그라운드	명 땅, 지면 타 자 세우다
	○ break ground 땅을 일구다, 땅을 갈다	
	○ come (go) to the ground 망하다, 지다	
	○ fall to the ground (계획 따위가) 실패로 돌아가다	
group	[gruːp] 그룹	명 무리, 집단 타 자 모으(이)다
grouse	[graus] 그라우스	명 뇌조류, 불평 자 불평하다
grove	[grouv] 그로우브	명 작은 숲, 수풀, 잔나무 밭
grow	[grou] 그로우	타 자 성장하다, 성장시키다
	○ grow out 싹트다, (감자가) 새싹을 내다	
	○ grow out of ~에서 생기다, (나쁜 버릇을) 버리다	
	○ grow up 어른이 되다, 자라나다, 다 자라다, (습관이) 생기다	
growl	[graul] 그라울	자 으르렁거리다 명 불만의 소리
grown-up	[gróunʌ̀p] 그로우넙	명 어른 형 어른이 된
growth	[grouθ] 그로우쓰	명 성장, 발육, 발달
grub	[grʌb] 그러브	타 파내다, 개간하다
grudge	[grʌdʒ] 그러쥐	타 아까워하다 명 원한, 질투
gruff	[grʌf] 그러프	형 무뚝뚝한, 거칠은, 난폭한
grumble	[grʌ́mbəl] 그럼벌	타 자 불평하다, 투덜거리다
grunt	[grʌnt] 그런트	타 푸념하다 명 불평
guarantee	[gæ̀rəntíː] 개런티-	명 보증, 보장 타 보증하다
guaranty	[gǽrənti] 개런티	명 보증, 담보
guard	[gɑːrd] 가드	명 경계, 감시 타 지키다
	○ be on (keep, mount) guard 지키다, 파수를 보다, 보초를 서다, 경계를 하다	
	○ off (on) guard 비번 (당번)으로	
	○ on one's guard 보초 서다, 지키고(있다)	
guardian	[gɑ́ːrdiən] 가-디언	명 보호자, 후견인
guess	[ges] 게스	명 추측 자 추측하다
guest	[gest] 게스트	명 손님, 숙박인, 빈객
guidance	[gáidəns] 가이던스	명 안내, 지도, 지휘
guide	[gaid] 가이드	명 안내자, 지도자 타 안내하다
guild	[gild] 길드	명 동업 조합, 길드

guilt	[gilt] 길트	명 죄, 범죄, 비행
guiltless	[gíltlis] 길트리스	형 죄없는, 경험없는
guilty	[gílti] 길티	형 유죄의, 죄를 범한
	◯ (be) guilty of	~의 죄가 있는, ~을 한 적이 있는
guinea	[gíni] 기니	명 기니, 금화(=21s)
guise	[gaiz] 가이즈	명 외관, 복장, 외양
guitar	[gitɑ́ːr] 기타-	명 기타
gulf	[gʌlf] 걸프	명 만(灣), 심연(深淵)
gulp	[gʌlp] 걸프	타 자 꿀꺽꿀꺽 마시다, 삼키다
gum	[gum] 검	명 고무, 생고무, 껌
gun	[gʌn] 건	명 대포, 총, 소총 자 총으로 쏘다
gunner	[gʌ́nər] 거너	명 포수, 포술 장교, 총 사냥꾼
gunpowder	[gʌ́npàudər] 건파우더	명 화약
gush	[gʌʃ] 거쉬	타 자 분출하다, 내뿜다 명 분출
gust	[gʌst] 거스트	명 돌풍, (감정의) 격발, 맛, 미각
gutter	[gʌ́tər] 거터	명 홈통, 하수도 타 자 도랑을 만들다
guy	[gai] 가이	명 사나이, 놈, 도망, 도주
gym	[dʒim] 짐	명 체육관, 체조장
gymnasium	[dʒimnéiziəm] 짐네이지엄	명 체조장, 실내체육장
gymnastic	[dʒimnǽstik] 짐내스틱	형 체조의, 체육의
gymnastics	[dʒimnǽstiks] 짐내스틱스	명 체조, 훈련, 운동
Gypsy	[dʒípsi] 집시	명 집시(유랑민족)

H

ha	[haː] 하-	감 하아! 허어! 아아!
habit	[hǽbit] 해빗	명 버릇, 습관, 습성, 성질

○ in the habit of ~하는 버릇이 있는, 곧잘 ~하는
○ fall into the habit of ~하는 버릇이 생기다

habitation	[hæ̀bətéiʃən] 해버테이션	명 거주, 주소, 주택
habitual	[həbítʃuəl] 허비츄얼	형 습관적인, 평소의, 체질적인
hack	[hæk] 핵	타 자 자르다, 난도질 명 칼자국
had	[hæd] 해드	통 have의 과거분사

○ had as soon do (~할 바에야) 차라리 ~하는 편이 낫다
○ had better have done ~하였더라면 더 좋았다
○ had it not been for ~이 없었더라면

hag	[hæg] 해그	명 마녀, 간악한 노파, 늪
haggard	[hǽgərd] 해거드	형 여윈, 바싹 마른, 야상의
hail	[heil] 헤일	명 싸락눈, 우박 타 자 우박이 오다
hair	[hɛər] 헤어	명 털, 머리털, 머리카락

○ both of a hair 비슷한 둘
○ do(put) up one's hair 머리를 땋다

hale	[heil] 헤일	형 정정한, 근력이 좋은
half	[hæf] 해프	명 절반 부 절반의 형 절반은
halfpenny	[héipəni] 헤이퍼니	명 반페니(동전) 형 하찮은
halfway	[hǽfwéi] 해프웨이	형 중도의, 이중된 부 중도에
hall	[hɔːl] 호올	명 집회장 넓은 방, 홀
halloo	[həlúː] 헐루-	감 어이, 이봐 타 자 여보세요!
hallow	[hǽlou] 핼로우	타 신성하게 하다, 깨끗하다
halt	[hɔːlt] 호올트	명 정지, 휴게 타 자 정지하다
ham	[hæm] 햄	명 햄, 동물의 넓적다리
hamlet	[hǽmlit] 햄릿	명 작은 마을, 작은 부락
hammer	[hǽmər] 해머	명 망치 타 자 망치로 두드리다

hammock	[hǽmək] 해먹	명 해먹, 달아맨 그물침대
hamper	[hǽmpər] 햄퍼	타 방해하다, 곤란하게 하다
hand	[hænd] 핸드	명 손, 팔, 일꾼 타 넘겨주다

- **a bird in the hand** 확실한 소유물
- **have one's hands full** 손이 차 있다, 몹시 바쁘다

handicap	[hǽndikæp] 핸디캡	명 핸디캡 타 핸디를 붙이다
handkerchief	[hǽŋkərtʃif] 행커치프	명 손수건, 목도리
handle	[hǽndl] 핸들	명 자루, 핸들, 손잡이 타 조종하다
handsome	[hǽnsəm] 핸섬	형 잘 생긴, 멋진, 상당한
handy	[hǽndi] 핸디	형 능숙한, 알맞은, 편리한
hang	[hæŋ] 행	타 자 걸다, 매달리다, 내리다

- **go hang** 교수형에 처해지다, ~을 내버려 두다, 무시하다
- **hang back** 주춤하다, 머뭇거리다
- **hang up** ~을 걸다, 매달다, 전화를 끊다

hanging	[hǽŋiŋ] 행잉	명 교수(형), 교살 형 축 늘어진
happen	[hǽpən] 해펀	자 일어나다, 생기다

- **happen to do** 연히 ~하다

happening	[hǽpəniŋ] 해퍼닝	명 우발사, 사건
happiness	[hǽpinis] 해피니스	명 행복, 행운, 만족
happy	[hǽpi] 해피	형 행복한, 행운의, 운좋은
happily	[hǽpili] 해필리	부 행복하게, 다행히
harass	[hǽrəs] 해러스	타 지긋지긋하게 괴롭히다
harbo(u)r	[háːrbər] 하-버	명 항구, 피난처 타 자 숨기다
hard	[hɑːrd] 하-드	형 굳은, 어려운, 단단한

- **have a hard time (of it)** 몹시 혼이 나다, 몹시 고생하다
- **be hard up** 궁해 있다, 쪼들리고 있다
- **make hard work of** ~을 매우 힘겨워하다

harden	[háːrdn] 하-든	타 자 굳어지다, 단단하게 하다
hardly	[háːrdli] 하-들리	부 거의 ~않다, 간신히, 겨우

- **hardly ever** 좀처럼 ~ 않다
- **hardly ~ when (before)** ~하자마자, ~하기가 무섭게

hardship	[háːrdʃip] 하-드쉽	명 고난, 고생, 곤궁, 고초

hardware	[hɑ́ːrdwɛ̀ər] 하드웨어	명 철물, 철기류
hardy	[hɑ́ːrdi] 하-디	형 튼튼한, 저항성의
hare	[hɛər] 헤어	명 산토끼
hark	[hɑːrk] 하-크	타 자 듣다, 경청하다
harm	[hɑːrm] 하암	명 손해, 해악, 해로움 타 해치다
	○ come to harm 다치다, 불행에 빠지다	
harmful	[hɑ́ːrmfəl] 하암펄	형 해로운
harmless	[hɑ́ːrmlis] 하암리스	형 해 없는, 악의 없는
harmonious	[hɑːrmóuniəs] 하아모우니어스	형 가락이 맞는, 조화된
harmony	[hɑ́ːrməni] 하-머니	명 조화, 화합, 협화, 해조
	○ in harmony (with) ~와 조화하여, ~의 좋게	
harness	[hɑ́ːrnis] 하-니스	명 마구(馬具) 타 마구를 채우다
harp	[hɑːrp] 하-프	명 하프 자 하프를 타다
harrow	[hǽrou] 해로우	명 써레, 액막 타 자 써레질하다
harry	[hǽri] 해리	타 침략하다, 약탈하다 명 악마
harsh	[hɑːrʃ] 하-쉬	형 거친, 귀에 거슬리는, 껄껄한
harshly	[hɑ́ːrʃli] 하-쉴리	부 거칠게, 가혹하게, 엄하게
hart	[hɑːrt] 하-트	명 고라니의 수컷
harvest	[hɑ́ːrvist] 하-비스트	명 수확, 추수 타 자 추수하다
has	[hæz] 해즈	동 have의 3인칭 단수
haste	[heist] 헤이스트	명 급속, 급함 타 자 재촉하다
	○ make haste 서두르다	
hasten	[héisn] 헤이슨	타 자 서두르게 하다, 재촉하다
hasty	[héisti] 헤이스티	형 성급한, 경솔한, 조급한
hastily	[héistili] 헤이스틸리	부 급히 서둘러서, 급하게
hat	[hæt] 햇	명 (테가 있는) 모자
hatch	[hætʃ] 해취	타 자 알을 까다 명 부화, 수문
hatchet	[hǽtʃit] 해치트	명 자귀, 손도끼
hate	[heit] 헤잇	타 미워하다, 싫어하다 명 증오
hateful	[héitfəl] 헤잇펄	형 밉살스러운, 괘씸한
hatred	[héitrid] 헤이트리드	명 증오, 혐오
haughty	[hɔ́ːti] 호-티	형 오만한, 거만한, 불손한
haughtily	[hɔ́ːtili] 호-틸리	부 거만하게, 오만하게

haul	[hɔːl] 호올	타 자	끌어당기다, 잡아 끌다

- **haul off** 침로를 바꾸다, 물러서다
- **haul up** (사람이) 멈추어 서다

haunt	[hɔːnt] 호온트	타 자	자주 가다, 종종 방문하다
have	[hæv] 해브	타	가지고 있다, 얻다, 받다

- **have a good time** 즐겁게 지내다
- **have a hard time** 어려운 일을 당하다, 괴로움에 부딪치다

havoc	[hǽvək] 해벅	명	파괴, 대 황폐
Hawaii	[həwáiiː] 허와이	명	하와이
hawk	[hɔːk] 호-크	명 매 타 자	매를 부리다
hawthorn	[hɔ́ːθɔːrn] 호-쏘온	명	산사나무, 서양 산사나무
hay	[hei] 헤이	명	건초, 마른 풀, 마초
hazard	[hǽzərd] 해저드	명	운수, 위험, 모험
haze	[heiz] 헤이즈	명	아지랑이, 안개 자 아련하다
hazel	[héizəl] 헤이절	명 개암나무 형	담갈색의
he	[hiː] 히-	대	그는, 그가, 그 사람, 그 자
head	[hed] 헤드	명	머리, 두뇌, 정상, 지력

- **in one's head** 머리 속에서, 암산으로
- **keep one's head (right)** 침착을 유지하다

headache	[hédèik] 헤데익	명	두통, 두통거리
headlight	[hédlàit] 헤들라이트	명	헤드라이트, (배의) 장등
headline	[hédlàin] 헤들라인	명 제목, 표제 타	제목을 붙이다
headlong	[hédlɔ̀ːŋ] 헤들로옹	부	거꾸로, 똑바로 형 거꾸로의
headquarters	[hédkwɔ̀ːrtərz] 헤드쿠-터즈	명	본부, 본영, 사령부
heal	[hiːl] 히일	타 자	낫게 하다, 고치다, 낫다
health	[helθ] 헬쓰	명	건강, 건강상태
healthful	[hélθfəl] 헬쓰펄	형	건강에 좋은, 건전한
healthy	[hélθi] 헬씨	형	건강한, 위생적인, 건전한
heap	[hiːp] 히잎	명	더미, 퇴적, 덩어리

- **a heap of** 다량의, 많은

hear	[hiər] 히어	타 자	듣다, 들을 수 있다

- **hear about** ~에 대하여 상세히 듣다
- **hear from** ~에게서 소식이 있다, 편지를 받다

	◐ hear of	~의 소식을 듣다, ~에 관하여 듣다
hearer	[híərər] 히어러	명 듣는 사람
hearing	[híəriŋ] 히어링	명 청취, 청력, 청각
	◐ gain (get) a hearing	발언할 기회를 주다
hearken	[háːrkən] 하-컨	자 귀를 기울이다, 경청하다
heart	[hɑːrt] 하-트	명 심장, 마음, 가슴, 흉부
	◐ at heart	내심은, 사실은
	◐ have no heart	인정머리 없다
hearth	[hɑːrθ] 하-쓰	명 난로, 난로가
hearty	[háːrti] 하-티	형 진심에서 우러나오는
heat	[hiːt] 힛트	명 열, 더움 타 자 뜨겁게 하다
heater	[híːtər] 히-터	명 난방장치, 난로
heath	[hiːθ] 히-쓰	명 히스가 무성한 황야
heathen	[híːðən] 히이던	명 이교도, 이방인 형 이교의
heather	[héðər] 헤더	명 히스의 일종
heave	[hiːv] 히-브	타 자 들어올리다, 부풀리다
heaven	[hévən] 헤번	명 태양, 하늘, 상공, 하느님
heavenly	[hévənli] 헤번리	형 하늘의, 천국같은, 거룩한
heavy	[hévi] 헤비	형 무거운, 묵직한, 대량의
Hebraic	[hibréiik] 히브레이익	형 히브리 사람의
Hebrew	[híːbruː] 히-브루-	명 히브리 사람, 이스라엘 사람
hectogram	[héktəgræm] 헥터그램	명 100g
hectoliter	[héktəliːtər] 헥터리-터	명 100ℓ
hedge	[hedʒ] 헤쥐	명 산울타리 타 칸막이하다
heed	[hiːd] 하-드	명 조심, 주의 타 자 주의하다
	◐ give (pay) heed	~에 주의하다, ~을 명심하다
	◐ takeed to (of) he	~에 조심하다, 주의하다
heedless	[híːdlis] 하-들리스	형 조심성 없는, 경솔한
heel	[hiːl] 히일	명 뒤꿈치 타 뒤축을 대다
	◐ take to one's heels	
	부리나케 달아나다, 줄행랑치다(=run away)	
heifer	[héfər] 헤퍼	명 (아직 새끼 안 낳은) 어린 암소

height	[hait] 하이트	명 높이, 고도, 키, 절정
heighten	[háitn] 하이튼	타 자 높이다, 높아지다, 증가하다
heir	[ɛər] 에어	명 상속인, 후계자, 계승자
hell	[hel] 헬	명 지옥, 곤경, 저승, 악귀
hello	[helóu] 헬로우	감 여보! 여보세요!
helm	[helm] 헬름	명 키, 자루 타 키를 잡다
helmet	[hélmit] 헬밑	명 투구, 헬멧, 철모
help	[help] 헬프	타 자 돕다, 거들다, 도움이 되다

- **help off** 도와서 벗겨주다, 도와서 처리해 주다
- **help out** 도와서 나가게 하다, (곤란 등에서) 구출하다
- **help a person to** ~을 도와서 ~을 얻게 하다

helper	[hélpər] 헬퍼	명 원조자, 구조자, 조수
helpful	[hélpfəl] 헬프펄	형 도움이 되는, 유용한
helpless	[hélplis] 헬플리스	형 어찌할 도리 없는, 무리한
hemisphere	[hémisfiər] 헤미스피어	명 가두리, (옷, 손수건의) 가장자리
hemlock	[hémlɑk] 헴락	명 독(당근에서 뽑은 독약)
hemp	[hemp] 헴프	명 대마, 삼, 교수형의 밧줄
hen	[hen] 헨	명 암닭, 암컷
hence	[hens] 헨스	부 지금부터, 이제부터
henceforth	[hènsfɔ́ːrθ] 헨스포-쓰	형 이후, 차후, 이제부터는
her	[hər] 허-	대 그 여자의, 그 여자에게
herald	[hérəld] 헤럴드	명 전령관, 사자 타 전달하다
herb	[həːrb] 허-브	명 풀, 약용 식물(작약, 상처 등)
herd	[həːrd] 허-드	명 (소, 말 따위의) 떼, 군중
here	[hiər] 히어	부 여기에, 여기로, 이리로

- **here and there** 여기 저기에는
- **here below** 이 세상에서는
- **neither here nor there** 아무 데도 없는, 시시한

hereafter	[hiəræftər] 히어래프터	부 앞으로, 이제부터는
hereby	[hìərbái] 히어바이	부 이에 의하여, 이 결과

hereditary	[hirédətèri] 히레더테리	형 세습의, 유전의, 대대의
herein	[hìərín] 히어린	부 여기에, 이 속에
heresy	[hérəsi] 헤러시	명 이교(異敎), 이단(異端), 이론
heretic	[hérətik] 헤러틱	명 이교도 형 이교의, 이단의
heretofore	[hìərtəfɔ́ːr] 히어터포-	부 지금까지, 이제까지
heritage	[héritidʒ] 헤리티쥐	명 유산, 상속재산, 유전
hermit	[hə́ːrmit] 허-미트	명 은자, 수행자, 도사
hero	[híːrou] 히-로우	명 영웅, (연극, 소설 속의) 주인공
heroic	[hiróuik] 히로우익	형 영웅적인, 용감한, 장렬한
heroine	[hérouin] 헤로우인	명 여장부, 여걸, 여주인
heroism	[hérouìzəm] 헤로우이점	명 영웅적 행위, 장렬
heron	[hérən] 헤런	명 왜가리
herring	[hériŋ] 헤링	명 청어
hers	[həːrz] 허-즈	명 그 여자의 것
herself	[həːrsélf] 허-셀프	대 그 여자 자신, 본래의 그녀
he's	[híːz] 히-즈	약 he is (he has)의 줄임
hesitate	[hézətèit] 헤저테이트	자 망설이다, 주저하다
hesitation	[hèzətéiʃən] 헤저테이션	명 망설임, 주저, 말 더듬음
hew	[hjúː] 휴-	타 자 (도끼 따위로) 찍다(자르다)
hey	[hei] 헤이	감 헤이! 야아! 어이!
hickory	[híkəri] 히커리	명 호도과의 나무(스키이 용재)
hide	[haid] 하이드	타 자 숨기다, 감추다, 덮다
hideous	[hídiəs] 히디어스	형 끔찍한, 섬뜩한, 소름끼치는
high	[hai] 하이	형 높은, 올라간 부 높게

- get high (술, 마약 따위에) 취하다
- high time 꼭 좋은 때
- stand high 높은 지위를 차지하다

| highland | [háilənd] 하일런드 | 명 고지, 산지 |
| highly | [háili] 하일리 | 부 높이, 세계, 고도로 |

- speak highly ~을 격찬하다
- think highly of ~을 존중하다

highness	[háinis] 하이니스	명	높음, 높이, 고위
highway	[háiwèi] 하이웨이	명	공로, 대로, 큰 길
hike	[haik] 하이크	명	도보 여행
hiking	[háikiŋ] 하이킹	명	하이킹, 도보 여행
hill	[hil] 힐	명	언덕, 작은 산, 흙더미
hillside	[hílsàid] 힐사이드	명	산중턱, 산허리
hilltop	[híltàp] 힐탑	명	언덕 꼭대기
him	[him] 힘	대	그를, 그대에게
himself	[himsélf] 힘셀프	대	그 자신, 자기 스스로

● by himself 혼자 힘으로, 혼자서

hind	[haind] 하인드	형	뒤의, 후방의, 후부의
hinder	[híndər] 힌더	타 자	방해하다, 방해가 되다
Hindu	[híndu:] 힌두-	명	힌두교도, 인도 사람
hinge	[hindʒ] 힌쥐	명	돌쩌귀, 경첩
hint	[hint] 힌트	명 암시 타 자	암시하다
hip	[hip] 힙	명	엉덩이, 둔부
hire	[háiər] 하이어	명 임대료, 고용 타	세놓다
his	[hiz] 히즈	대	그의, 그의 것
hiss	[his] 히스	명 쉿 타 자	쉬이 소리를 내다
historian	[histɔ́:riən] 히스토-리언	명	역사가
historic	[histɔ́(:)rik] 히스토릭	형	역사상 유명한, 역사에 남은
historical	[histɔ́(:)rikəl] 히스토리컬	형	역사상의, 역사적인
history	[hístəri] 히스터리	명	역사, 사학, 연혁, 경력, 유래
hit	[hit] 힛	타 자	때리다, 적중하다 명 명중

● hit at ~에 덤벼들다, ~을 조소하다
● hit it off 사이좋게 지내다, 잘 어울려 지내다
● hit on (upon) ~에게 부딪치다, 생각해 내다

hitch	[hitʃ] 히취	타 자	홱끌어올리다, 와락 움직이다
hitherto	[hìðərtú:] 히더투-	부	지금까지, 여태까지
hive	[haiv] 하이브	명 꿀벌통 타	벌통에 넣다
ho	[hou] 호우	감	어이! 저런! 허허! 흥!
hoard	[hɔːrd] 호-드	명 저장, 축적 타 자	저장하다

hoarse	[hɔːrs] 호-스	형 목이 쉰, 목쉰 소리의
hobby	[hábi] 하비	명 도락, 장기(長技), 취미
hockey	[háki] 하키	명 하키
hoe	[hou] 호우	명 호미, 괭이 타 호미로 파다
hog	[hɔg] 호-그	명 불결한 사람, 식용돼지
hoist	[hɔist] 호이스트	타 올리다, (기 따위를) 내걸다
hold	[hould] 호울드	타 자 손에 들다, 유지하다

- lay hold of(on) ~을 붙잡다 (쥐다), ~을 붙들다
- hold over 연기하다 ◦ hold up 올리다, 강도질하다
- hold to 굳게 지키다, ~을 고집하다, ~을 고수하다

holder	[hóuldər] 호울더	명 소유자, 보유자, (칼의) 자루
hole	[houl] 호울	명 구멍 타 자 구멍을 뚫다
holiday	[hálədèi] 할러데이	명 휴일, 명절, 국경일
Holland	[hálənd] 할런드	명 네덜란드
hollow	[hálou] 할로우	형 속이 빈 타 자 움푹 들어가다
holly	[háli] 할리	명 호랑가시나무
holy	[hóuli] 호울리	형 신성한, 거룩한, 정결한
homage	[hámidʒ] 하미쥐	명 신종(臣從)의 예, 존경
home	[houm] 호움	명 집, 가정 형 가정의 부 내집으로

- from home 부재하여, 본국을 떠나
- bring home to ~에게 간절히 호소하다, ~을 확신시키다

homely	[hóumli] 호움리	형 검소한, 가정적인, 못생긴
homemade	[hóumméid] 호움메이드	형 손으로 만든, 집에서 만든
homesick	[hóumsìk] 호움식	형 집을 그리워하는, 향수
homestead	[hóumstèd] 호움스테드	명 (농가의) 집과 부속지
homeward	[hóumwərd] 호움워드	형 집으로의 부 집을 향하여
homework	[hóumwə̀ːrk] 호움워-크	명 집안 일, 숙제, 자습
honest	[ánist] 아니스트	형 정직한, 성실한, 공정한

- be honest with ~에게 정직하게 털어놓다, ~와 떳떳하게 사귀다

honestly	[ánistli] 아니스틀리	부 정직하게, 진실로

honesty	[ánisti] 아니스티	명	정직, 성실, 충실, 정절
honey	[hʌ́ni] 허니	명	벌꿀 형 감미로운, 벌꿀의
honeycomb	[hʌ́nikòum] 허니코움	명	벌꿀의 집
honeymoon	[hʌ́nimùːn] 허니무운	명	밀월 자 신혼여행을 하다
honeysuckle	[hʌ́nisÀkəl] 허니서클	명	인동 덩굴
hono(u)r	[ánər] 아너	명	명예, 영광, 명성

● do honor to ~을 존경하다, ~의 명예가 되다
● in honor of ~에 경의를 표하여, ~를 축하하여

hono(u)rable	[ánərəbəl] 아너러벌	형	존경할만한, 명예로운
hood	[hud] 후드	명	두건, 후드, 포장
hoof	[huf] 후프	명	말 발굽
hook	[huk] 훅	명 갈고리 타 구부러지다
hoop	[huːp] 후-프	명 굴렁쇠, 테 타 테를 두르다
hoot	[huːt] 후-트	타 자 야유하다, (올빼미가) 부엉 울다
hop	[hɑp] 하프	자 뛰다 명 한쪽 발로 뛰기
hope	[houp] 호웁	명 희망, 기대 자 타 기대하다
hopeful	[hóupfəl] 호웁펄	형 유명한, 희망에 찬
hopeless	[hóuplis] 호우플리스	형 가망 없는, 절망의
horde	[hɔːrd] 호-드	명 군중, 큰 무리
horizon	[həráizən] 허라이전	명 수평선, 지평선, 시야
horizontal	[hɔ̀ːrəzántl] 호-러잔틀	형 지평선의, 수평의, 평면의
horn	[hɔːrn] 호온	명 뿔, 촉수, 더듬이
horrible	[hɔ́ːrəbəl] 호-러벌	형 무서운, 심한, 지겨운
horrid	[hɔ́ːrid] 호-리드	형 무서운, 지겨운, 불쾌한
horrify	[hɔ́ːrəfài] 호-러파이	타 무섭게 하다, 소름끼치게 하다
horror	[hɔ́ːrər] 호-러	명 공포, 잔혹, 몹시 무서움
horse	[hɔːrs] 호-스	명 말 타 자 말을 타다
horseback	[hɔ́ːrsbæ̀k] 호-스백	명 말의 등
horseman	[hɔ́ːrsmən] 호-스먼	명 말탄 사람, 기병, 기수
horsepower	[hɔ́ːrspàuər] 호-스파워	명 마력
horseshoe	[hɔ́ːrsʃùː] 호-스슈-	명 편자 타 편자를 박다

hose	[houz] 호우즈	명 호스 타 긴 양말을 신기다
hospitable	[háspitəbəl] 하스피터벌	형 후대하는, 대접이 좋은
hospital	[háspitl] 하스피틀	명 병원, 수리점 타 입원시키다
hospitality	[hàspitǽləti] 하스피탤러티	명 환대, 친절한 대접
host	[houst] 호우스트	명 주인노릇, 집 주인
hostage	[hástidʒ] 하스티쥐	명 인질, 볼모, 저당
hostess	[hóustis] 호우스티스	명 여주인, 주부역, 접대부
hostile	[hástil] 하스틸	형 적의 있는, 적의, 적대하는
hostility	[hástíləti] 하스틸러티	명 적의, 저항, 적대
hot	[hɑt] 핫	형 뜨거운, 더운, 고열의
hotel	[houtél] 호우텔	명 호텔, 여관
hound	[haund] 하운드	명 사냥개 타 사냥개로 사냥하다
hour	[áuər] 아워	명 한 시간, 시각, 시
house	[haus] 하우스	명 가옥, 주택, 자택
household	[háushòuld] 하우스호울드	명 가족, 세대 형 가족의
housekeeper	[háuskìːpər] 하우스키-퍼	명 가정부, 주부
housekeeping	[háuskìːpiŋ] 하우스키-핑	명 살림살이, 가정
housewife	[háuswàif] 하우스와이프	명 주부
housework	[háuswə̀ːrk] 하우스워-크	명 가사, 집안 일
hover	[hʌ́vər] 허버	자 배회하다 명 배회, 주저
how	[hau] 하우	부 어떻게, 어떤 식으로, 얼마나

○ How about ~?
~에 대하여 어떻게 생각하느냐, ~하는 것이 어떻습니까?

○ How to do ~하는 법, 방법

however	[hauévər] 하우에버	부 아무리 ~일지라도 접 그렇지만
howl	[haul] 하울	타 자 (개 따위가) 짖다, 악쓰다
huddle	[hʌ́dl] 허들	타 뒤죽박죽 주워모으다 부 붐비다

○ huddle oneself up 몸을 움츠리다

○ all in a huddle 난잡하게

hue	[hjuː] 휴-	명 빛깔, 색채, 색조

hug	[hʌg] 헉	타 꼭 껴안다 명 꼭 껴안음
huge	[hju:dʒ] 휴-쥐	형 거대한, 막대한
hull	[hʌl] 헐	명 껍데기, 외피 타 덮개를 벗기다
hum	[hʌm] 험	자 (벌, 팽이가) 윙윙하다
human	[hjú:mən] 휴-먼	형 인간의, 인간다운 명 사람
humane	[hju:méin] 휴-메인	형 자비로운, 친절한
humanism	[hjú:mənìzəm] 휴-머니점	명 인문주의, 인도주의
humanist	[hjú:mənist] 휴-머니스트	명 인문학자, 인도주의자
humanity	[hju:mǽnəti] 휴-매너티	명 인간, 인류, 인간성
humble	[hʌ́mbəl] 험벌	형 비천한, 천한 타 천하게 하다

○ humble oneself 스스로를 낮추다, 황송해 하다

humbly	[hʌ́mbli] 험블리	부 겸손하여, 비천하게
humiliate	[hju:mílièit] 휴-밀리에이트	타 욕보이다, 창피를 주다
humiliation	[hju:mìliéiʃən] 휴-밀리에이션	명 창피, 굴욕 형 면목 없는
humility	[hju:míləti] 휴-밀러티	명 겸손, 겸허
humo(u)r	[hjú:mər] 유-머	명 익살, 해학, 유머, 기분

○ be in good humor 기분이 좋다

○ be out of humor 맥이 풀리다

| humorous | [hjú:mərəs] 유-머러스 | 형 익살맞은, 해학적인 |
| hump | [hʌmp] 험프 | 명 군살, 둥근 언덕, (등의) 혹 |

○ hump oneself 노력하다, 열심히 하다

○ It give me the hump 약이 오르다

hunch	[hʌntʃ] 헌취	명 육봉(肉峰), 혹, 두꺼운 조각
hundred	[hʌ́ndrəd] 헌드러드	형 100의 명 100
Hungary	[hʌ́ŋgəri] 헝가리	명 헝가리
hunger	[hʌ́ŋgər] 헝거	명 굶주림, 공복 타 굶주리다
hungry	[hʌ́ŋgri] 헝그리	형 굶주린, 공복의, 갈망하는
hunks	[hʌŋks] 헝크스	명 수전노, 구두쇠, 욕심쟁이
hunt	[hʌnt] 헌트	타 자 사냥하다, 추적하다 명 사냥
hunter	[hʌ́ntər] 헌터	명 사냥꾼, 사냥개, 탐구자
huntsman	[hʌ́ntsmən] 헌츠먼	명 사냥꾼

hurl	[həːrl] 허-얼	타 내던지다 명 집어던짐
hurrah	[hurei] 후레이	감 만세 자 만세하고 외치다
hurricane	[hə́ːrəkèin] 허-러케인	명 폭풍, 폭발, 대 폭풍우
hurried	[hə́ːrid] 허-리드	형 매우 급한, 다급한
hurriedly	[hə́ːridli] 허-리들리	부 매우, 급히
hurry	[hə́ːri] 허-리	명 서두름, 매우 급함 타 자 서두르다

- **hurry away (off)** 급히 가버리다
- **hurry on** 급히 가다, 급히 입다

hurt	[həːrt] 허-트	명 부상 타 자 상하게 하다

- **feel hurt** 불쾌하게 생각하다
- **in hurt to** ~을 손상하다, ~을 해치다

husband	[hʌ́zbənd] 허즈번드	명 남편 타 절약하다
hush	[hʌʃ] 허쉬	명 침묵, 고요 타 자 고요하게 하다
husk	[hʌsk] 허스크	명 껍질, 겉껍질 타 껍질을 벗기다
husky	[hʌ́ski] 허스키	형 깍지의, 쉰 목소리의
hustle	[hʌ́səl] 허설	타 자 힘차게 밀다, 밀어내다
hut	[hʌt] 헛	명 오두막집, 임시, 막사
hybrid	[háibrid] 하이브리드	명 잡종, 혼성물 형 잡종의
hydrogen	[háidrədʒən] 하이드러전	명 수소
hygiene	[háidʒiːn] 하이쥔	명 위생학, 건강법
hymn	[him] 힘	명 찬송가, 성가 타 찬송하다
hyphen	[háifən] 하이펀	명 하이픈 타 하이픈으로 연결하다
hypocrisy	[hipákrəsi] 히파크러시	명 위선, 협잡
hypocrite	[hípəkrìt] 히퍼크리트	명 위선자, 협잡군
hypotheseis	[haipáθəsis] 하이파써시스	명 가설(假說), 가정 타 자 가정하다
hysteria	[histíəriə] 히스티어리어	명 히스테리, 병적 흥분
hysterical	[histérikəl] 히스테리컬	형 히스테리의, 아주 우스꽝스러운

I

| I | [ai] 아이 | 때 나는, 내가 |

- **I am certain** 반드시, 틀림없이(= I am sure)
- **I suppose** ~이겠지요
- **I dare say** 아마 ~일 것이다(=maybe), 그럴 거야
- **If I may ask** 물어서는 실례일지 모르지만

ice	[ais] 아이스	명 얼음, 얼음과자 타 얼리다
iceberg	[áisbəːrg] 아이스버-그	명 빙산, 냉담한 사람
icicle	[áisikəl] 아이시컬	명 고드름
icy	[áisi] 아이시	형 얼음의, 얼음같은
idea	[aidíːə] 아이디-어	명 생각, 이념, 관념, 상상

- **get the idea that** ~이라고 (종종 잘못) 믿게 되다
- **give up the idea of** ~을 단념하다
- **have an idea of** ~이 어떤 것인지 알고 있다

ideal	[aidíːəl] 아이디-얼	형 이상적인, 공상적인 명 이상
identical	[aidéntikəl] 아이덴티컬	형 동일한, 같은
identify	[aidéntəfài] 아이덴터파이	타 하나로 간주하다, 동일시하다
identity	[aidéntəti] 아이덴터티	명 동일함, 동일성, 동일한 사람
idiom	[ídiəm] 이디엄	명 관용어, 숙어, 고유어, 언어
idle	[áidl] 아이들	형 태만한 자 게으름피우다

- **idle away** 게으름 피우며 (시간을) 허송하다
- **be at an idle end** 할 일이 없어서 빈둥거리고 있다, 게으름 피우고 있다

idleness	[áidlnis] 아이들니스	명 태반, 게으름, 무위
idly	[áidli] 아이들리	부 하는 일 없이, 게으름 피우며
idol	[áidl] 아이들	명 우상, 신상
if	[if] 이프	접 만약 ~이라면, ~일지라도

- **as if** 마치 ~인 것처럼
- **What if ~?** ~하면 어떻게 될까

- **If not** ~은 아닐지라도(=though not)
- **If you pleace** 제발, 죄송하지만

ignorance	[ígnərəns] 이그너런스	명 무지, 무학, 모르고 있음
ignorant	[ígnərənt] 이그너런트	형 무지몽매한, 무식한
ignore	[ignɔ́ːr] 이그노-	타 무시하다
ill	[il] 일	형 건강이 나쁜, 병든 부 나쁘게

- **be ill at ease** 마음이 놓이지 않다, 불안하다
- **be ill off** 살림 형편이 좋아지다
- **take ~ ill** ~을 나쁘게 여기다, 성내다

illegal	[ilíːgəl] 일리-걸	형 불법의, 위법의 비합리적인
illness	[ílnis] 일니스	명 병, 불쾌, 발병
illuminate	[ilúːmənèit] 일루-머네이트	타 비추다, 계몽하다, 조명하다
illumination	[ilùːmənéiʃən] 일루-머네이션	명 조명, 일루미네이션, 계몽
illusion	[ilúːʒən] 일루-젼	명 환영, 환상, 착각, 망상
illustrate	[íləstrèit] 일러스트레이트	타 (보기를 들어) 설명하다
illustrator	[íləstrèitər] 일러스트레이터	명 삽화가, 설명하는 사람
illustration	[ìləstréiʃən] 일러스트레이션	명 실례, 삽화, 도해, 설명
illustrious	[ilʌ́striəs] 일러스트리어스	형 유명한, 뛰어난, 이름난
I'm	[aim] 아임	약 I am의 단축
image	[ímidʒ] 이미쥐	명 모습, 영상 타 그림자를 비추다
imaginary	[imǽdʒənèri] 이매져네리	형 상상의, 상상으로서의
imagination	[imæ̀dʒənéiʃən] 이매져네이션	명 상상력, 창작력, 상상
imaginative	[imǽdʒənətiv] 이매져너티브	형 상상적인, 상상력이 풍부한
imagine	[imǽdʒin] 이매쥔	타 자 상상하다, 가정하다
imitate	[ímitèit] 이미테이트	타 모방하다, 흉내내다, 따르다
imitation	[ìmitéiʃən] 이미테이션	명 모방, 모조품, 흉내
immediate	[imíːdiit] 이미-디이트	형 직접의, 바로 옆의, 즉시의
immediately	[imíːdiitli] 이미-디이틀리	부 즉시로, 직접, 곧, 바로
immemorial	[ìmimɔ́ːriəl] 이미모-리얼	형 기억에 없는, 태고적의, 아주 오랜
immense	[iméns] 이멘스	형 거대한, 무한한, 막대한
immensely	[iménsli] 이멘슬리	부 무한히, 대단히

immigrant	[ímigrənt] 이미그런트	명 (외국에서 오는) 이민, 이주자
immigration	[ìməgréiʃən] 이먼그레이션	명 (외국에서 오는) 이주, 이민
imminent	[ímənənt] 이먼넌트	형 절박한, 촉박한, 임박한
immortal	[imɔ́ːrtl] 이모-틀	형 영원한, 불사의, 죽지 않는
immortality	[ìmɔːrtǽləti] 이모-탤러티	명 불멸, 불사
impair	[impɛ́ər] 임페어	타자 해치다, 손상시키다
impart	[impɑ́ːrt] 임파-트	타 나누어주다, 곁들이다
impartial	[impɑ́ːrʃəl] 임파-셜	형 편견 없는, 공평한
impassive	[impǽsiv] 임패시브	형 무감동의, 감정이 없는
impatience	[impéiʃəns] 임페이션스	명 조바심, 초조, 안타까움
impatient	[impéiʃənt] 임페이션트	형 성급한, 참을 수 없는

- impatient for ~을 안타깝게 바라는(=eager for)
- impatient of ~을 견딜 수 없는(=unbearable)

impatiently	[impéiʃəntli] 임페이션틀리	부 안절부절하며, 조급하게
impel	[impél] 임펠	타 재촉하다, 몰아대다
imperative	[impérətiv] 임페러티브	형 명령적인, 긴급한
imperfect	[impə́ːrfikt] 임퍼-픽트	형 불완전한, 미완성의, 불비한
imperial	[impíəriəl] 임피어리얼	형 제국의, 황제의
imperious	[impíəriəs] 임피어리어스	형 건방진, 긴급한, 거만한
imperishable	[impériʃəbəl] 임페리셔벌	형 불멸의, 영원한, 불사의
impersonal	[impə́ːrsənəl] 임퍼-서널	형 비개인적인, 비인격적인
impetuous	[impétʃuəs] 임페츄어스	형 맹렬한, 격렬한, 성급한
implement	[ímpləmənt] 임플러먼트	명 도구, 용구, 기구
implore	[implɔ́ːr] 임플로-	타 간청하다, 애원하다
imply	[implái] 임플라이	타 함축하다, 의미하다, 암시하다
import	[impɔ́ːrt] 임포-트	타 가져오다 명 수입
importance	[impɔ́ːrtəns] 임포-턴스	명 중요성, 중요한 지위, 오만
important	[impɔ́ːrtənt] 임포-턴트	형 중요한, 유력한, 거만한
impose	[impóuz] 임포우즈	타자 지우다, 부과하다, 속이다
imposing	[impóuziŋ] 임포우징	형 당당한
imposition	[ìmpəzíʃən] 임퍼지션	명 부과, 세금, 부담

impossible	[impάsəbəl] 임파서벌	형 불가능한, 있을 수 없는
impossibility	[impὰsəbíləti] 임파서빌러티	명 불가능, 불가능한 일
impoverish	[impάvəriʃ] 임파버리쉬	타 가난하게 만들다
impress	[imprés] 임프레스	타 인상을 주다
impression	[impréʃən] 임프레션	명 인상, 느낌, 흔적, 날인, 자국
impressive	[imprésiv] 임프레시브	형 인상적인, 깊은 인상을 주는
imprison	[imprízən] 임프리즌	타 투옥하다, 감금하다
imprisonment	[imprízənmənt] 임프리전먼트	명 투옥, 감금, 구금
improper	[imprάpər] 임프라퍼	형 부적당한, 버릇없는, 그른
improve	[imprúːv] 임프루-브	타 자 개량하다, 개선하다
improvement	[imprúːvmənt] 임프루-브먼트	명 개선, 진보, 향상
impulse	[ímpʌls] 임펄스	명 충동, 자극, 충격, 추진력

- on impulse 지각없이
- on the impulse 일시적 기분으로

| impure | [impjúər] 임퓨어 | 형 때묻은, 불순한, 불결한 |
| in | [in] 인 | 전 ~의 속에 부 안으로, 안에 |

- be in with ~와 친하다 ○ be in with ~와 친하다
- in a hurry 허둥지둥, 급히, ~하고 싶어서 조급하게

inability	[inəbíləti] 이너빌러티	명 무능, 무력, 무자격
inactive	[inǽktiv] 이낵티브	형 활동적이 아닌, 활발치 않은
inadequate	[inǽdikwit] 이내디쿠잇	형 부적당한, 불충분한, 무력한
inasmuch	[inəzmʌtʃ] 이너즈머취	부 ~이기 때문에, ~이므로
inaugurate	[inɔ́ːgjəreit] 이노-겨레이트	타 취임시키다, 개시하다
incapable	[inkéipəbəl] 인케이퍼벌	형 무능한, ~을 할 능력이 없는
incense	[ínsens] 인센스	명 향(香) 타 향을 피우다
incentive	[inséntiv] 인센티브	형 자극적인, 유발적인 명 자극
incessant	[insésənt] 인세선트	형 끊임없는, 연속적인, 간단없는
inch	[intʃ] 인취	명 인치(1/12피이트)
incident	[ínsədənt] 인서던트	형 흔히 있는 명 일어난 일
inclination	[inklənéiʃən] 인클러네이션	명 경사, 기울임, 성향, 성벽
incline	[inkláin] 인클라인	타 자 기울이다, 기울다, 굽히다
inclose	[inklóuz] 인클로우즈	타 울타리를 두르다

영단어	발음	한글발음	품사/뜻
include	[inklúːd]	인클루-드	타 포함하다(=contain)
income	[ínkʌm]	인컴	명 소득, 수입, 순수입
incomparable	[inkɑ́mpərəbəl]	인캄퍼러블	형 비교할 수 없는, 비길 바 없는
inconsistent	[ìnkənsístənt]	인컨시스텐트	형 모순되는, 조화되지 않은
inconvenience	[ìnkənvíːnjəns]	인컨비니언스	명 불편, 폐 타 폐를 끼치다
inconvenient	[ìnkənvíːnjənt]	인컨비-넌트	형 불편한, 폐가 되는
incorporate	[inkɔ́ːrpərèit]	인코-퍼레이트	타 자 합동시키다, 합동하다
increase	[inkríːs]	인크리-스	명 증가 타 자 증가하다, 늘다
increasingly	[inkríːsiŋli]	인크리-싱리	부 점점, 증가하여, 더욱더
incredible	[inkrédəbəl]	인크레더블	형 거짓말 같은, 믿을 수 없는
incur	[inkə́ːr]	인커-	타 ~에 빠지다, 초래하다
indebted	[indétid]	인데티드	형 은혜를 입고 있는, 빚이 있는
indeed	[indíːd]	인디-드	부 참으로, 과연, 실로, 정말로
indefinite	[indéfənit]	인데퍼니트	형 뚜렷하지 않은, 한계 없는
indefinitely	[indéfənitli]	인데퍼니틀리	부 무기한으로, 불명확하게
independence	[ìndipéndəns]	인디펜던스	명 독립, 독립심
independent	[ìndipéndənt]	인디펜던트	형 독립의, 자력의
indescribable	[ìndiskráibəbəl]	인디스크라이버벌	형 형언할 수 없는, 막연한
index	[índeks]	인덱스	명 색인(索引), 지표 타 색인에 넣다
India	[índiə]	인디어	명 인도
Indian	[índiən]	인디언	형 인도의, 인도 사람의
indicate	[índikèit]	인디케이트	타 지적하다, 가르치다
indication	[ìndikéiʃən]	인디케이션	명 지시, 징조, 지시도수
indicative	[indíkətiv]	인디커티브	형 표시하는, (문법) 직설법의
indifferent	[indífərənt]	인디퍼런트	형 무관심한, 냉담한, 대수롭지 않은

○ **be indifferent to** ~에 무관심하다, ~에게는 아무래도 좋다
○ **indispensabl indispensable to (for)**
없어서는 안 되는, ~에 필요 불가결한(=necessary)

| indifference | [indífərəns] | 인디퍼런스 | 명 냉담, 무관심 |
| indignant | [indígnənt] | 인디그넌트 | 형 (부정 따위를) 분개한, 노한 |

indignantly	[indígnəntli] 인디그넌틀리	부 분개하여, 분연히
indignation	[ìndignéiʃən] 인디그네이션	명 의분, 분개, 분노
indigo	[índigòu] 인디고우	명 청람, 남빛, 쪽(물감)
indirect	[ìndirékt] 인디렉트	형 간접의, 2차적인, 부정한
indirectly	[ìndiréktli] 인디렉틀리	부 간접적으로
indiscreet	[ìndiskríːt] 인디스크리-트	형 분별 없는, 무모한
indispensable	[ìndispénsəbəl] 인디스펜서벌	형 절대 필요한, 긴요한
individual	[ìndəvídʒuəl] 인더비쥬얼	형 단일한, 개개의 명 개인
individuality	[ìndəvìdʒuǽləti] 인더비쥬앨러티	명 개성, 개체, 개인의 성격
indoor	[índɔːr] 인도-	형 옥내의, 실내의, 집안의
indoors	[índɔːrz] 인도-즈	부 옥내에서, 집안에서
induce	[indjúːs] 인듀-스	타 설득하여 ~시키다, 권유하다
indulge	[indʌ́ldʒ] 인덜쥐	타 자 멋대로 하게 하다, 빠지다
○ indulge oneself in ~에 빠지다, ~에 탐닉하다		
indulgence	[indʌ́ldʒəns] 인덜젼스	명 탐닉, 관대, 특권, 멋대로 함
industrial	[indʌ́striəl] 인더스트리얼	형 산업의, 공업의
industrious	[indʌ́striəs] 인더스트리어스	형 부지런한, 근면한
industry	[índəstri] 인더스트리	명 근면, 노동, 산업, 공업
inequality	[ìnikwáləti] 이니콸러티	명 불평등, 요철(凹凸), 부등식
inert	[inə́ːrt] 이너-트	형 둔한, 활발치 못한, 생기 없는
inevitable	[inévitəbəl] 이네비터벌	형 피할 수 없는, 필연적인
inexpensive	[ìnikspénsiv] 이닉스펜시브	형 비용이 들지 않는, 값싼
infamous	[ínfəməs] 인퍼머스	형 악명 높은, 오만한
infancy	[ínfənsi] 인펀시	명 유년시대, 초기, 미성년
infant	[ínfənt] 인펀트	명 유아(7세 미만) 형 유아의
infantly	[ínfəntli] 인펀트리	명 보병, 보병대
infect	[infékt] 인펙트	타 전염시키다, (병독 따위로) 오염하다
infer	[infə́ːr] 인퍼-	타 자 추론하다, 결론을 끌어내다
inference	[ínfərəns] 인퍼런스	명 추론, 추리, 결론, 함축
inferior	[infíəriər] 인피어리어	형 아래쪽의 명 하급자
○ be inferior to ~보다 못하다		

infernal	[infə́ːrnl] 인퍼-널	형	지옥의, 지옥 같은
infest	[infést] 인페스트	타	(해충, 해적 따위가) 들끓다
infinite	[ínfənit] 인퍼니트	형	무한의, 막대한
infinitely	[ínfənətli] 인퍼너틀리	부	무한히, 한없이
infinitive	[infínətiv] 인피너티브	명	(문법) 부정사 형 부정형의

○ have the initiative 주도권을 쥐고 있다
○ take the initiative
솔선해서 하다, 주도권을 잡다, 선수를 쓰다

inflame	[infléim] 인플레임	타 자	불을 붙이다, 불붙다
inflation	[infléiʃən] 인플레이션	명	팽창, 통화 팽창
inflict	[inflíkt] 인플릭트	타	(고통, 형벌을) 당하게 하다
influence	[ínfluəns] 인플루언스	명	영향, 감화력
influential	[ìnfluénʃəl] 인플루엔셜	형	영향을 미치는, 유력한
influenza	[ìnfluénzə] 인플루엔저	명	인플루엔자, 유행성 감기
inform	[infɔ́ːrm] 인포옴	타 자	밀고하다, ~에게 고하다
informal	[infɔ́ːrməl] 인포-멀	형	비공식의, 약식의
information	[ìnfərméiʃən] 인퍼메이션	명	통지, 정보, 밀고
ingenious	[indʒíːnjəs] 인자-녀스	형	재간 있는, 슬기로운, 영리한
ingenuity	[ìndʒənjúːəti] 인저뉴-어티	명	재주, 교묘, 발명의 재간
ingredient	[ingríːdiənt] 인그리-디언트	명	(혼합물의) 성분, 재료, 원료
inhabit	[inhǽbit] 인해비트	타	~에 살다, ~에 거주하다
inhabitant	[inhǽbətənt] 인해버턴트	명	거주자, 주민
inherit	[inhérit] 인헤리트	타 자	상속하다, 이어받다
inheritance	[inhérit∂ns] 인헤리턴스	명	상속, 유산, 유전
initial	[iníʃəl] 이니셜	형	최초의 명 첫글자
initiative	[iníʃiətiv] 이니셔티브	형	처음의, 초보의
injunction	[indʒʌ́ŋkʃən] 인정(크)션	명	명령, 지령, 권고
injure	[índʒər] 인저	타	상처를 입히다, 손상하다
injurious	[indʒúəriəs] 인쥬어리어스	형	해로운, 부당한, 모욕적인
injury	[índʒəri] 인저리	명	손해, 상해, 모욕, 훼손
injustice	[indʒʌ́stis] 인저스티스	명	부정, 부당, 불법행위
ink	[iŋk] 잉크	명	잉크
inkstand	[íŋkstænd] 잉크스탠드	명	잉크병, 잉크스탠드

inland	[ínlənd] 인런드	형 내륙의, 국내의, 오지의
inlet	[ínlèt] 인레트	명 후미, 입구, 포구
inmate	[ínmèit] 인메이트	명 거주자, 동거인
inn	[in] 인	명 여관, 여인숙, 선술집
inner	[ínər] 이너	형 내부의, 안의, 속의
inning	[íniŋ] 이닝	명 ~회, 이닝
innocence	[ínəsns] 이너슨스	명 무죄, 결백, 무구, 순결
innocent	[ínəsnt] 이너슨트	형 죄없는, 결백한, 순결한
innocently	[ínəsntli] 이너슨틀리	부 순진하게, 죄 없이
innumerable	[injúːmərəbəl] 이뉴-머러벌	형 무수한, 이루 셀 수 없는
inquire	[inkwáiər] 인콰이어	타자 묻다, 조사하다

○ inquire about ~에 관하여 묻다
○ inquire of ~에게 묻다
○ inquire out 조사하여 알아내다

inquiry	[inkwáiəri] 인콰이어리	명 질문, 조회, 문의
inquisitive	[inkwízətiv] 인퀴저티브	형 물어보고 싶어하는
insane	[inséin] 인세인	형 발광한, 미친 듯한, 광기의
insanity	[insǽnəti] 인새너티	명 광기, 정신이상
inscribe	[inskráib] 인스크라이브	타 (종이, 금속 등에) 쓰다, 새기다
inscription	[inskrípʃən] 인스크립션	명 비문, 제명 형 명각의
insect	[ínsekt] 인섹트	명 곤충, 벌레
insensible	[insénsəbəl] 인센서벌	형 무감각한, 무신경의
inseparable	[insépərəbəl] 인세퍼러벌	형 분리할 수 없는, 불가분의
insert	[insə́ːrt] 인서-트	타 끼워 넣다, 삽입하다
inside	[insáid] 인사이드	명 안쪽, 내부 형 내부의 부 집안에

○ inside and out 안이나 밖이나, 완전히
○ inside of ~의 안에서, 이내에
○ Walk inside! 들어오시오!

insight	[ínsàit] 인사이트	명 통찰력
insignificant	[ìnsignífikənt] 인시그니피컨트	형 하찮은, 무의미한, 천한
insist	[insíst] 인시스트	타자 강요하다, 주장하다

insolent	[ínsələnt]	인설런트	형	안하무인의, 무례한
inspect	[inspékt]	인스펙트	타	검사하다, 점검하다
inspection	[inspékʃən]	인스펙션	명	검사, 조사, 검열
inspector	[inspéktər]	인스펙터	명	검사관, 장학관, 감독
inspiration	[ìnspəréiʃən]	인스퍼레이션	명	숨쉼, 영감, 고취
inspire	[inspáiər]	인스파이어	타	감격시키다, 영감을 주다
install	[instɔ́ːl]	인스토올	타	취임시키다, 자리에 앉히다
installer	[instɔ́ːlər]	인스토올러	명	설치자, 임명자
installation	[ìnstəléiʃən]	인스털레이션	명	취임(식), 설비
instal(l)ment	[instɔ́ːlmənt]	인스토올먼트	명	분할 불입금, 월부금
instance	[ínstəns]	인스턴스	명	보기, 예, 실례 타 예를 들다

○ at the instance of ~의 의뢰에 따라, ~의 발기로
○ for instance 예컨대, 이를 테면

instant	[ínstənt]	인스턴트	형	즉시의, 절박한 명 즉각
instantly	[ínstəntli]	인스턴틀리	부	즉시, 오로지
instead	[instéd]	인스테드	부	(~의) 대신에, (~의) 보다도

○ instead of ~의 대신에(=in place of)

instinct	[ínstiŋkt]	인스팅(크)트	명	본능, 직감, 육감
instinctive	[instíŋktiv]	인스팅(크)티브	형	본능적인, 천성의
instinctively	[instíŋktivli]	인스팅(크)티블리	부	본능적으로, 자연히
institute	[ínstətjùːt]	인스터튜-트	타	설치하다 명 협회, 연구소
institution	[ìnstətjúːʃən]	인스터튜-션	명	설립, 제도, 개시, 관례
instruct	[instrʌ́kt]	인스트럭트	타	가르치다, 알리다
instructive	[instrʌ́ktiv]	인스트럭티브	형	교육적인, 유익한
instructor	[instrʌ́ktər]	인스트럭터	명	교사, (대학의) 강사
instruction	[instrʌ́kʃən]	인스트럭션	명	교수, 교육, 훈련, 지시
instrument	[ínstrəmənt]	인스트러먼트	명	(학술상의) 기계, 기구
insufficient	[ìnsəfíʃənt]	인서피션트	형	불충분한, 부적당한
insult	[ínsʌlt]	인설트	타	모욕하다 명 모욕
insurance	[inʃúərəns]	인슈어런스	명	보험, 보험금, 보험계약
insure	[inʃúər]	인슈어	타	보증하다, 책임맡다
insurrection	[ìnsərékʃən]	인서렉션	명	폭동, 반란
intellect	[íntəlèkt]	인털렉트	명	지력, 이지, 지성

intellectual	[ìntəléktʃuəl] 인털렉츄얼	형 지력의, 지력있는 명 지식인
intelligence	[intéləd ʒəns] 인텔러전스	명 지능, 지혜, 총명, 정보
intelligent	[intéləd ʒənt] 인텔러전트	형 지적인, 영리한, 생각하다
intend	[inténd] 인텐드	타 ~할 작정이다, 생각하다
intense	[inténs] 인텐스	형 격렬한, 열심인, 맹렬한
intensely	[inténsli] 인텐슬리	부 강렬히, 열심히
intensity	[inténsəti] 인텐서티	명 강렬, 엄함, 긴장, 격렬
intent	[intént] 인텐트	명 의지, 의향, 목적 형 여념이 없는

◐ for with intent to (살해할) 목적으로

intently	[inténtli] 인텐틀리	부 여념이 없이, 진심으로
intention	[inténʃən] 인텐션	명 의지, 목적, 의미, 취지
intercept	[ìntərsépt] 인터셉트	타 빼앗다, 가로채다
interchange	[ìntərtʃéindʒ] 인터체인쥐	타 자 교환하다, 교대하다 명 교환
intercourse	[íntərkɔ̀ːrs] 인터코-스	명 교제, 교통, 교환
interest	[íntərist] 인터리스트	명 흥미, 이익, 관심 타 흥미를 갖게 하다

◐ of intrrest 흥미있는
◐ take an intrrest in ~에 흥미를 가지다

interested	[íntəristid] 인터리스티드	형 흥미를 가진, 이기적인

◐ (be) intrrested in ~에 흥미가 있다
◐ intrrested parties 이해 관계자들

interesting	[íntəristiŋ] 인터리스팅	형 재미있는, 흥미있는
interfere	[ìntərfíər] 인터피어	자 충돌하다, 간섭하다
interference	[ìntərfíərəns] 인터피어런스	명 충돌, 간섭, 방해
interior	[intíəriər] 인티어리어	형 내부의, 내륙의 명 내부
interjection	[ìntərdʒékʃən] 인터젝션	명 감탄, (문법) 감탄사
intermediate	[ìntərmíːdiit] 인터미-디이트	형 중간의 명 중개자, 조정자
internal	[intə́ːrnl] 인터-늘	형 내부의, 체내의, 안의
international	[ìntərnǽʃənəl] 인터내셔널	형 국제간의, 국제적인, 만국의
interpose	[ìntərpóuz] 인터포우즈	타 자 사이에 끼우다, 말참견하다

interpret	[intə́ːrprit]	인터-프리트	타자 설명하다, 해석하다
interpreter	[intə́ːrprətər]	인터-프러터	명 해석자, 통역자, 판단자
interpretation	[intə̀ːrprətéiʃən]	인터-프러테이션	명 통역, 해석
interrogate	[intérəgèit]	인테러게이트	타자 질문하다, 심문하다
interrogation	[intèrəgéiʃən]	인테러게이션	명 질문, 심문
interrogative	[intərágətiv]	인터라거티브	형 의문의 명 (문법) 의문사
interrupt	[intərʌ́pt]	인터럽트	타자 가로막다, 중단시키다
interruption	[intərʌ́pʃən]	인터럽션	명 중단, 방해
interval	[intərvəl]	인터벌	명 간격, 쉬는 시간

- at intervals 띄엄띄엄, 여기 저기에, 때때로, 이따금
- at long (short) intervals 간혹, 자주, 종종

intervene	[intərvíːn]	인터비인	자 사이에 들어가다, 방해하다
intervention	[intərvénʃən]	인터벤션	명 간섭, 중개
interview	[intərvjùː]	인터뷰-	명 회견, 면접 타 회견하다
intimacy	[íntəməsi]	인터머시	명 친밀, 친교, 친절
intimate	[íntəmit]	인터미트	형 친밀한, 상세한
intimately	[íntəmitli]	인터미틀리	부 친밀하게, 상세하게
into	[intu]	인투	전 ~의 속에, ~으로, ~에
intolerable	[intálərəbəl]	인타러러블	형 견딜 수 없는, 참을 수 없는
intonation	[intənéiʃən]	인터네이션	명 (찬송가 기도문을) 읊음
intoxicate	[intáksikèit]	인탁시케이트	타 취하게 하다, 흥분시키다
intransitive	[intrǽnsətiv]	인트랜서티브	형 (문법) 자동의 명 (문법) 자동사
intricate	[íntrəkit]	인트러키트	형 뒤섞인, 복잡한, 번잡한
intrigue	[intríːg]	인트리-그	타자 음모를 꾸미다, 밀통하다
introduce	[ìntrədjúːs]	인트러듀-스	타 안내하다, 소개하다, 채용하다
introduction	[ìntrədʌ́kʃən]	인트러덕션	명 도입, 소개, 머리말, 초보
intrude	[intrúːd]	인트루-드	타자 처넣다, 간섭하다, 침입하다
intruder	[intrúːdər]	인트루-더	명 침입자, 난입자
intrusion	[intrúːʒən]	인트루-전	명 훼방, 침입, 난입
intrust	[intrʌ́st]	인트러스트	타 맡기다, 위임하다

invade	[invéid] 인베이드	타 침입하다, 침범하다, 엄습하다
invader	[invéidər] 인베이더	명 침입자, 침략자
invalid	[ínvəlid] 인벌리드	명 병자 형 허약한, 가치 없는
invaluable	[invǽljuəbəl] 인밸류어블	형 극히 귀중한
invasion	[invéiʒən] 인베이전	명 침입, 침략, 침해
invent	[invént] 인벤트	타 발명하다, 창안하다
inventor	[invéntər] 인벤터	명 발명자, 발명가
invention	[invénʃən] 인벤션	명 발명, 발명의 재능, 발명품
invert	[invə́ːrt] 인버―트	타 거꾸로 하다, 뒤집다
invest	[invést] 인베스트	타 자 쓰다, 소비하다, 투자하다
investment	[invéstmənt] 인베스트먼트	명 투자, 포위, 수여자
investigate	[invéstəgèit] 인베스터게이트	타 자 연구하다, 조사하다
investigator	[invéstəgèitər] 인베스터게이터	명 연구가, 조사자
investigation	[invèstəgéiʃən] 인베스터게이션	명 연구, 조사
invincible	[invínzəbəl] 인빈저벌	형 정복할 수 없는, 무적의
invisible	[invízəbəl] 인비저벌	형 눈에 보이지 않는, 숨은
invitation	[ìnvətéiʃən] 인버테이션	명 초대, 안내장, 유인, 권유
invite	[inváit] 인바이트	타 초대하다, 간청하다, 끌다
involute	[ínvəlùːt] 인버루―트	형 뒤얽힌, 복잡한
involuntary	[inváləntèri] 인발런테리	형 무의식적인, 본의 아닌
involve	[inválv] 인발브	타 포함하다, 말아넣다
inward	[ínwərd] 인워드	형 안쪽의 부 안으로, 내부에
Ireland	[áiərlənd] 아이얼런드	명 아일랜드
iris	[áiris] 아이리스	명 (안구의) 홍채(虹彩), 무지개
Irish	[áiriʃ] 아이리쉬	형 아일랜드의 명 아일랜드 사람
iron	[áiərn] 아이언	명 다리미, 쇠, 철, 검, 권총
irony	[áirəni] 아이러니	명 반어(反語), 빈정댐, 풍자
irregular	[irégjələr] 이레결러	형 불규칙한, 변칙의, 비정상의
irresistible	[ìrizístəbəl] 이리지스터벌	형 저항할 수 없는
irritate	[írətèit] 이러테이트	타 초조하게 만들다, 화나게 하다

irritation	[ìrətéiʃən] 이러테이션	명 성남, 초조, 화냄, 자극
is	[iz] 이즈	동 be의 3인칭 단수 현재형
island	[áilənd] 아일런드	명 섬, 섬 비슷한 것
isle	[ail] 아일	명 섬, 작은 섬
isolate	[áisəlèit] 아이설레이트	타 고립시키다, 분리시키다
isolation	[àisəléiʃən] 아이설레이션	명 고립, 격리, 절연, 분리
issue	[íʃu:] 이슈―	명 발행 타 자 발하다, 출판하다

- at issue 논쟁 중에(의), 미해결로, 불화로, 다투고
- face the issue 사실을 사실로 인정하고 대처하다
- make an issue of ~을 문제화하다

it	[it] 잇	대 그것, 그것이, 그것에, 그것을

- It is no use ~ing ~하여도 소용없다
- It seems as if 마치 ~인 것 같다

Italian	[itǽljən] 이탤련	형 이탈리아의 명 이탈리아 사람
italic	[itǽlik] 이탤릭	형 이탤릭체의, 사체(斜體)의
Italy	[ítəli] 이털리	명 이탈리아(공화국)
itch	[itʃ] 이취	명 가려움, 옴, 욕망 자 가렵다
item	[áitəm] 아이텀	명 조목, 세목, 종목, 항목
its	[its] 이쯔	대 (it의 소유격)그것의, 저것의
it's	[its] 이쯔	약 it is의 줄임
itself	[itsélf] 잇셀프	대 그 자신, 바로 그것

- by itself 단독으로, 그것만으로
- in itself 본래, 본질적으로   - of itself 자연히, 저절로

ivory	[áivəri] 아이버리	명 상아, 상아제품
ivy	[áivi] 아이비	명 담쟁이 덩굴

J

jack	[dʒæk] 잭	명 사나이, 젊은이, 고용인
jacket	[dʒǽkit] 재킷	명 짧은 저고리, 자켓
jail	[dʒeil] 제일	명 구치소, 감옥 타 투옥하다
jam	[dʒæm] 잼	명 단지 타 눌러 으깨다
janitor	[dʒǽnətər] 재너터	명 수위, 문지기
January	[dʒǽnjuèri] 재뉴에리	명 1월(약어 Jan)
Japan	[dʒəpǽn] 저팬	명 일본
Japanese	[dʒæ̀pəníːz] 재퍼니-즈	형 일본의 명 일본 사람
jar	[dʒɑːr] 자-	명 단지, 항아리, 충격, 진동
jaw	[dʒɔː] 조-	명 턱, 입 타 자 군소리하다
jay	[dʒei] 제이	명 어치, 얼간이, 바보
jazz	[dʒæz] 재즈	명 째즈음악 형 째즈의
jealous	[dʒéləs] 젤러스	형 질투 많은, 샘내는, 선망하는
jealousy	[dʒéləsi] 젤러시	명 질투, 샘, 투기
jeer	[dʒiər] 지어	명 조롱, 비웃음 타 자 조롱하다
jelly	[dʒéli] 젤리	명 젤리 타 자 젤리가 되다
jeopardy	[dʒépərdi] 제퍼디	명 위험
jerk	[dʒəːrk] 저-크	타 자 확 당기다 명 확 당김
Jerusalem	[dʒirúːsələm] 지루-설럼	자 예루살렘, 이스라엘의 수도
jest	[dʒest] 제스트	명 농담, 익살 타 까불다
Jesus	[dʒíːzəs] 지-저스	명 예수, 그리스도
jet	[dʒet] 제트	명 흑옥, 분출 타 자 분출하다
Jew	[dʒuː] 쥬-	명 유태인, 히브리인
Jewish	[dʒúːiʃ] 쥬-이쉬	형 유태인의, 유태인 같은
jewel	[dʒúːəl] 쥬-얼	명 보석, 보옥, 소중한 사람
jewelry	[dʒúːəlri] 쥬-얼리	명 보석류
jingle	[dʒíŋɡəl] 징걸	명 찌르릉, 달랑달랑
job	[dʒɑb] 잡	명 삯일, 일, 직업 타 자 삯일을 하다

John	[dʒɑn] 쟌	명 남자 이름, 사도 요한
join	[dʒɔin] 조인	타 자 연결하다, 결합하다
	○ join in ~에 가담하다, 가입하다
joint	[dʒɔint] 조인트	형 공동의 명 마디 타 접합하다
joke	[dʒouk] 조우크	명 농담, 익살 타 자 농담하다
	○ in joke 농담으로
jolly	[dʒɑ́li] 쟈리	형 즐거운, 명랑한 부 굉장한
jolt	[dʒoult] 조울트	타 자 덜컹거리다 명 동요
jostle	[dʒɑ́sl] 쟈슬	타 자 밀다, 찌르다 명 충돌
journal	[dʒə́ːrnəl] 저-널	명 일지, 일간 신문, 잡지
journey	[dʒə́ːrni] 저-니	명 여행, 여정 타 여행하다
journeyman	[dʒə́ːrnimən] 저-니먼	명 ~을 마친 특종 전문 직공
jovial	[dʒóuviəl] 조우비얼	형 명랑한, 즐거운, 쾌활한
joy	[dʒɔi] 죠이	명 기쁨, 즐거움 타 자 기뻐하다
	○ in joy 기뻐서　○ with joy 기꺼이
	○ I wish you joy! 축하합니다(=Give you joy)
joyful	[dʒɔ́ifəl] 조이펄	형 기쁜, 즐거운
joyfully	[dʒɔ́ifəli] 조이펄리	형 기꺼이, 즐겁게
joyous	[dʒɔ́iəs] 조이어스	형 즐거운, 기쁜
judge	[dʒʌdʒ] 져쥐	명 판사 타 자 판결을 내리다
judgment	[dʒʌ́dʒmənt] 져쥐먼트	명 재판, 판결, 감정, 비난
judicial	[dʒuːdíʃəl] 쥬-디셜	형 재판소의, 공평한, 비판적인
	○ judicial police 사법 경찰
	○ judicial precedent 판례(判例)
judicious	[dʒuːdíʃəs] 쥬-디셔스	형 분별 있는, 현명한
jug	[dʒʌg] 저그	명 (손잡이가 달린) 항아리, 조끼
juice	[dʒuːs] 쥬-스	명 즙, 액, 주스, 정수, 본질
juicy	[dʒúːsi] 쥬-시	형 즙이 많은, 수분이 많은
July	[dʒuːlái] 쥴-라이	명 7월(약어 Jul)
jump	[dʒʌmp] 점프	타 자 뛰다, 도약하다 명 도약
	○ jump at 공격하다, (초대 일자리 등에) 쾌히 응하다

	○ jump off 나서다, 시작하다, 공격을 개시하다	
	○ jump with ~와 일치하다 ○ jump up 벌떡 일어서다	
jumpy	[dʒʌmpi] 점피	형 신경질의, 변동하는
junction	[dʒʌ́ŋkʃ*ə*n] 정크션	명 접합(점), 연접, 접착
June	[dʒuːn] 쥬운	명 6월(약어 Jun)
jungle	[dʒʌ́ŋgl] 정글	명 정글, 밀림(지대)
junior	[dʒúːnjər] 쥬-니어	형 손 아래의, 후배의 명 연소자
jurisdiction	[dʒùərisdíkʃ*ə*n] 쥬어리스딕션	명 사법권, 관할권, 재판권
jury	[dʒúəri] 쥬어리	명 배심, 배심원
just	[dʒʌst] 져스트	형 올바른, 공정한 부 꼭, 바르게
	○ just as (much) ~ as 꼭 마찬가지로	
	○ just now 방금, 지금 막, 바로 지금	
justly	[dʒʌ́stli] 져스틀리	부 바르게, 공평하게, 올바르게
justice	[dʒʌ́stis] 져스티스	명 정의, 공정, 공평, 정당
	○ do justice to ~을 공평하게 다루다	
	○ do oneself justice 자기능력을 충분히 발휘하다	
justify	[dʒʌ́stəfài] 져스터파이	타 정당화하다, 옳다고 하다
justification	[dʒʌ̀stəfikéiʃ*ə*n] 져스터피케이션	명 정당화, 지당한 변명
jut	[dʒʌt] 젓	명 돌출부 자 돌출하다
juvenile	[dʒúːvənəl] 쥬-버널	형 젊은, 연소한, 소년, 소녀

K

kangaroo	[kæŋgərúː] 캥거루-	명 캥거루
keel	[kiːl] 키일	타 자 전복시키다, 전복하다
keen	[kiːn] 키인	형 날카로운, 예리한, 강한
keenly	[kíːnli] 키인리	부 예리하게, 열렬히
keep	[kiːp] 키잎	타 자 간직하다, 유지하다

- keep keep away (from)
~을 멀리하다, ~에 가까이 하지 않다, (음식물을) 입에 대지 않다
- keep in mind 마음에 새기다, 기억하다
- keep in with (자기 편의를 위해) ~와 사이좋게 지내다
- keep it up 곤란을 무릅쓰고 계속하다

keeper	[kíːpər] 키-퍼	명 파수꾼, 간수
keeping	[kíːpiŋ] 키-핑	명 보육, 보존, 관리, 부양
ken	[ken] 켄	명 시야, 지식, 시계(視界)
kennel	[kénəl] 케널	명 개집 타 자 개집에 넣다
kernel	[kə́ːrnəl] 커-널	명 낟알, 핵심, 골수
kerosene	[kérəsìːn] 케러시인	명 등불용, 석유, 등유
kettle	[kétl] 케틀	명 솥, 주전자, 냄비, 탕관
key	[kiː] 키-	명 열쇠, 해답서 형 중요한 해답서
kick	[kik] 킥	타 자 차다, 반항하다 명 차기

- kick off 걷어 차다   ● kick over (엔진에) 점화하다
- kick up 시작하다, 일으키다, 차 올리다

kid	[kid] 킷	명 아이 가죽, 새끼염소 타 자 놀리다
kidnap	[kídnæp] 키드냅	타 유괴하다, (어린애를) 채가다
kidney	[kídni] 키드니	명 콩팥, 신장
kill	[kil] 킬	타 죽이다, 살해하다 명 살생

- kill oneself 자살하다   ● kill off (out) 절멸시키다
- kill time 소일하다, 하는 일 없이 시간을 보내다

kilo	[kilo] 킬로	몡 킬로(1000의 뜻 약어 k)
kin	[kin] 킨	몡 친척, 혈족관계, 동족
kind	[kaind] 카인드	형 친절한, 상냥한 몡 종류, 종족
	○ kind of 거의, 약간 ○ a kind of 일종의, 얼마간	
kindness	[káindnis] 카인드니스	몡 친절, 상냥함, 애정
kindle	[kíndl] 킨들	타 자 점화하다, 불이 붙다
kindly	[káindli] 카인들리	형 친절한, 인정있는 부 친절히
	○ take kindly to ~을 좋아하다	
kindred	[kíndrid] 킨드리드	몡 혈족, 혈연 형 같은 혈연의
king	[kiŋ] 킹	몡 왕, 국왕
kingly	[kíŋli] 킹리	몡 국왕, 위엄있는 부 왕답게
kingdom	[kíŋdəm] 킹덤	몡 왕국, 왕정, 왕토
kinsman	[kínzmən] 킨즈먼	몡 남자 친척
kiss	[kis] 키스	몡 키스, 입맞춤 타 자 입맞추다
	○ kiss away 키스로 지워 버리다	
	○ kiss the Bible 성서에 키스하고 선서하다	
	○ Kiss off! 가버려, 귀찮게 하지 매!	
	○ kiss out 할당 몫을 주지 않다, 따돌리다	
kitchen	[kítʃən] 키천	몡 부엌, 조리장, 취사장
kite	[kait] 카이트	몡 소개, 연, 사기꾼, 공어음
kitten	[kítn] 키튼	몡 새끼 고양이, 말괄량이
kitty	[kíti] 키티	몡 (포우커의) 판돈, 새끼 고양이
knapsack	[næpsæk] 냅색	몡 배낭, 바랑
knave	[neiv] 네이브	형 악한, 무뢰한, 불량배
knead	[ni:d] 니드	타 반죽하다, 주무르다
knee	[ni:] 니	몡 무릎 타 무릎으로 스치다
	○ fall (go down) on one's knee 무릎을 꿇다, 탄원하다	
kneel	[ni:l] 니일	자 무릎 꿇다, 굴복하다, 굽히다
knell	[nel] 넬	몡 불길한 징조, 흉조
knife	[naif] 나이프	몡 칼, 창칼 타 칼로 베다

knight	[nait] 나이트	명 기사, 나이트작
knighthood	[náithùd] 나이트후드	명 기사의 신분, 나이트 작위
knightly	[náitli] 나이틀리	형 기사의, 의협적인
knit	[nit] 니트	타 자 뜨다, 편물을 하다
knob	[nɑb] 납	명 혹, 마디, 손잡이, 쥐는 것
knock	[nɑk] 낙	타 자 치다, 두드리다, 충돌하다

- **knock against** ~에 부딪치다, 우연히 만나다
- **knock out** 두들겨 내쫓다, (권투) 녹아웃시키다
- **knock under** 항복하다
- **knock up** 두들겨 일으키다, (공 등을) 쳐 올리다

knoll	[noul] 노울	명 작은 언덕, 흙무더기
knot	[nɑt] 낱	명 매듭, 무리, 혹 타 자 맺다
know	[nou] 노우	타 자 알다, 인정하다, 알고 있다

- **be known to** ~에게 알려져 있다
- **know of** ~에 관해서 간접적으로 (얻어듣고) 알다
- **know ~ from** ~와 ~을 구별하다, 분간하다

knowing	[nóuiŋ] 노우잉	형 알고 있는, 빈틈없는
knowledge	[nɑ́lidʒ] 날리쥐	명 지식, 이해, 학문, 학식
known	[noun] 노운	동 know의 과거분사 형 알려진
knuckle	[nʌ́kəl] 너컬	명 손가락 관절(마디), 주먹
knurl	[nəːrl] 너얼	명 마디, 혹, 손잡이
Korea	[kərí:ə] 커리-어	명 (고려) 한국
Korean	[kərí:ən] 커리-언	형 한국의 명 한국 사람
Kremlin	[krémlin] 크렘린	명 (모스크바의) 크레믈린 궁전

L

label	[léibəl] 레이벌	명 딱지, 쪽지 타 이름을 붙이다
labo(u)r	[léibər] 레이버	명 노동, 근로 타 자 일하다
laborer	[léibərər] 레이버러	명 노동자, 인부
laboratory	[lǽbərətɔ̀ːri] 래버러토-리	명 실험실, 연구실, 제약실
laborious	[ləbɔ́ːriəs] 러보-리어스	형 힘드는, 부지런한
lace	[leis] 레이스	명 레이스, 끈 타 자 끈으로 장식하다
lack	[læk] 랙	명 부족, 결핍, 없음 타 자 결핍하다

○ **lack in** ~이 부족하다, ~이 결핍하다

lad	[læd] 래드	명 젊은이, 소년, 청년
ladder	[lǽdər] 래더	명 사닥다리, (출세의) 길
lade	[leid] 레이드	타 쌓다, 짐을 싣다, 적재하다
laden	[léidn] 레이든	형 짐을 실은 동 lade의 과거분사

○ **laden with** ~을 쌓아 올린, ~을 실은

lady	[léidi] 레이디	명 숙녀, 귀부인, 부인
lag	[læg] 랙	자 처지다 명 늦어짐
lair	[lɛər] 레어	명 야수의 굴
lake	[leik] 레이크	명 호수, 연못
lamb	[læm] 램	명 새끼양 타 자 (새끼양을) 낳다
lame	[leim] 레임	형 절름발이의 타 불구로 만들다
lament	[ləmént] 러멘트	타 자 슬퍼하다, 비탄하다 명 비탄
lamentable	[lǽməntəbəl] 래먼터벌	형 슬픈, 통탄할
lamentation	[læ̀məntéiʃən] 래먼테이션	명 슬픔, 비탄
lamp	[læmp] 램프	명 램프, 등불, 남포

lance	[læns] 랜스	명 창, 작살 타 창으로 찌르다
land	[lænd] 랜드	명 육지, 땅, 지면 타 자 상륙하다
landing	[lǽndiŋ] 랜딩	명 상륙, 착륙, 하차, 하선
landlady	[lǽndlèidi] 랜들레이디	명 여자 지주, 안주인
landlord	[lǽndlɔ̀ːrd] 랜들로-드	명 지주, 집주인, (여관, 하숙) 주인
landmark	[lǽndmàːrk] 랜드마크	명 경계표, 육상목표
landscape	[lǽndskèip] 랜드스케입	명 풍경, 경치
lane	[lein] 레인	명 작은 길, 좁은 길, 골목길
language	[lǽŋgwidʒ] 랭귀쥐	명 언어, 국어, 말씨, 어법
languish	[lǽŋgwiʃ] 랭귀쉬	자 약해지다, 시들다, 번민하다
lantern	[lǽntərn] 랜턴	명 초롱불, 각등(角燈)
lap	[læp] 랩	명 (앉았을 때의) 무릎 타 핥다
lapse	[læps] 랩스	명 경과, 흐름 자 타락하다
lard	[lɑːrd] 라-드	명 돼지기름, 라드 타 윤택하다
large	[lɑːrdʒ] 라-쥐	형 커다란, 넓은, 다수의

○ on the large side 꽤 큰 편(인)

largely	[lɑ́ːrdʒli] 라-쥘리	부 크게, 충분히, 풍부하게
lark	[lɑːrk] 라-크	명 종달새
larva	[lɑ́ːrvə] 라-버	명 유생(幼生), 애벌레
lash	[læʃ] 래쉬	명 채찍질, 비난 타 자 빈정대다

○ lash out (말이) 걷어 차다, 폭언을 퍼붓다, '난폭한 짓을 하다

| lass | [læs] 래스 | 명 젊은 여자, 연인, 소녀 |
| last | [læst] 래스트 | 형 최후의 부 최후에 명 최후 |

○ at last 드디어, 결국, 마침내
○ (the) last ~ to do 가장 ~할 것 같지 않은(사람 따위)

lastly	[lǽstli] 래스틀리	부 최후로, 마침내, 결국
lasting	[lǽstiŋ] 래스팅	형 영속하는, 오래 견디는
latch	[lætʃ] 래치	명 고리쇠, 걸쇠 타 걸쇠를 걸다
late	[leit] 레이트	형 늦은, 더딘 부 늦게, 뒤늦게

○ of late years 요 몇년, 최근, 근년

lately	[léitli] 레이틀리	튀 요즈음, 최근에
latent	[léitnt] 레이튼트	형 숨은, 보이지 않는, 잠재적인
later	[léitər] 레이터	형 (late의 비교급) 더 늦은, 나중의

○ later on 다음에, 추후에, 나중에

lateral	[lǽtərəl] 래터럴	형 앞의, 측면에서 명 옆쪽
latest	[léitist] 레이티스트	형 최신의, 최근의

○ at (the) latest 늦어도

Latin	[lǽtin] 래틴	형 라틴어의, 가톨릭교의 명 라틴어
latitude	[lǽtətjùːd] 래터튜―드	명 위도, 지역, 범위
latter	[lǽtər] 래터	형 뒤쪽의, 끝의, 후기의
laugh	[læf] 래프	명 웃음 타 자 웃다, 비웃다

○ laugh at ~을 (보고, 듣고) 웃다, ~을 비웃다

○ laugh off 웃음으로 얼버무리다, 일소하다, 웃어 넘기다

○ laugh out 웃음을 터뜨리다, 폭소하다

laughter	[lǽftər] 랩터	명 웃음, 웃음소리
launch	[lɔːntʃ] 로온취	타 자 진수하다, 발진하다
laundry	[lɑ́ːndri] 란―드리	명 세탁소, 세탁장
laurel	[lɔ́ːrəl] 로―럴	명 월계수, 영예, 월계관, 승리
lava	[lɑ́ːvə] 라버	명 용암, 화산암층
lavatory	[lǽvətɔ̀ːri] 래버토―리	명 세면장, 세면대, 화장실
lavender	[lǽvəndər] 래번더	명 라벤더 형 연보라색의
lavish	[lǽviʃ] 래비쉬	타 아낌없이 주다 형 아낌없는
lavishly	[lǽviʃli] 래비쉬리	튀 함부로, 아끼지 않고
law	[lɔː] 로―	명 법률, 국법, 법, 법칙
lawful	[lɔ́ːfəl] 로―펄	형 합법의, 법정의, 정당한
lawless	[lɔ́ːlis] 로―리스	형 불법적인, 법을 지키지 않는
lawn	[lɔːn] 로―온	명 잔디, 잔디밭, 풀밭
lawyer	[lɔ́ːjər] 로―여	명 법률가, 변호사
lay	[lei] 레이	타 자 눕히다, 누이다 명 위치

○ lay aside 옆에 두다, 중지하다, 버리다

○ lay by 저축하다, 옆에다 놓다

- **lay siege to** ~을 포위 (공격)하다
- **lay it on (thick)** 세게 치다, 때리다

layer	[léiər] 레이어	명 놓는 사람, 쌓는 사람
layman	[léimən] 레이먼	명 평신도, (승려가 아닌) 속인
lazy	[léizi] 레이지	형 게으른, 나태한
lazily	[léizili] 레이질리	부 게으르게, 더디게
lead	[liːd] 리-드	명 지휘, 선도, 납 타 자 인솔하다

- **lead the way** 앞에 서서 가다, 안내하다, 솔선하다
- **lead anywhere** 성과가 나다(부정문에서)

leader	[líːdər] 리-더	명 지도자, 선도자, 대장
leadership	[líːdərʃip] 리-더쉽	명 지도력, 지도자의 임무
leading	[líːdiŋ] 리-딩	명 지도, 지표 형 지휘하는
leaf	[liːf] 리-프	명 잎(사귀), (책의) 한 장
leaflet	[líːflit] 리-플리트	명 작은 잎, 삐라, 광고지
leafy	[líːfi] 리-피	형 잎이 많은, 잎이 무성한
league	[liːg] 리-그	명 동맹, 연맹 타 자 동맹하다
leak	[liːk] 리-크	명 샘, 누출구 타 자 새다
lean	[liːn] 리-인	형 야윈 명 경사 타 자 기대다

- **lean on (upon)** ~에 기대다, 의지하다

leap	[liːp] 리-잎	타 자 뛰다, 뛰어 넘다 명 도약
learn	[ləːrn] 러-언	타 자 배우다, 익히다, 공부하다

- **learn (off) by heart** 외다, 암기하다
- **learn to one's cost** 혼이 나고서야 알다

learned	[lə́ːrnid] 러-니드	형 학식있는, 학구적인
learning	[lə́ːrniŋ] 러-닝	명 학문, 박식, 지식, 학식
lease	[liːs] 리-스	타 토지를 임대하다 명 차용계약
least	[liːst] 리-스트	명 (little 최상급) 최소

- **at (the) least** 적어도, 하다 못해, (at least로) 아무튼, 어쨌든
- **least of all** 가장 ~아니다, 무엇보다도 ~않다

leather	[léðər] 레더	명 (무두질한) 가죽 타 가죽을 씌우다

leave	[liːv] 리-브	타 자 떠나다, 남기다 명 허락

- **leave behind** ~을 두고 가다(오다), 놓아 둔채 잊다
- **leave out** 빠뜨리다, 생략하다, 빼다
- **take leave of one's senses** 제정신을 잃다, 미치다
- **take leave to (do)** 외람되이 ~하다

leaven	[lévən] 레번	명 효모, 원동력 타 발효시키다
lecture	[léktʃər] 렉쳐	명 강의, 강연 타 자 강의하다
lecturer	[léktʃərər] 렉쳐러	명 강사, 강연자, 훈계자
lectureship	[léktʃərʃìp] 렉쳐쉽	명 강좌, 강사의 집
ledge	[ledʒ] 레쥐	명 좁은 선반, 암초, 바위턱
lee	[liː] 리-	명 바람이 불어가는 쪽
leech	[liːtʃ] 리-취	명 거머리, 흡혈귀, 고리대금업자
left	[left] 레프트	형 좌측의 부 왼쪽에 명 왼쪽
leg	[leg] 레그	명 (사람, 동물, 책상 등의) 다리
legal	[líːgəl] 리걸	형 법률의, 합법적인, 법정의
legend	[lédʒənd] 레전드	명 전설, 신화, 전설문학
legion	[líːdʒən] 리젼	명 (고대 로마의) 군단, 군대
legislate	[lédʒislèit] 레지슬레이트	타 자 법률을 정하다
legislation	[lèdʒisléiʃən] 레지슬레이션	명 입법, 법률, 법령
legislative	[lédʒislèitiv] 레지슬레이티브	형 입법의, 법률을 제정하는
legislature	[lédʒislèitʃər] 레지슬레이쳐	명 입법부, 입법기간
legitimate	[lidʒítəmit] 리지터미트	형 합법적인, 정당한
leisure	[líːʒər] 리-저	명 여가, 틈 형 한가한, 볼일 없는

- **at leisure** 한가하여, 천천히, 유유히
- **at one's leisure** 한가한 때에, 틈 있는 때에

leisurely	[líːʒərli] 리-절리	부 당황하지 않고, 유유히
lemon	[lémən] 레먼	명 레몬(나무열매) 형 레몬빛의
lemonade	[lèmənéid] 레머네이드	명 레몬수, 레모네이드
lend	[lend] 렌드	타 자 빌려주다, 대부하다, 더하다
length	[leŋkθ] 렝쓰	명 길이, 키, 세로, 기간, 장단

- **at length** 드디어, 상세하게, 충분히

lengthen [léŋkθən] 렝쎈 타 자 길게 하다, 늘이다, 늘어나다

lens [lenz] 렌즈 명 렌즈, (눈의) 수정체

lent [lent] 렌트 동 lend의 과거(분사)

leopard [lépərd] 레퍼드 명 표범, 표범의 털가죽

less [les] 레스 형 (little의 비교급) 보다 적은
- **no less than** 적어도 ~만큼, ~에 못지 않은
- **more or less** 얼마간, 다소
- **in less than no time** 곧, 이내

lessen [lésn] 레슨 타 자 얕보다, 줄이다, 감하다

lesser [lésər] 레서 형 (little의 비교급) 보다 작은

lesson [lésn] 레슨 명 학과, 과업, ~과, 수업

lest [lest] 레스트 접 ~하지 않도록
- **lest ~ should** ~하면 안되므로

let [let] 레트 타 ~시키다, ~하게 하다
- **let in** 들이다, 들여보내다, 끼워 넣다
- **let on** 폭로하다, (비밀 따위를) 누설하다

letter [létər] 레터 명 편지, 문자, 글자

lettuce [létis] 레티스 명 상추, 양상추

level [lévəl] 레벌 명 수평, 수준 형 평평한, 수평의

lever [lévər] 레버 명 지레 타 자 지레로 움직이다

levin [lévin] 레빈 명 전광, 번개

levy [lévi] 레비 타 자 징집(징세)하다 명 징세

liability [làiəbíliti] 라이어빌리티 명 책임, 부담, 의무 자 책임을 지다

liable [láiəbəl] 라이어벌 형 책임 있는, 빠지기 쉬운

liar [láiər] 라이어 명 거짓말쟁이

liberal [líbərəl] 리버럴 형 진보적인, 대범한, 자유민주적인, 골칫거리

liberate [líbərèit] 리버레이트 타 자유롭게 하다, 해방하다

liberty [líbərti] 리버티 명 자유, 해방, 방면, 멋대로 함

librarian	[laibrɛ́əriən] 라이브레어리언	명 도서관원, 사서(司書)
library	[láibrèri] 라이브레리	명 도서관, 장서, 문고, 서재
license	[láisəns] 라이선스	명 면허, 인가, 허가
lichen	[láikən] 라이컨	명 이끼
lick	[lik] 릭	타 핥다, 때리다, 물결이 스치다
lid	[lid] 리드	명 뚜껑, 눈꺼풀, 모자
lie	[lai] 라이	명 눕다, 자다 타 자 거짓말 하다, 눕다

- lie in ~에 있다(=consist in), ~에 모이다
- lie down on the job 일을 태만히 하다
- lie on one's back 반드시 눕다

lieutenant	[lu:ténənt] 루-테넌트	명 육(공)군 중위, 부관, 해군 대위
life	[laif] 라이프	명 목숨, 생명, 생존, 일생, 삶

- come to life 소생하다, 활기를 띠다
- put life into one's work 일에 온 정성을 쏟다
- take one's own life 자살하다

lifeless	[láiflis] 라이플리스	형 생명 없는, 죽은, 기절한
lifetime	[láiftàim] 라이프타임	명 평생 형 한평생의
lift	[lift] 리프트	타 자 들어올리다 명 들어올림
light	[lait] 라이트	명 빛 형 밝은 타 자 불을 붙이다

- bring (come) to light 폭로하다, 폭로되다
- light and shade 명암, 천양지차
- Light come, light go (속담) 쉽게 생긴 것은 쉽게 없어진다

lighten	[láitn] 라이튼	타 자 비추다, 빛나다, 번쩍이다
lighthouse	[láithàus] 라이트하우스	명 등대
lightning	[láitniŋ] 라이트닝	명 번개, 번갯불, 전광
like	[laik] 라이크	타 자 좋아하다 형 비슷한
likelihood	[láiklihùd] 라이클리후드	명 있음직한 일, 가능성
likely	[láikli] 라이클리	형 있음직한, ~할 듯한 부 아마
likeness	[láiknis] 라이크니스	형 비슷한, 근사, 유사한
likewise	[láikwàiz] 라이크와이즈	부 마찬가지로, 또한, 게다가 또
liking	[láikiŋ] 라이킹	명 좋아함, 기호, 취미, 애호

lilac	[láilək] 라일락	명 라일락 형 라일락빛의
lily	[líli] 릴리	명 백합, 나리꽃 형 순결한, 흰
limb	[lim] 림	명 팔, 손발, 수족, 날개
lime	[laim] 라임	명 석회, 끈끈이
limestone	[láimstòun] 라임스토운	명 석회석
limit	[límit] 리미트	명 한계, 한도 타 한정하다
limitation	[lìmətéiʃən] 리머테이션	명 제한, 한도
limited	[límitid] 리미티드	형 유한의, 제한된, 좁은
limp	[limp] 림프	자 절뚝거리다 명 절뚝거림
line	[lain] 라인	명 선, 줄, 끈 타 자 나란히 서다
linen	[línin] 리넌	명 아마포, 삼베, 린네르
liner	[láinər] 라이너	명 정기 항로선, 정기선
linger	[líŋgər] 링거	자 꾸물거리다, 나중에까지 남다
lining	[láiniŋ] 라이닝	명 안대기(붙이기)
link	[liŋk] 링크	명 고리, 연쇄 타 자 연결하다, 잇다
linoleum	[linóuliəm] 리노울리엄	명 (마루바닥에 까는) 리놀륨
lion	[láiən] 라이언	명 사자, 용맹스러운 사람
lip	[lip] 리프	명 입술, 입 형 건방진 말
liquid	[líkwid] 리퀴드	명 액체, 유동체 형 액체의
liquor	[líkər] 리커	명 알코올, 음료, 주류(酒類)
list	[list] 리스트	명 표, 목록 타 자 명부에 올리다
listen	[lísən] 리선	자 경청하다, 듣다
listener	[lísnər] 리스너	명 경청자, 듣다
liter	[líːtər] 리-터	명 리터(약 5홉 5작)
literal	[lítərəl] 리터럴	형 문자 그대로의, 정확한, 문자상의
literally	[lítərəli] 리터럴리	부 문자 그대로, 정확하게
literary	[lítərèri] 리터레리	형 문학의, 문예의, 학문의
literature	[lítərətʃər] 리터러쳐	명 문학, 문헌, 보고서, 조사
litter	[lítər] 리터	명 잡동사니, 난잡

little	[lítl] 리틀	형 작은 부 조금은 명 조금
	○ a little while 잠시 ○ little by little 조금씩, 서서히 ○ little more than ~에 불과할 정도이다, ~이나 마찬가지로 적은	
live	[liv] 리브	타 자 살다, 생존하다 형 살아있는
	○ live on (upon) ~을 먹고 살다, 생활하다 ○ live through 살아 남다, 목숨을 부지하다, 겪고 지내다	
livelihood	[láivlihùd] 라이블리후드	명 생계, 살림, 간신히 지내다
lively	[láivli] 라이블리	형 활기 있는 부 활발하게, 기운찬
liver	[lívər] 리버	명 거주자, 간장(肝臟), 간
livery	[lívəri] 리버리	명 제복, 간장색의
living	[líviŋ] 리빙	형 살아있는, 현대의, 생명있는
livingroom	[líviŋruːm] 리빙 루움	명 거실, 거처방
lizard	[lízərd] 리저드	명 도마뱀
lo	[lou] 로우	감 보라! 저런! 자!
load	[loud] 로우드	명 짐, 하물 타 자 짐을 싣다
loaf	[louf] 로우프	명 (빵의) 한 개 타 자 놓고 지내다
loan	[loun] 로운	명 대부(금), 공채 타 자 빌려 주다
loath	[louθ] 로우쓰	형 싫어하여, 꺼려서, 기꺼이
loathe	[louð] 로우드	타 자 몹시 싫어하다
lobby	[lábi] 라비	명 로비, 대합실, 넓은 복도
lobster	[lábstər] 랍스터	명 대하(大蝦), 큰 새우
local	[lóukəl] 로우컬	형 지방의, 공간의
locality	[loukǽləti] 로우캘러티	명 위치, 장소, 소재, 부근
locate	[loukéit] 로우케이트	타 거주하다, (관청 따위) 설치하다
location	[loukéiʃən] 로우케이션	명 위치, 배치, 장소, 소재
lock	[lɑk] 락	명 자물쇠 타 자 자물쇠를 채우다

locomotive	[lòukəmóutiv] 로우커모우티브	형 이동하는 명 기관차
locust	[lóukəst] 로우커스트	명 메뚜기, 매미, 누리
lodge	[ladʒ] 라쥐	명 파수막 타 자 묵다, 숙박케하다
lodging	[ládʒiŋ] 라징	명 숙박, 숙소, 하숙, 셋방
loft	[lɔ:ft] 로-프트	명 다락방, 비둘기장, 더그매
lofty	[lɔ́:fti] 로-프티	형 몹시 높은, 치솟은
log	[lɔ(:)g] 로그	명 통나무, 항해, 일지, 바보
logic	[ládʒik] 라쥑	명 논리학, 논리, 추리력
logical	[ládʒikəl] 라쥐컬	형 논리적인, 필연의
loin	[bin] 로인	명 허리, 허리살, 요부
loiter	[lɔ́itər] 로이터	타 자 어슬렁어슬렁 걷다
London	[lʌ́ndən] 런던	명 런던(영국의 수도)
lone	[loun] 로운	형 고독한, 독신의, 짝이 없는
lonely	[lóunli] 로운리	형 고립된, 쓸쓸한, 외로운
loneliness	[lóunlinis] 로운리니스	명 고독, 고립, 외로움
lonesome	[lóunsəm] 로운섬	형 쓸쓸한, 인적이 드문
long	[lɔ:ŋ] 로옹	형 긴, 오랜 부 길게 자 동경하다

- before long 머지 않아, 이윽고(= soon)
- long ago 옛날에, 훨씬 이전에
- long for ~을 간절히 바라다

longing	[lɔ́(:)ŋiŋ] 롱잉	형 열망하는 명 동경, 갈망
longitude	[lándʒətjù:d] 란져튜-드	명 경도(經度), 경선, 서로
look	[luk] 룩	타 자 바라보다

- look into ~을 들여다보다, ~을 조사하다, 연구하다
- lookt on (upon) ~을 바라보다, 생각하다
- look through ~을 통하여 보다(보이다) ~을 훑어보다

lookout	[lúkàut] 루카우트	명 망, 전망, 감시, 간수
loom	[lu:m] 루움	명 베틀 자 어렴풋이 보이다
loop	[lu:p] 루-프	명 고리 타 자 고리를 만들다
loose	[lu:s] 루-스	타 놓아주다 자 풀다, 늦추다
loosen	[lú:sən] 루-선	타 자 놓아주다

loot	[luːt] 루-트	몡 약탈물, 전리품
lord	[lɔːrd] 로-드	몡 군주, 영주, 지배자, 주인
lordly	[lɔ́ːrdli] 로-들리	휑 귀족다운 뷔 숭고하게
lordship	[lɔ́ːrdʃip] 로-드쉬프	몡 주권, 지배, 각하, 귀족
lorry	[lɔ́(ː)ri] 로리	몡 트럭, 화물자동차
lose	[luːz] 루-즈	탸 쟈 없애다, 잃다, 손해보다

- lose one's place 지위를 잃다
- lose one's way 길을 잃다
- lose the day 싸움에 지다

| loss | [lɔ(ː)s] 로스 | 몡 상실, 분실, 손해, 패배 |

- at a loss 어쩔 줄 모르고, 어리벙벙하여

| lost | [lɔ(ː)st] 로스트 | 통 lose의 과거분사 |

- be (get) lost in thought (생각)에 몰두하다
- be lost on (upon) ~에 효과(효력)가 없다

| lot | [lɑt] 라트 | 몡 운명, 제비뽑기, 당첨, 추첨 |

- a lot of 많은, 잔뜩 (=lots of)

loud	[laud] 라우드	휑 음성이 높은, 시끄러운
loudly	[láudli] 라우들리	뷔 큰소리로
loudspeaker	[láudspìːkər] 라우드스피-커	몡 확성기
lounge	[laundʒ] 라운쥐	몡 한가히 걷는 걸음, 휴게실
love	[lʌv] 러브	몡 사랑, 애정 탸 쟈 사모하다

- be (fall) in love with ~에게 반해 있다, ~을 사랑하다
- have a love of ~을 좋아하다
- send (give) one's love to ~에게 안부를 전하다

lovely	[lʌ́vli] 러블리	휑 귀여운, 사랑스러운
loveliness	[lʌ́vlinis] 러블리니스	몡 귀염성, 아름다움
lover	[lʌ́vər] 러버	몡 애인, 연인, 애호자
loving	[lʌ́viŋ] 러빙	휑 사랑하는, 친애하는
low	[lou] 로우	휑 낮은, 비천한 뷔 낮게, 낮은
lower	[lóuər] 로워	탸 쟈 낮추다, 내려가다 휑 더 낮은
lowland	[lóulænd] 로울랜드	몡 낮은 곳 휑 평원지방의
lowly	[lóuli] 로울리	휑 신분이 낮은 뷔 천하게

loyal	[lɔ́iəl] 로열	형 충성스러운, 성실한, 충실한
loyalty	[lɔ́iəlti] 로열티	명 충의, 충성, 충실
luck	[lʌk] 럭	명 행운, 운수, 요행
lucky	[lʌ́ki] 러키	형 운이 좋은, 행운의
luckily	[lʌ́kili] 러킬리	부 운 좋게, 다행히도
luggage	[lʌ́gidʒ] 러기쥐	명 수화물, 여행가방
lull	[lʌl] 럴	타 자 진전시키다, 뜸하다
lullaby	[lʌ́ləbài] 럴러바이	명 자장가
lumber	[lʌ́mbər] 럼버	명 재목, 잡동사니
luminous	[lúːmənəs] 루-머너스	형 빛나는, 밝은, 명석한
lump	[lʌmp] 럼프	명 덩어리 타 자 덩어리로 만들다
lunatic	[lúːnətik] 루-너틱	형 미친, 정신이상의 명 정신병자
lunch	[lʌntʃ] 런취	명 점심, 주식 타 자 점심을 먹다
luncheon	[lʌ́ntʃən] 런천	명 오찬, 점심, 경식사
lung	[lʌŋ] 렁	명 폐, 허파, 인공폐
lure	[luər] 루어	명 미끼, 유혹 타 자 꾀어내다
lurk	[ləːrk] 러-크	부 숨다, 잠복하다, 잠행하다
lust	[lʌst] 러스트	명 욕망 부 열망하다 형 음탕한
luster	[lʌ́stər] 러스터	명 광택, 광채 타 윤을 내다
lusty	[lʌ́sti] 러스티	형 튼튼한, 원기 왕성한, 강장한
lute	[luːt] 루-트	명 기타와 비슷한 악기
luxuriant	[lʌgʒúəriənt] 럭쥬어리언트	형 무성한, 다산의, 화려한
luxurious	[lʌgʒúəriəs] 럭쥬어리어스	형 사치스런, 사치를 좋아하는
luxury	[lʌ́kʃəri] 럭셔리	명 사치, 호화, 맛있는 음식
lying	[láiiŋ] 라이잉	명 드러눕기, 잠자리, 청소
lynx	[liŋks] 링(크)스	명 살쾡이
lyre	[láiər] 라여	명 수금(고대에 사용된 발현악기)
lyric	[lírik] 리릭	명 서정시, 노래 형 서정시의

M

ma	[mɑː] 마-	명 엄마, 마마 (=mamma의 생략)
machine	[məʃíːn] 머쉬-인	명 기계류, 비행기, 자동차
machinery	[məʃíːnəri] 머쉬-너리	명 기계, 기계장치
mad	[mæd] 매드	형 미친, 무모한, 실성한
madly	[mǽdli] 매들리	부 미쳐서, 미친 듯이, 몹시
madam	[mǽdəm] 매덤	명 부인, 아씨, 마담
made	[meid] 메이드	동 make의 과거, 과거분사 형 만든
magazine	[mæ̀gəzíːn] 매거지인	명 (탄약, 식량 등의) 창고, 잡지
magic	[mǽdʒik] 매쥑	형 마법의, 마력을 발휘하는 명 마법
magical	[mǽdʒikəl] 매쥐컬	형 요술 같은, 마법의
magician	[mədʒíʃən] 머쥐션	명 마법사, 요술쟁이
magistrate	[mǽdʒəstrèit] 매져스트레이트	명 치안판사, 장관
magnet	[mǽgnit] 매그니트	명 자석, 지남철, 사람을 끄는 것
magnetic	[mægnétik] 매그네틱	형 자석의, 매력있는
magnificent	[mægnífəsənt] 매그니피선트	형 장엄한, 장려한, 당당한
magnificence	[mægnífəsns] 매그니퍼슨스	명 장려, 장엄, 웅대
magnify	[mǽgnəfài] 매그너파이	타 확대하다, 과장하다, 증대하다
magnitude	[mǽgnətjùːd] 매그너튜-드	명 크기, 위대함, 중요함
mahogany	[məhágəni] 머하거니	명 마호가니(재목), 적갈색
maid	[meid] 메이드	명 소녀, 처녀, 하녀, 아가씨
maiden	[méidn] 메이든	명 미혼녀, 처녀 형 미혼의
mail	[meil] 메일	명 우편낭, 우편 타 우송하다
maim	[meim] 메임	타 불구자로 만들다, 망쳐놓다
main	[mein] 메인	명 힘, 체력, 중요 형 주요한
○ in the main 주로, 대체로, 대개		

- with might and main 전력을 다하여

mainly	[méinli] 메인리	男 주로, 오로지, 대부분
mainland	[méinlænd] 메인랜드	명 본토, 대륙
maintain	[meintéin] 메인테인	타 유지하다, 계속하다, 보존하다
maintenance	[méintənəns] 메인터넌스	명 유지, 보존, 지속, 부양
majestic(al)	[mədʒéstik(əl)] 머제스틱(얼)	형 위엄 있는, 당당한
majesty	[mǽdʒisti] 매쥐스티	형 장엄함, 위풍당당함
major	[méidʒər] 메이져	형 주요한 명 육군 소령
majority	[mədʒɔ́(ː)rəti] 머죠러티	명 대다수, 대부분, (투표의) 차
make	[meik] 메이크	타 자 만들다, 나아지다 명 제작

- make nothing for ~에 이바지하는 바가 없다
- make ~ into ~ ~을 ~으로 하다
- make off with ~을 가지고 달아나다

maker	[méikər] 메이커	명 제조업자, 만드는 사람
make-up	[méikʌ̀p] 메이컵	명 구성, 배우의 얼굴분장
malady	[mǽlədi] 맬러디	명 병, 병폐, 질병
malaria	[məlɛ́əriə] 멀에어리어	명 말라리아, 학질, 독기
male	[meil] 메일	명 남성, 수컷 형 남성의, 수컷의
malice	[mǽlis] 맬리스	형 악의, 해칠 마음, 원한, 적의
malicious	[məlíʃəs] 멀리셔스	형 악의 있는, 속 검은, 심술궂은
mama	[máːmə] 마-머	명 엄마
mammal	[mǽməl] 매멀	명 포유 동물, 포유류
man	[mæn] 맨	명 사람, 남자, 사내
manage	[mǽnidʒ] 매니쥐	타 자 관리하다, 움직이다
management	[mǽnidʒmənt] 매니쥐먼트	명 취급, 관리, 경영
manager	[mǽnidʒər] 매니져	명 지배인, 경영자, 관리인
mandate	[mǽndeit] 맨데이트	명 명령, 지령 형 통치의 위임
mandolin	[mǽndəlin] 맨덜린	명 만돌린
mane	[mein] 메인	명 갈기, 머리털
maneuver	[mənúːvər] 머누-버	명 (군대) 기동 자 연습하다

manger	[méindʒər] 메인져	명 여물통, 구유, 물막이간
mangle	[mǽŋɡəl] 맹걸	타 토막토막 자르다, 난도질하다
manhood	[mǽnhùd] 맨후드	명 남자다운 청년
manifest	[mǽnəfèst] 매너페스트	형 명백한 타 명시하다, 나타내다
manifestation	[mæ̀nəfestéiʃən] 매너페스테이션	명 표명, 발표, 명시
manifold	[mǽnəfòuld] 매너포울드	형 다방면의, 다수의
mankind	[mænkáind] 맨카인드	명 인류, 인간, 사람
manly	[mǽnli] 맨리	형 사내다운, 대담한, 씩씩한
manner	[mǽnər] 매너	명 방법, 모양, 태도, 예절, 풍습

- all manner of 모든 종류의
- in a manner 말하자면, 어떤 의미에서는

manor	[mǽnər] 매너	명 (봉건시대 귀족들의) 영지 (領地)
mansion	[mǽnʃən] 맨션	명 대저택, 큰 집, 아파트
mantle	[mǽntl] 맨틀	명 망토, (석유램프의) 덮개 타 덮다
manual	[mǽnjuəl] 매뉴얼	형 손의, 손으로 만든 명 편람
manufactory	[mæ̀njəfǽktəri] 매너팩터리	명 공장, 제작소, 제조소
manufacture	[mæ̀njəfǽktʃər] 매너팩쳐	타 제조하다 명 제작, 제조
manufacturer	[mæ̀njəfǽktʃərər] 매너팩쳐러	명 제조업자, 생산자
manure	[mənjúər] 머뉴어	명 비료, 거름 타 비료를 주다
manuscript	[mǽnjəskrìpt] 매너스크립트	형 필사한, 수서 명 원고
many	[méni] 메니	형 많은, 다수의 명 다수

- a great (good) many 대단히 (상당히) 많은
- how many 몇 개의, 몇 사람의
- like so many ~와 같은 수의, 그 만큼의

map	[mæp] 매프	명 지도 타 지도를 만들다
maple	[méipəl] 메이펄	명 단풍나무, 단풍
mar	[mɑːr] 마-	타 손상시키다, 흠내다, 망쳐놓다
marble	[mɑ́ːrbəl] 마-벌	명 대리석 타 대리석무늬를 넣다

March	[mɑːrtʃ] 마-취	몡 3월(약어 Mar)
march	[mɑːrtʃ] 마-취	몡 행군, 행치 탸 쟈 행진하다
mare	[mɛər] 메어	몡 암말(당나귀·노새 따위)
margin	[mάːrdʒin] 마-쥔	몡 가장자리 탸 끝동을 달다
marginal	[mάːrdʒənəl] 마-져널	휑 언저리의, 미미한, 한계에 가까운
marine	[məríːn] 머리-인	휑 바다의, 해양의 몡 선박, 함대
mariner	[mǽrənər] 매러너	몡 수부, 선원, 해원
maritime	[mǽrətàim] 매러타임	휑 바다의, 해변의, 바다에 사는
mark	[mɑːrk] 마-크	몡 기호, 목표 탸 표적을 하다

● below the mark 표준 이하로, 수준 미달로
● within the mark 예상이 어긋나지 않은
● in market 매매되고 있는

market	[mάːrkit] 마-킷	몡 장, 시장 탸 쟈 시장에 내놓다
marquis	[mάːrkwis] 마-퀴스	몡 후작
marriage	[mǽridʒ] 매리쥐	몡 결혼, 결혼식, 부부생활
married	[mǽrid] 매리드	휑 기혼의, 결혼한, 부부의
marrow	[mǽrou] 매로우	몡 골수, 정수, 뼈골
marry	[mǽri] 매리	탸 쟈 ~와 결혼하다, 결혼하다
Mars	[mɑːrz] 마-즈	몡 화성, 로마, 군사, 용사
marsh	[mɑːrʃ] 마-쉬	몡 늪, 습지, 소택(沼澤)
marshal	[mάːrʃəl] 마-셜	몡 육군 원수, 의전관, 경찰서장
mart	[mɑːrt] 마-트	몡 시장(市場)
martial	[mάːrʃəl] 마-셜	휑 전쟁의, 군인다운, 호전적인
martyr	[mάːrtər] 마-터	몡 순교자, 희생자
marvel	[mάːrvəl] 마-벌	휑 놀라운 쟈 경탄하다
marvel(l)ous	[mάːrvələs] 마-벌러스	휑 놀라운, 기묘한, 괴이쩍은
marvel(l)ously	[mάːrvələsli] 마-벌러슬리	튀 놀랍게도, 이상하게도
masculine	[mǽskjəlin] 매스켤린	휑 남자의, 남자다운, 남성의
mash	[mæʃ] 매쉬	몡 엿기름 물 탸 으깨어 뭉게다
mask	[mæsk] 매스크	몡 가면 탸 쟈 가면을 쓰다

mason	[méisən] 메이선	명 석수, 벽돌공 타 돌을 쌓다
masquerade	[mæ̀skəréid] 매스커레이드	명 가장 무도회 자 가장하다
mass	[mæs] 매스	명 미사, 덩어리, 대중 타 자 집중하다
massacre	[mǽsəkər] 매서커	명 대학살 타 학살하다
massive	[mǽsiv] 매시브	형 부피가 큰, 육중한
mast	[mæst] 매스트	명 돛대, 마스트, 기둥
master	[mǽstər] 매스터	명 주인, 장 타 정통하다
masterpiece	[mǽstərpìːs] 매스터피ー스	명 걸작
mastery	[mǽstəri] 매스터리	명 지배권, 정통, 숙달, 우위
mat	[mæt] 매트	명 멍석 타 멍석을 깔다
match	[mætʃ] 매취	명 성냥, 시합 타 결혼시키다

○ make match of ~을 산산조각으로 만들다

mate	[meit] 메이트	명 동료, 한패 자 짝지우다
material	[mətíəriəl] 머티어리얼	형 물질적인, 유형의 명 재료
maternal	[mətə́ːrnl] 머터-늘	형 어머니의, 어머니다운
mathematic(al)	[mæ̀θəmǽtik(əl)] 매써매틱(얼)	형 수학의, 수리적인
mathematics	[mæ̀θəmǽtiks] 매써매틱스	명 수학
matron	[méitrən] 메이트런	명 기혼 부인, 간호부장, 가정부
matter	[mǽtər] 매터	명 물질, 재료, 물체 자 중요하다

○ a matter of ~의 범위, 약, 대충
○ in the matter of ~에 관해서는 (=as regards)
○ no matter what (happens) 무슨 일이 있어도

mattress	[mǽtris] 매트리스	명 침대의 요, 침상, 매트리스
mature	[mətjúər] 머튜어	형 다 익은, 성숙한 타 자 성숙하다
maturity	[mətjúərəti] 머튜어러티	명 성숙, 완성, 만기
maxim	[mǽksim] 맥심	명 격언, 금언, 처세훈
maximum	[mǽksəməm] 맥서멈	명 최대한도, 최고, 극대 형 최대의
May	[mei] 메이	명 5월

○ may (might) well do ~하는 것도 마땅하다 (당연하다)

may	[mei] 메이	조 ~일지도 모른다, ~해도 좋다
maybe	[méibi:] 메이비-	부 아마, 어쩌면
mayonnaise	[mèiənéiz] 메이어네이즈	명 마요네즈
mayor	[méiər] 메이어	명 시장(市長), 읍장, 동장
maze	[meiz] 메이즈	명 미로, 미궁 타 얼떨떨하게 하다
me	[mi:] 미-	대 I의 목적격, 나를, 나에게
mead	[mi:d] 미-드	명 꿀술, 목초지(=meadow)
meadow	[médou] 메도우	명 목초지, 풀밭, 초원
meager(gre)	[mí:gər] 미-거	형 야윈, 빈약한, 불충분한
meal	[mi:l] 미-일	명 식사, 거친 가루
mean	[mi:n] 미-인	형 평범한, 중간의 타 자 의미하다

◐ **by all means** 반드시, 꼭, (대답) 부디, 좋고 말고요
◐ **by no means** 결코 ~이 아니다(하지 않다), (대답) 천만에

meaning	[mí:niŋ] 미-닝	명 의미, 뜻, 취지
means	[mi:nz] 미-인즈	명 (=mean), 중간, 수단, 평균값
meantime	[mí:ntàim] 미-인타임	형 그 동안에 명 중간 시간
meanwhile	[mí:nhwàil] 미-인와일	부 이럭저럭 하는 동안에
measles	[mí:zəlz] 미-절즈	명 홍역, 마진, 풍진
measure	[méʒər] 메저	명 측정, 양 타 자 측정하다

◐ **beyond measure** 엄청나게, 잴 수 없을 정도로
◐ **measure off** 재어서 자르다, 구획하다

measurement	[méʒərmənt] 메저먼트	명 측정, 용량, 측정, 크기
meat	[mi:t] 미-트	명 (식용의) 짐승고기, 속, 알맹이
mechanic	[məkǽnik] 머캐닉	명 수리공, 기계공, 기능공, 정비사
mechanical	[məkǽnikəl] 머캐니컬	형 기계의, 기계에 의한
mechanically	[məkǽnikəli] 머캐니컬리	부 기계적으로
mechanism	[mékənìzəm] 메커니점	명 기계장치, 기구, 조립, 기교
medal	[médl] 메들	명 메달, 상패, 기장, 훈장

meddle	[médl] 메들	자 쓸데없이 간섭하다
medical	[médikəl] 메디컬	형 의학의, 의료의, 내과의
medicine	[médəsən] 메더슨	명 의술, 의학, 약 타 투약하다
medieval	[mìːdiíːvəl] 미-디이-벌	형 중세의
meditate	[médətèit] 메더테이트	타 자 숙고하다, 계획하다, 꾀하다
meditation	[mèdətéiʃən] 메더테이션	명 숙고, 명상, 묵상
mediterranean	[mèdətəréiniən] 메더터레이니언	형 지중해의 명 지중해
medium	[míːdiəm] 미-디엄	명 매개(물), 중간 형 중간의
meek	[miːk] 미-크	형 유순한, 온순한, 겸손한
meekly	[míːkli] 미-클리	부 얌전하게, 온순하게
meet	[miːt] 미-트	타 자 만나다, 마주치다, 조우하다

◐ **meet with** ~와 우연히 만나다, ~와 마주치다

meeting	[míːtiŋ] 미-팅	명 모임, 만남, 집회, 회전(會戰)
megaphone	[mégəfòun] 메거포운	명 메가폰 타 확성기로 알리다
melancholy	[mélənkàli] 멜런칼리	명 우울, 우울증 형 울적한
mellow	[mélou] 멜로우	형 (과일이) 익어서 연한, 감미로운
melody	[mélədi] 멜러디	명 가락, 곡조, 멜로디, 선율
melon	[mélən] 멜런	명 멜론, 참외류
melt	[melt] 멜트	명 용해물, 융해 타 자 녹다, 용해하다

◐ **melt away** 녹아서 없어지다, 녹여 없애다

member	[mémbər] 멤버	명 (단체의) 일원, 구성원, 단원
membrane	[mémbrein] 멤브레인	명 얇은 막, 양피지
memo	[mémou] 메모우	명 메모 타 자 메모하다
memoir	[mémwɑːr] 멤와-	명 회상록, 언행록, 실록, 전기
memorable	[mémərəbəl] 메머러벌	형 잊지 못할, 유명한, 잊을 수 없는
memorandum	[mèmərǽndəm] 메머랜덤	명 각서, 비망록, 정판, 매매각서
memorial	[mimɔ́ːriəl] 미모-리얼	형 기념하는, 추도의 명 기념일
memorize	[méməràiz] 메머라이즈	타 암기하다, 기록하다

memory	[méməri] 메머리	명 기억, 추억, 기억력, 기념
	● to the memory of	~의 영전에 바쳐
men	[men] 맨	명 man의 복수
menace	[ménəs] 메너스	명 협박, 위협 타 으르다
mend	[mend] 멘드	타 자 고치다, 고쳐지다, 수선하다
mental	[méntl] 맨틀	형 마음의, 정신의, 심적인
mention	[ménʃən] 멘션	타 언급하다, 말하다 명 기대
	● worth mentioning	특히 언급할 (말해 둘) 만한
menu	[ménjuː] 메뉴-	명 식단표, 메뉴, 식품요리
mercenary	[mə́ːrsənèri] 머-서네리	형 돈을 위한, 고용된
merchandise	[mə́ːrtʃəndàiz] 머-천다이즈	명 상품
merchant	[mə́ːrtʃənt] 머-천트	명 상인, 도매 상인 형 상인의
merciful	[mə́ːrsifəl] 머-시펄	형 자비로운, 인자한
merciless	[mə́ːrsilis] 머-실리스	형 무자비한, 용서 없는
mercury	[mə́ːrkjəri] 머-켜리	명 수은, 온도계, 청우계
mercy	[mə́ːrsi] 머-시	명 자비, 연민, 행운, 고마운 일
	● at the mercy of	~의 처분대로
mere	[miər] 미어	형 단순한, 단지 ~에 불과한
merely	[míərli] 미얼리	부 단지, 전혀, 오직, 그저
	● merery (simply) because	단지 ~라는 이유로
merge	[məːrdʒ] 머-쥐	타 자 합병하다, 몰입하다
meridian	[mərídiən] 머리디언	명 자오선, 경선 형 정오의
merit	[mérit] 메리트	명 장점, 공적, 공로
merrily	[mérəli] 메럴리	부 흥겹게, 명랑하게, 유쾌하게
merriment	[mérəmənt] 메리먼트	명 흥겹게 떠들기, 흥겨워함
merry	[méri] 메리	형 명랑한, 흥거운, 쾌활한
mesh	[meʃ] 메쉬	명 그물눈, 올가미, 망사
mess	[mes] 메스	명 난잡 타 자 망치다, 더럽히다
message	[mésidʒ] 메시쥐	명 전언, 전갈, 소식 타 통신하다
messenger	[mésəndʒər] 메선져	명 배달부, 사자(使者), 칙사
messy	[mési] 메시	형 어질러진, 더러운

metal	[métl] 메틀	명 금속, 금속원소 타 금속을 입히다
metallic	[mətǽlik] 머탤릭	형 금속의, 금속성(질)의, 엄한
meteor	[míːtiər] 미-티어	명 유성, 운성
meter	[míːtər] 미-터	명 계량기, 미터(m) 량
methinks	[miθíŋks] 미씽(크)스	자 ~라고 생각되다
method	[méθəd] 메써드	명 방법, 방식, 순서, 계획
Methodist	[méθədist] 메써디스트	명 감리교도, 형식 존중가
metropolis	[mitrɑ́pəlis] 미트라펄리스	명 수도, 중심지, 주요 도시
metropolitan	[mètrəpɑ́litən] 메트러팔리턴	형 수도의, 도시의 명 수도의 시민
mew	[mjuː] 뮤-	명 갈매기 자 (고양이, 갈매기가) 울다
Mexico	[méksikòu] 멕시코우	명 멕시코
Mexican	[méksikən] 멕시컨	명 멕시코 사람 형 멕시코의
mice	[mais] 마이스	명 mouse의 복수, 생쥐
microphone	[máikrəfòun] 마이크러포운	명 확성기, 마이크러폰
microscope	[máikrouskòup] 마이크로스코우프	명 현미경, 현미경자리
mid	[mid] 미드	형 중앙의, 중간의, 가운데
midday	[míddèi] 믿데이	명 정오 형 정오의
middle	[mídl] 미들	명 중앙, 중간 형 한가운데의
middleaged	[mídléidʒd] 미들레이즈드	형 중년의
midnight	[mídnàit] 믿나이트	명 자정, 암흑, 한밤중 형 한밤중의
midst	[midst] 믿스트	명 한창, 한가운데 부 한복판에
in the midst of		~하는 도중에, ~의 한가운데에
midsummer	[mídsʌ́mər] 믿서머	명 한여름 형 한여름의
midway	[mídwèi] 믿웨이	명 중도 형 중도의 부 중도에
might	[mait] 마이트	명 힘(세력, 권력 등) 조 may의 과거
○ might as well~ as~		~하느니 차라리 ~하는 편이 낫다
○ with all one's might		힘껏, 전력을 다하여
mighty	[máiti] 마이티	형 위대한, 강대한 부 강대하게

migrate	[máigreit] 마이그레이트	자 이주하다, 이동하다
migration	[maigréiʃən] 마이그레이션	명 이주, 이동
mild	[maild] 마일드	형 유순한, 온화한, 상냥한
mildly	[máildli] 마일들리	부 온화하게, 달콤하게
mile	[mail] 마일	명 마일 (1,760야드, 1,609km)
military	[mílitèri] 밀리테리	형 군의, 군용의, 육군의
militia	[milíʃə] 밀리셔	명 의용군, 민병, 시민군
milk	[milk] 밀크	명 젖, 우유 타 젖을 짜다
milky	[mílki] 밀키	형 젖의, 젖 같은, 젖 빛깔의
mill	[mil] 밀	명 물방앗간, 제분소, 분쇄기
miller	[mílər] 밀러	명 물방앗간 주인, 제분업자
milli	[mili] 밀리	명 1/1000의 뜻
million	[míljən] 밀련	명 백만, 무수 형 백만 달러의
million(n)aire	[mìljənɛ́ər] 밀려네어	명 백만장자
millstone	[mílstòun] 밀스토운	명 맷돌, 분쇄기, 연자매
mimic	[mímik] 미믹	형 흉내내는 타 흉내내다
mimicry	[mímikri] 미미크리	명 흉내, 모조품, 모방
mind	[maind] 마인드	명 마음, 정신 타 자 염려하다

○ lose one's mind 미치다, 실성하다, 열망하다, 열광하다
○ make up one's mind 결심하다, 결단을 내리다
○ Mind you! 알겠지, 잘 들어 둬

mine	[main] 마인	대 나의 것 명 광산 타 채굴하다
miner	[máinər] 마이너	명 광부, 갱부, 광산업
mineral	[mínərəl] 미너럴	명 광물, 광석 형 광물의
mingle	[míŋgəl] 밍걸	타 자 섞다, 혼합하다, 한데 모이다
miniature	[míniətʃər] 미니어쳐	명 축도, 미세화법 형 축도의
minimum	[mínəməm] 미너멈	명 최소량, 최소한도 형 최저의
mining	[máiniŋ] 마이닝	명 채광, 광업, 탐광
minister	[mínistər] 미니스터	명 장관, 성직자 타 자 봉사하다

○ minister to ~의 도움이 되다, ~에 기여하다

ministry	[mínistri] 미니스트리	몡 부(部), 성(省), 장관직, 대신
mink	[miŋk] 밍크	몡 밍크, 담비의 무리
minor	[máinər] 마이너	몡 작은 쪽의, 소수의, 중요치 않은
minority	[mainɔ́:riti] 마이노-리티	몡 미성년, 소수, 소수당
minstrel	[mínstrəl] 민스트럴	몡 (중세의) 음유시인, 가수
mint	[mint] 민트	몡 조폐국, 거액, 박하(薄荷)
minus	[máinəs] 마이너스	전 ~을 빼어 몡 음수의 몡 음수
minute	[mínit] 미니트	몡 (시간의) 분 몡 순간적인

- (at) any minute 지금 당장에라도, 언제라도
- last minute 시간에 임박해, 시간에 빠듯해

miracle	[mírəkəl] 미러컬	몡 기적, 놀라움, 경이
miraculous	[mirǽkjələs] 미래켤러스	몡 기적적인, 불가사의한
mirage	[mirá:ʒ] 미라-즈	몡 신기루, 망상, 공중누각
mire	[maiər] 마이어	몡 진흙 타 자 진창에 몰아넣다
mirror	[mírər] 미러	몡 거울 타 비추다, 반사하다
mirth	[məːrθ] 머-쓰	몡 환락, 유쾌, 명랑
miscellaneous	[mìsəléiniəs] 미설레이니어스	몡 잡다한, 여러가지의
mischief	[místʃif] 미스취프	몡 화, 손해, 해, 장난
mischievous	[místʃivəs] 미스취버스	몡 유해한, 해로운, 장난치는
miser	[máizər] 마이저	몡 구두쇠, 수전노, 노랑이
miserable	[mízərəbəl] 미저러벌	몡 비참한, 불쌍한, 가련한
miserably	[mízərəbli] 미저러블리	부 불쌍하게, 비참하게
misery	[mízəri] 미저리	몡 불행, 비참, 정신적 고통
misfortune	[misfɔ́ːrtʃən] 미스포-천	몡 불운, 불행, 재난
misgiving	[misgívin] 미스기빙	몡 불안, 의심, 염려
mishap	[míshæp] 미스해프	몡 재난, 불행한 사고, 불운
mislead	[mislí:d] 미슬리-드	타 그릇 인도하다, 현혹시키다
Miss	[mis] 미스	몡 ~양(미혼여자에 대한 경칭)
miss	[mis] 미스	타 자 놓치다, 잃다 몡 실책, 실패
missile	[mísəl] 미설	몡 미사일, 비행무기, 로켓탄
mission	[míʃən] 미션	몡 사절단, 사명, 직무

missionary	[míʃənèri]	미셔네리	형 전도의 명 선교사, 전도사
mist	[mist]	미스트	명 안개 타 자 안개가 끼다
mistake	[mistéik]	미스테잌	타 자 틀리다, 오해하다 명 잘못

- **by mistake** 잘못하여, 실수로
- **learn by mistake** 시행착오하다
- **mistake~ for~** ~을 ~으로 잘못 알다, 헛보다

mistaken	[mistéikən]	미스테이컨	동 mistake의 과거분사 형 틀린
Mister	[místər]	미스터	명 군(君), 님, 귀하(약어 Mr)
mistress	[místris]	미스트리스	명 주부, 여주인, 여류명인
mistrust	[mistrʌ́st]	미스트러스트	타 신용하지 않다 명 불신, 의혹
misty	[místi]	미스티	형 어렴풋한, 안개 긴
misunderstand	[mìsʌndərstǽnd]	미선더스탠드	타 오해하다 명 오해, 불화
misuse	[misjúːz]	미슈-즈	타 오용하다, 학대하다 명 혹사
mitt	[mit]	미트	명 벙어리장갑, (야구) 글러브
mix	[miks]	믹스	타 자 섞다, 혼합하다, 첨가하다
mixture	[míkstʃər]	믹스쳐	명 혼합, 결합, 혼합물
moan	[moun]	모운	타 자 신음하다 명 신음소리
moat	[mout]	모우트	명 호, 해자 타 호를 파서 두르다
mob	[mɑb]	맙	명 폭도, 군중 타 자 몰려들다
mock	[mɑk]	마크	타 자 조소하다 명 조소 형 모조의
mockery	[mɑ́kəri]	마커리	명 조롱, 우롱, 비웃음
mode	[moud]	모우드	명 양식, 식, 방법, 방식
model	[mɑ́dl]	마들	명 모형 형 모범적인 타 본받다
moderate	[mɑ́dərət]	마더러트	형 알맞은
moderately	[mɑ́dəritli]	마더리틀리	부 적당하게, 알맞게, 보통
moderation	[mɑ̀dəréiʃən]	마더레이션	명 적당, 알맞음, 절제
modern	[mɑ́dərn]	마던	형 현대의, 근대적인
modest	[mɑ́dist]	마디스트	형 조심하는, 겸손한, 수줍은
modesty	[mɑ́disti]	마디스티	명 조심스러움, 겸손, 정숙
modify	[mɑ́dəfài]	마더파이	타 가감하다, 수정하다

modification	[màdəfikéiʃən] 마더피케이션	명 가감, 수정, 수식
moist	[mɔist] 모이스트	형 습기 있는, 축축한, 눅눅한
moisten	[mɔ́isən] 모이선	타 적시다, 축축해지다
moisture	[mɔ́istʃər] 모이스쳐	명 습기, 수분, 물기
molasses	[məlǽsiz] 멀래시즈	명 당밀
mold	[mould] 모울드	명 (~만드는) 틀, 형(型), 거푸집
mole	[moul] 모울	명 주근깨, 두더지, 사마귀
molest	[məlést] 멀레스트	타 자 괴롭히다, 방해하다, 간섭하다
molten	[móultən] 모울턴	동 melt의 과거분사 형 주조된
moment	[móumənt] 모우먼트	명 순간, 때, 찰나, 기회

- **for the moment** 우선, 당장에는
- **in a moment** 순식간에, 곧
- **of moment** 중요한(=important)

momentary	[móuməntèri] 모우먼테리	형 순간의, 찰라의, 덧없는
monarch	[mánərk] 마너크	명 군주, 거물
monarchy	[mánərki] 마너키	명 군주정치, 군주국
monastery	[mánəstèri] 마너스테리	명 수도원(주로 남자의)
Monday	[mʌ́ndi] 먼디	명 월요일(약어 Mon)
money	[mʌ́ni] 머니	명 돈, 금전, 재산, 화폐
monk	[mʌŋk] 멍크	명 수도자, 수도승
monkey	[mʌ́ŋki] 멍키	명 원숭이, 장난꾸러기
monopoly	[mənápəli] 머나펄리	명 독점, 전매, 전매품
monotonous	[mənátənəs] 머나터너스	형 단조로운, 지루한
monster	[mánstər] 만스터	명 괴물, 도깨비, 요괴 형 거대한
monstrous	[mánstrəs] 만스트러스	형 괴물같은, 기괴한, 기형의
month	[mʌnθ] 먼쓰	명 월, 달, 1개월

- **by the month** 한 달 얼마로, 월세로
- **month by(after) month** 달마다

monthly	[mʌ́nθli] 먼쓸리	형 매달의 명 월간 잡지 부 매달
monument	[mánjəmənt] 마녀먼트	명 기념비, 묘비, 기념물

monumental	[mànjəméntl] 마뉴멘틀	형	기념되는, 불멸의, 거대한
mood	[muːd] 무-드	명	마음의 상태, 기분, 감정
moon	[muːn] 무-운	명	(하늘의) 달, 위성, 달빛
moonlight	[múːnlàit] 무-운라이트	명 달빛 형	달빛의, 달밤의
moor	[muər] 무어	명 황무지, 황야 타	정박시키다
moose	[muːs] 무-스	명	큰 사슴, 매춘부
mop	[map] 마프	명	(긴자루가 달린) 걸레
moral	[mɔ́(ː)rəl] 모럴	형 도덕의, 윤리적인 명	교훈
morality	[mɔ(ː)ræləti] 모랠러티	명	윤리성, 도덕성
more	[mɔːr] 모-	형	(many, much의 비교급) 더 많은

- more and more 더욱 더, 점점 더
- more or less 다소(간), 어느 정도, 얼마간
- the more ~ the more ~하면 할수록 ~하다

moreover	[mɔːróuvər] 모-로우버	부	더욱이, 게다가 또, 그 위에
morn	[mɔːrn] 모온	명	아침, 새벽, 여명
morning	[mɔ́ːrniŋ] 모-닝	명	아침, 오전, 초기, 여명
morrow	[mɔ́(ː)rou] 모로우	명	아침, 이튿날, (사건의) 직후
morsel	[mɔ́ːrsəl] 모-설	명	한 입, 한 조각, 소량
mortal	[mɔ́ːrtl] 모-틀	형	죽어야 할, 치명적인, 죽음의
mortality	[mɔːrtǽləti] 모-탤러티	명	죽어야 할 운명, 사망률
mortar	[mɔ́ːrtər] 모-터	명	모르타르, 회반죽, 절구, 구포
mortgage	[mɔ́ːrgidʒ] 모-기쥐	명 저당, 양도 타	저당잡히다
mortify	[mɔ́ːrtəfài] 모-터파이	타	굴욕을 느끼게 하다, 억제하다
mosquito	[məskíːtou] 머스카-토우	명	모기
moss	[mɔ(ː)s] 모스	명 이끼 타	이끼로 덮다
mossy	[mɔ́(ː)si] 모시	형	이끼 낀, 캐캐묵은
most	[moust] 모우스트	형	(many, much의 최상급) 가장 많은

- most of ~의 대부분, 대개의
- most of all 그 중에서도, 특히

mostly	[móustli] 모우스틀리	부	대개, 보통, 대부분

moth	[mɔ(:)θ] 모쓰	명 나방, 좀벌레
mother	[mʌ́ðər] 머더	명 어머니
motion	[móuʃən] 모우션	명 활동, 운동 타 자 몸짓을 하다
motive	[móutiv] 모우티브	형 동기가 되는 명 동기, 목적
motor	[móutər] 모우터	명 원동력, 발동기, 모우터
motorcar	[móutərkɑ̀ːr] 모우터카ー	명 자동차
motorist	[móutərist] 모우터리스트	명 자동차 조종사, 여행자
motto	[mɑ́tou] 마토우	명 표어, 처세훈, 금언, 주의
mound	[maund] 마운드	명 흙무덤, 작은 언덕, 둑
mount	[maunt] 마운트	명 산, 언덕 타 자 오르다, 앉히다
mountain	[máuntən] 마운턴	명 산, 산맥, 산악
mountaineer	[màuntəníər] 마운터니어	명 등산가 자 등산하다
mountainous	[máuntənəs] 마운터너스	형 산이 많은, 산악지방
mourn	[mɔːrn] 모ー은	타 자 한탄하다, 슬퍼하다
mournful	[mɔ́ːrnfəl] 모ー온펄	형 슬픔에 잠긴, 음산한, 쓸쓸한
mouse	[maus] 마우스	명 생쥐, 겁쟁이, 귀여운 아이
mouth	[mauθ] 마우쓰	명 입, 출입구, 강어귀
mouthful	[máuθfùl] 마우쓰풀	명 입 가득, 한 입
movable	[múːvəbəl] 무ー버벌	형 움직일 수 있는, 이동하는
move	[muːv] 무브	타 자 움직이다 명 운동, 이동

○ move out 돌아 다니다, 여기 저기로 옮기다
○ move for ~를 요구하다, ~을 신청하다
○ move in ~로 이사하다

movement	[múːvmənt] 무ー브먼트	명 운동, 동작, 활동, 움직임
movie	[múːvi] 무ー비	명 명화(관), 영화팬

○ go to the movie 영화 구경가다

mow	[mou] 모우	타 쓰러뜨리다, 베다 명 건초더미
Mr.	[místər] 미스터	명 (남자에 경칭) 귀하, 님, 씨
Mrs.	[mísiz] 미시즈	명 (부인에 존칭) 님, 여사, ~부인

Mt.	[maunt] 마운트	약 Mount의 줄임 명 언덕, 산
much	[mʌtʃ] 머취	형 다량의, 많은 명 다량 부 매우

- **so much for** ~은 이만, ~의 이야기는 이것으로 끝
- **much less** 더군다나 (하물며) ~는 아니다
- **much more** 더욱 더, 하물며, 말할 것도 없이

muck	[mʌk] 머크	명 퇴비, 오물, 거름
mud	[mʌd] 머드	명 진흙, 진창, 옥설
muddy	[mʌ́di] 머디	형 진흙의, 탁한 타 흐리게 하다
muff	[mʌf] 머프	명 머프(여자용 토시), 실수
muffin	[mʌ́fin] 머핀	명 살짝 구운 빵
muffle	[mʌ́fəl] 머펄	타 덮어싸다, 감싸다
muffler	[mʌ́flər] 머플러	명 목도리, 두꺼운 장갑, 소음 장치
mug	[mʌg] 머그	명 원형통 컵
mulberry	[mʌ́lbèri] 멀베리	명 뽕나무, 오디, 짙은 자주색
mule	[mju:l] 뮤-울	명 노새, 고집쟁이, 바보
multiplication	[mʌ̀ltəplikéiʃən] 멀터플리케이션	명 승법, 곱셈, 배가(倍加)
multiply	[mʌ́ltəplài] 멀터플라이	타 자 늘리다, 증가하다, 번식하다
multitude	[mʌ́ltitjù:d] 멀티튜-드	명 다수, 군중

- **a multitude of** 다수의, 많은
- **multitude of** 많은, 수많은 (=a great number of)

mumble	[mʌ́mbəl] 멈벌	타 자 중얼거리다, 우물우물 씹다
mummy	[mʌ́mi] 머미	명 미이라, 말라빠진 사람
municipal	[mju:nísəpəl] 뮤-니서펄	형 지방자치단체의, 시(市)의
murder	[məːrdər] 머-더	명 살인, 교살 타 살해하다
murderer	[məːrdərər] 머-더러	명 살인자
murderous	[məːrdərəs] 머-더러스	형 살인의, 흉악한, 살인적인
murmur	[məːrmər] 머-머	타 자 웅성대다 명 중얼거림
muscle	[mʌ́səl] 머설	명 근육, 완력 자 완력을 휘두르다

muscular	[mʌ́skjələr] 머스컬러	형 근육의, 근육이 늠름한, 힘센
muse	[mjuːz] 뮤-즈	자 명상하다 명 묵상
museum	[mjuːzíːəm] 뮤-지엄	명 박물관, 미술관, 진열소
mushroom	[mʌ́ʃru(ː)m] 머쉬룸	명 버섯 자 버섯을 따다
music	[mjúːzik] 뮤-직	명 음악, 악곡, 연주하다
musical	[mjúːzikəl] 뮤-지컬	형 음악의 음악적인, 가락이 멋진
musician	[mjuːzíʃən] 뮤-지션	명 음악가, 작곡가, 악사
musket	[mʌ́skət] 머스컷	명 (구식)소총
muss	[mʌs] 머스	명 엉망, 뒤죽박죽, 법석
must	[mʌst] 머스트	조 ~하지 않으면 안 된다
mustard	[mʌ́stərd] 머스터드	명 겨자, 자극물
muster	[mʌ́stər] 머스터	명 소집, 점호 타 소집하다
mute	[mjuːt] 뮤-트	형 벙어리의, 무언의 명 벙어리
mutiny	[mjúːtəni] 뮤-터니	명 반란, 폭동, 반항 타 반항하다
mutter	[mʌ́tər] 머터	타 자 중얼거리다 명 속삭임
mutton	[mʌ́tn] 머튼	명 양고기
mutual	[mjúːtʃuəl] 뮤-츄얼	형 서로의, 공통의 (=common)
muzzle	[mʌ́zəl] 머즐	명 (동물의) 주둥아리, 코, 총구
my	[mai] 마이	대 나의 감 아이고! 저런!
myriad	[míriəd] 미리어드	명 1만, 무수 형 만의, 무수한
myrtle	[mɔ́ːrtl] 머-틀	명 도금양, 덩굴, 일일초
myself	[maisélf] 마이셀프	대 나 자신, (평상시의) 나

- by myself 혼자서, 단독으로
- for myself 나 자신을 위해서, 자력으로

mysterious	[mistíəriəs] 미스티어리어스	형 신비한, 불가사의한, 원인불명의
mystery	[místəri] 미스터리	명 신비, 불가사의, 비밀, 비법
mystic	[místik] 미스틱	형 비법의, 신비한 명 신비가
myth	[miθ] 미쓰	명 신화, 꾸민 이야기

N

nail	[neil] 네일	명 손톱, 발톱, 못 타 손톱을 깎다
naked	[néikid] 네이키드	형 벌거벗은, 드러난, 노출된
name	[neim] 네임	명 이름, 명칭, 명성 타 이름 짓다

- **name after** ~의 이름을 따서 명명하다
- **by (of) the name of** ~이라는 이름으로(의), ~이라고 부르는
- **in one's own name** 자기 명의로, 독립하여

nameless	[néimlis] 네임리스	형 이름 없는, 불명의, 무명의
namely	[néimli] 네임리	부 즉, 말하자면, 환언하면
nap	[næp] 냅	명 깜박 졺, 겉잠 자 깜박 졸다
napkin	[nǽpkin] 냅킨	명 손수건, 냅킨, 기저귀, 생리대
narcotic	[nɑːrkátik] 나아카틱	형 마취성의, 마약의 명 마취제
narration	[næréiʃən] 내레이션	명 서술, 이야기, 담화, (문법) 화법
narrative	[nǽrətiv] 내러티브	명 이야기 형 이야기의
narrow	[nǽrou] 내로우	형 좁은, 옹색한 타 좁히다
narrowly	[nǽrouli] 내로울리	부 좁게, 정밀하게, 가까스로
nasty	[nǽsti] 내스티	형 불쾌한, 불결한, 싫은
nation	[néiʃən] 네이션	명 국민, 국가, 민족
national	[nǽʃənəl] 내셔널	형 국민의, 국가의 명 동포, 교포
nationality	[næ̀ʃənǽləti] 내셔낼러티	명 국민성, 국적, 국민, 국가
native	[néitiv] 네이티브	형 타고난, 출생의 명 토착민
natural	[nǽtʃərəl] 내처럴	형 자연의, 자연계의, 미개의
naturally	[nǽtʃərəli] 내처럴리	부 자연히, 있는 그대로, 본래
nature	[néitʃər] 네이쳐	명 자연, 천성, 성질, 종류

- **by nature** 타고 난, 본래의, 나면서 부터

naught	[nɔːt] 노-트	명 무, 영, 제로, 존재치 않음
naughty	[nɔ́ːti] 노-티	형 장난스러운, 버릇없는, 막된
naval	[néivəl] 네이벌	형 해군의, 군함의, 해군력
navigation	[næ̀vəɡéiʃən] 내버게이션	명 항해, 항공, 항해술
navigator	[nǽvəɡèitər] 내버게이터	명 항해자, 해양 탐험대
navy	[néivi] 네이비	명 해군, 해군 장병
nay	[nei] 네이	부 아니, 오히려 명 거절
near	[niər] 니어	부 가까이 형 가까운 전 ~근처에

○ **draw near** 다가오다 ○ **near to** 가까이에

nearly	[níərli] 니얼리	부 거의, 겨우, 밀접하게, 친하게
nearby	[níərbài] 니어바이	형 가까운 부 바로 이웃에서
neat	[niːt] 니-트	형 산뜻한, 단정한, 모양 좋은
neatly	[níːtli] 니-틀리	부 산뜻하게, 조촐하게
nebula	[nébjələ] 네벌러	명 성운
necessarily	[nèsəsérəli] 네서세러리	부 필연적으로, 불가피, 반드시
necessary	[nésəsèri] 네서세리	형 필요한, 필연적인 명 필수품
necessitate	[nisésətèit] 니세서테이트	타 필요로 하다, 부득이 ~하게 하다
necessity	[nisésəti] 니세서티	명 필요, 필연, 필요물
neck	[nek] 넥	명 목, 목덜미 타 자 목을 껴안다
necklace	[néklis] 네클리스	명 목걸이, 교수형의 밧줄
necktie	[néktài] 넥타이	명 넥타이
need	[niːd] 니-드	명 소용 타 필요로 하다 자 궁하다
needful	[níːdfəl] 니-드펄	형 필요한, 요긴한
needless	[níːdlis] 니-들리스	형 불필요한, 필요 없는
needle	[níːdl] 니-들	명 바늘, 뜨개바늘, 주사바늘
needs	[niːdz] 니-즈	부 어떻게든지, 반드시, 꼭
needy	[níːdi] 니-디	형 가난한, 어려운
negative	[néɡətiv] 네거티브	형 부정의 명 부정 타 거부하다
neglect	[niɡlékt] 니글렉트	타 소홀히 하다 명 태반, 소홀

negligent	[néglidʒənt] 네글리전트	형 태반의, 부주의한
negligence	[néglidʒəns] 네글리전스	명 태반, 소홀, 부주의
negotiate	[nigóuʃièit] 니고우쉬에이트	타 협상하다, 협정하다
Negro	[ní:grou] 니-그로우	명 흑인 형 흑인의, 검은
neigh	[nei] 네이	명 (말의) 울음소리 자 (말이) 울다
neighbor	[néibər] 네이버	명 이웃사람 형 이웃의, 옆의
neighborhood	[néibərhùd] 네이버후드	명 근처, 지방, 이웃, 부근
neither	[ní:ðər] 니-더	부 ~도 아니고 ~도 아니다

○ **neither here nor there** 아무 데도 없는, 시시한

nephew	[néfju:] 네퓨-	명 조카, 생질
nerve	[nəːrv] 너-브	명 신경, 냉정, 용기, 담력
nervous	[nə́ːrvəs] 너-버스	형 신경의, 신경질적인, 소심한
nest	[nest] 네스트	명 보금자리 자 둥지를 만들다
nestle	[nésəl] 네설	타 자 깃들이다 편하게 자리잡다
net	[net] 네트	명 그물, 네트 타 그물로 잡다
nettle	[nétl] 네틀	명 쐐기풀 타 초조하게 하다
network	[nétwə̀ːrk] 네트워-크	명 (도로, 신경 등의)망, 통신망, 방송망
neuter	[njúːtər] 뉴-터	형 중성의, 무성의 명 (문법) 중성
neutral	[njúːtrəl] 뉴-트럴	형 중립의, 중용의 명 중립자
never	[névər] 네버	부 결코 ~하지 않다

○ **never ~ but (that)** ~하면 반드시 ~하다

○ **never fall to** 반드시 ~하다

○ **never (not) ~ without** ~하면 반드시 ~한다

nevertheless	[nèvərðəlés] 네버덜레스	부 접 그럼에도 불구하고, 그렇지만
new	[nju:] 뉴-	형 새로운, 신발명의 부 새로이
newly	[njúːli] 뉴-리	부 최근, 새로이, 다시
newcomer	[njúːkʌ̀mər] 뉴-커머	명 신참자, 새로운 사람
new-fashioned	[njúːfǽʃənd] 뉴-패션드	형 신유행의, 신식의, 신형의

new-model	[njúːmàdl] 뉴-마들	타	다시 (새로) 만들다
news	[njuz] 뉴-즈	명	뉴스, 보도, 기사
newspaper	[njúːzpèipər] 뉴-즈페이퍼	명	신문(지)
Newton	[njúːtn] 뉴-튼	명	영국의 물리학자, 수학자
New York	[njúːjɔːrk] 뉴-요-크	명	뉴욕시(주)
next	[nekst] 넥스트	형	다음의 부 다음에 전 ~의 다음에

○ **next door to** ~에 가까운(=near to), ~와 비슷한

○ **next to** 거의 ~(=almost)

○ **next to nothing** 거의 ~아니다

nibble	[níbəl] 니벌	타 자	조금씩 갉아먹다, 물어뜯다
nice	[nais] 나이스	형	좋은, 쾌적한, 훌륭한, 멋진
nicely	[náisli] 나이슬리	부	깨끗하게, 잘, 까다롭게
nick	[nik] 니크	명	새김눈 타 새김눈을 내다
nickel	[níkəl] 니컬	명	니켈 타 니켈 도금하다
nickname	[níknèim] 닉네임	명	별명, 애칭 타 별명을 붙이다
niece	[nis] 니-스	명	조카딸, 질녀
nigh	[nai] 나이	부	가까이 형 가까운
night	[nait] 나이트	명	야간, 밤, 어둠, 저녁, 야음

○ **a dirty night** 비 내리는 (비바람 치는) 밤

○ **in a night** 밤중에, 야간에

nightfall	[náitfɔ̀ːl] 나이트포-올	명	해질녘, 저녁
nightingale	[náitəngèil] 나이팅게일	명	나이팅게일(새이름)
nightly	[náitli] 나이틀리	형	밤의, 밤마다의 부 밤마다
nightmare	[náitmɛ̀ər] 나이트메어	명	악몽, 몽마, 가위눌림
nimble	[nímbəl] 님벌	형	재빠른, 영리한, 현명한
nine	[nain] 나인	명	9, 아홉 형 아홉의, 9의

○ **nine time out of ten** 십중팔구, 대개

nineteen	[náintíːn] 나인티인	명	19, 열아홉 형 19의
ninety	[náinti] 나인티	명	90 형 90의, 90개
ninetieth	[náintiiθ] 나인티이쓰	명	제 90 형 제 90의
ninth	[nainθ] 나인쓰	명	제 9 형 제 9의

nip	[nip] 닢	태자 집다, 물다, 꼬집다, 따다
nitrogen	[náitrədʒən] 나이트러젼	명 질소
no	[nou] 노우	형 없는, 전혀 명 부정, 거절
	○ no more ~ than	~아닌 것은 ~아닌 것과 같다
	○ no sooner ~ than	~하자마자
No.	[nÁmbər] 넘버	약 제 ~번(number의 줄임)
Nobel	[nou̯bél] 노우벨	명 스웨덴의 화학자
nobility	[noubíləti] 노우빌러티	명 숭고함, 고귀한 태생, 고결함
noble	[nóubəl] 노우벌	형 고귀한, 고상한, 훌륭한, 귀중한
nobleman	[nóubəlmən] 노우벌먼	명 귀족
nobody	[nóubàdi] 노우바디	대 아무도 ~않다 명 이름없는 사람
nod	[nad] 나드	태자 끄덕이다, 명령하다
noise	[nɔiz] 노이즈	명 소음, 소리, 시끄러운 소리
noisy	[nɔ́izi] 노이지	형 시끄러운, 와글거리는
nominate	[námənèit] 나머네이트	태 지명하다, 추천하다
nomination	[nàmənéiʃən] 나머네이션	명 지명, 임명, 추천
nominative	[námənətiv] 나머너티브	명 주격, 주어 형 주격의
none	[nʌn] 넌	대 아무도 ~아니다 부 조금도 ~않다
	○ none but	~이 아니면 ~이 아니다, 다만 ~만
	○ none the less	그런데도 불구하고, 역시
nonsense	[nánsens] 난센스	명 넌센스, 허튼말, 무의미
nook	[nuk] 눅	명 구석, 외딴 곳, 모퉁이
noon	[nu:n] 누-운	명 정오, 한낮 형 정오의
noonday	[nú:ndèi] 누-운데이	명 정오, 한낮(=noon)
noontime	[nú:ntàim] 누-운타임	명 한낮, 정오(=noon day)
nor	[nɔr] 노-	접 ~도 또한 ~않다(아니다)
normal	[nɔ́ːrməl] 노-멀	형 보통의, 정상의, 통상의
north	[nɔːrθ] 노-쓰	명 북, 북방 형 북쪽의
northeast	[nɔ̀ːrθíst] 노-씨스트	명 북동(지방)
northeastern	[nɔ̀ːrθístərn] 노-씨스턴	형 북동의, 북동으로의

northern	[nɔ́ːrðərn] 노-던	형 북동에 사는, 북에 있는
northward	[nɔ́ːrθwərd] 노-쓰워드	형 북쪽을 향한 부 북방으로
northwest	[nɔ̀ːrθwést] 노-쓰웨스트	명 북서(지방) 형 북서향의
northwestern	[nɔ̀ːrθwéstərn] 노-쓰웨스턴	형 북서의, 북서로의
Norway	[nɔ́ːrwei] 노-웨이	명 노르웨이
Norwegian	[nɔːrwíːdʒən] 노-위-전	형 노르웨이의 명 노르웨이 사람
nose	[nouz] 노우즈	명 코, 후각 타 냄새를 맡다
nostril	[nástril] 나스트릴	명 콧구멍
not	[nɑt] 낫	부 ~이 아니다, ~않다

- **not a bit** 조금도 ~이 아니다
- **not a few** 적지 않은, 꽤 많은 수의
- **not always** (부분 부정) 반드시 ~은 아니다

notable	[nóutəbəl] 노우터벌	형 주목할 만한, 두드러진 명 명사
notably	[nóutəbli] 노우터블리	부 현저히, 특히, 명백히
notch	[nɑtʃ] 나취	명 (V자형의) 새김눈 타 금을 내다
note	[nout] 노우트	명 각서, 기호, 메모 타 적어 두다
notebook	[nóutbùk] 노우트북	명 노트, 공책
nothing	[nʌ́θiŋ] 너씽	명 아무 일도 ~않다, 무, 영

- **all to nothing** 최대한으로, 충분히
- **make nothing of** (can[could]과 함께) ~을 이해할 수 없다, ~을 활용하지 못하다

notice	[nóutis] 노우티스	명 통고, 주목, 통지 타 금을 내다
noticeable	[nóutisəbəl] 노우티서벌	형 눈에 띄는, 주목할 만한
notify	[nóutəfài] 노우터파이	타 통지하다, 신고하다
notion	[nóuʃən] 노우션	명 생각, 개념, 신념, 의견
notorious	[noutɔ́ːriəs] 노우토-리어스	형 아주 평판이 나쁜, 소문난
nought	[nɔːt] 노-트	명 영, 제로, 무, 파멸, 실패
noun	[naun] 나운	명 (문법) 명사

nourish	[nə́ːriʃ] 너-리쉬	태 영양분을 주다, 기르다
nourishment	[nə́ːriʃmənt] 너-리쉬먼트	명 영양물, 음식물
novel	[návəl] 나벌	명 소설 형 신기한, 기발한
novelist	[návəlist] 나벌리스트	명 소설가
novelty	[návəlti] 나벌티	명 신기한 사물, 새로움, 신제품
November	[nouvémbər] 노우벰버	명 11월(약어 Nov)
novice	[návis] 나비스	명 초심자, 풋내기, 신참자
now	[nau] 나우	부 지금, 곧 접 ~이고 보면 명 현재

○ **by now** 지금쯤은, 벌써　○ **just now** 바로 지금, 방금
○ **even now** 바로 지금(= just now)

nowadays	[náuədèiz] 나워데이즈	명 지금 부 현재에는, 지금은
nowhere	[nóuʰwèər] 노우웨어	부 아무데에도 ~없다(않다)
nuclear	[njúːkliər] 뉴-클리어	형 핵의, 세포의, 원자력의
nuisance	[njúːsəns] 뉴-선스	명 방해물, 귀찮은 일, 폐
numb	[nʌm] 넘	형 마비된, 둔한 태 마비시키다
number	[nʌ́mbər] 넘버	명 수, 총수, 번호 태 세다

○ **a large (great) number of** 무수한, 다수의
○ **any number of** 많은, 얼마든지

numeral	[njúːmərəl] 뉴-머럴	명 숫자 형 수의, 수를 나타내는
numerous	[njúːmərəs] 뉴-머러스	형 많은 수의, 다수의
nun	[nʌn] 넌	명 수녀, 여승, (집비둘기의) 일종
nuptial	[nʌ́pʃəl] 넙셜	형 결혼의, 혼례의 명 결혼(식)
nurse	[nəːrs] 너-스	명 유모, 간호원 태 자 젖을 먹이다
nursery	[nə́ːrsəri] 너-서리	명 육아실, 탁아소, 양성소
nurture	[nə́ːrtʃər] 너-쳐	태 양육하다, 교육하다 명 양육
nut	[nʌt] 너트	명 견과(호두, 밤 따위), 너트

○ **a hard nut to crack** 어려운 문제, 어려운 것

nutrition	[njuːtríʃən] 뉴-트리션	명 영양 섭취 작용, 영양물
nylon	[náilɑn] 나일란	명 나일론
nymph	[nimf] 님프	명 요정, 님프, 애벌레

O

o	[ou] 오우	감 오! 저런! 아아!
oak	[ouk] 오-크	명 떡갈나무, 오크제품
oaken	[óukən] 오-컨	형 떡갈나무제의, 오오크로 만든
oar	[ɔːr] 오-	명 (보트) 노 타 자 노를 젓다
oasis	[ouéisis] 오우에이시스	명 오아시스, 사막 안의 녹지
oat	[out] 오-트	명 귀리
oath	[ouθ] 오-쓰	명 맹세, 선서, 서약, 분노
oatmeal	[óutmìːl] 오-트미-일	명 오트밀(죽)
obedience	[oubíːdiəns] 오비-디언스	명 복종, 순종, 공손

○ obedience in obedience to
~에 복종하다, ~에 따라서, ~에 순종하여

obedient	[oubíːdiənt] 오비-디언트	형 순종하는, 유순한, 고분고분한
obey	[oubéi] 오베이	타 자 복종하다, 순종하다, 따르다
object	[ábdʒikt] 압쥑트	명 물체, 사물, 물건
objection	[əbdʒékʃən] 업젝션	명 반대, 이의, 혐오, 난점
objective	[əbdʒéktiv] 업젝티브	형 물질적인, 객관적인 명 목표
obligation	[àbləgéiʃən] 아블러게이션	명 계약, 증권, 책임, 채무

○ of obligation 의무상 당연한, 의무적인
○ under obligation to (do) ~할 의무가 있는

oblige	[əbláidʒ] 어블라이쥐	타 별수없이, 강제하다

○ (be) obliged to ~하지 않을 수 없다, 고맙게 여기다

oblivion	[əblíviən] 어블리비언	명 망각, 잊기 쉬움, 잊혀짐
obscure	[əbskjúər] 업스큐어	형 애매한, 모호한, 불명료한
obscurity	[əbskjúərəti] 업스큐어러티	명 어두컴컴함, 불명료, 난해한 곳
observance	[əbzə́ːrvəns] 업저-번스	명 준수, 의식, 습관, 규율, 관례

observation	[àbzərvéiʃən]	압저베이션	명 관찰, 주목, 감시, 관측
observatory	[əbzə́ːrvətɔ̀ːri]	업저-버토리	명 천문대, 관측소, 전망대
observe	[əbzə́ːrv]	업저-브	타 자 주시하다, 지키다
observer	[əbzə́ːrvər]	업저-버	명 관찰자, 입회인, 준수자
obstacle	[ábstəkəl]	압스터컬	명 장애(물), 고장, 방해물
obstinate	[ábstənit]	압스티니트	형 완고한, 고집 센, 끈질긴
obstruct	[əbstrʌ́kt]	업스트럭트	타 자 방해하다, 가로막다
obstruction	[əbstrʌ́kʃən]	업스트럭션	명 의사의 방해, 장애(물)
obtain	[əbtéin]	업테인	타 자 획득하다, 손에 넣다, 얻다
obvious	[ábviəs]	압비어스	형 명백한, 빤한, 명확한
obviously	[ábviəsli]	압비어서리	부 명백하게, 분명히
occasion	[əkéiʒən]	어케이전	명 경우, 기회 타 일으키다
occasional	[əkéiʒənəl]	어케이저널	부 이따금, 때때로의
occasionally	[əkéiʒənəli]	어케이저널리	부 이따금, 때때로, 가끔
occupant	[ákjəpənt]	아켜펀트	명 (토지, 가옥의) 점유자
occupation	[àkjəpéiʃən]	아켜페이션	명 점유, 점령, 거주, 업무, 직업
occupy	[ákjəpài]	아켜파이	타 점령하다, 차지하다, 점유하다
occur	[əkə́ːr]	어커-	자 일어나다, 마음에 떠오르다
occurrence	[əkə́ːrəns]	어커-런스	명 발생, 사건, 생긴 일
ocean	[óuʃən]	오우션	명 대양, ~양, 끝없이 넓음, 많음
o'clock	[əklɑk]	어클락	명 시(時)
October	[aktóubər]	악토우버	명 10월(약어 Oct)
odd	[ɑd]	아드	형 나머지의, 홀수의, 여분의
oddly	[ɑ́dli]	아들리	자 기묘하게, 짝이 맞지 않게
odds	[ɑdz]	아즈	명 불평등, 우열의 차, 불균등

○ **a bit over odds** 터무니없이
○ **make no odds** 별 차이가 없다
○ **make odds even** 우열을 없애다, 비등하게 하다

ode	[oud]	오우드	명 (고상한 서정시) 송시(頌詩)
odious	[óudiəs]	오우디어스	형 밉살스러운, 싫은, 징그러운

odo(u)r	[óudər] 오우더	명 냄새, 향기, 기미, 암내, 백취
o'er	[ɔːr] 오-	형 위에, 넘어서 전 ~의 위에
of	[ʌv] 어브	전 ~의, ~에 속하는, ~부터

- **of all** 많이 있는 중에서(=among all)
- **kind of** 거의, 약간, 어느 쪽인가 하면
- **well out of** (~에서 부터) 충분히 떨어져

off	[ɔːf] 오-프	부 떨어져서 전 ~에서 떨어져

- **off and on** 단속적으로, 때때로
- **Off Limits** 출입금지 (구역)
- **off hand** 준비없이, 당장에, 즉석에서

offence	[əféns] 어펜스	명 죄, 위반, 범죄, 반칙
offend	[əfénd] 어펜드	타 자 감정을 해치다, 성나게 하다
offender	[əféndər] 어펜더	명 범죄자
offense	[əféns] 어펜스	명 (offence) 죄, 불법, 위반
offensive	[əfénsiv] 어펜시브	형 불쾌한, 싫은 명 공격, 공세
offer	[ɔː(ː)fər] 오퍼	타 자 제공하다 명 신청
offering	[ɔː(ː)fəriŋ] 오퍼링	명 신청, 헌납, 제공
office	[ɔː(ː)fis] 오피스	명 직무, 사무소, 직책, 관청
officer	[ɔː(ː)fisər] 오피서	명 장교, 사관, 공무원, 역원
official	[əfíʃəl] 오피셜	형 직무상의, 공적인 명 공무원
officially	[əfíʃəli] 오피셜리	부 공식적으로, 직무상으로
offset	[ɔː(ː)fsét] 옵셋	명 계정, 차감, 옵셋판, 벌충
offspring	[ɔː(ː)fspriŋ] 옵스프링	명 자식, 자손, 결과, 소산
oft	[ɔːft] 앞트	부 (=often) 종종, 자주
often	[ɔː(ː)fən] 오펀	부 종종, 자주, 가끔
oh	[ou] 오우	감 오! 아이고! 앤
oil	[ɔil] 오일	명 기름, 광유, 석유, 글리브유
oily	[ɔili] 오일리	형 기름의, 기름바른, 기름칠한
ointment	[ɔ́intmənt] 오인트먼트	명 연고, 고약
OK	[oukei] 오우케이	형 좋아 명 승인 타 승인하다
old	[ould] 오울드	형 나이 많은, 오랜 명 늙은 노인

old-fashioned	[óuldfǽʃənd] 오울드패션드	형	유행에 뒤떨어진, 구식의
oldtime	[óuldtaim] 오울드타임	형	옛날의, 옛날부터의
olive	[áliv] 알리브	명	올리브나무 형 올리브색의
Olympic	[əlímpik] 얼림픽	형	올림픽의 명 국제올림픽대회
omega	[oumí:gə] 오우미-거	명	끝, 마지막, 최후
omen	[óumən] 오우먼	명	전조, 예언 타 자 전조가 되다
ominous	[ámənəs] 아머너스	형	불길한, 험악한, 나쁜 징조
omission	[oumíʃən] 오우미션	명	생략, 탈락, 태만, 누락
omit	[oumít] 오우미트	타	생략하다, 빠뜨리다
omnibus	[ámnəbÀs] 암너버스	명	승합 마차, 버스, 합승자동차
on	[ɑn] 안	전	~위에, ~에 부 위에, 향하여

- a suddn 갑자기(=all a suddn)
- on and on 잇달아, 쉬지 않고
- go on 나아가다, 계속하다, 존속하다

once	[wʌns] 원스	부	한 번, 일회, 한 차례, 일단

- once and again 몇 번이고, 여러 번
- once (and) for all 단호하게, 한 번만, 이번만
- once upon a time 옛날 옛적에

one	[wʌn] 원	형	하나의, 한 개의 명 하나

- one by one 하나씩, 한 사람씩, 차례로
- every one 모두, 누구나
- one of these days 근일, 일간

oneself	[wʌnsélf] 원셀프	대	스스로, 자신이, 자기 자신을

- be oneself 자제하다, 자연스럽게 행동하다

onion	[ʌ́njən] 어니언	명	양파 타 양파로 맛을 내다
only	[óunli] 오운리	형	유일한 부 오직 접 다만

- only ~ if (when) ~하여야 비로소, ~의 경우만
- only just 이제 막 ~한, 간신히, 겨우
- only not 거의 ~이나 마찬가지
- only too 유감스럽게, 정말로, 아주

onset	[ánsèt] 안세트	명	습격, 공격, 진격, 시작

onward	[ánwərd] 안워드	형 전진의, 전방으로의 부 전방에
onwards	[ánwərdz] 안워드즈	부 앞으로, 나아가, 전방으로
ooze	[uz] 우-즈	타 자 스며나오다, 비밀이 새다
opal	[óupəl] 오우펄	명 단백석, 오팔, 젖빛유리
open	[óupən] 오우펀	형 열린 타 자 열다 명 빈터
○ be open to	~을 쾌히 받아 들이다, ~을 받기 쉽다	
○ open to	~에게 열려있는, ~의 여지가 있는	
openly	[óupənli] 오우펀리	형 솔직히, 공공연히
opening	[óupəniŋ] 오우퍼닝	명 개방, 개시, 구멍 형 개시의
opera	[ápərə] 아퍼러	명 가극, 오페라, 가극장
operate	[ápərèit] 아퍼레이트	타 자 (기계 등이) 움직이다
operation	[àpəréiʃən] 아퍼레이션	명 일, 작용, 행동, 가동, 작동
operator	[ápərèitər] 아퍼레이터	명 (기계의) 운전자, 교환수
opinion	[əpínjən] 어피니언	명 의견, 소신, 지론, 견해
○ be of (the) opinion that	~라고 생각하다	
○ have no opinion of	~을 별로 탐탁치 않게 생각하다	
opium	[óupiəm] 오우피엄	명 아편, 아편굴
opponent	[əpóunənt] 어포우넌트	명 적, 상대 형 대립하는, 반대하는
opportunity	[àpərtjúːnəti] 아퍼튜-너티	명 기회, 호기
oppose	[əpóuz] 어포우즈	타 반대하다, 적대하다, 방해하다
opposite	[ápəzit] 아퍼지트	형 마주보는 명 반대자
opposition	[àpəzíʃən] 아퍼지션	명 반대, 저항, 방해, 야당
oppress	[əprés] 어프레스	타 압박하다, 억압하다
oppression	[əpréʃən] 어프레션	명 압박, 압제, 우울, 억압
optimism	[áptəmìzəm] 앞터미점	명 낙천주의, 낙관
or	[ɔːr] 오-	접 또는, 즉, 그렇지 않으면
oracle	[ɔ́(ː)rəkəl] 오러컬	명 신탁, 명언, 현인
oral	[ɔ́ːrəl] 오-럴	형 입의, 구두의, 구술의
orange	[ɔ́(ː)rindʒ] 오린쥐	명 오렌지, 귤 형 오렌지의
oration	[ɔːréiʃən] 오-레이션	명 (형식을 갖춘) 연설

orator	[ɔ́(:)rətɚ] 오러터	명 연설가, 강연자	
orb	[ɔːrb] 오-브	명 구(球), 구체, 천체, 안구	
orbit	[ɔ́ːrbit] 오-비트	명 궤도, 안와(眼窩), 활동 범위	
orchard	[ɔ́ːrtʃərd] 오-쳐드	명 과수원	
orchestra	[ɔ́ːrkəstrə] 오-커스트러	명 오케스트라, 관현악단	
ordain	[ɔːrdéin] 오-데인	타 정하다, 규정하다, 운명지우다	
ordeal	[ɔːrdíːəl] 오-디-얼	명 모진 시련, 고된 체험	
order	[ɔ́ːrdər] 오-더	명 정돈, 명령, 지령 타 정돈하다	

- **in good (poor) order** 순조롭게 (순조롭지 못하게)
- **in the order named** 그 순번으로
- **made to order** 주문해서 만든, 맞춤

orderly	[ɔ́ːrdərli] 오-덜리	형 정돈된, 규율있는 명 전령병
ordinal	[ɔ́ːrdənəl] 오-더널	형 순서의 명 서수(序數)
ordinance	[ɔ́ːrdənəns] 오-더넌스	명 법령, (종교) 의식
ordinary	[ɔ́ːrdənèri] 오-더너리	형 보통의, 평범한 명 정식(定食)
ordinarily	[ɔ̀ːrdənérəli] 오-더네럴리	부 보통, 보통으로
ore	[ɔːr] 오-	명 광석, 원광(原鑛), 철광석
organ	[ɔ́ːrgən] 오-건	명 기관(器官), 기관지, 오르간
organic	[ɔːrgǽnik] 오-개닉	형 기관의, 유기체의, 조직적인
organism	[ɔ́ːrgənìzəm] 오-거니점	명 유기체, 생물, 유기적 조직체
organization	[ɔ̀ːrgənəzéiʃən] 오-거너제이션	명 조직, 구성, 편성, 단체
organize	[ɔ́ːrgənàiz] 오-거나이즈	타 조직하다, 편성하다
orient	[ɔ́ːriənt] 오-리엔트	명 동양 타 자 동쪽으로 향하다
Oriental	[ɔ̀ːriéntl] 오-리엔틀	형 동양의, 동쪽의 명 동양사람
origin	[ɔ́ːrədʒin] 오-러진	명 기원, 발달, 원천, 태생, 혈통
original	[ərídʒənəl] 어리져널	형 원시인, 최초의 명 원물
originally	[ərídʒənəli] 어리져널리	부 본래, 최초의, 고유의
originality	[ərìdʒənǽləti:] 어리져낼러티-	명 독창력, 신기(新奇), 참신
originate	[ərídʒənèit] 어리져네이트	타 자 시작하다, 일으키다, 생기다
ornament	[ɔ́ːrnəmənt] 오-너먼트	명 장식(품) 타 꾸미다
orphan	[ɔ́ːrfən] 오-펀	명 고아 형 고아의
orphanage	[ɔ́ːrfənidʒ] 오-퍼니쥐	명 고아원, 고아

orthodox	[ɔ́ːrθədɑ̀ks] 오-써닥스	형 정교(正敎)의, 정통파의, 인습적인
ostrich	[ɔ́(ː)stritʃ] 오스트리치	명 타조, 도피자
other	[ʌ́ðər] 어더	형 다른 대 다른 것 부 그렇지 않고

- on the other hand 한편으로는, 이에 반해서
- other things being equal 다른 조건이 같다면
- the other day 전날에, 일전에, 요전날

otherwise	[ʌ́ðərwàiz] 어더와이즈	부 다른 방법으로, 만약 그렇지 않으면
otter	[átər] 아터	명 수달(피)
ought	[ɔːt] 오-트	조 해야만 한다, ~함이 당연하다
ounce	[auns] 아운스	명 온스(보통 284g)
our	[áuər] 아우어	대 우리의, 우리들의, 언제나
oust	[aust] 아우스트	타 내쫓다, 뺏다, 탈취하다
ours	[áuərz] 아우어즈	대 우리의 것, 우리들의 것
ourselves	[àuərsélvz] 아워셀브즈	대 우리 자신, 우리들이, 우리에게
out	[aut] 아웃	부 밖으로, 밖에 형 밖의

- be out of ~을 얻으려고 애쓰다, ~에 열중하다
- be out with ~과 사이가 좋지않다

outbreak	[áutbrèik] 아우트브레이	명 발발, 폭동
outburst	[áutbə̀ːrst] 아우트버-스트	명 폭발, 파열, 격발
outcome	[áutkʌ̀m] 아우트컴	명 결과, 성과, 과정
outcry	[áutkrài] 아우트크라이	명 외침, 떠들썩함, 경매
outdoor	[áutdɔ̀ːr] 아우트도-	형 문 밖의, 야외의, 옥외의
outdoors	[áutdɔ́ːrz] 아우트도-즈	부 문 밖에서, 야외에서
outer	[áutər] 아우터	형 바깥의, 외면의, 바깥 쪽의
outfit	[áutfit] 아우트피트	명 장만 타 필수품으로 공급하다
outlaw	[áutlɔ̀ː] 아우트로-	명 추방자 타 법률의 보호를 빼앗다

outlet	[áutlet] 아우트레트	몡 출구, 배출구, 관로
outline	[áutlàin] 아우트라인	몡 윤곽, 외형 타 윤곽을 그리다
outlook	[áutlùk] 아우트룩	몡 전망, 예측, 관망, 감시
output	[áutpùt] 아웃푸트	몡 생산고, 산출, 생산
outrage	[áutrèidʒ] 아웃레이쥐	몡 폭행, 침범 타 폭행하다
outrageous	[autréidʒəs] 아웃레이져스	형 난폭한, 포악한, 괘씸한
outside	[àutsáid] 아웃사이드	몡 바깥쪽, 외부, 외관, 겉모양
outskirt	[àutskə́ːrt] 아웃스커트	몡 교외, 주변, 도시의 변두리
outstanding	[àutstǽndiŋ] 아웃스탠딩	형 눈에 띄는, 돌출한, 중요한
outstretched	[áutstrétʃt] 아웃스트레치트	형 펼친, 뻗친
outward	[áutwərd] 아우트워드	형 밖으로 향한, 표면의, 외부로의
oval	[óuvəl] 오우벌	형 달걀 모양의 몡 계란형, 타원형
ovary	[óuvəri] 오우버리	몡 난소, 자방
oven	[ʌ́vən] 어번	몡 화덕, 솥, 가마, 오븐
over	[óuvər] 오우버	전 ~의 위에 부 위에, 덮이어
○ over against ~에 면하여, ~앞(가까이)에		
○ over again 다시 한번, 되풀이 하여, 한 번 다시		
overall	[óuvərɔ̀ːl] 오우버롤	몡 (의사, 여자아이의) 일옷, 작업복
overboard	[óuvərbɔ̀ːrd] 오우버보-드	전 배 밖으로, 물속으로
overcoat	[òuvərkòut] 오우버코우트	몡 외투
overcome	[òuvərkʌ́m] 오우버컴	타 이겨내다, 극복하다
overdue	[òuvərdjúː] 오우버듀-	형 기간이 지난, 늦은, 연착한
overeat	[òuvəríːt] 오우버릿	타 자 과식하다, 과식하여 탈나다
overflow	[òuvərflóu] 오우버플로우	타 자 (강 등이) 범람하다 몡 범람
overhang	[òuvərhǽŋ] 오우버행	타 ~의 위에 걸치다 자 덮치다
overhead	[óuvərhéd] 오우버헤드	부 위로, 상공에 몡 머리위에
overhear	[òuvərhíər] 오우버히어	타 도청하다, 엿듣다
overland	[óuvərlǽnd] 오우버랜드	부 육로로, 육상으로

overlook	[òuvərlúk] 오우버룩	탄 내려다보다, 바라보다
overnight	[óuvərnàit] 오우버나이트	명 밤새도록, 하룻밤
overpower	[òuvərpáuər] 오우버파워	탄 지우다, 압도하다
oversea(s)	[óuvərsí:(z)] 오우버시-(즈)	뷔 해외로, 외국으로 혱 해외의
oversleep	[òuvərslí:p] 오우버슬리-입	탄 자 너무 자다, 오래 자다
overtake	[òuvərtéik] 오우버테이크	탄 뒤쫓아 닿다, 따라 잡다
overthrow	[òuvərθróu] 오우버쓰로우	탄 뒤집어 엎다 명 타도, 전복
overturn	[òuvərtə́:rn] 오우버터-언	탄 자 뒤덮다, 타도하다 명 파멸
overwhelm	[òuvərhwélm] 오우버웰름	탄 압도하다, 질리게 하다
overwhelming	[òuvərhwélmiŋ] 오우버웰밍	혱 압도적인, 저항할 수 없는
overwork	[òuvərwə́:rk] 오우버워-억	탄 자 너무 공들이다, 과로하다 명 과로
owe	[ou] 오우	탄 자 은혜를 입고 있다, 빚이 있다

- I owe you a lot 큰 빚을 졌습니다, 대단히 감사합니다
- owe a person a living ~을 돌볼(기를) 의무가 있다

owing	[óuiŋ] 오우잉	혱 빚지고 있는, 미불로 되어 있는
owl	[aul] 아울	명 올빼미, 부엉이
own	[oun] 오운	혱 자기 자신의 탄 자 소유하다
owner	[óunər] 오우너	명 임자, 소유자, 집주인
ownership	[óunərʃip] 오우너쉽	명 소유권
ox	[ɑks] 악스	명 황소
oxen	[ɑ́ksən] 악선	명 ox의 복수
Oxford	[ɑ́ksfərd] 악스퍼드	명 영국 남부도시, 옥스퍼드 대학
oxygen	[ɑ́ksidʒən] 악시전	명 산소, 금속원소
oyster	[ɔ́istər] 오이스터	명 (바다) 굴, 입이 무거운 사람
ozone	[óuzoun] 오우조운	명 신선한 공기, 기분을 돋구어주는 힘

P

pacific	[pəsífik] 퍼시픽	형 평화의, 온화한, 화해적인
pack	[pæk] 팩	명 꾸러미, 다발, 보따리
package	[pǽkidʒ] 패키쥐	명 짐 꾸러미 타 포장하다
packet	[pǽkit] 패키트	명 소포, 꾸러미, 한다발
pad	[pæd] 패드	명 덧대는 것 타 속을 넣다
paddle	[pǽdl] 패들	명 노 타 자 노로 젓다, 물장난하다
pagan	[péigən] 페이건	명 이교도, 불신자 형 이교도의
page	[peidʒ] 페이쥐	명 페이지, 기록, 문서, 책
pageant	[pǽdʒənt] 패젼트	명 야외극, 행렬, 장관(壯觀), 허식
pail	[peil] 페일	명 들통, 양동이
pain	[pein] 페인	명 아픔, 고통 타 자 고통을 주다
painful	[péinfəl] 페인펄	형 아픈, 괴로운, 불쌍한
painfully	[péinfəli] 페인펄리	부 고통스럽게, 애써서, 아프게
paint	[peint] 페인트	명 페인트, 도료, 그림물감 타 그리다
painter	[péintər] 페인터	명 화가, 칠장이
painting	[péintiŋ] 페인팅	명 그림, 화법, 그림그리기, 페인트칠
pair	[pɛər] 페어	명 한 쌍, 한 짝 타 자 한 쌍이 되다

- **a pair of** 한 쌍의, 한 벌(켤레)의
- **in a pair (pairs)** 둘이 한 쌍이 되어
- **pair off** 남녀 한 쌍이 되(게 하)다, 결혼하다[시키다]

pajamas	[pədʒɑ́ːməz] 퍼쟈-머즈	명 파자마, 잠옷
pal	[pǽl] 팰	명 동무, 친구, 짝패
palace	[pǽlis] 팰리스	명 궁전, 큰 저택, 궁궐

pale	[peil] 페일	형 창백한, 엷은 타 자 창백해지다
palm	[pɑːm] 파-암	명 손바닥, 집게 뼘 타 속이다
pamphlet	[pǽmflit] 팸플리트	명 팜플렛, 소책자, 소논문
pan	[pæn] 팬	명 납작한 냄비, 접시, 후라이팬
pancake	[pǽnkèik] 팬케익	명 팬케이크(빵 종류)
pane	[pein] 패인	명 (한 장의) 창유리
panel	[pǽnl] 패늘	명 판벽 널, 화판, 머름
pang	[pæŋ] 팽	명 심한 고통, 번민, 격통
panic	[pǽnik] 패닉	명 겁먹음, 당황, 공황 형 공황적인
panorama	[pæ̀nərǽmə] 패너래머	명 파노라마, 잇달아 변하는 광경
pansy	[pǽnzi] 팬지	명 팬지(의 꽃), 여자 같은 사내
pant	[pænt] 팬트	명 헐떡임 타 자 헐떡이다
panther	[pǽnθər] 팬써	명 표범, 아메리카 표범, 퓨마
pantry	[pǽntri] 팬트리	명 저장실, 식기실, 찬방
pants	[pænts] 팬츠	명 바지, 속바지, 팬티
papa	[páːpə] 파-퍼	명 아빠
papal	[péipəl] 페이펄	형 로마 교황의, 가톨릭 교회의
paper	[péipər] 페이퍼	명 종이, 벽지, 신문지 형 종이의
pappy	[pǽpi] 패피	형 빵죽 같은, 질컥질컥한
par	[pɑːr] 파-	명 동등, 동수준, 동위
parachute	[pǽrəʃùːt] 패러슈-트	명 낙하산, 풍산종자
parade	[pəréid] 퍼레이드	명 행렬, 시위행진 타 자 열병하다
paradise	[pǽrədàis] 패러다이스	명 천국, 극락, 낙원
paragraph	[pǽrəgræf] 패러그래프	명 (문장의) 마디, 절
parallel	[pǽrəlèl] 패럴렐	형 평행의 명 평행선 타 유사하다
paralyz(s)e	[pǽrəlàiz] 페럴라이즈	타 마비시키다, 무능력하게 하다
paramount	[pǽrəmàunt] 패러마운트	형 최고의, 가장 높은, 주요한

paraphrase	[pǽrəfrèiz] 패러프레이즈	타 자 알기 쉽게 바꾸어 말하다
parasite	[pǽrəsàit] 패러사이트	명 기생충, 식객, 기생물
parasol	[pǽrəsɔ̀ːl] 패러소올	명 양산, 파라솔
parcel	[páːrsəl] 파-설	명 소포, 꾸러미 타 구분하다
parch	[paːrtʃ] 파-취	타 볶다, 굽다, 바싹 말리다
parchment	[páːrtʃmənt] 파-취먼트	명 양피지, 양피지의 문서
pardon	[páːrdn] 파-든	명 용서, 면죄 타 용서하다
pare	[pɛər] 페어	타 껍질을 벗기다, 잘라내다
parent	[pɛ́ərənt] 페어런트	명 어버이, 수호신, 양친, 보호자
parenthesis	[pərénθəsis] 퍼렌써시스	명 삽입구, 둥근 괄호, 막간극
Paris	[pǽris] 패리스	명 파리(프랑스의 수도)
parish	[pǽriʃ] 패리쉬	명 본당, 교구의 주민
Parisian	[pərí(ː)ʒən] 퍼리전	형 파리의, 파리식의 명 파리 사람
park	[paːrk] 파-크	명 공원, 유원지, 주차장
parliament	[páːrləmənt] 파알러먼트	명 의회, 국회, 영국의회
parliamentary	[pàːrləméntəri] 파알러멘터리	형 의회의, 의회의 법규
parlo(u)r	[páːrlər] 파알러	명 객실, 거실, 응접실
parrot	[pǽrət] 패럿	명 앵무새
parsley	[páːrsli] 파-슬리	명 양미나리, 파아슬리
parson	[páːrsən] 파-선	명 교구 목사, 목사
part	[paːrt] 파-트	명 부분 타 자 나누다 형 일부의

○ part with ~을 버리다, 손떼다, 양도하다
○ on the part of ~의 편에서, ~쪽에서

partly	[páːrtli] 파-틀리	부 일부분, 얼마간
partake	[paːrtéik] 파-테이크	타 자 참가하다, 참여하다
partial	[páːrʃəl] 파-셜	형 부분적인, 불공평한, 편파적인
partially	[páːrʃəli] 파-셜리	부 불완전하게, 일부분에
participate	[paːrtísəpèit] 파-티서페이트	타 자 관여하다, 참가하다

○ participate in (with) ~에 참여하다, ~에 관계하다

| participation | [paːrtìsəpéiʃən] 파-티서페이션 | 명 관계, 참가, 협동 |

parting	[pάːrtiŋ] 파-팅	명 이별, 고별, 별세 형 고별의
partisan	[pάːrtəzən] 파-터전	명 도당, 유격병, 당원 형 도당의
partition	[paːrtíʃən] 파-티션	명 분할, 분배 타 분할하다
partner	[pάːrtnər] 파-트너	명 짝패, 조합원, 사원 동무
partnership	[pάːrtnərʃip] 파-트너쉽	명 공동, 협력, 조합, 상사
party	[pάːrti] 파-티	명 당(파), 일행, 회, 모임, 파티
pass	[pæs] 패스	타 자 지나가다, 합격하다, 통과하다 명 합격

- **pass away** 경과하다, 소멸하다, 죽다
- **pass by** 통과하다, 묵과하다, 경과하다
- **pass over** ~을 넘다, 간과하다, 못 본 체하다

passage	[pǽsidʒ] 패시쥐	명 통행, 통과, 통로, 이주, 이사
passenger	[pǽsəndʒər] 패선져	명 여객, 승객, (특히) 선객
passion	[pǽʃən] 패션	명 정열, 격정, 열정, 정욕, 열심
passionate	[pǽʃənit] 패셔니트	형 열렬한, 열의에 찬, 감정적인
passive	[pǽsiv] 패시브	형 수동의 명 (문법) 수동태
passport	[pǽspɔ̀ːrt] 패스포-트	명 여권, 패스포트, 허가증
past	[pæst] 패스트	형 지나간 명 과거 부 지나쳐서
paste	[peist] 페이스트	명 풀 타 풀로 붙이다
pastime	[pǽstàim] 패스타임	명 오락, 위안, 기분전환
pastor	[pǽstər] 패스터	명 목사, 승려, 정신적 지도자
pastoral	[pǽstərəl] 패스터럴	형 목가적인, 전원의, 목사의
pastry	[péistri] 페이스트리	명 반죽으로 만든 과자
pasture	[pǽstʃər] 패스쳐	명 목장, 목초 타 자 방목하다
pat	[pæt] 패트	타 자 가볍게 두드리다 형 꼭 맞는
patch	[pætʃ] 패취	명 헝겊, 천조각 타 헝겊을 덧대다
patent	[pǽtənt] 패턴트	명 특허 형 전매의 자 특허를 얻다
paternal	[pətə́ːrnl] 퍼터-늘	형 아버지의, 아버지다운
path	[pæθ] 패쓰	명 작은 길, 보도, 통로, 방침
pathetic	[pəθétik] 퍼쎄틱	형 가련한, 감동시키는

pathway	[pǽθwèi]	패쓰웨이	명 작은 길
patience	[péiʃəns]	페이션스	명 인내, 참을성, 견딤
patient	[péiʃənt]	페이션트	형 인내력이 강한 명 환자
patiently	[péiʃəntli]	페이션틀리	부 참을성 있게
patrician	[pətríʃən]	퍼트리션	명 귀족 형 귀족의, 귀족적인
patriot	[péitriət]	페이트리어트	명 애국자
patriotism	[péitriətìzəm]	패트리어티점	명 애국심
patriotic	[pèitriátik]	패트리아틱	형 애국의, 애국심이 강한
patron	[péitrən]	페이트런	명 후원자, 지지자, 보호자
patronage	[péitrənidʒ]	페이트러니쥐	명 후원, 장려
patter	[pǽtər]	패터	타 자 또닥또닥 소리를 내다
pattern	[pǽtərn]	페턴	명 모범, 본보기 타 자 모방하다
pause	[pɔːz]	포-즈	명 중지, 중단, 멈춤 자 중단되다
pave	[peiv]	페이브	타 포장하다, 준비하다, 닦다
pavement	[péivmənt]	페이브먼트	명 인도, 포장, 포석
pavilion	[pəvíljən]	퍼빌리언	명 큰 천막, 정자 타 큰 천막을 치다
paw	[pɔː]	포-	명 (개, 고양이 따위의) 발
pawn	[pɔːn]	포-온	명 저당물, 전당 타 전당잡히다
pay	[pei]	페이	타 자 갚다, 지불하다 명 지불

○ pass pay away 쓰다
○ pay out 갚다, 지불하다, 내 주다
○ pass back 돌려주다, 갚다, 대갚음하다

payment	[péimənt]	페이먼트	명 지불, 납부, 불입, 보수
pea	[piː]	피-	명 완두 형 완두콩만한
peace	[piːs]	피-스	명 평화, 치안, 태평 감 조용히!

○ in peace 평화롭게, 안심하여, 평안하게
○ make peace with ~와 화해하다

peaceable	[píːsəbəl]	피-서벌	형 평화로운, 평온한
peaceful	[píːsfəl]	피-스펄	형 평화적인, 태평한
peach	[piːtʃ]	피-취	명 복숭아 형 복숭아빛의
peacock	[píːkàk]	피-칵	명 (수컷의) 공작

peak	[piːk] 피-크	몡 봉우리, 뾰족한 끝, 첨단
peal	[piːl] 피-일	몡 (포성, 천둥, 종 따위의) 울림
peanut	[píːnʌt] 피-너트	몡 땅콩, 낙화생, 하찮은 것
pear	[pɛər] 페어	몡 배, 배나무
pearl	[pəːrl] 퍼-얼	몡 진주 탄 잔 진주로 꾸미다
peasant	[pézənt] 페전트	몡 소농부, 시골뜨기
pebble	[pébəl] 페벌	몡 (둥근) 조약돌, 자갈, 수정
peck	[pek] 펙	탄 잔 부리로 쪼다, 쪼아먹다
peculiar	[pikjúːljər] 피큐울리어	혱 독특한, 고유한, 독자의
peculiarly	[pikjúːljərli] 피큐울리얼리	븟 특히, 묘하게, 괴이하게
peculiarity	[pikjùːliǽrəti] 피큐울리애러티	몡 특수, 특질, 괴상함, 특색
pedestal	[pédəstl] 페더스틀	몡 (동상, 기둥 따위의) 대좌, 주춧대
pedestrian	[pədéstriən] 퍼데스트리언	혱 도보의, 저속한 몡 보행자
peel	[piːl] 피일	몡 (과실의) 껍질 탄 잔 껍질을 벗기다
peep	[piːp] 피잎	몡 엿봄 잔 엿보다, 슬쩍 들여다보다
peer	[piər] 피어	잔 응시하다 몡 귀족, 동배, 동료
peg	[peg] 펙	몡 나무못, 말뚝 탄 나무못을 박다
pelt	[pelt] 펠트	탄 잔 던지다, 공격하다 몡 내던짐
pen	[pen] 펜	몡 펜, 필적, 만년필, 축사
penalty	[pénəlti] 페널티	몡 형벌, 벌금
penance	[pénəns] 페넌스	몡 참회, 고행, 회개, 속죄
pence	[pens] 펜스	몡 penny의 복수
pencil	[pénsəl] 펜설	몡 연필 탄 연필로 쓰다
pending	[péndiŋ] 펜딩	혱 미결정의 젠 ~동안, ~중
pendulum	[péndʒələm] 펜절럼	몡 (시계 따위의) 추, 흔들리는 물건
penetrate	[pénətrèit] 페너트레이트	탄 잔 뚫고 들어가다, 관통하다
penguin	[péŋgwin] 펭귄	몡 펭귄새, 활주 연습기

penholder	[pénhòuldər] 펜호울더	명 펜대
penicillin	[pènəsílin] 페너실린	명 페니실린
peninsula	[pinínsjələ] 피닌셜러	명 반도
penny	[péni] 페니	명 페니(영국의 청동화폐)
pension	[pénʃən] 펜션	명 연금, 보조금 타 연금을 주다
pensive	[pénsiv] 펜시브	형 생각에 잠긴, 시름에 잠긴
people	[píːpl] 피-플	명 국민 타 ~에 사람을 살게 하다
pepper	[pépər] 페퍼	명 후추 타 후추가루를 치다
per	[pəːr] 퍼-	전 ~으로, ~에 대해
perceive	[pərsíːv] 퍼시-브	타 알아채다, 지각하다, 감지하다
percent	[pərsént] 퍼센트	명 퍼센트, 100에 대하여 얼마
percentage	[pərséntidʒ] 퍼센티쥐	명 100분율, 비율, 부분, 수수료
perceptible	[pərséptəbəl] 퍼셉터블	형 눈에 띄는, 상당한
perception	[pərsépʃən] 퍼셉션	명 지각, 이해력, 기각대상
perch	[pəːrtʃ] 퍼-취	명 횃대 타 자 횃대에 앉다, 두다
perchance	[pərtʃǽns] 퍼챈스	부 아마, 우연히
perfect	[pə́ːrfikt] 퍼-픽트	형 완전한, 이상적인 타 완성하다
perfection	[pərfékʃən] 퍼펙션	명 완전, 완성, 극치, 이상
perfectly	[pərféktli] 퍼어펙틀리	형 완전히, 전혀
perform	[pərfɔ́ːrm] 퍼포옴	타 자 다하다, 수행하다
performance	[pərfɔ́ːrməns] 퍼포-먼스	명 수행, 실행, 작업, 공적, 연기
perfume	[pə́ːrfjuːm] 퍼어퓨움	명 향료, 향수 타 향수를 뿌리다
perhaps	[pərhǽps] 퍼햅스	부 아마, 혹시, 어쩌면
peril	[pérəl] 페럴	명 위험 타 위태롭게 하다

○ **at one's peril** 위험을 각오하고, 자기의 책임으로
○ **at the peril of** ~을 무릅쓰고, ~을 걸고
○ **in peril of** ~의 위험에 부딪쳐

perilous	[pérələs] 페럴러스	형 위험한, 위태한, 모험적인
period	[píəriəd] 피어리어드	명 기간, 시대, 잠시동안

	○ by periods	주기적으로
	○ put a period to	~에 종지부를 찍다, ~을 끝내다
periodical	[pìəriádikəl] 피어리아디컬	형 정기 간행의 명 정기 간행물
perish	[périʃ] 페리쉬	타자 죽다, 멸망하다, 없어지다
permanent	[pə́ːrmənənt] 퍼-머넌트	형 영구한, 불변의, 영속하는
permission	[pərmíʃən] 퍼-미션	명 허가, 면허, 인가
permit	[pərmít] 퍼-미트	타자 허락하다, 허가하다
perpendicular	[pə̀ːrpəndíkjələr] 퍼-펀디큘러	형 수직의, 직각을 이루는
perpetual	[pərpétʃuəl] 퍼페츄얼	형 영구적인, 끊임없는, 부단한
perplex	[pərpléks] 퍼플렉스	타 곤란케 하다, 난처하게 하다
perplexity	[pərpléksəti] 퍼플렉서티	명 당황, 혼란, 난처함, 난국
persecute	[pə́ːrsikjùːt] 퍼-시큐-트	타 박해하다, 괴롭히다, 학대하다
persecution	[pə̀ːrsikjúːʃən] 퍼-시큐-션	명 (종교적) 박해, 괴롭힘
persevere	[pə̀ːrsəvíə] 퍼-서비어	자 참아내다, 굴치 않고 계속하다
perseverance	[pə̀ːrsivíːrəns] 퍼-시비-런스	명 인내, 고집
persimmon	[pərsímən] 퍼-시먼	명 감, 감나무, 감빛
persist	[pərsíst] 퍼-시스트	자 고집하다, 주장하다, 집착하다
persistent	[pərsístənt] 퍼-시스턴트	형 고집하는, 불굴의, 지속하는
person	[pə́ːrsən] 퍼-선	명 사람, 신체, 인간
	○ on one's person	몸에 지녀, 휴대하여
	○ in person	자기 스스로, 본인이, (사진이 아닌) 실물로
personage	[pə́ːrsənidʒ] 퍼-서니쥐	명 명사, 귀인, 사람, 인물
personal	[pə́ːrsənəl] 퍼-서널	형 개인의, 사적인, 일신상의
personality	[pə̀ːrsənǽləti] 퍼-서낼러티	명 개성, 인격, 인물
personnel	[pə̀ːrsənél] 퍼-서넬	명 인원, 직원
perspective	[pərspéktiv] 퍼-스펙티브	명 원근화법, 원경, 전망
persuade	[pərswéid] 퍼-쉐이드	타 설득하다, 납득시키다
	○ be persuaded oneself of (that)	
	~을 믿다, ~을 확신하고 있다	
persuasion	[pərswéiʒən] 퍼쉐이전	명 설득, 확신, 신념, 신조

pertain	[pərtéin] 퍼-테인	자 속하다, 관계하다, 부속하다
pervade	[pərvéid] 퍼베이드	타 전면에 퍼지다, 침투하다
pessimism	[pésəmìzəm] 페서미점	명 비관주의, 염세관, 비관론
pessimist	[pésəmist] 페서미스트	명 비관론자, 염세가
pest	[pest] 페스트	명 유해물, 해충, 악성
pestilence	[péstələns] 페스털런스	명 악성유행병, 페스트(흑사병)
pet	[pet] 페트	명 애완동물 형 귀여워하는
petal	[pétl] 페틀	명 꽃잎, 음순
petition	[pitíʃən] 피티션	명 탄원, 청원(서) 타 자 청원하다
petroleum	[pitróuliəm] 피트로울리엄	명 석유, 원유, 중유
petticoat	[pétikòut] 페티코우트	명 (여자의) 속치마
petty	[péti] 페티	형 사소한, 하찮은, 옹졸한
pew	[pju:] 퓨-	명 교회의 좌석, 걸상, 의자
phantom	[fǽntəm] 팬텀	명 환각, 유령, 착각 형 유령의
phase	[feiz] 페이즈	명 단계, 형세, 국면, 양상
pheasant	[fézənt] 페전트	명 꿩
phenomenon	[finάmənàn] 피나머난	명 현상, 진기한 사물, 사건
Philippine	[fíləpì:n] 필러피인	형 필리핀(사람)의
philosopher	[filάsəfər] 필라서퍼	명 철학자, 철인, 물리학자
philosophic(al)	[fìləsάfik(əl)] 필러사피크(얼)	형 철학의, 철학에 통달한
philosophy	[filάsəfi] 필라서피	명 철학, 철리, 원리, 비결
phone	[foun] 포운	명 전화(기) 타 자 전화를 걸다
phonograph	[fóunəgræ̀f] 포우너그래프	명 축음기
phosphoric	[fɑsfɔ́:rik] 파스포-릭	형 인(燐)의, 인을(함유하는)
photo	[fóutou] 포우토우	명 사진 타 자 사진을 찍다
photograph	[fóutəgræ̀f] 포우터그래프	명 사진 타 자 촬영하다
phrase	[freiz] 프레이즈	명 말, 표현 타 말로 표현하다
physical	[fízikəl] 피지컬	형 물질의, 물질적인, 육체의, 신체의
physically	[fízikəli] 피지컬리	부 물질적으로, 경제적으로
physician	[fizíʃən] 피지션	명 내과의사
physics	[fíziks] 피직스	명 물리학, 물리적 현상

pianist	[piænist] 피애니스트	명 피아니스트, 피아노 연주자
piano	[piænou] 피애노우	명 피아노
pick	[pik] 픽	타 자 뜯다, 따다 명 선택

○ **pick at** ~의 흠을 들추어내다, ~에게 잔소리를 하다, 구박하다
○ **pick away** 후벼서 구멍을 내다, 잡아 뜯다

pickle	[píkəl] 피컬	명 절임 국물, 오이지 타 절이다
picnic	[píknik] 피크닉	명 소풍, 피크닉 자 소풍가다
picture	[píktʃər] 픽쳐	명 그림, 회화, 사진 타 그리다

○ **picture give a picture of** ~을 묘사하다
○ **sit for one's picture** 자기 초상을 그리게 하다

picturesque	[pìktʃərésk] 픽쳐레스크	형 그림 같은, 아름다운, 생생한
pie	[pai] 파이	명 파이, 크림 샌드위치
piece	[pi:s] 피-스	명 한 조각, 단편 타 잇다, 깁다

○ **of a piece with** ~와 같은 종류의, ~와 동일한, ~와 일치한
○ **piece by piece** 하나하나, 하나씩

pier	[piər] 피어	명 부두, 선창, 방파제, 교각
pierce	[piərs] 피어스	타 자 꿰뚫다, 관통하다, 간파하다
piety	[páiəti] 파이어티	명 경건, 신앙심, 공손
pig	[pig] 피그	명 돼지, 새끼돼지, 돼지고기
pigeon	[pídʒən] 피젼	명 비둘기, 풋나기
pike	[paik] 파이크	명 창, 가시, 바늘
pile	[pail] 파일	명 퇴적 타 자 쌓아올리다, 더미
pilgrim	[pílgrim] 필그림	명 순례자, 길손
pilgrimage	[pílgrimidʒ] 필그리미쥐	명 순례 여행 자 순례하다
pill	[pil] 필	명 알약, 환약, 싫은 것
pillar	[pílər] 필러	명 기둥 주석
pillow	[pílou] 필로우	명 배개, 방석 타 배게로 하다
pilot	[páilət] 파일러트	명 도선사, 키잡이, 조종사 타 안내하다
pin	[pin] 핀	명 핀, 못바늘 타 핀을 꽂다
pinch	[pintʃ] 핀취	타 자 꼬집다, 사이에 끼다 명 꼬집음

pine	[pain] 파인	명 소나무 자 사모하다
pineapple	[páinæpl] 파인애플	명 파인애플(과일 이름)
pingpong	[píŋpàŋ] 핑팡	명 탁구, 핑퐁
pinion	[pínjən] 피년	명 날개털, 칼깃
pink	[piŋk] 핑크	명 핑그색, 분홍빛 형 분홍색의
pint	[paint] 파인트	명 파인트(액체량의 단위)
pioneer	[pàiəníər] 파이어니어	명 개척자, 선구자 타 자 개척하다
pious	[páiəs] 파이어스	형 경건한, 신앙심이 깊은
pipe	[paip] 파이프	명 관, 파이프 타 자 피리를 불다
piper	[páipər] 파이퍼	명 피리부는 사람
pique	[piːk] 피-크	명 성남, 화, 불평 타 성나게 하다
pirate	[páiərət] 파이어러트	명 해적, 도작자, 침해자 타 자 약탈하다
pistil	[pístəl] 피스털	명 암술
pistol	[pístl] 피스틀	명 권총, 피스톨 자 권총으로 쏘다
piston	[pístən] 피스턴	명 피스톤
pit	[pit] 피트	명 구덩이, 함정 타 구멍을 내다
pitch	[pitʃ] 피취	명 피티, 투구 타 자 던지다
pitcher	[pítʃər] 피쳐	명 물주전자, (야구) 투수
pitiful	[pítifəl] 피티펄	형 인정 많은, 불쌍한, 가엾은
pitiless	[pítilis] 피틸리스	형 무정한, 무자비한, 냉혹한
pity	[píti] 피티	명 연민, 동정 타 자 가엾게 여기다
placard	[plǽkɑːrd] 플래카드	명 벽보, 삐라, 포스터, 간판
place	[pleis] 플레이스	명 장소, 곳, 위치 타 두다, 놓다

- in place of ~의 대신에(= in a person's place)
- in places 여기저기에
- take the place of ~에 대신하다, ~을 대리하다

placid	[plǽsid] 플래시드	형 평온한, 침착한, 고요한

plague	[pleig] 플레이그	명 역병, 전염병, 흑사병
plaid	[plæd] 플래드	명 격자무늬, 바둑판 무늬
plain	[plein] 플레인	형 평평한, 쉬운, 명백한, 소박한
plainly	[pléinli] 플레인리	부 명백하게, 솔직히
plaintive	[pléintiv] 플레인티브	형 슬픈, 애달픈
plan	[plæn] 플랜	명 계획, 설계 타자 계획하다
plane	[plein] 플레인	명 평면, 수평면, 비행기 형 평평한
planet	[plǽnət] 플래네트	명 유성, 혹성, 운성
plank	[plæŋk] 플랭크	명 두꺼운 판자, 널 타 판자를 깔다
plant	[plænt] 플랜트	명 식물, 풀 타 (초목을) 심다
plantation	[plæntéiʃən] 플랜테이션	명 대농원, 재배장, 조림지
planter	[plǽntər] 플랜터	명 재배자, 농장주인, 농원
plaster	[plǽstər] 플래스터	명 석회반죽, 석고, 고약
plastic	[plǽstik] 플래스틱	형 유연한, 조형의 명 플라스틱
plate	[pleit] 플레이트	명 판금, 판유리 타 도금하다
plateau	[plætóu] 플래토우	명 고원, 대지, 큰 접시, 쟁반
platform	[plǽtfɔːrm] 플래트포옴	명 단, 교단, 연단, 플랫폼
platinum	[plǽtənəm] 플래터넘	명 백금, 백금색, 플래티나색
platter	[plǽtər] 플래터	명 큰 접시, 레코드
play	[plei] 플레이	타 자 놀다, 장난치다 명 놀이

- play at ~을 하며 놀다, ~놀이를 하다, (승부를) 겨루다
- play on (upon) ~을 이용하다, ~에 편승하
- play out 끝까지 출연하다, 다 써버리다, 지치게 하다

playedout	[pleidaut] 플레이드아웃	부 지친, 기진한
player	[pléiər] 플레이어	명 경기자, 선수, 배우, 연주자
playful	[pléifəl] 플레이펄	형 놀기 좋아하는, 익살스러운
playground	[pléigràund] 플레이그라운드	명 운동장, 놀이터
playmate	[pléimèit] 플레이메이트	명 놀이 친구, 놀이 동무
plaything	[pléiθìŋ] 플레이씽	명 장난감, 노리개
plea	[pliː] 플리-	명 탄원, 청원, 변명, 답변
plead	[pliːd] 플리-드	타 자 변호하다, 탄원하다

pleasant	[plézənt] 플레전트	형 기분 좋은, 유쾌한, 즐거운
pleasantly	[plézəntli] 플레전틀리	부 유쾌하게, 즐겁게
please	[pliz] 플리-즈	타 자 기쁘게 하다, 좋아하다
pleased	[plizd] 플리-즈드	형 만족한, 기뻐하는, 즐거운
pleasing	[plí:ziŋ] 플리-징	형 유쾌한, 만족한, 기분 좋은
pleasure	[pléʒər] 플레져	명 즐거움, 쾌락, 유쾌, 오락

● for pleasure 재미삼아, 오락으로서, 심심풀이로
● give pleasure to ~을 즐겁게 하다
● take (a) pleasure in ~을 좋아하다, 즐기다

plebeian	[plibí:ən] 플리비-언	명 평민 형 평민의, 서민의
pledge	[pledʒ] 플레쥐	명 서약, 맹세 타 보증하다
plentiful	[pléntifəl] 플렌티펄	형 많은, 풍부한
plenty	[plénti] 플렌티	명 가득, 많음 형 충분한 부 충분히

● in plenty 풍부하게, 유복하게 ● plenty of 많은

plight	[plait] 플라이트	명 궁지, 곤경 타 약혼하다
plod	[plɑd] 플라드	타 자 터덕거리다, 꾸준히 일하다
plot	[plɑt] 플랏	명 음모 타 자 음모를 꾸미다
plough·plow	[plau] 플라우	명 쟁기, 경작 타 쟁기질하다
plowman	[pláumən] 플라우먼	명 농부, 촌놈
pluck	[plʌk] 플럭	타 자 (꽃, 과실, 깃털 등을) 뜯다, 뽑다
plug	[plʌg] 플러그	명 마개, 소화전 타 마개를 하다
plumage	[plú:midʒ] 플루-미쥐	명 깃털, 우모, 예복
plume	[plu:m] 플루-움	명 (큰)깃털 타 깃털로 장식하다
plump	[plʌmp] 플럼프	형 통통하게 살찐
plunder	[plʌ́ndər] 플런더	타 자 약탈하다, 빼앗다 명 약탈
plunge	[plʌndʒ] 플런쥐	타 자 처박다, 찌르다 명 돌진
plural	[plúərəl] 플루어럴	형 복수의 명 (문법) 복수(형)
plus	[plʌs] 플러스	전 ~을 더한 형 더하기의
ply	[plai] 플라이	타 자 ~에 열성을 내다, 왕복하다

p.m.	[píːem] 피-엠	약 (라틴말) 오후(am은 오전)
pneumonia	[njuːmóunjə] 뉴-모우녀	명 폐렴
pocket	[pákit] 파키트	명 호주머니, 지갑 타 포켓에 넣다
pocketbook	[pákitbùk] 파키트북	명 지갑, 수첩, 핸드백
pocketmoney	[pákitmʌ́ni] 파키트머니	명 용돈
poem	[póuim] 포임	명 시, 운문, 시적인 문장
poet	[póuit] 포이트	명 시인
poetic(al)	[pouétik(əl)] 포에티크(얼)	형 시인의, 시인 같은
poetry	[póuitri] 포우이트리	명 작가, 시가, 시정, 운문
point	[pɔint] 포인트	명 뽀족한 끝, 첨단 타 자 지시하다

- make the point that ~이라고 주장[강조]하다
- point by point 일일이, 하나하나

pointed	[pɔ́intid] 포인티드	형 뽀족한, 날카로운, 예리한
poise	[pɔiz] 포이즈	타 자 균형이 잡히다 명 균형
poison	[pɔ́izən] 포이전	명 독(약), 해독 타 독살하다
poisonous	[pɔ́izənəs] 포이저너스	형 유해한, 독 있는, 해로운
poke	[pouk] 포우크	타 자 찌르다, 쑥 내밀다 명 찌름
poker	[póukər] 포우커	명 부지깽이, 포커(트럼프놀이)
Poland	[póulənd] 포울런드	명 폴란드 (공화국)
polar	[póulər] 포울러	형 극의, 극지의, 남극의
pole	[poul] 포울	명 막대기, 장대, 극, 자극
police	[pəlíːs] 펄리-스	명 경찰, 경찰관 타 경찰을 두다
policeman	[pəlíːsmən] 펄리-스먼	명 경찰, 순경
policy	[páləsi] 팔러시	명 정책, 방침, 수단
polish	[páliʃ] 팔리쉬	타 자 닦다, 광나게 하다 명 닦기
polite	[pəláit] 펄라이트	형 공손한, 예절바른, 은근한
politely	[pəláitli] 펄라이틀리	부 공손히, 품위있게, 우아하게
politeness	[pəláitnis] 펄라이트니스	명 정중, 우아, 예절
politic	[pálitik] 팔리틱	형 사려 깊은, 정치의, 정책의

politics	[pálitiks] 팔리틱스	명 정치(학), 정략, 정책, 정견
political	[pálitikəl] 팔리티컬	형 정치상의, 국가의, 행정에 관한
politician	[pàlitíʃən] 팔리티션	명 정치가, 정객, 행정관
poll	[poul] 포울	명 투표, 투표수 타 투표하다
pollen	[pálən] 팔런	명 꽃가루
pollute	[pəlúːt] 펄루-트	타 더럽히다, 오염시키다, 모독하다
pollution	[pəlúʃən] 펄루-션	명 오염, 더럽히기
polo	[póulou] 포울로우	명 폴로(말 타고 하는 공치기 놀이)
pomp	[pamp] 팜프	명 장관, 화려, 허식, 허세
pond	[pand] 판드	명 못, 연못, 늪, 샘물
ponder	[pándər] 판더	타 자 숙고하다, 곰곰이 생각하다
ponderous	[pándərəs] 판더러스	형 대단히 무거운, 묵직한, 육중한
pony	[póuni] 포우니	명 조랑말, 작은 말
pool	[puːl] 푸-울	명 웅덩이, 작은 못, 공동계산
poor	[puər] 푸어	형 가난한, 부족한, 초라한
poorly	[púərli] 푸얼리	형 건강이 좋지 못한 부 빈약하게
pop	[pap] 팦	자 뻥 울리다, 탕 쏘다
Pope	[poup] 포우프	명 로마 교황, 교구 성직자
popular	[pápjələr] 파펄러	명 포플라, 사시나무
poppy	[pápi] 파피	명 양귀비, 진홍색
populace	[pápjələs] 파펄러스	명 서민, 인민, 민중, 대중
popular	[pápjələr] 파펄러	형 인민의, 민간의, 대중적인
popularity	[pàpjəlǽrəti] 파펄래러티	명 인기, 인망, 통속, 대중
population	[pàpjəléiʃən] 파펄레이션	명 인구, 주민
populous	[pápjələs] 파펄러스	형 인구가 많은, 인구 조밀한
porcelain	[pɔ́ːrsəlin] 포-설린	명 자기(제품), 사기 그릇
porch	[pɔːrtʃ] 포-취	명 현관, 베란다, 포치

porcupine	[pɔ́ːrkjəpàin] 포-켜파인	명 고슴도치, 호저, 소마기
pore	[pɔːr] 포-	자 몰두하다 명 털구멍, 작은 구멍
pork	[pɔːrk] 포-크	명 돼지고기
port	[pɔːrt] 포-트	명 항구, 무역항, 피난소
portable	[pɔ́ːrtəbl] 포-터블	형 들어 옮길 수 있는 명 휴대용
portal	[pɔ́ːrtl] 포-틀	명 문, 입구, 현관
porter	[pɔ́ːrtər] 포-터	명 운반인, 짐꾼, 잡역부, 관리인
portion	[pɔ́ːrʃən] 포-션	명 부분, 한 사람분 타 분배하다
portrait	[pɔ́ːrtrit] 포-트리트	명 초상화, 사진, 유사물
Portugal	[pɔ́ːrtʃəgəl] 포-쳐걸	명 포르투갈
Portuguses	[pɔ́ːrtʃəgiːz] 포-쳐기-즈	명 포르투갈 사람 형 포르투갈의
pose	[pouz] 포우즈	명 자세, 포즈 타 자 자세를 취하다
position	[pəzíʃən] 퍼지션	명 위치, 장소, 신분, 태도, 견해
positive	[pɑ́zətiv] 파저티브	형 확실한, 명확한, 적극적인
possess	[pəzés] 퍼제스	타 소유하다, 지배하다
possession	[pəzéʃən] 퍼제션	명 소유, 점유, 입수, 사로잡힘

- be in (the) possession of ~을 소유하고, ~을 점유하고
- in possession of ~을 소유하여, ~을 점유하고

possessive	[pəzésiv] 퍼제시브	형 소유의, 소유욕이 강한
possibility	[pàsəbíləti] 파서빌러티	명 가능성, 가능한 일, 가망
possible	[pɑ́səbəl] 파서블	형 가능한, 있을 수 있는, 웬만한
possibly	[pɑ́səbli] 파서블리	부 어쩌면, 아마, 혹은
post	[poust] 포우스트	명 파발꾼, 지위, 우편 타 우송하다
postage	[póustidʒ] 포우스티쥐	명 우편 요금
postal	[póustəl] 포우스털	형 우편의, 우체국의
postcard	[póustkɑ̀ːrd] 포우스트카드	명 우편엽서, 관제엽서
poster	[póustər] 포우스터	명 포스터, 벽보
posterity	[pɑstérəti] 파스터러티	명 자손, 후세

단어	발음	한글 발음	뜻
postman	[póustmən]	포우스트먼	명 우체부, 우편물 집배인
post-office	[póustɔ(ː)fis]	포우스트오피스	명 우체국
postpone	[poustpóun]	포우스트포운	타 연기하다
postscript	[póustskript]	포우스트스크립트	명 (편지의) 추신, 추백
posture	[pástʃər]	파스쳐	명 자세, 상태 타자 자세를 취하다
pot	[pɑt]	파트	명 단지, 항아리, 화분, 독, 병
potato	[pətéitou]	퍼테이토우	명 감자, 고구마, 추한 얼굴
potent	[póutənt]	포우턴트	형 힘센, 강력한, 세력있는
potential	[pouténʃəl]	포텐셜	형 가능한, 잠재적인 명 가능성
potter	[pάtər]	파터	명 도공, 도예가, 옹기장이
pottery	[pάtəri]	파터리	명 도기 제품, 도기 제조
pouch	[pautʃ]	파우취	명 삼지, 돈지갑 타 주머니에 넣다
poultry	[póultri]	포울트리	명 가금 (닭, 칠면조, 오리 따위)
pounce	[pauns]	파운스	타자 갑자기 덮치다, 움켜쥐다
pound	[paund]	파운드	명 파운드(무게단위는=4,536g)
pour	[pɔːr]	포-	타자 쏟다, 따르다, 유출하다
pout	[paut]	파우트	타자 입을 빼물다, 입을 삐쭉 내밀다
poverty	[pάvərti]	파버티	명 가난, 빈곤, 결핍, 궁핍
powder	[páudər]	파우더	명 가루, 분말 타자 가루로 하다
power	[páuər]	파워	명 힘, 능력, 체력, 생활력

● come to (into) power 권력 (정권을 잡다, 세력을 얻다
● in one's power 힘이 미치는 범위 안에서, (자기) 지배 아래
● in (out of) power 정권을 쥐어(잃어)

powerful	[páuərfəl]	파워펄	형 강력한, 유력한, 우세한
powerless	[páuərlis]	파월리스	형 무력한, 무능한, 권력이 없는
practicable	[præktikəbəl]	프랙티커벌	형 실행할 수 있는, 실용에 맞는
practical	[præktikəl]	프랙티컬	형 실지의, 실제적인, 실제상의
practically	[præktikəli]	프랙티컬리	부 실제로, 사실상, 거의
practice	[præktis]	프랙티스	명 실시, 실행 타자 연습하다

practise	[præktis] 프랙티스	타 자 연습하다, 실시하다
prairie	[préəri] 프레어리	명 (북아메리카의) 대초원
praise	[preiz] 프레이즈	명 칭찬, 찬미, 찬양 타 칭찬하다
prank	[præŋk] 프랭크	명 농담, 못된 장난 타 자 장식하다
pray	[prei] 프레이	타 자 빌다, 기원하다, 간원하다
prayer	[prɛər] 프레어	명 빌기, 간원, 기도식
preach	[priːtʃ] 프리-취	타 자 설교하다, 전도하다
preacher	[priːtʃər] 프리-쳐	명 설교자, 목사, 전도사
precarious	[prikɛ́əriəs] 프리케어리어스	형 불안정한, 위험한, 믿을 수 없는
precaution	[prikɔ́ːʃən] 프리코-션	명 조심, 경계, 예방책
precede	[prisíːd] 프리-시-드	타 자 앞서다, 선행하다, 선도하다
precedent	[présədənt] 프레서든트	명 선례, 전례, 관례
preceding	[prisíːdiŋ] 프리-시-딩	형 선행하는, 앞의
precept	[príːsept] 프리-셉트	명 교훈, 격언, 명령서
precinct	[príːsiŋkt] 프리-싱(크)트	명 경내, 구내, 관할구
precious	[préʃəs] 프레셔스	형 귀중한, 비싼, 소중한
precipice	[présəpis] 프레서피스	명 절벽, 벼랑, 위기
precipitate	[prisípətèit] 프레시퍼테이트	타 자 거꾸로 떨어뜨리다
precise	[prisáis] 프리사이스	형 정확한, 세심한, 엄밀한
precision	[prisíʒən] 프리시젼	명 정확, 정밀 형 정밀한
predecessor	[prédisèsər] 프레디세서	명 전임자, 선배, 선조
predicate	[prédikit] 프레디키트	명 (문법) 술어, 술부
predict	[pridíkt] 프리딕트	타 자 예언(예보)하다
prediction	[pridíkʃən] 프리딕션	명 예언, 예보
preface	[préfis] 프레피스	명 머리말 타 머리말을 쓰다
prefecture	[príːfektʃər] 프리-펙쳐	명 도(道), 현(縣), 직(職)
prefer	[prifə́ːr] 프리퍼-	타 (~쪽을) 더 좋아하다, 택하다

○ prefer ~ to ~을 더 좋아하다

| preference | [préfərəns] 프레퍼런스 | 명 선택, 편애, 우선권, 특혜 |

pregnant	[prégnənt] 프레그넌트	형 임신한, 풍부한
prejudice	[prédʒədis] 프레져디스	명 편견 타 편견을 갖게 하다
preliminary	[prilímənèri] 프릴리머네리	형 예비적인, 준비의 명 예비행위
premature	[prìːmətjúər] 프리-머튜어	형 올된, 조숙한
premier	[primíər] 프리미어	명 수상 형 최고참의
premise	[prémis] 프레미스	명 (대지가 딸린) 집, 구내, 토지
premium	[príːmiəm] 프리-미엄	명 보수, 상금, 사례, 할증금
preparation	[prèpəréiʃən] 프레퍼레이션	명 준비, 예습, 조제, 각오
preparatory	[pripǽrətɔ̀ːri] 프리패러토-리	형 준비의, 예비의
prepare	[pripέər] 프리페어	타 자 준비하다, 채비하다
preposition	[prèpəzíʃən] 프레퍼지션	명 (문법) 전치사
prerogative	[prirάgətiv] 프리라거티브	명 특권, 대권
prescribe	[priskráib] 프리스크라이브	타 자 명하다, 처방하다
prescription	[priskrípʃən] 프리스크립션	명 명령, 규정, 처방
presence	[prézəns] 프레젠스	명 있음, 존재, 출석, 면전, 현재
	● in the presence of ~의 면전에서, ~에 직면하여	
	● presence of mind 태연 자약, 침착	
	● saving your presence 실례지만	
present	[prézənt] 프레전트	형 있는, 출석한 명 현재, 지금
present	[prizént] 프리젠트	타 선사하다, 제출하다, 바치다
	● at present 현재에 있어서는	
	● present oneself 출두하다, 나타나다	
	● for the present 현재로서는, 당분간	
presently	[prézəntli] 프레전트리	부 곧, 이내, 목하, 즉시
presentation	[prèzəntéiʃən] 프레전테이션	명 증정, 선물, 소개, 제출, 표현
preservation	[prèzərvéiʃən] 프레저베이션	명 보존, 저장, 보호, 보관, 예방
preserve	[prizə́ːrv] 프리저-브	타 보존하다, 유지하다
	● preserve ~ from ~ ~을 ~에서 보호하다, ~하지 않게 하다	
preside	[prizáid] 프리자이드	자 사회하다, 의장 노릇하다
presidency	[prézidənsi] 프레지던시	명 대통령(총재, 장관, 의장)의 직
president	[prézidənt] 프레지던트	명 대통령, 총재, 장관, 회장
presidential	[prèzidénʃəl] 프레지덴셜	형 대통령(총재, 장관)의

press	[pres] 프레스	타 자 누르다, 밀어붙이다 명 압박
pressure	[préʃər] 프레셔	명 압력, 전압, 압박, 강제
prestige	[prestíːdʒ] 프레스티-쥐	명 위신, 명성, 위광
presumably	[prizúːməbli] 프리쥬-머블리	부 아마, 그럴듯하게
presume	[prizúːm] 프리쥬-움	타 상상하다, 추정하다
pretend	[priténd] 프리텐드	타 자 ~인 체하다, 꾸미다
pretense	[priténs] 프리텐스	명 구실, 핑계, 겉치레, 가면

- by (under) false pretenses 거짓으로, 거짓 핑계(구실)로
- make a pretense of ~인 체하다, 피하다, 요구하다
- on (under) the pretense of ~을 핑계삼아, ~의 미명 아래

| pretty | [príti] 프리티 | 형 예쁜 부 꽤 명 귀여운 것 |
| prevail | [privéil] 프리베일 | 자 이기다, 우세하다, 극복하다 |

- prevail against (over) ~보다 우세하다, ~을 이기다

prevailing	[privéiliŋ] 프리베일링	형 널리 보급된, 유행인, 우세한
prevalent	[prévələnt] 프레벌런트	형 유행하는, 널리 퍼진
prevent	[privént] 프리벤트	타 방해하다, 막다
prevention	[privénʃən] 프리벤션	명 방지, 예방, 방해
previous	[príːviəs] 프리-비어스	형 앞서의, 이전의, 조급한
previously	[príːviəsli] 프리-비어슬리	부 이전에, 미리, 조급하게
prey	[prei] 프레이	명 먹이, 희생 타 잡아먹다
price	[prais] 프라이스	명 대가, 가격 타 값을 매기다

- at any price 어떤 대가(희생)를 치르더라도
- at the price of ~을 희생하여 * reduced price 할인 가격

priceless	[práislis] 프라이슬리스	형 대단히 귀중한, 아주 별난
prick	[prik] 프릭	명 찌름 타 자 콕콕 찌르다
pride	[praid] 프라이드	명 자만, 자랑, 자존심 타 자랑하다

- pride oneself on (upon) 자랑하다
- proper pride 자존심
- take (a) pride in ~을 자랑하다

| priest | [priːst] 프리-스트 | 명 승려, 성직자, 사제 |
| primary | [práimeri] 프라이메리 | 형 첫째의, 본래의, 초보의 |

primarily	[praimərəli] 프라이메럴리	부 첫째로, 주로, 근본적으로
prime	[praim] 프라임	형 첫째의, 근본적인, 가장 중요한
primitive	[prímətiv] 프리머티브	형 태고의, 원시의, 미개한
primrose	[prímròuz] 프림로우즈	명 앵초, 앵초새
prince	[prins] 프린스	명 왕자, 공작, 황자, 제후
princely	[prínsli] 프린슬리	형 왕자의, 왕후(왕자) 같은
princess	[prínsis] 프린시스	명 공주, 왕녀, 왕자비, 공작 부인
principal	[prínsəpəl] 프린서펄	형 주된, 가장 중요한 명 장(長)
principally	[prínsəpəli] 프린서펄리	부 주로, 대체로
principle	[prínsəpl] 프린서플	명 원리, 원칙, 주의, 법칙
print	[print] 프린트	타 출판하다, 인쇄하다 명 인쇄(물)

- blue print 청사진
- print in (문자 따위를) (활자로 해서) 덧붙이다
- print out 인쇄 출력하다, 인쇄해서 배포하다

printer	[príntər] 프린터	명 인쇄공, 인쇄업자, 출판사
prior	[práiər] 프라이어	형 보다 전의, 앞서의, 보다 중요한
priority	[praió(:)rəti] 프라이오러티	명 우선권, 선취권
prism	[prizəm] 프리점	명 프리즘, 분광기, 각기둥
prison	[prízn] 프리즌	명 형무소, 감옥, 감금소, 옥
prisoner	[príznər] 프리즈너	명 죄수, 형사피고, 포로
privacy	[práivəsi] 프라이버시	명 은둔, 사적자유, 사생활, 비밀
private	[práivit] 프라이비트	형 사사로운, 개인의, 사유의
privilege	[prívəlidʒ] 프리벌리쥐	명 특권 타 특권을 주다
privileged	[prívəlidʒd] 프리벌리쥐드	형 특권이 있는, 특별허가된
prize	[praiz] 프라이즈	명 상품, 노획물 형 상품으로 받은
probability	[pràbəbíləti] 프라버빌러티	명 가망, 있음직함, 사실같음

- in all probability 아마도, 십중팔구는

probable	[prábəbl] 프라버블	형 있음직한, 개연적인
probably	[prábəbli] 프라버블리	부 아마, 십중팔구는, 대개는

problem	[prábləm] 프라블럼	몡 문제, 난문, 의문 휑 문제의
procedure	[prəsíːdʒər] 프러시-져	몡 절차, 조치, 수속, 행동
proceed	[prousíːd] 프로시-드	쟈 나아가다, 계속하다, 가다
proceeding	[prousíːdiŋ] 프로시-딩	몡 조치, 소송 절차, 회보
process	[práses] 프라세스	몡 진행, 경과 타 가공하다
procession	[prəséʃən] 프러세션	몡 행렬, 행진, 전진
proclaim	[proukléim] 프로클레임	타 선언하다, 공포하다, 포고하다
proclamation	[prɑ̀kləméiʃən] 프라클러메이션	몡 선언, 공포
procure	[proukjúər] 프로큐어	타 얻다, 가져오다, 획득하다
prodigal	[prádigəl] 프라디걸	휑 낭비하는, 방탕한 몡 낭비자
prodigious	[prədídʒəs] 프러디져스	휑 거대한, 놀랄만한, 막대한
produce	[prədjúːs] 프러듀-스	타 생산하다, 산출하다, 낳다
producer	[prədjúːsər] 프러듀-서	몡 생산자, 연출자, 제작자
product	[prádəkt] 프라덕트	몡 생산품, 제작물, 산물
production	[prədʌ́kʃən] 프러덕션	몡 생산, 제작, 저작, 작품
productive	[prədʌ́ktiv] 프러덕티브	휑 생산적인, 다산의, 비옥한
profane	[prəféin] 프러페인	휑 모독적인 타 더럽히다
profess	[prəfés] 프러페스	타 쟈 공헌하다, 명언하다
profession	[prəféʃən] 프러페션	몡 (지적인) 직업, 공언, 선언
professional	[prəféʃənəl] 프러페셔널	휑 전문의, 직업적인 몡 전문가
professor	[prəfésər] 프러페서	몡 (대학의) 교수
proffer	[práfər] 프라퍼	타 제공하다, 제의하다 몡 제출
proficiency	[prəfíʃnsi] 프러피션시	몡 숙달, 능숙, 연달
proficient	[prəfíʃənt] 프러피션트	휑 숙련된, 숙달된 몡 능숙, 명인
profile	[próufail] 프로우파일	몡 옆얼굴, 측면, 윤곽
profit	[práfit] 프라피트	몡 (장사의) 이윤 타 쟈 이익을 얻다
profitable	[práfitəbəl] 프라피터벌	휑 유익한, 이익이 있는, 유리한
profiteer	[prɑ̀fitíər] 프라피티어	쟈 폭리를 취하다 몡 폭리상인
profound	[prəfáund] 프러파운드	휑 깊은, 심원한, 밑바닥
profoundly	[prəfáundli] 프러파운들리	뷔 깊이, 절실히

단어	발음	한글발음	뜻
program(me)	[próugræm]	프로우그램	명 프로그램, 예정, 계획(표)
progress	[prágres]	프라그레스	명 전진, 진행, 진보, 개량

○ print in progress 진행중
○ print report progress
그 동안의 일을 보고하다, 경과를 보고하다

단어	발음	한글발음	뜻
progressive	[prəgrésiv]	프러그레시브	형 전진하는, 진보적인
prohibit	[prouhíbit]	프로히비트	타 금지하다, 방해하다, 막다
prohibition	[pròuhəbíʃən]	프로우허비션	명 금지, 금지령
project	[prədʒékt]	프러젝트	타 자 계획하다, 설계하다 명 계획
projection	[prədʒékʃən]	프러젝션	명 돌출(부), 사출, 발사, 계획
prolog(ue)	[próulɔːg]	프로울로-그	명 예비연습, 머리말, 서언
prolong	[proulɔ́ːŋ]	프로로-옹	타 늘이다, 연장하다
promenade	[pràmənéid]	프라머네이드	명 산책, 행렬 타 자 산책하다
prominent	[prámənənt]	프라머넌트	형 돌출한, 현저한, 눈에 띄는
promise	[prámis]	프라미스	명 약속, 계약 타 자 약속하다
promising	[prámisiŋ]	프라미싱	형 유망한, 장래가 촉망되는
promote	[prəmóut]	프러모우트	타 진급시키다, 장려하다
promotion	[prəmóuʃən]	프러모우션	명 승진, 진급, 촉진, 발기, 주장
prompt	[prampt]	프람프트	형 신속한, 즉시의 타 촉진하다
promptly	[prámptli]	프람프틀리	부 즉시에, 신속하게
prone	[proun]	프로운	형 엎드린 자세, ~하기 쉬운, 납작해진
pronoun	[próunàun]	프로우나운	명 (문법) 대명사
pronounce	[prənáuns]	프러나운스	타 자 발음하다, 선언하다
pronounced	[prənáunst]	프러나운스트	형 뚜렷한, 명백한, 확고한
pronunciation	[prənʌ̀nsiéiʃən]	프러넌시에이션	명 발음, 발음법
proof	[pruːf]	프루-프	명 증명, 증거 형 ~에 견디는
prop	[prap]	프라프	타 버티다, 받치다 명 버팀목, 후원자
propaganda	[pràpəgǽndə]	프라퍼갠더	명 선전, 선전활동
propagate	[prápəgèit]	프라퍼게이트	타 자 선전하다, 보급하다
proper	[prápər]	프라퍼	형 적당한, 옳은, 타당한

단어	발음	한글발음	뜻
properly	[prápərli]	프라펄리	부 적당하게, 예의바르게
property	[prápərti]	프라퍼티	명 재산,소유물, 소유권, 성질
prophecy	[práfəsi]	프라퍼시	명 예언, 예언서
prophesy	[práfəsài]	프라퍼사이	타 자 예언하다, 예측하다
prophet	[práfit]	프라피트	명 예언자, 대변자, 예고자
prophetic(al)	[prəfétik(əl)]	프러페틱(얼)	형 예언의, 예언적인
proportion	[prəpɔ́ːrʃən]	프러포-션	명 비율, 조화 타 균형 잡히게 하다

- a large proportion of ~의 대부분(대다수)
- in proportion to (as) ~에 비례하여
- out of (all) proportion to ~와 (전혀) 균형이 안 잡히는

proposal	[prəpóuzəl]	프러포우절	명 신청, 제안, 청혼, 제의
propose	[prəpóuz]	프러포우즈	타 자 신청하다, 제안하다
proposition	[prápəzíʃən]	프라퍼지션	명 제의, 제안, 서술, 주장
proprietor	[prəpráiətər]	프러프라이어터	명 소유자, 경영자
propriety	[prəpráiəti]	프러프라이어티	명 적당, 타당, 예의, 교양
prose	[prouz]	프로우즈	명 산문, 평범 형 단조로운, 평범한
prosecute	[prásəkjùːt]	프라서큐-트	타 수행하다 자 기소하다
prosecution	[prὰsəkjúːʃən]	프라서큐-션	명 수행, 속행, 기소, 경영
prospector	[práspektər]	프라스펙터	명 탐광자, 실행자, 수행자
prospect	[práspekt]	프라스펙트	명 조망, 경치, 전망, 기대, 예상
prospective	[prəspéktiv]	프러스펙티브	형 예기된, 가망있는, 장래의
prosper	[práspər]	프라스퍼	타 자 번영하다, 성공시키다, 잘 자라다
prosperity	[praspérəti]	프라스페러티	명 번영, 성공, 행운
prosperous	[práspərəs]	프라스퍼러스	형 번영하는, 순조로운, 행운의
prostrate	[prástreit]	프라스트레이트	형 엎드린 타 뒤엎게 하다
protect	[prətékt]	프러텍트	타 지키다, 수호하다, 보호하다

- protect ~ against (from)

비호하다, 막다, ~하지 않도록 ~을 보호하다

| protection | [prətékʃən] | 프러텍션 | 명 보호, 방어 |
| protective | [prətéktiv] | 프러텍티브 | 형 보호하는, 보호무역의 |

protector	[prətéktər] 프러텍터	명	보호자, 방어자
protein	[próutiːn] 프로우티-인	명 단백질 형	단백질의
protest	[prətést] 프러테스트	타 자	단언하다, 항의하다
protestant	[prátəstənt] 프라티스턴트	명 신교도 형	신교도의
protoplasm	[próutəplæzəm] 프로우터플래점	명	원형질
proud	[praud] 프라우드	형	자랑스러운, 거만한, 교만한

○ do a person proud
~을 매우 기쁘게 하다, 만족하게 하다, 면목을 세워주다

○ do oneself proud
훌륭하게 행동하다, 멋들어지게(사치스럽게) 살다

proudly	[praudli] 프라우들리	부	자랑삼아, 자랑스럽게
		형	거만한
prove	[pruːv] 프루-브	타	입증하다 자 ~이라 판명되다
proverb	[právəːrb] 프라버-브	명	속담, 경언, 금언
provide	[prəváid] 프러바이드	타 자	준비하다, 대비하다

○ provide for (against)
~에 대비하여 (미리) 준비하다, ~에 대비하다 (= prepare)

provided	[prəváidid] 프러바이디드	접	~할 조건으로, 만약

○ provided ~with
~을 공급하다, 마련하다, 수여하다 (= supply)

providence	[právədəns] 프라버던스	명	섭리, 신의 뜻, 신조
province	[právins] 프라빈스	명	주(州), 성(省), 지역, 시골
provincial	[prəvínʃəl] 프러빈셜	형	주의, 영토의 명 지방민
provision	[prəvíʒən] 프러비전	명	준비, 설비 타 식량을 공급하다
provocation	[pràvəkéiʃən] 프라버케이션	명	성나게 함, 자극, 성남, 도발
provoke	[prəvóuk] 프러보우크	타	성나게 하다, 유발시키다
prowess	[práuis] 프라우이스	명	용기, 용감한 행위, 무용(武勇)
prowl	[praul] 프라울	타 자	(먹이를 찾아) 헤매다 맞다
prudence	[prúːdəns] 프루-던스	명	사려, 분별, 신중, 검소
prudent	[prúːdənt] 프루-던트	형	조심성있게, 신중한, 세심한

prune	[pruːn] 프루-운	명 말린 자두 타 (나무를) 잘라내다
Prussia	[prʌ́ʃə] 프러셔	명 프러시아
pry	[prai] 프라이	자 들여다보다, 꼬치꼬치 캐다
psalm	[sɑːm] 사-암	명 찬송가, 성가, 성시
psychological	[sàikəládʒikəl] 사이컬라쥐컬	형 심리학의, 심리적인
psychology	[saikálədʒi] 사이칼러쥐	명 심리학, 심리상태, 선거학
public	[pʌ́blik] 퍼블릭	형 공공의, 공무의 명 국민, 공중
publicly	[pʌ́blikli] 퍼블리클리	부 공공연히, 여론으로
publication	[pʌ̀bləkéiʃən] 퍼블러케이션	명 발표, 공표, 출판(물), 간행
publicity	[pʌblísəti] 퍼블리서티	명 널리 알려짐, 주지, 선전
publish	[pʌ́bliʃ] 퍼블리쉬	타 발표하다, 출판하다
publisher	[pʌ́bliʃər] 퍼블리셔	명 출판업자, 발행자, 신문경영자
pudding	[púdiŋ] 푸딩	명 푸딩(과자 이름)
puff	[pʌf] 퍼프	명 훅 불기 타 자 훅 불다
pull	[pul] 풀	타 자 당기다, 끌다, 잡아끌다 명 당김

- pull foot (=pull it) 도망치다, 도망 가다
- pull off (옷을) (급히) 벗다, (어려운 일을) 훌륭히 해내다
- pull up 빼다, 뽑다, 근절하다, 끌어올리다

pulp	[pʌlp] 펄프	명 과육, 펄프(제지원료)
pulpit	[púlpit] 풀피트	명 설교단, 설교, 설교자들
pulse	[pʌls] 펄스	명 맥박, 고동 부 맥이 뛰다
pump	[pʌmp] 펌프	명 펌프 타 자 펌프로 퍼내다
pumpkin	[pʌ́mpkin] 펌프킨	명 호박, 호박줄기
punch	[pʌntʃ] 펀취	타 주먹으로 때리다, 구멍을 뚫다
punctual	[pʌ́ŋktʃuəl] 펑크츄얼	형 시간을 엄수하는, 어김없는
punctuation	[pʌ̀ŋktʃuéiʃən] 펑크츄에이션	명 구둣법, 구두점
punish	[pʌ́niʃ] 퍼니쉬	타 벌하다, 응징하다, 해치우다
punishment	[pʌ́niʃmənt] 퍼니쉬먼트	명 처벌, 징계, 응징, 형벌, 벌
pupil	[pjúːpəl] 퓨-펄	명 학생, 제자
puppet	[pʌ́pit] 퍼피트	명 작은 인형, 꼭두각시, 앞잡이

puppy	[pʌ́pi] 퍼피	명 강아지, 건방진 애송이
purchase	[pə́ːrtʃəs] 퍼-쳐스	타 사다, 노력하여 얻다 명 구입
purchaser	[pə́ːrtʃəsər] 퍼-쳐서	명 사는 사람, 구매자
pure	[pjuər] 퓨어	형 순수한, 순결한, 맑은
purely	[pjúərli] 퓨얼리	부 순수하게, 깨끗하게, 결백하게
purge	[pəːrdʒ] 퍼-쥐	타 깨끗이 하다, 씻다 명 정화
purify	[pjúərəfài] 퓨어러파이	타 순화하다, 정화하다
Puritan	[pjúərətən] 퓨어러턴	명 청교도 형 청교도의(같은)
purity	[pjúərəti] 퓨어러티	명 청결, 결백, 순수, 깨끗함
purple	[pə́ːrpəl] 퍼-펄	명 자주빛 형 자주빛의
purport	[pərpɔ́ːrt] 퍼어포-트	명 의미, 취지 타 꾀하다
purpose	[pə́ːrpəs] 퍼-퍼스	명 목적, 의도 타 자 계획하다

● of (set) purpose 뚜렷한 목적을 세우고, 계획적으로

● on purpose 고의로, 일부러

purr	[pəːr] 퍼-	타 자 (고양이가) 그르렁거리다
purse	[pəːrs] 퍼-스	명 돈주머니, 돈지갑, 핸드백
pursue	[pərsúː] 퍼수-	타 자 추적하다, 쫓다
pursuit	[pərsúːt] 퍼수-트	명 추적, 추격, 추구, 종사, 추구하다

● in pursuit of ~을 추구하여, ~을 찾아서, ~을 얻고자

● in the pursuit of one's duties 직무 수행상(중)

push	[puʃ] 푸쉬	타 자 밀다, 밀고 나아가다 명 밀기
puss	[pus] 푸스	명 (애칭) 고양이, 소녀
pussy	[púsi] 푸시	명 고양이, 소녀, 성교
put	[put] 푸트	타 놓다, 두다, 설치하다, 넣다

● put aside 제쳐놓다, 치우다, 걷어치우다, 제거하다

● put off 제거하다, 벗다, 기다리게 하다

puzzle	[pʌ́zl] 퍼즐	명 수수께끼, 퀴즈, 당황 타 자 당황시키다

● puzzle out 생각해 내다

pyramid	[pírəmìd] 피러미드	명 피라밋, 금자탑, 각뿔

Q

quack	[kwæk] 쾌액	재 꽥꽥 울다 명 돌팔이 의사
quadruped	[kwɑ́drupèd] 콰드루페드	명 네발 짐승(포유류 동물)
quail	[kweil] 퀘일	명 메추라기, 처녀
quaint	[kweint] 퀘인트	형 기묘한, 기이한, 색다른
quake	[kweik] 퀘이크	재 흔들리다, 덜덜 떨다 명 진동
Quaker	[kwéikər] 퀘이커	명 퀘이커 교도
qualification	[kwɑ̀ləfəkéiʃən] 콸러퍼케이션	명 자격, 권한, 조건, 완화
qualify	[kwɑ́ləfài] 콸러파이	타 재 자격을 주다, 자격을 얻다
quality	[kwɑ́ləti] 콸러티	명 질, 성질, 특성, 품질
quantity	[kwɑ́ntəti] 콴터티	명 양(量), 수량, 분량, 액
quarrel	[kwɔ́:rəl] 쿼-럴	명 싸움, 말다툼 재 말다툼하다
quarrelsome	[kwɔ́:rəlsəm] 쿼-럴섬	형 싸움 좋아하는, 시비조의
quarry	[kwɔ́:ri] 쿼-리	명 채석장 재 채석장에서 떠내다
quart	[kwɔːrt] 쿼-트	명 쿼트(액량의 단위 1/4갈론)
quarter	[kwɔ́:rtər] 쿼-터	명 4분의 1, 15분 타 4(등)분하다
quarterly	[kwɔ́:rtərli] 쿼-털리	형 한해 네 번의 뷔 연 4회로
queen	[kwi:n] 퀴-인	명 왕후, 여왕 타 재 여왕으로 삼다
queer	[kwiər] 퀴어	형 기묘한, 수상한, 이상한
quench	[kwentʃ] 퀜취	타 억제하다, (불을) 끄다
query	[kwíəri] 퀴어리	명 질문, 의문 타 재 질문하다
quest	[kwest] 퀘스트	명 탐색, 원정(물) 타 탐색하다

○ in quest of ~을 찾아서, ~을 추구하여

question	[kwéstʃən] 퀘스천	명 질문, 질의 타 묻다, 질문하다

○ beyond (all) question 틀림없이, 물론
○ call in question 문제의, 당해의

- put a question to ~에게 질문하다
- question and answer 질의 응답〈대구여서 무관사〉
- The question is ~ 문제는 ~이다

questionable	[kwéstʃənəbəl] 퀘스쳐너벌	형 의심스러운, 수상한
question-mark	[kwéstʃənmɑːrk] 퀘스쳔마크	명 물음표, 의문부호(=?)
quick	[kwik] 퀵	형 빠른, 신속한 부 빨리, 급히

- be quick at ~가 빠르다
- the quick of the matter 사건의 핵심
- to the quick 속살까지, 골수까지, 철두철미

quickly	[kwíkli] 퀴클리	부 서둘러서, 빨리 급히
quicken	[kwíkən] 퀴컨	타 자 빠르게 하다, 소생시키다
quicksilver	[kwíksìlvər] 퀵실버	명 수은, 변덕스런 기질
quiet	[kwáiət] 콰이어트	형 조용한, 고요한 명 조용, 침착
quietly	[kwáiətli] 콰이어틀리	부 조용하게, 살며시, 은밀히
quill	[kwil] 퀼	명 큰 깃, 깃촉, 날개짓
quilt	[kwilt] 퀼트	명 누비 이불 타 누비질하다
quit	[kwit] 퀴트	타 떠나다, 놓아주다 형 용서받은
quite	[kwait] 콰이트	부 아주, 전연, 완전히, 확실히
quiver	[kwívər] 퀴버	타 자 떨다, 떨게 하다 명 화살통
quotation	[kwoutéiʃən] 쿼테이션	명 인용어(문구), 시세, 싯가
quote	[kwout] 쿼우트	타 자 인용하다, 부르다, 어림치다

R

rabbit	[rǽbit] 래빗	명 (집)토끼
race	[reis] 레이스	명 경주, 경마, 경쟁 타자 경주하다
racial	[réiʃəl] 레이셜	형 인종상의
racket	[rǽkit] 래킷	명 (정구 따위의) 라켓, 큰소리, 소음
radar	[réidɑːr] 레이다-	명 전파 탐지기, 레이다
radiance	[réidiəns] 레이디언스	명 빛남, 광휘
radiant	[réidiənt] 레이디언트	형 빛나는, 밝은
radiate	[réidièit] 레이디에이트	타자 (빛, 열 따위를) 방사하다
radiator	[réidièitər] 레이디에이터	명 스팀, 난방장치, 방열기
radical	[rǽdikəl] 래디컬	형 기본의, 근본적인, 철저한
radio	[réidiòu] 레이디오우	명 라디오, 무전기 타자 무선통신하다
radium	[réidiəm] 레이디엄	명 라듐
radius	[réidiəs] 레이디어스	명 반지름, 반경, 범위, 사출화
raft	[ræft] 래프트	명 뗏목, 다량 타자 뗏목으로 짜다
rafter	[rǽftər] 래프터	명 서까래 타 서까래를 대다
rag	[ræg] 래그	명 넝마, 누더기 형 지스러기의
rage	[reidʒ] 레이쥐	명 격노, 분격 자 격노하다
ragged	[rǽgid] 래기드	형 남루한, 초라한, 찢어진
raid	[reid] 레이드	명 습격, 급습 타자 습격하다
rail	[reil] 레일	명 가로장(대), 난간, 레일, 철도
railing	[réiliŋ] 레일링	명 철책, 난간, 욕설, 폭언
railroad	[réilròud] 레일로우드	명 철도 타 철도를 놓다
railway	[réilwèi] 레일웨이	명 철도, 시가 궤도
raiment	[réimənt] 레이먼트	명 의류
rain	[rein] 레인	명 비, 강우 타자 비가 오다

rainbow	[réinbòu] 레인보우	명 무지개
raindrop	[réindràp] 레인드랍	명 빗방울
rainfall	[réinfɔ̀ːl] 레인포-올	명 강우, 강수량
rainy	[réini] 레이니	형 비의, 우천의, 비에 젖은
raise	[reiz] 레이즈	타 일으키다, 세우다, 올리다
raisin	[réizən] 레이전	명 건포도, 흑인, 노인
rake	[reik] 레이크	명 갈퀴, 쇠스랑, 써레, 고무래
rally	[rǽli] 랠리	타 자 다시 모으다 명 재집합
ram	[ræm] 램	명 숫양, 양수기, 말뚝박는 메
ramble	[rǽmbəl] 램벌	명 산책, 소요 자 거닐다
random	[rǽndəm] 랜덤	명 엉터리 형 닥치는대로의

○ **at random** 닥치는 대로, 되는 대로

range	[reindʒ] 레인쥐	명 줄 타 자 배열하다, 늘어서다
rank	[ræŋk] 랭크	명 행렬, 대열, 계급 타 자 나란히 서다
ransom	[rǽnsəm] 랜섬	명 속죄, 배상금 타 배상하다
rap	[ræp] 랩	명 툭툭 침 타 자 똑똑 두드리다
rapid	[rǽpid] 래피드	형 신속한, 빠른, 고감도의
rapidity	[rəpídəti] 러피더티	명 신속, 속도, 민첩
rapidly	[rǽpidli] 래피들리	부 신속하게, 빠르게, 곧
rapt	[ræpt] 랩트	형 넋을 잃은, 골똘한, 황홀한
rapture	[rǽptʃər] 랩쳐	명 큰 기쁨, 황홀, 열중
rare	[rɛər] 레어	형 드문, 희박한, 진귀한, 설익은
rarely	[rɛ́ərli] 레얼리	부 드물게, 좀처럼, ~않다
rascal	[rǽskəl] 래스컬	명 악당, 불량배, 악당, 깡패
rash	[ræʃ] 래쉬	형 성급한, 분별없는 명 발진 (發疹)
rat	[ræt] 랫	명 쥐 자 쥐를 잡다
rate	[reit] 레이트	명 비율, 율 타 자 견적하다

○ **at any rate** 하여튼, 좌우간에, 적어도
○ **at the (a) rate of** ~의 비율로, ~의 값으로, ~의 속도로
○ **rate up** (보험의) 요율을 높이다

rather	[rǽðər] 래더	부 오히려, 얼마간, 다소, 약간
	○ rather too 좀 지나치게 ~한	
	○ (all) the rather that (because) ~이기 때문에 더욱	
	○ would (had) rather 오히려 ~하고 싶다(하는 편이 낫다)	
ratify	[rǽtəfài] 래터파이	타 비준하다, 확인하다
ratio	[réiʃou] 레이쇼우	명 비율, 비례, 비
ration	[rǽʃən] 래션	명 정액, 할당량 타 급식하다
rational	[rǽʃənl] 래셔늘	형 이성적인, 합리적인
rattle	[rǽtl] 래틀	타 자 왈각달각 소리나다
ravage	[rǽvidʒ] 래비쥐	명 파괴, 황폐 타 자 파괴하다
rave	[reiv] 레이브	타 자 헛소리를 하다
raven	[réivən] 레이번	명 갈가마귀 형 새까만
ravish	[rǽviʃ] 래비쉬	타 빼앗아가다, 강탈하다
raw	[rɔː] 로-	형 설익은 명 생것
ray	[rei] 레이	명 광선, 빛 타 자 방사하다
razor	[réizər] 레이저	명 전기면도기, 면도칼
reach	[riːtʃ] 리-취	타 자 (손을) 뻗치다, 닿다
		명 뻗침
	○ reach for ~을 잡으려고 손 (발)을 뻗치다	
	○ within (easy) reach of (=within the reach of)	
	~의 손이 (쉽게) 닿는 곳에	
react	[riːǽkt] 리-액트	자 반작용하다, 재연하다
reaction	[riːǽkʃən] 리-액션	명 반응, 반동, 반작용, 역회전
reactionary	[riːǽkʃənèri] 리-액셔네리	형 반동의, 보수적인 명 반동주의자
read	[riːd] 리-드	타 자 읽다, 독서하다, 낭독하다
	○ read into ~의 뜻으로 해석하다	
	○ read over (through) 통독하다	
	○ read up 연구(전공)하다, 복습하다, 다시 하다	
reader	[ríːdər] 리-더	명 독자, 독서가
reading	[ríːdiŋ] 리-딩	명 읽기, 낭독, 독서
ready	[rédi] 레디	형 준비된 타 준비하다
	○ (be) ready for ~의 준비가 되어 있는	

		◐ (be) ready to 막 ~을 하려고 하는
		◐ get ready (for) (~을 위해) 준비를 하다
readily	[rédəli] 레덜리	부 쾌히, 곧, 즉시, 쉽사리
		◐ with reality 실물 그대로
readiness	[rédinis] 레디니스	명 준비, 채비, 신속
ready-made	[rédiméid] 레디메이드	형 만들어 놓은, 기성품의
real	[ríːəl] 리-얼	형 실재하는, 현실의, 진짜의
really	[ríːəli] 리-얼리	부 실제로, 정말로, 참으로
reality	[riǽləti] 리앨러티	명 현실, 실재, 현실성, 진실
realize	[ríːəlàiz] 리-얼라이즈	타 실현하다, 깨닫다, 실감하다
realization	[rìːələzéiʃən] 리-얼러제이션	명 실현, 현실화, 인식, 터득
realm	[relm] 렐름	명 영토, 왕국, 범위, 영역
reap	[riːp] 리-잎	타 베다, 베어들이다, 획득하다
reaper	[ríːpər] 리-퍼	명 베는 사람, 수확기
reappear	[rìːəpíər] 리-어피어	자 재등장하다, 재발하다
rear	[riər] 리어	타 기르다 명 배후 형 배후의
reason	[ríːzən] 리-전	명 이유, 변명 타 추론하다
		◐ by reason of ~의 이유로, ~이기 때문에
		◐ beyond (all) reason 터무니 없는
		◐ reason out 논리적으로 생각해 내다
reasoning	[ríːzəniŋ] 리-저닝	명 추론, 추리, 논법, 추리력
reasonable	[ríːzənəbəl] 리-저너벌	형 합리적인, 분별 있는, 정당한
reasonably	[ríːzənəbli] 리-저너블리	부 알맞게, 정당하게, 꽤
reassure	[rìːəʃúər] 리-어슈어	타 안심시키다, 다시 보증하다
rebel	[rébəl] 레벌	명 반역자, 모반자, 반란군
rebellion	[ribéljən] 리벨리연	명 모반, 반란
rebellious	[ribéljəs] 리벨려스	형 반역하는, 반항적인, 완고한
rebuff	[ribʌ́f] 리버프	명 거절, 격퇴 타 거절하다
rebuild	[riːbíld] 리-빌드	타 재건하다, 다시 세우다
rebuke	[ribjúːk] 리뷰-크	명 비난, 징계 타 저지하다
recall	[rikɔ́ːl] 리코-올	타 다시 불러들이다, 소환하다
recede	[riːsíːd] 리시-드	자 물러나다, 퇴각하다
receipt	[risíːt] 리시-트	명 영수증 타 영수증을 떼다

receive	[risíːv] 리시-브	타 받다, 수령하다, 환영하다
receiver	[risíːvər] 리시-버	명 수취인, 수령인, 회계원
recent	[ríːsənt] 리-선트	형 최근의, 새로운, 근래의
recently	[ríːsəntli] 리-선틀리	부 요사이, 최근에, 근자에
receptacle	[riséptəkəl] 리셉터클	명 용기(容器), 저장소
reception	[risépʃən] 리셉션	명 수령, 응접, 수용
recess	[ríːses] 리-세스	명 쉬는 시간, 휴가시간, 휴회
reciprocal	[risíprəkəl] 리시프러컬	형 상호적인, 호혜적인, 답례의
recitation	[rèsətéiʃən] 레서테이션	명 낭송, 음송, 암송, 수업
recite	[risáit] 리사이트	타 자 외다, 말하다, 낭독하다
reckless	[réklis] 레클리스	형 무모한, 무작정한
reckon	[rékən] 레컨	타 자 세다, 계산하다, 생각하다
reclaim	[rikléim] 리클레임	타 교화하다, 개척하다 명 교화
recline	[rikláin] 리클라인	타 자 기대다, 의지하다, 눕히다
recognition	[rèkəgníʃən] 레커그니션	명 인식, 승인, 허가, 인정
○ in recognition of		~을 인정하여, ~의 보답(보수)으로
recognize	[rékəgnàiz] 레커그나이즈	타 인정하다, 승인하다
recoil	[rikɔ́il] 리코일	명 후퇴, 반동 자 뒤로 물러나다
recollect	[rèkəlékt] 레컬렉트	타 자 회상하다, 생각해내다
recollection	[rèkəlékʃən] 레컬렉션	명 회상, 기억, 기억력, 상기
recommend	[rèkəménd] 레커멘드	타 추천하다, 권고하다, 천거하다
recommendation	[rèkəmendéiʃən] 레커멘데이션	명 추천(장), 권고, 미점(美點)
recompense	[rékəmpèns] 레컴펜스	명 보답, 보수 타 갚다, 배상하다
reconcile	[rékənsàil] 레컨사일	타 화해하다, 조화시키다 명 일치
○ reconcile oneself to		~에 만족하다, 스스로 체념하다
reconstruct	[rìːkənstrʌ́kt] 리-컨스트럭트	타 재건하다, 개조하다
reconstruction	[rìːkənstrʌ́kʃən] 리-컨스트럭션	명 재건, 부흥, 개축
record	[rikɔ́ːrd] 레코-드	타 기록하다, 녹음하다
record	[rékərd] 레커드	명 기록, 경력, 등록, 이력

recount	[rikáunt] 리카운트	타 자세하게 이야기하다
recover	[rikʌ́vər] 리커버	타 회복하다, 되찾다
recovery	[rikʌ́vəri] 리커버리	명 회복, 완쾌, 되찾음, 복구
recreate	[rékrièit] 레크리에이트	타 휴양시키다, 보양하다
recreation	[rèkriéiʃən] 레크리에이션	명 오락, 기분전환, 레크리에이션
recruit	[rikrúːt] 리크루-트	타 신병을 모집하다, 고용하다
rectangle	[réktæ̀ŋɡəl] 렉탱걸	명 직사각형, 장방형
rectangular	[rektǽŋɡjələr] 렉탱결러	형 직사각형의, 직각의
recur	[rikə́ːr] 리커-	자 되돌아가다, 회상하다
red	[red] 레드	형 붉은, 피에 물든 명 빨강
redbreast	[rédbrèst] 레드브레스트	명 방울새(미국의 도요새의 일종)
redden	[rédn] 레든	타자 붉게 하다, 붉어지다
reddish	[rédiʃ] 레디쉬	형 불그스름한, 갈색을 띤
redeem	[ridíːm] 리디-임	타 되사다, 회복하다, 되찾다
redress	[ríːdres] 리-드레스	타 보상하다, 구제하다
reduce	[ridjúːs] 리듀-스	타 축소하다, 줄이다, 요약하다
reduction	[ridʌ́kʃən] 리덕션	명 변형, 감소, 축소, 저하
reed	[riːd] 리-드	명 갈대, 갈대밭, 갈대피리
reef	[riːf] 리-프	명 암초, 광맥, 모래톱
reel	[riːl] 리-일	명 물레, 얼레 타 얼레에 감다
reestablish	[rìːestǽbliʃ] 리-에스태블리쉬	타 복직 (복위)하다, 부흥하다
refer	[rifə́ːr] 리퍼-	타자 조회케하다, 위탁하다
reference	[réfərəns] 레퍼런스	명 참조, 참고, 참고자료, 언급
refine	[rifáin] 리파인	타 세련하다, 정련하다
reflect	[riflékt] 리플렉트	타자 반사하다, 되튀기다, 비치다

○ reflect on ~을 숙고하다, 영향을 주다

reflection	[riflékʃən] 리플렉션	명 반사(열, 광), 반영, 반성
reform	[rifɔ́ːrm] 리-포-옴	타자 개혁하다, 수정하다 명 개량
reformation	[rèfərméiʃən] 레퍼메이션	명 개정, 개혁, 혁신
refrain	[rifréin] 리프레인	자 그만두다 명 (노래의) 후렴

○ **refrain oneself** 자제하다, 근신하다

refresh	[rifréʃ] 리프레쉬	타 자 맑게 하다, 새롭게 하다
refreshment	[rifréʃmənt] 리프레쉬먼트	명 원기회복, 휴양
refrigerator	[rifrídʒəreitər] 리프리저레이터	명 냉장고, 냉동기, 증기 응결기
refuge	[réfjuːdʒ] 레퓨-쥐	명 피난(처), 은신처, 보호물
refugee	[rèfjudʒíː] 레퓨쥐-	명 피난자, 망명자
refusal	[rifjúːzəl] 리퓨-절	명 거절, 사퇴, 거부
refuse	[rifjúːz] 리퓨-즈	타 자 거절하다, 거부하다 명 폐물
refute	[rifjúːt] 리퓨-트	타 논박하다, 잘못을 지적하다
regain	[rigéin] 리게인	타 되찾다, 회복하다, 복귀하다
regal	[ríːgəl] 리-걸	형 국왕의, 국왕다운, 제왕의
regard	[rigáːrd] 리가-드	타 자 주시하다, 응시하다 명 주의

○ **regard ~ as** ~을 ~으로 간주하다, ~라고 생각하다
○ **as regards** ~에 관하여는, ~의 점에서는

regarding	[rigáːrdiŋ] 리가-딩	전 ~에 관하여는, ~점에서는
regardless	[rigáːrdlis] 리가-들리스	형 무관심한 부 ~에 관계없이
regenerate	[ridʒénəreit] 리제너레이트	타 재생시키다, 재건하다
regent	[ríːdʒənt] 리-전트	명 섭정 형 섭정의
regime	[reiʒíːm] 레이지-임	명 제도정체, 정부, 섭생
regiment	[rédʒəmənt] 레저먼트	명 (군의) 연대, 다수, 통치
region	[ríːdʒən] 리-전	명 지방, 지역, 범위, 층

○ **in the region of** ~의 부근에, ~의 근처에

register	[rédʒəstər] 레저스터	명 기록, 등록기 자 등록하다
registration	[rèdʒəstréiʃən] 레저스트레이션	명 등기, 등록, 표시
regret	[rigrét] 리그렛	명 유감, 애도 타 후회하다
regular	[régjələr] 레결러	형 규칙적인, 조직적인 명 정규병
regularly	[régjələrli] 레결러리	부 규칙바르게, 균형있게
regularity	[règjəlǽrəti] 레결래러티	명 규칙적임, 질서, 균형
regulate	[régjəleit] 레결레이트	타 조절하다, 규정하다
regulation	[règjəléiʃən] 레결레이션	명 규칙, 규정 형 규칙의

R

rehearsal	[rihə́ːrsəl] 리허-설	명 (연극·음악의) 연습, 시연
rehearse	[rihə́ːrs] 리허-스	타 열거하다, 연습하다
reign	[rein] 레인	명 통치, 지배 자 지배하다
rein	[rein] 레인	명 고삐, 구속, 대단이
reinforce	[rìːinfɔ́ːrs] 리-인포-스	타 보강하다, 강화하다
reiterate	[riːítərèit] 리-이터레이트	타 되풀이하다, 반복하다
reject	[ridʒékt] 리젝트	타 물리치다, 거절하다
rejoice	[ridʒɔ́is] 리죠이스	타 자 기뻐하다, 좋아하다
relate	[riléit] 릴레이트	타 자 관련시키다, 관계가 있다
relation	[riléiʃən] 릴레이션	명 관계, 관련, 친척
	● have relation with	~와 관계가 (교섭이) 있다
relationship	[riléiʃənʃip] 릴레이션쉽	명 관계, 친척 관계
relative	[rélətiv] 렐러티브	형 비교상의, 상대적인
relay	[ríːlei] 릴-레이	명 교대자 타 바꿔놓다
release	[rilíːs] 릴리-스	명 해방, 석방 타 풀어놓다
relent	[rilént] 릴렌트	자 누그러지다, 상냥해지다
reliable	[riláiəbəl] 릴라이어벌	형 신뢰할 수 있는, 확실한
reliance	[riláiəns] 릴라이언스	명 신뢰, 신용, 신임
relic	[rélik] 렐릭	명 유물, 유품, 유적
relief	[rilíːf] 릴리-프	명 경감, 구출, 구제
relieve	[rilíːv] 릴리-브	타 구제하다, 제거하다, 경감하다
religion	[rilídʒən] 릴리젼	명 종교, 신앙, 종파
religious	[rilídʒəs] 릴리져스	형 종교적인, 경건한
relinquish	[rilíŋkwiʃ] 릴링퀴쉬	타 포기하다, 단념하다
relish	[réliʃ] 렐리쉬	명 풍미, 향기 타 자 맛보다
reluctant	[rilʌ́ktənt] 릴럭턴트	형 마지못해 하는, 싫은
reluctance	[rilʌ́ktəns] 릴럭턴스	명 본의 아님, 꺼림, 싫음
rely	[riláí] 릴라이	자 의지하다, 신뢰하다, 믿다
remain	[riméin] 리메인	자 남다, 살아남다, 머무르다
remainder	[riméindər] 리메인더	명 나머지, 잉여, 잔류자
remains	[riméinz] 리메인즈	명 잔고, 유골, 유적
remark	[rimáːrk] 리마-크	명 주의, 관찰 타 자 주목하다

remarkable	[rimáːrkəbəl] 리마-커벌	형	현저한, 비범한
remarkably	[rimáːrkəbli] 리마-커블리	부	현저하게, 눈에 띄게
remedy	[rémədi] 레머디	명	의약, 치료 타 치료하다
remember	[rimémbər] 리멤버	타 자	생각해내다, 기억하다
remembrance	[rimémbrəns] 리멤브런스	명	기억, 회상, 추상
remind	[rimáind] 리마인드	타	생각나게 하다, 깨닫게 하다

○ remind a person of
아무에게 ~을 생각나게 하다(연상시키다)

remit	[rimít] 리미트	타 자	경감하다, 송금하다, 용서하다
remnant	[rémnənt] 렘넌트	명	나머지, 찌꺼기, 우수리
remonstrance	[rimánstrəns] 리만스트런스	명	충고, 간언, 항의
remorse	[rimɔ́ːrs] 리모-스	명	후회, 뉘우침, 양심, 연민
remote	[rimóut] 리모우트	형	먼, 아득한, 먼곳의
removal	[rimúːvəl] 리무-벌	명	이동, 제거, 살해, 해임
remove	[rimúːv] 리무-브	타 자	옮기다, 이동하다, 이사하다
removed	[rimúːvd] 리무-브드	형	떨어진, 먼, 관계가 먼
renaissance	[rènəsáːns] 레너사-안스	명	재생, 부흥, (R-) 르네상스
rend	[rend] 렌드	타 자	찢다, 쪼개다, 부수다
render	[réndər] 렌더	타	돌려주다, 제출하다, 갚다
renew	[rinjúː] 리뉴-	타	갱신하다, 새롭게 하다
renounce	[rináuns] 리나운스	타 자	포기하다, 양도하다, 버리다
renown	[rináun] 리나운	명	명성, 유명
rent	[rent] 렌트	명	소작료, 방세 타 자 세놓다
reorganize	[riːɔ́ːrɡənàiz] 리-오-거나이즈	타	재편성하다, 개조하다
repair	[ripéər] 리페어	명	수선, 회복 타 수리하다
reparation	[rèpəréiʃən] 레퍼레이션	명	배상, 보상, 수리
repast	[ripǽst] 리패스트	명	식사, 음식 타 식사하다
repay	[ripéi] 리페이	타 자	(돈을) 갚다, 보답하다
repeal	[ripíːl] 리피-일	명	폐지, 철폐 타 폐지하다
repeat	[ripíːt] 리피-트	명	반복, 되풀이 타 되풀이하다
repeating	[ripíːtiŋ] 리피-팅	형	반복하는, 연발하는

repel	[ripél] 리펠	태 격퇴하다, 물리치다, 반박하다
repent	[ripént] 리펜트	태자 후회하다, 분해하다
repentance	[ripéntəns] 리펜턴스	명 후회, 뉘우침, 참회
repetition	[rèpətíʃən] 레퍼티션	명 반복, 재론, 되풀이, 암송
replace	[ripléis] 리플레이스	태 제자리에 놓다, 바꾸다, 교대하다
replenish	[ripléniʃ] 리플레니쉬	태 보충하다, 채우다
reply	[riplái] 리플라이	명 대답, 응답 태자 대답하다
report	[ripɔ́ːrt] 리포-트	명 보고, 공표 태자 공표하다
reporter	[ripɔ́ːrtər] 리포-터	명 통신원, 보고자, 기록원
repose	[ripóuz] 리포우즈	태자 휴식하다 명 휴식, 휴양
represent	[rèprizént] 레프리젠트	태 묘사하다, 표현하다, 그리다
representation	[rèprizentéiʃən] 레프리젠테이션	명 표현, 묘사, 대표, 연출
reproach	[ripróutʃ] 리프로우취	명 비난, 불명예 태 비난하다
reproduce	[rìːprədjúːs] 리-프러듀우스	태 재생하다, 복사하다, 번식하다
reproduction	[rìːprədʌ́kʃən] 리-프러덕션	명 재생, 재생산
reproof	[riprúːf] 리프루-프	명 비난, 책망, 질책
reprove	[riprúːv] 리프루-브	태 비난하다, 꾸짖다
reptile	[réptil] 렙틸	명 파충동물, 비열한 인간 형 파충류의
republic	[ripʌ́blik] 리퍼블릭	명 공화국, 공화정체, 공화당
republican	[ripʌ́blikən] 리퍼블리컨	형 공화국의, 공화주의의
repulse	[ripʌ́ls] 리펄스	명 격퇴, 거절 자 격퇴하다
reputation	[rèpjətéiʃən] 레퍼테이션	명 평판, 명성, 신용, 신망
repute	[ripjúːt] 리퓨-트	명 평판, 명성 태 ~라 생각하다
request	[rikwést] 리퀘스트	태 바라다, 요구하다 명 소원, 요구

- be in (great) request (대단히 많은) 수요가 있다
- by (at the) request ~의 요청에 따라, ~의 간청으로

require	[rikwáiər] 리콰이어	태 요구하다, 규정하다
requisite	[rékwəzit] 레퀴지트	형 필요한 명 필수품, 필요조건

단어	발음	한글	뜻
requite	[rikwáit]	리콰이트	타 갚다, 보복하다
rescue	[réskju:]	레스큐-	명 구조, 구출 타 구해내다
research	[risə́ːrtʃ]	리서-취	명 연구, 조사 자 연구하다
reseat	[rìːsíːt]	리-사-트	타 복위시키다, 복직시키다
resemblance	[rizémbləns]	리젬블런스	명 유사, 닮음, 비슷함, 초상화
resemble	[rizémbəl]	리젬벌	타 ~을 닮다, ~과 공통점이 있다
resent	[rizént]	리젠트	타 ~에 분개하다, 원망하다
resentment	[rizéntmənt]	리젠트먼트	명 분개, 원한, 노함
reservation	[rèzərvéiʃən]	레저베이션	명 보류, 예약, 제한, 삼감
reserve	[rizə́ːrv]	리저-브	타 비축하다, 보존하다, 확보해 두다

○ reserve oneself for ~을 위하여 정력을 비축해 두다
○ the first (second) reserve 예비(후비)군

reservoir	[rézərvwàːr]	레저브와-r	명 저장소, 저수지, 급수소
reside	[rizáid]	리-자이드	자 살다, 존재하다, 주재하다
residence	[rézidəns]	레지던스	명 거주, 주재, 주택, 주소
resident	[rézidənt]	레지던트	형 거주하는, 숙식하는 명 거주자
resign	[rizáin]	리자인	타 자 단념하다, 그만두다
resignation	[rèzignéiʃən]	레지그네이션	명 사직, 체념, 사임, 사표
resist	[rizíst]	리지스트	타 저항하다, 방해하다, 참다
resistance	[rizístəns]	리지스턴스	명 저항, 반항, 반대, 저항력
resolute	[rézəlùːt]	레절루-트	형 결심이 굳은, 단호한
resolutely	[rézəlùːtli]	레절루-틀리	부 굳은 결심으로, 단호하게
resolution	[rèzəlúːʃən]	레절루-션	명 결심, 과단, 결의, 분해
resolve	[rizálv]	리잘브	타 자 용해하다, 분해하다 명 결심
resolved	[rizálvd]	리잘브드	형 결의한, 단호한, 결심한
resort	[rizɔ́ːrt]	리조-트	자 자주 다님 명 번화가, 유흥지

○ resort to ~에 호소하다, 다니다, 가다
○ without resort to
~에 의지(호소)하지 않고, ~의 수단을 쓰지 않고

resound	[rizáund] 리자운드	타자 울리다, 떨치다
resource	[ríːsɔːrs] 리소-스	명 자원, 물자, 수단, 자력, 방침
respect	[rispékt] 리스펙트	명 존경, 존중 타 존경하다

○ have respect for ~을 존경하다

○ in respect of (to) ~에 관하여, ~에 대하여(는)

respectful	[rispéktfəl] 리스펙트펄	형 정중한, 공손한, 예의바른
respectfully	[rispéktfəli] 리스펙트펄리	부 정중하게, 공손히, 삼가서
respecting	[rispéktiŋ] 리스펙팅	전 ~에 관하여
respectable	[rispéktəbəl] 리스펙터벌	형 존경할 만한, 훌륭한
respective	[rispéktiv] 리스펙티브	형 각자의, 각각의, 각기의
respectively	[rispéktivli] 리스펙티블리	부 각각, 각자, 각기
respiration	[rèspəréiʃən] 레스퍼레이션	명 호흡, 한번 숨쉼
respite	[réspait] 레스파이트	명 일시적 중지, 유예, 연기
resplendent	[rispléndənt] 리스플렌던트	형 찬란한, 눈부신, 빛나는
respond	[rispánd] 리스판드	자 대답하다, 응하다, 응답하다

○ respond to ~에 감응하다, ~에 공명하다

response	[rispáns] 리스판스	명 응답, 반응, 대답

○ in response to ~에 응하여, ~에 답하여, ~에 따라

responsibility	[rispànsəbíləti] 리스판서빌러티	명 책임, 책무, 부담, 무거운 짐
responsible	[rispánsəbəl] 리스서벌	형 책임있는, 책임을 져야 할

○ responsible of ~에 대하여 책임있는

rest	[rest] 레스트	명 휴식, 휴양, 안정 타자 쉬다

○ among the rest 그 중에 끼어서, 그 중에서도, 특히

○ at rest 휴식하여, 잠자고, 안심하여

○ for the rest 그 외는, 나머지는

restaurant	[réstərənt] 레스터런트	명 식당, 음식점, 레스토랑
restless	[réstlis] 레스트리스	형 침착하지 않은, 들떠 있는
restoration	[rèstəréiʃən] 레스터레이션	명 회복, 복구, 복고, 복위
restore	[ristɔ́ːr] 리스토-	타 본래대로 하다, 회복하다
restrain	[riːstréin] 리-스트레인	타 억제하다, 방지하다
restraint	[riːstréint] 리-스트레인트	명 억제, 구속, 속박, 감금, 제한
restrict	[ristríkt] 리스트릭트	타 제한하다, 한정하다, 금지하다

restriction	[ristríkʃən] 리스트릭션	명 제한, 한정, 속박, 구속
result	[rizʌ́lt] 리절트	명 결과, 성과 자 ~의 결과로 생기다

- as a result of ~의 결과로서
- result in ~으로 끝나다, ~으로 귀착하다
- with the result that~ ~라는 결과가 되어, 그 결과로

resume	[rizúːm] 리쥬-움	타 되찾다, 점유하다
retail	[ríːteil] 리-테일	명 소매 형 소매의 부 소매로
retain	[ritéin] 리테인	타 유지하다, 보류하다, 고용하다
retard	[ritάːrd] 리타-드	타 자 늦게 하다, 늦추다 명 지연
retire	[ritáiər] 리타이어	타 자 물러나다, 퇴직하다
retirement	[ritáiərmənt] 리타이어먼트	명 퇴직, 은퇴, 은둔, 외진 곳
retort	[ritɔ́ːrt] 리토-트	명 반박 타 자 말대꾸하다
retreat	[riːtríːt] 리트리-트	명 퇴각, 은퇴 자 물러나다
return	[ritə́ːrn] 리터-언	타 자 돌아가다, 돌려주다 명 복귀

- return to dust 흙으로 돌아가다, 죽다

reveal	[rivíːl] 리비-일	타 누설하다, 나타내다, 알리다
revel	[révəl] 레벌	명 술잔치 자 주연을 베풀다
revelation	[rèvəléiʃən] 레벌레이션	명 폭로, 누설, 발각
revenge	[rivéndʒ] 리벤쥐	명 복수, 원한 타 자 보복하다

- in revenge for (of) ~의 앙갚음으로서

revenue	[révənjùː] 레버뉴-	명 (국가의) 세입, 수입
revere	[rivíər] 리비어	타 존경하다, 숭배하다
reverence	[révərəns] 레버런스	명 존경, 숭배, 경의
reverend	[révərənd] 레버런드	형 존경할만한, 귀하신
reverse	[rivə́ːrs] 리버-스	타 자 거꾸로 하다 명 반대, 역
revert	[rivə́ːrt] 리버-트	자 본래 상태로 돌아가다
review	[rivjúː] 리뷰-	명 재조사, 복습 타 자 검열하다

- march in review 사열 행진을 하다
- pass in review 검열을 받다, 검열하다, 사열하다

revise	[riváiz] 리바이즈	타 교정하다, 개정하다 명 개정
revision	[rivíʒən] 리비전	명 개정, 교정, 교열, 수정
revival	[riváivəl] 리바이벌	명 부활, 부흥, 신앙부흥
revive	[riváiv] 리바이브	타 자 부활하다, 회복시키다
revolt	[rivóult] 리보울트	명 반란 타 자 반란을 일으키다
revolution	[rèvəlúːʃən] 레벌루―션	명 혁명, 변혁, 회전, 순환
revolutionary	[rèvəlúːʃənèri] 레벌루―셔네리	형 혁명적인, 회전의
revolve	[riválv] 리발브	타 자 회전하다, 운행하다
revolver	[riválvər] 리발버	명 연발 권총, 회전로
reward	[riwɔ́ːrd] 리워―드	명 보수, 사례금 타 보답하다
rhetoric	[rétərik] 레터릭	명 수사학, 웅변술, 미사여구
rheumatism	[rúːmətìzəm] 루―머티점	명 류머티즘
rhyme	[raim] 라임	명 (시의) 운시 타 자 시를 짓다
rhythm	[ríðəm] 리덤	명 율동, 리듬, 운율, 격조
rib	[rib] 리브	명 갈빗대, 갈비, 늑골, 늑재
ribbon	[ríbən] 리번	명 끈, 띠, 리본 자 리본을 달다
rice	[rais] 라이스	명 쌀, 벼, 밥
rich	[ritʃ] 리취	형 부유한, 부자의, 풍부한, 화려한
riches	[rítʃiz] 리취즈	명 부(富), 재산, 풍부
richly	[rítʃli] 리췰리	부 부유하게, 찬란하게
rid	[rid] 리드	타 제거하다, 치우다, 해방하다

- be (get) rid of 면하다, ~을 없게 되다
- get rid of 면하다, ~을 벗어나다, ~을 그만두다

riddle	[rídl] 리들	명 수수께끼 타 자 수수께끼를 내다
ride	[raid] 라이드	타 자 타다, 타고 가다
rider	[ráidər] 라이더	명 타는 사람, 기수, 추서, 첨서
ridge	[ridʒ] 리쥐	명 산마루 타 자 이랑을 만들다
ridicule	[rídikjùːl] 리디큐―울	명 비웃음, 조롱 타 비웃다
ridiculous	[ridíkjələs] 리디켤러스	형 우스꽝스러운, 바보 같은
rifle	[ráifəl] 라이펄	명 소총, 라이플총 타 강탈하다
rig	[rig] 리그	명 의장, 범장 타 의장하다

right	[rait] 라이트	형 옳은 명 정당

- right along 정지하지 않고, 쉬지 않고, 끊임없이
- the right man in the right place 적재 적소

rightly	[ráitli] 라이틀리	부 바르게, 공정하게, 정당하게
righteous	[ráitʃəs] 라이쳐스	형 바른, 공정한, 당연한, 고결한
righteousness	[ráitʃəsnis] 라이쳐스니스	명 정의, 공정, 정당
rightful	[ráitfəl] 라이트펄	형 올바른, 당연한, 정당한
righthand	[ráithænd] 라이트핸드	형 오른쪽의, 우측의, 심복의
rill	[ril] 릴	명 시내, 실개천
rim	[rim] 림	명 가장자리 타 테두리를 붙이다
rind	[raind] 라인드	명 (과일의) 껍질, 외견, 외면
ring	[riŋ] 링	타 자 울리다 명 바퀴, 고리, 반지
rinse	[rins] 린스	타 물에 헹구다 명 헹굼, 가심

- give rise to ~을 발생시키다, ~의 근원이다
- on the rise (물가 등이) 올라, 오름세에, 오르는 경향으로

riot	[ráiət] 라이어트	명 폭동, 소동 타 자 폭동을 일으키다
rip	[rip] 립	타 자 찢다, 터지다 명 터짐
ripe	[raip] 라이프	형 익은, 원숙한, 여문
ripen	[ráipən] 라이펀	타 자 익다, 익히다, 원숙하다
rise	[raiz] 라이즈	자 일어서다, 오르다 명 상승, 기상
rising	[ráiziŋ] 라이징	형 올라가는, 오르막의, 증대하는
risk	[risk] 리스크	명 위험, 모험 타 위태롭게 하다

- at all risks (=at any (whatever) risk)
어떤 위험을 무릅쓰고서라도, 기어이
- at the risk of ~의 위험을 무릅쓰고, ~을 희생하고

rite	[rait] 라이트	명 의식, 관습, 전례, 의례
rival	[ráivəl] 라이벌	명 경쟁상대, 적수 타 자 경쟁하다
rivalry	[ráivəlri] 라이벌리	명 경쟁, 대항, 맞겨룸

river	[rívər] 리버	명 강, 내
rivet	[rívit] 리비트	명 대갈못, 리벳 타자 대갈못을 박다
rivulet	[rívjəlit] 리별릿	명 시내, 실개천
road	[roud] 로우드	명 길, 도로, 가도, 공도
roadside	[róudsàid] 로우드사이드	명 길가 형 길가의
roadster	[róudstər] 로우드스터	명 탈 것(말, 수레, 자동차 따위)
roadway	[róudwèi] 로우드웨이	명 차도, 도로
roam	[roum] 로움	타자 돌아다니다 명 배회
roar	[rɔːr] 로-	타자 포효하다, 외치다 명 포효
roast	[roust] 로우스트	타자 굽다, 익히다 명 불고기, 굽기
rob	[rab] 랍	타자 강탈하다, 빼앗다
robber	[rábər] 라버	명 도둑, 강도
robbery	[rábəri] 라버리	명 강탈, 약탈
robe	[roub] 로우브	명 길고 품이 큰 겉옷 타자 입히다
robin	[rábin] 라빈	명 울새, 개똥지빠귀의 일종
robot	[róubət] 로우벗	명 로봇, 인조인간
rock	[rak] 락	명 바위, 암석, 돌 타자 흔들다
rocket	[rákit] 라키트	명 로켓, 봉화, 벼락출세
rocky	[ráki] 라키	형 바위의, 냉혹한, 튼튼한
rod	[rad] 라드	명 긴 막대, 장대, 회초리
rogue	[roug] 로우그	형 악한, 악당, 불량배, 장난꾼
role	[roul] 로울	명 구실, 역할, 임무
roll	[roul] 로울	타자 굴리다, 회전하다 명 회전
roll-call	[róulkɔ̀ːl] 로울코-올	명 점호, 출석조사 타 출석부르다
roller	[róulər] 로울러	명 땅 고르는 기계, 로울러
Roman	[róumən] 로우먼	형 로마의 명 로마 사람
romance	[rouméns] 로맨스	명 로맨스, 전기 소설
romantic	[rouméntik] 로맨틱	형 전기소설적인, 공상적인
roof	[ruːf] 루-프	명 지붕 타 지붕을 해 덮다

room	[ruːm] 루-움	명 방, 셋방 타 자 방을 주다
		○ in the room of ~의 대신으로
		○ make room for 자리를 양보하다, 장소를 만들다
roost	[ruːst] 루-스트	명 보금자리 타 자 홰에 앉다
rooster	[rúːstər] 루우스터	명 수탉
root	[ruːt] 루우트	명 뿌리, 밑둥 타 자 뿌리 박다
rope	[roup] 로프	명 밧줄, 새끼 타 자 줄로 묶다
rose	[rouz] 로우즈	명 장미 형 장미빛의
rosebud	[róuzbʌ̀d] 로우즈버드	명 장미 봉오리, 아름다운 소녀
rosy	[róuzi] 로우지	형 장미빛의, 불그스름한
rot	[rot] 로트	타 자 썩다, 썩히다 명 부패, 부식
rotate	[róuteit] 로우테이트	타 자 회전하다, 순환하다
rotation	[routéiʃən] 로우테이션	명 회전, 교대, 자전
rotten	[rɑ́tn] 라튼	형 부패한, 악한, 더러운, 썩은
rouge	[ruːʒ] 루우즈	명 연지, 입술 연지 타 자 연지를 바르다
rough	[rʌf] 러프	형 거칠은 부 거칠게 명 험함, 거침
roughly	[rʌ́fli] 러플리	부 거칠게, 대강, 대충
round	[raund] 라운드	형 둥근 부 돌아서 전 ~의 주위에
		○ round and round~ ~의 둘레를 빙글빙글 돌아
		○ round about 원을 이루어, 둘레에, 주변에, 사방팔방에
		○ round up 몰아 모으다, 모으다, 끌어 모으다, 검거하다
rouse	[rauz] 라우즈	타 자 일으키다, 깨우다
rout	[raut] 라우트	명 패배 타 패주시키다
route	[ruːt] 루-트	명 길, 도로, 항로 타 발송하다
routine	[ruːtíːn] 루-티인	명 상례적인 일 형 일상의
rove	[rouv] 로우브	타 자 헤매다, 배회하다 명 방황
rover	[róuvər] 로우버	명 배회자, 유랑자, 해적선
row	[rou] 로우	명 열, 줄 타 자 (배를) 젓다
royal	[rɔ́iəl] 로열	형 왕국의, 여왕의, 당당한

- **a royal battle** 큰 전투, 상대를 가리지 않는 대 혼전
- **have a royal time** 매우 재미있는 시간을 보내다
- **in royal spirits** 아주 기운차게, 원기 왕성하게

royalty	[rɔ́iəlti] 로열티	명 왕위, 왕권, 장엄, 특허권
rub	[rʌb] 러브	타 자 문지르다, 비비다 명 마찰
rubber	[rʌ́bər] 러버	명 고무 타 고무를 입히다
rubbish	[rʌ́biʃ] 러비쉬	명 쓰레기, 폐물, 잡동사니
ruby	[rúːbi] 루-비	명 홍옥, 루비 형 진홍색의, 흉악한
rudder	[rʌ́dər] 러더	명 (배, 비행기의) 키, 방향타
ruddy	[rʌ́di] 러디	형 붉은, 혈색이 좋은, 건강한
rude	[ruːd] 루-드	형 무례한, 거칠은, 버릇없는
rudely	[rúːdli] 루-들리	부 거칠게, 버릇없이
rue	[ruː] 루-	타 자 슬퍼하다, 한탄하다
ruffian	[rʌ́fiən] 러피언	명 무법자, 깽패 형 흉한, 악한, 악당의, 흉악한
ruffle	[rʌ́fəl] 러펄	타 자 물결을 일으키다, 뒤흔들다
rug	[rʌg] 러그	명 담요, 무릎덮개, 양탄자
rugged	[rʌ́gid] 러기드	형 울퉁불퉁한, 험악한, 모난
ruin	[rúːin] 루-인	명 파멸, 파산 타 자 몰락시키다

- **be the ruin of** ~의 파멸의 원인이 되다
- **fall (go, come) to ruin** 망하다, 황폐하다

rule	[ruːl] 루-울	명 규정, 규칙 타 자 규정 (지배)하다

- **as a (general) rule** 대개, 일반적으로

ruler	[rúːlər] 루-울러	명 통치자, 지배자, 주권자
ruling	[rúːliŋ] 루-울링	형 통치하는, 지배하는 명 지배
rum	[rʌm] 럼	명 럼술(당밀 따위로 만듬) 형 괴상한
rumble	[rʌ́mbəl] 럼벌	명 우르르 소리
rumor	[rúːmər] 루-머	명 소문, 세평, 풍문 타 소문내다

rump	[rʌmp] 럼프	명 엉덩이, 궁둥이, 둔부
run	[rʌn] 런	타 자 달리다, 뛰다 명 달림

- run out 뛰어 나가다, 뛰어서 지치다, 흘러나오다

runaway	[rʌ́nəwèi] 런어웨이	명 도망(자) 형 도망한
runner	[rʌ́nər] 러너	명 달리는 사람, 경주자, 도망자
running	[rʌ́niŋ] 러닝	명 달리기, 경주 형 달리는
rural	[rúərəl] 루어럴	형 시골의, 전원의, 지방의
rush	[rʌʃ] 러쉬	타 자 돌진하다 명 맥진 형 지급의

- advance on with a rush 와 하고 밀려가다
- rush hour(s) 러시아워, 한창 붐비는 시간
- with a rush 돌격 (쇄도)하여, 와 하고 한꺼번에

Russia	[rʌ́ʃə] 러셔	명 러시아, 소련
Russian	[rʌ́ʃən] 러션	형 러시아의 명 러시아 사람(말)
rust	[rʌst] 러스트	명 녹(슨 빛), 녹병 타 자 녹슬다
rustic	[rʌ́stik] 러스틱	형 시골풍의, 조야한 명 시골 사람
rustle	[rʌ́səl] 러설	명 바스락 바스락 소리 자 와삭서리다
rusty	[rʌ́sti] 러스티	형 녹슨, 녹이 난, 녹록의, 퇴색한 빛
ruthless	[rúːθlis] 루-쓸리스	형 무정한, 잔인한, 인정머리 없는
rye	[rai] 라이	명 호밀, 쌀보리

S

Sabbath	[sǽbəθ] 새버쓰	명 안식일, 안식, 평화
sable	[séibəl] 세이벌	명 검은 담비, 흑색, 상복
sabotage	[sǽbətàːʒ] 새버타―지	명 태업, 방해, 파괴
sack	[sæk] 색	명 큰 자루, 부대
sacred	[séikrid] 세이크리드	형 신성한, 신을 모신
sacrifice	[sǽkrəfàis] 새크러파이스	명 제물, 희생 타 자 희생하다
sad	[sæd] 새드	형 슬픈, 슬퍼하는, 어이없는
sadly	[sǽdli] 새들리	부 슬프게, 애처롭게, 구슬프게
sadness	[sǽdnis] 새드니스	명 슬픔, 비애, 슬픈 모양
saddle	[sǽdl] 새들	명 안장 타 자 안장을 얹다
safe	[seif] 세이프	형 안전한, 무사한 명 금고
safely	[séifli] 세이플리	부 안전하게, 무사히
safeguard	[séifgàːrd] 세이프가드	명 보호, 호위 타 보호하다
safety	[séifti] 세이프티	명 안전, 무사, 무난, 무해
sag	[sæg] 새그	자 (밧줄이) 축 처지다, 휘다 명 늘어짐
sage	[seiʒ] 세이지	현명한, 슬기로운 명 성인, 현인
sail	[seil] 세일	명 돛, 돛배 타 자 범주(항해)하다
sailboat	[séilbòut] 세일보우트	명 돛단배, 범선, 요트
sailor	[séilər] 세일러	명 선원, 수부, 해원
saint	[séint] 세인트	명 성인, 성자, 성(聖) 성도
sake	[seik] 세이크	명 위함, 목적, 원인, 이익

○ for (one's) name's sake
~의 이름 때문에, ~의 명예(체통)을 위하여
○ for the sake of ~을 위하여, ~을 생각하여

salad	[sǽləd] 샐러드	명 샐러드, 생채소 요리
salary	[sǽləri] 샐러리	명 봉급, 급료 타 봉급을 주다
sale	[seil] 세일	명 판매, 팔기, 매상고, 특매

salesman	[séilzmən] 세일즈먼	명 점원, 외교원, 판매원
sally	[sǽli] 샐리	명 출격, 돌격, 여행
salmon	[sǽmən] 새먼	명 연어 형 연어 살빛의
salon	[səlán] 설란	명 객실, 응접실, 상류사회
saloon	[səlúːn] 설루-운	명 큰 방, 큰 홀, 객실, 술집
salt	[sɔːlt] 소-올트	명 소금, 식염 형 소금에 절인
salutation	[sæ̀ljətéiʃən] 샐류테이션	명 인사(의 말)
salute	[səlúːt] 설루-트	명 인사, 경례, 갈채 타 자 인사하다
salvation	[sælvéiʃən] 샐베이션	명 구조, 구제, 구조차(법)
same	[seim] 세임	형 같은, 동일한 부 마찬가지로

- all the same (~에게는) 똑같은, 아무래도 좋은(상관 없는)
- much the same 거의(대체로) 같은

sample	[sǽmpəl] 샘펄	명 견본, 표본 타 샘플을 뽑다
sanction	[sǽŋkʃən] 생크션	명 인가, 재가 타 인가하다
sanctuary	[sǽŋktʃuèri] 생크츄에리	명 신전, 성당, 신성한 곳
sand	[sænd] 샌드	명 모래, 모래알 타 모래를 뿌리다
sandal	[sǽndl] 샌들	명 샌들, 짚신 모양의 신발
sandstone	[sǽndstòun] 샌드스토운	명 사암(砂巖)
sandwich	[sǽndwitʃ] 샌드위치	명 샌드위치 타 사이에 끼다
sandy	[sǽndi] 샌디	형 모래빛의, 모래땅의
sane	[sein] 세인	형 본 정신의, 분별있는
San Francisco	[sæn frənsískou] 샌프런시스코우	명 샌프란시스코(항구도시)
sanitary	[sǽnətèri] 새너테리	형 위생상의, 청결한, 보건상의
sanitation	[sæ̀nətéiʃən] 새너테이션	명 위생시설, 공중위생, 위생
Santa Claus	[sǽntə klɔːz] 샌터클로-즈	명 산타클로스
sap	[sæp] 샙	명 수액, 기운 타 수액을 짜내다
sapling	[sǽpliŋ] 새플링	형 어린 나무, 묘목, 젊은이
sapphire	[sǽfaiər] 새파이어	명 청옥, 사파이어, 사파이어빛
sardine	[sɑːrdíːn] 사-디-인	명 정어리
sash	[sæʃ] 새쉬	명 장식띠, 허리띠, 띠
Satan	[séitən] 세이턴	명 사탄, 마왕, 악마

영단어	발음	한글발음	뜻
satellite	[sǽtəlàit]	새털라이트	몡 위성, 위성국, 인공위성
satin	[sǽtən]	새튼	몡 새틴, 수자, 공단, 견수자
satire	[sǽtaiər]	새타이어	몡 풍자(문학), 풍자서(문), 비꼼
satisfaction	[sæ̀tisfǽkʃən]	새티스팩션	몡 만족, 이행, 변제, 배상
satisfactorily	[sæ̀tisfǽktərəli]	새티스팩터릴리	튀 더할 나위 없게, 충분하게
satisfactory	[sæ̀tisfǽktəri]	새티스팩터리	헹 더할 나위 없는, 만족한
satisfy	[sǽtisfài]	새티스파이	타 만족시키다, 채우다, 갚다
Saturday	[sǽtərdi]	새터디	몡 토요일(약어 Sat)
Saturn	[sǽtərn]	새터언	몡 농사의 신, 토성, 납, 새턴
sauce	[sɔːs]	소-스	몡 소스, 양념 타 소스를 치다
saucepan	[sɔ́ːspæ̀n]	소-스팬	몡 손잡이 달린 속 깊은 냄비
saucer	[sɔ́ːsər]	소-서	몡 받침 접시, 화분 받침
saucy	[sɔ́ːsi]	소-시	헹 건방진, 멋진, 맵시 있는
sausage	[sɔ́ːsidʒ]	소-시쥐	몡 소시지, 순대
savage	[sǽvidʒ]	새비쥐	헹 야만적인, 미개한 몡 야만인
savagely	[sǽvidʒli]	새비쥘리	튀 야만적으로, 잔인하게
save	[seiv]	세이브	타 자 건지다, 저축하다, 구하다

● **save for** ~을 제외하고(=except(for))
● **save one's pocket** 돈을 쓰지 않다(않게 하다)

saving	[séiviŋ]	세이빙	헹 절약하는 몡 구조 젭 ~외에
savior	[séivjər]	세이버	몡 구조자, 구세주, 구주
saw	[sɔː]	소-	몡 톱, 격언 타 자 톱으로 자르다
say	[sei]	세이	타 자 말하다, 외다 몡 말함

● **say over (again)** 되풀이 말하다
● **say well (evil, bad) of** ~을 좋게(나쁘게) 말하다

saying	[séiiŋ]	세이잉	몡 격언, 속담, 말, 진술
scabby	[skǽbi]	스캐비	헹 더러운, 딱지투성이의
scald	[skɔːld]	스코-올드	타 (끓는 물에) 화상을 입히다 몡 화상
scale	[skeil]	스케일	몡 눈금, 저울눈 타 자 재다

● **a reduced scale** 축척, 축소
● **on a large (grand, vast) scale** 대규모로

scalp	[skælp] 스캘프	명 머릿가죽, 전리품 타 혹평하다
scamper	[skǽmpər] 스캠퍼	명 급히 달림 자 여행하다
scan	[skæn] 스캔	타 (시의) 운율을 살피다
scandal	[skǽndl] 스캔들	명 추문, 의혹, 치욕, 반감, 중상
scant	[skænt] 스캔트	형 부족한, 불충분한 타 결핍하다
scanty	[skǽnti] 스캔티	형 부족한, 모자라는, 불충분한
scar	[skɑːr] 스카-	명 상처, 흉터 타 자 상처를 남기다
scarce	[skɛərz] 스케어즈	형 모자라는, 부족한, 희귀한
scarcely	[skɛ́ərsli] 스케어슬리	부 겨우, 거의 ~아니다, 간신히

○ scarcely any 거의 없다
○ scarcely ever 좀처럼 ~않다
○ scarcely ~ but ~하지 않는 일 (사람)은 드물다

scarcity	[skɛ́ərsiti] 스케어시티	명 결핍, 부족
scare	[skɛər] 스케어	타 자 위협하다 명 공포
scarecrow	[skɛ́ərkròu] 스케어크로우	명 허수아비, 엄포, 헛위세
scarf	[skɑːrf] 스카프	명 스카프, 목도리, 어깨걸이
scarlet	[skɑ́ːrlit] 스카-알릿트	명 진홍색, 주홍 형 진홍색의
scatter	[skǽtər] 스캐터	타 흩뿌리다, 쫓아버리다
scene	[siːn] 시-인	명 (사건 따위의) 장면, 풍경
scenery	[síːnəri] 시-너리	명 무대 배경, 경치, 풍경, 장치
scenic	[síːnik] 시-닉	형 무대의, 극의, 배경의, 풍경의
scent	[sent] 센트	타 냄새맡다 명 향기, 냄새, 향내
scepter	[séptər] 셉터	명 왕홀, 왕권 타 왕권을 주다
schedule	[skédʒu(ː)l] 스케쥴	명 스케줄 타 스케줄을 짜다
scheme	[skiːm] 스키-임	명 설계, 계획 타 자 계획하다
scholar	[skɑ́lər] 스칼러	명 학자, 장학생, 고전학자
scholarship	[skɑ́lərʃip] 스칼러쉽	명 학식, 장학금
school	[skuːl] 스쿠-울	명 학교, 연구소 타 교육하다
schoolboy	[skúːlbɔ́i] 스쿠-울보이	명 남학생

schoolgirl	[skúːlgə̀ːrl]	스쿠-울거-얼	명 여학생
schoolhouse	[skúːlhàus]	스쿠-울하우스	명 교사(校舍)
schoolmaster	[skúːlmæ̀stər]	스쿠-울매스터	명 교장, (남자) 교사
schoolroom	[skúːlrù(ː)m]	스쿠울룸	명 교실
schooner	[skúːnər]	스쿠-너	명 스쿠우너(쌍돛의 종범식 돛배)
science	[sáiəns]	사이언스	명 학문, 기량, 과학, 기술
scientific	[sàiəntífik]	사이언티픽	형 과학의, 과학적인, 학술상의
scientist	[sáiəntist]	사이언티스트	명 과학자, 자연과학자
scissors	[sízərz]	시저즈	명 가위
scoff	[skɔːf]	스코-프	타 자 비웃다, 조롱하다 명 비웃음
scold	[skould]	스코울드	타 자 꾸짖다 명 쨍쨍거리는 여자
scoop	[skuːp]	스쿠-프	명 작은 삽, 부삽 타 푸다, 뜨다
scope	[skoup]	스코웁	명 범위, 영역, 시야, 배출구
scorch	[skɔːrtʃ]	스코-치	타 자 그슬리다 명 그슬림
score	[skɔːr]	스코-	명 칼자국, 굵힌 자국 타 자 새기다
scorn	[skɔːrn]	스코-온	명 웃음거리 타 자 경멸하다
scornful	[skɔːrnfəl]	스코-온펄	형 경멸적인, 건방진, 비웃는
scornfully	[skɔːrnfəli]	스코-온펄리	부 경멸하여, 비웃고
Scot	[skɑt]	스카트	명 스코틀랜드 사람
Scotch	[skɑtʃ]	스카취	형 스코틀랜드의(=Scottish)
Scotland	[skɑ́tlənd]	스카틀런드	명 스코틀랜드
scoundrel	[skáundrəl]	스카운드럴	명 악당, 깡패, 무뢰한
scour	[skauər]	스카워	타 자 문질러 닦다, 윤내다
scourge	[skəːrdʒ]	스커-쥐	명 하늘의 응징, 천벌
scout	[skaut]	스카우트	명 정찰기(병) 타 자 정찰하다
scowl	[skaul]	스카울	명 찌푸린 얼굴 타 오만상을 하다
scramble	[skræmbəl]	스크램벌	타 자 기다, 기어오르다, 다투다
scrap	[skræp]	스크랩	명 조각, 부스러기, 토막 타

			폐기하다
scrapbook	[skrǽpbùk]	스크랩북	명 오려붙이는 책, 스크랩북
scrape	[skreip]	스크레이프	타 자 할퀴다, 긁다 명 문지름
scratch	[skrætʃ]	스크래치	타 자 할퀴다, 긋다 명 할큄
scream	[skri:m]	스크리-임	타 자 악 소리치다 명 으악 소리
screech	[skri:tʃ]	스크리-취	명 날카로운 소리 타 자 끽 소리내다
screen	[skri:n]	스크리-인	명 병풍, 망, 간막이 타 가리다
screw	[skru:]	스크루-	명 나사, 추진기 타 비틀어 죄다
script	[skript]	스크립트	명 손으로 쓴 글 타 각색하다
scripture	[skríptʃər]	스크립쳐	명 경전, 성전, 성서
scroll	[skroul]	스크로울	명 족자, 두루마리, 목록
scrub	[skrʌb]	스크럽	타 자 비벼빨다, 문질러 씻다
scruple	[skrú:pəl]	스크루-펄	명 의심, 주저 타 자 사양하다
sculptor	[skʌ́lptər]	스컬프터	명 조각가
sculpture	[skʌ́lptʃər]	스컬프쳐	명 조각 타 조각하다
scurry	[skə́:ri]	스커-리	타 자 당황하여 질주하다 명 급한 걸음
scuttle	[skʌ́tl]	스커틀	명 석탄그릇 타 자 허둥지둥 달리다
scythe	[saið]	사이드	명 자루가 긴 큰 낫 타 낫으로 베다
sea	[si:]	씨-	명 바다, 큰 물결, 대해, 대양

○ **go to sea** 선원이 되다, (배가) 출항하다
○ **sound the sea** 바다 깊이를 재다

seacoast	[sí:kòust]	씨-코우스트	명 해안(지)
seal	[si:l]	씨-일	명 바다표범, 강치 타 날인하다
seam	[si:m]	시-임	명 솔기, 이은 곳 타 자 꿰매다
seaman	[sí:mən]	씨-먼	명 뱃사람, 선원, 항해자
seaport	[sí:pɔ̀:rt]	씨-포-트	명 항구, 항구도시
search	[sə:rtʃ]	서-취	타 자 탐색하다, 뒤지다 명 수색

○ **search for (after)** ~을 찾다, 찾아 구하다

		○ make a search 수색하다	
searchlight	[sə́ːrtʃlàit] 서-취라이트	명 탐조등, 탐해등, 조공등	
seashore	[síːʃɔ̀ːr] 싸-쇼-	명 해안, 해변	
seasick	[síːsìk] 싸-식	형 뱃멀미하는	
seaside	[síːsàid] 씨-사이드	명 바닷가 형 해변의	
season	[síːzən] 시-즌	명 계절, 철 타 자 익히다	
		○ in season 한창 (한물, 제철) 때에, 때를 만난	
		○ out of season 철 지난, 한물 간, 시기를 놓쳐, 금렵기에	
seat	[siːt] 시-트	명 걸상, 좌석 타 앉게 하다	
		○ take one's seat (지정된) 좌석에 앉다	
		○ win a (one's) seat 의석을 얻다, 당선하다	
seaweed	[síːwìːd] 씨-위-드	명 해초, 바닷말	
seclude	[siklúːd] 시클루-드	타 격리하다, 분리하다	
second	[sékənd] 세컨드	형 제2의 명 두번째, 초, 순간	
secondary	[sékəndèri] 세컨더리	형 제2위의 명 둘째 사람	
secondhand	[sékəndhǽnd] 세컨드핸드	형 간접의, 중고의, 두번째의	
secondly	[sékəndli] 세컨들리	부 둘째로, 다음에, 두번째	
secrecy	[síːkrəsi] 시-크러시	명 비밀성, 비밀엄수	
secret	[síːkrit] 시-크리트	형 비밀의, 숨은 명 비밀	
		○ in secret 비밀히, 남몰래	
		○ make a (no) secret of ~을 비밀로 하다(하지 않다)	
secretly	[sikríːtli] 시이크리-틀리	부 비밀로, 은밀히	
secretary	[sékrətèri] 세크러테리	명 비서(관), 서기(관), 장관	
sect	[sekt] 섹트	명 종파, 분파, 당파	
section	[sékʃən] 섹션	명 부분, 절, 구역 타 구분하다	
secular	[sékjələr] 세컬러	형 세속의, 현세의, 비종교적인	
secure	[sikjúər] 시큐어	형 안전한 타 자 안전히 하다	
securely	[sikjúərli] 시큐얼리	부 안전하게, 확실히	
security	[sikjúəriti] 시큐어리티	명 안전, 안심, 무사	
see	[siː] 시-	타 자 보다, 만나다, 알다	
		○ see into ~을 조사하다, 간파하다	
		○ see over 둘러보다, 살펴보다, 조사하다	
seed	[siːd] 시-드	명 씨, 열매 타 자 씨를 뿌리다	

seedling	[síːdliŋ] 시-들링	명 묘목, 모종
seeing	[síːiŋ] 시-잉	명 보기, 보는일 접 전 ~이므로
seek	[siːk] 시-크	타 자 찾다, 구하다, 추구하다

- seek for (after) ~을 탐구하다, 열심히 찾다(=look for)
- seek a quarrel 싸움을 걸다 ● seek out 찾아내다

seem	[siːm] 시-임	자 보이다, ~같이 생각되다
seesaw	[síːsɔː] 시-소-	명 시이소, 동요, 시소판
seethe	[siːð] 시-드	자 뒤끓다, 끓어오르다
segment	[ségmənt] 세그먼트	명 단편, 조각 타 자 분열하다
seize	[siz] 시-즈	타 자 잡다, 압류하다, 포착하다

- seize on (upon) ~을 엄습하다, ~을 붙들다, ~을 점령하다
- seize control of ~을 장악하다

seldom	[séldəm] 셀덤	부 드물게, 좀처럼 ~하지 않는
select	[silékt] 실렉트	타 선택하다, 뽑다 형 뽑아낸
selection	[silékʃən] 실렉션	명 선택, 선발, 선정
self	[self] 셀프	명 자신, 자기, 저 형 단일의
selfish	[sélfiʃ] 셀피쉬	형 이기적인, 자기 본위의
sell	[sel] 셀	타 자 팔다, 팔리다 명 판매
seller	[sélər] 셀러	명 파는 사람, 판매인
semblance	[sémbləns] 셈블런스	명 유사, 외관, 겉보기
senate	[sénət] 세너트	명 (고대 로마의) 원로원, 상원
senator	[sénətər] 세너터	명 원로원 의원, 상원의원
send	[send] 센드	타 자 보내다, 발송하다

- send forth 나다, 방출하다, 수출하다, 출판하다
- send on 먼저 보내다, 회송하다, 출연(출장)시키다

senior	[síːnjər] 시-녀	형 나이 많은, 연상의 명 선배
sensation	[senséiʃən] 센세이션	명 감각, 느낌, 지각
sensational	[senséiʃənəl] 센세이셔널	형 지각의, 감동적인
sense	[sens] 센스	명 감각(기관), 관능, 육감, 분별

- in a sense 어떤 점 (뜻)으로는, 어느 정도까지
- in all senses 모든 점에서
- use a little sense 조금 머리를 쓰다

senseless	[sénslis] 센슬리스	형 무감각한, 어리석은

sensibility	[sènsəbíləti] 센서빌러티	명 감도, 감각력, 민감
sensible	[sénsəbəl] 센서벌	형 느낄 정도의, 분별있는
sensitive	[sénsətiv] 센서티브	형 민감한, 예민한
sentence	[séntəns] 센텐스	명 문장, 판정, 판결
sentiment	[séntəmənt] 센터먼트	명 감정, 감격, 감상, 느낌
sentimental	[sèntiméntl] 센티멘틀	형 정적인, 다감한, 감상적인
sentinel	[séntənəl] 센터널	명 보초, 파수병 타 망보다
sentry	[séntri] 센트리	명 보초, 파수병, 초병
separate	[sépərèit] 세퍼레이트	타 자 가르다, 떼다 명 나눠진 물건
separately	[sépəritli] 세퍼리틀리	부 따로따로, 하나하나
separation	[sèpəréiʃən] 세퍼레이션	명 분리, 이탈, 분열, 별거
September	[septémbər] 셉템버	명 9월(약어 Sept)
sequence	[síːkwəns] 시-퀀스	명 연속, 연쇄, 차례, 순서
serenade	[sèrənéid] 세러네이드	명 소야곡, 세레나데
serene	[siríːn] 시리-인	형 맑게 갠, 고요한, 잔잔한
serge	[səːrdʒ] 서-쥐	명 사아지(옷감의 일종)
sergeant	[sáːrdʒənt] 사-젼트	명 하사, 중사, 병장, 경사
series	[síəriz] 시어리-즈	명 연속, 계열, 총서, 일련
serious	[síəriəs] 시어리어스	형 엄숙한, 진지한, 중대한
sermon	[sə́ːrmən] 서-먼	명 설교, 훈계, 잔소리
serpent	[sə́ːrpənt] 서-펀트	명 뱀, 음흉한 사람
servant	[sə́ːrvənt] 서-번트	명 사용인, 고용인, 공무원
serve	[səːrv] 서-브	타 자 ~을 섬기다 명 서브

○ serve as ~의 역할을 하다, ~의 대용이 되다
○ serve one's time 근무 연한을 치르다, 재직하다, 복역하다
○ serve up 식탁에 차려내다, 변명을 하다

service	[sə́ːrvis] 서-비스	명 봉사, 근무, 공무, 서비스
session	[séʃən] 세션	명 개회, 학기, 수업시간, 학년
set	[set] 세트	타 자 놓다, 두다 명 한벌 형 고정된

○ set down 밑에 놓다, 내려놓다, 앉히다, 내리다
○ set over 양도하다, 넘겨주다, 감독시키다

○ set up 세우다, 똑바로 놓다, 시작하다, 짜맞추다

setting	[sétiŋ] 세팅	명 둠, 놓음, 장치, 고정시킴
settle	[sétl] 세틀	타 자 정착하다, 고정시키다
settlement	[sétlmənt] 세틀먼트	명 낙착, 이민, 고정, 결정
seven	[sévən] 세븐	명 7, 일곱 형 7의, 일곱의
seventeen	[sévəntíːn] 세븐티-인	명 17 형 17의
seventeenth	[sévəntíːnθ] 세븐티-인쓰	명 제17, 17분의 1 형 제17의
seventh	[sévənθ] 세븐쓰	명 제7, 일곱째 형 제7의
seventy	[sévənti] 세븐티	명 70 형 70의
seventieth	[sévəntiiθ] 세븐티이쓰	명 제70, 70분의 1 형 제70의
sever	[sévər] 세버	타 분리(절단)하다 자 끊다
several	[sévərəl] 세버럴	형 몇몇의, 몇 개의, 각각의
severe	[sivíər] 시비어	형 호된, 모진, 용서없는, 엄한
severely	[səvíərli] 세비얼리	부 격렬하게, 엄격히, 모질게
severity	[səvérəti] 세베러티	명 격렬, 엄격, 엄함, 가혹
sew	[sou] 소우	타 자 꿰매다, 박다, 바느질하다
sewing	[sóuiŋ] 소우잉	명 재봉, 재봉업, 바느질감
sex	[seks] 섹스	명 성(性), 성별, 성욕
shabby	[ʃǽbi] 쉐비	형 초라한, 입어 낡은, 째째한
shade	[ʃeid] 쉐이드	명 그늘, 응달 타 자 빛(볕)을 가리다
shadow	[ʃǽdou] 쉐도우	명 그림자, 영상 타 가리다
shadowy	[ʃǽdoui] 쉐도우이	형 그림자 있는, 희미한, 어두운
shady	[ʃéidi] 쉐이디	형 그늘이 있는, 응달의, 수상한
shaft	[ʃæft] 쉐프트	명 손잡이, 창자루, 깃대, 축
shaggy	[ʃǽgi] 쉐기	형 털 많은, 털이 더부룩한 명 눈썹
shake	[ʃeik] 쉐이크	타 자 떨다 명 진동, 떨림
shale	[ʃeil] 쉐일	명 혈암(頁巖), 이판암
shall	[ʃæl] 쉘	조 ~시키다, ~일 것이다
shallow	[ʃǽlou] 쉘로우	형 얕은, 천박한 타 자 얕게 하다
sham	[ʃæm] 쉠	명 가짜, 속임 형 협작의

shame	[ʃeim] 쉐임	몡 수치심 탄 부끄럽게 하다
shameful	[ʃéimfəl] 쉐임펄	혱 부끄러운, 창피한, 면목 없는
shameless	[ʃéimlis] 쉐임리스	혱 파렴치한, 뻔뻔스러운
shape	[ʃeip] 쉐이프	몡 모양, 외형, 형태 탄 자 모양짓다

- in good shape (몸의) 상태가 좋은
- in the shape of ~의 모양을 한
- out of shape 원래의 모양을 잃어, 몸이 쇠약하여

shapeless	[ʃéiplis] 쉐이플리스	혱 무형의, 엉성한, 볼품 없는
share	[ʃɛər] 쉐어	몡 몫, 할당, 부담 탄 분배하다
shark	[ʃɑːrk] 샤-크	몡 상어, 사기꾼 탄 자 사기치다
sharp	[ʃɑːrp] 샤-프	혱 날카로운, 뾰족한 부 꼭
sharpen	[ʃɑ́ːrpən] 샤-펀	탄 자 날카롭게 하다, 갈다
shatter	[ʃǽtər] 섀터	탄 자 부수다, 박살내다 몡 파편
shave	[ʃeiv] 쉐이브	탄 자 깎다, 수염을 깎다 몡 면도
shawl	[ʃɔːl] 쇼-올	몡 쇼올(부인이 어깨에 걸치는 것)
she	[ʃiː] 쉬-	대 그 여자(는, 가) 여자, 암컷
sheep	[ʃiːp] 쉬-프	몡 (벼, 화살, 책 따위) 묶음, 다발
shear	[ʃiər] 쉬어	탄 자 (가위로) 잘라내다, 베다
sheath	[ʃiːθ] 쉬-쓰	몡 칼집, 씌우개, 엽초
shed	[ʃed] 쉐드	몡 헛간, 창고 탄 발산하다, 흘리다
sheep	[ʃiːp] 쉬-프	몡 양, 양피, 온순한 사람
sheer	[ʃiər] 쉬어	혱 순전한, 순수한 부 전혀, 아주
sheet	[ʃiːt] 쉬-트	몡 시이트, 얇은 판, 박판
shelf	[ʃelf] 쉘프	몡 선반, 모래톱, 턱진 장소
shell	[ʃel] 쉘	몡 껍데기 탄 자 껍질을 벗기다
shellfish	[ʃélfiʃ] 쉘피쉬	몡 조개, 갑각동물(새우, 게)
shelter	[ʃéltər] 쉘터	몡 은신처, 피난처 탄 자 보호하다
shepherd	[ʃépərd] 쉐퍼드	몡 양치는 사람

sheriff	[ʃérif] 쉐리프	명 (영국) 주(州)장관, 보안관
shield	[ʃiːld] 쉬-일드	명 방패, 보호물 타 옹호하다
shift	[ʃift] 쉬프트	타 자 바꾸다, 바뀌다 명 변경
shilling	[ʃíliŋ] 쉴링	명 실링(영국의 은화), 상당
shimmer	[ʃímər] 쉬머	타 자 가물가물 비치다 명 희미한 빛
shin	[ʃin] 쉰	명 앞정강이 타 자 기어오르다
shine	[ʃain] 샤인	타 자 빛나다, 비추다, 반짝이다
shingle	[ʃíŋɡə] 싱글	명 지붕널 타 지붕널로 잇다
shiny	[ʃáini] 샤이니	형 빛나는, 번쩍이는, 윤이 나는
ship	[ʃip] 쉽	명 배, 함(艦) 타 자 배에 싣다
shipment	[ʃípmənt] 쉽먼트	명 선적, 배에 실음, 출하
shipping	[ʃípiŋ] 쉬핑	명 배에 싣기, 해운, 선적, 적하
shipwreck	[ʃíprèk] 쉽렉	명 파선, 난파 타 자 파선하다
shirt	[ʃəːrt] 셔-트	명 와이셔츠, 셔츠
shiver	[ʃívər] 쉬버	명 떨림, 전율 타 자 떨다
shoal	[ʃoul] 쇼울	명 얕은 곳 자 얕아지다
shock	[ʃɑk] 샤크	명 충격 타 자 충격을 주다
shoe	[ʃuː] 슈-	명 신, 구두, 단화, 편자
shoemaker	[ʃúːmèikər] 슈-메이커	명 구두 만드는 사람, 제화공
shoot	[ʃuːt] 슈-트	타 자 발사하다, 쏘다 명 사격
shop	[ʃɑp] 샵	명 가게, 공장 자 물건을 사다
shopkeeper	[ʃɑ́pkìːpər] 샵카-퍼	명 가게 주인, 소매상인
shopping	[ʃɑ́piŋ] 샤핑	명 물건 사기, 쇼핑, 장보기
shore	[ʃɔːr] 쇼-	명 (강, 호수의) 언덕, 해안, 물가
short	[ʃɔːrt] 쇼-트	형 짧은, 간결한 부 짧게

- little short of 거의 ~한, ~에 가까운
- make short work of ~을 재빨리 해치우다

shortage	[ʃɔ́ːrtidʒ] 쇼-티쥐	명 결핍, 부족
shorten	[ʃɔ́ːrtn] 쇼-튼	타 자 짧게 하다, 짧아지다
shorthand	[ʃɔ́ːrthænd] 쇼-트핸드	명 속기 형 속기의
shortsighted	[ʃɔ́ːrtsaitid] 쇼-트사이티드	형 근시의, 선견지명이 없는
shot	[ʃɑt] 샤트	명 포성, 발포 타 장탄하다

should	[ʃud] 슈드	조 shall의 과거, ~할(일) 것이다
shoulder	[ʃóuldər] 쇼울더	명 어깨 타 자 어깨에 메다
shout	[ʃaut] 샤우트	타 자 외치다, 고함치다
shove	[ʃʌv] 셔브	타 자 밀다, 떠밀다 명 찌름
shovel	[ʃʌ́vəl] 셔벌	명 삽, 부삽 타 삽으로 푸다
show	[ʃou] 쇼우	타 자 보이다, 알리다, 지적하다
	◐ show in (into) 맞아 들이다, 안내하다	
	◐ show a person out 배웅하다	
shower	[ʃáuər] 샤워	명 소나기 타 자 소나기로 적시다
shred	[ʃred] 쉬레드	명 조각 타 자 조각조각으로 하다
shrewd	[ʃruːd] 쉬루-드	형 재빠른, 빈틈 없는, 영리한
shriek	[ʃriːk] 쉬리-크	명 비명 자 비명을 지르다
shrill	[ʃril] 쉬릴	형 날카로운 명 날카로운 소리
shrine	[ʃrain] 쉬라인	명 사당, 성당 타 사당에 모시다
shrink	[ʃriŋk] 쉬링크	자 줄어들다, 오그라들다
	◐ shrink from ~에서 물러서다, 꺼려하지 않다	
shrivel	[ʃrívəl] 쉬리-벌	타 자 시들다, 못 쓰게 되다
shroud	[ʃraud] 쉬라우드	명 수의, 덮개 타 수의를 입히다
shrub	[ʃrʌb] 쉬러브	명 관목(=bush)
shrug	[ʃrʌg] 쉬러그	타 자 (어깨를) 으쓱하다
shudder	[ʃʌ́dər] 셔더	명 몸서리 자 떨다, 오싹하다
shuffle	[ʃʌ́fl] 셔플	타 자 (발을) 질질 끌다 명 끄는 걸음
shun	[ʃʌn] 션	타 피하다, 싫어하다, 비키다
shut	[ʃʌt] 셔트	타 자 닫(히)다 명 닫음 형 닫은
	◐ shut in 가두다, 둘러싸다, 가리다, 보이지 않게 하다	
	◐ shut out 못들어 오게 하다, 들이지 않다	
shutter	[ʃʌ́tər] 셔터	명 덧문, 겉문 타 덧문을 달다
shy	[ʃai] 샤이	형 수줍어하는 자 뒷걸음질치다
sick	[sik] 씨크	형 병의, 병난, 환자의

sicken	[síkən] 시컨	타 자 병나게 하다, 구역질나게 하다
sickle	[síkəl] 시컬	명 (작은) 낫
sickly	[síkli] 시클리	형 병약한, 허약한 부 병적으로
sickness	[síknis] 시크니스	명 병, 역겨움, 구역질
side	[said] 사이드	명 곁, 측 형 변두리의 자 편들다

○ **from side to side** 좌우로, 옆으로
○ **on all sides** 사면팔방에, 도처에

sidewalk	[sáidwɔ̀ːk] 사이드워-크	명 보도, 인도
siege	[siːdʒ] 시-쥐	명 포위 공격, 공성(攻城)
sieve	[siv] 시브	명 체 타 체로 치다, 체로 거르다
sift	[sift] 시프트	타 자 체질하다, 체로 걸러내다
sigh	[sai] 사이	명 탄식, 한숨 자 한숨쉬다
sight	[sait] 사이트	명 시력, 시각, 견해 타 보다
sign	[sain] 사인	명 부호, 표시 타 자 표시하다
signal	[sígnl] 시그늘	명 신호 형 신호의, 뛰어난
signature	[sígnətʃər] 시그너쳐	명 서명(하기), 쪽지표시
significance	[signífikəns] 시그니피컨스	명 의미, 중대성
signify	[sígnəfài] 시그너파이	타 자 표시하다, 뜻하다
silence	[sáiləns] 사일런스	명 침묵 타 침묵시키다 감 쉬!
silent	[sáilənt] 사일런트	형 무언의, 침묵의, 말없는
silently	[sáiləntli] 사일런틀리	부 무언으로, 잠자코, 조용히
silk	[silk] 실크	명 비단, 견사, 견직물, 생사
silken	[sílkən] 실컨	형 비단의, 비단 같은, 명주의
silkworm	[sílkwə̀ːrm] 실크워-엄	명 누에
sill	[sil] 실	명 문지방, 창문턱, 하인방
silly	[síli] 실리	형 분별없는, 바보 같은 명 바보
silver	[sílvər] 실버	명 은 형 은색의 타 은을 입히다
silvery	[sílvəri] 실버리	형 은과 같은, 은빛의
similar	[símələr] 시멀러	형 유사한, 비슷한

simple	[símpəl] 심펄	형 수월한, 간단한 명 단일체
simplicity	[simplísəti] 심플리서티	명 단순, 간단, 평이, 간소, 검소
simplify	[símpləfài] 심플러파이	타 단일하게 하다, 간단하게 하다
simply	[símpli] 심플리	부 단순히, 소박하게, 순전히
simultaneous	[sàiməltéiniəs] 사이멀테이니어스	형 동시의, ~와 동시에 일어나는
sin	[sin] 신	명 (도덕상의) 죄 타 자 죄를 짓다
since	[sins] 신스	부 그 후 전 ~이래 접 ~이므로
sincere	[sinsíər] 신시어	형 성실한, 진실한, 거짓 없는
sincerity	[sinsérəti] 신세러티	명 성실, 성의, 정직
sinew	[sínjuː] 시뉴-	명 건(腱), 근육, 힘, 원기
sing	[siŋ] 싱	타 자 노래하다, 울다, 지저귀다
single	[síŋgəl] 싱걸	형 단일의 타 선발하다
singular	[síŋgjələr] 싱결러	형 독자의, 단수의 명 (문법) 단수
sinister	[sínistər] 시니스터	형 불길한, 재난의, 부정직한
sink	[siŋk] 싱크	타 자 가라앉다 명 (부엌의) 수채
sip	[sip] 쉽	명 한모금 타 자 홀짝홀짝 마시다
sir	[səːr] 서-	명 님, 선생님, 나리, 각위, 귀중
sire	[saiər] 사이어	명 노년자, 장로, 폐하, 전하
siren	[sáiərən] 사이어런	명 사이렌, 미성의 가수, 경적
sirup	[sírəp] 시럽	명 시럽, 당밀
sister	[sístər] 시스터	명 자매, 언니, 누이, 누이동생
sit	[sit] 시트	타 자 앉아 있다, 착석시키다, 앉다

○ **sit up** 일어나 앉다, 똑바로 앉다, 자지않고 일어나 있다
○ **sit up late night** 밤 늦도록 자지 않고 있다

site	[sait] 사이트	명 위치, 장소, 무지
sittingroom	[sítiŋruːm] 시팅루-움	명 거실, 객실, 사랑방
situated	[sítʃuèitid] 시츄에이티드	형 ~에 있는, 위치한
situation	[sìtʃuéiʃən] 시츄에이션	명 위치, 장소, 처지, 소재, 환경

six	[siks] 식스	명 6, 여섯 형 여섯의, 6의
sixpence	[síkspəns] 식스펀스	명 6펜스(은화)
sixteen	[sìkstíːn] 식스티-인	명 16, 열여섯 형 16의
sixth	[siksθ] 식스쓰	명 여섯째, 제6 형 여섯째의
sixtieth	[síkstiiθ] 식스티이쓰	명 제60 형 제60의
sixty	[síksti] 식스티	명 60 형 60의
size	[saiz] 사이즈	명 크기 타 ~의 크기를 재다
skate	[skeit] 스케이트	명 스케이트 자 스케이트를 지치다
skeleton	[skélətn] 스켈러튼	명 해골, 골격, 골자 형 해골의
skeptic	[sképtik] 스켑틱	명 회의가, 회의론자
sketch	[sketʃ] 스케취	명 초안, 사생화 타 자 사생하다
ski	[skiː] 스키-	명 스키이 자 스키이를 타다
skill	[skil] 스킬	명 숙련, 교묘, 솜씨, 노련
skim	[skim] 스킴	타 (찌끼 따위를) 걷어내다
skin	[skin] 스킨	명 가죽, 피혁, 피부 타 가죽을 벗기다
skip	[skip] 스킵	타 자 뛰다, 줄넘기하다 명 도약
skirmish	[skə́ːrmiʃ] 스카-미쉬	명 전초전 자 작은 충돌을 하다
skirt	[skəːrt] 스카-트	명 스커트 타 자락을 달다
skull	[skʌl] 스컬	명 두개골, 머리, 두뇌
sky	[skai] 스카이	명 하늘, 천국, 날씨, 기후, 풍토
skyscraper	[skaiskréipər] 스카이스크레이퍼	명 마천루, 고층 건물
slab	[slæb] 슬랩	명 석판, 평판, 평석
slack	[slæk] 슬랙	형 느슨한 명 느스러짐, 불경기
slam	[slæm] 슬램	명 쾅 하는 소리 타 자 쾅 닫다
slander	[slǽndər] 슬랜더	명 중상, 욕 타 중상하다
slang	[slæŋ] 슬랭	명 속어, 전문어 자 속어를 쓰다
slant	[slænt] 슬랜트	명 경사, 비탈 타 자 경사지다
slap	[slæp] 슬랩	명 손바닥으로 침 부 철썩 하고
slash	[slæʃ] 슬래쉬	명 휙 내리쳐 벰 타 깊숙이 베다
slate	[sleit] 슬레이트	명 슬레이트, 석판

slaughter	[slɔ́ːtər] 슬로-터	명 도살, 학살 타 학살하다
slave	[sleiv] 슬레이브	명 노예 자 노예처럼 일하다
slavery	[sléivəri] 슬레이버리	명 노예의 신분, 노예상태, 고역
slay	[slei] 슬레이	타 끔찍하게 죽이다, 학살하다
sled	[sled] 슬레드	명 썰매 타 자 썰매로 가다
sledge	[sledʒ] 슬레쥐	명 썰매 타 자 썰매로 타다
sleek	[sliːk] 슬리-크	형 보드랍고 매끈한, 윤기있는
sleep	[sliːp] 슬리-프	타 자 자다, 묵다 명 수면, 영면

● fall into a sleep 잠들다
● pur (lay) ~ to sleep ~재우다

sleeping	[slíːpiŋ] 슬리-핑	명 잠, 수면 형 자는, 수면용의
sleepy	[slíːpi] 슬리-피	형 졸린, 졸음이 오는 듯한
sleet	[sliːt] 슬리-트	명 진눈깨비 타 자 진눈깨비가 내리다
sleeve	[sliːv] 슬리-브	명 소매 타 소매를 달다
sleigh	[slei] 슬레이	명 (대형) 썰매 타 자 썰매로 가다
slender	[sléndər] 슬렌더	형 가느다란, 홀쭉한, 가냘픈
slice	[slais] 슬라이스	명 한 조각, 한 점 타 자 나누다
slide	[slaid] 슬라이드	타 자 미끄러지다 명 활주
slight	[slait] 슬라이트	형 근소한 명 경멸 타 자 얕보다

● at (the) sight of ~을 보고, ~을 보자
● in the sight of ~의 판단 (의견)으로는

slim	[slim] 슬림	형 홀쭉한, 빈약한 타 자 홀쭉해지다
sling	[sliŋ] 슬링	명 새총, 투석기 타 자 던지다
slip	[slip] 슬립	자 미끄러지다 명 미끄러짐

● slip off 훌쩍 벗다, 몰래 나가다, 미끄러져 내리다

slipper	[slípər] 슬리퍼	명 실내용 신, 슬리퍼, 실내화
slippery	[slípəri] 슬리퍼리	형 미끄러운, 믿을 수 없는
slit	[slit] 슬리트	명 아귀, 틈새 타 틈을 만들다
slogan	[slóugən] 슬로우건	명 함성, 표어, 슬로우건

slope	[sloup] 슬로우프	명 경사, 비탈 타 자 비탈지다
slow	[slou] 슬로우	형 더딘 부 느리게 타 자 더디게 하다
	○ slow down (up) 속력을 늦추다, 속력이 떨어지다	
slug	[slʌg] 슬러그	명 행동이 느린 사람, 괄태충
slumber	[slʌ́mbər] 슬럼버	명 잠, 선잠 타 자 잠자다
slump	[slʌmp] 슬럼프	명 폭락, 떨어짐 타 폭락하다
sly	[slai] 슬라이	형 교활한, 음흉한, 은밀한
	○ on the sly 몰래, 은밀히, 가만히	
smack	[smæk] 스맥	명 맛, 풍미 타 자 맛이 있다
small	[smɔːl] 스모-올	형 작은 부 작게, 잘게 명 소량
smart	[smɑːrt] 스마-트	형 날렵한, 똑똑한 명 격통
smash	[smæʃ] 스매쉬	명 분쇄, 파탄 타 자 박살내다
smear	[smiər] 스미어	타 자 더럽히다, 더럽혀지다 명 얼룩
smell	[smel] 스멜	타 자 냄새맡다 명 후각, 냄새
smile	[smail] 스마일	명 미소, 방긋거림 자 미소하다
smite	[smait] 스마이트	타 자 죽이다, 부딪치다
smith	[smiθ] 스미쓰	명 대장장이, 금속 세공장
smog	[smɑg] 스마그	명 스모그, 연기
smoke	[smouk] 스모우크	명 연기, 흡연 타 자 담배를 피우다
smoking	[smóukiŋ] 스모우킹	명 흡연, 그을림, 발연
	○ No smoking (within these walls)! (구내) 금연!	
smooth	[smuːð] 스무-드	형 미끄러운 타 자 반반하게 하다
smoother	[smúːðər] 스무-더	타 질식시키다 명 자욱한 연기
smuggle	[smʌ́gəl] 스머걸	타 자 밀수(입출) 하다, 밀항하다
snail	[sneil] 스네일	명 달팽이, 굼벵이
snake	[sneik] 스네이크	명 뱀, 음흉한 사람, 교활한 사람
snap	[snæp] 스냅	타 자 덥석 물다 명 덥석 물음
snare	[snɛər] 스네어	명 덫, 함정 타 덫에 걸리게 하다
snarl	[snɑːrl] 스나-알	타 자 으르렁거리다, 고함치다

snatch	[snætʃ] 스내취	탄 와락 붙잡다 자 잡으려고 하다
sneak	[sniːk] 스니-크	자 몰래 달아나다 명 몰래함
sneer	[sniər] 스니어	명 비웃음, 조소 타 자 비웃다
sneeze	[sniːz] 스니-즈	명 재채기 자 재채기하다
sniff	[snif] 스니프	타 자 코로 들이쉬다, 킁킁 냄새 맡다
snore	[snɔːr] 스노-	명 코굼 타 자 코를 골다
snort	[snɔːrt] 스노-트	타 자 (말이) 콧김을 뿜다
snow	[snou] 스노우	명 눈, 적설 타 자 눈이 내리다
snuff	[snʌf] 스너프	타 자 냄새 맡다 명 냄새, 킁새
snug	[snʌg] 스너그	형 아늑한, 편안한, 아담한
so	[sou] 소우	부 그렇게, 그대로 감 설마, 그래

- so ~ as to ~할 만큼 ~이다, ~하게도 ~이다
- so much so that 아주 그러하므로 ~하다
- so to say (speak) 말하자면, 이를테면

soak	[souk] 소우크	타 자 담그다, 적시다, 잠기다
soap	[soup] 소우프	명 비누 타 자 비누를 칠하다
soar	[sɔːr] 소-	자 높이 날다
sob	[sɑb] 사브	타 자 흐느끼다, 흐느껴 울다
sober	[sóubər] 소우버	형 취하지 않은 타 자 술이 깨다
so-called	[sóukɔ́ːld] 소우코-올드	형 이른바, 소위
soccer	[sákər] 사커	명 사커, 축구
social	[sóuʃəl] 소우셜	형 사회의, 사회적인, 친목적인
socialism	[sóuʃəlìzəm] 소우셜리점	명 사회주의, 국가사회주의
society	[səsáiəti] 서사이어티	명 사회, 사교계, 사교, 교제
sock	[sɑk] 사크	명 짧은 양말, 삭스
socket	[sákit] 사킷	명 소케트 타 소케트에 끼우다
sod	[sɑd] 사드	명 잔디, 뗏장 타 잔디로 덮다
soda	[sóudə] 소우더	명 소다, 소다수
sofa	[sóufə] 소우퍼	명 소파, 긴 안락의자
soft	[sɔ(ː)ft] 소프트	형 부드러운, 유연한 부 부드

soften	[sɔ́(:)fən] 소펀	럽게 타 자 부드럽게 하다, 연하게 하다
soil	[sɔil] 소일	명 흙, 땅, 토지 타 자 더럽히다
sojourn	[sóudʒəːrn] 소우져-언	명 체재, 머무름 자 체류하다
soldier	[sóuldʒər] 소울져	명 군인, 하사관 자 군대에 복무하다
sole	[soul] 소울	형 유일한, 독점적인, 하나의
solemn	[sáləm] 살럼	형 진지한, 엄숙한, 근엄한
solemnity	[səlémnəti] 설렘너티	명 엄숙, 장엄, 점잔 뺌
solicit	[səlísit] 설리시트	타 자 간청하다, 권유하다
solid	[sálid] 살리드	형 고체의, 단단한, 견고한
solitary	[solitary] 솔리터리	형 혼자의, 단독의 명 독신자
solitude	[sálitjùːd] 살리튜-드	명 고독, 외로움, 홀로 삶, 장소
solo	[sóulou] 소울로우	명 독주(곡), 독창(곡), 독무대
solution	[səljúːʃən] 설류션	명 해결, 해명, 용해, 분해
solve	[salv] 살브	타 해결하다, 설명하다, 풀다
somber	[sámbər] 삼버	형 어둠침침한, 음침한, 우울한
some	[sʌm] 섬	형 어느, 어떤 대 어떤 사람들
somebody	[sʌ́mbàdi] 섬바디	대 어떤 사람 명 누군가
somehow	[sʌ́mhàu] 섬하우	부 어떻게든지하여, 어떻든지
someone	[sʌ́mwʌ̀n] 섬원	대 어떤 사람, 누군가
something	[sʌ́mθiŋ] 섬씽	대 얼마간, 다소 명 무언가

- something like 어느 정도, ~같은, 대략, 훌륭한, 대단한
- something of 얼마간, 다소

sometime	[sʌ́mtàim] 섬타임	부 언젠가, 조만간, 후에
sometimes	[sʌ́mtàimz] 섬타임즈	부 때때로, 이따금
somewhat	[sʌ́mhwàt] 섬왓	부 얼마간, 다소 명 얼마쯤
somewhere	[sʌ́mhwɛ̀ər] 섬웨어	부 어딘가에, 어느 땐가
son	[sʌn] 선	명 아들, 자손, 자식
song	[sɔ(:)ŋ] 송	명 노래, 창가, 작곡, 성악
sonnet	[sánət] 사너	명 소네트(14행으로 된 시)
soon	[suːn] 수-운	부 이윽고, 이내, 곧, 빨리

soot	[sut] 수트	명 그을음, 검정 타 검정으로 덮다
soothe	[suːð] 수-드	타 위로하다, 진정시키다
sordid	[sɔ́rdid] 소-디드	형 더러운, 야비한, 탐욕
sore	[sɔr] 소-	형 아픈, 슬픈, 쓰라린 명 상처
sorrow	[sárou] 사로우	명 슬픔, 비탄, 비애 자 슬퍼하다
sorry	[sári] 사리	형 유감스러운, 미안한, 가엾은
sort	[sɔːrt] 소-트	명 종류, 분류, 성질 타 분류하다

● **sort of** 다소, 얼마간 ● **a sort of** 일종의(=a kind of)
● **(be) out of sort of** 기분이 나쁜, 기운이 없는

SOS	[ésoués] 에스오우에스	명 (무전)조난신호, 위급 호출
soul	[soul] 소울	명 영혼, 정신, 혼, 넋, 기백
sound	[saund] 사운드	명 소리 타 자 소리가 나다
soup	[suːp] 수-프	명 수프, 고깃국
sour	[sáuər] 사워	형 시큼한 부 찌무룩하게
source	[sɔːrs] 소-스	명 수원, 원천, 원인, 근원
south	[sauθ] 사우쓰	명 남쪽 형 남향의 부 남으로
southeast	[sàuθíːst] 사우씨-스트	명 남동지방 형 남동의 부 남동에
southern	[sʌ́ðərn] 서던	형 남쪽의, 남쪽에 있는 명 남향
southwest	[sàuθwést] 사우쓰웨스트	명 남서지방 형 남서의
sovereign	[sávərin] 사버린	명 군주, 원수 형 주권이 있는
Soviet	[sóuvièt] 소우비에트	명 소련, (소련의) 평의회
sow	[sou] 소우	타 자 씨를 뿌리다 명 (다 큰) 암퇘지
space	[speis] 스페이스	명 공간, 우주 타 자 간격을 두다
spacious	[spéiʃəs] 스페이셔스	형 넓은, 널찍한
spade	[speid] 스페이드	명 가래, 삽, 끌 타 가래로 파다
Spain	[spein] 스페인	명 스페인
span	[spæn] 스팬	명 한 뼘 타 뼘으로 재다

Spaniard	[spǽnjərd] 스패니드	몡 스페인 사람
Spanish	[spǽniʃ] 스패니쉬	몡 스페인말 혱 스페인의
spank	[spæŋk] 스팽크	몡 철썩 때림 탄 냅다 갈기다
spare	[spεər] 스페어	탄 자 아끼다 혱 여분의 몡 예비품
spark	[spɑːrk] 스파-크	몡 불꽃 탄 자 불꽃을 튀기다
sparkle	[spɑ́ːrkəl] 스파-컬	몡 불티, 섬광 탄 자 번쩍이다
sparrow	[spǽrou] 스패로우	몡 참새
speak	[spiːk] 스피-크	탄 자 말하다, 지껄이다

○ speak highly of ~을 칭송 (격찬) 하다
○ speak ill (evil) of ~을 나쁘게 말하다, 욕하다

spear	[spiər] 스피어	몡 창 탄 자 창으로 찌르다
special	[spéʃəl] 스페셜	혱 특별한, 특수한 몡 독특한 사람
specialize	[spéʃəlàiz] 스페셜라이즈	탄 자 전공하다, 전문으로 다루다
specially	[spéʃəli] 스페셜리	튄 특히, 임시로
species	[spíːʃi(ː)z] 스피-쉬즈	몡 (생물의) 종, 종류
specific	[spisífik] 스피시픽	혱 특수한, 독특한, 일정한
specify	[spésəfài] 스페서파이	탄 구체적으로 쓰다, 명세서에 적다
specimen	[spésəmən] 스페서먼	몡 견본, 표본, 실례
specious	[spíːʃəs] 스피-셔스	혱 허울(외양) 좋은, 그럴듯한
speck	[spek] 스펙	몡 (작은) 점, 반점 탄 반점을 붙이다
speckle	[spékəl] 스페컬	몡 작은 반점 탄 반점을 붙이다
spectacle	[spektəkəl] 스펙터컬	몡 미관, 장관, 구경거리
spectacular	[spektǽkjələr] 스펙택컬러	혱 구경거리의, 눈부신, 장관인
spectator	[spékteitər] 스펙테이터	몡 구경꾼, 목격자, 방관자
specter	[spéktər] 스펙터	몡 유령, 환영
spectrum	[spéktrəm] 스펙트럼	몡 스펙트럼, 분광, 범위
speculate	[spékjəlèit] 스페컬레이트	자 ~의 투기를 하다
speculative	[spékjəlèitiv] 스페컬레이티브	혱 사색적인, 명상적인

speech	[spiːtʃ] 스피-취	명 말, 언어, 표현력
speed	[spiːd] 스피-드	명 속도, 속력 타 자 급히 가다
speedy	[spíːdi] 스피-디	형 민속한, 재빠른, 급속한
spell	[spel] 스펠	타 자 철자하다 명 주문, 마력
spelling	[spéliŋ] 스펠링	명 철자(법)
spend	[spend] 스펜드	타 자 소비하다, 낭비하다, 쓰다
sphere	[sfiər] 스피어	명 공, 공모양, 구면, 구형
sphinx	[sfiŋks] 스핑크스	명 스핑크스
spice	[spais] 스파이스	명 조미료, 양념 타 양념을 치다
spider	[spáidər] 스파이더	명 거미, 삼발이
spike	[spaik] 스파이크	명 큰 못, 스파이크, 이삭
spill	[spil] 스필	타 자 엎지르다, 흘리다, 뿌리다
spile	[spail] 스파일	명 나무마개, 꼭지, 주둥이
spin	[spin] 스핀	타 자 (실을) 잣다, 방적하다
spinach	[spínitʃ] 스피니취	명 시금치, 군더더기
spindle	[spíndl] 스핀들	명 방추, 가락, 굴대
spine	[spain] 스파인	명 등뼈, 척추, 가시
spinning	[spíniŋ] 스피닝	명 방적 형 방적의
spiral	[spáiərəl] 스파이어럴	형 나선형의 명 나선, 소용돌이
spire	[spaiər] 스파이어	명 뾰족탑, 원추형 타 자 쑥 내밀다
spirit	[spírit] 스피릿트	명 정신, 영혼, 마음 타 북돋다

○ **in spirits** 활기 있게, 의기양양하게
○ **keep up one's spirits** 사기를 잃지 않게 하다

spiritual	[spíritʃuəl] 스피리츄얼	형 정신적인, 영적인, 고상한
spit	[spit] 스피트	타 자 토하다, 뱉다 명 침
spite	[spait] 스파이트	명 악의, 심술 타 괴롭히다
splash	[splæʃ] 스플래쉬	타 자 (흙탕물을) 튀기다 명 튀김, 첨벙
splendid	[spléndid] 스플렌디드	형 장한, 빛나는, 훌륭한
splendor	[spléndər] 스플렌더	명 광휘, 광채, 화려, 빛남
splinter	[splíntər] 스플린터	명 파편 타 자 쪼개다
split	[split] 스플리트	자 분열시키다 형 쪼개진

spoil	[spɔil] 스포일	타 자 망쳐놓다 명 약탈, 노획품
spokesman	[spóuksmən] 스포욱스먼	명 대변인, 대표자
sponge	[spʌndʒ] 스펀쥐	명 해면, 스폰지 타 자 해면으로 닦다
sponsor	[spάnsər] 스판서	명 망명자, 광고주 타 보증하다
spontaneous	[spɑntéiniəs] 스판테이녀스	형 자발적인, 자생하는, 임의의
spool	[spuːl] 스푸-울	명 실패 타 실패에 감다
spoon	[spuːn] 스푸-운	명 숟가락
sport	[spɔːrt] 스포-트	명 오락, 소창, 운동경기
sportsman	[spɔ́ːrtsmən] 스포-츠먼	명 운동가, 사냥꾼, 스포츠맨
spot	[spɑt] 스파트	명 점, 반점, 오점 타 오점을 찍다
spouse	[spaus] 스파우스	명 배우자, 부부
spout	[spaut] 스파우트	타 자 내뿜다 명 (주전자의) 주둥이
sprawl	[sprɔːl] 스프로-올	타 자 손발을 쭉 뻗다
spray	[sprei] 스프레이	명 물보라 타 자 물보라를 일으키다
spread	[spred] 스프레드	타 자 펴다, 늘이다 명 퍼짐, 폭
sprig	[sprig] 스프리그	명 어린 가지, 잔가지
spring	[spriŋ] 스프링	명 봄, 원천, 도약 타 자 싹트다
springtime	[spríŋtàim] 스프링타임	명 봄, 봄철, 춘계
sprinkle	[spríŋkəl] 스프링컬	타 자 (물, 재 따위를) 끼얹다, 흩다
sprout	[spraut] 스프라우트	명 새싹, 발육 타 자 싹이 트다
spruce	[spruːs] 스프루-스	명 전나무, 가문비 나무
spur	[spəːr] 스파-	명 박차, 격려 타 자 격려하다
spurn	[spəːrn] 스퍼-언	타 자 내쫓다 명 거절, 일축
spy	[spai] 스파이	명 스파이, 간첩 타 자 탐정하다
squad	[skwɑd] 스콰드	명 (군의) 반, 분대
squadron	[skwάdrən] 스콰드런	명 기병중대, 소함대
square	[skwɛər] 스퀘어	명 정사각형 형 네모의, 사각의
squash	[skwɑʃ] 스콰쉬	타 자 으깨다, 이끌리다

squat	[skwɑt] 스콰트	자 웅크리다, 쭈그리다
squeak	[skwiːk] 스퀴-크	타 (쥐 따위가) 찍찍 울다
squeal	[skwiːl] 스퀴-일	타 비명을 지르다 명 비명
squeeze	[skwiz] 스퀴-즈	타 굳게 쥐다 명 꼭 쥠
squire	[skwaiər] 스콰이어	명 대지주, 시골 유지
squirrel	[skwə́ːrəl] 스퀴-럴	명 다람쥐, 다람쥐 가죽
stab	[stæb] 스탭	타 자 찌르다, 해치다
stability	[stəbíləti] 스터빌러티	명 안정, 영구불변, 착실
stable	[stéibl] 스테이블	명 가축우리 타 자 마굿간에 넣다
stack	[stæk] 스택	명 (건초, 밀집 따위의) 더미, 퇴적
stadium	[stéidiəm] 스테이디엄	명 경기장, 경주장
staff	[stæf] 스태프	명 지팡이, 막대기, 장대, 지휘봉
stag	[stæg] 스태그	명 숫사슴, 거센 황소
stage	[steidʒ] 스테이쥐	명 무대, 극장 타 자 상영하다
stagger	[stǽgər] 스태거	타 자 비틀거리다 명 망설임
stain	[stein] 스테인	타 자 더러워지다 명 얼룩, 흠
stair	[stɛər] 스테어	명 계단, 사다리의 한 단
staircase	[stɛ́ərkèis] 스테어케이스	명 사다리
stairway	[stɛ́ərwèi] 스테어웨이	명 계단
stake	[steik] 스테이크	명 말뚝, 화형주 타 말뚝에 매다
stale	[steil] 스테일	형 신선하지 않은, 김빠진, 상한
stalk	[stɔːk] 스토-크	명 줄기, 대, 활보 타 활보하다
stall	[stɔːl] 스토-올	명 축사, 마굿간 타 자 마굿간에 넣다
stammer	[stǽmər] 스태머	타 자 말을 더듬다, 더듬거리다
stamp	[stæmp] 스탬프	명 도장, 타인기, 소인, 스탬프
stampede	[stæmpíːd] 스탬피-드	명 놀라서 우루루 도망침
stanch	[stɑːntʃ] 스탄-취	타 (상처를) 지혈하다 형 견고한
stand	[stænd] 스탠드	타 자 서다, 세우다, 참다, 견디다
startle	[stáːrtl] 스타-틀	타 자 깜짝 놀라게 하다, 깜

짝 놀라다

starvation	[stɑːrvéiʃən] 스타-베이션	몡 굶주림, 아사
starve	[stɑːrv] 스타-브	타 자 굶주리다, 굶겨 죽이다

○ starve a person (to death) ~을 굶겨 죽이다

○ starve down (out) 식량 공세로 항복시키다

standard	[stǽndərd] 스탠더드	몡 표준, 규격, 규범 몡 표준의
standing	[stǽndiŋ] 스탠딩	혱 서있는, 선채로의, 입목의
standpoint	[stǽndpɔ̀int] 스탠드포인트	몡 입장, 견지, 관점
stanza	[stǽnzə] 스탠저	몡 (시의) 절, 연
staple	[stéipəl] 스테이펄	몡 주요식품, 주성분 혱 주요한
star	[stɑːr] 스타-	몡 별, 항성, 유성, 훈장
starch	[stɑːrtʃ] 스타-취	몡 전분, 녹말, 풀
stare	[stɛər] 스테어	타 자 응시하다 몡 응시
stark	[stɑːrk] 스타-크	혱 뻣뻣해진, 순전한 뷔 순전히
starry	[stɑ́ːri] 스타-리	혱 별의, 별빛의, 별모양
start	[stɑːrt] 스타-트	타 자 시작하다 몡 출발, 개시

○ start in life 세상에 나오다, 사회생활을 시작하다

○ from start to finish 시종일관, 철두철미

state	[steit] 스테이트	몡 상태, 신분, 사정, 형편, 주
stately	[stéitli] 스테이틀리	혱 위엄있는, 장엄한
statement	[stéitmənt] 스테이트먼트	몡 진술, 성명(서), 공술
statesman	[stéitsmən] 스테이츠먼	몡 정치가, 경세가
station	[stéiʃən] 스테이션	몡 위치, 장소, 정거장, 역
stationary	[stéiʃəneri] 스테이셔네리	몡 정지한, 고정된, 변하지 않는
stationer	[stéiʃənər] 스테이셔너	몡 문방구상
stationery	[stéiʃənèri] 스테이셔너리	몡 문방구, 문구, 편지지
statistics	[stətístiks] 스테이티스틱스	몡 통계학, 통계(표)
statue	[stǽtʃuː] 스태츄-	몡 상, 조상, 입상
stature	[stǽtʃər] 스태쳐	몡 신장, 성장, 키
status	[stéitəs] 스테이터스	몡 상태, 지위, 신분
statute	[stǽtʃuːt] 스태츄-트	몡 법령, 규칙, 법규, 성문법
stay	[stei] 스테이	타 자 머무르다, 버티다 몡 체류
stead	[sted] 스테드	몡 대신, 장소, 이익, 도움

steadfast	[stédfæst] 스테드패스트	형	착실한, 불변의, 확고한
steady	[stédi] 스테디	형	고정된 타자 확고하게 하다
steak	[steik] 스테익	명	불고기
steal	[stiːl] 스티-일	타자	훔치다, 절취하다
steam	[stiːm] 스티-임	명	증기, 스팀 타자 김을 올리다
steamboat	[stíːmbòut] 스티-임보우트	명	기선
steamengine	[stíːmenʒin] 스티-멘진	명	증기기관(차)
steamer	[stíːmər] 스티-머	명	기선, 증기기관, 찜통, 시루
steed	[stiːd] 스티-드	명	(승용)말
steel	[stiːl] 스티-일	명	강철, 부시 형 강철로 만든
steep	[stiːp] 스티-프	형	가파른 타 담그다 명 담금
steeple	[stíːpəl] 스티-펄	명	(교회의) 뾰족탑
steer	[stiər] 스티어	타자	키를 잡다, 조종하다, 향하다
stem	[stém] 스템	명	줄기 타자 줄기를 떼다
stenographer	[stənágrəfər] 스테나그러퍼	명	속기사
step	[step] 스텝	명	걸음, 일보 타자 걷다, 나아가다

- step by step 한 걸음 한 걸음, 착실히
- step down (차 계단 따위에서) 내리다, 사직하다
- step on (upon) ~을 밟다, (경향 사람 따위를) 누르다

sterling	[stə́ːrliŋ] 스터-얼링	명	영국화폐(파운드) 형 가치 있는
stern	[stəːrn] 스터-언	형	엄격한, 준엄한 명 고물
stew	[stjuː] 스튜-	타자	약한 불로 끓이다
steward	[stjúːərd] 스튜-어드	명	집사, 청지기, 급사
stewardess	[stjúːərdis] 스튜-어디스	명	여자집사, 스튜어디스
stick	[stik] 스틱	명	막대기 타자 찌르다, 매 질하다

- stick down 적다, 내려 놓다, 붙이다
- stick in 삽입하다, 틀어박히다
- stick with ~에게 끝까지 충실하다

| sticky | [stíki] 스티키 | 형 | 끈적끈적하는, 점착성의 |

stiff	[stif] 스티프	혱 뻣뻣한, 굳은, 경직한
stiffen	[stífən] 스티펀	타 자 뻣뻣하게 하다, 강화하다
stifle	[stáifəl] 스타이펄	타 자 질식시키다, 억누르다
stigma	[stígmə] 스티그머	명 오명, 낙인, 치욕
still	[stil] 스틸	혱 정지한 타 자 조용하게 하다

- stil less 하물며 ~아니다 (=much less)
- stil more 더욱 ~이다 (=much more)

stimulate	[stímjəlèit] 스티멀레이트	타 자 자극이 되다, 자극하다
stimulus	[stímjələs] 스티멀러스	명 흥분제, 자극(물)
sting	[stiŋ] 스팅	타 자 쏘다, 찌르다 명 쏨, 찌름
stir	[stəːr] 스타-	타 자 움직이다, 휘젓다 명 활동
stitch	[stitʃ] 스티취	명 한코 타 자 꿰매다
stock	[stɑk] 스탁	명 줄기, 나무밑동, 그루터기
stocking	[stákiŋ] 스타킹	명 스타킹, 긴 양말
stomach	[stʌ́mək] 스터먹	명 위, 복부, 식욕 타 먹다, 참다
stone	[stoun] 스토운	명 돌맹이 혱 돌의 타 돌을 깔다
stony	[stóuni] 스토우니	혱 돌 같은, 돌이 많은, 무정한
stool	[stuːl] 스투-울	명 (등이 없는) 걸상, 발판, 원등걸
stoop	[stuːp] 스투-웁	타 자 몸을 굽히다 명 구부림
stop	[stɑp] 스탑	타 자 멈추다, 세우다 명 멈춤
storage	[stɔ́ːridʒ] 스토-리쥐	명 보관, 저장, 창고
store	[stɔr] 스토-	명 저축, 저장 타 저축하다

- in store 저장하여, 준비하여
- store up 비축하다

storehouse	[stɔ́ːrhàus] 스토-하우스	명 창고
stork	[stɔːrk] 스토-크	명 황새
storm	[stɔːrm] 스토-옴	명 폭풍우 타 자 모진 바람이 불다
stormy	[stɔ́ːrmi] 스토-미	혱 폭풍우의, 날씨가 험악한
story	[stɔ́ːri] 스토-리	명 설화, 이야기, 전설, 동화
stout	[staut] 스타우트	혱 살찐, 튼튼한 명 뚱뚱함
stove	[stouv] 스토우브	명 난로, 풍로

영단어	발음	한글 발음	뜻
strafe	[streif]	스트레이프	타 맹포(폭)격하다
straight	[streit]	스트레이트	형 똑바른 부 똑바로 명 일직선
straighten	[stréitn]	스트레이튼	타 자 정리하다, 정돈하다
straightway	[stréitwèi]	스트레이트웨이	부 곧, 즉시
strain	[strein]	스트레인	타 자 팽팽하게 하다 명 긴장, 꽉 죔
strait	[streit]	스트레이트	형 좁은, 엄중한 명 해협, 궁핍
strand	[strænd]	스트랜드	명 (시)물가 타 자 좌초시키다
strange	[streindʒ]	스트레인쥐	형 묘한, 이상한 부 묘하게
stranger	[stréindʒər]	스트레인져	명 낯선 사람, 외국인, 타인
strap	[stræp]	스트랩	명 가죽끈 타 가죽끈으로 매다
stratagem	[strǽtədʒəm]	스트래터점	명 전략, 계략
straw	[strɔː]	스트로-	명 짚, 밀짚, 밀짚모자
stray	[strei]	스트레이	자 방황하다, 길을 잃다 형 길 잃은
streak	[striːk]	스트리-크	명 줄무늬, 줄, 선 타 자 줄을 긋다
stream	[striːm]	스트리-임	명 개울, 시내 타 자 흐르다
street	[striːt]	스트리-트	명 거리, 차도, ~가(街), ~로(路)
strength	[streŋkθ]	스트렝(크)쓰	명 힘, 세기, 체력, 정신력
strengthen	[stréŋkθən]	스트렝(크)썬	타 자 강하게 하다, 강해지다
strenuous	[strénjuəs]	스트레너스	형 분투적인, 열렬한
stress	[stres]	스트레스	명 모진 시련, 압박, 강제 타 강조하다
stretch	[stretʃ]	스트레취	타 자 뻗치다, 펴다, 늘이다
strew	[struː]	스트루-	타 흩뿌리다, 흩뿌려 뒤덮다
strict	[strikt]	스트릭트	형 엄격한, 정확한, 절대적인
stride	[straid]	스트라이드	타 자 큰 걸음으로 걷다 명 활보
strife	[straif]	스트라이프	명 다툼, 싸움, 투쟁
strike	[straik]	스트라이크	타 자 두드리다, 때리다 명 타격, 파업

○ strike at ~에게 치고 덤비다, 겨누어 치다

🔸 **strike off** 옆길로 빠지다, 떨어져 나가다, 삭제하다

string	[striŋ] 스트링	몡 실, 끈, 줄 탄 자 실에 꿰다
strip	[strip] 스트립	탄 자 벗기다 몡 작은 조각
stripe	[straip] 스트라이프	몡 줄무늬 탄 줄무늬로 꾸미다
strive	[straiv] 스트라이브	자 애쓰다, 노력하다, 겨루다
stroke	[strouk] 스트로우크	몡 침, 타격, 일격 탄 쓰다듬다
stroll	[stroul] 스트로울	탄 자 산책하다, 방랑하다
strong	[strɔ(:)ŋ] 스트롱	형 강대한, 튼튼한, 강한, 견고한
stronghold	[strɔ́ŋhòuld] 스트롱호울드	몡 요새, 본거지
structure	[strʌ́ktʃər] 스트럭쳐	몡 구조, 조직, 조립, 구성
struggle	[strʌ́gəl] 스트러걸	자 버둥거리다 몡 노력, 고투
strut	[strʌt] 스트러트	자 점잔빼며 걷다, 버팀목을 대다
stub	[stʌb] 스터브	몡 토막 탄 뽑다, 파내다
stubborn	[stʌ́bərn] 스터번	형 완고한, 말 안 듣는, 완강한
student	[stjúːdənt] 스튜-던트	몡 학생, 연구가, 대학생
studied	[stʌ́did] 스터디드	형 연구결과의, 일부러 꾸민
studio	[stjúːdiòu] 스튜-디오우	몡 (화가, 사진사의) 일터, 스튜디오
study	[stʌ́di] 스터디	몡 공부, 학문 탄 자 연구하다
stuff	[stʌf] 스터프	몡 원료, 물자 탄 자 채워 넣다

🔸 **know one's stuff** 만사를 잘 알고 있다

stumble	[stʌ́mbəl] 스텀벌	탄 자 비틀거리다, 넘어지다
stump	[stʌmp] 스텀프	몡 그루터기, (부러진 이의) 뿌리
stun	[stʌn] 스턴	탄 (때려서) 기절시키다
stunt	[stʌnt] 스턴트	탄 발육을 방해하다 몡 저해
stutter	[stʌ́tər] 스터터	자 말을 더듬다, 더듬거리다
stupendous	[stjuːpéndəs] 스튜-펜더스	형 엄청난, 거대한, 굉장한
stupid	[stjúːpid] 스튜-피드	형 어리석은, 우둔한, 바보같은
sturdy	[stə́ːrdi] 스터-디	형 억센, 건전한, 굳센
style	[stail] 스타일	몡 형, 문체, 모양, 필체
subdue	[səbdjúː] 섭듀-	탄 정복하다, 복종하다, 억제

		하다
subject	[sʌ́bdʒikt] 섭젝트	형 지배를 받는 부 ~을 조건으로
subjective	[səbdʒéktiv] 섭젝티브	형 주관적인
sublime	[səbláim] 섭라임	형 고상한 타 고상하게 하다
submarine	[sʌ́bməri:n] 섭머리-인	명 잠수함 형 해저의
submerge	[səbmə́:rdʒ] 섭머-쥐	타 자 물속에 가라앉히다, 잠수하다
submission	[səbmíʃən] 섭미션	명 복종, 순종, 겸손, 유순
submit	[səbmít] 섭미트	타 자 복종시키다, 제출하다
	○ submit to ~에 따르다, ~을 감수하다, ~에 제출하다	
subordinate	[səbɔ́:rdənit] 서보-더니트	형 하위의, 종족의 명 부하
subscribe	[səbskráib] 섭스크라이브	타 자 기부하다, 승락하다
subscription	[sʌ́bskrípʃən] 섭스크립션	명 서명, 예약, 기부
subsequent	[sʌ́bsikwənt] 섭시퀀트	형 뒤의, 다음의, 후의
subside	[səbsáid] 섭사이드	자 가라앉다, 침전하다
subsist	[səbsíst] 섭시스트	타 자 생존하다, 존속하다
substance	[sʌ́bstəns] 섭스턴스	명 물질, 물체, 본질, 요지
substantial	[səbstǽnʃəl] 섭스탠셜	형 실재의, 참다운, 실직하는
substitute	[sʌ́bstitjù:t] 섭스티튜-트	명 대리인, 대용품 타 자 대용하다
subtle	[sʌ́tl] 서틀	형 포착하기 어려운, 미묘한
subtract	[səbtrǽkt] 섭트랙트	타 빼다, 감하다, 공제하다
suburb	[sʌ́bəːrb] 서버-브	명 교외, 변두리
subway	[sʌ́bwèi] 섭웨이	명 지하도, 지하철
succeed	[səksí:d] 석시-드	타 자 성공하다, 출세하다
	○ succeed in ~에 성공하다, ~을 잘 해내다	
success	[səksés] 석세스	명 성공, 행운, 결과, 성취, 히트
successful	[səksésfəl] 석세스펄	형 성공한, 행운의, 성대한
succession	[səkséʃən] 석세션	명 연속, 계승, 상속, 계열
	○ in succession 연속하여(=one after another), 잇달아	
successive	[səksésiv] 석세시브	형 연속적인, 잇따른, 연면한
such	[sʌtʃ] 서취	형 이러한, 그러한 대 이와 같은

- ● such and such 이러이러한, 여차여차한
- ● such as 예컨대, 이를테면, 한 사람(물건)

suck	[sʌk] 서크	타 자 빨다, 흡수하다 명 빨지
sudden	[sʌ́dn] 서든	형 갑작스러운, 별안간의 명 돌연
suddenly	[sʌ́dnli] 서든리	부 갑자기, 별안간, 불시에
sue	[su:] 수-	타 자 고소하다, 소송을 제기하다
suffer	[sʌ́fər] 서퍼	타 자 입다, 경험하다, 당하다
sufferer	[sʌ́fərər] 서퍼러	명 수난자, 피해자, 이재민
suffering	[sʌ́fəriŋ] 서퍼링	명 고통, 재해, 수난, 괴로움
suffice	[səfáis] 서파이스	타 자 충분하다, 만족시키다
sufficient	[səfíʃənt] 서피션트	형 충분한, 넉넉한, 족한
suffix	[sʌ́fiks] 서픽스	명 추가물 타 첨부하다
suffocate	[sʌ́fəkèit] 서퍼케이트	타 자 숨을 막다, 질식하다
suffrage	[sʌ́fridʒ] 서프리쥐	명 투표, 선거권, 투표권
sugar	[ʃúgər] 슈거	명 설탕 타 자 설탕으로 달게 하다
suggest	[sədʒést] 서제스트	타 암시하다, 제안하다, 비추다
suggestion	[sədʒéstʃən] 서제스쳔	명 암시, 연상, 제안, 유발
suicide	[sú:əsàid] 수-사이드	명 자살, 자멸, 자살자
suit	[su:t] 수-트	명 소송, 고소 타 자 ~에 알맞다

- ● in (out of) suit with ~와 조화하여(하지 않아)
- ● suit one down to the ground 안성맞춤이다

suitable	[sú:təbəl] 수-터벌	형 적당한, 어울리는, 상냥한

- ● be suitable to (for) ~에 적당한, 알맞는

suitcase	[sú:tkèis] 수-트케이스	명 소형 여행가방, 수트케이스
suite	[swi:t] 스위-트	명 수행원, 일행, 한 벌 갖춤
sulfur	[sʌ́lfər] 설퍼	명 유황 형 유황색의
sulfuric	[sʌlfjúərik] 설퓨어릭	형 황의, 황을 함유하는
sullen	[sʌ́lən] 설런	형 음침한, 부르퉁한, 무뚝뚝한
sultan	[sʌ́ltən] 설턴	명 회교국 군주, 터어키 황제

sultry	[sʌ́ltri] 설트리	형 무더운, 정열적인, 찌는 듯한
sum	[sʌm] 섬	타 자 합계하다, 요약하다
summary	[sʌ́məri] 서머리	형 개략의, 간결한 명 요약
summer	[sʌ́mər] 서머	명 여름 형 여름의 타 피서하다
summit	[sʌ́mit] 서밋	명 정상, 절정, 꼭대기, 극점
summon	[sʌ́mən] 서먼	타 호출하다, 소환하다, 요구하다
sumptuous	[sʌ́mptʃuəs] 섬(프)츄어스	형 값진, 사치스런
sun	[sʌn] 선	명 태양, 햇빛 타 자 햇볕에 쬐다
sunbeam	[sʌ́nbìːm] 선비-임	명 햇빛, 광선, 일광
Sunday	[sʌ́ndi] 선디	명 일요일, 안식일(약어 Sun)
sundown	[sʌ́ndàun] 선다운	명 일몰
sundry	[sʌ́ndri] 선드리	형 잡다한, 갖가지의
sunlight	[sʌ́nlàit] 선라이트	명 일광, 햇빛
sunny	[sʌ́ni] 서니	형 볕 잘 드는, 양지바른, 명랑한
sunrise	[sʌ́nràiz] 선라이즈	명 해돋이, 해뜰녘, 초기, 초년
sunset	[sʌ́nsèt] 선세트	명 해거름, 일몰, 저녁놀
sunshine	[sʌ́nʃàin] 선샤인	명 햇볕, 양지, 일광
superb	[supə́ːrb] 수퍼-브	형 장렬한, 화려한, 멋진, 뛰어난
superficial	[sùːpərfíʃəl] 수-퍼피셜	형 표면의, 피상적인, 외면의
superfluous	[suːpə́rfluəs] 수퍼어플루어스	형 여분의, 불필요한, 남는
superior	[səpíəriər] 서피어리어	형 우수한, 뛰어난, 우량한, 양질의
superlative	[səpə́ːrlətiv] 서퍼-러티브	형 최고의, 최상의 명 최상급
superstition	[sùːpərstíʃən] 수-퍼스티션	명 미신, 사교, 미신적 관습
supervise	[súːpərvàiz] 수-퍼바이즈	타 감독하다, 관리하다 명 감독
supper	[sʌ́pər] 서퍼	명 저녁식사, 만찬
supplant	[səplǽnt] 서플랜트	타 (부정수단 따위로) 대신 들어앉다
supplement	[sʌ́pləmənt] 서플러먼트	명 보충, 추가 타 부족을 달다
supply	[səplái] 서플라이	타 공급하다, 지급하다 명 공급

○ supply with ~을 공급하다

support	[səpɔ́ːrt] 서포-트	타 지탱하다, 버티다 명 지주
suppose	[səpóuz] 서포우즈	타 상상하다, 가정하다, 추측하다
suppress	[səprés] 서프레스	타 억누르다, 참다, 진압하다
supremacy	[səpréməsi] 서프레머시	명 최상, 주권, 대권
supreme	[səpríːm] 서프리-임	형 최고의, 가장 중요한, 최후의
sure	[ʃuər] 슈어	형 확실한, 자신있는, 틀림없는

- be (feel) sure of oneself 자신이 있다
- (be) sure to 꼭 (반드시) ~하는
- for sure 확실히, 틀림없이

surface	[sə́ːrfis] 서-피스	명 외부, 표면, 외관 형 표면의
surge	[səːrdʒ] 서-쥐	자 파도치다, 물결치다
surgeon	[sə́ːrdʒən] 서-전	명 외과의사, 군의관, 선의
surgery	[sə́ːrdʒəri] 서-져리	명 외과(의술), 외과 의원
surmise	[sərmáiz] 서마이즈	명 추측, 추량 타 자 짐작하다
surmount	[sərmáunt] 서마운트	타 오르다, 극복하다, 타고 넘다
surname	[sə́ːrnèim] 서-네임	명 성(姓), 별명 타 성을 달다
surpass	[sərpǽs] 서패스	타 ~을 능가하다, 보다 뛰어나다
surplus	[sə́ːrplʌs] 서-플러스	명 여분, 과잉 형 여분의
surprise	[sərpráiz] 서프라이즈	명 놀람 타 놀라게 하다 형 놀라운
surrender	[səréndər] 서렌더	타 자 넘겨주다, 항복하다 명 항복
surround	[səráund] 서라운드	타 둘러싸다, 에워싸다
survey	[səːrvéi] 서어베이	타 자 바라다보다, 측량하다
survive	[sərváiv] 서바이브	타 자 ~의 후까지 살다
susceptible	[səséptəbəl] 서셉터벌	형 민감한, 예민하게 느끼는
suspect	[səspékt] 서스펙트	타 알아채다, 수상히 여기다
suspend	[səspénd] 서스펜드	타 자 공중에 매달다, 정지하다
suspense	[səspéns] 서스펜스	명 걱정, 불안, 미결

- keep a person in suspense
아무를 불안하게 하다, 마음을 졸이게 하다

suspension	[səspénʃən] 서스펜션	명 걸침, 매달림, 정지

suspicion	[səspíʃən] 서스피션	명 느낌, 의심, 혐의, 기미
suspicious	[səspíʃəs] 서스피셔스	형 의심스러운, 의심하는
sustain	[səstéin] 서스테인	타 버티다, 유지하다, 떠받치다
swallow	[swálou] 스왈로우	타 자 삼키다, 참다 명 제비
swamp	[swɑmp] 스왐프	명 늪, 습지 타 물에 잠기게 하다
swan	[swɑn] 스완	명 백조, 시인, 가수
swarm	[swɔːrm] 스워-엄	명 (곤충의) 큰 떼, 무리, 군중
sway	[swei] 스웨이	타 자 흔들리다, 동요하다 명 흔들림
swear	[swɛər] 스웨어	타 자 맹세하다, 선서하다
sweat	[swet] 스웨트	명 땀 타 자 땀을 흘리다
Swede	[swiːd] 스위-드	명 스웨덴 사람, 스웨덴
Sweden	[swíːdn] 스위-든	명 스웨덴
sweep	[swiːp] 스위-프	타 자 청소하다 명 청소, 일소
sweet	[swiːt] 스위-트	형 달콤한 명 단 것 부 달게

- at one's own sweet will 제멋대로
- clean and sweet 깔끔한, 산뜻한
- keep a person sweet ~에게 아첨하다

sweeten	[swíːtn] 스위-튼	타 자 달게하다, 향기롭게 하다
swell	[swel] 스웰	타 자 부풀다 명 팽창, 증대, 커짐
swerve	[swəːrv] 스워-브	타 자 벗어나다 명 빗나감
swift	[swift] 스위프트	형 빠른, 날랜 부 신속하게
swim	[swim] 스윔	타 자 헤엄치다 명 헤엄, 수영
swine	[swain] 스와인	명 야비한 사람, 탐욕자
swing	[swiŋ] 스윙	타 자 흔들거리다

- swing to (문이) 쾅 닫히다
- in full swing 한창 (진행중인), 신바람이 나서

swirl	[swəːrl] 스워-얼	타 자 소용돌이치다 명 소용돌이
Swiss	[swis] 스위스	형 스위스의 명 스위스 사람
switch	[switʃ] 스위취	명 스위치 타 자 스위치를 틀다
Switzerland	[swítsərlənd] 스윗설런드	명 스위스

swoon	[swuːn] 스우-운	명 졸도, 기절 자 쇠약해지다
sword	[sɔːrd] 소-드	명 검, 칼, 무력, 병력
syllable	[síləbəl] 실러벌	명 음절, 한 마디 타 음절로 나누다
symbol	[símbəl] 심벌	명 상징, 표상, 부호 타 상징하다
sympathetic	[sìmpəθétik] 심퍼쎄틱	형 동정심이 있는, 공감하는
sympathize	[símpəθàiz] 심퍼싸이즈	자 동정하다, 동의하다
sympathy	[símpəθi] 심퍼씨	명 동정, 연민, 위문, 문상

- express sympathy for ~을 위문하다, 조의를 표하다
- feel (have) sympathy for ~을 동정하다
- in sympathy with ~에 찬성 (동정)하여, ~와 일치하여

symphony	[símfəni] 심퍼니	명 심포니, 교향곡, 화음, 조화
symptom	[símptəm] 심프텀	명 징후, 증상, 징조
syndicate	[síndikit] 신디키트	명 기업연합, 신디케이트, 이사회
synonym	[sínənim] 시너님	명 동의어, 표시어, 뜻이 같은 말
syntax	[síntæks] 신택스	명 통어법(론), 문장 구성법
syrup	[sírəp] 시럽	명 시럽, 당밀
system	[sístəm] 시스텀	명 조직, 체계, 계통, 학설, 방식
systematic	[sìstəmǽtik] 시스터매틱	형 조직적인, 규칙바른, 체계적인

T

table	[téibəl] 테이블	몡 테이블, 탁자, 식탁
tablet	[tǽblit] 태블리트	몡 (나무, 돌, 굴속의) 평판, 명판
tack	[tæk] 택	몡 (납작한) 못, 압정, 주름, 가봉
tackle	[tǽkəl] 태킬	몡 도구, 연장 탄 ~에 도구를 달다
tact	[tækt] 택트	몡 솜씨, 요령, 재치, 촉감
tactics	[tǽktiks] 택틱스	몡 전술, 병법, 술책, 책략
tadpole	[tǽdpòul] 태드포울	몡 올챙이
tag	[tæg] 태그	몡 물표, 꼬리표, 짐표
tail	[teil] 테일	몡 꼬리, 공지 탄 쟈 꼬리를 달다
tailor	[téilər] 테일러	몡 재봉사, 양복 짓는 사람
taint	[teint] 테인트	탄 쟈 더럽히다, 오염하다 몡 얼룩
take	[teik] 테이크	탄 쟈 취하다, 잡다, 쥐다, 받다

- take a walk 산책을 하다
- take after 닮다, 모방하다, 흉내내다
- take off 덜어내다, 가버리다, 떠나다, 벗다, 이륙하다

tale	[teil] 테일	몡 이야기, 고자질, 소문, 설화
talent	[tǽlənt] 탤런트	몡 재능, 수완, 솜씨
talk	[tɔːk] 토크	탄 쟈 말하다 몡 담화, 이야기

- talk of ~에 관해 말하다, ~할 생각이 있다고 말하다
- talk over ~에 관해 의논하다, ~을 설득하다
- talk one's way 설득하여 들어가다(나오다)

tall	[tɔːl] 토-올	혱 (키가) 큰, 높은, 엄청난
tame	[teim] 테임	혱 길든, 길들인 탄 쟈 길들이다
tan	[tæn] 탠	탄 쟈 가죽을 무두질하다, 햇볕에 그을리다
tank	[tæŋk] 탱크	몡 탱크, 전차, 저수지

tap	[tæp] 탭	명 꼭지 타 가볍게 두드리다
tape	[teip] 테이프	명 납작한 끈, 줄자 타 테이프로 묶다
taper	[téipər] 테이퍼	명 작은 초, 초 먹인 심지
tapestry	[tǽpistri] 태피스트리	명 무늬 놓은 두꺼운 천
tar	[tɑːr] 타-	명 타르, 아편 타 타알을 칠하다
tardy	[tɑ́ːrdi] 타-디	형 느린, 더딘, 늦은
target	[tɑ́ːrɡit] 타-기트	명 과녁, 목표, 표적
tariff	[tǽrif] 태리프	명 관세(율), 요금표
tarry	[tǽri] 태리	타 자 머무르다, 늦어지다
tart	[tɑːrt] 타-트	형 신, 신랄한
task	[tæsk] 태스크	명 일, 직무, 과업 타 혹사하다
tassel	[tǽsəl] 태설	명 술(장식용) 타 수염을 달다
taste	[teist] 테이스트	타 자 맛보다 명 맛, 미각, 풍미

○ **have a taste for** ~에 취미를 갖다, ~가 좋다

tatter	[tǽtər] 태터	명 누더기 옷 타 갈갈이 찢다
tavern	[tǽvərn] 태번	명 선술집, 여인숙
tawny	[tɔ́ːni] 토-니	명 황갈색 형 황갈색의
tax	[tæks] 택스	명 세금, 무거운 짐, 부담
taxation	[tækséiʃən] 택세이션	명 과세, 세수
taxi	[tǽksi] 택시	명 택시 타 자 택시로 가다
tea	[tiː] 티-	명 차, 홍차, 차나무
teach	[tiːtʃ] 티-취	타 자 가르치다, 교육하다
teacher	[tíːtʃər] 티-쳐	명 선생, 교사
team	[tiːm] 티-임	명 팀, 패 타 자 한 수레에 매다
tear	[tiər] 티어	명 눈물, 비애, 비탄
tear	[tɛər] 테어	타 자 찌르다, 할퀴다 명 째진 곳

○ **tear away** 잡아찢다, 질주하다

○ **tear up** 갈가리 찢다, 뿌리째 뽑다, 잡아 벗기다

○ **in tears** 눈물을 흘리며

tease	[tiz] 티-즈	타 괴롭히다, 놀려대다, 애태우다
technical	[téknikəl] 테크니컬	형 공업의, 기술적인, 전문의

technique	[tekníːk] 테크니-크	명 기법, 기교
tedious	[tíːdiəs] 티-디어스	형 지루한, 장황한
teem	[tiːm] 티-임	자 충만하다, 풍부하다
telegram	[téləgræ̀m] 텔러그램	명 전보, 전신, 속보, 게시판
telegraph	[téləgræ̀f] 텔러그래프	명 전신(기) 타 자 타전하다
telephone	[téləfòun] 텔러포운	명 전화(기) 타 자 전화로 말하다
telescope	[téləskòup] 텔러스코웁	명 망원경
television	[téləvìʒən] 텔러비전	명 텔레비전
tell	[tel] 텔	타 자 말하다, 고하다

○ tell ~ of (about) ~을 말하다, ~의 이야기를 하다
○ tell on ~에 영향을 미치다, 밀고하다

| temper | [témpər] 템퍼 | 명 기질, 기분, 성질, 천성 |

○ in a good (bad) temper 기분이 좋아 (나빠)서

temperament	[témpərəmənt] 템퍼러먼트	명 기질, 성미, 체질, 성질
temperance	[témpərəns] 템퍼런스	명 절제, 삼감, 금주
temperate	[témpərit] 템퍼리트	형 절제하는, 온화한, 적당한
temperature	[témpərətʃər] 템퍼러쳐	명 온도, 체온, 기온
tempest	[témpist] 템피스트	명 사나운 비바람, 폭풍우, 소동
temple	[témpl] 템펄	명 성당, 신전, 사원, 절
temporary	[témpərèri] 템퍼레리	형 일시의, 덧없는, 임시의
tempt	[tempt] 템(프)트	타 유혹하다, ~할 기분이 나게 하다
temptation	[temptéiʃən] 템(프)테이션	명 유혹(물)
ten	[ten] 텐	명 10 형 10의

○ ten to one 십중팔구 ○ ten of thousands 수만이나

tenacity	[tənǽsəti] 터내서티	명 고집, 끈기, 완강
tenant	[ténənt] 테넌트	명 차지인, 거주자, 소작인
tend	[tend] 텐드	타 자 지키다, ~의 경향이 있다

○ tend to ~의 경향이 있다, ~에 이바지하다, ~하기 쉽다

tendency	[téndənsi] 텐던시	명 경향, 풍조, 버릇, 추세
tender	[téndər] 텐더	형 상냥한, 부드러운, 어린
tennis	[ténis] 테니스	명 정구, 테니스

tenor	[ténər] 테너	명 방침, 경향, 대의, 테너(가수)	
tense	[tens] 텐스	형 팽팽한, 긴장한 명 (문법) 시제	
tension	[ténʃən] 텐션	명 팽팽함, 긴장, 흥분, 노력	
tent	[tent] 텐트	명 텐트 타자 천막으로 덮다	
tenth	[tenθ] 텐쓰	명 제 10 형 제 10의	
term	[təːrm] 터-엄	명 기한, 임기, 학기 (학승) 용어	

○ be on good (bad) terms with ~와 사이가 좋다(나쁘다)

○ in terms 교섭 (상담) 중인

terminal	[tə́ːrmənəl] 터-머널	형 끝의, 종점의 명 종점
terminate	[tə́ːrmənèit] 터-머네이트	타자 끝내다, 다하다, 해고하다
terrace	[térəs] 테러스	명 단지, 높은 지대, 시가
terrible	[térəbəl] 테러벌	형 무서운, 무시무시한, 호된
terrify	[térəfài] 테러파이	타 겁나게 하다, 놀라게 하다
territory	[térətɔ̀ːri] 테러토-리	명 영토, 판도, 지방, 구역
terror	[térər] 테러	명 공포, 무서움, 검
test	[test] 테스트	명 시험, 검사 타 시험하다
testament	[téstəmənt] 테스터먼트	명 유언, 유서, 신과의 서약
testify	[téstəfài] 테스터파이	타자 증명하다, 입증하다
testimony	[téstəmóuni] 테스터머니	명 전언, 증명, 증언, 성명
text	[tekst] 텍스트	명 본문, 원문, 텍스트
textbook	[tékstbùk] 텍스트북	명 교과서
texture	[tékstʃər] 텍스쳐	명 천, 감, 직물, 조직
than	[ðæn] 댄	접 전 ~보다, ~이외의
thank	[θæŋk] 쌩크	타 감사하다 명 감사, 사례

○ thanks to ~의 덕택으로, ~때문에

thankful	[θǽŋkfəl] 쌩크펄	형 감사의, 고마워하는
that	[ðæt] 댓	대 저것, 그것 명 그, 저

○ in that ~한 점으로, ~하므로

○ that is (to say) 즉(=namely), 말하자면

○ that's why~ 그것이 ~하는 이유다

the	[ðə] 더	관 그, 저, 이 부 더, 오히려

○ the same ~ as (with) ~와 같은 종류의, ~와 같은

theater	[θí(:)ətər] 씨어터	명 극장, 강당, 무대, 연극
theatrical	[θiǽtrikəl] 씨애트리컬	형 극장의, 과장된, 연극 같은
thee	[ðiː] 디-	대 thou의 목적격, 그대에게
theft	[θeft] 쎄프트	명 도둑질, 절도, 장물
their	[ðɛər] 데어	대 they의 소유격
them	[ðem] 뎀	대 they의 목적격
theme	[θiːm] 씨-임	명 논지, 화제, 근거, 주제
themselves	[ðəmsélvz] 덤셀브즈	대 그들 자신(을, 이)
then	[ðen] 덴	부 그때, 그당시, 그 다음에

○ from then on 그 이후

thence	[ðens] 덴스	부 그러므로, 거기서부터
theology	[θiálədʒi] 씨-알러쥐	명 신학
theory	[θíəri] 씨어리	명 학설, 이론, 공론, ~설
there	[ðɛər] 데어	부 그 곳에, 거기에서

○ here and there 여기 저기

thereafter	[ðɛəræftər] 데어랩터	부 그 뒤에, 그 이후
thereby	[ðɛərbái] 데어바이	부 그것에 의해서, 그것으로
therefore	[ðɛərfɔːr] 데어포-	부 그러므로, 그 결과(로서)
therein	[ðɛərín] 데어린	부 그 속에, 그 점에서
thereof	[ðɛəráv] 데어라브	부 그것에 관해서, 거기서부터
thereon	[ðɛərán] 데어란	부 그 후 즉시, 게다가
thereupon	[ðɛərəpán] 데어러판	부 그리하여, 그러므로, 그 위에
therewith	[ðɛərwíθ] 데어위쓰	부 그것과 함께, 그 까닭에
thermometer	[θərmámitər] 써마미터	명 온도계, 검온기, 한란계
these	[ðiːz] 디-즈	대 이(것들) 형 이(것)들의
they	[ðei] 데이	대 he, she, it의 복수, 그들(은)
thick	[θik] 씩	형 두꺼운 부 진하게, 굵게

○ through tick and thin
물불을 가리지 않고, 어떤 난관이 있어도

thicken	[θíkən] 씩컨	타 자 두껍게 하다, 두꺼워지다
thicket	[θíkit] 씨키트	명 덤불, 잡목, 숲, 관목 숲
thief	[θiːf] 싸-프	명 도둑, 절도, 도적
thigh	[θai] 싸이	명 넓적다리, 가랑이

thimble	[θímbəl] 씸벌	명 골무, 끼움쇠테
thin	[θin] 씬	형 홀쭉한 타 자 얇게 하다
thing	[θiŋ] 씽	명 물건, 물체, 사태, 도구

○ for one thing (이유 중의) 한 가지는, 하나의 이유로서, (우선) 첫째로

think	[θiŋk] 씽크	타 자 생각하다, 상상하다

○ think about ~에 관해 생각하다, 숙고하다
○ think ill (well) of ~을 나쁘게 (좋게) 생각하다

third	[θəːrd] 써-드	명 제3, 세 번째 형 제3의
thirst	[θəːrst] 써-스트	명 목마름, 갈증, 갈망 자 열망하다
thirsty	[θəːrsti] 써-스티	형 목 마른, 건조한, 갈망하는
thirteen	[θəːrtíːn] 써-티-인	명 13 형 13의
thirtieth	[θəːrtiiθ] 써-티이쓰	명 제30 형 제30의
thirty	[θəːrti] 써-티	명 30 형 30의
this	[ðis] 디스	대 이것, 이 물건 형 이것의
thistle	[θísl] 씨슬	명 엉겅퀴(스코틀랜드의 국화)
thither	[θíðər] 씨더	부 그 쪽에 형 저쪽의
thorn	[θɔːrn] 쏘-온	명 (식물의) 가시, 고통, 근심
thorough	[θɔ́ːrou] 써-로	형 충분한, 철저한, 완벽한
thoroughfare	[θɔ́ːrouféər] 써-로페어	명 통로, 가로, 통행, 한길
those	[ðouz] 도우즈	형 그들의 대 그들, that의 복수

○ those who ~하는 사람들, ~인 사람들

thou	[ðau] 다우	대 너는, 네가, 그대는
though	[ðou] 도우	접 ~이나, ~이지만
thought	[θɔːt] 쏘-트	명 사고(력), 생각 동 think의 과거
thoughtful	[θɔ́ːtfəl] 쏘-트펄	형 사려깊은, 주의깊은
thoughtless	[θɔ́ːtlis] 쏘-틀리스	형 분별없는, 경솔한
thousand	[θáuzənd] 싸우전드	명 1000, 천, 무수 형 1000의

○ by (the) thousands 수천이나, 무수히

thrash	[θræʃ] 쓰래쉬	타 자 채찍질하다, 타작하다
thread	[θred] 쓰레드	명 실, 섬유, 줄 타 자 실을 꿰다

threat	[θret] 쓰레트	명 위험, 협박, 흉조
threaten	[θrétn] 쓰레튼	타 자 위협하다, ~할 듯하다
three	[θriː] 쓰리-	명 3, 셋 형 3의
thresh	[θreʃ] 쓰레쉬	타 타작하다, 때리다 명 탈곡기
threshold	[θréʃhòuld] 쓰레숄드	명 문지방, 문간, 입구, 출발점
	○ on the threshold of 바야흐로 ~하려고 하여, ~의 시초에
thrice	[θrais] 쓰라이스	부 세번, 3배로, 매우
thrift	[θrift] 쓰리프트	명 검약, 절약, 검소
thrifty	[θrífti] 쓰리프티	형 절약하는, 검소한, 알뜰한
thrill	[θril] 쓰릴	명 전율, 감동 타 자 오싹하게 하다
thrive	[θraiv] 쓰라이브	자 성공하다, 무성하다
throat	[θrout] 쓰로우트	명 목구멍, 기관, 목소리
throb	[θrɑb] 쓰라브	명 고동, 맥박 자 두근거리다
throe	[θrou] 쓰로우	명 격동, 고민, 진통, 산고
throne	[θroun] 쓰로운	명 왕좌, 옥좌 타 즉위시키다
throng	[θrɔ(ː)ŋ] 쓰롱	명 군중 타 자 떼지어 모이다
through	[θruː] 쓰루-	전 ~을 통하여 부 통해서
	○ be through with ~을 마치다, ~와 관계가 없다
throughout	[θruːáut] 쓰루-아우트	부 도처에, 죄다 전 ~동안
throw	[θrou] 쓰로우	타 자 던지다 명 던지기
	○ throw away (aside) (쓸데없어서) 내 버리다, 낭비하다
	○ throw oneself at a person 맹렬하게 돌진하다, ~의 사랑(우정)을 얻으려고 열을 올리다
thrust	[θrʌst] 스러스트	타 자 밀다, 밀어내다 명 밀기
thumb	[θʌm] 썸	명 엄지손가락 타 만지작거리다
thump	[θʌmp] 썸프	명 딱 때림 타 자 탁 때리다
thunder	[θʌ́ndər] 썬더	명 벼락, 천둥 타 자 천둥치다
thunderbolt	[θʌ́ndərbòult] 썬더보울트	명 뇌전, 벼락, 낙뢰
Thursday	[θə́ːrzdi] 써-즈디	명 목요일(약어 Thurs)
thus	[ðʌs] 더스	부 이와 같이, 이렇게, 따라서
thwart	[θwɔːrt] 쓰워-트	타 방해하다 부 횡단하여
thy	[ðai] 다이	대 너, thou의 소유격

tick	[tik] 틱	명 똑딱 소리
ticket	[tíkit] 티키트	명 표, 승차권, 게시표, 입장권
tickle	[tíkəl] 티클	타 자 간질이다 명 간지러움
tide	[taid] 타이드	명 조수, 조류 타 자 극복하다
tidings	[táidiŋz] 타이딩즈	명 통지, 소식, 기별, 사건
tidy	[táidi] 타이디	형 말쑥한, 정연한 타 자 정돈하다
tie	[tai] 타이	타 자 매다, 동이다 명 매듭, 맴
tiger	[táigər] 타이거	명 범, 호랑이, 잔인한 사람
tight	[tait] 타이트	형 탄탄한, 견고한 부 단단히
tighten	[táitn] 타이튼	타 자 바싹 죄다, 단단하게 하다
tile	[tail] 타일	명 기와, 타일 타 기와를 이다
till	[til] 틸	전 ~까지 접 ~할 때까지 타 자 갈다
tilt	[tilt] 틸트	타 자 기울다, 기울이다 명 경사
timber	[tímbər] 팀버	명 재목, 용재, 큰 목재, 대들보
time	[taim] 타임	명 때, 시간, 세월, 기간, 시대

- **all the time** 줄 곧, 그 동안 내내
- **at a time** 동시에, 한번에

timid	[tímid] 티미드	형 겁 많은, 겁에 질린, 소심한
tin	[tin] 틴	명 주석, 양철 형 주석으로 만든
tinge	[tindʒ] 틴쥐	명 엷은 색 타 엷게 물들이다
tingle	[tíŋgəl] 팅걸	자 욱신거리다 명 욱신거림
tinker	[tíŋkər] 팅커	명 땜장이 타 자 어설프게 만지다
tint	[tint] 틴트	명 색조, 희미한 색 타 착색하다
tiny	[táini] 타이니	형 아주 작은, 몹시 작은
tip	[tip] 팁	명 끝, 첨단, 끄트머리, 팁
tiptoe	[típtòu] 팁토우	명 발끝 자 발끝으로 걷다
tire	[taiər] 타이어	타 자 피로하게 하다 명 저격병

- **(be) tired of** ~에 싫증나는, 싫어지는
- **(be) tired out** 몹시 지친

tired	[taiərd] 타이어드	형 피로한, 싫증난, 지친, 물린

tissue	[tíʃuː]	티슈	명 (생물의) 조직, 얇은 직물
title	[táitl]	타이틀	명 표제, 제목, 책 이름, 자막
to	[tuː]	투-	전 ~으로, ~에, ~까지
toad	[toud]	토우드	명 두꺼비, 경멸할 인물
toast	[toust]	토우스트	명 구운 빵 타 자 축배를 들다
tobacco	[təbǽkou]	터배코우	명 담배, 살담배, 흡연
today	[tədéi]	터데이	타 자 오늘, 금일, 현재, 오늘날
toe	[tou]	토우	명 발가락, 돌출부, 발끝
together	[təgéðər]	터게더	부 함께, 동반해서, 같이, 동시에

- together with ~와 함께, ~도 같이(=along with)

toil	[tɔil]	토일	명 수고, 고생 자 수고하다
toilet	[tɔ́ilit]	토일리트	명 화장, 복장, 화장실, 목욕실
token	[tóukən]	토우컨	명 표, 상징, 부호, 기념품

- in token of ~의 표시로

tolerable	[tɑ́lərəbəl]	터러러벌	형 참을 수 있는, 견딜수 있는
tolerate	[tɑ́lərèit]	탈러레이트	타 참다, 견디다, 묵인하다
toll	[toul]	토울	명 종소리, 통행세, 장세
tomato	[təméitou]	터메이토우	명 토마토, 일년감
tomb	[tuːm]	투-움	명 무덤, 묘 타 매장하다
tomorrow	[təmɔ́ːrou]	터모-로우	부 명 내일, 미래
ton	[tʌn]	턴	명 톤(중량의 단위=1000kg)
tone	[toun]	토운	명 가락, 음(조) 타 자 가락을 붙이다
tongs	[tɔ(ː)ŋz]	통즈	명 부젓가락, 부집게, 지짐인두
tongue	[tʌŋ]	텅	명 혀, 말, 언어, 변설, 말투
tonight	[tənáit]	터나이트	부 명 오늘밤
tonnage	[tʌ́nidʒ]	터니쥐	명 (배의) 용적, 톤수, 용적량
too	[tuː]	투-	부 그 위에, 또한, 너무, 지나치게

- too ~ for ~   ~로서는 너무 ~하다
- too ~ to do ~   너무 ~해서 ~할 수 없다

tool	[tuːl]	투-울	명 도구, 공구, 연장
tooth	[tuːθ]	투-쓰	명 이, 치아, 이 모양의 물건
top	[tɑp]	탑	명 꼭대기, 정상, 극점, 절정

topic	[tápik] 타픽	명 화제, 논제, 제목, 원리
torch	[tɔːrtʃ] 토-취	명 횃불, 토오치, 빛
torment	[tɔ́ːrment] 토-멘트	명 고통, 가책 타 괴롭히다
torpedo	[tɔːrpíːdou] 토-피-도우	명 수뢰, 어뢰, 지뢰, 갱
torrent	[tɔ́ːrənt] 토-런트	명 분류, 급류, 폭우, 여울
tortoise	[tɔ́ːrtəs] 토-터스	명 거북이, 느림보
torture	[tɔ́ːrtʃər] 토-쳐	명 고문, 고통 타 고통을 주다
toss	[tɔːs] 토-스	타 자 던져올리다 명 던지기
tosspot	[tɔːspàt] 토-스파트	명 술고래, 모주꾼
total	[tóutl] 토우틀	명 총계 형 전체의 타 자 합계하다
totter	[tátər] 타터	자 비틀거리다 명 비틀거림
touch	[tʌtʃ] 터취	타 자 닿다, 만지다 명 접촉

○ in (out of) touch with ~와 접촉하여 (하지 않아서)
○ touch down 착륙하다, (럭비에서) 터치다운하다

| tough | [tʌf] 터프 | 형 강인한, 완고한, 질긴 |
| tour | [tuər] 투어 | 명 관광여행 타 자 주유하다 |

○ make tour of ~을 한바퀴 돌다, 일주하다

tourist	[túərist] 투어리스트	명 여행가, 관광객, 좋은 봉
tournament	[túərnəmənt] 투어먼트	명 시합, 경기, 선수권대회
tow	[tou] 토우	명 예인선 타 밧줄로 끌다
toward	[tɔːrd] 토-드	전 ~의 쪽으로, ~에 대하여
towel	[táuəl] 타월	명 수건, 타올, 행주
tower	[táuər] 타워	명 탑, 성루 자 우뚝 솟다
town	[taun] 타운	명 읍, 소도시, 지방의 중심지
toy	[tɔi] 토이	명 장난감, 노리개 자 장난하다
trace	[treis] 트레이스	명 발자국, 형적 타 자 추적하다
track	[træk] 트랙	명 흔적

○ in one's track 그 자리에서, 즉석에서, 즉시

tract	[trækt] 트랙트	명 넓은 토지, 지역, 지방
tractor	[træktər] 트랙터	명 끄는 도구, 견인차, 트랙터
trade	[treid] 트레이드	명 상업, 장사 타 자 장사하다
trader	[tréidər] 트레이더	명 상인, 무역업자, 무역선

tradesman	[tréidzmən] 트레이즈먼	명 소매 상인, 점원
tradition	[trədíʃən] 트러디션	명 전설, 구전, 전통, 관례
traffic	[træfik] 트래픽	명 교통, 왕래 타 자 왕래하다
tragedy	[trædʒədi] 트래져디	명 비극, 참사, 비참
tragic(al)	[trædʒik(əl)] 트래직(얼)	형 비극의, 비참한, 비극적인
trail	[treil] 트레일	타 자 질질 끌다 명 지나간 자국
trailer	[tréilər] 트레일러	명 끄는 사람, 추적자, 예고 편
train	[trein] 트레인	타 자 훈련하다 명 열차
training	[tréiniŋ] 트레이닝	명 훈련, 교련, 트레이닝, 연습
trait	[treit] 트레이트	명 특색, 특징, 모습, 버릇
traitor	[tréitər] 트레이터	명 반역자, 배반자, 매국노
tram	[træm] 트램	명 궤도(차), 시가 전차, 석탄차
tramp	[træmp] 트램프	타 자 방랑하다, 쿵쿵 걷다
trample	[træmpəl] 트램펄	타 자 짓밟다, 학대하다
trance	[træns] 트랜스	명 꿈결, 황홀, 혼수 상태
tranquil	[trænkwil] 트랭퀼	형 평온한 타 자 진정시키다
transact	[trænsækt] 트랜색트	타 자 처리하다, 거래하다
transfer	[trænsfɔ́ːr] 트랜스퍼-	명 전환, 이동 타 자 옮기다
transform	[trænsfɔ́ːrm] 트랜스포-옴	타 변형시키다, 바꾸다

○ trnsform ~ into ~ ~을 ~으로 변형하다

transient	[trænʃənt] 트랜션트	형 일시적인, 덧없는, 순간적인
transit	[trænzit] 트랜짓트	명 통과, 변천 타 횡단하다
transition	[trænzíʃən] 트랜지션	명 변이, 변천, 과도기
transitive	[trænsətiv] 트랜서티브	명 (문법) 타동사 형 타동사의
translate	[trænsléit] 트랜슬레이트	타 자 번역하다, 해석하다
transmit	[trænsmít] 트랜스미트	타 보내다, 발송하다, 전달하다
transparent	[trænspɛ́ərənt] 트랜스페어런트	형 투명한, 명료한, 솔직한
transport	[trænspɔ́ːrt] 트랜스포-트	타 수송하다, 유형에 처하다
transportation	[trænspərtéiʃən] 트랜스퍼테이션	명 수송, 운송기관, 유형, 운반
trap	[træp] 트랩	명 덫 타 자 덫에 걸리게 하다
travel	[trævəl] 트래블	타 자 여행하다, 나아가다 명 여행

traverse	[trǽvərs] 트래버-스	타 자 가로지르다 명 횡단
tray	[trei] 트레이	명 쟁반, 얕은 접시, 푼주
treachery	[trétʃəri] 트레처리	명 배신, 배반, 반역
tread	[tred] 트레드	타 자 밟다, 지나다 명 밟기
treason	[tríːzən] 트리-전	명 반역(죄), 불신
treasure	[tréʒər] 트레져	명 보배 타 진귀하게 여기다
treasurer	[tréʒərər] 트레져러	명 회계, 수입계
treasury	[tréʒəri] 트레저리	명 금고, 국고, 세입, 기금
treat	[triːt] 트리-트	타 자 취급하다, 다루다 명 향응
treatise	[tríːtis] 트리-티스	명 논설, 논문
treaty	[tríːti] 트리-티	명 조약, 맹약, 협정, 약속
treble	[trébəl] 트레벌	명 3배, 세겹 형 3배의
tree	[triː] 트리이	명 나무, 수목, 목제품
tremble	[trémbəl] 트렘벌	타 자 떨다, 전율하다 명 떨림
tremendous	[triméndəs] 트리멘더스	형 무서운, 무시무시한
tremulous	[trémjuləs] 트레뮬러스	형 떨리는, 후들거리는
trench	[trentʃ] 트렌취	명 도랑, 참호 타 참호를 파다
trend	[trend] 트렌드	명 방향, 향(向) 자 향하다
trespass	[tréspəs] 트레스퍼스	명 침입, 침해 자 침입하다
trial	[tráiəl] 트라이얼	명 공판, 시험, 시련, 재판
● on teial	시험적으로, 공판중인	
triangle	[tráiæŋgəl] 트라이앵걸	명 삼각형, 3인조, 삼각자
tribe	[traib] 트라이브	명 부족, 종족, 야만족
tribunal	[traibjúːnl] 트라이뷰-늘	명 법정, 법관석, 재판소
tribute	[tríbjuːt] 트리뷰-트	명 공물, 세, 부과금, 징수금
trick	[trik] 트릭	명 묘기, 재주, 속임수 타 자 속이다
● play a teick on	~에게 장난을 하다, ~을 속이다	
trickle	[tríkəl] 트리컬	타 자 똑똑 떨어지다, 조르륵 흐르다
trifle	[tráifəl] 트라이펄	명 하찮은 일 타 자 장난치다
● trifle with	~을 가지고 놀다, 소홀히 다루다, 우습게 보다	
trim	[trim] 트림	형 말쑥한 명 정돈

trinity	[tríniti] 트리니티	명 삼위일체, 3인조, 3개 한 벌
trip	[trip] 트립	명 여행, 소풍 타 자 여행하다
triple	[trípəl] 트리펄	형 3배의 명 3배, 3루타
triumph	[tráiəmf] 트라이엄프	명 개선, 승리 자 이기다

- **in triumph** 의기양양하여

triumphant	[traiʎmfənt] 트라이엄펀트	형 승리를 거둔, 의기양양한
trivial	[tríviəl] 트리비얼	형 하찮은, 보잘것없는, 시시한
trolley	[tráli] 트랄리	명 손수레, 고가 이동 활차
troop	[tru:p] 트루-프	명 떼, 무리 타 자 모이다
trophy	[tróufi] 트로우피	명 전리품, 전승기념물, 상패
tropic	[trápik] 트라픽	명 회귀선, 열대
tropical	[trápikəl] 트라피컬	형 열대의, 열대적인, 열렬한
trot	[trɑt] 트랏	명 빠른 걸음 타 자 빨리 걷다
trouble	[trʎbəl] 트러벌	명 걱정, 근심, 고생 타 자 괴롭히다

- **the trouble is (that)** 곤란한 것은 ~이다
- **give a person trouble** 폐를 끼치다

trough	[trɔ(:)f] 트로프	명 함지박, 여물통, 반죽그릇
trousers	[tráuzərz] 트라우저즈	명 바지, 즈봉, 헐렁바지
trout	[traut] 트라우트	명 (물고기) 송어
truck	[trʎk] 트럭	명 화물자동차, 트럭
trudge	[trʎdʒ] 트러쥐	자 무겁게 터벅터벅 걷다
true	[tru:] 트루-	형 정말의 부 진실로 명 진실

- **It is true that ~, but ~** 과연 ~이지만 그러나 ~
- **prove true** 사실임이 판명되다, 들어맞다

truly	[trú:li] 트루-리	부 참으로, 성실히, 진실로
trumpet	[trʎmpit] 트럼피트	명 트럼펫, 나팔
trunk	[trʎŋk] 트렁크	명 줄기, 몸통, 본체, 큰 가방
trust	[trʎst] 트러스트	명 신용, 신임 타 자 신뢰하다
trustee	[trʎstí:] 트러스티-	명 보관인, 수탁자
trusty	[trʎsti] 트러스티	형 믿을 수 있는, 확실한
truth	[tru:θ] 트루-쓰	명 진리, 진실, 사실, 참

- **in truth** 실제로는, 실은, 실로

		● to tell the truth 사실을 말하자면, 실은	
try	[trai] 트라이	타 자 해보다, 시도하다 명 시도	
		● try on 시험삼아 (입어) 보다	
		● give a try to ~을 시도하다, 시험해 보다	
tub	[tʌb] 텁	명 통, 물통 타 자 목욕하다	
tube	[tju:b] 튜-브	명 관, 튜우브, 지하철, 통	
tuck	[tʌk] 턱	타 자 걷어올리다, 접어올리다	
Tuesday	[tjúːzdi] 튜-즈디	명 화요일(약어 Tues)	
tug	[tʌg] 터그	타 잡아당기다, 끌다	
tulip	[tjúːlip] 튜-립	명 튜울립	
tumble	[tʌ́mbəl] 텀벌	타 자 넘어지다, 뒹굴다 명 전락	
tumult	[tjúːmʌlt] 튜-멀트	명 소동, 떠들썩함, 혼란, 폭동	
tune	[tju:n] 튜-운	명 곡조, 멜로디 타 음조를 맞추다	
tunnel	[tʌ́nl] 터널	명 터널, 지하도 타 자 굴을 파다	
turban	[tə́ːrbən] 터-번	명 터어번	
turbulent	[tə́ːrbjələnt] 터-벌런트	형 (파도, 바람이) 거친, 광포한	
turf	[təːrf] 터-프	명 잔디, 뗏장 타 잔디를 심다	
turkey	[tə́ːrki] 터-키	명 칠면조, 무용지인, 바보	
turn	[təːrn] 터-언	타 자 돌리다, 켜다 명 회전	
		● in turn 차례로, 번갈아, 이번에는	
		● turn away 외면하다, 해고하다, 쫓아버리다	
turnip	[tə́ːrnip] 터-닢	명 (식물) 순무, 단조로운 일	
turret	[tə́ːrit] 터-리트	명 작은 탑, 망루, 포탑	
turtle	[tə́ːrtl] 터-틀	명 바다 거북	
tutor	[tjúːtər] 튜-터	명 가정교사 타 자 (개인적) 지도하다	
twelfth	[twelfθ] 트웰프쓰	명 제 12 형 제 12의	
twelve	[twelv] 트웰브	명 12 형 12의, 12절판	
twenty	[twénti] 트웬티	명 20 형 20의	
twentieth	[twéntiiθ] 트웬티이쓰	명 제 20 형 제 20의	
twice	[twais] 트와이스	부 두 번, 2회, 2배로	

twig	[twig] 트위그	몡 잔 가지, 가는 가지, 지맥
twilight	[twáilàit] 트와일라이트	몡 황혼, 땅거미, 박명
twin	[twin] 트윈	혱 쌍둥이의 몡 쌍둥이중의 하나
twine	[twain] 트와인	몡 끈실 탄 잔 꼬다, 얽히게 하다
twinkle	[twíŋkəl] 트윙컬	탄 잔 빤짝빤짝 빛나다 몡 반짝임
twist	[twist] 트위스트	탄 잔 비틀다, 뒤틀다 몡 꼬임
twit	[twit] 트위트	탄 야유하다, 비웃다, 조롱하다
twitch	[twitʃ] 트위취	탄 잔 홱 잡아당기다 몡 홱 잡아챔
twitter	[twítər] 트위터	몡 지저귐 탄 잔 지저귀다
two	[tuː] 투-	몡 2, 두 개 혱 2의, 두개의
twopence	[tʌ́pəns] 터펀스	몡 (영국의 은화) 2펜스, 시시한 일
twopenny	[tʌ́pəni] 터퍼니	혱 2펜스의, 값싼 몡 2펜스
type	[taip] 타잎	몡 형, 전형 탄 타이프라이터로 찍다
typhoid	[táifɔid] 타이포이드	혱 장티푸스의 몡 장티푸스
typhoon	[taifúːn] 타이푸-운	몡 태풍
typical	[típikəl] 티피컬	혱 대표적인, 모범적인, 상징적인
typist	[táipist] 타이피스트	몡 타이피스트, 타자수
tyranny	[tírəni] 티러니	몡 전제정치, 정, 포학, 학대
tyrant	[táiərənt] 타이어런트	몡 폭군, 압제자, 전제군주

U

ugly	[ʌ́gli] 어글리	혱 추한, 보기싫은, 불쾌한
ultimate	[ʌ́ltəmit] 얼티미트	혱 최후의, 마지막의, 가장 먼
umbrella	[ʌmbrélə] 엄브렐러	명 우산
umpire	[ʌ́mpaiər] 엄파이어	명 (경기의) 심판자 타 자 심판하다
UN	[juːén] 유-엔	약 국제연합(United Nations)
unable	[ʌnéibəl] 어네이벌	혱 ~할 수 없는, 연약한
unanimous	[juːnǽnəməs] 유-내너머스	혱 만장일치의, 이구동성의
unaware	[ʌ̀nəwɛ́ər] 어너웨어	혱 눈치채지 못하는, 알지 못하는
unbearable	[ʌ̀nbɛ́ərəbəl] 언베어러벌	혱 참을 수 없는, 견딜 수 없는
unbroken	[ʌ̀nbróukən] 언브로우컨	혱 파손되지 않는, 완전한
uncertain	[ʌ̀nsə́ːrtən] 언서-튼	혱 의심스러운, 불안한
unchanged	[ʌ̀ntʃéindʒd] 언체인쥐드	혱 변하지 않은
uncle	[ʌ́ŋkəl] 엉클	명 백부, 숙부, 외삼촌, 고모부
unclean	[ʌ̀nklíːn] 언크리-ㄴ	혱 불결한, 더럽혀진, 부정한
uncomfortable	[ʌ̀nkʌ́mfərtəbəl] 언컴퍼터벌	혱 불안한, 불편한, 거북한
uncommon	[ʌ̀nkʌ́mən] 언카먼	혱 진귀한, 드문, 흔하지 않은
unconscious	[ʌ̀nkʌ́nʃəs] 언칸셔스	혱 무의식의, 부지중의, 모르는
uncouth	[ʌnkúːθ] 언쿠-쓰	혱 서투른, 조야한, 거칠은
uncover	[ʌnkʌ́vər] 언커버	타 자 뚜껑을 열다, 탈모하다
under	[ʌ́ndər] 언더	전 ~의 아래에 부 아래에
undergo	[ʌ̀ndərgóu] 언더고우	타 받다, 당하다, 겪다
underground	[ʌ́ndərgràund] 언더그라운드	혱 지하의, 비밀의 명 지하도
underline	[ʌ̀ndərláin] 언더라인	타 ~의 밑에 선을 긋다 명 밑줄
underneath	[ʌ̀ndərníːθ] 언더니-쓰	전 ~의 밑에 부 아래에 명 하부
understand	[ʌ̀ndərstǽnd] 언더스탠드	타 자 이해하다, 알아듣다

○ understand one another(each other)
서로 이해하다, 의사가 소통하다

undertake	[ʌ̀ndərtéik] 언더테이크	타 떠맡다, 인수하다, 착수하다
underwear	[ʌ́ndərwɛ̀ər] 언더웨어	명 내의, 속옷
underworld	[ʌ́ndərwə̀ːrld] 언더워-얼드	명 지하, 지옥, 저승, 황천
undesirable	[ʌ̀ndizáiərəbəl] 언디자이어러벌	형 탐탁지 않은, 바람직하지 못한
undisturbed	[ʌ̀ndistə́ːrbd] 언디스타-브드	형 조용한, 방해되지 않는
undo	[ʌ̀ndúː] 언두우-	타 원상태로 돌리다, 취소하다
undone	[ʌ̀ndʌ́n] 언던	동 undo의 과거분사 형 끝ان
undress	[ʌ̀ndrés] 언드레스	타자 옷을 벗기다, 옷을 벗다
uneasy	[ʌ̀níːzi] 언이-지	형 불안한, 거북한, 꺼림칙한
unemployed	[ʌ̀nimplɔ́id] 언임프로이드	형 일이 없는, 쓰지 않는
unequal	[ʌ̀níːkwəl] 언이-퀄	형 같지 않은, 부동의, 불공평한
unfinished	[ʌ̀nfíniʃt] 언피니쉬트	형 미완성의, 완전치 못한
unfit	[ʌ̀nfít] 언핏	형 부적당한, 적임이 아닌
unfold	[ʌ̀nfóuld] 언포울드	타 (접어갠 물건을) 펴다, 열리다
unfortunate	[ʌ̀nfɔ́ːrtʃənit] 언포-쳐니트	형 불행한 명 불운한 사람
ungrateful	[ʌ̀ngréitfəl] 언그레이트펄	형 은혜를 모르는, 애쓴 보람 없는
unhappy	[ʌ̀nhǽpi] 언해피	형 불행한, 비참한, 불운한
uniform	[júːnəfɔ̀ːrm] 유-니포옴	형 한결같은 명 제복
unimportant	[ʌ̀nimpɔ́ːrtənt] 언임포-턴트	형 중요하지 않은, 보잘것없는
union	[júːnjən] 유-니언	명 결합, 동맹, 일치, 합동
unique	[juːníːk] 유-니-크	형 유일의, 독자의, 진기한
unit	[júːnit] 유-니트	명 한 개, 한 사람, 단위
unite	[juːnáit] 유-나이트	타자 일치하다, 결합하다
united	[juːnáitid] 유-나이티드	형 결합한, 일치된, 결속된
unity	[júːnəti] 유-너티	명 단일, 통일, 일치, 화합
universal	[jùːnəvə́ːrsəl] 유-너버-설	형 우주의, 만유의, 전 세계의
universe	[júːnəvə̀ːrs] 유-너버-스	명 우주, 만물, 전 세계
university	[jùːnəvə́ːrsəti] 유-너버-서티	명 종합 대학교, 대학팀
unjust	[ʌ̀ndʒʌ́st] 언져스트	형 부정한, 매정한, 부당한, 불법의

unkind	[ʌ̀nkáind] 언카인드	형 불친절한, 매정한, 냉혹한
unknown	[ʌ̀nnóun] 언노운	형 알 수 없는, 미지의, 불명의
unless	[ənlés] 언레스	접 만약 ~이 아니면, ~외에는
unlike	[ʌ̀nláik] 언라이크	형 다른 전 ~와 같지 않고
unlikely	[ʌ̀nláikli] 언라이클리	형 가망 없는, 있을 것 같지 않은
unlimited	[ʌ̀nlímitid] 언리미티드	형 끝 없는, 무한한, 한없는
unload	[ʌ̀nlóud] 언로우드	타 자 (짐을) 부리다, 내리다
unlock	[ʌ̀nlák] 언락	타 자 자물쇠를 열다, 털어놓다
unlucky	[ʌ̀nlʌ́ki] 언러키	형 불행한, 불운한, 운이 없는
unmarried	[ʌ̀nmǽrid] 언매리드	형 미혼의
unmoved	[ʌ̀nmúːvd] 언무-브드	형 확고한, 냉정한, 흔들리지 않는
unnatural	[ʌ̀nnǽtʃərəl] 언내처럴	형 부자연한, 보통이 아닌
unnecessary	[ʌ̀nnésəsèri] 언네서서리	형 불필요한, 무익한, 쓸데없는
unoccupied	[ʌ̀nákjəpàid] 언나켜파이드	형 점용당하지 않은, 일이 없는
unpleasant	[ʌ̀nplézənt] 언플레전트	형 불쾌한, 마음에 들지 않는
unprecedented	[ʌ̀nprésədəntid] 언프레서덴티드	형 전례없는, 신기한
unreasonable	[ʌ̀nríːzənəbəl] 언리-저너벌	형 부조리한, 터무니없는
unrest	[ʌ̀nrést] 언레스트	명 불안, 불온(상태), 걱정
unsatisfactory	[ʌ̀nsætisfǽktəri] 언새티스팩터리	형 불만족한
unseen	[ʌ̀nsíːn] 언시-인	형 안 보이는, 보이지 않는
unsound	[ʌ̀nsáund] 언사운드	형 상한, 부패한, 불합리한
unspeakable	[ʌ̀nspíːkəbəl] 언스피-커블	형 말할 수 없는, 몹시 나쁜
untie	[ʌ̀ntái] 언타이	타 (매듭을) 풀다, 해방하다
until	[əntíl] 언틸	전 ~까지 접 ~때까지, 마침내
untouched	[ʌ̀ntʌ́tʃt] 언터취트	형 손대지 않은, 언급되지 않은
untrue	[ʌ̀ntrúː] 언트루-	형 진실이 아닌, 허위의
unusual	[ʌ̀njúːʒuəl] 언유-주얼	형 보통이 아닌, 진기한
unwelcome	[ʌ̀nwélkəm] 언웰컴	형 환영받지 못하는, 싫은
unwilling	[ʌ̀nwílíŋ] 언윌링	형 본의가 아닌, 마음내키지 않는
unwise	[ʌ̀nwáiz] 언와이즈	형 슬기 없는, 어리석은
unworthy	[ʌ̀nwə́ːrði] 언워-디	형 가치 없는, 하찮은

up	[ʌp] 업	튄 위로 젠 ~의 위에 휑 올라간
	◐ up and down	위 아래로, 왔다갔다, 여기저기
	◐ up to~	~하려고 하여, ~까지(에), ~에 이르기까지, ~에 이르러
uphold	[ʌphóuld] 업호울드	타 후원하다, 올리다, 받치다
upland	[ʌ́plənd] 업런드	명 고지, 산지 형 고지에 사는
uplift	[ʌplíft] 업리프트	타 들어올리다, 높이다
upon	[əpʌ́n] 어판	전 on과 같은 뜻
upper	[ʌ́pər] 어퍼	형 위의, 상부의, 상위의
upright	[ʌ́pràit] 업라이트	형 곧은, 곧게 선 부 똑바로
uproar	[ʌ́prɔːr] 업로오	명 큰 소란, 소동, 소음
uproot	[ʌprúːt] 업루-트	타 뿌리채 뽑다, 근절시키다
uprouse	[ʌpráuz] 업라우즈	자 일으키다, 눈을 뜨게 하다, 각성시키다
upset	[ʌpsét] 업세트	타 자 뒤집어 엎다 명 전복
upside	[ʌ́psàid] 업사이드	명 위쪽, 상부, 상행선
upstairs	[ʌ́pstέərz] 엎스테어즈	부 2층에, 위층에 형 2층의
upward	[ʌ́pwərd] 엎워드	형 상승하는, 향상하는
urchin	[ə́ːrtʃin] 어-췬	명 개구쟁이, 선머슴, 고슴도치
urge	[əːrdʒ] 어-쥐	타 몰아내다, 재촉하다 명 자극
urgent	[ə́ːrdʒənt] 어전트	형 긴급의, 중요한, 절박
urn	[əːrn] 어-언	명 항아리, 단지
us	[ʌs] 어스	대 we의 목적격, 우리들에게
USA	[júːesiei] 유-에스에이	약 아메리카 합중국
usage	[júːsidʒ] 유-시쥐	명 사용법, 취급법, 관습, 습관
use	[juːs] 유-스	명 사용, 이용, 용법, 실용
	◐ be in (out of) use	쓰이는(쓰이지 않는)
	◐ bring ~ into use	~을 사용하기 시작하다
use	[juːz] 유-즈	타 쓰다, 사용하다, 취급하다
used	[juːst] 유-스트	형 ~에 익숙하여 타 ~하곤 했다(to)
	◐ be used to	~늘 ~했다, ~하는 것이 예사였다
	◐ get used to	눈(에) 익다
	◐ used up	몹시 지친, 소모된

useful	[júːsfəl] 유-스펄	형 유용한, 편리한, 도움이 되는
useless	[júːslis] 유-슬리스	형 쓸모 없는, 무익한, 헛된
usher	[ʌ́ʃər] 어셔	명 안내인, 수위 타 안내하다
usual	[júːʒuəl] 유-쥬러	형 보통의, 평소의, 평범한

- as usual 평소와 같이, 여느 때처럼
- out of the usual 보통이 아닌, 진귀한

usually	[júːʒuəli] 유-쥬을리	부 보통, 언제나, 평소에
utensil	[juːténsəl] 유-텐설	명 가정용품, (부엌)세간, 도구
utility	[juːtíləti] 유-틸러티	명 유용, 실용, 유익
utilize	[júːtəlàiz] 유-털라이즈	타 이용하다, 활용하다
utmost	[ʌ́tmòust] 엇모우스트	형 극도의, 최대의 명 최대한도

- at (the) utmost 기껏해야
- do (try, exert) one's utmost 전력을 다하다
- get the utmost out of ~을 최대로 활용하다
- to the utmost 극도로, 최대한으로, 극력으로

utter	[ʌ́tər] 어터	형 철저한, 온전한 타 말하다

V

vacancy	[véikənsi] 베이컨시	명 공허, 빈 자리, 공간, 공석
vacant	[véikənt] 베이컨트	형 공허한, 빈, 비어 있는
vacation	[vəkéiʃən] 베이케이션	명 휴가, 방학 자 휴가를 얻다
vacuum	[vǽkjuəm] 배큐엄	명 진공, 빈 곳, 공백
vagabond	[vǽgəbɑ̀nd] 배거반드	명 방랑자, 불량배 형 방랑하는
vagrant	[véigrənt] 베이그런트	형 방랑하는, 떠도는
vague	[veig] 베이그	형 애매한, 분명치 않은, 막연한
vain	[vein] 베인	형 쓸데없는, 헛된, 무익한

○ in vain 헛되이, 공연히(=vainly), 경솔하게, 함부로
○ give value for 값어치만큼 지불하다
○ set (put) a value on ~의 값을 매기다

vale	[veil] 베일	명 (시) 계곡, 골짜기, 속세, 뜬 세상
valiant	[vǽljənt] 밸련트	형 용감한, 씩씩한
valley	[vǽli] 밸리	명 골짜기, 계곡, (강의) 유역
valuable	[vǽljuːəbəl] 밸류어벌	형 소중한, 값비싼, 귀중한
valuation	[vǽljuéiʃən] 밸류에이션	명 평가, 가치판단
value	[vǽljuː] 밸류-	명 가치, 값어치 타 평가하다
vanish	[vǽniʃ] 배니쉬	자 사라지다, 자취를 감추다
vanity	[vǽnəti] 배너티	명 공허, 무가치, 무익, 허무

○ a variety of 여러 가지의, 가지 각색의
○ for a variety of reasons 여러 가지 (이유로)

vanquish	[vǽŋkwiʃ] 뱅퀴쉬	타 정복하다, ~에 이기다
vapor	[véipər] 베이퍼	명 증기, 수증기, 김, 공상, 망상
variable	[vɛ́əriəbəl] 베어리어벌	형 변하기 쉬운, 일정치 않은
variation	[vɛ̀əriéiʃən] 베어리에이션	명 변화, 변동, 변화물, 변이
variety	[vəráiəti] 버라이어티	명 다양성, 잡동사니, 변화
various	[vɛ́əriəs] 베어리어스	형 다른, 여러 가지의, 틀리는
varnish	[váːrniʃ] 바-니쉬	명 속임, 겉치레 타 니스칠하다

vary	[vέəri] 베어리	타자	바꾸다, 변하다, 변경하다
vase	[veis] 베이스	명	꽃병, 병, 단지
vast	[væst] 배스트	형	거대한, 광대한, 굉장히
vault	[vɔːlt] 보-올트	명	둥근 지붕, 둥근 천장
vegetable	[védʒətəbəl] 베져터벌	명	야채, 식물 형 식물의
vegetation	[vèdʒətéiʃən] 베져테이션	형	식물의 성장, 식물
vehement	[víːmənt] 비-어먼트	형	간절한, 열렬한, 격렬한
vehicle	[víːikəl] 비-컬	명	차량, 탈 것, 매개물
veil	[veil] 베일	명	베일, 너울, 면사포
vein	[vein] 베인	명	정맥, 혈관, 심줄
velocity	[vilásəti] 빌라서티	명	속력, 빠르기, 속도
velvet	[vélvit] 벨비트	명	우단, 비로드 형 우단과 같은
venerable	[vénərəbəl] 베너러벌	형	존경할 만한, 존엄한, 훌륭한
vengeance	[véndʒəns] 벤전스	명	복수, 원수 갚기, 앙갚음
Venice	[vénis] 베니스	명	베니스(이탈리아 동북부의 항구)
venom	[vénəm] 베넘	명	(뱀, 거미 따위의) 독, 독액
vent	[vent] 벤트	명	구멍, 빠지는 구멍

○ give vent to ~을 터뜨리다, 나타내다

ventilate	[véntəlèit] 벤털레이트	타	환기하다, 정화하다
venture	[véntʃər] 벤쳐	명	모험 타자 감히 하다
Venus	[víːnəs] 비-너스	명	비너스(사랑과 미의 여신)
veranda	[vərǽndə] 버랜더	명	베란다
verb	[vəːrb] 버-브	명	(문법) 동사
verdict	[vɔ́ːrdikt] 버-딕트	명	(배심원의) 답신, 평결, 판단, 결정
verge	[vəːrdʒ] 버-쥐	명	끝, 가장자리 자 ~에 직면하다

○ on the verge of 바야흐로 ~하려고 하여, ~에 직면하여

verify	[vérəfài] 베러파이	타	확인하다, 증명하다
verse	[vəːrs] 버-스	명	시(詩), 운문, 시의 한 행
version	[vɔ́ːrʒən] 버-전	명	번역, 역서, 해석
vertical	[vɔ́ːrtikəl] 버-티컬	형	수직의, 세로의, 연직의

very	[véri] 베리	〖부〗 대단히, 매우, 참말로 〖형〗 참된
vessel	[vésəl] 베설	〖명〗 용기, 그릇, (대형의) 배
vest	[vest] 베스트	〖명〗 조끼, 속옷 〖타〗〖자〗 옷을 입히다
vestige	[véstidʒ] 베스티쥐	〖명〗 (희미한) 형적, 자취, 흔적
vesture	[véstʃər] 베스쳐	〖명〗 옷, 의복, 가리개
veteran	[vétərən] 베터런	〖명〗 노련자, 베테랑, 능수
veto	[víːtou] 비-토우	〖명〗 거부권, 부인권 〖타〗 거부하다
vex	[veks] 벡스	〖타〗 성나게 하다, 짜증나게 하다
vexation	[vekséiʃən] 벡세이션	〖명〗 괴롭힘, 짜증, 안달, 초조
vibrate	[váibreit] 바이브레이트	〖타〗〖자〗 떨다, 진동시키다, 흔들다
vibration	[vaibréiʃən] 바이브레이션	〖명〗 진동, 떨림, 마음의 동요
vice	[vais] 바이스	〖명〗 악덕, 악습, 죄악, 비행
vice	[vais] 바이스	〖접〗 부, 차석의, 대리
vice-president	[váisprézədənt] 바이스프레저던트	〖명〗 부통령, 부총재, 부회장
vicinity	[visínəti] 비시너티	〖명〗 근처, 근방, 인근, 주변
vicious	[víʃəs] 비셔스	〖형〗 사악한, 악덕의, 타락한
victim	[víktim] 빅팀	〖명〗 희생(자), 피해자, 조난자
victor	[víktər] 빅터	〖명〗 승리자, 정복자 〖형〗 승리의
victorious	[viktɔ́ːriəs] 빅토-리어스	〖형〗 이긴, 승리를 가져오는
victory	[víktəri] 빅토리	〖명〗 승리, 극복
victual	[vítl] 비틀	〖명〗 음식, 양식 〖타〗〖자〗 식량을 공급하다
view	[vjuː] 뷰-	〖명〗 경치, 시력, 의견 〖타〗 보다
○ in view 시계 안에, 보이는 곳에, 기대하여		
○ in view of ~이 보이는 곳에, ~을 고려하여		
view-point	[vjúːpɔint] 뷰-포인트	〖명〗 보는 관점, 견해, 견지
vigilance	[vídʒələns] 비절런스	〖명〗 경계, 조심, 불면증, 철야
vigor	[vígər] 비거	〖명〗 활력, 원기, 정력, 체력
vigorous	[vígərəs] 비거러스	〖형〗 원기가 있는, 힘찬, 강력한
vile	[vail] 바일	〖형〗 야비한, 비열한, 천한
villa	[vílə] 빌러	〖명〗 별장, 교외주택

village	[vílidʒ] 빌리쥐	명 마을, 촌(락)
villain	[vílən] 빌런	형 악한, 악인, 악당
vine	[vain] 바인	명 포도나무, 덩굴 식물
vinegar	[vínigər] 비니거	명 초, 식초
vineyard	[vínjərd] 빈여드	명 포도밭, 포도원, 일터
violate	[váiəléit] 바이얼레이트	타 (법률, 규칙을) 위반하다
violence	[váiələns] 바이얼런스	명 맹렬, 폭력, 난폭, 침해
violent	[váiələnt] 바이얼런트	형 과격한, 맹렬한, 극단적인
violet	[váiəlit] 바이얼리트	명 제비꽃, 보라빛 형 보라빛의
violin	[vàiəlín] 바이얼린	명 바이올린, 현악기
viper	[váipər] 바이퍼	명 독사, 살무사
virgin	[vəːrdʒin] 버-쥔	명 처녀, 아가씨 형 처녀의
virtue	[vəːrtjuː] 버-츄-	명 덕, 미덕, 장점, 가치

○ by (in) virtue of ~의 힘으로, ~에 의하여

virtuous	[vəːrtʃuəs] 버-츄어스	형 선량한, 도덕적인, 정숙한
visage	[vízidʒ] 비지쥐	명 얼굴, 용모
visible	[vízəbəl] 비저벌	형 눈에 보이는, 명백한, 실제의
vision	[víʒən] 비젼	명 시력, 시각, 상상력, 선견
visit	[vízit] 비짓	타 자 방문하다 명 방문, 견학

○ on a visit to ~을 방문(체류) 중(에), 구경 중(에)
○ receive a visit from a person ~의 방문을 받다
○ return a visit 답례로 방문하다

visitor	[vízitər] 비지터	명 방문자, 문병객, 손님
visual	[víʒuəl] 비쥬얼	형 시각의, 눈에 보이는
vital	[váitl] 바이틀	형 생명의, 생명이 있는
vitality	[vaitǽləti] 바이탤러티	명 생명력, 활력, 원기, 생기
vitamin(e)	[váitəmin] 바이터민	명 비타민
vivid	[vívid] 비비드	형 선명한, 산뜻한, 생생한
vocabulary	[voukǽbjəlèri] 보캐별레리	명 어휘, 용어, 단어집
vocal	[vóukəl] 보우컬	형 소리의, 음성의, 시끄러운
vogue	[voug] 보우그	명 유행, 인기, 호평
voice	[vɔis] 보이스	명 목소리, 음성 타 목소리를 내다

void	[vɔid] 보이드	형 빈, 공허한 명 공허
volcanic	[vɑlkǽnik] 발캐닉	형 화산의, 화산이 있는, 화성의
volcano	[vɑlkéinou] 발케이노우	명 화산
volley	[váli] 발리	명 일제사격, 연발 타 자 사격하다
volleyball	[válibɔ̀ːl] 발리보-올	명 배구
volume	[váljuːm] 발류-ㅁ	명 권, 책, 서적, 부피, 양
voluntary	[válənteri] 발런터리	형 자발적인, 자유의사의
volunteer	[vàləntíər] 발런티어	명 유지(有志) 타 자 지원하다
vote	[vout] 보우트	명 표결, 투표 타 자 투표하다
vow	[vau] 바우	명 맹세, 서약 타 자 맹세하다
vowel	[váuəl] 바월	명 모음(자) 형 모음의
voyage	[vɔ́iidʒ] 보이쥐	명 항해, 항행 타 자 항해하다
vulgar	[vʌ́lgər] 벌거	형 저속한, 야비한, 비천한

W

wade	[weid] 웨이드	타 자 (강물을) 걸어서 건너가다
waft	[wɑːft] 와-프트	타 가볍게 날리다 명 부동
wag	[wæg] 왜그	타 자 흔들다, 움직이다
wage	[weidʒ] 웨이쥐	명 임금 타 (전쟁, 투쟁을) 수행하다
wagon	[wǽgən] 왜건	명 4륜의 짐마차, 화차, 왜건
wail	[weil] 웨일	타 자 울부짖다, 비탄하다
waist	[weist] 웨이스트	명 허리, 요부, 중앙부
wait	[weit] 웨이트	타 자 기다리다, 대기하다

○ wait on (upon) ~을 시중들다, ~을 받들다

waiting-room	[wéitiŋruːm] 웨이팅루-움	명 대합실
wake	[weik] 웨이크	타 자 깨다, 일어나다, 잠깨다

○ wake up 깨다, 깨우다
○ in the wake up ~의 자국을 쫓아서, ~의 뒤를 이어, ~뒤에

walk	[wɔːk] 워-크	타 자 걷다, 산책하다 명 산보

○ walk about 걸어 다니다, 거닐다, 산책하다
○ walk off 걸어나가다, 떠나가게 하다, (죄인 등을) 끌고 가다

wall	[wɔːl] 워-얼	명 벽, 담, 둑 타 담을 싸다
wallet	[wɑ́lit] 왈리트	명 지갑, 돈주머니
walnut	[wɔ́ːlnʌ̀t] 워-얼넛트	명 호두, 호두색
wan	[wɑn] 완	형 창백한, 핏기 없는, 희미한
wander	[wɑ́ndər] 완더	자 헤매다, 빗나가다, 방랑하다
wane	[wein] 웨인	자 이지러지다, 작아지다 명 쇠미
want	[wɔ(ː)nt] 원트	타 자 원하다, 탐내다 명 결핍

○ a man of few wants 욕심이 적은 사람
○ in want of ~이 필요해서

war	[wɔːr] 워-	명 전쟁, 싸움 자 전쟁하다
warble	[wɔ́ːrbəl] 워-블	타 자 지저귀다 명 지저귐
ward	[wɔːrd] 워-드	명 감시, 감독 타 보호하다

warden	[wɔ́ːrdn] 워-든	명 감시인, 문지기, 간수장
ware	[wɛər] 웨어	명 제품, 상품, 판매품
warehouse	[wɛ́ərhàus] 웨어하우스	명 창고, 도매상 타 창고에 넣다
warfare	[wɔ́ːrfɛ̀ər] 워-페어	명 전쟁, 교전, 싸움
warm	[wɔːrm] 워-엄	형 따뜻한 타 자 따뜻하게 하다
warn	[wɔːrn] 워-언	타 경고하다, 주의하다
	○ watch watch out for	~을 경계하다
warrant	[wɔ́(ː)rənt] 워런트	명 근거, 보증, 권리 타 보증하다
warrior	[wɔ́(ː)riər] 워리어	명 무인, 용사, 노병
warship	[wɔ́ːrʃìp] 워-쉽	명 군함
wary	[wɛ́əri] 웨어리	형 주의 깊은, 세심한, 주도한
was	[wɑz] 워즈	동 be의 1인칭, 3인칭 단수
wash	[wɑʃ] 와쉬	타 자 씻다, 빨다 명 세탁
washing	[wɑ́ʃiŋ] 와쉥	명 빨래, 세탁, 세탁물
waste	[weist] 웨이스트	형 거친 타 자 낭비하다 명 황무지
wasteful	[wéistfəl] 웨이스트펄	형 낭비하는, 사치스러운
watch	[wɑtʃ] 와취	명 회중시계 타 자 주시하다
water	[wɔ́ːtər] 워-터	명 호수, 바다 타 자 물을 주다
waterfall	[wɔ́ːtərfɔ̀ːl] 워-터포-올	명 폭포, 늘어진 것
waterproof	[wɔ́tərprùːf] 워터프루-프	명 방수포, 방수복 형 방수의
waterway	[wɔ́ːtərwèi] 워-터웨이	명 운하, 수로
watery	[wɔ́ːtəri] 워-터리	형 물의, 물이 많은, 축축한
wave	[weiv] 웨이브	명 물결,파도 타 자 물결치다
waver	[wéivər] 웨이버	자 흔들리다, 너울거리다
wax	[wæks] 왝스	명 밀초 타 밀을 바르다
way	[wei] 웨이	명 길, 도로, 통로, 진로, 방향
	○ by the way	~하는 김에, 도중에
	○ by way of	~을 지나서, ~을 경유하여(=via), ~을 위하여
we	[wiː] 위-	대 우리는, 우리들, 우리가
weak	[wiːk] 위-크	형 약한, 힘 없는, 무력한
weaken	[wíːkən] 위-컨	타 자 약하게 하다, 약해지다
wealth	[welθ] 웰쓰	명 부, 재산, 풍부, 부유

wealthy	[wélθi] 웰씨	형	유복한, 풍부한, 넉넉한
weapon	[wépən] 웨펀	명	무기, 병기, 흉기
wear	[wɛər] 웨어	타 자 쓰다 명	착용, 소모

○ **wear down** 피로하게 하다, 닳아 없어지게 하다

○ **wear off** 점점 줄어들다, 닳아 없어지게 하다

○ **wear on** (시간이) 지나다, 경과하다, 초조하게 만들다

weary	[wíəri] 위어리	형	피로한, 지쳐있는, 피곤한
weasel	[wíːzəl] 위-절	명	족제비, 교활한 사람, 밀고자
weather	[wéðər] 웨더	명	일기, 날씨 타 자 풍화하다
weave	[wiːv] 위-브	타 자	짜다, 엮다, 뜨다
web	[web] 웹	명	거미집, 거미줄
wed	[wed] 웨드	타 자	결합하다, 결혼하다
wedding	[wédiŋ] 웨딩	명	결혼, 결혼식, 혼례
wedge	[wedʒ] 웨쥐	명 쐐기 타	쐐기로 쪼개다(죄다)
Wednesday	[wénzdi] 웬즈디	명	수요일(약어 Wed)
wee	[wiː] 위-	형	조그마한, 아주 작은
weed	[wiːd] 위-드	명 잡초 타 자	잡초를 뽑다
week	[wiːk] 위-크	명	주, 일주일간, 7일간
weekday	[wíːkdèi] 위-크데이	명 평일 형	평일의
weekend	[wíːkènd] 위-켄드	명 주말 형 주말의 자	주말을 보내다
weekly	[wíːkli] 위-클리	형 1주간의 부 매주 명	주간지
weep	[wiːp] 위-프	타 자	울다, 슬퍼하다, 비탄하다
weigh	[wei] 웨이	타 자	저울에 달다, 무게를 달다
weight	[weit] 웨이트	명 무게, 체중 타	무겁게 하다
weird	[wiərd] 위어드	형	불가사의한, 수상한
welcome	[wélkəm] 웰컴	명 환영 형	환영받는

○ **(be) welcome to** ~을 자유로이 써도 좋은, 자유로이 ~하여도 좋은

welfare	[wélfɛ̀ər] 웰페어	명	복지사업, 복리, 후생
well	[wel] 웰	명 샘 부 잘, 훌륭히 형	건강한 감 저런

○ **(be) well off** 잘 사는(비교급은 better off)

○ **do well to do** ~하는 것 (편)이 좋다 (현명하다)

were	[wər] 워-	동 be의 과거
west	[west] 웨스트	명 서쪽 형 서쪽의 부 서쪽에
western	[wéstərn] 웨스턴	형 서부지방의, 서양의
wet	[wet] 웨트	형 젖은, 축축한 타 자 적시다, 젖다
whale	[hweil] 훼일	명 고래, 거대한 사람
wharf	[hwɔːrf] 훠-프	명 부두, 선창
what	[hwɑt] 화트	대 어떤 것, 얼마, 무엇 형 무슨, 어떤

○ **what (~) for~?** 무엇 때문에, 어째서, 왜

whatever	[hwɑtévər] 홧에버	대 (~하는) 것은 무엇이나 형 어떤 ~이라도
wheat	[hwiːt] 휘-트	명 밀, (소맥) 곡식
wheel	[hwiːl] 휘-일	명 바퀴, 수레바퀴, 차륜
when	[hwen] 웬	부 언제 접 ~할 때 대 언제
whence	[hwens] 웬스	부 어디서, 어찌하여, 거기서부터
whenever	[hwenévər] 웬네버	부 ~할 때에는 언제든지
where	[hwɛər] 웨어	부 어디에 명 장소
whereas	[hwɛəræz] 웨어래즈	접 ~인 까닭에, ~을 고려하면
whereby	[hwɛərbài] 웨어바이	부 어떻게, 그에 의하여
wherefore	[hwɛərfɔːr] 웨어포-	부 어째서, 그러므로 명 이유
wherein	[hwɛərin] 웨어린	부 무엇 가운데에, 그 중에
wherever	[hwɛərévər] 웨어레버	부 어디에, 어디에든지
whether	[hwéðər] 웨더	접 ~인지 어떤지, ~인지 또는

○ **~ or ~** ~인지 ~인지, ~해야 할지 어떨지
○ **whether or no (not)** ~인지 아닌지, ~이거나 말거나

which	[hwitʃ] 위치	대 어느 것 어느 쪽 형 어느 쪽의
whichever	[hwitʃévər] 위체버	대 형 어느 ~이든지, 어느 것(이나)
whiff	[hwif] 휘프	명 한번 붐(바람), 확 풍기는향기
while	[hwail] 화일	명 떼, 시간, 잠시 접 ~하는 동안에

- after a while 잠시 후에, 조금 뒤에
- all the while 그 동안 내내, (접속사적으로) ~하는 동안 내내, 그동안 주욱

whim	[hwim] 휨	명 일시적 기분, 변덕, 자아틀
whimper	[hwímpər] 휨퍼	타 자 훌쩍훌쩍 울다, 낑낑거리다
whine	[hwain] 화인	타 자 애처롭게 울다, 흐느껴 울다
whip	[hwip] 휘프	명 매, 채찍질 타 자 채찍질하다
whirl	[hwəːrl] 훠-얼	타 자 빙빙 돌리다 명 회전
whirlwind	[hwə́ːrlwìnd] 훠-얼윈드	명 회오리 바람, 선풍
whisk	[hwisk] 휘스크	명 작은 비, 총채 타 자 (먼지) 털다
whisker	[hwískər] 휘스커	명 구레나루, (고양이, 쥐의) 수염
whisper	[hwíspər] 휘스퍼	타 자 속삭이다 명 속삭임
whistle	[hwísəl] 휘슬	타 자 휘파람을 불다 명 휘파람
white	[hwait] 화이트	형 흰, 백색의, 창백한 명 흰옷
whiten	[hwáitn] 화이튼	타 자 희게 하다, 표백하다
whither	[hwíðər] 휘더	부 어디로, 어느 방향으로
who	[huː] 후-	대 누구, 어떤 사람
whoever	[huːévər] 후-에버	대 ~하는 사람은 누구든지
whole	[houl] 호울	형 전체의, 전부의, 모든 명 전부

- a whole lot of ~ 썩 많은 ~, 대단히 많은 ~
- as a whole 총괄적으로, 전체로서는, 전체적으로

wholesale	[hóulsèil] 호울세일	명 도매 타 자 도매하다 형 도매의
wholesome	[hóulsəm] 호울섬	형 건강에 좋은, 건전한, 위생적인
wholly	[hóulli] 호울리	부 아주, 완전히, 오로지
whom	[huːm] 후-움	대 who의 목적격
why	[hwai] 와이	부 왜, 어째서, ~하는 명 이유

- Why not (~)? 왜 안되느냐, 왜 안해? (해도) 좋지 않으냐
- Why not let~? 왜 ~를 ~하도록 하지 않느냐

wicked	[wíkid] 위키드	형 나쁜, 사악한, 심술궂은

wide	[waid] 와이드	형 폭이 넓은, 너른, 낙낙한
widow	[wídou] 위도우	명 미망인, 과부, 홀어미
width	[widθ] 위드쓰	명 넓이, 폭
wield	[wi:ld] 위-일드	타 칼(권력)을 휘두르다
wife	[waif] 와이프	명 처, 아내, 부인, 마누라
wig	[wig] 위그	명 가발, 머리칼 타 가발을 씌우다
wiggly	[wígli] 위글리	형 주저하는, 꿈틀거리는
wild	[waild] 와일드	형 야생의, 야만의
wild-cat	[waild-kæt] 와일드-캣	명 삵쾡이, 무법자 형 당돌한
wilderness	[wíldərnis] 윌더니스	명 황야, 황무지
will	[wil] 윌	조 ~할 것이다 명 의지, 결의

○ **against one's will** 본의 아니게, 무리하게

willful	[wílfəl] 윌펄	형 계획적인, 고집 센, 고의의
willing	[wíliŋ] 윌링	형 기꺼이 ~하는, 자진해서 하는
willow	[wílou] 윌로우	명 버드나무(수목, 재목)
win	[win] 윈	타 자 획득하다, 이기다 명 승리
wince	[wins] 윈스	자 질리다, 움츠리다 명 주춤함
wind	[wind] 윈드	명 바람, 강풍 타 바람에 쐬다
wind	[waind] 와인드	타 자 감다, 휘갑기다, 말다

○ **wind one's way** 꼬불꼬불 (굽이치며) 나아가다

window	[wíndou] 윈도우	명 창, 창구, 유리창, 창틀
windy	[windi] 윈디	형 바람이 세게 부는, 몹시 거칠은
wine	[wain] 와인	명 포도주, 과실주, 검붉은 빛
wing	[wiŋ] 윙	명 날개 타 날개를 달다, 날리다
wink	[wiŋk] 윙크	타 자 눈을 깜박이다, 눈짓하다 명 눈짓
winner	[wínər] 위너	명 승리자, 우승자
winnow	[wínou] 위노우	타 (곡물, 겨 등) 까부르다, 키질하다
winter	[wíntər] 윈터	명 겨울, 만년 타 자 겨울을 나다
wintry	[wíntri] 윈트리	형 겨울의, 추운, 겨울다운

wipe	[waip] 와잎	탄 닦다, 훔치다 명 닦기, 훔침
wire	[waiər] 와이어	명 철사 탄자 철사로 묶다
wireless	[wáiərlis] 와이얼리스	형 무선의, 전선의 명 무전
wiry	[wáiəri] 와이어리	형 철사 같은, 빳빳한
wisdom	[wízdəm] 위즈덤	명 지혜, 현명, 학문, 분별
wise	[waiz] 와이즈	형 현명한 탄자 알다
wish	[wiʃ] 위쉬	탄자 원하다, 바라다 명 소망
wistful	[wístfəl] 위스트펄	형 탐나는 듯한, 생각에 잠긴
wit	[wit] 위트	명 기지, 재치, 재사
witch	[witʃ] 위취	명 마녀, 무당, 마술사
with	[wið] 위드	형 ~와 함께, ~의 속에

● with a rush 돌격하여, 단숨에, 갑자기
● with all ~에도 불구하고, ~은 있지마는

withal	[wiðɔ́ːl] 위도올	부 그 위에, 동시에 전 ~으로써
withdraw	[wiðdrɔ́ː] 위드로-	탄자 물러서게 하다, 회수하다
wither	[wíðər] 위더	탄자 시들다, 쇠퇴시키다
withhold	[wiðhóuld] 위드호울드	탄 보류하다, 억누르다
within	[wiðín] 위딘	전 ~의 속에, ~이내에 부 안에

● within reach of ~이 닿는 곳에, ~의 범위 안에
● within sight (of) (~이) 보이는 곳에, (~의) 근처에

without	[wiðáut] 위다우트	전 ~의 밖에, ~없이 부 외부에

● not without 다소 ~이 없지 않은, 상당히 ~이 있는

withstand	[wiðstǽnd] 위드스탠드	탄 거역하다, 저항하다, 버리다
witless	[wítlis] 위트리스	형 지혜(재치)없는, 분별이 없는
witness	[wítnis] 위트니스	명 증인 탄자 목격하다
witty	[wíti] 위티	형 재치있는, 재담을 잘 하는
wizard	[wízərd] 위저드	명 (남자) 마술사, 요술장이
woe	[wou] 우오우	명 비애, 고뇌, 재난 감 슬프도다
wolf	[wulf] 울프	명 이리(동물), 탐욕스런 사람
woman	[wúmən] 우먼	명 부인, 여자
wonder	[wʌ́ndər] 원더	명 놀라움, 경이, 경탄 탄자 놀라다
wonderful	[wʌ́ndərfəl] 원더펄	형 놀라운, 불가사의한

wont	[wɔnt] 우오-온트	형 버릇처럼 된 명 습관, 풍습
woo	[wuː] 우-	타 구혼하다, 조르다
wood	[wud] 우드	명 숲, 수풀, 삼림, 나무, 재목
wooden	[wúdn] 우든	형 나무로 만든, 어색한
woodman	[wúdmən] 우드먼	명 나무꾼, 산림간수
woodpecker	[wúdpèkər] 우드펙커	명 딱다구리
wool	[wul] 울	명 양털, 털실, 모직물, 울
woolen	[wúlən] 울런	형 양털의, 양모로 된 명 모직물
word	[wəːrd] 워-드	명 말, 단어, 서언, 낱말

- **in a (one) word** 요컨대, 한 마디로 말하면
- **on (upon) one's word** 맹세코, 반드시, 꼭

work	[wəːrk] 워-크	명 일, 작업 타 자 일하다

- **work on (upon)** 일을 계속하다, ~에 효험이 있다
- **work one's way** 일 (고생하면서 나아가다)

worker	[wə́ːrkər] 워-커	명 일손, 일꾼, 노동자, 노력가
working	[wə́ːrkiŋ] 워-킹	명 일, 노동, 작용 형 일하는
workshop	[wə́ːrkʃɑ̀p] 워-크샵	명 작업장, 공장, 일터
world	[wəːrld] 워-얼드	명 지구, 현세, 세상, 인류, 속세

- **come into (to) the world** 태어나다, 출판되다

worldly	[wə́ːrldli] 워-얼들리	형 속세의, 현세의, 세속적인
worm	[wəːrm] 워-엄	명 벌레(지렁이, 구더기 등)
worry	[wə́ːri] 워-리	타 자 괴롭히다, 고민하다

- **worry (be worried) about** ~을 걱정하다
- **worry a problem out** 고심한 끝에 (문제를 해결하다)

worse	[wəːrs] 워-스	형 보다 나쁜 부 더욱 나쁘게

- **all the worse** 더욱 나쁘게, 한층 더 나쁘게
- **for the worse** 한층 더 나쁘게, 나쁜 편으로

worship	[wə́ːrʃip] 워-십	명 숭배, 경모 타 자 숭배하다
worst	[wəːrst] 워-스트	형 가장 나쁜 부 가장 나쁘게
worth	[wəːrθ] 워-쓰	타 ~만큼의 값어치가 있는 명 가치

- **worth doing** ~할만한, ~할 가치가 있는
- **worth while** 가치가 있는, ~할만한
- **worth the trouble** ~에 쓸 가치있는

worthy	[wə́ːrði] 워-디	형 가치 있는, 훌륭한 명 명사
	○ worthy of ~의 가치가 있는	
	○ be worthy of note 주목할 만하다	
would	[wud] 우드	조 will의 과거, ~할 것이다
	○ would (shoud) like to ~하고 싶다	
wound	[wuːnd] 우-운드	명 부상, 상처, 타격 타 상처 입히다
wrap	[ræp] 랩	타 자 싸다, 덮다 명 어깨걸이
	○ keep ~ under wraps ~을 비밀로 해두다	
	○ take the wraps off (드러내) 보이다, 밝히다, 폭로하다	
wrath	[ræθ] 래쓰	명 격노, 복수, 신의 노여움
wreath	[riːθ] 리-쓰	명 화환, 동그라미
wreathe	[riːð] 리-드	타 자 화환으로 만들다, 장식하다
wreck	[rek] 렉	명 파멸, 난파 타 자 파괴하다
wren	[ren] 렌	명 굴뚝새
wrench	[rentʃ] 렌취	명 비틀림 타 잡아떼다, 비틀다
wrest	[rest] 레스트	타 비틀다, 억지로 빼앗다
wrestle	[résəl] 레슬	타 자 레슬링을 하다 명 레슬링
wretch	[retʃ] 레취	명 불운한 사람, 비열한 사람
wretched	[rétʃid] 레취드	형 불운한, 비참한, 가엾은
wriggle	[rígəl] 리걸	타 자 꿈틀거리다 명 꿈틀거림
wrinkle	[ríŋkəl] 링컬	명 주름 타 자 주름지다
wrist	[rist] 리스트	명 손목
write	[rait] 라이트	타 자 쓰다, 저작하다, 기록하다
	○ write away for ~을 편지(우편)로 주문하다	
	○ write in 써 넣다, 기입하다	
	○ write out 완전히 다 쓰다, (속기 등을) 완전히 고쳐 쓰다	
writhe	[raið] 라이드	타 뒤틀다 자 몸부림치다
writing	[ráitiŋ] 라이팅	명 씀, 필적, 저술, 지필
wrong	[rɔːŋ] 로-옹	형 부정의 타 해치다 명 부정
	○ (be) wrong with 상태가 좋지 않은, 어딘가 고장이 있다	
	○ go wrong 나빠지다, 고장이 생기다, (일이) 잘 안되다	
wrought	[rɔːt] 로-트	동 work의 과거 형 만든, 가공한

X

Xmas	[krísməs] 크리스머스	명 크리스머스(=Christmas)
X-ray	[éksrèi] 엑스레이	타 X선으로 검사하다 형 X선의
xylophone	[záiləfòun] 자일러포운	명 목금, 실로폰

Y

yacht	[jɑt] 야트	명 요트, 쾌속정 자 경주를 하다
Yankee	[jǽŋki] 앵키	명 양키, 미국 사람 형 북부 사람의
yard	[jɑːrd] 야-드	명 울안, 마당, 구내
yarn	[jɑːrn] 야-안	명 뜨게실, 방사, 모사
yawn	[jɔːn] 요-온	타 자 하품하다 명 하품, 틈
yea	[jei] 예이	부 그렇다, 그렇지 명 찬성, 긍정
year	[jiər] 이어	명 년, 해, 연도, 나이, 연령

- all the year round 1년 내내
- of late (recent) years 근년에, 최근에
- of the year 연간 최우수의, 특별히 뛰어난
- year after(by) year 매년, 해마다

yearn	[jəːrn] 여-언	자 동경하다, 갈망하다
yeast	[jiːst] 이-스트	명 이스트, 효모, 빵누룩, 자극
yean	[jiːn] 이-인	타 자 (새끼를) 낳다
yeanling	[jíːnliŋ] 이-인링	명 새끼 양, 형 갓난, 어린
yealy	[jíərli] 이어리	형 연 1회의, 매년의
yell	[jel] 옐	타 자 고함치다, 외치다 명 고함
yellow	[jélou] 옐로우	형 황색의 명 황색, 노란 옷
yelp	[jelp] 옐프	자 깽깽 울다, 소리치다
yeoman	[jóumən] 요우먼	명 자유민, 소지주, 자작농
yes	[jes] 예스	부 예, 네, 그렇습니다 명 「예」라는 말
yesterday	[jéstərdi] 예스터디	명 부 어제, 어저께, 과거
yet	[jet] 예트	부 아직, 지금까지 접 그러나
yield	[jiːld] 이-일드	타 자 산출하다 명 산출

- yield oneself (up) to ~에 몰두하다
- yield to ~을 받아 들이다, ~에 지다
- yield up 넘겨주다, 포기하다

YMCA	[waiémsíːei] 와이엠씨-에이	약 기독교청년회
yoke	[jouk] 요우크	명 멍에 타 자 멍에를 씌우다
yonder	[jándər] 얀더	부 저쪽에, 저기에 형 저쪽의
you	[juː] 유-	대 당신, 자네, 당신들, 사람
young	[jʌŋ] 영	형 젊은, 어린 명 (동물의) 새끼

- with (in) young (동물이) 새끼를 배어
- young and old 노소를 불문하고, 늙은이나 젊은이나

youngster	[jʌ́ŋstər] 영스터	명 어린이, 젊은이, 청소년
your	[juər] 유어	대 you의 소유격, 당신(들)의
yours	[juərz] 유어즈	대 당신의 것, 댁내
yourself	[juərsélf] 유어셀프	대 당신 자신
youth	[juːθ] 유쓰	명 젊음, 청춘, 원기, 혈기
youthful	[júːθfəl] 유쓰펄	형 젊음에 넘치는, 발랄한

Z

zeal	[ziːl] 지-일	몡 열심, 열중, 열성, 열정
zealous	[zéləs] 젤러스	휑 열심인, 열광적인
zebra	[zíːbrə] 지이브러	몡 얼룩말
zenith	[zíːniθ] 지-니쓰	몡 절정, 정점, 천정
zero	[zíərou] 지어로우	몡 제로, 영점, 영, 최하점
zest	[zest] 제스트	몡 풍미, 묘미, 맛, 향미
zigzag	[zígzæg] 지그재그	휑 지그재그의 뛷 Z형의
zinc	[ziŋk] 징크	몡 아연, 함석 탄 아연을 입히다
zone	[zoun] 조운	몡 띠, 지대 탄 자 띠로 두르다
zoo	[zuː] 쥬-	몡 동물원(정글지역)
zoological	[zòuəládʒikəl] 조월라쥐컬	휑 동물학의, 동물에 관한
zoology	[zouálədʒi] 조우알러쥐	몡 동물학
zooming	[zúːmiŋ] 쥬우밍	몡 급상승, 중상승
zyme	[zaim] 자임	몡 효모, 누룩, 전염병의 병원체
zymurgy	[záiməːrdʒi] 자이머-쥐	몡 양조학(釀造學)

한영&영한 SPEED 활용단어

2판 1쇄 발행 2019년 9월 20일

엮은이 | 영어교재연구원 **펴낸이** | 윤다시 **펴낸곳** | 도서출판 예가
주소 | 서울시 영등포구 영신로 45길 2 **전화** | 02-2633-5462 **팩스** | 02-2633-5463
이메일 | yegabook@hanmail.net **블로그** | http://blog.daum.net/yegabook
등록번호 | 제 8-216호
ISBN 978-89-7567-592-8 13740

※ 잘못된 책은 바꿔드립니다.
※ 가격은 표지 뒷면에 있습니다.